U0784330

大田县人民政府主办

大田年鉴

DATIAN YEARBOOK

2018

大田县地方志编纂委员会 编

方志出版社

图书在版编目（CIP）数据

大田年鉴. 2018 / 大田县地方志编纂委员会编. —
北京：方志出版社，2018. 12
ISBN 978-7-5144-3571-9

Ⅰ. ①大… Ⅱ. ①大… Ⅲ. ①大田县—2018—年鉴
Ⅳ. ①Z525.74

中国版本图书馆CIP数据核字（2019）第035685号

大田年鉴（2018）

编　　者：大田县地方志编纂委员会
责 任 编 辑：刘方圆
出 版 人：冀祥德
出 版 者：方志出版社
地址　北京市朝阳区潘家园东里9号（国家方志馆4层）
邮编　100021
网址　http://www.fzph.org
发　　行：方志出版社图书经销中心
电话（010）67110500
经　　销：各地新华书店
印　　刷：福建省三明市中亚印务有限公司
开　　本：889×1194　1/16
印　　张：23
字　　数：875千字
版　　次：2018年12月第1版　2018年12月第1次印刷
印　　数：001~800册
ISBN 978-7-5144-3571-9　定价：280.00元

大田年鉴

2018

编辑说明

一、《大田年鉴》以马克思列宁主义、毛泽东思想、邓小平理论、“三个代表”重要思想、科学发展观、习近平新时代中国特色社会主义思想为指导，坚持辩证唯物主义和历史唯物主义的立场、观点和方法，实事求是，存真求实，遵循国务院《地方志工作条例》和中国地方志指导小组《地方综合年鉴编纂出版规定（试行）》等有关法规和规定进行编写，力求思想性、科学性、资料性三者有机统一。《大田年鉴》编纂宗旨是为国内外各界人士及时提供全面、准确的大田县情资料，坚持为大田县经济建设、政治建设、文化建设、社会建设、生态文明建设服务。

二、《大田年鉴》采用条目体，入鉴文稿务求观点正确、资料翔实、文笔朴实、文字简洁，且突出本年度的地方特色和时代特色，符合国家保密规定。本年鉴检索系统有：卷首设详细目录，书眉排有栏目标题，卷末设索引。《大田年鉴（2018）》为总第二十二卷，结构为类目、分目、条目三个层次，主要记载2017年1月1日至12月31日大田县自然、政治、经济、文化、社会等方面的大事、要事、新事、特事，个别条目为了交代前因后果及保存资料的完整性，内容有适当的上溯或下延。

三、本年鉴中数据，原则上以统计局公布的数据为准，县统计局没有数据的，参照各专业部门提供的数据。记数与计量均使用阿拉伯数字，有小数的一般保留两位小数，百分数一般保留一位小数。

四、本年鉴稿件资料由大田县各部门、各乡（镇）提供，单位负责人审稿，在类目下署责任编辑姓名、分目后署撰稿人姓名。所有稿件均经过县地方志办公室编辑整理，并经县地方志编委会、县分管领导、县保密局审定。

五、本年鉴“先进人物”收录受到省委、省政府以上机关表彰的先进人物，或作出贡献、在全省范围有影响的人物；“逝世人物”收录曾担任过正科级以上（含正科级）的领导干部、离休干部及省级以上劳动模范；“先进人物”按表彰时间先后排列；“逝世人物”按卒月排列。

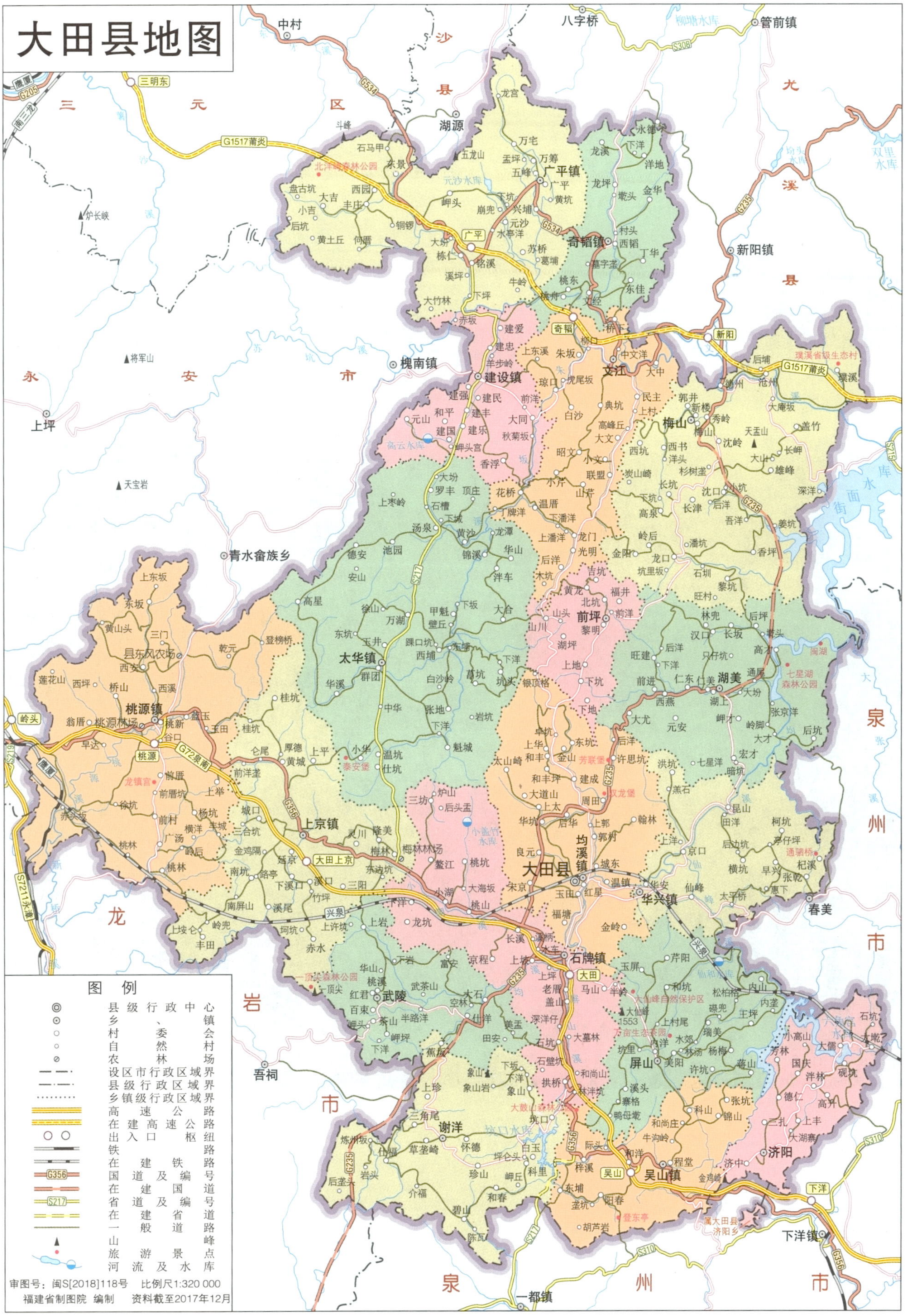

大田县地图
图 例
县级行政中心
乡、镇
村委会
自然村
农林场
设区市行政区域界
县级行政区域界
乡镇级行政区域界
高速公路
在建高速公路
出入口 枢纽
铁路
在建铁路
国道及编号
在建国道
省道及编号
在建省道
一般道路
山峰
旅游景点
河流及水库
审图号：闽S[2018]118号 比例尺1:320 000
福建省制图院 编制 资料截至2017年12月

2017 年 8 月 15 日，大田县城全景图　（陈广程 / 摄）

2017 年 6 月 18 日，省委常委、副省长张志南（右二）到展馆参观卫斯特环保科技有限公司　（报道组 / 提供）

2017 年 5 月 22 日，省政协副主席陈义兴（左二）到大田县调研检查　（县政协 / 提供）

2017 年 9 月 2 日，县委书记熊旭明（中）、副县长吴文旗（左）到凤山路道路改造现场检查指导（报道组 / 提供）

2017 年 10 月 17 日，大田电商扶贫产业馆暨光伏电站监控云平台启用仪式　（报道组 / 提供）

2017 年 9 月 18 日，大田县组团参加第二十届厦洽会成果签约　（报道组 / 提供）

2017 年 6 月 11 日，大田县被授予全国铸造产业集群试点县（报道组 / 提供）

2017 年 7 月 8 日，大田县总医院成立揭牌仪式　（刘冬春 / 摄）

2017 年，大田县生态环境保护指挥中心　（报道组 / 提供）

2017 年，大田县屏山乡生态茶园　（报道组 / 提供）

2017 年 5 月 19 日，大田县均溪河生态修复后景观　（刘冬春 / 摄）

2017 年 11 月 12 日，全国健美操冠军赛暨联赛总决赛在大田县体育中心开幕　（刘冬春 / 摄）

2017 年 11 月 9—20 日，健美操比赛现场　（林建伟 / 摄）

2017 年 12 月 24 日，闽湖风光　（陈广程 / 摄）

2017 年 7 月 16 日，国道纵五线——石牌镇长溪段　（林 跃 / 摄）

2017 年，大田县济阳乡传统古村落　（报道组 / 提供）

2017 年 4 月 23 日，茶农在屏山茶园采摘　（陈广程 / 摄）

2017 年 3 月 29 日，大田县茶山旗袍秀在屏山举办　（刘冬春 / 摄）

2017 年 6 月 8 日，大田县首届职工运动会在体育中心召开　（刘冬春 / 摄）

2017 年 11 月 14 日，大田县城银杏大道　（陈广程 / 摄）

2017 年 6 月 11—13 日，大型美食节目《味解之谜》走进大田　（林建伟 / 摄）

特 载

专 文

大事记

大田概貌

中共大田县委

大田县人民代表大会常务委员会

大田县人民政府

政协大田县委员会

纪检监察

群团组织

军　事

法 治

农业 · 农村

林　业

水利·电力

工 业

交通·通信

商业贸易

城乡建设

旅游经济开发

财政 · 税务

金 融

国土资源与生态环境管理

经济管理与监督

科学技术

教 育

文化·体育

卫生·计生

社会生活

乡镇概况

人　物

重要文件选编

统计资料

附　录

索　引

中共大田县委工作报告

——在县委十三届五次全会上的讲话

熊 旭 明

（2017 年 11 月 29 日）

这次县委全会的主要任务是，深入学习贯彻党的十九大精神，全面落实省委十届四次全会、市委九届五次全会部署，进一步组织动员全县各级党组织、广大党员和干部群众，高举中国特色社会主义伟大旗帜，坚持以习近平新时代中国特色社会主义思想为指导，不忘初心，牢记使命，决胜全面建成小康社会，加快推进“五个大田”建设，为在更高起点上建设“机制活、产业优、百姓富、生态美”的新福建，谱写新时代福建、三明发展新篇章作出大田贡献。根据县委常委会研究，我讲三点意见。

一、深入学习领会，切实把思想和行动统一到党的十九大精神上来

党的十九大是在全面建成小康社会决胜阶段、中国特色社会主义进入新时代的关键时期召开的一次十分重要的大会，在党和国家事业发展史上具有重大里程碑意义。会议的主题是：不忘初心，牢记使命，高举中国特色社会主义伟大旗帜，决胜全面建成小康社会，夺取新时代中国特色社会主义伟大胜利，为实现中华民族伟大复兴的中国梦不懈奋斗。这个主题，明确回答了我们党在新时代举什么旗、走什么路、以什么样的精神状态、担负什么样的历史使命、实现什么样的奋斗目标的重大问题，是我们党立足世情国情党情的新变化，立足我国发展新要求和人民新期待，就当前和今后一个时期党和国家工作提出的总要求。

大会的主要精神集中体现在习近平总书记所作的报告和《中国共产党章程（修正案）》中。报告描绘了决胜全面建成小康社会、夺取新时代中国特色社会主义伟大胜利的宏伟蓝图，进一步指明了党和国家事业的前进方向，是一篇光辉的马克思主义纲领性文献，是我们党进入新时代、踏上新征程、书写新篇章的政治宣言和行动纲领。《中国共产党章程（修正案）》充分体现了党的十八大以来理论创新、实践创新、制度创新的成果，特别是把习近平新时代中国特色社会主义思想确立为党的指导思想，对在新的历史起点上进行伟大斗争、建设伟大工程、推进伟大事业、实现伟大梦想具有重大现实意义和深远历史意义。

学习宣传贯彻党的十九大精神，是当前和今后一个时期的首要政治任务。我们要按照省委十届四次、市委九届五次全会的部署，进一步兴起学习宣传贯彻热潮，认认真真、原原本本地研读党的十九大报告和《党章（修正案）》，准确领会把握党的十九大精神的思想精髓、核心要义，着力在学懂弄通做实用活上下功夫。全面学习宣传贯彻党的十九大精神，要准确把握以下几个方面：

一是新时代。党的十八大以来，以习近平同志为核心的党中央举旗定向、运筹帷幄，统揽伟大斗争、伟大工程、伟大事业、伟大梦想，统筹推进“五位一体”总体布局，协调推进“四个全面”战略布局，改革开放和社会主义现代化建设取得了历史性成就，党和国家事业全面开创新局面。这些成就是全方位的、开创性的。五年来，以习近平同志为核心的党中央以巨大的政治勇气和强烈的责任担当，提出一系列新理念新思想新战略，出台一系列重大方针政策，推出一系列重大举措，推进一系列重大工作，解决了许多长期想解决而没有解决的难题，办成了许多过去想办而没有办成的大事，推动党和国家事业发生历史性变革。这些变革是深层次的、根本性的，其力度之大、范围之广、效果之显著、影响之深远，都是前所未有的。这些历史性变革，不仅带来了各条战线、各个行业、各个方面巨大的有形变化，让人民群众有了实实在在的获得感、幸福感，更为重要的是，党的领导全面加强、发展方式深刻转变、国防和军队实现重大变革、中国特色外交全面推进、管党治党从宽松软到严紧硬等深刻变化带来的无形变化，作用将会更加持久，影响将会更加深远。经过长期努力，中国特色社会主义进入了新时代，这是我国发展新的历史方位。

中国特色社会主义进入新时代，我国社会的主要矛盾已经转化为人民日益增长的美好生活需要和不平衡不充分的发展之间的矛盾。人民美好生活需要日益广泛，不仅对物质文化生活提出了更高要求，而且在民主、法治、公平、正义、安全、环境等方面的要求日益增长。我国社会生产力水平总体上显著提高，现在面临的主要是发展不平衡、不充分的问题。主要矛盾的变化是关系全局的历史性变化，反映了我国发展的实际状况，揭示了制约我国发展的症结所在，指明了解决当代中国发展问题的根本着力点。但这并没有改变我国仍处于并将长期处于社会主义初级阶段的基本国情，没有改变我国是世界最大发展中国家的国际地位。

中国特色社会主义进入新时代，在中华人民共和国发展史上、中华民族发展史上具有重大意义，在世界社会主义发展史上、人类社会发展史上也具有重大意义。报告指出，这意味着近代以来久经磨难的中华民族迎来了从站起来、富起来到强起来的伟大飞跃，迎来了实现中华民族伟大复兴的光明前景；意味着科学社会主义在二十一世纪的中国焕发出强大生机活力，在世界上高高举起了中国特色社会主义伟大旗帜；意味着中国特色社会主义道路、理论、制度、文化不断发展，拓展了发展中国家走向现代化的途径，给世界上那些既希望加快发展又希望保持自身独立性的国家和民族提供了全新选择，为解决人类问题贡献了中国智慧和中国方案。报告又用“五个时代”对中国特色社会主义进入新时代的基本定位作了深刻阐述：这个新时代是承前启后、继往开来、在新的历史条件下继续夺取中国特色社会主义伟大胜利的时代，是决胜全面建成小康社会、进而全面建设社会主义现代化强国的时代，是全国各族人民团结奋斗、不断创造美好生活、逐步实现全体人民共同富裕的时代，是全体中华儿女勠力同心、奋力实现中华民族伟大复兴中国梦的时代，是我国日益走近世界舞台中央、不断为人类作出更大贡献的时代。

中国特色社会主义进入新时代，我们比历史上任何时期都更接近、更有信心和能力实现中华民族伟大复兴的目标，但实现伟大复兴的伟大梦想，必须进行伟大斗争，必须建设伟大工程，必须推进伟大事业。这“四个伟大”相互联系、相互贯通、相互作用，其中起决定性作用的是党的建设新的伟大工程。

我们要深刻领会和把握中国特色社会主义进入新时代的重大政治论断，深刻领会和把握这个论断对我们发展理念、工作重点提出的新要求，深入了解和把握当代中国发展变革的新趋势、新特征，以更高的境界、更强的本领，积极主动地顺应这种变化，在工作中锐意进取，努力创造无愧于新时代的新业绩。

二是新思想。十九大把十八大以来党的理论创新成果概括为习近平新时代中国特色社会主义思想，并写入《党章》，确立为我们党必须长期坚持的指导思想。这是十九大的一个历史性决策和历史性贡献，实现了党的指导思想的又一次与时俱进。习近平新时代中国特色社会主义思想，从理论和实践结合上系统回答了新时代坚持和发展什么样的中国特色社会主义、怎样坚持和发展中国特色社会主义这个重大时代课题，回答了新时代坚持和发展中国特色社会主义的总目标、总任务、总体布局、战略布局和发展方向、发展方式、发展动力、战略步骤、外部条件、政治保证等基本问题，以全新的视野深化了对共产党执政规律、社会主义建设规律、人类社会发展规律的认识，开辟了马克思主义新境界、中国特色社会主义新境界、治国理政新境界和管党治党新境界。

十九大报告用“8 个明确”概括了这一思想的主要内容，即明确坚持和发展中国特色社会主义，总任务是实现社会主义现代化和中华民族伟大复兴，在全面建成小康社会的基础上，分两步走在本世纪中叶建成富强民主文明和谐美丽的社会主义现代化强国；明确新时代我国社会主要矛盾是人民日益增长的美好生活需要和不平衡不充分的发展之间的矛盾；明确中国特色社会主义事业的总体布局是“五位一体”、战略布局是“四个全面”，强调坚持道路自信、理论自信、制度自信、文化自信；明确全面深化改革总目标是完善和发展中国特色社会主义制度、推进国家治理体系和治理能力现代化；明确全面推进依法治国总目标是建设中国特色社会主义法治体系、建设社会主义法治国家；明确党在新时期的强军目标是建设一支听党指挥、能打胜仗、作风优良的人民军队，把人民军队建设成为世界一流军队；明确中国特色大国外交要推动构建新型国际关系，推动构建人类命运共同体；明确中国特色社会主义最本质的特征是中国共产党领导，中国特色社会主义制度的最大优势是中国共产党领导，党是最高政治领导力量，提出新时代党的建设总要求，突出政治建设在党的建设中的重要地位。报告提出新时代坚持和发展中国特色社会主义的基本方略，并概括为“14 个坚持”，涵盖坚持党的领导和“五位一体”总体布局、“四个全面”战略布局，涵盖国防和军队建设、“一国两制”和祖国统一、维护国家安全、对外战略。“8 个明确”和“14 个坚持”都是习近平新时代中国特色社会主义思想的重要组成部分。

我们要深刻领会习近平新时代中国特色社会主义思想重大的政治意义、理论意义、实践意义，全面把握这一重要思想的时代背景、科学体系、精神实质，真正做到内化于心、外化于行，从而更好地用它来武装头脑。

三是新征程。党的十九大报告指出，从现在起到 2020 年，是全面建成小康社会决胜期。2020 年全面建成小康社会后，我们将开启全面建设社会主义现代化国家的新征程。十九大将全面建设社会主义现代化国家进程分两个阶段来安排。第一个阶段，从 2020 年到 2035 年，在全面建成小康社会的基础上，再奋斗15年，基本实现社会主义现代化。第二个阶段，从2035年到本世纪中叶，在基本实现现代化的基础上，再奋斗15年，把我国建成富强民主文明和谐美丽的社会主义现代化强国。从全面建成小康社会到基本实现社会主义现代化，再到全面建成社会主义现代化强国，是新时代中国特色社会主义的战略安排。这是党中央综合分析国际国内形势和我国发展条件后作出的重大决策，顺应了实践发展要求，对动员全党全国各族人民万众一心实现中华民族伟大复兴的中国梦具有重大意义。这样的战略安排，不仅使实现“两个一百年”奋斗目标的路线图、时间表更加清晰可循，把原定的我国基本实现现代化的时间提前了十五年，也对第二个百年奋斗目标的内涵作了充实和提升。十九大开启了中国特色社会主义事业的新征程，擘画了新的宏伟蓝图，是我们党适应新的历史条件和新的时代要求作出的必然选择。我们要进一步坚定信心，主动对接中央和省委、市委新的战略安排，认真实施我县“十三五”规划，确保如期全面建成小康社会，努力为全面建设社会主义现代化国家作出应有的贡献。

四是新部署。党的十九大按照“五位一体”总体布局和“四个全面”战略布局，对我国经济建设、政治建设、文化建设、社会建设和生态文明建设等作出了新的全面部署。在经济建设上，强调要贯彻新发展理念，建设现代化经济体系，坚持质量第一、效益优先，以供给侧结构性改革为主线，推动经济发展质量变革、效率变革、动力变革，提高全要素生产率，着力加快建设实体经济、科技创新、现代金融、人力资源协同发展的产业体系，着力构建市场机制有效、微观主体有活力、宏观调控有度的经济体制，不断增强我国经济创新力和竞争力。在政治建设上，强调要健全人民当家作主制度体系、发展社会主义民主政治，坚持党的领导、人民当家作主、依法治国有机统一，加强人民当家作主制度保障，发挥社会主义协商民主重要作用，深化依法治国实践，深化机构和行政体制改革，巩固和发展爱国统一战线，巩固和发展生动活泼、安定团结的政治局面。在文化建设上，强调要坚定文化自信、推动社会主义文化繁荣兴盛，牢牢掌握意识形态工作领导权，培育和践行社会主义核心价值观，加强思想道德建设，繁荣发展社会主义文艺，推动文化事业和文化产业发展，激发全民族文化创新创造活力，建设社会主义文化强国。在社会建设上，强调要提高保障和改善民生水平、加强和创新社会治理、抓住人民最关心最直接最现实的利益问题，优先发展教育事业，提高就业质量和人民收入水平，加强社会保障体系建设，坚决打赢脱贫攻坚战，实施健康中国战略，打造共建共治共享的社会治理格局，有效维护国家安全，使人民获得感、幸福感、安全感更加充实、更有保障、更可持续。在生态文明建设上，强调要加快生态文明体制改革、建设美丽中国，推进绿色发展，着力解决突出生态环境问题，加大生态系统保护力度，改革生态环境监管体制，推动形成人与自然和谐发展现代化建设新格局。同时，十九大还对国防和军队建设、港澳台工作与外交工作等作出了重大部署。这一系列重大战略部署，蕴含着丰富的政策和举措，进一步明确了我国发展的着力点和主攻方向。我们要结合实际，一条一条地研究，不折不扣地落实，把每一项部署都具体化、项目化，使之成为加快发展的举措，推动各项事业取得更大成效。

五是新要求。党的十九大在深入分析全面从严治党面临的形势基础上，提出了新时代党的建设总要求，就是要坚持和加强党的全面领导，坚持党要管党、全面从严治党，以加强党的长期执政能力建设、先进性和纯洁性建设为主线，以党的政治建设为统领，以坚定理想信念宗旨为根基，以调动全党积极性、主动性、创造性为着力点，全面推进党的政治建设、思想建设、组织建设、作风建设、纪律建设，把制度建设贯穿其中，深入推进反腐败斗争，不断提高党的建设质量，把党建设成为始终走在时代前列、人民衷心拥护、勇于自我革命、经得起各种风浪考验、朝气蓬勃的马克思主义执政党。报告提出了新时代党的建设八个方面的重点任务，对推进党的建设新的伟大工程作出顶层设计、战略部署，丰富和发展了马克思主义建党学说，进一步回答了新时代“建设什么样的党、怎样建设党”这一历史性课题，标志着我们党对执政党建设规律认识达到新的高度。我们要全面把握新时代党的建设的总要求，包括党的建设的方针、主线、总体布局、目标及相互关系，认真落实八个方面的重点任务，把管党治党的螺丝拧得更紧，不断提高党的建设质量，推动全面从严治党向纵深发展。

二、践行习近平新时代中国特色社会主义思想，奋力谱写新时代大田发展新篇章

省委十届四次全会强调，学习宣传贯彻党的十九大精神，最为重要的就是要把习近平新时代中国特色社会主义思想作为长期坚持的指导思想，统领改革发展稳定各项工作。市委九届五次全会要求，要以发自肺腑的深厚感情、滴水穿石的努力实践、马上就办的实干作风、确保过硬的从严要求，把习近平新时代中国特色社会主义思想，学得更深、悟得更透、贯彻得更彻底。习近平总书记在福建工作近18年，对我们大田这片苏区老区充满感情，曾2次深入大田的6个村调研指导，与大田干部群众结下了极其深厚的情谊，并提出过许多重要指示精神，为我们指明了努力方向。大田的广大干部群众对习近平总书记在感情上亲近、内心里崇敬、行动中紧随，我们更要以习近平新时代中国特色社会主义思想为指导，真正将这一重要思想贯穿和体现到“五个大田”建设的全过程、各方面，让岩城大地成为这一重要思想落实最坚决、实践最生动、成果最丰硕的示范区。要把贯彻落实党的十九大精神，与贯彻落实习近平总书记对福建、对三明、对大田的重要指示精神结合起来，与贯彻落实省委、市委决策部署结合起来，与贯彻落实县第十三次党代会及十三届县委历次全会结合起来，保持战略定力，聚焦战略重点，紧盯战略目标，凝心聚力、锐意进取，一件事情接着一件事情办、一年接着一年干，确保各项目标任务落到实处，转化为大田的生动实践。

（一）坚持发展第一要务，全面打造大田经济升级版。党的十九大报告指出，我国经济已由高速增长阶段转向高质量发展阶段，正处在转变发展方式、优化经济结构、转换增长动力的攻关期。我们要坚持新发展理念，坚持质量第一、效益优先，以供给侧结构性改革为主线，把着力点放在实体经济上，把提高供给体系质量作为主攻方向，做大总量与提升质量并重，做优增量与盘活存量并举，不断增强经济创新力和竞争力。一要加快产业转型。全面落实“三去一降一补”任务，大力改造提升传统产业，改变大田矿产资源依赖、产业结构单一的现状，坚定不移推动资源往国有企业集中、往产业方向延伸、往税性环节拓展，努力实现“三个转变”：实现矿业经济由“地下”向“地上”转变，实现产业由“高耗污染”向“节能环保”转变，实现由资源依赖型产业向战略性新兴产业转变。加快发展现代服务业，做大做优全域旅游、现代物流、电子商务、商贸服务等产业，推动现代服务业发展提速、质量提升、比重提高。二要着力创新驱动。以科技大田建设为抓手，统筹推进科技创新、制度创新，打好科技牌、人才牌，走好科技创新先手棋，以环保装备制造、VR产业为重点，扶持培育一批高新技术企业、创新型企业，加快县委县政府智库平台建设，引进高校、科研院所、大型企业在我县设立研发机构，全面提升科技创新能力。三要推动乡村振兴。坚持农业农村优先发展，按照产业兴旺、生态宜居、乡风文明、治理有效、生活富裕的总要求，抓住第二轮土地承包经营权到期后再延长30年的机遇，在盘活土地经营权上下功夫，促进农村土地流转、农业规模经营和特色农业发展。以“两茶一硒”为重点，大力发展设施农业、休闲农业、智慧农业等现代特色农业，推动农村一二三产融合发展。加大乡村环境综合整治，大力开展村容村貌、裸房、河道等三大整治行动，持续改善村居环境。加强农村基层基础工作，健全乡村治理体系，培养造就一支懂农业、爱农村、爱农民的“三农”工作队伍。四要深化改革开放。认真落实中央、省市各项改革部署，推动有大田特色的重点领域改革持续深化。推进医药卫生体制改革，持续完善大田县总医院建设，在推进紧密型医联体建设、推动医保支付方式改革、建设现代医院管理制度上实现突破。推进集体林权制度改革，推动林权按揭贷款、福林贷等林业金融创新产品拓面扩量。推进“放管服”改革，提升行政服务水平，全面梳理“一趟不用跑、最多跑一趟”办事清单，简化审批环节、提高办事效率，打造投资洼地。发挥我县闽台宗亲渊源的独特优势，深化田台产业、经贸、文化、科技、民间基层等领域交流合作。积极承接自贸区“外溢”效应，融入海丝核心区，拓展“一带一路”出口市场，加强与海丝沿线国家的经贸往来。五要强化项目支撑。按照“五个一批”要求，加大项目谋划力度，紧密结合国家、省市政策和产业发展导向，突出实体经济、全域旅游等领域，精心策划、包装一批科技含量高、带动能力强的大项目好项目。坚持把招商引资作为“一把手工程”，主动出击、靶向推介，全力引进一批科技型、环保型、有税型、节地型项目。健全完善重点项目“一月一通报、一月一协调、一季一分析”工作机制，加快推进全县基础设施、重大产业、重大民生、补短板投资工程包等项目，切实把抓发展、惠民生的要求落实到项目上。

（二）坚持社会主义民主政治，全面巩固和发展生动活泼、安定团结的政治局面。党的十九大报告指出，我国社会主义民主是维护人民根本利益的最广泛、最真实、最管用的民主。发展社会主义民主政治，关键是坚持党的领导、人民当家作主和依法治国的有机统一。我们要坚持中国特色社会主义政治发展道路，积极稳妥推进社会主义民主政治制度化、规范化、程序化，保证人民当家作主落实到国家政治生活和社会生活之中，汇聚民心民智民力，共促“五个大田”建设。一要加强党对人大、政协工作的领导。坚持和完善人民代表大会制度，支持县人大及其常委会依法履行监督权、决定权、任免权，更好发挥人大代表作用，使人大及其常委会成为全面担负起宪法法律赋予的各项职责的工作机关，成为同人民群众保持密切联系的代表机关。加强协商民主制度建设，支持县政协发挥协商民主重要渠道和专门协商机构的作用，推动协商民主广泛、多层、制度化发展。二要加强党对统战工作的领导。充分发挥统一战线的重要法宝作用，支持工商联、无党派人士积极参政议政、开展民主监督，加强党外知识分子特别是新社会阶层人士的统战工作，着力构建亲清政商关系，深化民族团结进步教育，提高宗教工作法治化水平，紧密联系和团结更多台港澳侨田籍乡亲，找到最大公约数，画出最大同心圆，巩固和发展最广泛的爱国统一战线。三要加强法治大田建设。坚持厉行法治，统筹推进依法治县、依法执政、依法行政，加快法治政府建设，深化司法体制综合配套改革，落实司法责任制，加大“七五”普法宣传教育力度，提高公民法治素养和道德素质，努力让人民群众在每一个司法案件中感受到公平正义，让法治成为全社会的思维方式和行为模式。

（三）坚持文化强县战略，全面提升大田文化软实力。党的十九大报告强调，文化兴国运兴，文化强民族强。我们要坚持中国特色社会主义文化发展道路，坚持创造性转化、创新性发展，注重从优秀传统文化中汲取力量，注重从开放交流中吸收营养，注重从“五个大田”建设实践中提炼经验，讲好大田故事，传播好大田声音，真正让人民共享富足的精神文化生活。一要牢牢掌握意识形态工作领导权。各级党委（党组）要始终坚持党管意识形态不动摇，严格落实意识形态工作责任制，加强阵地建设和新媒体管理，推动传统媒体和新兴媒体融合发展。要充分发挥正面宣传凝聚人心、鼓舞士气的作用，培养造就一支政治坚定、业务精湛的新闻舆论工作队伍。二要践行社会主义核心价值观。把教育引导作为基础性工作，使社会主义核心价值观融入社会发展各方面，转化为人们的情感认同和行为习惯。利用好“五讲四美三热爱”、苏区老区红色文化、第二集美学村抗战文化和廉政文化等教育基地，挖掘开发“二十四孝”文化、土堡文化、民俗戏曲文化等优秀传统文化资源，唱响主旋律、培育新风尚，让人民精神文化生活更加多姿多彩。三要推动文化事业和文化产业繁荣发展。坚持以为人民提供丰富精神食粮为方向，深化文化体制改革，大力实施文化惠民工程，广泛开展群众性文化活动，推动文化事业繁荣发展。推进文化与科技、旅游、体育深度融合，加快现代陶瓷文化创意产业园、高山茶文化创意产业园、闽中大体操培育基地等园区建设，大力发展文化创意、文化旅游、工艺美术等产业，积极培育新型文化业态，推动文化产业规模化、集约化发展。

（四）坚持以人民为中心的发展思想，全面保障和改善民生。党的十九大报告强调，带领人民创造美好生活，是我们党始终不渝的奋斗目标。我们要抓住人民最关心最直接最现实的利益问题，既尽力而为，又量力而行，一年接着一年干，不断提高人民群众的获得感、幸福感、安全感。一要着力脱贫攻坚，增强人民群众获得感。始终把脱贫攻坚作为重大政治任务和第一民生工程，以时不我待的紧迫感，深入推进精准扶贫、精准脱贫，深化精准扶贫“三年会战”“八项行动”，全面推广“一家四业”产业扶贫模式，大力培育裕田农业扶贫大棚、屏山扶贫客栈等一批扶贫示范点，确保小康路上一个都不掉队。二要着力补齐短板，增强人民群众幸福感。按照幼有所育、学有所教、劳有所得、病有所医、老有所养、住有所居、弱有所扶“七有”要求，突出抓重点、补短板、强弱项，在教育、卫生与健康、养老和城乡民生基础设施等领域，加快实施108个、总投资124.39亿元的补短板项目，不断提升公共服务保障能力和水平。同时，把就业作为最大的民生，落实就业优先战略和积极就业政策，鼓励以创业带动就业，实现更高质量、更充分就业。三要着力和谐稳定，增强人民群众安全感。坚持专项治理和系统治理、综合治理、依法治理、源头治理相结合，持续提升社会稳定风险评估机制、第三方调解工作机制、“天眼”监控体系、网格化治理体系等，构建共建共治共享的社会治理格局。巩固提升厦门会晤、党的十九大安保维稳工作经验做法，加强社会矛盾预防和化解，推进信访法制化建设。严格落实安全生产“党政同责、一岗双责”，持续深化“库长制”“井长制”，将干部选拔任用与环境保护、安全生产履职情况直接挂钩，坚决遏制重特大安全事故，确保社会安定稳定。

（五）坚持“绿水青山就是金山银山”理念，全面推进生态环境保护。党的十九大报告强调，建设生态文明是中华民族永续发展的千年大计。我们要牢固树立“绿水青山就是金山银山”的理念，用心做好“生态+”文章，努力实现生态环境的“高颜值”和经济发展的“高素质”，让大田最具竞争力的优势充分释放。一要推进绿色发展。坚持“没有环保的产能不要，没有安全的产能不要”的理念，严把产业政策关、资源消耗关、环境保护关，扶强做大节能环保、生态旅游、清洁能源等绿色产业。注重节约集约，推进重点企业清洁生产、节能减排降耗，有序淘汰落后产能，倡导绿色生活价值理念和生活方式，保护我们赖以生存的绿色家园。二要提升治理水平。深化提升河长制，全力打造生态之水、安全之水、经济之水，大力发展河道经济、河道文化、河道景观，努力实现“生态美”与“百姓富”有机统一。深化提升矿山治理水平，按照习近平总书记提出的“山水林田湖草是一个生命共同体”的要求，对全县水土流失治理进行综合施策，把废弃矿山打造成公园、庄园、田园、花园、工业园、现代农业园等，实现生态效益与经济效益、社会效益的有机统一。三要注重机制创新。创新提升生态综合执法制度，发挥好生态综合执法“利剑”作用，配套加强生态侦查大队、生态巡回检察室、生态环境审判庭等队伍建设，实行“严管、勤查、联动、重罚”，保护好大田的绿水青山。要深入探索企业环境信用评价、排污权交易、环境污染责任保险、生态环境损害修复和赔偿制度等改革。

三、全面贯彻新时代党的建设总要求，坚定不移全面从严治党

党的十九大报告指出，中国特色社会主义进入新时代，我们党一定要有新气象新作为。我们要按照党的十九大提出的新时代党的建设总要求，认真履行管党治党的政治责任，走好新时代全面从严治党新长征。

（一）加强政治建设，坚决维护党中央集中统一领导和习近平总书记在党中央、在全党的核心地位。党的十九大报告首次把政治建设纳入党的建设总体布局并摆在首位，作为党的根本性建设，凸显了政治建设的极端重要性。政治建设的首要任务是保证全党服从中央，坚持党中央权威和集中统一领导。一要坚决维护习近平总书记在党中央和全党的核心地位。党的十八大以来，习近平总书记站在时代和战略的高度，以非凡的政治魄力、卓越的领导才能、坚韧不拔的意志品格，校正了党和国家前进的方向，引领我们大步走进新时代。党的十八届六中全会明确习近平总书记为党中央和全党的核心，党的十九届一中全会再次选举习近平同志为中央委员会总书记、中央军委主席，这是历史和实践的必然选择、是党和人民的郑重选择。习近平总书记是全党拥护、人民爱戴、当之无愧的党的领袖。维护习近平总书记的领导核心地位，不是抽象的、空泛的，而是具体的、实在的。最近，中央印发了《中共中央政治局关于加强和维护党中央集中统一领导的若干规定》，我们要牢固树立“四个意识”，向党中央看齐、向习近平总书记看齐，始终在政治立场、政治方向、政治原则、政治道路上同以习近平同志为核心的党中央保持高度一致。二要深入学习习近平新时代中国特色社会主义思想。习近平新时代中国特色社会主义思想是我们党必须长期坚持的指导思想，是党的十九大的灵魂，表明了我们党在理论上高度成熟、高度自信，反映了全党的共同意志和全社会的共同意愿。全县各级党组织要深入领会、全面贯彻落实习近平新时代中国特色社会主义思想，坚持知行合一、学做结合，做习近平新时代中国特色社会主义思想的坚定信仰者、忠实实践者、有力传播者。要扎实推进“两学一做”学习教育常态化制度化，按照中央和省市部署，组织好、开展好“不忘初心、牢记使命”主题教育，始终以习近平新时代中国特色社会主义思想武装头脑、指导实践、推动工作。要教育引导党员干部坚定理想信念，始终保持对马克思主义的信仰、对共产主义远大理想的信念、对中国特色社会主义的信心，进一步坚定道路自信、理论自信、制度自信、文化自信。三要严肃党内政治生活。党要管党必须从党内政治生活管起，从严治党必须从党内政治生活严起。要严格执行党内政治生活准则，自觉落实民主评议党员、领导干部双重组织生活会、谈心谈话、缴纳党费等制度，严肃认真开展批评和自我批评，发展积极健康的党内政治文化，不断增强党内政治生活的政治性、时代性、原则性、战斗性。要完善和落实民主集中制的各项制度，严格按程序办事、按规则办事、按集体意志办事，提高科学决策、民主决策、依法决策水平。要大力弘扬忠诚老实、公道正派、实事求是、清正廉洁等价值观，坚决抵制各种不正之风，推动形成清清爽爽的同志间关系。

（二）加强干部人才队伍建设，树立正确选人用人导向。党的干部是推动事业发展的中坚力量。一要强化一线考核干部。坚持党管干部原则，突出政治导向和实干导向，健全完善精准科学选人用人机制，在项目建设、脱贫攻坚、征地拆迁等工作一线考核干部，及时把忠诚干净担当的好干部选出来、用起来。要抓好后备干部队伍建设，注重培养锻炼年轻干部，统筹做好培养选拔女干部、少数民族干部和党外干部工作，使干部队伍结构合理、人才辈出、朝气蓬勃。要着力培养干部的专业能力、专业精神，全面增强学习本领、政治领导本领、改革创新本领、科学发展本领、依法执政本领、群众工作本领、狠抓落实本领、驾驭风险本领。二要强化干部监督管理。坚持严管和厚爱结合、激励和约束并重，加强对党员干部的日常监督管理，进一步强化正向激励，旗帜鲜明为那些敢于担当、踏实做事、不谋私利的干部撑腰鼓劲，进一步提振广大干部干事创业精气神。要格外关心关爱基层干部，落实好关心关爱基层干部的政策措施，让他们安心、安身、安业。三要强化人才队伍建设。牢固树立“人才是第一资源”的工作理念，深入实施“海纳百川”人才行动计划，建立健全引才、聚才、用才、留才机制，实施新型智库、名校优生引进、名师名医引进、本土人才培育、在外人才回流等“五大工程”，构建满足产业、企业和经济社会各项事业发展需要的多层次、高素质人才队伍。要优化人才服务，在生活上提供更多便利、在工作上创造更多机会，让各方面人才各尽其能、才尽其用。

（三）加强基层组织建设，发挥基层党组织战斗堡垒作用。组织力是组织的源泉。要以提升组织力为重点，建设政治功能强的基层党组织。一要加强政治领导。基层党组织是一个政治组织，具有鲜明的政治属性。要突出政治功能，坚定不移把党的领导落实到基层，坚持分类施策与整体推进相结合，坚持组织覆盖和工作覆盖相结合，努力把各领域基层党组织建设成为宣传党的主张、贯彻党的决定、领导基层治理、团结动员群众、推动改革发展的坚强战斗堡垒。二要完善组织体系。统筹推进社区、机关、学校、非公企业和社会组织、互联网等领域基层党建工作，推动社区党建、单位党建、行业党建互联互动，不断扩大基层党组织覆盖面。抓好基层党支部建设，推进党组织设置和活动方式创新，着力解决一些基层党组织弱化、虚化、边缘化问题。三要锻造过硬队伍。以明年村级组织换届为契机，大力实施“能人回引”工程，选优配强农村带头人，并通过专题培训、挂职锻炼等方式，提高基层党组织带头人的能力水平。要加强村“两委”班子建设，建立健全村级领导班子内部制度，制定“两委”职责权力清单，完善党务村务公开、“三资”管理等制度，促进基层组织规范运行。四要提升服务功能。发挥好农村基层党组织“四个引领”作用，即政治引领、堡垒引领、“双带”引领、服务引领，在农村党员干部中开展“亮承诺、晒成绩、评实效”活动，深入实施“住村特派员”制度，更紧密地联系服务群众，始终同人民同呼吸、共命运、心连心。要围绕增强“政治性、先进性、群众性”，深化工会、共青团、妇联等群团组织改革，充分发挥其联系群众的桥梁纽带作用。

（四）加强纪律建设，营造风清气正的政治生态。以反腐败斗争永远在路上的坚韧和执着，不断巩固压倒性态势、奋力夺取压倒性胜利。一要驰而不息加强作风建设。大力弘扬习近平总书记在福建工作时倡导的“滴水穿石”精神和“四下基层”“马上就办”等优良作风，多深入基层一线问计于民、问需于民，始终保持同人民群众的血肉联系。巩固落实中央八项规定精神成果，认真贯彻新出台的八项规定《实施细则》，严肃整治“四风”变异变种问题，开展移风易俗“红白喜事大操办”专项整治活动，坚决反对特权思想和特权现象，以优良党风带政风促民风。强化纪律教育和纪律执行，用严明的纪律和严格的监督，让党员干部知敬畏、存戒惧、守底线，习惯在受监督和约束的环境中工作生活。二要坚决夺取反腐败斗争压倒性胜利。以坚如磐石的决心和毅力推进反腐败斗争，坚持无禁区、全覆盖、零容忍，坚持重遏制、强高压、长震慑，坚持反腐败力度不减、节奏不变，认真践行“四种形态”，深化政治巡察，发挥巡察利剑作用，及时发现问题、形成有效震慑。加强农村基层党风廉政建设，以精准监督助推精准扶贫，对“蝇贪”“村霸”等群众身边“微腐败”问题要发现一起查处一起，着力构建不敢腐、不能腐、不想腐的长效机制。三要加快推进监察体制改革试点工作。推进监察体制改革是事关全局的重大政治体制改革。要抓好关键节点，做好机构、职能、人员的转隶，推进人员融合和工作磨合，做好过渡时期工作衔接，确保按时按要求组建监察委员会。要强化纪律规矩，增强“四个意识”，把思想政治工作贯穿改革试点全过程，特别是涉及改革试点任务的有关单位、有关人员要无条件支持改革试点，不折不扣落实改革试点任务，确保改革试点任务圆满完成。

新时代开启新征程，新征程要有新作为。让我们更加紧密地团结在以习近平同志为核心的党中央周围，坚持以习近平新时代中国特色社会主义思想为指导，在省委省政府、市委市政府的坚强领导下，不忘初心、牢记使命，撸起袖子加油干、担当作为谱新篇，为实现党的十九大描绘的宏伟蓝图而努力奋斗！

大田县人民政府工作报告

——在大田县第十七届人民代表大会第二次会议上

林金龙

（2017 年 12 月 30 日）

2017 年工作回顾

一年来，全县上下认真学习贯彻党的十九大精神，以习近平新时代中国特色社会主义思想为指导，牢固树立和践行新发展理念，全面贯彻落实中央、省、市和县委一系列决策部署，全力稳增长、调结构、促改革、惠民生、防风险，经济社会发展保持总体平稳、稳中向好、稳中有进的良好态势。初步预计，全县完成地区生产总值 195 亿元，增长 8.5%；地方公共财政收入 7.25 亿元，增长 5%；城镇居民人均可支配收入 32373 元，增长 9%；农村居民人均可支配收入 15292 元，增长 8.5%。一些重点领域和项目实现突破：

——国道“纵五”（大田段）一期正式通车，兴泉铁路（大田段）、莆炎高速（大田段）、国道“纵五”（大田段）二期动工建设，莆炎高速至泉南高速大田联络线列入国高网莆炎高速支线。

——机械铸造产业集聚区动工建设，被列为中国铸造产业集群试点县，获批创建国家级电子商务进农村综合示范县，卫斯特环保院士专家工作站荣膺“全国示范院士专家工作站”，优特水稻新品种应用院士专家工作站落户济阳。

——参与制定《国家茶叶公园标准及评定》《富硒农产品硒含量分类要求》标准，列入全省首个国家茶叶公园创建试点，“大田高山茶”获国家地理标志证明商标，“大田槐猪”获国家农产品地理标志登记。

——在全国率先成立河长协会，大田河长制代表福建省在太湖流域第二次河长制工作会上作典型交流，多次在人民日报、中央电视台等主流媒体进行专题报道。

——县行政服务中心在第二届全国行政服务大厅典型案例展示活动中荣获“综合十佳”称号，“山区养老”服务模式入选国家养老服务业发展典型案例。

——获评全国群众体育先进单位，成功挑战“最多人随录像做健身操”吉尼斯世界纪录，县体操队再获国赛双冠军，并代表国家在世界啦啦操锦标赛中荣获佳绩。

一年来的主要工作和成效是：

（一）坚持抓项目、防风险，发展步伐更加稳健。开展“项目攻坚年”活动，建立正向激励机制，加快“五个一批”项目滚动接续，实施“五个大田”重点项目 160 个，完成投资 78.42 亿元，61 个项目开工建设、42 个项目建成或部分建成。开展“百名干部服务百家企业”活动，制定落实工业稳增长调结构、企业降本减负、园区企业资产按揭贷款等政策，取消县级涉企行政事业性收费 12 项，兑现企业扶持资金 8094 万元，协调金融机构向小微企业增贷 2.39 亿元。开展净化金融生态“三大攻坚”行动，妥善处置和化解诚通地产金象温泉城、四方置业龙腾盛世等一批重点风险项目，不良贷款率控制在 3% 的目标值以内。

（二）坚持抓转型、强质效，产业支撑更加有力。以科技创新推动工业转型升级，实施“科技大田”重点项目 31 个，科华石墨负极材料、大圣日用陶瓷等项目动工建设，中工塑胶、海诚新能源等项目建成投产，全面淘汰铸造行业落后炼铁设备，压减水泥产能 29 万吨、煤炭产能 14 万吨，新增高新技术企业 3 家、科技小巨人领军企业 2 家。以全域旅游理念引领现代服务业发展，实施“快乐大田”重点项目 23 个，中国·桃源里旅游度假区、永兴达机动车驾考中心等项目动工建设，全县新增限额以上商贸企业 8 家、电商企业 50 家，电商交易额、旅游总收入、社会消费品零售总额预计分别增长 14.4%、15.7% 和 11%，被列为省级 VR 产业发展和技术应用试点县，大仙峰· 茶美人景区获评省级生态旅游示范区，灵动济阳景区获批国家 3A 级旅游景区，东坂村成功创建省级乡村旅游创客示范基地。以工业化理念推进农业供给侧结构性改革，实施“绿色大田”重点项目 40 个，建成科技农业富硒产业园、霓上精制高山茶、大田肉兔产业化等项目，完成粮食播种面积 39.55 万亩，新增农民专业合作社 272 家、家庭农场 76 家、“三品一标”认证农产品 23 个，获批省级现代茶业产业园，（富硒）水稻、雷竹笋种植列入省级农业标准示范项目，济阳乌山头休闲生态农业联合创业基地入围国家级星创天地。

（三）坚持抓统筹、提品位，城乡环境更加宜居。城市品质不断提升，实施“活力大田”重点项目 29 个，全面启动“四区一路”旧城改造，凤山路改造一期基本完成，香山北路、河滨西路等市政道路建设强力推进，碧桂园 · 天誉、兴田大厦等开发项目稳步实施，城区生活垃圾无害化处理厂技改工程竣工完成，新建改造城区给排水管网 19.33 公里、天然气管道 7.2 公里，新增城市停车位 225 个。美丽乡村扎实推进，实施省级美丽乡村整治村和示范村 15 个，加快梅林、隆美、建忠、建国、元沙、红星等 6 个小康示范村建设，18 个乡（镇）生活垃圾压缩式中转站实现全覆盖，完成农村生活污水无害化处理 1.04 万户，解决农村饮水不安全人口 1.5 万人，张坑、香坪2个中国传统村落列入中央财政支持范围，济中、隆美等4个村入选省级农村社区建设示范单位。生态建设持续强化，高位推动中央和省环保督察问题整改，全力开展生态环境综合治理五大攻坚行动和八个专项整治，银川矿区矿山地质环境治理示范工程三期、白岩公园人工湖黑臭水体整治等项目全面建成，鸭蛋山非正规垃圾填埋场资源化治理、万里安全生态水系等项目有序推进；持续深化河长制，延伸拓展矿山水土流失治理“五园”模式，治理水土流失5.52万亩，完成造林绿化1.89万亩，森林覆盖率提升至73.04%，矿山生态环境恢复治理率居全省首位，均溪河、文江河两条主要河流出境断面水质达到或优于Ⅲ类标准。

（四）坚持抓改革、促开放，发展活力更加强劲。改革步伐进一步加快，稳妥推进国家农村产权流转交易服务标准化试点，基本完成全县农村土地承包经营权确权登记颁证，列入省级农村集体产权制度改革试点县；积极推广“福林贷”“邮林贷”普惠制林业金融产品，新增新型林业经营组织29家，规范流转林权2万亩；稳步推进省级新型城镇化试点和均溪镇省级小城镇综合改革建设试点，华兴、吴山实现撤乡设镇；深化商事制度改革，全县市场主体突破2万户、注册资本突破200亿元；大力实施品牌战略，主导或参与制定国家标准6项、团体和地方标准2项。开放合作进一步加大，组织开展“招商突破年”活动，组建7个招商联络组和18个乡（镇）招商小分队，深入推进“五企”对接，全年新签约项目107个、总投资94亿元，全县预计实际利用外商直接投资2130万美元、增长10.1%，外贸出口11.5亿元、增长10.5%。基础建设进一步加强，新建提级改造农村公路72.8公里，实施农村公路指路系统工程800公里；建成建设镇35千伏输变电工程，完成新一轮农村电网改造升级工程286公里；闽江上游尤溪流域防洪二期工程、国家农业综合开发小流域治理等项目加快推进，下岩中型水库列入国家“十三五”项目库。

（五）坚持抓民生、增福祉，人民生活更加幸福。15项为民办实事项目基本落实，民生支出比上年增长10.3%，占公共财政支出的84.4%。脱贫攻坚取得新进展，创新“一家四业”产业扶贫模式，实施造福工程200户、危房改造91户，光伏扶贫覆盖全县86.8%的贫困（空壳）村和65%的贫困户，建成屏山扶贫客栈、武陵扶贫产业园等示范点，全县脱贫人口达到8402人，占贫困人口的98.6%。社会保障取得新成效，积极推进小微企业创业创新基地城市示范工作，全县新增城镇就业1600人、农村劳动力转移就业3213人，城镇登记失业率2.3%，新开工保障性住房719套，城乡低保、五保供养等标准进一步提高，临时救助、医疗救助等体系进一步完善。社会事业取得新突破，实施教育提升“五大工程”，加快推进27个城乡教育项目，建成实验幼儿园开发区分园、太华第一中心幼儿园等7个项目，新增学位3340个，大田职专成功创建省级中等职业教育改革发展示范学校；深化医药卫生体制改革，县总医院组建运营，改扩建乡镇卫生院4所，延伸设立村级卫生所186家，成功创建省级妇幼健康优质服务示范县；开展“养老服务推进年”活动，在全市率先成立医养服务中心，闽中康养服务中心投入运营，新建改造乡镇敬老院15个，被列为省级农村幸福院建设试点县；实施文化惠民工程，改造提升“数字三馆”，建成闽中戏曲文化创意产业园一期、居敬书院，县文化馆获评国家一级馆，文江“杂剧作场戏”列入省级非物质文化遗产保护名录，成功举办全国健美操冠军赛、全省青少年羽毛球锦标赛、海峡两岸大学生篮球联赛，“小城办大赛”全民健身品牌日益彰显。社会治理取得新进步，“平安大田”建设不断深入，“七五”普法扎实推进，生产安全、食品药品安全形势持续稳定，防灾减灾能力持续加强，精神文明创建活动持续开展，人民群众获得感、幸福感、安全感稳步提升。与此同时，人民武装、国防动员、民兵预备役、人民防空、地方志、档案、统计、库区移民、民族宗教、外事侨务、老区、老龄、老体协、青少年、妇女儿童、残疾人和关心下一代等各项工作全面推进，连续两届获评省级“双拥模范县”，连续三年荣获省级计划生育工作先进县。

（六）坚持抓效能、优服务，自身建设更加务实。自觉接受人大法律监督和工作监督、政协民主监督，高度重视、认真办理和落实人大代表建议156件、政协委员提案106件。深化“放管服”改革，大力弘扬“马上就办、真抓实干”精神，建立“周末无休”“窗口无否决权”工作制度，梳理“一趟不用跑”和“最多跑一趟”事项427项，公布实施县直部门权责清单4613项，在全市率先将行政审批平台延伸到乡（镇）。扎实推进“两学一做”学习教育常态化制度化，严格落实中央八项规定精神，持之以恒纠正“四风”，“三公”经费下降39.9%。扎实推进政务信息公开，加大效能督查、行政监察和审计监督力度，严肃查处各类违纪违法案件，廉洁政府建设取得新成效。

各位代表，过去一年的成绩来之不易，是在习近平新时代中国特色社会主义思想的正确指引下，在上级党委、政府和县委的坚强领导下，在县人大、县政协和社会各界的监督支持下，经过全县广大干部群众戮力同心、艰苦奋斗取得的。在此，我谨代表县人民政府，向辛勤工作在各条战线上的全县人民，向给予政府大力支持和有效监督的人大代表、政协委员、工商联、各人民团体、无党派人士、离退休老同志、社会各界人士和全体纳税人，向为大田发展做出积极贡献的人民解放军、武警官兵、民兵预备役部队、公安干警，向所有关心支持大田发展的同志们、朋友们，表示衷心的感谢，并致以崇高的敬意！

在看到成绩的同时，我们也清醒地认识到发展中还存在不少困难和问题，主要是：科技创新能力不够强，产业转型步伐不够快；招商引资成效不够明显，缺乏支撑发展的大项目、好项目；财政收支矛盾突出，金融风险形势依然严峻；城乡民生社会事业还有短板，稳定脱贫增收机制亟待健全；矿山水土流失治理任重道远，生态环境保护仍需加强；少数干部担当、服务、创新意识不强，机关效能还需进一步提高，等等。对此，我们将高度重视，采取有力措施加以解决。

2018年主要任务

2018年是全面贯彻落实党的十九大精神的开局之年，是改革开放40周年，是决胜全面建成小康社会、实施“十三五”规划承上启下的关键一年，也是实现赶超目标的关键一年。政府工作的总体要求是：全面贯彻党的十九大精神，以习近平新时代中国特色社会主义思想为指导，坚持稳中求进工作总基调，坚持新发展理念，围绕新时代“五个大田”建设，以“创新驱动、绿色发展”为主题，以供给侧结构性改革为主线，把高质量发展与实现赶超有机统一起来，坚决打好防范化解重大风险、精准脱贫、污染防治三大攻坚战，着力在乡村振兴战略、产业转型升级、城乡协调发展、生态文明建设和民生社会事业上实现更大突破，努力推动经济社会持续健康发展，为在更高起点建设机制活、产业优、百姓富、生态美的新大田作出新贡献。

全县经济社会发展主要预期目标是：地区生产总值增长9%；农林牧渔业总产值增长5%；规模以上工业增加值增长9%；固定资产投资增长15%；社会消费品零售总额增长12%；出口总值增长3%；验资口径实际利用外资增长6%；地方公共财政收入增长6.5%；城镇居民人均可支配收入增长9%；农村居民人均可支配收入增长9.5%；城镇登记失业率控制在2.3%以内；完成上级下达的人口与计划生育、单位生产总值能耗降低和主要污染物减排年度任务。围绕实现上述目标，重点抓好五个方面工作：

（一）致力乡村振兴，推动农业农村优先发展

建设美丽乡村。按照“产业兴旺、生态宜居、乡风文明、治理有效、生活富裕”的总要求，引导和鼓励各乡（镇）立足自身优势、资源禀赋和产业基础开展特色小镇项目竞赛，因地制宜培育济阳马力小镇、桃源“硒”望小镇等一批特色小镇，实现差异化发展。开展农村环境综合整治三年行动，整合造福工程、危房改造、旧村复垦等涉农资金，每个乡镇滚动培育一批中心村、特色村，加快6个小康示范村建设，统筹推进环境综合治理、农村裸房整治、历史文化名村和传统村落保护，继续实施农村生活污水垃圾治理、农村饮水提质增效、农村电网升级改造、农村光网建设等工程，探索实行“路长制”，扎实推进“四好农村路”建设。完善乡村（社区）治理机制，做好新一届村（居）委会换届选举工作，培养造就一支懂农业、爱农村、爱农民的“三农”工作队伍。

发展现代农业。在稳定粮食生产、保障粮食安全的基础上，实施富硒农业产业发展行动计划，推进富硒农产品标准化生产、品牌化经营，进一步延伸茶叶、油茶、林下经济等特色农业产业链，加快江山美人茶庄园、云悦源生态农业、蛋鸡产业化等项目建设，做大做强东方美人茶品牌，全力打造国家茶叶公园、油茶公园、富硒农业公园。坚持农业文化旅游“三位一体”，大力发展循环农业、物联网农业、共享农业、定制农业等新型业态，每个乡（镇）抓好1–2个现代农业示范基地建设，重点培育桃源、屏山、广平、建设等田园综合体示范区。加强农业“五新”推广，完善供销、仓储、物流等服务体系，推进病险水库除险加固、高标准农田、灌区配套设施等农田水利设施建设，增强农业综合生产能力。

精准扶贫脱贫。实施精准脱贫三年攻坚行动计划，深化“一家四业”产业扶贫模式，落实好造血式、减负式、兜底式、挂钩式、带动式等扶贫措施，全力推进健康、教育、电商、金融、乡村旅游等扶贫工作，扶持建档立卡贫困村开展村级集体经济发展试点，加快县扶贫产业园、电商扶贫产业馆等项目建设，确保百束、拱桥等14个贫困村实现脱贫摘帽，让全县贫困群众真脱贫、不返贫。实施“九促”农民增收行动计划，启动农村集体产权制度改革试点，支持农村承包土地经营权抵押贷款、林权规范流转和林地规模经营，盘活农村资产资源，增加农民财产性收入；鼓励发展“公司＋合作社＋家庭农场”等农业产业化联合体，积极培育新型农业经营主体，持续推进“三品一标”认证，增加农民经营性收入；实施新型职业农民素质提升工程，支持和鼓励农民工返乡创业就业，增加农民工资性收入。

（二）致力创新驱动，推动县域经济转型升级

将改革进行到底。深入推进“三去一降一补”，大力发展混合型经济，鼓励企业通过融资上市、股权置换、增资扩产等方式做大做强，推进煤炭、铸造、建材等行业落后及过剩产能淘汰工作；优化住房供应结构，有序消化商业用房库存，促进房地产市场平稳健康发展；合理控制政府新增债务，支持国有企业债券融资，加大金融支持实体经济力度，加强社会信用体系建设和民间融资监管，坚决打击违法违规金融活动，有效防范化解金融领域风险和政府债务风险；激发和保护企业家精神，坚持“一业一策”“一企一策”，出台并落实一批降成本、稳增长的惠企政策，扶持民营企业发展，帮助企业渡过难关；规范推广PPP模式，吸引更多社会资本参与基础设施和公用事业建设。深化“放管服”改革，提升“互联网＋政务服务”，持续推进乡镇便民服务中心标准化建设，大力推行工商登记全程电子化，加快政务信息系统整合共享，力争网上办理事项开通率80%以上。

把工业推向升级。改造提升传统产业，以机械铸造、建材水泥等行业为重点，实施新一轮技术改造，推行“机器换人”“技术换工”等智能制造技术应用，实施重点技改项目60个以上。培育发展重点产业，加快机械铸造产业集聚区建设，平整土地2000亩以上，力促建中数字无人机产业化、成裕机械精密铸造配件等项目落地，做精先进装备制造产业；引导轻纺新型面料企业加快技术装备更新、智能化改造和新产品开发，推进智能体育用品生产基地、宇隆超纤纺织、卓立达箱包服饰等项目建设，做大纺织鞋服产业；重点利用新技术新业态推动资源开发由粗放型向“专精尖特”转变，推进科华石墨电池负极材料、稀土资源抢救性回收、大圣日用陶瓷生产等项目建设，加快中国华电武陵风电场、宏田科技醇烃复合燃料等项目落地动工，做强新材料新能源产业。建立县科技创新服务平台，完善县校合作“四个一”机制和人才引育激励机制，重点围绕石墨（烯）、先进装备制造、洁能环保等产业，继续推动一批院士工作站、企业研发中心、众创空间落地转化。

以项目蓄积后劲。持续推进“五个一批”项目建设和“五比五晒”项目竞赛活动，加强重大项目策划、储备和实施，

安排县级重点项目205个，年度计划投资100亿元以上，83个项目开工建设，66个项目建成或部分建成；精准对接中央和省预算内投资、“补短板”投资工程包，做深做细前期工作，力争更多项目进入国家和省市计划盘子。健全完善项目“四个一”工作机制，推行“一线工作法”，开展“重中之重”项目攻坚行动，集中力量落实用地、用林、征迁等服务保障，每月集中开竣工一批项目。制定更加精准的招商扶持政策，完善重大招商引资项目会商评审、跟踪服务等工作机制，实施“田商回归”工程，加强央企、省企、民企、外企和福厦泉企业对接，力争引进亿元以上项目25个以上。

（三）致力产城融合，推动新型城镇化建设

持续提升城市品质。实施城市规划提升行动，坚持“城为民建”理念，完成城市总体规划修编，开展城区北部控制性详细规划及城市设计，完善交通、市政、景观风貌等专项规划。实施城市开发提升行动，围绕“四大板块”开发，有序推进“四区一路”旧城改造，启动新汽车站周边、原麻纺厂三期等前期工作，抓紧原均溪水泥厂、均溪后坂洋等地块开发，加快碧桂园·天玺、原麻纺厂二期、下洋商住小区等项目建设。实施城市景观提升行动，规划建设城市中心公园，建成河滨健身栈道三期工程、赤岩广场、福田市民休闲广场。实施城市治理提升行动，进一步深化“街长制”，稳步推进城市管理执法体制改革，巩固省级文明县城创建成果。

大力发展第三产业。提升生态旅游产业，完善旅游公共服务体系，策划推介精品线路，重点实施百公里骑行道、石牌美食城、龙创休闲旅游等项目建设，推动旅游与农业、文化、体育、康养等深度融合，力促大仙峰·茶美人景区创评国家AAAA级旅游景区，着力打响“仙峰古堡·茶香大田”旅游品牌。改造商贸物流产业，合理布局商贸网点、专业市场和社区便利店，积极培育本土“老字号”和连锁经营企业，加快发展智慧物流、冷链物流，推进牲畜定点屠宰场及冷链一体化、福塘农产品综合市场等项目建设；深化国家级电子商务进农村综合示范县创建，加大企业电商化改造力度，培育壮大一批本地电子商务企业。深耕文化体育产业，实施居敬孝文化产业园、果壳文化创意等项目建设，推动戏曲、传媒、工艺美术等传统文化创新发展；引导社会资本发展体育服务业，支持赛事全产业链运营，动工建设浩沙体育文化产业园。培育健康养老产业，发展智慧养老、医养结合和“候鸟式”养老服务，重点推进泽惠居家养老服务中心改造、医养服务中心二期、居家养老服务照料中心等项目建设，着力打响“山区养老”服务品牌，积极构建“低端有保障、中端有市场、高端有选择”的多层次养老服务格局。鼓励发展教育培训、家政服务、金融保险、中介服务等新兴业态，新增限上商贸企业20家以上。

完善城乡基础设施。交通方面，加快推进兴泉铁路（大田段）、莆炎高速（大田段）、莆炎高速至泉南高速大田联络线、国道“纵五”（大田段）二期等项目建设，抓好国道“横六”（大田段）、国道356线上京集镇过境公路等项目前期工作。城市公用设施方面，创新城市建设投融资机制，统筹推进香山北路、栋山支路、福兴路、白岩山北路、站前路等市政道路建设，大力推进“厕所革命”三年建设计划，完善城区地表水厂二期、供水及污水管网、管道天然气、充电桩等市政设施。水利工程方面，动工建设下岩水库、雪山水库，持续推进闽江上游尤溪流域防洪工程、万里安全生态水系等项目建设。

（四）致力绿色发展，推动生态文明全域提升

健全生态文明体制机制。深入践行“绿水青山就是金山银山”理念，持续深化生态文明建设“145”工作模式。全力支持环保机构监测监察执法垂直管理制度改革，健全环境风险隐患排查整治长效机制，完善县乡村三级网格化环境监管体系。强化排污者责任，推进排污许可“一证式”管理，实行环境污染责任保险、生态环境损害赔偿制度，完善环境保护守信激励与失信惩戒机制，加强环境执法与刑事司法联动工作。推广政府购买服务、环境污染第三方治理、碳排放交易等模式，探索利用市场手段推进环境保护工作。

着力解决突出环境问题。统筹山水林田湖草系统治理，全面落实中央和省环保督察反馈问题整改责任，持续推进生态环境综合治理五大攻坚行动和八个专项整治。全面提升延伸河长制，在闽湖及各中小水库设立湖长（库长），实施文江河流域综合整治、闽湖水生态修复及污染物整治等项目，下大力气推进坑口水库饮用水源保护区综合治理及搬迁安置工作。实施京口工业园区企业集中供热工程，推进建材、纺织等行业企业节能降耗、清洁生产，确保城市空气质量优良率保持全市前列。加强土壤修复和水土流失治理，推进鸭蛋山非正规垃圾填埋场资源化治理、周田溪省级重点县水土流失治理、文江和太华国家水土保持重点建设工程等项目，建成“天地一体化”水土保持监测指挥中心，全年综合治理水土流失5万亩以上。

加大生态系统保护力度。立足省级重点生态功能区定位，坚持“多规合一”，有序推进空间规划编制，严守生态保护、永久基本农田、城镇开发边界“三条红线”。积极开展国土绿化，全面停止天然林商业性采伐，对城区和乡（镇）所在地周边、公路、河流两侧及生态脆弱区实行禁伐，全年完成造林绿化和森林经营21万亩以上。守住工农业生产环保底线，建立环境准入负面清单，落实项目建设“四个一律”和“三同时”制度，实行最严格的水资源保护、土地用途管制和产业退出制度，从源头上筑牢环境保护屏障。

（五）致力民生优先，推动发展成果全民共享

提高社会保障水平。集中财力办好事关群众切身利益的实事，让群众分享更多实惠。全面落实创业就业政策，解决好城镇困难群众、农民工等重点人群就业，新增城镇就业1700人以上、农村劳动力转移就业3200人以上。落实全民参保计划，提高城乡低保、特困人员供养标准，加强医疗救助、临时救助，将符合条件的各类群体纳入社会保障制度覆盖范围。加大棚户区改造力度，新开工建设保障性安居工程402套。加强农村留守儿童、空巢老人、妇女、残疾人关爱服务，做好关心下一代工作，重视发展社会福利、红十字会、慈善、老龄事业。

协调发展社会事业。实施教育强县战略，加快推进大田一中东部校区等15个项目前期工作，动工建设城东小学、新红星幼儿园等6个项目，完成福兴幼儿园、赤岩小学、职专

实训大楼等14个项目，新增学位8500个；落实基础教育“总校制”办学体制改革，完善城乡教师交流、补充机制，建立以提高教育教学质量为导向的管理体系，促进教育均衡优质发展。深化医疗卫生体制改革，完善县总医院运行管理制度，搭建智慧医疗服务平台，加强妇产科、儿科、中医药等重点学科建设，实施石牌卫生院改扩建、太华卫生院迁建等项目，新增床位220张，争创国家妇幼健康优质服务示范县；优化计生卫生服务，促进人口优质均衡发展与家庭和谐幸福。推进文体事业繁荣，广泛开展全民健身活动，做大做优“大体操”培训基地，继续办好全国、全省性体育赛事；重视文物和非遗保护，加强乡土文化传承人培养，加大大田土堡群、集美第二学村、红色文化遗址保护开发力度，推动文江“杂剧作场戏”、建设红糟古法制作分别申报国家级、省级非物质文化遗产名录，确保通过国家公共文化服务体系示范区复评验收。

完善社会治理体系。深入开展群众性精神文明创建活动，加强社会主义核心价值观宣传教育，积极倡导移风易俗，大力弘扬时代新风。推进“平安大田”建设，健全社会治安立体化防控、网格化管理体系，加强和完善社区矫正、安置帮教工作，依法防范和惩治各类违法犯罪；健全完善社会矛盾预防和化解机制，切实解决群众合法合理诉求；完善和落实安全生产责任制，深化重点行业领域专项整治，坚决防范和遏制较大生产安全事故；加强应急处置能力建设，提高防灾减灾救灾水平；实施食品安全战略，强化食品药品安全监管，让人民群众吃得放心。支持工会、共青团、妇联等群团组织发挥更大作用，统筹推进双拥、国防动员、外事侨务、民族宗教、档案、地方志、水文气象、库区移民等各项工作，打造共建共治共享的社会治理格局。

新使命、新目标，对政府自身建设提出了更高的要求，我们必须牢固树立“四个意识”，坚决维护以习近平同志为核心的党中央权威和集中统一领导，把使命担当扛在肩上，把百姓忧乐放在心中，努力建设人民满意的政府。突出为民执政。牢固树立以人民为中心的发展思想，带着深厚感情和强烈责任为群众办实事、解难题，全力打通联系服务群众“最后一公里”，切实解决好人民群众关心关注的脱贫攻坚、就业创业、子女教育、看病就医、健康养老等现实问题，让大田百姓过上更加美好幸福的生活。突出依法行政。深化法治大田建设，深入实施“七五”普法，加强法律公共服务体系建设，完善法律顾问制度，健全政府重大决策合法性审查机制，彰显法治权威、带动全民守法；深入推进政务公开，主动接受人大监督、政协监督、社会监督和舆论监督，不断提高人大代表议案、建议和政协委员提案办理质量，持续增强人民群众的法治获得感。突出务实勤政。结合即将开展的“不忘初心、牢记使命”主题教育，坚决纠正和防范“四风”老问题、新表现，着力破解“门好进、脸好看、事难办”“推绕拖”等不作为、不担当的问题；切实加强和改进政府工作绩效管理，坚持马上就办、真抓实干，对作出的部署、决定的事项、安排的项目，立说立行、强力推进、一抓到底；强化正向激励，落实尽职免责、容错纠错机制，引导干部在“五比五晒”项目竞赛、重点领域改革、脱贫攻坚等一线担当作为、干事创业。突出廉洁从政。坚定不移全面从严治党，认真落实中央八项规定及实施细则精神，严格规范党内政治生活，严格执行《准则》《条例》，深入推进反腐倡廉，持之以恒正风肃纪；加大审计监督力度，完善土地招拍挂、工程招投标、国有资产处置、扶贫资金监管等制度，健全权力运行监控体系，努力实现干部清正、政府清廉、政治清明。

时代赋予重任，实干铸就梦想。让我们更加紧密团结在以习近平同志为核心的党中央周围，以习近平新时代中国特色社会主义思想为指导，在上级党委、政府和县委的坚强领导下，紧紧依靠全县人民，埋头苦干、开拓进取，为加快建设新时代“五个大田”、决胜全面建成小康社会而努力奋斗！

2017年，吴山镇梓溪村光伏发电项目千米长廊　（林跃／摄）

《政府工作报告》有关注解与说明

表1

注解词	内　　容
国道“纵五”	浙江省至广东省的国道，从尤溪县进入大田县，途经梅山、湖美、均溪、石牌、武陵、谢洋等乡镇。大田段分三期实施：一期石牌长溪至均溪溪柏林，二期均溪溪柏林至梅山德州，三期石牌长溪至谢洋溪底
兴泉铁路	起点为江西省兴国县，终点为福建省泉州市，从永安市进入大田县，途经桃源、上京、石牌、均溪、华兴、屏山、济阳等乡镇
莆炎高速	起点为福建省莆田市，终点为湖南省炎陵县，从尤溪县进入大田县，途经梅山、文江、奇韬、广平等乡镇
五个一批	谋划一批、签约一批、开工一批、投产一批、增资一批
净化金融生态“三大攻坚”行动	打击恶意逃废债攻坚行动、法院执行攻坚行动、公职人员清欠攻坚行动
四区一路	原汽车站片区、原火电厂及福田桥头周边片区、城区新建教育项目片区、石牌片区和凤山路改造
生态环境综合治理五大攻坚行动	工业污染、畜禽养殖污染、涉砂行为、城乡生活污水垃圾、小水电生态等专项治理攻坚。
八个专项整治	小流域污染和饮用水水源保护专项整治、落后产能淘汰和燃煤锅炉专项整治、畜禽及水产养殖污染专项整治、自然保护区内违法违规项目专项整治、矿山生态修复治理专项整治、水土保持和水电站最小下泄流量专项整治、生活垃圾污水和建筑工地扬尘管理专项整治以及城区小饮食店蜂窝煤污染、餐饮店油烟、建筑工地噪声污染专项整治
五企	中央企业、外资企业、民营企业、省属企业、厦属企业
一家四业	造福工程建好一个家，发展“房前”劳务业、“屋后”种养业、“院内”手工业、“屋顶”光伏业
教育提升“五大工程”	学前教育“普惠”工程、小学“强基”工程、初中“壮腰”工程、高中“筑梦”工程、职业教育“精品”工程
数字三馆	数字文化馆、数字图书馆、数字博物馆
放管服	简政放权、放管结合、优化服务
四好农村路	把农村公路建好、管好、护好、运营好
农业“五新”	新品种、新技术、新肥料、新农药、新机具
“九促”农民增收行动计划	提质增效促增收、健康养殖促增收、林业挖潜促增收、产业融合促增收、就业创业促增收、科技助力促增收、精准帮扶促增收、深化改革促增收、政策保障促增收
三品一标	无公害农产品、绿色食品、有机农产品和农产品地理标志
三去一降一补	去产能、去库存、去杠杆，降成本，补短板
PPP模式	将部分政府责任以特许经营权方式转移给社会主体（企业），政府与社会主体建立起“利益共享、风险共担、全程合作”的共同体关系
县校合作“四个一”机制	在县校合作工作中实行“一所高校院所、一名县级领导、一个部门牵头、一个专班推进”的工作机制

续表 1

注解词	内　　容
五比五晒	比谋划、晒前期，比招商、晒签约，比开工、晒进度，比投产、晒成效，比服务、晒质量
项目“四个一”工作机制	在项目推进工作中，实行“一个项目、一位县领导、一套人马、一笔经费”的工作机制
四大板块	东部新城、南部新城、北部新城、旧城改造等四个县城建设板块
国道“横六”	即国道 534 线，起于平潭综合实验区澳前，终于建宁船顶隘（闽赣界），与江西省道 S222 线对接，全长约 568 公里；我县境内起点为文江乡塔头（尤溪界），途经文江、奇韬、广平，在石马岬与现有省道 217 线相交，全长 23.4 公里，按二级公路标准建设
生态文明建设“145”工作模式	一个中心：生态环境保护指挥中心； 四支队伍：生态综合执法局、生态侦查大队、生态巡回检察室、生态环境审判庭； 五大工程：水土流失综合治理、污染物防治、节能降耗、造林绿化、城乡环境卫生综合整治等生态环境保护工程
天地一体化	综合应用卫星或航空遥感（RS）、GIS、GPS、无人机、移动通信、快速测绘、互联网、智能终端、多媒体等多种技术，开展生产建设项目水土保持监管及其信息采集、传输、处理、存储、分析、应用的过程
多规合一	将国民经济和社会发展规划、城乡规划、土地利用规划、生态环境保护规划等多个规划融合到一个区域上，实现一个县一本规划、一张蓝图
“四个一律”	对不符合环保要求的建设项目一律不得审批；对污染严重的落后工艺、技术、装备、生产能力和产品一律淘汰；对超标或超总量控制指标排污的工业企业一律停产治理；对破坏生态环境的违法犯罪行为一律依法追究责任
“三同时”	建设项目中防治污染的设施，应当与主体工程同时设计、同时施工、同时投产使用
《准则》《条例》	《关于新形势下党内政治生活的若干准则》和《中国共产党党内监督条例》

大田县人大常委会工作报告

——在大田县第十七届人民代表大会第二次会议上

陈汉良

（2017年12月31日）

2017年主要工作

2017年是本届人大常委会起步开篇、积极作为的一年。一年来，县人大常委会在县委的正确领导下，认真学习贯彻党的十九大精神，以邓小平理论、“三个代表”重要思想、科学发展观和习近平新时代中国特色社会主义思想为指导，紧紧围绕“五个大田”建设目标，依法履职，主动作为。全年共召开常委会8次、主任会议15次，听取和审议“一府两院”专项工作报告23项，组织开展调研、视察、执法检查15项，组织满意度测评4次，配合省、市人大常委会开展调研、视察、执法检查等活动13次，为推动经济社会发展、促进法治大田建设做出了积极贡献。

一、坚持能力与形象并重，切实加强自身建设

常委会不断加强思想、政治、纪律、作风和制度建设，夯实依法履职基础，不断提升履职水平。

（一）以学习教育增强政治定力。把理论武装放在首位，认真落实各项学习制度，突出习近平总书记系列重要讲话精神的系统学习，坚持学做结合，推进“两学一做”学习教育常态化制度化。特别是在党的十九大召开后，迅速组织学习贯彻，进一步增强“四个意识”，在思想上、政治上、行动上同以习近平同志为核心的党中央保持高度一致，推动习近平新时代中国特色社会主义思想落地生根，形成生动实践。坚持党的领导、人民当家作主、依法治国有机统一，始终与县委思想同心、目标同向、工作同力，坚持重大问题、重要事项及时向县委请示报告，统筹安排和推进各项工作。认真行使重大事项决定权，一年来，围绕全县经济社会发展全局性、根本性、长远性的问题，先后作出决议决定12项。依法行使干部任免权，坚持党管干部原则与人大依法任免的有机统一，实行任前法律知识测试、表态发言，任后颁发任命书和宪法宣誓等制度，全年共依法任免国家机关工作人员39人次。

（二）以务实作风展示良好风范。扎实抓好正风肃纪，严格执行党规党纪，坚持教育在先、警示在先、预防在先，切实筑牢反腐倡廉防线，做到廉洁用权、规范履职。积极改进工作作风，完善“常委会组成人员分片联系基层代表”和“代表联系群众”的双联系制度，畅通社情民意反映和表达渠道。在制定年度工作计划时，广泛汇集代表意见建议，将关乎群众切身利益的事项列为监督议题，在调研、视察、执法检查和审议报告等一系列工作中，坚持深入群众，听取意见，反映诉求，夯实人大履职的民意基础。把做好人大信访工作作为联系群众、改进作风的有效途径，今年来，共受理群众来信来访26件（次），推动解决了一大批群众合理合法诉求。主动服务重点工作，常委会领导、人大机关干部积极参与全县重点项目建设、招商引资、特色产业发展等中心工作，深入岩兴气体、龙创生态谷、霓上茶业等项目建设一线，协调解决项目用地、用电等实际难题。突出精准扶贫工作，多次开展专题调研、视察，组织人大机关干部深入挂钩贫困村，与帮扶农户“结亲认戚”，“点对点”精准帮扶，提供资金、技术、信息等服务，助推精准扶贫与精准脱贫工作。

（三）以制度规范推动依法尽责。主动适应人大工作的新形势，修订完善常委会组成人员守则、议事规则、专门委员会职责等工作制度，促进工作制度化、规范化和程序化。创新监督机制，健全部门工作评议办法，评议对象由政府组成部门延伸至非政府组成部门、省市垂管单位等，并对评议主体、评议方式、结果运用进行拓展，使监督工作更富内涵、更有力度。健全和完善会议管理、信访接待、公务接待等机关内部管理制度，进一步规范机关各项工作。切实加强乡镇人大工作指导，认真贯彻落实《福建省乡镇人大主席团工作规定》，对乡镇召开人民代表大会、主席团会议，开展代表调研、视察等工作进行指导，坚持乡镇人大主席列席常委会会议制度，组织召开乡镇人大工作座谈会，加强与乡镇人大的联系和沟通，不断激发乡镇人大工作活力。

二、坚持监督与支持并重，全力服务发展大局

常委会牢固树立寓支持于监督的理念，围绕全县中心工作，依法开展监督，全力推动经济社会平稳、有序发展。

（一）立足于推动经济发展加强监督。关注经济运行情况，听取和审议了2017年上半年计划执行情况报告，提出要推进供给侧结构性改革，加快发展实体经济等建议，力促转型升级。围绕“项目攻坚年、招商突破年”活动，专题视察经济开发区、卫斯特环保等重大项目建设情况，支持和督促县政府强化服务举措，加大招商引资力度，推动项目建设取得实效。关注特色农业发展，组织开展富硒农业产业化发展专题调研，要求县政府高度重视富硒产业发展，加快打造富硒茶、水稻、果蔬等标准化种植基地。关注新型城镇化发展，审议通过了《关于提请吴山、华兴、梅山、文江撤乡设镇的议案》。县政府认真落实，抓好规划、申报等各项工作，今年9月，吴山、华兴撤乡设镇获省政府批准。

（二）立足于强化财政保障加强监督。推进全口径预决算监督，重点抓好“预算审查、预算执行、决算审查”三个环节，为人民把好“钱袋子”。听取和审议了2016年度财政预决算执行、2017年上半年预算执行等多个专项报告，针对存在的困难和问题，要求县政府强化财税征管，推进政府采购、国有资产管理等改革，确保农业、教育、卫生和社会保障等重点支出。开展审计查出问题整改落实情况跟踪检查，推动县政府加强预算绩效、财政专户及结余结转资金等管理工作。组织开展2014—2016年城市公用事业附加收入（地方电力附加费）情况专题调研，促进专项资金使用绩效进一步提升。关注政府性债务，督促县政府提高风险防范意识，管好、用好债券资金，控制政府性债务规模。深化政府投资项目监督，推动香山北路、国道纵五线（大田段）、兴泉铁路（大田段）等一批项目建设，发挥政府公共投资拉动经济发展和改善民生的作用。

（三）立足于增进民生福祉加强监督。围绕学有所教，审议了《大田县城区教育布局专项规划》，及时作出决定，为教育发展留足空间；组织开展教育工作专题视察，认真细致为教育事业发展“问诊把脉”。县政府加大教育投入，统筹推进赤岩小学、福兴幼儿园、太华中心幼儿园等27个教育设施扩容工程，加强教师队伍管理，实施教学质量提升工程，促进城乡教育均衡优质发展。围绕病有所医，开展城区卫生资源配置情况专题调研，在加大投入力度、加强人才队伍建设、提高医疗资源使用效率等方面提出意见建议，着力解决“看病难、看病贵”等问题。围绕老有所养，组织开展城乡社区养老服务工作调研，推动养老服务体系建设。县政府加强政策引导、加大资金投入，推进我县养老工作在“居家养老”“医养结合”等方面创新发展。围绕和谐稳定，开展征地补偿政策落实情况调研，针对安置方式、补偿标准、公开透明度等群众关心的问题，督促县政府抓好整改落实，保障被征地农民的合法权益；组织开展社会治安综合治理和“平安大田”建设专题视察，进一步推动形成共创平安、共保稳定、共促和谐的良好局面。

（四）立足于优化生态环境加强监督。持续关注生态文明建设，听取县政府环境保护工作专项报告，推动环保法贯彻实施。突出河长制工作重点，在全省县级人大率先作出《关于全面深化河长制的决定》，规范河长工作职责，实现河长工作制度化、规范化、常态化。坚持重点监督和持续监督相结合，在上一届人大常委会，连续两年开展城区饮用水源地管护工作监督的基础上，今年继续开展存在问题整改情况跟踪，并进行满意度测评。针对测评不满意的情况，持续发力、久久为功，督促县政府采取有效措施，做实整改工作。关注农村饮用水安全，对水量水质保障、资金投入、管理体制等问题提出意见建议，推动农村饮水安全工作的巩固提升。

（五）立足于促进司法公正加强监督。针对“执行难”问题，听取和审议县法院执行工作情况报告，提出要加强部门联动、充实执行队伍力量、运用多种财产查控手段等意见，努力提高执行工作效果，维护社会公平。围绕生态检察工作，听取和审议县检察院生态检察工作情况报告，提出要增强政策宣传实效、加大打击力度、健全长效机制等审议意见，有效推动《三明市人大常委会关于加强生态检察监督推进生态环境保护的决定》的贯彻落实，为我县生态建设提供司法保障。加强规范性文件备案审查工作，坚持常规审查与专项审查相结合，对《大田县造福工程补助资金管理暂行办法》《大田县招商引资优惠政策规定》等10件规范性文件的合法性、适当性进行备案审查，保障宪法和法律的遵守和执行。

三、坚持保障与激励并重，充分发挥代表作用

常委会积极探索创新代表履职方式，为代表履职搭建平台、提供服务，代表主体作用得到更好发挥。

（一）夯实活动阵地。健全18个乡镇人大代表工作室，将省、市、县、乡四级人大代表按乡镇组建72个代表小组，并建立活动室，明确工作职责，制定活动制度，配齐学习宣传资料，定期组织代表开展学习培训、接待群众、征集意见建议等活动，使工作室和活动室成为凝聚代表、联系群众的重要阵地。根据县情及代表分布情况，组建了教育、卫生、茶产业等行业代表小组，发挥各个行业人大代表的专业优势。今年来，组织开展了茶旅融合发展、公共卫生服务项目建设等专题调研活动，提出具有较强专业性的意见建议，促进相关工作开展。通过有针对性地组织代表小组和行业小组活动，形成并驾齐驱、相互促动的良好局面。

（二）做实代表活动。换届选举后，先后集中举办了全县代表初任、履职培训班，邀请省、市专家，对人民代表大会制度、代表法、监督法等进行专题辅导，着力提升代表履职能力。推进“互联网+代表履职”模式，完成省、市、县人大代表履职服务平台建设，实现代表建议提交、履职记录、信息查询“掌上”办理；同时完善微信公众号宣传展示、沟通互动功能，拓宽代表履职渠道，提高代表履职和代表工作的效率。定期邀请代表列席常委会会议，组织各级代表开展调研、视察、执法检查、评议等各类活动，引导代表做到“六个一”（每季度走访原选区选民一次以上，每半年参加代表小组活动一次以上，每半年参加学习培训、调研、视察、列席会议等履职活动一次以上，每年参加代表接待群众日活动一次以上，每年提议案、建议一条以上，每年向原选区选民报告履职情况一次），增强履职的自觉性和主动性，促使代表在精准扶贫、经济发展、民主法治、社会稳定等方面，发挥桥梁人、带头人、监督者、参与者的积极作用。

（三）抓实建议督办。坚持以“提高办理质量”为目标，对转交“一府两院”研究办理的议案建议，采取现场督办、办理情况视察、满意度测评、“回头看”等方式，加大督办力度，回应代表关切。突出“重点督”，把涉及民生、群众热切关注的建议，由常委会领导牵头、相关委室负责全程跟踪问效，推进办理工作从“答复型”向“落实型”转变。如：雷玉华等10名代表提出的“关于均衡配备教师的议案”、郑新平等3名代表提出的“关于医疗资源优化整合的建议”等一大批群众关心的问题得到有效解决，激励代表更好地为民代言。代表们在县十七届人大一次会议期间提出142件建议，在闭会期间提出14件建议，有关单位全部办复完毕，代表对首次办理结果的满意率为89.7%。

过去一年，常委会工作所取得的成绩和进步，是在县委正确领导下，全体代表共同努力的结果，是“一府两院”、各乡镇、各部门紧密配合的结果，是全县人民、社会各界人士大力支持的结果。在此，我谨代表县人大常委会，表示衷心的感谢！

回顾过去的一年，我们也清醒地认识到常委会工作还存在不足，主要是：监督工作回应社会关切的针对性有待进一步增强，代表建议办理成效有待进一步提升，代表履职服务保障水平有待进一步提高，等等。这些，我们将在以后的工作中认真加以改进。

2018 年工作安排

2018 年，是全面贯彻落实党的十九大精神的开局之年，是决胜全面建成小康社会、实施“十三五”规划承上启下的关键一年。新的一年，县人大常委会将在县委的坚强领导下，高举中国特色社会主义伟大旗帜，以习近平新时代中国特色社会主义思想为指导，深入学习贯彻党的十九大精神，坚持党的领导、人民当家作主、依法治国有机统一，依法履行各项职权，努力开创地方人大工作新局面。

一、以学习贯彻党的十九大精神为切入点，进一步强化使命担当

深刻领会十九大精神实质，牢固树立“四个意识”、增强“四个自信”，在新的历史条件下更好地履行职能、发挥作用。一是深入学习贯彻党的十九大精神。认真按照中央和省、市、县委部署，把学习贯彻十九大精神作为当前和今后一个时期的首要政治任务，进一步在学懂弄通做实上下功夫、见成效；坚决维护以习近平同志为核心的党中央权威和集中统一领导，以习近平新时代中国特色社会主义思想为行动指南，提升做好人大工作的政治站位、工作定位。认真落实十九大关于民主政治建设和人大制度、人大工作的部署要求，注重对各项工作的统筹谋划，更好地发挥人大代表作用，真正使人大及其常委会成为全面担负起宪法法律赋予的各项职责的工作机关、同人民群众保持密切联系的代表机关。二是围绕中心依法行使职权。坚持重要工作、重大问题及时向县委请示报告，确保县委决策部署在人大工作中得到有效执行。围绕“创新驱动、绿色发展”主题，以“稳增长、促改革、调结构、惠民生、防风险”为着力点，不断加大监督力度，改进监督方式，增强监督实效。不断提高科学民主决策水平，使人大常委会依法讨论决定的重大事项，与县委工作更合拍，与人民群众更合心，与政府工作更合力。进一步完善任免工作程序和制度，推进任免工作更加规范有序。按照国家监察体制改革试点工作部署，选举任命监察委员会组成人员，对新成立的监察委员会工作情况进行调研、监督。三是持之以恒加强自身建设。注重从严要求、提升能力，坚持和完善常委会集体学习、专题讲座制度，深入学习党的方针政策、法律法规和人大业务知识，打牢依法履职的思想和能力基础。推进“两学一做”学习教育常态化制度化，扎实开展“不忘初心、牢记使命”主题教育，严格贯彻中央八项规定精神，驰而不息抓好作风建设，努力打造忠诚干净担当的人大干部队伍。健全完善相关规章制度，使常委会工作有章可循、规范运作。自觉接受市人大常委会的指导，加强对乡镇人大的指导和支持，不断提高我县人大工作整体水平。

二、以改进监督方式和提高监督实效为落脚点，进一步履行监督职能

牢牢把握县情，坚持基础与重点兼顾、监督与支持并重，围绕事关经济发展、民生改善、法治建设等事项加强监督，促进经济社会持续健康发展。一是突出发展主题。积极践行新发展理念，加强对经济工作的监督，听取和审议经济社会发展计划情况报告，视察工业园区建设、企业科技创新等情况，督促县政府调整产业结构，深化供给侧结构性改革，提高经济增长质量和效益。加强财政监管，听取和审议财政预算执行、审计工作情况等报告，强化对政府性基金、国有资本经营、社保基金等预算监督，全力推进全口径预决算审查监督。二是突出民生主旨。坚持以人民为中心，把事关群众切身利益的民生事业作为监督重点。听取和审议教育、医疗、河长制、精准扶贫、基础设施建设等情况报告，对城区饮用水源地管护工作情况再次开展专题询问，调研视察不动产登记、公共文化服务、“平安大田”建设、少数民族事业发展、环境保护目标完成等情况，推动乡村振兴战略实施和民生社会事业发展，让人民群众的获得感、幸福感更加充实、更有保障。三是突出法治主线。深化依法治国实践，加强法律法规实施情况监督，努力促进公正司法。积极开展省、市、县三级联动议题，听取和审议县法院关于“执行难”工作整改落实情况报告，加大司法工作监督力度，维护公平正义。对工会法、野生动物保护法、三明市城市市容和环境卫生管理条例等实施情况进行检查，推动法律法规在本行政区域的正确实施。加强规范性文件备案审查工作，不断提高审查质量，从源头上推进依法行政，维护法制统一。

三、以健全履职机制和激发代表活力为着力点，进一步发挥代表作用

不断探索人大代表工作新方式，着力完善工作机制，支持和保障代表依法履职，充分发挥代表主体作用。一是健全代表履职服务机制。完善代表学习培训制度，继续分期分批开展代表培训，不断提高代表履职能力。有计划组织代表列席常委会会议，参与调研、视察、执法检查等活动，为代表履职提供平台。二是健全代表监督管理机制。加强代表联系群众活动室建设，完善“六个一”机制，利用代表履职工作平台，开展履职登记、向选民述职、风采宣传、履职评比等活动，增强代表自觉履职和主动接受监督意识，引导广大代表真心为民谋实事、诚心为民解难题、用心为民谏箴言。三是健全代表建议督办机制。强化议案建议督办工作，在提高问题解决率上下功夫，创新实施“三上门”工作举措，即“办理前上门征求意见、办理中上门共商对策、办理后上门跟踪落实”，努力推动代表议案建议办理工作落到实处、见到实效。

新时代赋予新使命，新征程呼唤新担当。让我们更加紧密地团结在以习近平同志为核心的党中央周围，坚持以习近平新时代中国特色社会主义思想为指导，依法履行宪法和法律赋予的各项职权，在县委的坚强领导下，不忘初心、牢记使命、永远奋斗，决胜全面建成小康社会，奋力谱写新时代大田发展新篇章！

政协大田县委员会工作报告

——在政协第十届大田县委员会第二次会议上

余真华

（2017年12月29日）

2017年工作回顾

2017年，在中共大田县委正确领导下，县政协常委会认真贯彻中共十八大、十九大精神，深入学习贯彻习近平新时代中国特色社会主义思想，推进协商民主彰显作为，促进社会和谐凝心聚力，强化能力建设提高实效，为“五个大田”建设作出积极贡献。

（一）讲政治凝共识，团结奋斗基础更加牢固。我们始终坚持中国共产党的领导，牢固树立“四个意识”，坚决维护以习近平同志为核心的中共中央权威和集中统一领导，做到与党委政府思想同心、声音同频、目标同向、行动同步、工作同力，确保政协事业沿着正确的方向发展。一是在学习引导中增进共识。通过党组扩大会、常委会、专题报告会等形式，迅速兴起学习贯彻中共十九大精神热潮，县政协领导带头学、带头讲、带头深入基层宣传，实现委员、机关、乡镇政协委员联络组和挂钩乡镇、村干部职工学习参与面全覆盖，不断加深对一系列新的重要思想、重要观点、重大判断、重大举措的认识领会，增进社会各界人士的认知认同，夯实团结奋斗的共同思想政治基础，更好地用习近平新时代中国特色社会主义思想统一思想行动、统领政协工作、指导政协实践。二是在工作谋划中扩大共识。认真贯彻中央和省市县委《关于加强人民政协协商民主建设的实施意见》精神，积极落实省委、省政府、省政协构建的议题共同确立、计划共同制定、人员共同参与、实施共同推进的“四个共同”协商工作机制，主动与县委县政府加强沟通，形成年度协商工作计划草案，提交县委研究确定、印发实施。县政协按照“一项协商议题、一名牵头领导、一个调研工作组、一套实施方案、一份协商成果”要求，及时分解任务、责任到人，并充分利用实地调研、座谈研讨、会议协商等形式，邀请党政领导参加协商活动，县直有关部门主动通报情况，共商对策，营造联动格局，合力推动协商民主工作，很好地完成县委交给政协的14个重点协商议题任务，提交调研视察报告、呈阅件、建议案10件，获党政主要领导批示11件（次），一系列有价值的意见建议得到党委政府及有关部门采纳，成为推动大田发展的良言实策。今年5月，省委检查组督查我县落实《关于加强人民政协协商民主建设的实施意见》情况时，对大田协商民主建设工作给予充分肯定。三是在党建引领中深化共识。县政协党组充分发挥把方向、管大局、保落实的作用，坚持把政协工作与政治、思想、组织、作风、纪律建设结合起来，同步部署、检查、考核、落实党建工作和政协工作，带头强化制度落实，推进“两学一做”学习教育常态化制度化，切实履行管党治党的主体责任。坚持问题导向，围绕政治合格、执行纪律合格、品德合格、发挥作用合格进行专题研讨；组织部分委员中的中共党员和机关全体党员干部到中共闽中工委旧址举行专题教育、重温入党誓词；开展“学习廖俊波精神”“严纪律、正风气”等系列活动，带动广大委员和机关干部提升履职标杆，改进工作作风，推动建章立制，打牢党建根基，对内提升精气神，对外树立新形象，营造风清气正政治生态，凝聚共促大田发展共识。

（二）建真言献良策，协商议政成果更加丰实。我们始终坚持发展第一要务，围绕中心大局，找准履职路径，汇集各方之智，聚齐各界之力，全力协助党委政府念好“发展经”。一是政治协商共谋大计。坚持政治协商“三在前、三在先”原则，就“项目攻坚年”“招商突破年”“四区一路”旧城改造、精准扶贫“三年会战”等重大决策部署提出政协意见，为助推大田发展资政建言。县委点题要求围绕“办人民满意教育打造教育强县”开展专项调研，熊旭明书记在县政协报送的《关于我县教育工作情况的调研报告》上，作出“报告很好，开门见山、直面问题、有的放矢、提出意见。县委县政府分管领导要认真阅研，根据各个层面存在的问题，即知即改，并系统梳理，促进规范，打好‘组合拳’，为建设教育强县不懈努力”的批示，部分建议已成为促进教育发展的实际举措。我们还聚焦民生问题和社会热点开展特色鲜明的协商议政活动，把协商会开到群众家门口，主动问计于民众，集力聚智，“红粬古法工艺传承与保护”“打造农业（富硒）旅游产品”“推动全民阅读 建设书香大田”等协商成果更加接地气、合民意，切实发挥人民政协作为协商民主重要渠道和专门协商机构的作用。二是民主监督共促大局。认真贯彻中央《关于加强和改进人民政协民主监督工作的意见》精神，大力推进协商式民主监督，形成“禁毒工作视察报告”“做好精准扶贫工作的建议”“做好食品安全工作的建议”等多份监督成果，被县委县政府及相关部门采纳、得以落实。强化提案监督，选取5个提案作为重点提案，由政协领导牵头负责，实施重点督办、持续督办，县民政、卫计等承办单位与提案者加强互动、查找差距、改进工作，促进撤乡建镇、“医养联合体”建设等提案办理落地转化，带动十届一次会议审查立案的99件提案办理出成效，很好地发挥提案监督作用。开展监督性专项视察，察看习近平总书记调研过的广平元沙、上京梅林等党建引领小康示范村新变化，视察禁毒工作、重大交通基础设施建设、园区经济发展、水土流失治理等，推动县委县政府决策部署和各项要求更好的落实。提升会议监督，安排精准扶贫、食品安全两个监督性议题，常委会上先后邀请县农业局、市场监督管理局领导通报工作情况，委员就群众关心关注的热点焦点问题，进行专题询问、“面对面”协商，发挥监督整体成效。加强日常监督，推荐和支持委员担任部门监督员、人民陪审员等，组织委员参加党委政府工作报告征求意见会、重点项目专项督查、中小学校长任期述职测评活动等，不断提升监督实效。三是参政议政共创大业。县政协领导班子认真参与重点项目建设、招商引资、创城工作等，做了大量的土地征用、债务化解等协调服务，成功引进的永兴达机动车驾考中心基本建成、济阳“马力小镇”项目开工建设。县政协各专委会紧扣“五个大田”建设，充分利用专题调研、会议协商、提案撰写等形式，累计组织委员开展调研视察、召开协商会等活动31场次、400多人次，多数建议被有关部门采纳，扩大政协参政议政成果影响力。委员们响应县委县政府号召，在各自岗位上认真履职，积极参与项目投资、城乡建设、全域旅游等工作，展现良好风貌，体现责任担当。乡镇联络组努力发挥各自优势，如石牌镇联络组为南部新城建设出谋献策，建设镇联络组为红糟传承保护集思广益，济阳乡联络组为“马力小镇”建设献计出力，联络组在促进当地经济社会发展中展示了新作为。

（三）倾真情勇担当，为民宗旨成效更加明显。我们始终秉承以人民为中心的理念，全力践行为民宗旨，展现委员心系发展、情牵民生的为民情怀。一是脱贫攻坚用实劲。县政协领导班子、机关驻石牌镇工作队结合挂乡镇包村工作，深入联系点和挂包贫困户，加强沟通交流，制定扶贫计划、商讨脱贫措施，提供项目帮助、争取资金支持，开展扶贫指导、共谋致富良策，做到既建言献策又主动参与，在工作中充分体现大局意识、服务意识和担当意识。委员们积极参与精准扶贫、精准脱贫，一批委员企业推行“公司＋基地＋农户”扶贫模式，与贫困户精准对接、倾情帮扶，带动更多贫困群众实现稳定脱贫、走上致富路。二是改善民生出实招。紧扣党政关注、人民关切问题，深入调研、把准病因、开准药方，推动建言成果开花结果。针对均溪镇福塘村、石牌镇石牌村群众希望纳入市政供水范围的迫切愿望，组织委员、水利、水务及相关镇、村负责人，现场调研、座谈协商、谋划对策，形成专题协商意见报送县委县政府，直接转化为推动工作的实际行动，该项目已于10月底动工建设，及时回应了群众的呼声和诉求。三是反映民意求实效。坚持把反映社情民意作为听民声、传民意、聚民智的重要载体，加强收集、整理和报送。一年来，通过召开会议集中征集、走访活动现场征集、运用新媒体广泛征集，认真收集反映群众期盼和社会动态信息，共组织整理报送社情民意信息117条，“建言助推孝道故里建设”等62篇被全国、省、市政协采用，充分发挥社情民意“直通车”作用。

（四）促和谐聚合力，团结民主主题更加突出。我们始终坚持大团结大联合，突出政协优势，讲好大田故事，传好大田声音，为改革发展稳定营造良好环境。一是凝聚各界力量。积极搭建知情明政、参政议政、学习交流平台，邀请工商联、无党派人士和社会新组织、新阶层代表参加政协活动，谏真言、谋良策，出实招、促发展。坚持走访常态化，认真落实“亲”“清”新型政商关系，深入委员企业，主动靠前服务；对非公有制经济人士多关注、多谈心、多引导，鼓励创新创业，为大田发展多做贡献；积极拜访泉州、厦门、福州等异地商会，走访在外乡贤，推动田商回归，共促发展。二是开展联谊交流。组织考察德化陶瓷产业、永安石墨烯产业、尤溪红酒产业、建阳将乐纪念馆群建设及文化推广工作做法；做好省市和兄弟县（市、区）政协调研考察“河长制”、全域旅游、公共文化服务体系等工作，宣传推介大田相关领域经验，相互交流，增进友谊，扩大知名度；认真开展少数民族村寨建设和宗教场所调研，促进民族和谐、宗教和睦。三是推进文史工作。认真挖掘、收集郭居敬孝文化史料，开展孝道文化专题调研，向县委县政府提交《加强孝文化名片建设打造孝道故里的对策建议》，为打造全国孝文化高地和思想名片积极建言，现郭居敬纪念馆已启动建设；征编出版《大田地方戏曲》，征集“大田地方美食”资料，与教育部门合编《大田县第四届园丁杯书画展作品集》、联办书画展；做好省市政协《天有丰年——福建农业文化遗产综览》《三明家风家训》有关大田的资料收集工作；组织参加市政协喜迎十九大书画作品展评选，获二等奖1名，入展资格5件，较好发挥“存史、资政、团结、育人”的功能。

（五）强队伍激活力，固本强基举措更加务实。我们主动适应新形势下政协履职要求，增强内在动力，夯实履职基础，促进自我完善、自我提升。一是狠抓班子建设。抓好县政协“关键少数”，强化领导班子和常委会的大局意识和履职实践，班子成员之间的全局观念和合作意识更强，班子成员与常委会其他成员之间相互支持、相互尊重，更加珍视界别群众信任、珍重自身肩负职责，争当勤学善谋表率、履职尽责表率、遵章守纪表率，着力建设一个团结和谐、廉政勤政、合作共事的领导集体，带动和激励广大委员提高履职的积极性、主动性和创造性。二是强化主体作用。坚持把发挥委员主体作用作为强政协、活政协的抓手。按照“六个一”委员履职活动要求，今年来，通过举办委员读书班、专家专题讲座，召开政情通报会，分批组织委员和机关干部参加全国政协、高校等培训中心培训，为全体政协委员赠订《人民政协报》《政协天地》，促进委员了解政协情、会说政协话、能办政协事。做深做实调研视察、民主监督、协商会议、社情民意反映等各项履职活动，鼓励委员讲真话、讲实话、讲管用的话，多建睿智之言、献务实之策、进坦诚之谏，努力做到协商有方、监督有力、参政有为，在履职实践中彰显委员主体地位。三是优化履职保障。继续推进委员参与政治协商、民主监督、参政议政制度建设，动态管理委员参与政协活动履职档案，评选出本年度优秀委员和先进乡镇联络组组长19名、优秀提案5件、提案办理先进单位3个，并在本次会议上予以表彰，营造浓厚的委员履职氛围。扎实推进政协机关政务性、事务性工作，机关委室的工作积极性与创造性不断增强，与党政职能部门、乡镇联络组和界别的对口联系协调更加紧密，统筹协调服务保障功能有效发挥。做好老干部工作，关心离退休老干部学习、生活，支持和鼓励老干部为我县经济社会发展发挥余热、积极奉献。加强基层政协组织建设，今年新设立7个联络组，实现全县18个乡镇联络组全覆盖，完善政协领导挂钩机制，促进县、乡镇政协互动，推动联络工作顺利开展。

2017年11月3日，县政协组织部分政协委员对境内国道纵五线、兴泉铁路等重点交通项目建设情况进行视察(报道组/提供)

一年的履职实践，我们深刻体会到：做好人民政协工作，必须维护“核心”，坚定不移地把坚持中国共产党的领导作为政协工作的根本原则；必须围绕“中心”，坚定不移地把服务全县发展大局作为政协工作的第一要务；必须紧贴“民心”，坚定不移地把增进人民群众福祉作为政协工作的基本要求；必须凝聚“人心”，坚定不移地把团结民主两大主题作为政协工作的方向和使命；必须不忘“初心”，坚定不移地把加强学习提升能力作为政协工作的动力源泉。与此同时，我们深切体会到：县委县政府的关心、重视，各部门各单位的支持、配合，社会各界的信任、期待，为我们创造了良好的履职环境，成为激励政协奋发有为的不竭动力。在此，我谨代表县政协常委会，向所有关心支持政协工作的各级党政领导、广大政协委员和社会各界人士，表示衷心的感谢和崇高的敬意！

我们也清醒地认识到，政协工作还存在不平衡不充分问题，主要有：政协协商制度建设不尽完善，民主监督力度和界别优势发挥比较薄弱，提案建议、协商成果转化力度有待加强等等。下一步，我们将认真研究，加以改进。

2018年工作意见

中共十九大吹响了开启新时代、踏上新征程的号角。2018年，我们要深入学习贯彻中共十九大精神，坚持以习近平新时代中国特色社会主义思想为指导，在中共大田县委的领导下，全面贯彻中共十九大对人民政协工作的重大部署，牢牢把握团结民主两大主题，持续深化协商民主建设，着力提高协商议政实效，着力强化民主监督职能，着力提升自身建设水平，为决胜全面建成小康社会、加快建设新时代“五个大田”贡献智慧和力量。

（一）弘扬政协主题，共同筑牢思想政治基础。牢牢把握大团结大联合的主题，凝聚社会共识，切实以中共十九大精神统领政协工作。一要凝聚思想共识。把学习宣传贯彻中共十九大精神作为首要政治任务，增强学习宣传贯彻的自觉性和坚定性，带着问题学，带着感情学，带着责任学，带着干劲学，着力在学懂弄通做实用活上下功夫，重点把握新时代、新思想、新征程、新部署、新要求等五个方面内容，切实把思想和行动、智慧和力量统一到中共十九大确定的奋斗目标和战略任务上来，统一到中央和省市县委作出的各项决策部署上来，更好地发挥思想引领、协调关系、汇聚力量、建言献策、服务大局的重要作用。二要推进团结民主。不断深化与工商联和无党派人士在政协的合作共事，加强与党外知识分子、少数民族与宗教界代表人士、非公有制经济人士、新社会阶层人士等的团结联谊，发挥政协在促进交流合作、增进共同福祉、厚植共同利益的作用，同心共筑新时代大田发展的强大能量。三要增进社会认同。坚持民主协商、平等议事，打造政协表达意愿诉求的平台，创设真诚坦率发表意见的环境，协助党委政府做好团结各方、增进共识、协调关系、化解矛盾工作，促进社会和谐。

（二）围绕发展大局，推进政协协商民主实践。主动将政协工作融入全局进行谋划部署，围绕中心，服务大局，寓协商理念于履职全过程，着力推动协商民主广泛、多层、制度化发展。一要进一步优化政治协商格局。认真落实中央和省市县委《关于加强人民政协协商民主建设的实施意见》精神，按照“四个共同”机制要求，进一步完善以政协全会为龙头，以常委会专题协商为重点，以提案办理协商、对口协商和界别协商等为常态的协商议政格局，重点就实体经济扶持、创新驱动发展、乡村振兴战略等重大课题，深入开展调查研究，积极议政建言，为全县改革发展谋良策、出实招。二要进一步改进民主监督工作。充分发挥协商式监督的独特优势，重点聚焦党委政府重视、社会各界关注、群众期待解决的问题，安排一定数量的监督性协商议题，强化提案监督、视察监督、专项监督、会议监督，开展提案承办单位述职活动，跟踪问效协商成果转化，加快补齐民主监督“短板”，积极助力县委县政府重要决策部署的贯彻落实。三要进一步提高参政议政水平。突出党政工作重点、改革发展难点、群众关心热点，围绕深化供给侧改革、强化项目支撑、打造主导产业等重大问题，组织开展“集智聚力谋发展”系列活动，综合运用调研视察、协商座谈、提案和反映社情民意信息等方式，深入议政、精准建言，为大田发展凝聚政协智慧。

（三）顺应民众期盼，全力助推小康大田决胜战。我国社会主要矛盾已经转化为人民日益增长的美好生活需要和不平衡不充分的发展之间的矛盾。我们要把人民对美好生活的向往作为政协工作的出发点和落脚点，切实履职为民，增进民生福祉，为改革发展成果更多更公平地惠及全县人民献计出力。一要助力脱贫攻坚战役。紧盯决胜全面建成小康社会的重点难点问题，开展“政协委员精准扶贫助推行动”，通过产业扶贫、科技服务、文化进村等更多方式参与到精准扶贫、精准脱贫工作之中，主动作为，各尽其能，真心帮扶困难群众，真情助推村庄发展。二要助力社情民意反映。引导委员注重收集社情民意，倾听群众呼声，反馈群众诉求，表达政协意见，为党委政府掌握群众思想认识的困惑点、利益关系的交集点、社会矛盾的易发点和各项工作动态，提供决策参考。三要助力民生短板改善。组织开展“倾情助民生”系列活动，重点围绕加快社会事业发展补齐民生短板，就卫生与健康、医养融合养老产业、教育产教融合等课题建言献策，助推惠民政策有效落实。引导委员自觉承担社会责任，积极参与捐资助学、慈善事业、医疗义诊等公益活动，为群众多做一些看得见、摸得着的实事、好事。

（四）提升履职动力，促进政协事业健康发展。坚持把加强自身建设作为履职之基，提升履职效能，激发工作活力，推动政协工作上新台阶。一要加强政协党的建设。牢牢把握新时代党的建设总要求，扎实开展“不忘初心、牢记使命”主题教育，认真履行全面从严治党主体责任，严格落实党章和各项准则、条例，严明纪律规矩，严肃政治生活，强化党内监督，以政协党组建设带动领导班子、常委会、专委会、机关建设，把制度建设贯穿其中，不断提高政协党的建设质量。二要强化委员队伍建设。主动适应新时代新任务，按照懂政协、会协商、善议政和守纪律、讲规矩、重品行的要求，深入开展“六个一”委员履职活动，继续举办委员培训班，搭建知情明政平台，拓宽履职渠道，健全退出机制，优化管理服务，不断激发委员履职的使命意识、责任意识、担当意识，切实发挥委员在政协工作中的主体作用、本职工作中的带头作用、界别群众中的代表作用。三要提升服务保障能力。充分发挥政协机关参谋助手、组织协调、服务保障的“中枢”作用，统筹谋划政协履职活动，创造委员履职尽责平台，推动乡镇联络组创新开展工作，着力营造风清气正的履职环境和干事创业的良好氛围。建立专委会联系界别工作、委员联系界别群众制度，健全界别活动工作机制，探索发挥界别作用的有效方法和途径，实现界别活动规范化、常态化。四要加强文史宣传工作。突出大田特色，承传统、深挖掘、拓渠道、集众智，扎实开展孝道文化、大田地方美食、老手艺等历史民俗文化和民间艺术传承的收集与抢救工作。加强文史队伍建设，着力提高征集、撰写、编审质量关，打造精品，服务社会。加大政协新闻宣传力度，通过生动鲜活的典型案例，讲好政协故事，展示委员风采，展现政协成效。

新起点、新征程鼓舞人心，新目标、新号角催人奋进。让我们更加紧密地团结在以习近平同志为核心的中共中央周围，在中共大田县委的坚强领导下，不忘初心、牢记使命，锐意进取、团结奋进，不辜负人民群众、社会各界的信任和重托，为奋力谱写新时代大田发展新篇章作出新的更大贡献。

2017 年 12 月 28—31 日，政协第十届大田县委员会第二次会议在县影剧院召开　（报道组 / 提供）

20 年磨砺“刑侦尖刀”

——记全国公安优秀基层单位大田县公安局刑侦大队

郑宗栖

20 年前，大田县公安局刑侦大队曾经被评为全市“最差刑警队”。为了摘掉让人喘不过气来的“帽子”，20 年来该大队知耻后勇、砥砺奋进，最终磨砺出一支“刑侦尖刀”。大队先后获得“全国公安优秀基层单位”“全省优秀基层党组织”“全省政法系统优秀基层单位”等省部级表彰 30 次，市厅级表彰 14 次；个人获得省部级表彰 29 人次、市厅级表彰 48 人次。

知耻后勇争当“排头兵”

“谁都不愿意当‘差生’，那时我们压力太大了，面对群众，我们都会‘脸红’……” 2000 年，王国泰临危受命，出任刑侦大队支部书记、大队长，回忆起那段岁月，紧锁眉头，表情凝重。

怎么办，如何拯救这支队伍？“逼”这是王国泰第一个“铁腕”举措。大队开展“星级侦查员”评选制度，落实公平绩效考评、公正考核评选、公开选拔任用。每名民警都要对各自岗位的创先争优进行公开承诺，并把岗位承诺书通过公安信息网、互联网和宣传栏、公开栏的方式向社会公开，接受组织和群众的监督。

王国泰说：“落伍了，唯有追的份，这也是责任。”大队实行“日记载、周小结、月考评”，在楼层设置的六个显示屏和办公楼前的公开栏上滚动通报，便于民警对照自查。

十年磨一剑。因为倒逼改革，刑侦大队不仅把全市“最差刑警队”的帽子早早地摘掉了，并创下了保持命案全破、全市考评优胜的辉煌业绩，获得群众赞誉。大队历年来共评选产生 32 名星级侦查员，已有 26 名得到提拔任用，其中 16 名星级侦查员走上领导岗位，挑大梁、担重任。

2011 年 4 月，现任刑侦大队长郑乾智上任就职，继续发扬“看我的、跟我上”的“领头羊”示范作用，与侦查民警同甘苦、共拼搏。

榜样就是旗帜，凝聚着看齐的力量。荣获福建省“八闽神探”称号的林少煌，在刑侦岗位工作二十余年，在工作实践中他钻研出了各种贴近实战的侦查技战法，同时也孜孜不倦的培育了一批又一批的优秀刑侦业务能手。

全国“三八红旗手”、公安机关爱民模范郑淑淋，巾帼不让须眉，其以女性独特的细腻、柔情，扎根于刑事技术工作岗位二十余年，将刑事技术工作带到公安部一级技术室的业务巅峰。2008 年，在打击拐卖妇女儿童专项工作中，她对被解救的 33 名被拐儿童无微不至的关爱，被大家亲切地称为“警察妈妈”。

剑胆琴心当好“守护员”

破案是硬道理。20 年来，大队破获了各类刑事案件 3 万余起，其中命案 61 起，重特大案件 3800 余起。尤其是近五年来，通过以打促防，刑事发案率明显下降，创历史新低，广获群众点赞。

2016 年 10 月，居民吴某被他人以虚假信息诈骗方式骗取存款积蓄 29 万余元，不甚重负、上吊自杀。该案也是大田县有史以来损失金额最大的电信诈骗案件，且被害人上吊自杀，引起了广泛的社会关注。

电信诈骗案难破，这是大家众所周知的，但是该大队硬是啃下这个硬骨头。民警们在被害人死亡、警情不明的情况下，依托技术勘验和大数据支撑，第一时间还原轨迹、判明案情，充分发挥对虚假信息诈骗案件通讯流、资金流的打击战法，通过赴外民警的轮番追击、连续蹲守力，仅历时7天锁定犯罪团伙，予以一网打尽，成功抓获诈骗团伙成员10名，当场扣押赃款66万余元。

2013年7月，华兴乡发生一起入室强奸杀害孕妇案，手段残忍、一尸两命，引起广大群众的热议，无形中给刑侦大队带来巨大的破案压力。由于发案地处县道沿线偏僻路段，侦破工作难度非比寻常。在三个多月的时间里，全体专案民警走访见面群众18000多人次、收集各类情报线索5200余条、筛查过细视频资料3万余份，终于将负案逃匿的江西籍犯罪嫌疑人抓获归案。

小案多破也是职责、使命所在。2016年春节前夕，大田辖区连续发生农村喜宴礼金被盗案，被害群众怨声载道。刑侦大队迅速集结优势警力，克服农村辖区视频资源缺少、夜间防控不足的问题，开展临时搭架监探设备、深入一线隐蔽巡防等措施，通过20余日的一线蹲守，成功收网流窜盗窃犯罪团伙3人。这起案件同时也破获涉及三市十一县的盗窃农村喜宴财礼案件36起，并深入追击打掉金银首饰销赃窝点3个，追缴发还全部被损财物合计42万余元。

2007年至2012年期间，大田县辖区的盗窃摩托车案件年均发案数为736起，最高峰的2010年达985起。通过不断探寻总结打防战法，增加技术侦查手段、视频侦查手段的基础设施投入，增大了打击成效。近三年来，盗窃摩托车案件大幅下降，年均发案数为107起，其中2016年发案数为92起，首次降至两位数。

义无反顾甘当“螺丝钉”

刑侦民警意味着牺牲、奉献和付出。刑警范建东说：“干刑警虽然很忙很累，我从来没有后悔过，但是我对不起家人，我们陪家人的时间太少了。”

因长期在一线工作，范建东错过了适婚生育年龄，38岁才准备生养孩子。2016年10月，在办理吴某电信诈骗案时，孩子正好出生第九天。鉴于赴外地作战，需要经验丰富、临场应变能力强的骨干民警带队，范建东闻讯主动请缨，放弃陪产假期，带队赶赴成都办案。

这一去，就是28天。他的妻子因乳腺炎高烧40度，因担心影响他工作，家人始终不敢告诉他，直至他成功打掉犯罪团伙、追回全额被骗赃款凯旋后，才知道家中的月子房已经搬到医院病房里。

2014年9月，青年民警章晓龙和见习民警周群在城区过渡市场发现一中年男子，经辨认确定是抢劫犯罪嫌疑人郑某进。两人即商量抓捕方案，一左一右向郑某进包抄。在抓捕过程中，郑某进从裤袋掏出匕首将周群左手划伤，伤口长达4.8厘米。同一瞬间，也将匕首深深扎向压在其身上的章晓龙右后背，伤口最深达5厘米、长达14.5厘米，后经鉴定为轻伤二级。章晓龙、周群没顾及伤痛继续追赶，并在后续增援力量和群众的合围下将郑某进成功抓捕。

今年5月，技术民警乐生潘和侦查民警庄伟伟出警勘察野外变压器被破坏案，发现了一名可疑男子。两民警佯装撤离，躲至远处观望，见嫌疑男子往无人居住的山野草丛中去，拖出一带物品，疑似被盗的变压器铜丝。乐生潘当机立断，上前喝斥，嫌疑人见事情败露便掏出随身携带的美工刀，对抓捕的两名民警肆意挥舞，并逃拼命逃窜。两民警奋力追击了十余公里，死死咬住犯罪分子，上演了一场空手夺白刃的好戏，最终成功制服了犯罪嫌疑人。

在一次现场抓捕的缉毒行动中，刑警余勇被毒瘾发作的毒贩用针筒扎伤手臂，毒贩恶嚎着患有艾滋病。约束好毒贩后，余勇才到医院抽血化验。巧逢化验护士认得余勇的妻子，便赶忙电话通知了她。闻讯赶来的妻子却笑着摸摸余勇的头，依偎在他身边静静地陪伴着等待化验结果，看不出一丝焦虑、悲伤。当时真就不担心吗？余勇的妻子说：“怕，但我们坚信，好人终究是有好报。”

20年来，在暴风烈雨的历练下，合力铸造了大田刑侦这么一支年轻力盛、朝气蓬勃的队伍，并创下了队伍零违纪的辉煌篇章。大田县公安局局长刘阳辉评价说：“这支队伍承载着忠诚干净、锐意攻坚、坚忍不拔、永不言败的优秀品质，是一个强大英勇的英雄集体！”

摘自2017年7月17日《三明日报》

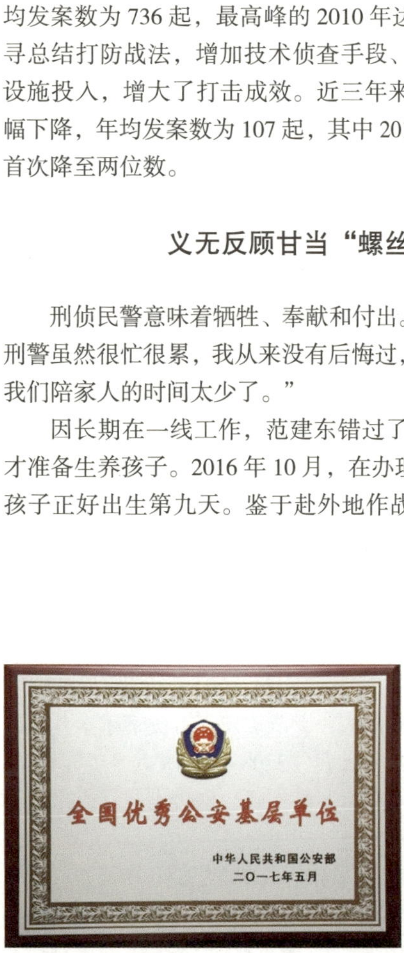

2017年6月，大田县公安局刑侦大队全体干警合影　（县公安局／提供）

养老新模式 助力“夕阳红”

郑宗栖

“家家有老人，人人都会老；人人都敬老，社会更美好。”大田县60周岁以上老人共有5.39万人，占总人口的12.83%，为应对老年社会的挑战，近年来，该县不断加大财政投入，补齐养老事业短板，逐步形成以“居家为基础、村居为依托、机构为补充”的养老服务供给模式，充分发挥政府、社会、社团、志愿者等各个主体的作用，为老年人提供智慧化、精细化的多元化养老服务，打通养老服务“最后一公里”。

机构养老，“兜底”老有所养

初秋，大田县广平镇颐养中心院内仍然绿意盎然，三层楼内设有餐厅、棋牌室、公共活动室等功能室，共有40张床位，目前住了18位特困供养人员。“政府很关心我们，还给我们发‘工资’……”10月10日，69岁的五保户老人郭兆柱告诉记者，他们在颐养中心吃住不愁，生病了有人照顾。

颐养中心院长林新锻介绍，中心今年3月份进行了重新改造，改造和添置设备费用一共花了23万元，配有3名专职护工，是集养老、医疗、健身、休闲、娱乐为一体的综合性养老服务机构。

“郭兆柱老人所说的‘工资’，其实就是上级给住院老人的生活补助金，集中养老每人每月有740元，其中定期会给老人每月100多元零花钱。”广平镇民政办主任乐胜辉补充说，这所颐养中心有别于其他的敬老院管理方法，所推行的是“公建民营”养老服务模式，由政府负责硬件设施建设，经营管理权交由专业养老服务公司，免费接受全镇“五保”老人养老。

提供高品质的服务，这是老人住得舒心的关键。颐养中心成立了由入住老人民主推荐的院民委员会，参与了院务管理，对卫生、劳动等情况进行每周一评比。

“以‘公建民营’的方式运营，并不等于民政部门当起了‘甩手掌柜’，乡县两级民政部门要对其进行宏观指导和监督管理。”大田县民政局老龄办主任林启亮说。

像广平镇颐养中心这样的老服务机构，大田县除石牌镇、华兴镇、均溪镇三所乡镇养老中心一并纳入县闽中康养服务中心项目建设外，其余15个乡镇都新建（改扩建）了养老中心（敬老院），每个乡镇养老中心（敬老院）都按照40张养老床位进行建设，目前全县共入住130多名特困供养人员。

为满足不同层次的养老需求，该县加强了民政“兜底”保障作用，完善基本公共服务，多措并举，织密养老保障网，在拓展“机构养老”方面进行了积极尝试。

大田建立县闽中康养服务中心，中心总投资3500万元，占地面积1.8万平方米，建筑面积1.1万平方米，拥有养老床位300张。该中心也是以“公建民营”养老服务模式，交由专业的养老服务公司进行社会化运营，根据不同老人的医疗、保健等服务需求，康养服务中心与医疗机构、家庭签约医生建立合作关系，为老年人提供医养结合的专业服务。目前，中心吸纳了五保人员、重点优抚对象、离退休干部及社会老人等81名。

2017年10月10日，大田县广平镇颐养中心投入使用（报道组/提供）

居家照料，推动老有所乐

“每天来这里的老人可多了，打牌、聊天、看报、运动……大家都玩得很高兴。”在广平镇铭栋幸福院，80岁的池帮挚树起了大拇指说，应该为每位关心老年人生活的人“点赞”。

铭栋幸福院位于铭溪村和栋仁村之间人口最为集中的黄金地段，集中服务了两个村庄的老年人。该中心占地面积1300多平方米，在旧粮站的基础上进行改造，设施建设和添置设备投入了135万多元，建设有阅览室、健身室、娱乐室、网络室、医疗室以及餐厅等各类功能服务区。

池帮挚乐呵呵地说，平时子女常不在家，老人感到孤单，现在村里建起了幸福院，开设日间照料，老人有地方有伴玩；如果生病了，卫生所就设在边上，看病护理都方便。

铭栋幸福院是大田县加强居家养老服务的一个缩影。近年来，随着居民养老观念和养老需求的变化，该县不断加大对养老机构建设的资金投入，并通过行政力量推进和社会组织整合“两条主线”，加快乡镇、村养老服务站（所）建设。

为规范养老服务建设，塑造“安全、诚信、优质”的养老服务品质，建立了县、乡、村三级管理服务网络。县一级建立养老服务平台，指导、服务、培训、监督全县养老服务工作，乡镇街道一级建立了养老服务中心，村居一级建立了农村幸福院、居家养老服务照料中心。

目前，该县已建成城市社区居家养老服务站8个、乡镇居家养老服务站7个，建成或在建农村幸福院56个、总床位145张。

为全面推进养老服务体系建设，该县建立了政府购买养老服务制度，对经评估符合年满65周岁以上的特困供养人员、低保对象、建档立卡的贫困人口、重点优抚对象、计划生育特殊家庭成员、重度残疾人以及80周岁以上的老年人，由政府购买居家养老或机构养老服务。通过政府购买线上服务83257人次，线下服务8406人次。

“由政府购买居家养老服务体现了政府主导作用，同时也鼓励社会力量通过合作、联营等方式，进一步完善养老产业发展模式。”大田县民政局局长黄桂珍介绍说，通过多元化的养老模式发展，逐步形成政府统一管理、专业团队运营、职权明晰、优势互补的养老服务模式，实现资源共享、合作双赢的社会效果，提升老年人的获得感和幸福感。

养老问题不是简单的衣食住行问题，还要“老有所医”。除了构建机构养老、居家养老等多元化的养老模式外，大田县还积极探索“医养融合”运营机制，努力推动形成养中有医、医中有养、医养融合局面。

大田县医养服务中心（康乐园）位于县总医院南区（原中医院），是县委、县政府为民办实事、民生补短板重点项目。该项目分两期建设，一期总投资700万元，共有四层，建筑面积4500平方米，设置床位126张；二期总投资3600万元，规划建设医养结合服务综合楼，建筑面积6000平方米，设置床位130张。目前，已完成了一期建设，9月正式运营。

医养服务中心设有五个功能区：中心接待站、医疗康复区、运动康复治疗区、托养区和美味餐厅。同时，还设有会见聊天室、亲情网络室、心理咨询室、棋牌室、书画阅览室等功能室，让每位住院老人得到细致周到、温馨舒适的生活服务。

“‘医养融合，仁爱传情’是我们的服务理念。”医养服务中心护士陈雪雪介绍说。上个月，86岁的苏阿姨听说医养服务中心已装修完工，便迫不及待地入住进来，过中秋节时，子女想接她回家过节，她也不愿意回去。“这里空间大，通透，住得舒适。”苏阿姨腰部有点小毛病，中心为她提供了针灸、推拿、穴位敷贴等服务，使她的病情得到好转。

医养服务中心主任林承宗介绍，“医养服务”体现了“医”和“养”的融合，中心为不同的老人提供健康管理、疾病预防、护理和重症治疗等医疗服务，拓展医药服务的内涵和范围；还建立一支管理规范、有技能的护理员队伍，能指导老人运动养生、推拿理疗、疾病预防诊治等，让老年人享受到保健师的贴身服务。

如何让医养融合服务在服务质量和费用上得到更多的社会认可？大田县卫计局局长陈永晶说，下一步，将围绕“抓改革、促发展、补短板、上水平”要求，积极构建全面参与的医养融合型养老服务资金保障机制，以“为子女尽孝、帮老人解难、替党和政府分忧”为宗旨，加强监督，规范医养融合型养老服务标准，促进医养融合发展。

居家服务，社会合力敬老

居家养老服务，如一颗颗文明的种子，给予人关爱和温暖。在养老志愿服务中，大田县整合优化社会资源，组建助老员队伍及养老志愿者服务队，逐步形成多层次养老的优质服务圈，满足不同层次老人的需求。

大田泽惠居家养老信息服务中心是一家专业的养老服务机构，整合了大田城乡1086家服务加盟商及医疗机构，服务人员合计2000余名，遍布全县274个村居社区，涵盖医疗、餐饮、保洁等养老服务领域，以有偿、低偿、无偿的方式为居家老人、空巢老人、失能或半失能人群提供服务，满足老人在安全、医疗保健、康复护理、物资代购、家政服务、精神慰藉和娱乐学习等方面需求。

中心负责人蒋联松介绍，老人拨打“SOS”呼叫或拨打8812349，平台的话务员会根据老人的服务需求，1分钟内派好单，15分钟内有助老员或志愿者到达指定服务地点开展志愿服务。该中心建立了“泽惠时间储蓄银行”，针对不同年龄阶段的志愿者，在参加志愿服务活动的同时，也为自己以后享受同等时间的志愿服务积累时数；待自己或亲朋好友需要别人提供服务时，可享受同等时数的免费服务。

大田华正义工联合会是一家由民政部门批准建立的民间公益组织，长期以来，关注帮助“孤、老、残”老人，提供物资救助、卫生打扫、精神慰藉等无偿服务。义工许小芳介绍，几年来，帮助各类困难老人近20人，其中，与多名老人建立了“一对一”的结对子帮扶模式，有的长达47个月，让老人安享晚年，直至其过世。

在青年志愿服务方面，大田团县委组织“青年文明号”志愿者，深入敬老院和乡村幸福院开展志愿服务活动。

如何完善志愿服务的组织与协调？大田县委文明办运用互联网、大数据信息化、志愿服务列入文明单位考评内容等手段，开发全县志愿服务管理系统，整合资源，调动各级各类组织积极性，志愿服务水平显著提升。其中，开展了“邻里守望，情暖大田”等五大系列志愿服务活动，重点向老人们提供环保宣传、医疗保健、法律援助、信息咨询等志愿服务。人均服务时间从2015年初的3.9小时/年，提升到现在的5.3小时/年，初步实现志愿服务活动常态化。

摘自2017年10月27日《三明日报》

2017年10月11日，助老员和志愿者与住院老人聊天　（报道组/提供）

抗日战火中的“第二集美学村”

郑宗栖

暑期，位于大田县均溪镇玉田村的“第二集美学村”旧址格外热闹，参访人员有时一日数批。7月17日，海峡两岸16所高校师生同日造访，寻找这个抗日战争时期福建“西南联大”的印迹，师生们感慨良多。

今年是抗日战争全面爆发80周年，大田“第二集美学村”正拂去历史的尘埃，走进了人们的视线……

历史抉择：抗战时期内迁大田

谈起“第二集美学村”，大田一中退休教师范立洋如数家珍。范老师的父亲范鸿声当年是集美高商学生，曾在大田接待过多批回访的老校友。受父亲的影响，范老师多年前开始收集整理这段历史，成为“第二集美学村”旧址的第一名志愿者和讲解员。

范老师介绍说：“1937年10月，厦门被日寇轰炸，与厦门仅一水之隔的集美成为抗战前线，敌机不时轰炸，集美学村师生危在旦夕。迫于形势，集美学村校主陈嘉庚决定将学校迁往内地，校址初选泉州安溪。”

1938年5月，厦门沦陷，安溪距厦门仅63公里，也不安全了。范老师说：“怎么办？学校只能再次内迁。1938年11月，集美水产航海、农林、商业三校选址大田，14个班614名学生在老师带领下从安溪一路步行到大田县城。省政府也拨付相应经费，指令核定校名为‘福建私立集美职业学校’，任命叶维奏为校长，聘大田本地乡绅名流、集美校友范成钢、郑鸣和、范焕章为职员，修缮校舍，协助办校。”

“集美职校内迁大田不久，便遭到了敌机的追炸。”范老师说。1939年9月20日上午9时许，6架日寇战机分成两个“品”字形编组，轮番轰炸大田县城，集美职校文庙校舍和大田中学中弹2枚，损失严重，所幸师生无伤亡，但继续在原址办学安全堪忧。

对集美职校的处境，大田乡贤范震生、郑佐国、范士林、范成钢等人非常关切。他们四处张罗，找到大田城郊的玉田村。玉田村离县城1.2公里，背靠森林茂密的仙亭山，较为安全，是办学的最佳地点。在众乡贤发动下，深明大义的玉田乡亲慷慨腾出了宗祠、民居、庙宇等43处，安置了流离失所的集美师生。

1942年8月，随着局势和缓，集美高级水产航海职业学校从玉田村搬回安溪县办学。抗日战争胜利后，1945年9月至1946年，集美高级商业职业学校和集美高级农林职业学校先后撤离大田回迁集美。内迁大田八年，集美职校师生与玉田村村民共度了血浓于水的生活，培养了数以千计的人才，学校成为“第二集美学村”，被誉为“福建的‘西南联大’”。

2017年7月，厦门和大田师生探访“第二集美学村”（范其燎/提供）

激情岁月：投笔从戎抗日救亡

曾任省老区建设促进会副会长、福州大学副校长的林志群，是集美职校农林科学生，他曾撰文回忆在大田集美职校上学的经历。

当年，林志群以读书为掩护，兼任集美职校学生会主席、地下党总支书记。他以集美职校为依托，以发动抗日救亡宣传合法斗争为手段，广泛深入联系同学和周围群众，秘密宣传马列主义和团结抗战道理，先后发展了集美职校学生蒋光斗、陈树霖、陈悦周、陈文生、郑裴然等为中共党员，并建立了集商、集农两个党支部。

范老师介绍说：“蒋光斗1939年冬在集美职校加入共产党后，利用寒暑假返乡之机，广泛接触家乡汤泉的知识青年和贫苦农民，培养建党对象，又建立了汤泉、福塘两个农村党支部，先后发展了陈郁文、蒋平、蒋冠祥、蒋荣德、蒋凤祥等为中共党员，并建立了县委直属支部。”

革命的火种在集美职校这片学园悄悄地播下，师生们的革命激情熊熊点燃。1940年6月9日，投身抗日救国斗争的大田县武陵乡百束村人林其蓁，在日军狱中被杀害，英勇就义，年仅21岁。在林其蓁烈士的鼓舞下，集美职校师生们积极响应中共大田地下党组织的号召，大造抗日救亡舆论，带动全社会抗日救亡活动的开展，掀起了新一轮的抗日热潮。

1940年3月，陈嘉庚率领“南洋华侨慰问团”回国慰问抗战将士，访问了延安和重庆。慰问结束后，陈嘉庚于同年11月回到故乡福建，专程视察大田集美职校。在欢迎大会上，陈嘉庚慷慨陈词，发表演讲《有枝才有花，有国才有家》，掷地有声地说：“抗日的希望在延安，中国的希望在延安！”陈嘉庚一席话，让集美职校师生豁然开朗，进一步认识了共产党、八路军。

在这期间，集美职校师生积极响应校主陈嘉庚号召，发起了“一日一分”认捐运动、节衣缩食、认购救国公债、募购战机、救济难民、投笔从戎等，从财力、物力、人力方面，支持抗战建国。1944 年 6 月至 1945 年 5 月，集美三所职校师生从军人数共有 170 人，他们慷慨悲歌，参加了中国远征军，奔赴抗日疆场。

范老师说：“‘皖南事变’之后，‘国共合作’风云突变，林志群等一批身份已暴露的共产党员奉命撤离了集美职校，他们投笔从戎参加了游击战争。集美职校革命先驱点燃的星星之火，终成燎原之势，为国家独立、民族解放写下了绚丽的篇章。”

抗战时期，大田深山里的航海学校　（陈少斌／提供）

开发保护：铭记历史重焕光彩

光阴荏苒，那段“血与火”历史永远扎根在大田，“第二集美学村”旧址成为珍贵的历史见证。

在内迁大田八年的日子里，集美职校师生们展现出了艰苦奋斗、无私奉献、重视教育、精忠报国、诚实守信、作风优良、廉洁奉公等精神。大田县委党史办主任卢作福介绍说：“这些精神是弘扬‘嘉庚’精神、传承‘诚毅’校训的最好阐释和实践，也是大田‘第二集美学村’的文化精髓。”

如今，大田“第二集美学村”已成为市级爱国主义教育、廉政建设教育、民族文化教育基地，也是厦门大学、集美大学、华侨大学和厦门海洋学院等高校的教育基地，仅 200 年就迎来 400 多批次 5 万多人次的参观者。

2016 年 8 月，为了更好地对大田“第二集美学村”进行保护与开发，大田县专门成立工作指挥部，统筹“第二集美学村”保护与开发工作。县里还调整用地规划，决定“第二集美学村”旧址不再作为商业开发用地，而作为集嘉庚文化、抗战文化、教育文化、清廉文化、华侨文化、航海文化、涉台文化等的文化阵地，同时与全域旅游开发相结合，加以综合保护与开发。

县里已制订规划，将“第二集美学村”旧址与牡丹岬下的革命烈士陵园、白岩山红军战斗遗址、大田“中央苏区陈列馆”、闽中工委旧址、屏山红军园等 18 处景区相连成片，开发闽中红色旅游和爱国主义教育线路；优化“中央红军村”与“第二集美学村”大融合的设计方案，加快校舍旧址抢救性修复，申报国家级文保单位，筹建“中央苏区主题公园”……

摘自 2017 年 7 月 21 日《三明日报》

大田民众欢送集美农林高级职业学校学生林光容等参加中国远征军出征缅甸　（陈少斌／提供）

1月

5日　大田县人民政府第二次常务会议在县政府二楼会议室举行，研究讨论关于龙山宾馆资产处置、规范特殊岗位津贴、经济开发区项目建设和要求拨付相关费用、京诚资产经营有限公司为三九军大公司资产按揭贷款提供融资服务、中央苏区主题公园和高山茶旅游景区项目融资、均溪镇政府要求调整原均溪水泥厂宗地土地性质、县广播电视台网台分离工作、生态环境保护指挥中心运营维护等问题。

6日　位于大田城区兴业路33号的大田县社会福利中心投入使用，建筑面积10996平方米，有养老床位300张。第一期工程投资3750万元。

同日　大田威斯特环保科技有限公司与三明学院合作建立大田县企业与高校合作关系，在三明学院成立威斯特环保产业学院并举行揭牌仪式。

月内　县人社局启用人脸识别认证系统，人脸识别认证自助一体机在乡镇和社区投入使用，进行养老保险大雨资格认证。

2月

1日　由中共大田县委宣传部、集美学校委员会、集美校友总会联办的“嘉庚情缘”主题文艺会演，在玉田“第二集美学村”嘉庚铜像广场举行。演出运用诗朗诵、话剧、演讲、文物展示、歌舞等多种形式艺术再现陈嘉庚和集美职校抗战内迁大田的感人故事，通过大田、厦门两地的网络传播，在海内外产生重大反响，当天点击人数2万多人。

7日　三明市市长余红胜一行到大田县考察“第二集美学村”旧址保护与开发工作，参观大田“第二集美学村”旧址陈列馆、大田中央苏区革命历史陈列馆、瞻仰陈嘉庚故居，听取抗战时期集美职校内迁大田的史情介绍，要求大田县加快抗战时期“第二集美学村”旧址的保护和开发的步伐，深入挖掘其蕴含的红色文化、抗战文化、华侨文化、航海文化、体育文化和涉台文化，努力将其打造成为海内外有影响力的特色文化亮点。余红胜一行还带领市直有关部门负责人到大田县调研节后企业开工复工安全生产工作。

12日　大田县均溪镇玉田村恢复停办三年的元宵节迎板灯龙活动，近千米的长龙舞动在县城街道，蔚为壮观。参与群众热情高涨，县城万人空巷。

20日　县十七届人大常委会第一次会议在县政府会议室举行。经过审议和表决，通过《大田县城区教育布局专项规划》。

同日　县政府第三次常务会议在县政府二楼会议室举行。研究批准《大田县电力设施布局规划》、三明市康华塑料科技有限公司和大田县金门油压机制造有限公司使用县企业贷款应急转贷资金、终止石牌开发建设BT项目合同、县树县花评选等问题。

月内　迁入新址运行的大田县汽车站圆满完成春运任务，共组织客运车辆261部、3219座位，发送班车10783班次、其中加班包车251班次，运送旅客22.4万人次，完成客运周转量2194万人公里。春运期间，基本上做到站不留客，运送及时、安全、有序，道路客运无交通事故，创历史最好纪录。

月内　大田杂剧作场戏被入选第五批省级非物质文化遗产代表性项目录。

月内　由均溪镇回乡大学生刘春满制作动画片《传承大田板灯龙》获得第9届中国大学生计算机设计大赛（数字媒体设计类中华民族文化元素组）全国三等奖，该赛事于2016年经校内预赛、省级复赛、全国决赛重重选拔产生。

月内　福建（大田）机械铸造产业集聚区项目在上京镇三阳村举行奠基开工仪式。该园区总规划面积1580公顷，其中，一期规划面积680公顷，总投资16亿元。集聚区分为综合服务中心、高档数控机床与基础制造装备产业区、智能专用装备产业区、产业转移区等7个平台，拟打造以发展基础制造装备、智能专用装备、关键基础零部件等为重点的省级重点机械铸造产业园。

3月

7日　清华大学校务委员会副主任、清华大学老科协会长、清华大学原副校长张凤昌率清华大学老科协、科技成果转移研究院、中国老龄事业发展基金会、清华发展研究院健康养老产业促进中心和紫荆创新研究院等专家，到大田县就产学研合作项目进行考察。大田县政府与清华大学老科协、紫荆创新研究院共同签订合作框架协议，县长林金龙等参加对接洽谈。

13日 大田县新修订调整的征地区片综合地价全面施行。征地综合地价补偿，包括土地补偿费和安置补助费，不含青苗及地上附着物补偿费。征地区片综合地价中土地补偿费占40%，安置补助费占60%，覆盖范围为全县建制村的所有集体土地。共分为三级区片，其中：一级区片（规划城区范围）征地区片价为65000元/亩、二级区片（乡镇集镇区范围）为47500元/亩，三级区片（乡镇其余所辖村）为41500元/亩。

14日 县政府出台《大田县矿山“打非治违”即查、即报、即改工作制度》，并设立矿山“打非治违”举报奖励基金50万元。

15—16日 市人大常委会主任徐铮、副主任兼秘书长陈仪代到大田调研进一步壮大产业实力和推进扶贫开发工作。县委书记熊旭明、县人大常委会主任陈汉良陪同。

15—17日 由省教育厅、人社厅、农业厅、卫计委、总工会、团省委、中华职教社7个部门共同举办的2017年福建省职业院校技能大赛农业技能（中职组）手工制茶项目竞赛在大田职专举行，来自全省中等职业学校8个代表队72名选手和教练参加竞赛。大田职专选手苏国梁（红茶项目）、章蓓雯（卷曲型绿茶）分获二、三等奖。

20日 兴泉铁路（大田段）项目工程建设正式开工。兴泉铁路（大田段）全长60.28公里，是一条客货两用，以货为主的铁路，设计时速160公里，设有1个客运站、1个货运站和3个技术停靠站。途经赤头坂国有林场，桃源、上京、石牌、均溪、华兴、屏山、济阳7个乡镇21个村，涉及征用土地71.57公顷，拆迁总量达9.5万平方米。工期为54个月，预算投资45.84亿元。

23日 大田县开启新年招商新模式，新增意向项目、签约项目突破20个，总投资超过20亿元。其中，福建省旺中生态公司的发展养殖、种植、光伏等多产业链项目总投资6亿元，泉州机械配件协会已向大田机械铸造产业聚集区引入13家企业。

26日 在“铸造产业集群试点县”大田评审会上，大田县通过“铸造产业集群试点县”中国铸造协会专家组评审。县长林金龙，县委常委、常务副县长陈剑生参加了评审会。

28日，国道纵五线大田县境内梅山乡德州到均溪镇溪柏林全线动工，均溪、湖美、梅山3个标段同时举行开工仪式。国道纵五线大田段（二期）梅山德州至均溪溪柏林段，途经均溪、湖美、梅山3个乡镇，均溪镇许思坑、周田和后华，湖美乡后坪、高才、湖上、仁美、仁东、西燕、前进、大尤，梅山乡德州、秀岭、梅山、沈岭、沈口、雄峰、香坪18个村，全长41.7公里。施工工期为31个月，项目预算总投资15.02亿元。

29日 副省长李德金到县调研水土流失治理工作。副市长张元明，县委书记熊旭明、县长林金龙陪同。

月内 经福建省旅游质量等级评定委员会评定，大田高山茶园入选福建省2017年度省级生态旅游示范区。

月内 京口省级经济开发区卫生服务站投入使用，由华兴镇卫生院管理，建筑面积约100平方米，有医务人员6名，配备血球仪、尿液分析仪、心电图、血糖仪等常用设备，为区域内职工及周边7000多名群众提供基本医疗卫生服务。

4月

1日 县长林金龙到原物资公司片区、原火电厂及福塘桥片区、下洋商住小区、一中东部校区地块、旧汽车站片区、凤山路改造等城市重点建设项目现场办公，协调解决项目建设中遇到的困难和问题，推动项目建设。

2日 县委书记熊旭明主持召开香山北路项目建设现场办公会，协调解决项目推进中遇到的困难和问题，加快项目建设进度。

5日，县召开凤山路改造规划设计方案汇报会，县委书记熊旭明出席会议并讲话。会议听取设计单位关于凤山路立面改造、道路改造等规划设计方案汇报，与会人员结合各自工作实际，对方案提出修改意见和建议。

22日 清华大学—大田县领导干部经济管理高级研修班在清华大学建筑节能研究中心报告厅举行开班典礼。原清华大学党委副书记胡显章出席仪式并讲话，大田县委常委、统战部部长施正立致辞，清华大学教师、班主任杜金菊主持。大田县政协副主席阮芳以及县直机关、乡镇科级干部和选调生共52名学员参加。

24日 县国土资源局启用无人机提升科技治违能力。投入资金20余万元为18个乡镇国土资源所和执法监察等相关股室添置无人机设备21台。该设备能够快速地对视野范围内的违法用地、违法采矿和地质灾害隐患点等情况进行动态监测。

月内 大田“第二集美学村”旧址被中共三明市委宣传部、三明市社会科学界联合会评为“三明市社会科学普及基地”。

月内 大田县人武部官兵到辖区校园开展“国防教育入人心，兵役登记进校园”活动。本次活动是大田县国防教育的一次创新。县人武部在主要路段悬挂宣传横幅；运用各类网络平台，以兵役法规、当兵十大好处、征兵优惠政策为重点，全方位、多层次、立体式开展形式多样的兵役登记宣传活动，宣传相关政策、法规，激励适龄青年按照要求参加兵役登记，确保圆满完成2017年兵役登记工作。

5月

7日 中央环保督察组到县开展专项督察，重点察看太华、前峰等4家铸造企业和相关乡镇、部门，限时反馈信访交办件48件，责令28家企业整改，立案处罚15家，移送司法部门查处3人，约谈乡镇和企业负责人15人，问责21人。

9日 温镇幼儿园工程项目奠基开工。计划总投资1850万元，建筑面积6958.86平方米，预计建成后可容纳650名幼儿。

11日 18时许，上京镇腾龙新型建材有限公司发生一起一氧化碳中毒生产安全事故。企业一人员到石灰石炉内巡查，中毒昏迷。企业未及时报告事故，自行组织施救过程中先后又有4人中毒，其中4人在医院抢救无效后死亡。省长于伟国，省委常委、副省长周联清、市长余红胜分别作出批示。市委书记杜源生，市委常委、秘书长王刚，副市长程鹏鹰连夜带领市安监、经信等有关单位赶赴大田现场指导人员抢救、分析事故原因等工作。

同日 大田县领导带领由经信、环保、经济开发区、奇韬镇等单位负责人组成的招商工作组，前往上海、苏州考察，对接上海双恒阀门集团、均和集团和苏州吉阿医药科技有限公司等，并签订项目意向投资协议书，总投资达 9.3 亿元。

16 日 大田县赤头坂国有林场职工巡山发现罕见的晶莹剔透植物水晶兰。

19 日 大田县公安局刑事侦查大队被公安部授予“全国优秀公安基层单位”，大田县公安局谢洋派出所所长吴祥江被人社部、公安部授予“全国特级优秀人民警察”称号。

25 日 大田县香山北路建设项目（二标段）全面开工。该项目计划总投资 4.98 亿元，道路全长约 3.6 公里，沿途经过 3 个建制村。

月内 大田县正式全面发放和启用妇幼保健服务券，符合条件的孕产妇和儿童可以持身份证、户口簿或暂住证前往户口所在的乡镇卫生院或社区卫生服务中心领取此券，并凭券接受相应的免费保健服务。

月内 大田县首个沼气发电站在谢洋乡珍山农林开发有限公司建成并投入生产，总投资 28 万元，设计装机容量为 90 千瓦 / 小时，日发电 10 个小时，日发电量 600 千瓦 / 小时。

月内 大田县检察院集中发出 4 份《生态修复令》，督促犯污染环境罪的陈某某和犯非法占用农用地罪的吴某某、陈某某、杨某某等人认真履行补植复绿协议，恢复生态环境。其中，针对陈某某发出的《生态修复令》系全省首例。

月内 县档案馆正式启动档案全文数字化转换工作，该项目对现有馆藏档案进行数字化全文扫描，分四年完成，预计投入资金 300 万元。

月内 大田县在 2017 年福建省百万职工“五小”（小革新、小发明、小改造、小设计、小建议）创新大赛中有 16 个项目获奖，其中一等奖 2 个、二等奖 3 个、三等奖 11 个，申报、获奖项目均居全市前列。大田县金门油压机制造有限公司黄成存发明的卧式热压单板干燥机和国家电网公司大田县供电有限公司方来澡发明的户外高压设备可带电润滑油加注器获省级一等奖。

6 月

5—6 日，太湖流域第二次河长制工作交流会在浙江绍兴召开。大田县作为福建省唯一县域代表应邀出席会议，县委书记熊旭明在会上作经验交流。

11 日 第 13 届中国铸造协会年会在上海嘉定区开幕，大田县被授予“中国铸造产业集群试点县”，县长林金龙参加授牌仪式，并与相关方面签订战略合作框架协议。

13 日 坐落于均溪镇玉田村的大田县福兴幼儿园建设项目举行奠基仪式并正式开工，该项目占地面积 4686 平方米，建筑面积 5268 平方米，计划总投资 1500 万元，规划开设 15 个班、容纳 600 名幼儿，系县政府为民办实事项目之一和县城区教育发展规划布局的重要板块。

16 日 大田县居敬书院在省妇联“家风家教示范基地”广平镇广平村举行揭牌仪式。县委常委、宣传部部长黄芳，县人大常委会副主任张爱兰、县政府副县长涂林瑢、县政协副主席陈钦梅出席。

18 日 在第 15 届“6 · 18”海峡科技成果交易会上，落户大田县的福建卫斯特环保科技有限公司研制的“垃圾填埋场有毒有害气体检测和控制信息专用机器人”由院士馆展出。卫斯特环保院士专家工作站被中国科协企业办公室评为全国示范站，被省委组织部、省财政厅、科协、科技厅联合评为省级示范站，研发的“综合集成型垃圾分选”“冷压精密型卫生燃料生产线”设备为国内环保首例。

18—21 日 大田县委书记熊旭明率县代表团赴福州海峡国际会展中心参加第 15 届中国—海峡项目成果交易会，现场签约项目总投资 21.5 亿元。其间，由“院士专家八闽行”组委会主办的创新驱动助力工程暨院士专家项目签约授牌仪式在海峡国际会展中心举行，大田县“福建卫斯特环保科技有限公司院士专家工作站”被评为“省级院士专家示范工作站”，获评的院士示范工作站全省 10 家，三明市仅大田 1 家。

22 日 因暴雨造成省道 306 线广平镇铭溪村水尾路段外侧塌方 20 多米，广平中学、铭栋中学的学生参加中考受阻。县交通运输局得悉后，立即启动应急预案，调整运力，调集客运车辆 14 辆，赶赴路损地段，分批接驳两校考生和带队教师 300 余人到大田城关，并派出交通执法人员做好安全维护、车辆疏导工作，保证考生顺利参加考试。

27 日 坐落于石牌大盖竹的海诚新能源光伏发电项目并网送电，该项目装机规模为 20 兆瓦，利用福建闽农农业发展有限公司生态农业休闲观光园大棚屋顶建设，是福建省大型光伏发电项目之一，为全额上网型的光伏电站，也是三明市首家 35 千伏光伏发电项目，总投资 1.8 亿元，年度计划投资 1.3 亿元，至 6 月下旬已完成投资 1.2 亿元。

月内 大田县广平镇益铭茶叶专业合作社、梅山红芦柑专业合作社、湖美乡旺兴林业专业合作社、梅山乡陈高料家庭农场、均溪镇太山崎村振洋家庭农场名列省农业厅公布的省级合作社示范社、家庭农场示范场名单，截至月底，大田县共有省级合作社示范社 21 家，省级家庭农场示范场 9 家。

月内 大田县质量计量检测所 / 福建省矿山机械及冶铸产品质量监督检验中心顺利通过检验检测机构资质认定评审，取得省质量技术监督局颁发的检验检测机构资质认定证书，共批准检验检测能力范围 46 个类别 216 个参数。

7 月

8 日 大田县总医院揭牌成立。

10 日 凤山路改造项目一期工程开工建设。凤山路改造总长约 2.2 公里（含文山路 0.14 公里），总宽 16.5—22 米。该项目总投资近 1.8 亿元，分两期实施，一期改造范围为白岩公园门口至东门桥头水晶招待所（含文山路面改造），长 1.3 公里。

11—17 日 县科协和教育部门选派大田一中 10 名品学兼优的高中生，赴南京航空航天大学参加 2017 年青少年高校科学营福建分营活动。本次活动由中国科协、教育部主办。

13—15 日 大田县关工委、司法局、

教育局、公安局、法院、团县委、妇联联合举办“2017 护青园”法治夏令营，该营 100 多名师生通过听法治讲座、看法治视频、学习道路交通安全常识和交通指挥手势操、旁听庭审、模拟审判、参观法治教育基地、参与禁毒知识竞赛、探访监所、讲法治故事、法治征文比赛多项活动让青少年接受鲜活形象的法治教育。

月内 由县人社局牵头，协调公安、卫计、民政、教育等部门，完成全县社保五险参保人员、在册户籍人口、常住人口、学籍人员等数据比对，完善全民参保信息。

8月

6 日 以“喜迎十九大，建设新大田”为主题的 2017 年大田县全民健身职工运动会在县体育活动中心开幕。

26 日 大田县啦啦操队获得世界啦啦操锦标赛公开组集体花球啦啦操第五名；运动员郑家欣获第十三届全国运动会男子单人划艇项目铜牌。

月内 大田县法院开展“错时执行”打击“老赖”周末凌晨突击带回 19 人，拘留 7 人，执结 9 件，和解并撤回 2 件，结案标的 53 万元，并查封房产 2 处。

月底 全县标准地址二维码门牌安装工作全部完成。

9月

6 日，大田县出台《关于在干部选拔任用工作中全面落实环境保护相关要求的暂行规定》，以单独文件形式出台全省首支“生态环保”用人指挥棒，明确在相关干部拟提拔任用或进一步使用时，要把履行环境保护作为重要参考，纳入干部工作调研、领导班子综合调研、干部考察的重要内容。

29 日 桃源镇广汤村举办大田县首届农家花卉盆景艺术展。

月内 大田县人大常委会审议通过了《关于全面深化河长制的决定》。

月内 县文广局被国家体育总局评为“2013—2016 年度全国群众体育先进单位”，全市共 6 个单位入选。

月内 大田县在部分建制村试点推行乡镇住村特派员制度，将大学生村干部作为乡镇住村特派员，首批住村特派员共 36 人。

10月

1 日 中央电视台播出国庆特别节目《相聚中国节·我爱你中国》，在“绿水青山背后——专家解读河长制”专题访谈中，水利部发展中心主任杨得瑞在介绍全国通过实行河长制取得的治水成果时，讲述大田县多年以来实行河长制取得巨大成果，并称之为“这是个不得了的成就”。

12 日 省政府副省长李德金到太华铁矿万湖矿区水土流失治理项目、广平镇铭溪村龙凤场自然村易地搬迁安置点调研，到吴山镇政府现场接访、听取汇报会。省政府副秘书长詹志洁、省民政厅厅长池秋娜、省委党校副校长魏良文、省商务厅副厅长刘德培、省林业厅副厅长谢再钟、省交通运输厅副厅长陈培健，市委书记杜源生、市政府副市长肖华鑫，县领导熊旭明、林金龙、连仁魁、王怀斌参加。

18 日，“大田高山茶”国家级农产品地理标志示范项目通过农业部专家验收，成为全省首个国家级农产品地理标志示范样板。

26 日 省重点建设项目国道纵五线三明市大田段一期建设项目竣工通车。国道纵五线大田段一期项目自均溪溪柏林至石牌长溪段长 10.06 公里，采用二级公路标准，双向六车道，设计时速度为 60 公里。

30 日 莆炎高速公路中仙段到建宁里心段开工动员大会在大田县广平镇举行。莆炎高速公路三明境全长 236.95 公里，概算总投资 305.72 亿元，是福建省单体投资最大的高速公路项目。大田境内 33 公里，双向六车道，设计时速 100 公里，设有奇韬、广平两个互通口。

月内 大田县被省列入 VR 产业发展和技术应用试点县。

月内 大田县“山区养老”服务模式入选国家养老服务业发展典型案例。

11月

4 日 由中国篮球协会、福建省体育局指导，福建省篮球协会主办，大田县文体广电出版局、大田县篮球协会承办的 2017 年海峡两岸大学生篮球赛（大田赛区）在大田县体育馆落幕，来自台湾的高雄师范大学、台中科技大学和北京大学、中国民航大学同场竞技。经过三天激烈角逐，中国民航大学、北京大学分别获得小组的第一、二名。

4—8 日 第十届海峡两岸文博会期间，由厦门市文学艺术联合会、大田县人民政府、福建省民盟书画学会、济阳乡人民政府等部门在厦门张雄艺术馆联合举办“参天尽物——大石山水艺术精品展”，展出 50 余幅作品，其中 15 幅描绘大田风光。

6 日 在国家林业局和省政府共同主办的第 13 届海峡两岸（三明）林业博览会暨投资贸易洽谈会上，大田县共完成项目策划任务 11 个，其中林业及生物产业项目 8 个。实际签约 8 个，项目投资总额达 24.8 亿元。邀请参会参展客商 219 人，其中台商 12 人。上台签约项目 2 个，总投资 7.6 亿元。

6—7 日 华侨领袖陈嘉庚长孙陈立人、陈嘉庚侄孙陈忠信率陈嘉庚亲友团一行 7 人到县“第二集美学村”参加“嘉庚精神”宣传月活动。县长林金龙和施正立、黄芳等会见亲友团成员。

9 日 在福州西湖宾馆的召开的推进“放管服”改革交流研讨会暨第二届全国行政服务大厅典型案例展示活动总结会上，大田县行政服务中心被《紫光阁》杂志、中国体制改革研究会、人民网联合授予全国“综合十佳”称号，是福建省唯一获此称号的县级单位。

12 日 在大田县体育中心举办的 2017 全国健美操冠军赛暨联赛总决赛开幕式上，大田县城区中小学、社区共 5000 名健身爱好者跳起健身操舞《go 精彩》，挑战“最多人随录像一起做健身操”吉尼斯纪录，全过程持续五分钟之久，并以 4814 人的有效成绩，成功刷新“最多人随录像一起做健身操”的吉尼斯世界纪录。

12—22 日 2017 全国健美操冠军赛

暨联赛总决赛在大田县举办。赛事由国家体育总局体操运动管理中心、中国健美操协会主办，大田县人民政府、浩沙集团共同承办。赛事历时11天，有来自全国各地119支参赛队伍，分为少年组和成年组，分别设有男子单人操、女子单人操、混合双人操、三人操、五人操、有氧舞蹈和有氧踏板等7个单项的比赛，约1000名运动员、教练员参加。

22日 大田县“灵动济阳”景区获批国家AAA级旅游景区。

月内 福建第九批省级文物保护单位推荐名单公示，大田县朱德率红四军第二第三纵队出击闽中大田史迹群、抗战时期大田“第二集美学村”旧址群、中共闽中工委旧址——西河祠、叶炎煌故居——联芳堂、中共大田县第一支部会址、中国工农红军第九军团驻扎地暨三民乡苏维埃政府旧址——光裕堂、儒州庵、圣泉岩、通驷桥、富衍堂、革命旧址群共10处榜上有名，数量为三明市最多。

12月

5日 2017年全国示范院士专家工作站评审结果公示结束，大田卫斯特环保院士工作站被评为全国示范工作站。

6日 大田县赤岩小学建设项目教学楼、办公楼、图书馆等一期主体工程顺利封顶。该项目占地2.1万平方米，建筑面积1.5万平方米，是大田县“十三五”规划中新建的城区第一所小学。项目建成后，可开设48个教学班，容纳学生2400余人，将缓解大田城区小学就学压力。

7日 大田县档案馆通过省档案局评审，成为三明市第一家中小学生档案教育社会实践基地。

7—8日，以省交通运输厅交通执法总队党组书记、副总队长陈兴彪为组长的省文明委工作测评组到县检查测评创建第五届省级文明县城工作。县委书记熊旭明参加汇报会。

16—17日 由县教育局、县总工会联合举办的大田县第三届中小学幼儿园教师教学技能大赛分别在大田一中、鸿图中学、实验小学、实验幼儿园举行。

28日 大田县国税局、地税局联合办税服务大厅在赤岩路2号9楼揭牌运行，是三明市首个国税地税联设的独立办税服务平台。该办税大厅面积1200平方米，设有6个功能区、19个窗口，政府投资400多万元。

29日 大田县第十七届人民代表大会第二次会议在县影剧院召开。代表共200人，出席代表198人，列席人员189人。会议听取和审议县人民政府县长林金龙作《政府工作报告》、县人大常委会主任陈汉良作《县人大常委会工作报告》、县人民法院代理院长杨绍东作《县人民法院工作报告》、县人民检察院检察长张春明作的《县人民检察院工作报告》，相应的决议通过。会议审议县发展和改革局局长周家好作的《关于大田县2017年国民经济和社会发展计划执行情况与2018年国民经济和社会发展计划（草案）的报告》、县财政局局长吴高勇作的《关于大田县2017年预算执行情况和2018年预算（草案）的报告》，并通过相应的决议。大会选举黄家发为检察委员会主任；大会补选黄军晖为大田县第十七届人民代表大会常务委员会委员。

新当选的国家机关工作人员举行宪法宣誓仪式。

基本情况

【地理位置】 大田县位于福建省中部、戴云山脉西侧；地处北纬25°28′53″—26°09′42″，东经117°28′58″—118°03′13″；东临德化，西接永安，南靠永春、漳平，北连三元、沙县、尤溪；总面积2233.12平方公里。域内交通便利，“泉南”高速公路穿境而过，县城至福州高速公路371公里、至厦门223公里、至泉州141公里、至三明126公里，经省道306线至三明105公里。

【建置沿革】 大田县域周至元朝先后隶属七闽地、吴越地、闽中郡、江南东道福州、福建路南剑州、福建道延平府；明嘉靖十四年（1535）建县，隶属延平府；清雍正十二年（1734）改属永春州；民国时期属福建南路道、厦门道和仙游、龙岩、永安等专署；1949年9月6日后，大田先后隶属永安、晋江和三明专区，1983年专区改市，后属三明市至今。

【自然地理】 大田县境地处西南华力西—印支拗陷带之大田—龙岩拗陷的东北部，政和—大埔断裂斜贯全境。地质构造复杂，岩石以钙质砂岩、石英砂岩为主，次为花岗岩、花岗长岩、凝灰岩和变粒岩。地表水域多年平均径流量为19.84亿立方米；地下水总量3.54亿立方米，地下热水有石牌镇老厝、桃源镇广汤、太华镇汤泉、广平镇大竹林、华兴镇京口5处，水温29℃—79℃，总流量11.56升/秒。县境为中低山地带，地势大致由西南向东北倾斜，山岭、谷地分布趋向与境内构造基本一致；境内千米以上山峰175座，大仙峰海拔1553.4米，居全县之首；溪流纵横，是闽江、九龙江和晋江支流发源地之一，汇水面积30平方公里以上河流25条，均溪河最大，其主干流长81.7公里，是街面水库电站的主要水资源。气候属亚热带季风湿润区，无严寒酷暑，雨量丰沛，日照充足。

【气候概况】 2017年，大田县气候属正常年景。年平均气温异常偏高，其中11月显著偏高，1、8、9月异常偏高；全年降水量正常，其中5月显著偏少，10、12月异常偏少，6、7月显著偏多；全年日照异常偏多，其中2、5、8月显著偏多，4、9月异常偏多。

气温 2017年，大田县年平均气温20.1℃，比常年偏高1.0℃，创历年平均最高纪录；年极端最高气温37.9℃，出现在8月6日；年极端最低气温-0.5℃，出现在12月21日；1月平均气温13.2℃、8月平均气温28.0℃、9月平均气温26.7℃，均为历年同期最高。9月极端最高气温37.8℃，平历史同期最高纪录；10月极端最高气温35.9℃，为历史同期最高。气温≥35.0℃的高温日数有50天，比常年偏多30天，为历年最多；“23型”秋寒出现于10月14日，“20型”秋寒出现于10月20日。

降水 2017年，大田县年降水总量为1461.0毫米，较常年偏少6%；一日最大降水量为104.2毫米，出现在8月1日；5月降水总量80.0毫米，为历年同期最少。降水量≥0.1毫米的降水日数有147天，比常年偏少15天；≥50.0毫米的降水日数有8天，比常年偏多5天。

日照 2017年，大田县年日照总时数为1862.2小时，比常年偏多349.2小时。9月日照总时数214.6小时，为历史同期最多。

气象灾害 2017年，影响大田县的主要灾害性天气有冰雹、暴雨、台风等，主要为：4月8日16:30—17:00，受低层切变南压和西南急流共同影响，上京镇出现冰雹天气，冰雹最大直径约15毫米，全镇共有烟叶57.73公顷及蔬菜2公顷受损；6月15日，受低涡切变影响，全县普降暴雨、个别乡镇大暴雨，受灾人口8647人、转移人口366人，直接经济总损失3230万元；8月1日，受10号台风“海棠”和西南急流的共同影响，全县普降暴雨、部分乡镇大暴雨，全县受灾人口2640人、转移人口1127人，直接经济总损失143.1万元；10月16日至11月17日，因无有效降水，县内出现小旱。

水文 2017年，大田县均溪年平均水位353.04米，年平均流量8.92立方米/秒，最高水位355.31米，发生于8月1日，相应流量283立方米/秒，最低水位352.78米，发生于10月30日，相应流量0.600立方米/秒，年径流量2.812亿立方米；年平均输沙率2.35立方米/秒，最大日平均输沙率249立方米/秒；年平均含沙量0.264公斤/立方米，最大断面平均含沙量3.17公斤/立方米，最小断面平均含沙量0公斤/立方米，年输沙量10万吨。

【区划人口】 2017年，大田县设10个镇、8个乡，辖8个社区、266个建制村，2537个村民小组，91个居民小组。全县居民总户数10.36万户，常住人口42.87万人；户籍人口10.27万户、42.68万人，其中城镇人口12.32万人，非城镇人口30.36万人；人口自然增长率13.47‰。

（魏庆赐　周　培　周铮宏　范立洋）

国民经济与社会发展

2017年，大田县实现地区生产总值198.22亿元，比上年增长8.8%，增幅居全市第一。其中，第一产业增加值33.41亿元，同比增长4.1%；第二产业增加值101.36亿元，同比增长7.3%；第三产业增加值63.45亿元，同比增长13.6%。第三产业占GDP的比重由上年的31.2%提高到32.0%。三类产业比例为16.9 ∶ 51.1 ∶ 32。全社会固定资产投资319.13亿元，同比增长17.3%；财政总收入10.44亿元，同比增长10.7%，其中地方公共财政收入7.42亿元，同比增长7.4%；实际利用外资2120万美元，同比增长9.5%；社会消费品零售总额53.69亿元，同比增长11%；城镇居民人均可支配收入3.25万元，同比增长9.5%；农村居民人均可支配收入1.54万元，同比增长9.4%。

【农业产业】 2017年，全县农林牧渔业总产值56.26亿元，同比增长4.2%。建成科技农业富硒产业园、霓上精制高山茶、大田肉兔产业化等项目，完成粮食播种面积2.64万公顷，新增农民专业合作社272家、家庭农场76家、“三品一标”认证农产品23个，大田现代茶业产业园获省农业厅、财政厅评定的省级现代茶业产业园，（富硒）水稻、雷竹笋种植列入省级农业标准示范项目，济阳乌山头休闲生态农业联合创业基地入围国家级星创天地。参与制定《国家茶叶公园标准及评定》《富硒农产品硒含量分类要求》标准，列入全省首个国家茶叶公园创建试点，“大田高山茶”获国家地理标志证明商标，“大田槐猪”获国家农产品地理标志登记。优特水稻新品种应用院士专家工作站落户济阳。

【工业产业】 2017年，全县完成工业总产值434.07亿元，同比增长7.8%；规模以上工业增加值95.62亿元，同比增长7.8%。机械铸造产业集聚区动工建设，被列为中国铸造产业集群试点县。卫斯特环保院士工作站获全国示范院士专家工作站。科华石墨负极材料、大圣日用陶瓷等项目动工建设，中工塑胶、海诚新能源等项目建成投产，全面淘汰铸造行业落后炼铁设备，压减水泥产能29万吨、煤炭产能14万吨，新增高新技术企业3家、科技小巨人领军企业2家。

【第三产业】 2017年，全县以全域旅游理念引领现代服务业发展，实施“快乐大田”重点项目23个，中国·桃源里旅游度假区、永兴达机动车驾考中心等项目动工建设，全县新增限额以上商贸企业8家、电商企业50家，电商交易额、旅游总收入、社会消费品零售总额分别同比增长14.4%、15.7%和11%，被列为省级VR产业发展和技术应用试点县，获批创建国家级电子商务进农村综合示范县，大仙峰·茶美人景区获评省级生态旅游示范区，灵动济阳景区获批国家AAA级旅游景区，东坂村成功创建省级乡村旅游创客示范基地。抗战遗址大田“第二集美学村”旧址全年接待海内外宾客4万余人次，其中团客146批。

【项目建设】 2017年，“项目攻坚年”活动加快项目接力，实施重点项目160个，完成投资78.42亿元，61个项目开工建设、42个项目建成或部分建成。开展“百名干部服务百家企业”活动，制定落实工业稳增长调结构、企业降本减负、园区企业资产按揭贷款等政策，取消县级涉企行政事业性收费12项，兑现企业扶持资金8094万元，协调金融机构向小微企业增贷2.39亿元。开展净化金融生态“三大攻坚”行动，妥善处置和化解诚通地产金象温泉城、四方置业龙腾盛世等一批重点风险项目，不良贷款率控制在3%的目标值以内。

【基础设施】 2017年，完成国道“纵五线”（大田段）一期工程10.61公里，兴泉铁路（大田段）、莆炎高速（大田段）、国道“纵五线”（大田）段二期动工建设。新建提级改造农村公路72.8公里，实施农村公路指路系统工程800公里；建成建设镇35千伏输变电工程，完成新一轮农村电网改造升级工程286公里；闽江上游尤溪流域防洪二期工程、国家农业综合开发小流域治理等项目加快推进，下岩中型水库列入国家“十三五”项目库。

【城乡建设】 2017年，实施“活力大田”重点项目29个，提升城市品位。全面启动“四区一路”旧城改造，香山北路、河滨西路等市政道路建设、碧桂园·天誉、兴田大厦等开发项目稳步推进。投资9500万元，完成县城凤山路改造一期工程（自白岩公园门口至东门桥）1.4公里街道敷设混凝土沥青路面和两侧楼房立面改造。启动福兴路、栋山支路项目建设。完成城区巷道改造3.7公里。建设城乡公共停车位225个；新建改造城区给排水管网19.33公里，完成天然气管网敷设7.2公里，庭院管网敷设10.2公里。新建和完善均溪河滨等夜景工程6.5公里。完成城区道路等4.6公里绿化，区绿化率提升至38.3%。投资630万元，完成白岩公园人工湖黑臭水体整治，实现“水畅、湖清、岸绿、景美”。

城区生活垃圾无害化处理厂技改工程竣工，生活垃圾清运率100%；继续推进“街长制”创新实践，落实巡查工作常态化。县住建局与均溪镇、华兴镇、石牌镇及国土局等部门齐抓共管，全年拆除违法建筑面积38.44万平方米，“两违”综合治理专项行动业绩突出受福建省“两违”综合治理专项行动领导小组表彰。以基础设施为重点，强化公共服务配套建设，城镇化率从2016年的48.7%提高至49.8%。

全县继续实施新一轮“千村整治、百村示范”工程，全县宜居环境建设项目92个，累计完成投资19.91亿元，占年度计划103.1%；完成广平镇元沙村1个省级美丽乡村示范村和14个整治村建设，全面完成乡镇农村生活垃圾压缩式中转站建设，完成新建、改造三格化粪池1.04万个，超额完成市下达的建设任务。

【社会事业】 2017年，大田县实施教育提升“五大工程”，加快推进27个城乡教育项目，建成实验幼儿园开发区分园、太华第一中心幼儿园等7个项目，新增学位3340个，大田职专成功创建省级中等职业教育改革发展示范学校；深化医药卫生体制改革，县总医院组建运营，改扩建乡镇卫生院4所，延伸设立村级卫生所186家，成功创建省级妇幼健康优质服务示范县；开展“养老服务推进年”活动，在全市率先成立医养服务中心，闽中康养服务中心投入运营，新建改造乡镇敬老院15个，被列为省级农村幸福院建设试点县；实施文化惠民工程，改造提升“数字三馆”，建成闽中戏曲文化创意产业园一期、居敬书院，县文化馆获评国家一级馆，文江“杂剧作场戏”列入省级非物质文化遗产保护名录，成功举办全国健美操冠军赛、全省青少年羽毛球锦标赛、海峡两岸大学生篮球联赛，“小城办大赛”全民健身品牌日益彰显。

为民办实事项目基本落实，民生支出比上年增长10.3%，占公共财政支出的84.4%。脱贫攻坚取得新进展，创新“一家四业”产业扶贫模式，实施造福工程200户、危房改造91户，光伏扶贫覆盖全县86.8%的贫困（空壳）村和65%的贫困户，建成屏山扶贫客栈、武陵扶贫产业园等示范点，全县脱贫人口达到8402人，占贫困人口的98.6%。推进小微企业创业创新基地城市示范工作，全县新增城镇就业1600人、农村劳动力转移就业3213人，城镇登记失业率2.3%，新开工保障性住房719套，城乡低保、五保供养等标准进一步提高，临时救助、医疗救助等体系进一步完善。县行政服务中心在第二届全国行政服务大厅典型案例展示活动中获“综合十佳”称号，“山区养老”服务模式入选国家养老服务业发展典型案例。

【生态保护】 2017年，大田县践行“绿水青山就是金山银山”理念，推进生态治理和环境保护，出台生态环境保护责任清单，落实“党政同责、一岗双责”，推动环保工作责任落实。突出抓好中央和省环保督察问题整改工作，新增造林绿化面积1260公顷，森林覆盖率提升至73.04%，矿山生态环境恢复治理率居全省首位。在全国率先注册成立河长协会，全县19个乡、镇、场均成立河长协会分会，243个建制村设立村级分会，89个企业认领责任河段，招募408名河道志愿监督员，推动“政府治水”向“全民治水”转变。发挥好生态综合执法局在生态环境保护中的“利剑”作用，健全完善公安、检察、审判和水环境执法司法联动机制，提升生态综合执法力度。

（范立洋）

2017年党政军社团组织机构及其领导人名录

【中共大田县委员会】
书　记　熊旭明（2015.12—　　）
副书记　林金龙（2016.4—　　）
　　　　连仁魁（2016.7—　　）
常　委　施正立（2016.4—　　）
　　　　黄　芳（女，2016.7—　　）
　　　　黄家发（2016.4—　　）
　　　　林其秋（2015.7—2017.12）
　　　　陈剑生（2016.7—　　）
　　　　蔡兴山（2016.7—　　）
　　　　茅有温（2016.7—　　）
　　　　王怀斌（2016.7—　　）
　　　　赖伟平（2017.10—　挂职）
（其中书记、副书记为常委不重列）

【大田县人大常委会】
主　任　陈汉良（2011.2—　　）
副主任　章　玲（女，2016.12—　　）
　　　　张爱兰（女，2013.12—　　）
　　　　刘永生（2011.12—　　）
　　　　郑宜堆（2011.12—　　）

【大田县人民政府】
县　长　林金龙（2016.5—　　）
副县长　陈剑生（2016.7—　　）
　　　　赖伟平（2017.10—　挂职）
　　　　余维语（2009.10—　　）
　　　　涂林瑢（女，2016.7—　　）
　　　　涂剑峰（2015.1—　　）
　　　　吴文旗（2016.12—　　）
　　　　詹冬华（2016.12—　　）

【政协大田县委员会】
主　席　余真华（2016.5—　　）
副主席　陈庆建（2013.12—　　）
　　　　陈钦梅（女，2016.12—　　）
　　　　杨兴和（2016.1—　　）
　　　　阮　芳（女，2016.12—　　）

【中共大田县纪委】
书　记　黄家发（2016.4—　　）
副书记　陈清辉（2008.4—2017.8）
　　　　黄丽玲（2016.7—　　）
　　　　许志鹏（2017.12—　　）

【大田县监察委员会】
主　任　黄家发（2017.12—　　）

【大田县人武部】
部　长　林其秋（2015.3—2017.6）
政　委　郭佳添（2015.6—　　）

【县委工作部门及直属单位】
办公室
主　任　黄和新（2016.7—　　）
台办
主　任　黄和新（兼，2016.7—　　）
督查室
主　任　陈　明（2015.5—2017.10）
巡察办
主　任　张春桃（2016.7—　　）
巡察一组
组　长　叶玉成（2017.3—　　）
巡察二组
组　长　叶德镇（2016.7—　　）
组织部
部　长　王怀斌（2016.7—　　）
县委非公有制企业和社会组织工委
书　记　黄圣洁（2013.11—　　）
组织员办公室
主　任　王光顺（2017.9—　　）
副主任　郑洪燕（女，2011.6—2017.3）
宣传部
部　长　黄　芳（女，2016.7—　　）
统战部
部　长　施正立（2016.4—　　）
政法委
书　记　茅有温（2016.7—　　）
综治办
主　任　乐余聪（2013.11—　　）
防范办
主　任　李启智（2010.1—　　）
群众工作部
部　长　茅有温（兼，2016.7—　　）
编　办

主　任　陈汝传（2013.11—　　）

县直机关党工委

书　记　王怀斌（兼，2016.7—　　）

常务副书记　甘满香（女，2015.10—　）

老干部局

局　长　周建峰（2013.11—　　）

文明办

主　任　蒋先切（2008.4—　　）

信访局

局　长　罗　浩（2016.7—　　）

党史研究室

主　任　卢作福（2016.7—　　）

党　校（行政学校）

校　长　王怀斌（兼，2016.7—　　）

常务副校长　周丽华（女，2008.8—　）

档案局（馆）

局（馆）长　徐锦平（2015.10—　　）

报道组

组　长　颜全飚（2015.10—　　）

【县人大常委会工作机构】

办公室

主　任　涂振鹏（2015.5—　　）

教科文卫委

主　任　郑小玲（女，2016.7—　　）

内司委

主　任　卢建宏（2016.7—　　）

人事代表工作室

主　任　章宗炼（2013.12—　　）

财经委

主　任　李方广（2017.4—　　）

侨台委

主　任　程美花（女，2009.2—　　）

环城委

主　任　林雁强（2013.12—　　）

信访室

主　任　李方广（2010.3—2017.4）

农工委

主　任　黄军晖（2017.4—　　）

【县政府工作部门及直属机构】

办公室

主　任　陈有明（2016.7—　　）

监察局

局　长　陈清辉（2008.4—2017.8）

发展和改革局

局　长　周家好（2015.5—　　）

物价局

局　长　叶清丈（2013.12—　　）

粮食局

局　长　郑一强（2013.12—　　）

教育局

局　长　蔡建峰（2013.9—2017.8）

　　　　涂林瑢（女，兼，2017.8—　）

教育督导室

主　任　徐建清（2011.6—2017.8）

　　　　吴成本（2017.8—　　）

科技局

局　长　林奕明（2016.7—　　）

经济和信息化局

局　长　陈文琴（2015.5—2017.1）

公安局

局　长　刘阳辉（2016.7—　　）

政　委　空缺

指挥中心

主　任　余建载（2011.12—　　）

国内安全保卫大队

大队长　陈斯辉（2002.4—2017.4）

　　　　余新荣（2017.6—　　）

公共网络安全监察大队

大队长　杨维格（2009.1—　　）

刑侦大队

大队长　郑乾智（2011.4—　　）

出入境管理大队

大队长　周　芳（女，2009.1—　　）

治安大队

大队长　涂红彤（2015.4—2017.1）

　　　　陈长裕（2017.4—　　）

经侦大队

大队长　余新荣（2002.4—2017.6）

　　　　涂红彤（2017.9—　　）

交警大队

大队长　卢有明（2011.12—2017.6）

　　　　苏　炉（2017.6—　　）

法制大队

大队长　谢志峰（2015.4—　　）

拘留所

所　长　林芳耀（2011.4—　　）

看守所

所　长　郑启张（2015.4—2017.4）

　　　　陈大吉（2017.4—　　）

公安局森林分局

局　长　林建楠（2004.3—2017.6）

　　　　卢有明（2017.6—　　）

教导员　林建群（2004.3—2017.6）

　　　　林建楠（2017.06—　　）

民政局

局　长　黄桂珍（女，2015.10—　　）

勘界办

主　任　林开斌（2011.6—　　）

司法局

局　长　肖长祥（2016.7—　　）

财政局

局　长　吴高勇（2016.7—　　）

人力资源和社会保障局

局　长　郭育靖（2009.4—　　）

机关社保中心

主　任　陈志清（2010.3—　　）

国土资源局

局　长　林宗镇（2011.7—　　）

不动产登记局

局　长　郑建生（2016.12—　　）

环境保护局

局　长　田是告（2016.7—　　）

住房和城乡规划建设局

局　长　林建明（2015.5—　　）

人民防空办公室

主　任　林建明（2015.5—　　）

交通运输局

局　长　郑际楷（2012.3—　　）

交通运管所

所　长　郑一刚（2011.6—　　）

交通综合行政执法大队

大队长　张　文（2011.12—　　）

农业局（农办）

局长（主任）　郑成鑫（2015.5—　）

农业机械化管理中心

主　任　翁祖勇（2013.12—　　）

林业局

局　长　肖宏强（2016.7—　　）

林业科技推广中心

主　任　空缺

大仙峰省级自然保护区管理处

主　任　周仲琼（2005.1—　　）

水利局

局　长　田仁芳（2013.12—　　）

坑口水库管理处

主　任　范明铁（2013.12—　　）

商务局

局　长　黄军晖（2016.7—2017.4）

　　　　张春艳（女，2017.4—　　）

文体广电出版局

局　长　林春忠（2012.2—　　）

广播电视台

台　长　范文革（2016.7—　　）

文化市场综合执法大队

大队长　连福石（2013.12—　　）

卫生和计划生育局

局　长　陈永晶（2015.5—　　）

审计局

局　长　严建忠（2011.7—　　）

安全生产监督管理局

局　长　施正钻（2016.7—　　）

统计局

局　长　林芳庆（2016.7—　　）

农村社会经济调查队

队　长　黄初齐（2016.10—　　）

城市社会经济调查队

队　长　林美华（女，2010.3—　　）

市场监督管理局

局　长　余维语（兼，2015.5—2017.4）

　　　　施发帅（2017.4—　　）

经济开发区管委会

主　任　郑际桂（2016.7—2017.5）

　　　　蔡兴山（兼，2017.5—　　）

书　记　苏晋葛（2016.10—2017.5）

　　　　蔡兴山（兼，2017.5—　　）

行政服务中心管委会

主　任　郭秀完（2015.11—　　）

生态综合执法局

主　任　刘传贵（2016.10—　　）

县方志办

主　任　魏初寨（2015.5—　　）

供销合作社联合社

主　任　陈占对（2016.7—　　）

城镇集体工业联合社

主　任　吴联广（2013.12—　　）

旅游局

局　长　廖舒静（女，2016.7—　　）

茶业局

局　长　陈益存（2016.7—　　）

库区移民开发局

局　长　林玉温（2011.7—　　）

机关事务管理局

局　长　连保聪（2016.7—　　）

畜牧水产中心

主　任　张景程（2015.5—　　）

【县政协工作机构】

办公室

主　任　陈德强（2010.3—　　）

文史学习和民族宗教委

主　任　张玉莲（女，2016.7—　　）

经济和港澳台侨委

主　任　田　勇（2016.7—　　）

提案和法制委

主　任　易清花（女，2013.12—　　）

社会事业委

主　任　池乃国（2015.8—　　）

【县纪委工作部门】

办公室

主　任　章鹏程（2015.5—2017.12）

第一纪检监察室

主　任　黄志平（2015.3—2017.3）

　　　　肖基库（2017.3—　　）

第二纪检监察室

主　任　涂锦发（2016.7—2017.12）

第三纪检监察室

主　任　空缺

组织和宣传部部长

部　长　林凤都（2015.5—　　）

党风政风监督室

主　任　魏首海（2017.3—　　）

信访室

主　任　施生陆（2013.11—　　）

案件监督管理室

主　任　周　丹（2017.3—　　）

案件审理室

主　任　郭善锋（2010.2—　　）

纪检监察干部监督室

主　任　叶景德（2016.7—　　）

【县人武部工作部门】

军事科

科　长　袁卫锋（2017.1—　　）

政工科

科　长　黄章凤（2016.6—2017.6）

　　　　栾仁豹（2017.6—　　）

后勤科

科　长　陈桂伟（2016.6—2017.6）

　　　　黄章凤（2017.6—　　）

【武警部队】

消防大队

大队长　张金东（2014.10— 2017.11）

武警中队

中队长　邓常敬（2015.4—　　）

【县人民法院】

院　长　杨绍东（2016.12—　　）

副院长　史小闽（1995.10—　　）

　　　　陈　晶（女，2002.5—　　）

　　　　肖雄忠（2002.5—　　）

【县人民检察院】

检察长　张春明（2016.1—　　）

副检察长　蒋原成（1999.10—　　）

　　　　　吴明华（2002.5—　　）

　　　　　郑向阳（2011.7—　　）

【群团组织】

总工会

主　席　施正立（兼，2016.7—　　）

常务副主席　林廷灶 (2016.7—　　)

团县委

书　记　黄璟岫（2017.3—　　）

妇联

主　席　林爱红（女，2013.12—　　）

工商联

主　席　涂志敏（兼，2016.12—　　）

常务副主席　李建政（2016.12—　　）

科　协

主　席　方来银（2013.12—　　）

侨　联

主　席　空缺

残　　联

理事长　施发烧（2015.11—　　）

贸促会（国际商会）

会　长　陈华塔（2014.2—　　）

文　联

主　席　张知松（2015.5—2017.4）

　　　　颜全飚（2017.4—　　）

社科联

主　席　林秀兰（女，2015.5—2017.4）

计划生育协会

会　长　温如校 （2012.01—　　）

常务专职副会长　刘建成（2012.3— ）

红十字会

会　长　涂林瑢（女，2016.7—　　）

常务专职副会长　林添江（2011.6— ）

【其他事业单位】

农科所

所　长　周高山（2011.6—　　）

良种场

场　长　黄志金（2010.3—　　）

疾病控制中心

主　任　郑雪珍（女，2013.9—　　）

妇幼保健院

院　长　林大平（2002.9—　　）

总医院

院　长　林其汉（2017.7—　　）

县医院

院　长　林其汉（2013.9—2017.6）

中医院

院　长　高石麟（1997.11—2017.7）

　　　　林其汉（2017.7—　　）

教师进修学校

校　长　林再生（2013.9—　　）

一　中

校　长　颜良重（兼，2013.8—2017.8）
　　　　连青阳（2017.8—　　）

五　中

校　长　连青阳（2013.8—2017.8）
　　　　廖明昶（2017.8—　　）

福建电大大田工作站

站　长　俞建营（2011.6—　　）

职业中专

校　长　林凤瑮（2008.9—　　）

二　中

校　长　徐建清（2017.8—　　）

三　中

校　长　柯文炳（2015.4—　　）

吴山公路交通稽查站

站　长　涂振超（2010.3—　　）

【乡镇党委、人大、政府】

均溪镇

党委书记　林永田（2016.5—　　）
人大主席　林永田（2016.12—　　）
镇　　长　郑丁炫（2016.12—　　）

石牌镇

党委书记　范成火（2016.5—　　）
人大主席　涂建志（2017.7—　　）
镇　　长　陈开尧（2016.12—　　）

华兴镇

党委书记　颜佳秀（女，2015.5—　　）
人大主席　郑开京（2015.5—　　）
镇　　长　吴善寨（2015.5—　　）

屏山乡

党委书记　林生长（2016.5—　　）
人大主席　吴绍锯（2016.12—　　）
乡　　长　邱　娟（女，2016.12—　　）

吴山镇

党委书记　黄永强（2016.5—　　）
人大主席　林起洲（2016.12—　　）
镇　　长　廖卉喆（女，2016.12—　　）

济阳乡

党委书记　杨道成（2016.5—　　）
人大主席　余有龙（2016.12—　　）
乡　　长　温如凤（2012.1—　　）

谢洋乡

党委书记　张乃军（2015.5—　　）
人大主席　田首道（2010.3—　　）
乡　　长　李序扶（2016.12—　　）

武陵乡

党委书记　廖正楼（2015.5—　　）
人大主席　林玉华（女，2016.12—　　）
乡　　长　陈如双（2015.5—　　）

桃源镇

党委书记　范德溥（2016.5—　　）
人大主席　柳书报（2016.12—　　）
镇　　长　陈建伟（2016.12—　　）

上京镇

党委书记　林世畅（2016.5—　　）
人大主席　方来炽（2014.2—　　）
镇　　长　廖上培（2016.12—　　）

太华镇

党委书记　陈建文（2016.5—　　）
人大主席　张正春（2016.12—　　）
镇　　长　涂育严（2014.2—　　）

建设镇

党委书记　乐永权（2016.5—　　）
人大主席　林玉安（2016.12—　　）
镇　　长　陈建锋（2016.12—　　）

广平镇

党委书记　陈秀达（2016.5—　　）
人大主席　陈首光（2012.1—　　）
镇　　长　周茂座（2016.12—　　）

奇韬镇

党委书记　黄兴烈（2016.5—　　）
人大主席　陈世忠（2014.2—　　）
镇　　长　田起杨（2016.12—　　）

文江乡

党委书记　陈庆进（2016.5—　　）
人大主席　陈振宋（2014.2—　　）
乡　　长　连华状（2016.12—　　）

前坪乡

党委书记　陈结章（2016.5—　　）
人大主席　陈文集（2016.12—　　）
乡　　长　陈光伟（2016.12—　　）

梅山乡

党委书记　林起严（2015.5—　　）
人大主席　周万裕（2016.12—　　）
乡　　长　林昌儒（2012.1—　　）

湖美乡

党委书记　林大红（2016.5—　　）
人大主席　徐成章（2014.2—　　）
乡　　长　陈志堂（2016.12—　　）

【部分省、市直属单位】

永安煤业公司

党委书记、执行董事　黄金平（2014.2—　）
国网大田县供电公司
总经理　傅维元（2016.2—　　）
书　记　柳建民（2013.3—2017.3）
　　　　杨州安（2017.3—　　）

国税局

局　长　庄志宏（2015.10—　　）

地税局

局　长　华　富（2014.8—　　）

三明银监分局大田监管办

主　任　乐光锻（2011.6—　　）

人行大田支行

行　长　林长平（2013.9—2017.4）
　　　　刘善鹏（2017.4—　　）

工行大田支行

行　长　谢仁辉（2016.9—2017.8）
　　　　曾钦略（2017.8—　　）

农行大田支行

行　长　张正辉（2015.01—　　）

建行大田支行

行　长　邱保洪（2016.06—　　）

中行大田支行

行　长　黄晓霞（女，2015.11—2017.9）
　　　　张溪椿（2017.9—　　）

邮政储蓄大田支行

行　长　郑日周（2015.11—　　）

农村信用联社

理事长　廖世星（2015.9—　　）

中国财产保险股份有限公司大田支公司

经　理　孙好平（2016.5—　　）

中国人寿保险股份有限公司大田县支公司

经　理　邓国权（2017.1—　　）

邮政公司

总经理　吴　华（2013.4—2017.7）
　　　　黄荣生（2017.7—　　）

电信局

局　长　周晓毅（2014.8—　　）

公路分局

局　长　刘文锦（2016.12—　　）

气象局

局　长　高青芳（女，2017.5—　　）

烟草专卖局

局　长　邹新根（2015.11—2017.4）
　　　　叶建如（2017.4—　　）

水文局

局　长　杜传垦（2013.12—　　）

桃源林场

场　长　黄德龙（2011.8—2017.12）
　　　　林华章（2017.12—　　）

梅林林场

场　长　林庆富（2011.08—2017.11）
　　　　林远昌（2017.11—　　）

福建新华发行集团有限责任公司大田分公司

经　理　林还诚（2013.12—　　）

（陈有巡）

综述

【概况】 2017年，中共大田县委在以习近平同志为核心的党中央和省委、市委的领导下，学习宣传贯彻习近平新时代中国特色社会主义思想和中共十九大精神，坚持稳中求进工作总基调，团结带领全县干部群众主动融入“再上新台阶、建设新福建新三明”大局，坚持“创新驱动、绿色发展”工作主题，各项事业取得新成效。

【上级党委决策部署贯彻落实】 2017年，中共大田县委坚决维护党中央集中统一领导和习近平在党中央、在全党的核心地位。从县委班子做起，坚持以习近平新时代中国特色社会主义思想和对福建、三明、大田工作的重要指示精神为统领，推动全县各级党员干部牢固树立“四个意识”（政治意识、大局意识、核心意识、看齐意识），坚定“四个自信”（中国特色社会主义道路自信、理论自信、制度自信、文化自信），把学习宣传贯彻中共十九大精神作为首要政治任务。贯彻落实省委十届三、四、五次全会和市委九届四、五、六次全会精神。召开县委常委（扩大）会、县委全会，学习贯彻省委、市委全会关于推动高质量发展、加快补齐民生社会事业短板等部署安排，把中央和省委、市委全会各项决策落到实处。

【党的建设】 2017年，中共大田县委坚持党对一切工作的领导，不断增强党的创造力、凝聚力、战斗力，走好新时代全面从严治党新长征。以习近平总书记到过的红星村、建国村、元沙村等6个村为“两学一做”学习教育示范点，开展党建引领小康示范村创建工作，带动培育36个党建示范村。推进“两学一做”学习教育常态化制度化，严格执行“三会一课”制度，组织开展“中共十九大精神”专题党课、“清洁家园”主题党日等主题实践活动。当年，全县共集中开展主题党日活动8次，党员11.6万人次参加。抓党建促脱贫攻坚，全县266个建制村村财收入均达5万元以上，36个软弱涣散基层党组织全部完成整顿转化。推进服务型党组织建设，试点推行“住村特派员制度”，推动农村党组织建设与基层治理有机衔接、良性互动。统筹抓好社区、学校、企业、机关等领域党建工作，非公企业和社会组织党组织覆盖率分别达84.2%、74.7%，各领域基层党建工作持续加强。强化正向激励，实行一线考察干部工作机制，先后选派79名住村特派员、31名省级科技特派员、38名住村第一书记，到农村一线助力乡村振兴、脱贫攻坚。当年，全县共提拔一线优秀干部30人，占提拔总数的53.6%。强化反向约束，开展招商、征迁、民生、效能等四个领域专项整治及公职人员不良贷款清理攻坚行动，综合运用执纪巡察、诚信认定、审计鉴定、统计数据分析、立案侦查及个人有关事项报告情况核查等结果，及时调整问责不担当、不作为、乱作为的干部。深化监察体制改革试点工作，完成县监察委员会人员转隶和挂牌组建。先行试点乡镇纪委规范化建设人员提名、年度考核、经费保障、任务清单、场所配置“五统一”模式，支持纪委“三转”（党委转“支持”为“领导”、纪委转“牵头参与”为“专职监督”、纪检干部转“执法”为“执纪”），纪检监察组织力量不断加强，提升县委巡察制度。当年，全县共开展3轮5批常规巡察、“机动式”专项巡察3轮、扶贫领域“全交叉”专项巡察1轮、执行党内组织生活制度情况专项巡察1轮，抓早抓小、防微杜渐效果充分发挥，党内政治生态持续好转。坚持无禁区、全覆盖、零容忍，建立片区协作执纪审查机制，当年，全县纪检监察机关共立案130件。

【经济发展的质量和效益】 2017年，中共大田县委贯彻新发展理念，推进供给侧结构性改革，促进经济保持稳中向好的良好态势。深化“放管服”改革，制定出台落实工业稳增长调结构、企业降本减负、园区企业资产按揭贷款等政策，取消县级涉企行政事业性收费12项，兑现企业扶持资金8094万元，协调金融机构向小微企业增贷2.39亿元。抓“五个一批”（谋划一批、签约一批、开工一批、投产一批、增资一批）项目建设，2017年实施科技、绿色、快乐、活力、和谐“五个大田”重点项目160个，完成投资78.42亿元，科达石墨、蛋鸡产业化、马力小镇等107个项目签约落户大田，中国·桃源里旅游度假区、大圣日用陶瓷、永兴达机动车驾考中心等61个项目开工建设，桃源裕田生态农业、中工塑胶、泽惠居家养老等42个项目竣工或部分竣工。扶持培育一批高新技术企业、创新型企业，当年，全县列入省市重点技改项目58个，完成投资20.87亿元，现有院士工作站3家，国家高新技术企业4家，国家级星创天地2家，科技小巨人领军企业4家，拥有自主知识产权企业30家，科技型企业突破30家。发展全域旅游、VR、“互联网+”等新兴业态，东坂村成功创建省级乡村旅游创客示范基地，灵动济阳景区获批国家AAA级旅游景区，大田县被列为省级VR产业发展和技术应用试点县。推进科技农业富硒产业园、福建（大田）机械铸造产业集聚区、石墨（烯）产业园、陶瓷文化创意产业园、创新创业产业园等平台建设，“大田高山茶”获国家地理标志证明商标，“大田槐猪”获国家农产品地理标志登记，济阳乌山头休闲生态农业联合创业基地入围国家级星创天地。

【保障和改善民生】 2017年，中共大田县委把人民对美好生活的向往作为奋斗目标，不断增强人民群众的获得感、幸福感和安全感。把脱贫攻坚作为重大政治任务和第一民生工程，开展精准扶贫“三年会战”“八项行动”（产业集聚区发展、项目招大引强、工业提质增效、服务业发展、现代农业发展、新型城镇化建设、民生事业发展、文化产业发展行动计划），全面推广“一家四业”（造福工程易地搬迁建设一个家，屋顶光伏产业、家门口就业、院内手工业、房后特色农业）产业扶贫模式，开展“千名干部结穷亲”活动，形成光伏扶贫产业园、扶贫班组、扶贫教室、扶贫客栈等一批扶贫示范点。率先在全省整县推进光伏产业扶贫，完成安装并网15.5兆瓦，占全省光伏扶贫总量的30.3%，国网福建电力“服务光伏发电·助力脱贫致富”新闻发布会在大田召开，相关经验做法被人民日报、福建日报等26家新闻媒体报道。当年，全县实现脱贫8402人，占贫困人口总数的98.6%。将新增有效财力主要用于民生社会事业，2017年，民生支出比上年增长10.3%，占公共财政支出的84.4%，凤山路改造一期工程、闽中康养服务中心等一批民生项目建成投入使用。抓好“四好公路”建设，全县新建提级改造农村公路72.8公里，完成新一轮农村电网改造升级工程286公里，新建改造城区给排水管网19.33公里、天然气管道7.2公里，新增城市停车位225个，完成农村生活污水无害化处理1.04万户，解决1.5万人的饮水安全问题，全县新增城镇就业1600人、农村劳动力转移就业3213人，新开工保障性住房719套，城乡低保、五保供养等标准进一步提高，临时救助、医疗救助等体系进一步完善，为省级农村幸福院建设试点县。落实党委（党组）意识形态工作责任制，深化群众性精神文明创建，实施红色文化传承和弘扬“六个一”工程，闽中戏曲文化产业园、闽中琴院等一批文化产业项目加快推进，新增文化产业法人单位89家，培育规上文化企业5家，文江“杂剧作场戏”被入选省级非物质文化遗产保护名录，“朱德率红四军二三纵队出击闽中大田史迹群”等10处文物点入选第九批省级文物保护单位，武陵百束村入选三明市第二批中央红军村。深化“平安大田”建设，开展扫黑除恶专项斗争，健全完善社会稳定风险评估预防机制，推进社会治安立体防控体系建设，不断提升信访工作水平，在中共十九大和金砖厦门会晤期间，取得零进京、零赴省、零到厦信访的突出成效。生产安全、食品药品安全形势持续稳定，防灾减灾能力持续加强，人民群众安全感稳步提升。

【生态环境保护】 2017年，中共大田县委树立和践行绿水青山就是金山银山理念，推进生态治理和环境保护，努力实现生态环境的“高颜值”和经济发展的“高素质”。严格落实“党政同责、一岗双责”，制定出台《关于在干部选拔任用工作中全面落实环境保护相关要求的暂行规定》，明确将相关干部选拔任用与环境保护职责履行情况直接挂钩，充分发挥选人用人的导向作用。实行党政领导生态环保目标责任制，与各乡镇、县直有关单位签订环保目标责任书，出台生态环境保护责任清单，推动环保工作责任落细落实。抓好中央和省环保督察问题整改工作，原美化工冶炼冰铜、正仁环保烟气污染等热点环境问题得到有效解决。统筹实施河道清淤、水土流失、农业面源、工业污染、城乡环境整治五大工程，银川矿区矿山地质环境治理示范工程三期、白岩公园黑臭湖水整治等项目全面建成，鸭蛋山非正规垃圾填埋场资源化治理、万里安全生态水系等项目有序推进，2017年，共完成河道清淤371公里，治理水土流失3680公顷，拆除沿河违章建筑121处，关闭影响水源的矿洞矿井106个，取缔非法水洗砂生产线56条，新增造林绿化面积1260公顷，森林覆盖率提升至73%，矿山生态环境恢复治理率居全省首位。在全国率先注册成立河长协会，全县19个乡（镇、场）成立河长协会分会，243个建制村设立村级分会，89个企业认领责任河段，招募408名河道志愿监督员，推动“政府治水”向“全民治水”转变。探索“河道+现代农业”“河道+光伏产业”“河道+旅游业”等模式，形成桃源裕田生态农业、华兴仙峰水上漂流等一批河道经济典型，努力实现“生态美”与“百姓富”有机统一。依托全省首个生态环境指挥中心，提升生态环境保护指挥系统，发挥好生态综合执法局在生态环境保护中的“利剑”作用，加强公安生态侦查大队、生态环境检察室和生态环境审判庭建设，健全完善水环境执法司法联动机制，全面提升生态综合执法水平。2017年，全县共打击涉水违法行为316起，办结行政处罚案件92件，移送公安机关行政拘留4起4人。

（林志铭）

重要会议与活动

【概况】 2017年，中共大田县委召开第十三届四次和五次全体会议；召开县委常委会2次，县委常委（扩大）会议3次；召开中央环保督察、脱贫攻坚、深化河长制、金融、精准扶贫等专题会议。

【县委十三届四次全体会议】 8月30日，县委召开十三届四次全体（扩大）会议。学习贯彻总书记习近平以人民为中心的发展思想和新发展理念，落实中央加快社会事业发展的决策部署和省委十届三次全会、市委九届四次全会精神，听取和讨论县委书记熊旭明代表县委常委会所作的报告，听取县委副书记、县长林金龙对相关文稿所作的说明，审议通过《中共大田县委关于加快社会事业发展补齐民生短板确保如期全面建成小康社会的决定》，讨论教育、卫生与健康、养老、城乡民生基础设施等领域相关配套文件。

【县委十三届五次全体会议】 11月29日，县委召开十三届五次全体（扩大）会议。学习贯彻总书记习近平带领中央政治局常委集体瞻仰上海中共一大会址和浙江嘉兴南湖红船时的重要讲话精神，省委十届四次全会、市委九届五次全会精神。与会人员集体重温入党誓词。听取和讨论县委书记熊旭明代表县委常委会所作的工作报告。审议通过《中国共产党大田县第十三届委员会第五次全体会议决议》。

【县委常委会议】 1月7日，县委书记熊旭明主持召开县委常委会议，传达市委市政府关于大田县广平镇煤矿非法开采专项调查报告的指示精神，研究贯彻意见；研究讨论“12·25”民爆物品被盗案件调查情况和处理意见。广平镇铭溪石灰岩矿408公斤民爆物品被盗案件的发生，社会影响恶劣，反映出大田县民爆物品安全管理主体责任和监管责任不落实的情况仍然比较突出，民爆物品从业单位存在不少风险隐患，极有可能再次引发涉爆案件，严重危害公共安全，应立即采取改进措施、有效堵塞漏洞。要求各级各有关部门要深刻吸取广平镇煤矿非法启封无证废弃矿井案件的教训，充分认识打击非法采矿行为的重要性，进一步做好打击和治理各种乱采乱挖的行为。

4月14日下午，县委书记熊旭明主持召开县委常委会议。学习总书记习近平在中央政治局第三十九次集体学习时的重要讲话精神。

【县委常委（扩大）会议】 3月2日，县委召开常委扩大会议，组织学习省委、省政府《关于深入推进农业供给侧结构性改革加快培育农业农村发展新动能的实施意见》。要求各级各部门要贯彻落实中央一号文件精神，结合大田实际，真学、细学，切实把握实施意见提出的一系列新思想、新部署、新要求，真正把一号文件精神落到实处，取得实效。

5月17日，县委书记熊旭明主持召开县委常委（扩大）会议，研究讨论《大田县旧城改造项目征收工作实施方案》《凤山路改造项目实施方案》。要求各相关单位要牢固树立“城为民建，人民至上”理念，加快推进原汽车站片区、原火电厂及福田桥头周边片区、城区新建教育项目、石牌片区改造项目、凤山路道路和立面改造项目“四区一路”改造工程，明确目标、科学规划，同心同力、敢于担当，高标准、高质量做好旧城改造征收工作。

11月28日，县委书记熊旭明主持召开县委常委（扩大）会议。传达学习全省深化国家监察体制改革试点工作动员部署视频会和全市深化监察体制改革试点工作小组第一次会议暨监察体制改革试点工作进展情况汇报会精神，研究大田县贯彻意见。原则同意县纪委提出的贯彻意见和县改革试点办公室提请审议的《大田县深化国家监察体制改革试点工作实施方案（送审稿）》。

【配合中央环保督察专题会召开】 5月6日，县委在县政府四楼会议室召开专题会议，20人参加，县委书记熊旭明主持，研究配合中央环保督察组下沉督察有关工作。要求全县各级各部门要牢固树立“绿水青山就是金山银山”的理念，落实环境保护“党政同责”和“一岗双责”，解决群众反映强烈的生态环境保护突出问题，全力建设生态大田、绿色大田。

6月22日，县委在龙山宾馆七楼会议室召开配合中央环保督察整改落实推进会，150人参加，要求各乡镇、部门要针对问题，对号入座，以“等不起、慢不得、坐不住”的紧迫感和责任感，做到机构不撤，队伍不散，标准不降，抓好生态文明建设环境保护各项工作，迎接中央环保督察组“回头看”检查和下半年省环保督察。

8月5日，县委在县政府四楼会议室召开专题会议，县长林金龙等50人参加，县委书记熊旭明主持，研究中央环保督察反馈问题整改落实问题。要求各级各部门要强化落实生态环境保护“党政同责”“一岗双责”，以更高的标准、更严的要求、更快的举措，推进整改工作落实。

【全县农村工作暨脱贫攻坚动员会召开】 3月14日，县委在县影剧院召开全县农村工作暨脱贫攻坚“春季攻势”行动动员会，480人参加，传达省、市农村工作会议精神，回顾总结2016年度县农业农村工作，安排部署2017年农业农村和精准扶贫工作。

【市领导到县调研指导】 3月13—14日，市委常委、组织部部长陈炎标到县调研指导“两学一做”和农村基层党建工作。陈炎标一行3人先后到建设镇、

2017年3月14日，大田县召开农村工作暨脱贫攻坚“春季攻势”行动动员会 （报道组/提供）

谢洋乡坑口村、武陵乡大石村、桃源镇东坂村和桃源村，实地察看党组织阵地建设、美丽乡村建设，详细了解党员干部队伍建设、严格党内政治生活、开展党员民主评议等方面情况，走访看望驻村干部和返乡创业青年，并就开展“两学一做”学习教育和壮大村集体经济等问题，与基层干部座谈交流。

【领导干部专题研讨班举办】 3月14日，县委在县影剧院举办领导干部“学习贯彻十八届六中全会精神”专题研讨班，县委书记熊旭明作主题报告，邀请市委党校讲师盖军静作专题讲座，系统阐述十八届六中全会的主要精神。要求全县领导干部要从讲政治的高度深化对全面从严治党的认识，加强党性修养和党性锻炼，严明政治纪律和政治规矩，敢于直面问题和自我革命，做政治上的明白人，坚决维护中国共产党的集中统一领导和以习近平为核心的党中央权威。县委副书记、县长林金龙主持会议，460人参加。

【全面深化河长制工作动员会召开】 3月24日，县委在县政府五楼会议室召开全面深化河长制工作动员会，120人参加。会议学习贯彻总书记习近平关于全面推行河长制工作的重要指示及全国、全省河长制视频会议精神。要求建立守土有责的责任机制，各乡镇党政主要领导要以全面深化河长制工作为抓手，发挥好在治水护水中的“总指挥”“总协调”作用，建立密切配合的协作机制，注重上下联动，开展协同作战，推进各项工作落到实处；建立严格有效的监管机制，开展专项巡查，县巡察组要定期开展责任落实情况督导检查，加大对重大涉河项目的专项稽查力度，确保河长制各项目标任务落到实处；县河长办要建立督办台账，进行“一月一查、一查一通报”，全面跟踪督查整改落实情况，为建设科技、绿色、快乐、活力、和谐的新大田作出新的更大贡献。县委常委、组织部部长王怀斌对全面深化河长制工作做具体安排部署，县长林金龙出席会议并讲话。

【领导干部经济管理高级研修班开班】 4月22—28日，县政协副主席阮芳及县直机关、乡镇科级干部和选调生共52人赴北京参加清华大学—大田县领导干部经济管理高级研修班。22日上午，在清华大学建筑节能研究中心报告厅举行开班典礼，清华大学教师、班主任杜金菊主持，清华大学原党委副书记胡显章出席仪式并讲话，县委常委、统战部部长施正立致辞。本次研修班为期一周，以现场教学与讲座两种形式进行授课。

【精准扶贫工作会召开】 5月4日，县委书记熊旭明到桃源镇主持召开现场办公会，研究精准扶贫工作，130人参加。熊旭明指出扶贫攻坚既是当前一项重要的政治任务，也是一项重大民生工程。各级各部门要围绕脱贫攻坚“春季攻势”十项工作任务开展回头看，坚持问题导向，从零开始再出发，做到思想认识再提升、工作措施再精准、扶贫责任再压实、作风方法再改进，全面打响脱贫攻坚“夏季攻势”。

7月8日上午，县委在县政府四楼会议室召开推进精准扶贫工作会议，34人参加，县委书记熊旭明主持，传达学习市委推进扶贫领域监督执纪问责工作第一次集体约谈会精神，研究县贯彻意见，并部署下阶段工作。要求全县各级各部门要学习领会习近平总书记在深度贫困地区脱贫攻坚座谈会上的重要讲话精神，贯彻落实党中央决策部署，进一步提高政治站位，强化责任担当，确保全面完成扶贫任务。

【市领导到上京指导“5·11”事故处理】 5月11日18时许，大田县上京镇腾龙新型建材有限公司发生石灰石炉内巡查一氧化碳中毒昏迷1人的生产安全事故。企业未及时报告，自行组织相关人员进行施救，先后又有4人中毒，送往县医院全力抢救无效，死亡4人；事故发生后，省长于伟国，省委常委、副省长周联清，市长余红胜分别作出批示。市委书记杜源生，市委常委、秘书长王刚，副市长程鹏鹰带领市安监、经信等有关单位人员到现场指导人员抢救、事故原因分析等工作。县委、县政府立即启动事故应急预案，县委书记熊旭明组织公安、安监等相关部门赶赴现场，开展人员抢救和现场处置。县长林金龙前往医院查看伤员情况，组织救治，并连夜召开紧急会议，成立“5·11”事故处置工作领导小组，组织人员查明原因；举一反三，对全县所有企业、单位进行拉网式检查，不留死角，不留盲区，确保隐患及时发现、及时消除；严肃追责问责。

【全县金融工作会召开】 5月27日，县委在县政府四楼会议室召开全县金融工作会议，38人参加，县委书记熊旭明主持，安排部署2017年金融工作。要求各有关部门要全力遏制县信贷风险上升势头，为全县经济社会发展营造良好的金融环境。各金融机构要坚持服务实体经济的本源定位，提升金融服务实体经济的能力和质量，扩大融资总量；加大对小微企业和重点项目的支持，重点围绕县特色农业、现代服务业、矿产品深加工等五条产业链，创新金融产品和服务。

【王冠军到县调研河长制工作】 8月2日，水利部发展研究中心、水利部河长办副主任王冠军等一行4人先后到屏山乡内洋村、桃源镇桃新村实地察看河长制工作，听取所在乡镇党委书记、河段长对河长制的工作汇报，参观县河长指挥中心，了解县河长办的相关规章制度，观看河长制工作宣传片，并召开河长制专题座谈会。王冠军对大田县的河长制工作给予高度评价，认为大田河长制工作，党政同责，高度重视，在执法监督、监督考核制度等方面落实到位，每日巡河、晒河机制等具有前瞻性、指导性和创新性。

【省领导到县调研水土流失治理工作】 10月12日，副省长李德金带领省委党校、省民政厅、交通运输厅、林业厅、水利厅、商务厅等省直有关部门负责人一行38人到县调研水土流失治理工作。先后到太华铁矿万湖矿区水土流失治理项目、广平镇铭溪村龙凤场自然村易地搬迁安置点调研，到吴山乡政府现场接访，并召开汇报会。李德金对大田县不断探索、不断规划、不断完善，走出一条适合大田经济社会发展的水土流失治理新路子给予充分肯定，并对今后工作提出新的要求。

（林志铭）

组织工作

【概况】 2017年，大田县共有基层党组织760个，其中，基层党委33个（乡镇党委18个、县直机关党委15个），党总支17个（农村3个、国有企业3个、非公企业2个、机关事业单位9个），党支部710个（其中农村266个、社区8个）。党员总数19255人，其中，大专以上学历7442人，女党员3962人，少数民族党员104人。

干部队伍建设 2017年，中共大田县委组织部（以下简称县委组织部）选贤任能，着力建设高素质的干部队伍。根据换届后领导班子建设需要，开设学习贯彻中共十九大精神、项目与招商工作、生态县建设、精准扶贫等专题辅导班38期，培训各级各类干部5484人次，选派52名领导干部到清华大学研修经济管理知识。开展谈心谈话活动，组建5个调研组到18个乡镇集中开展蹲点调研，全面掌握换届后领导班子整体运行、党政正职履行职责、新进班子成员适岗情况等。开展“担当解难题、一线立新功”活动，针对招商、征迁、民生、效能领域存在的问题，开展四个干部作风建设专项治理行动，“不冷不热”“不急不忙”“不痛不痒”以及“不作为、乱作为、慢作为、不善为、不敢为”等问题得到明显改善。先后制定下发《大田县激励干部担当作为提升干事创业精气神办法（试行）》《关于在干部选拔任用工作中全面落实环境保护相关要求的暂行规定》《关于在干部选拔任用工作中全面落实安全生产相关要求的暂行规定》《关于在一线开展干部考核工作的办法》等文件，按照“德才并重用干部、严控职数配干部、注重一线选干部”的选人用人导向，配优配强各级领导班子。全年共集中调配干部4批162人，其中，职级提拔46人，非领导职务转任领导职务10人，平职交流轮岗106人，有效提振干部干事创业的热情。严格选任监督，对53名提拔任职的科级干部的选任全程纪实，组织35名拟提任副科级职务的考察对象填报个人有关事项、家庭财产情况，按要求对8名干部有关事项报告与任前公示同步公开。结合干部考察、县委巡察和“五个大田”项目会战、精准扶贫、“河长制”落实专项督查组等工作，先后抽查核实14批、282名科级干部的个人有关事项报告表，开展专项工作督查13次，对10名填报不规范人员谈话提醒，对76名欠贷欠息干部约谈提醒、对9名工作不力和违规违纪科级干部廉政谈话。续聘45名干部德情观察员，收集、汇总干部特别是“一把手”、关键岗位干部8小时以外生活圈、社交圈的德行情况。定期召开干部监督联席会议，交流沟通、综合分析干部德才和现实表现，先后对精准扶贫造福工程滞后的6名乡镇党政正职进行提醒谈话，对5名工作不力的科级干部进行问责免职、4人岗位调整。

基层组织建设 2017年，县委组织部固本强基，全面加强基层党建。突出重点关键，加强政治教育。通过开设专题党课、基地现场教学、开展知识竞赛、主题演讲等方式，深入学习中共十九大精神、习近平新时代中国特色社会主义思想、习近平总书记在闽工作期间到大田调研指示精神以及廖俊波同志先进事迹等内容，全县累计发放学习资料18308册。搭建平台“做”，组织开展“设岗定责”“党群致富链”“党员挂牌亮户”等主题实践活动，引导党员将做合格党员的要求体现在推动发展、服务群众的实践中，全年共开展主题党日活动8次，参加党员11.6万人次，组织12000多名农村党员开展挂牌承诺、领岗服务。开展四个专题研讨，查摆党组织和党员存在的突出问题，切实抓好整改；营造“马上就办、真抓实干”的干事创业氛围；深化“住村工作法”，推动县乡干部岗位前移，打通服务群众“最后一公里”；全面推行党员“学”和“做”量化积分和全程记实制度，将积分情况作为党员民主评议等次、表彰先进的主要依据，促进“比学赶超”。

坚持从严从实，落实基本制度。领导带头，以上率下，以普通党员的身份带头参加“三会一课”，全县27名党员处级领导每人挂钩1个村作为“两学一做”学习教育联系点，全县所有基层党支部均由所在党委安排1名党员科级领导挂钩联系。把新兴媒体融入“三会一课”，组建党建微信群，开辟“掌上课堂”，开展“微会议”“微党课”等学习教育活动；探索推行“支部网络化”，建立流动大学生党员网上党支部18个，吸纳大学生流动党员1889名。加强督查巡察，制定下发《关于进一步严格党内组织生活，增强党员身份意识的意见》，对基层党组织执行落实“三会一课”制度，提出具体要求，明确量化指标；首次在全市县级层面将落实党内组织生活制度列入专项巡察内容，首批专项巡察18个乡镇党委、80个县直副科级以上单位党员领导干部及所在党支部，提出整改问题375个。

突出实效成效，助力脱贫攻坚。建强扶贫工作队伍，全县村“两委”成员1494人中有经济能人1162名，对不胜任现职、发展村集体经济不力的15名村党组织书记进行调整优化，分5期对全县266个建制村的党组织书记和村主任进行集中轮训。夯实扶贫工作基础，开展“千名干部结穷亲”活动，结对帮扶2976户贫困群众；增强党群服务站、住村工作室服务功能，打造集党务、村务、医务、商务为一体的脱贫攻坚综合服务平台，完成新建村级组织活动场所5个，改造27个。

强化分类指导，全面统筹推进。实施党建工作项目化管理，在社区，深化社区共驻共建活动，实行党建“轮值主席制”工作机制，推进文明社区建设；在机关，推行“党建+”工作机制，引导县直各单位党组织结合单位职能、职责创设活动载体，形成“一单位一载体一特色”；在国有企业，改革创新领导管理体制和工作机制，成立县属国有企业党支部10个，实现“双向进入、交叉任职”，并全部将党建工作写入公司章程；在重点项目，推行“党建+项目”模式，成立指挥部临时党支部8个，通过设置党员先锋岗、组建党员先锋队，加快推进项目进程；单独组建非公企业党组织9个，新组建社会组织党组织3个，实现非公企业和社会组织党组织覆盖率达84.2%和74.7%，中国共产党的工作覆盖率100%。

人才队伍建设 2017年，县委组织部完善人才工作机制。及时调整充实县委人才工作领导小组成员，明确各成员单位工作职责，进一步规范工作制度和议事决策制度，以加强协调、部门协作、上下联动的工作格局，推动形成人才强县建设合力。落实领导干部挂钩联系高层次人才制度，主动关心、关爱，及时帮助解决住房保障、家属就业、子女就学等实际问题。加大人才引进力度。发挥现有2家省级院士专家工作站、2家国家级星创天地等科技创新平台作用，探索推行“柔性引进高端人才+异地设立研发机构”的开放型人才机制，促成企业与高校、科研院所对接合作项目、引进、培养和使用人才。“优质特种水稻应用”院士工作站落户大田，卫斯特环保院士工作站获全国示范院士工作站、大田乌山头休闲生态农业联合创业基地成功申报国家星创天地；实施名校优生引进计划，引进高校急需紧缺人才，通过面试直接招聘112名重点学科教师和13名紧缺学科医生；借助福建省“6·18”海峡项目成果交易会和“9·8”中国国际投资贸易洽谈会等平台，吸引西北工业大学博士生肖基昌等一批大田籍高校人才回乡发展农林、旅游等产业，从资金、政策等方面为人才创业提供帮助和扶持，努力营造拴心留人、舒心干事的人才环境。加大人才培养力度。继续实施名师名校长培养、重点学科带头人、优秀青年医师等培养工程，先后选派49名党政后备人才到清华大学参加经济管理研修班进行强化培训，选送一批校长、学科带头人到北京师范大学等高校脱产培训，邀请省协和医院等一批省级专家到县传授经验，指导业务，带动培养一批学科带头人和业务骨干。同时，强化优秀人才典型和创新团队的宣传，组织开展“十佳工匠”“最美医生”“最美教师”等评选活动，让那些有真才实学、作出重要贡献的人才“名利双收”。

组织部门自身建设 2017年，县委组织部坚持高标准、严要求，加强自身建设，打造忠诚、实干、担当、纯洁的组工干部队伍，持续建设“讲政治、重公道、业务精、作风好”的模范部门。推进“两学一做”学习教育常态化制度化，以向廖俊波同志学习为契机，开展“学先进、见行动”主题活动；带头严肃党内政治生活，采取部领导讲党课、老组工讲传统、专家学者讲形势、剖析反面典型讲案例等形式，开展理想信念教育、优良传统教育、激励警示教育和勤政廉政教育，使践行合格党员标准成为广大组工干部的自觉行动。坚持部周一学习例会和周五组织委员工作例会制度，开展“立足岗位勤练兵、提升素质展风采”活动，开设“组工论坛”，制定28个主题课程学习计划，邀请市组业务科室负责人到部授课辅导，集中开展组工业务知识测试2次，选派16名部机关干部到乡镇、县直机关、重点项目指挥部党支部或非公企业党支部担任党建工作指导员。

【开展乡镇蹲点调研】 5月，县委组织部结合一线考核、基层党建工作推进督查工作，组建5个调研组到18个乡镇集中开展蹲点调研，综合运用谈心谈话、随机走访、现场察看、列席班子会以及征求县分管领导意见等方式，掌握换届后领导班子整体运行、党政正职履行职责、新进班子成员适岗情况等，对班子运行不够顺畅的6名党政正职进行提醒谈话，并责令作出书面检讨；对工作不力的3名科级干部进行问责免职，促进干部队伍作风的转变。

【村级党组织阵地规范化建设】 8月，县委组织部制定出台《关于加强村级组织活动场所规范化建设的通知》，明确细化外观标识、功能布局、牌匾制度等三个方面12条具体标准，以建设规范、布置规范、管理规范和使用规范为目标，以“五有三化”（有党群服务中心、有住村工作室、有村干部值班室、有LED电子文化宣传屏、有党务村务公开栏，规范化、现代化、常态化）为建设重点，实施村级党组织阵地规范化建设。全县266个建制村村部统一国旗、五角星、党徽标识，统一在村部一楼设立党群服务中心实行集中办公、服务，实现有址议事。

【规范股级干部选拔任用】 9月，县委组织部出台《关于进一步规范大田县股级干部选拔任用管理工作的意见》，对股级干部选拔任用资格条件、选拔任用方式及工作程序予以规范明确，督促指导各单位严格按照程序选拔任用股级干部，纠正股级干部任用过程中存在的违规现象。

【推行乡镇住村特派员制度】 9月起，县委组织部选派79名乡镇干部分两批担任“住村特派员”，实行吃住在村，全天候服务。住村特派员坚持引导不领导、参与不干预、献策不决策、搭台不唱戏、督查不监察、服务不增负六条原则，履行做好宣传引导、参与村级事务、献策村级发展、搭建服务平台、督促规范管理、开展帮扶服务、完成乡镇村的两级交办的其他事项“七项职责任务”，推动乡镇职能转变，提升基层政务水平，实现村民自治和乡镇管理服务职能的有效衔接和良性互动。该做法相继被《福建日报》《八闽快讯》《海峡视点》《三明改革情况》等新闻媒体刊载报道，在2016—2017年度全市党建工作重点创新项目竞赛活动中获三等奖。

【完善一线考核机制】 2017年，县委组织部把一线考核作为经常性动态了解干部的主渠道，制定干部一线考核工作办法，采取专项考核、蹲点调研、综合

2017年10月9日，大田上京镇隆美村住村特派员乐晓梅在办公 （颜全飚/摄）

考核等方式，先后对30名在项目建设、抓党建促脱贫攻坚、征地拆迁等工作中实绩突出、群众公认的干部予以提拔重用，并借助“支部建在项目上”“河长、街长、重点项目易信群”“驻村任职、信访挂职”等平台，发挥县委巡察组、项目督查组、党建指导员等队伍作用，组建专兼职一线干部考察队伍，定期不定期对一线干部进行跟踪考察，形成重基层、重实绩的用人导向。

【党建引领小康示范村创建】 2017年，县委组织部以习近平总书记当年调研指示精神为指导，突出政治引领、堡垒引领、双带引领、服务引领，按照“一村一品牌、一点一特色、一步一景区”的理念，提出党建强、村民富、村财富、生态美、村庄美、乡风美“一强二富三美”的创建工作目标，投入项目资金9000多万元，实施党建创新、富民强村、茂林清水、村容整治、素质提升、幸福小康“六大工程”，推进基础性项目建设，把总书记习近平调研过的梅林、隆美、建忠、建国、红星、元沙等6个村打造成全面建成小康、引领乡风文明、推动产业发展的样板典型，并带动培育36个党建示范村。该做法相继被福建电视台、《八闽快讯》等新闻媒体刊载报道。

【村财增收行动】 2017年，县委组织部坚持以党建为引领，探索增加村级集体经济收入的发展模式和运行机制，围绕实现全县266个建制村自有村财收入达5万元以上这一目标，筹集一笔3000万元的“村财发展基金”，通过项目扶持、产业培植、资产盘活、资源开发四条路径，推动村级集体经济发展。全年，实现全县266个建制村村财自有收入均达到5万元以上，其中达10万元以上的村130个。该项工作得到市委常委、组织部部长陈炎标的肯定，并在全市组织部部长会上作经验交流。

（郑秀萍　林凯峰　陈有巡　詹永璋　杨景洲　唐名谦）

宣传思想文化工作

【概况】 2017年，中共大田县委宣传部（以下简称县委宣传部）宣传思想文化战线紧紧围绕“创新驱动、绿色发展”工作主题，推进党委（党组）意识形态责任制度工作，落实落细宣传思想文化工作，为加快推动“五个大田”建设提供舆论支持、思想保证和文化条件。6月，大田县委宣传部被省委宣传部授予全省宣传文化系统舆情信息工作先进单位。

意识形态责任制工作 2017年，县委宣传部抓好意识形态责任制工作，县委常委会专题研究讨论意识形态工作2次、宣传思想文化有关工作6次，出台《大田县2017年乡镇落实意识形态工作责任制考评办法》《2017年度贯彻落实意识形态工作责任制任务分工表》《大田县党委（党组）网络意识形态工作责任制实施方案》等文件，向全县基层党委颁发《2017年意识形态工作责任书》，将意识形态工作列入县委、县政府《绩效管理工作任务责任分解落实方案》考评内容。建立《县委新闻发言人制度的实施意见》《大田县网络舆情事件处置应急预案（试行）》《大田新闻网新闻编辑制度》《大田新闻网站信息发布管理制度》等机制，做好第十二届高山茶文化节、全国健美操冠军赛等重大活动的新闻发布工作，有效引导上京“5·11”安全事故等舆情工作，完成党报党刊征订工作。与县纪委、巡察中心联合对桃源、上京、太华等党委（党组）进行落实意识形态工作同步巡察，确保意识形态领域安全。

理论学习 2017年，县委宣传部抓实理论学习工作。印发《大田县党委（党组）理论学习中心组学习制度》，制定县委理论学习中心组学习计划，邀请陈建奇、庄聪生、宋明昌等国内知名专家学者，围绕《将改革进行到底》、中共十九大精神等内容，共组织专题研讨、专题报告等集中学习23次。成立县委业余讲师团，制定《“五小”活动实施方案》，组建中共十九大精神县委宣讲，开展微宣讲、十九大精神“七进”、农村百场宣讲、文艺宣传等活动。其中微视频《建设人与自然和谐共生的现代化》入选省委宣传部主办的“中共十九大精神微视频宣讲展播”。编印意识形态、中共十九大精神等《应知应会知识》14期，推进理论学习广泛深入、入脑入心。结合贯彻落实六中全会、十九大精神，组织“创新驱动、绿色发展”专题理论研讨，《践行“五心”精神 全力推进“五个大田”建设》《大田：文化+，加出文化新活力》等10篇调研文章在《福建日报》《海峡通讯》等刊物发表，《矿区水土流失综合防治探析》被列入2017年度省委党校、市社科联结项课题。

新闻宣传 2017年，县委宣传部做好新闻宣传工作。县电视台、大田新闻网、“大田TV”微信公众号等媒体平台，开辟《喜迎中共十九大》《学习宣传贯彻中共十九大精神》等专题专栏，策划“走进新时代，建设新大田”“学习十九大，大田怎么干”等大型主题采访活动，编发有关十九大内容的稿件1000多条，向市、省、中央主流媒体推送大田学习宣传贯彻中共十九大精神的特色亮点和先进典型等相关稿件76篇。做好县委中心工作宣传，主要媒体开设“五比五晒、亮点大看台”“践行‘马上就办、真抓实干’精神”等专题专栏，做好生态文明建设、深化改革开放、保障和改善民生等主题的宣传报道。《河长肖基传的护河心得》等8篇稿件在《人民日报》等国家级媒体发表，《农村老人，也有贴心养老服务》等55篇在《福建日报》发表；在《三明日报》发表稿件525篇；《大田：电杆被雷击，电力部门紧急抢修》等4条在中央台播出，省台各频道播出96条，市台《三明新闻》播出310条。邀请人民日报、新华社等媒体记者100多人次到县开展采访、现场拍摄活动，在《手机报》《大田TV》头条号、微信公众号、澎湃新闻问政大田专栏共发稿件355篇，编发《大田手机报》共33期，组织海峡卫视《味解之谜》专栏拍摄活动；策划巡察制度探索、河长制等重大采访活动，摄制《水清岸绿景美——大田县河长制九年探索》等专题汇报片，大田县作为福建省县域唯一代表，在太湖流域第二次河长制工作交流会上发言。做好福建省“6·18”海峡项目成果交易会、“9·8”中国国际投资贸易洽谈会和第13届海峡两岸（三明）林业博览会等重大经贸活动的对外宣传报道。

社会宣传 2017年，县委宣传部开展社会宣传工作。弘扬社会主义核心价值观。把核心价值观宣传列入文明乡镇考评内容，出台《2017创建省级文明县城宣传氛围布置工作方案》，城区和18个乡镇LED屏按比例刊播核心价值观等公益广告。在全县196处、297面中大型户外广告和城乡公共场所文化墙、宣传栏、走廊过道以及农村姓氏祠堂等宣传阵地，张贴悬挂“图说我们的价值观”等公益广告，潜移默化弘扬核心价值观。开展文明家庭、最美人物、身边好人、美德少年等典型培育和学习活动，唐名高、吴玉兰、黄政、陈伟积等一批先进典型获全国好人、最美医生、最美学生、孝老爱亲模范等荣誉。主题活动有序开展。制定“喜迎十九大·建设新大田”和“奋进新时代、开启新征程、建设新大田”等主题系列活动，举办“宣传十九大·广场文艺会演”“喜迎十九大·建设新大田”歌咏晚会等主题文化活动，举办喜迎十九大书画、摄影作品展，“三下乡”活动等。群众性文化活动丰富开展，制定2017年新年群众文体系列活动，组织“大美之田”全省摄影赛，举办“山海和韵”民族管弦新年音乐会、“中国梦、夕阳美”迎新春文艺晚会、“嘉庚情缘”文艺会演、院、果壳文化创意小镇等文化产业项目。传承和弘扬优秀传统文化。制定《2017年大田红色文化保护、传承和弘扬“六个一”工程重点督查工作项目任务清单》，举办《三明市红色文化遗址保护管理办法》宣传月活动；大田县烈士陵园等7处入选三明市第一批红色文化遗址名录，武陵乡百束村入选三明市第二批中央红军村。制定《大田县优秀传统文化传承发展实施方案》，推进郭居敬书院和纪念馆、绿道人文景观等项目建设，与集美大学签订对口支持协议，拍摄以陈嘉庚抗战演讲为背景的历史文献片《有枝才有花，有国才有家》。“朱德率红四军出击闽中大田史迹群”等6处24个点入选省第九批省级文物保护单位，文江“丰场戏”列入第五批省级非物质文化遗产代表性项目名录。

【“嘉庚情缘”文艺会演】 2月1日，为纪念中华民族全面抗战爆发80周年，由县委宣传部、厦门集美学校委员会、集美校友总会主办的“嘉庚情缘”文艺会演在玉田“第二集美学村”旧址举行。

2017年2月1日，“嘉庚情缘”文艺会演在玉田“第二集美学校”旧址举行（刘冬春/摄）

第四届“中国梦·茶乡美”三明（屏山）音舞诗会暨“集美—大田”山海诗会、“高山茶文化节”等活动。

文化事业 2017年，县委宣传部推动文化事业发展。推进文化改革与产业发展。制定《大田县文化产业发展目标考核办法》《大田县人民政府关于扶持文化产业发展的若干意见（试行）》，将考评结果纳入乡镇年度目标责任考核。培育转型规上文化企业5家，推进闽中戏曲文化产业园建设，引进闽中琴

【红色文化宣传月】 3月1日，《三明市红色文化遗址保护管理办法》正式实施，当月，大田县开展红色文化宣传、红色文化进校园、红色文化进军营、红色电影展播、红色文化文艺创作和开辟红色文化专栏等系列宣传活动。

【“大美之田”全省摄影大赛启动】 4月25日，由福建省摄影家协会、中共大田县委宣传部主办，三明市摄影家协会、三明新周报社承办“大美之田”全省摄影大赛在三明正式启动，该赛事面向全省进行征集，征集时间从4月25日开始至12月25日结束。

【《味解之谜》走进大田】 6月11—13日，福建海峡卫视、福建东南卫视、台湾东森电视《味解之谜》栏目在大田制作，先后在济阳济中村，均溪上太村，武陵百束村、茶山村，屏山美阳村和中国高山茶城等处拍摄，9月14日起，在东南卫视、海峡卫视、台湾东森电视等频道先后播出。

【《将改革进行到底》热播】 7月17—26日，县委宣传部组织干部群众连续10天于每晚8点准时收看央视综合频道（CCTV-1）播出的《将改革进行到底》，并通过城区主要LED屏录播。

【“喜迎十九大·砥砺奋进的五年”大型系列报道活动】 8月下旬至10月下旬，大田县广播电视台推出“喜迎十九大·砥砺奋进的五年”大型系列报道活动，充分展示大田县在中共十八大以来，政治、经济、文化、生态、民生等方面取得的成就。

【“喜迎十九大·建设新大田”歌咏晚会】 10月13日，由县委宣传部、县直机关党工委、县总工会、县文广局联合举办的“喜迎十九大·建设新大田”大型歌咏晚会在县体育中心举行，本次比赛共有13支系统党委代表队参赛，923名党员干部参加合唱。

【央视七套《农广天地》栏目到大田录制】 10月20—23日，央视七套《农广天地》栏目组到大田县进行4天的专题拍摄，将大田县独特的高山生态景观和“猪”文化呈现给全国观众。

【《魅力岩城》摄影作品获奖】 11月4日，大田县陈广程的摄影作品《魅力岩城》在国家林业局宣传办公室主办的“森林城市·绿色家园”摄影主题大赛的相机艺术摄影组中荣获全国三等奖。此次摄影大赛在全国已授牌和正在创建的国家森林城中开展。

【音舞诗会在大石举办】 12月9日，

第四届三明（武陵）“中国梦·乡村美”音舞诗会暨第二届“大田·集美”山海诗会在武陵乡大石村举办。来自厦门集美区、三明、大田的诗人们共创作10多首主题诗歌，将“诗与景”完美地结合在一起。诗会穿插舞蹈、歌曲、古琴演奏等文艺表演。

（周善智）

统战工作

【概况】 2017年，中共大田县委统一战线工作部（下简称县委统战部）发挥统战法宝作用，落实中央、省、市、县统战工作会议决策部署，围绕中心、服务大局，为推进大田各项事业建设提供支持。

党外人士工作 2017年，县委统战部继续做好党外人士统战工作。搭建制度平台，开展党外代表人士调查摸底工作，完善党外干部、党外知识分子、新社会阶层人士数据库，及时调整充实《县委、县政府党员领导干部与党外代表人士联谊交友制度》和《县委、县政府领导成员与非公有制经济企业联谊交友制度》，畅通党外代表人士沟通渠道。搭建交流平台，举办社会各界代表人士迎新春座谈会和3场次党外代表人士座谈会，收集整理社会各界人士的意见建议20多条，为县委、县政府决策提供参考。搭建服务平台，注重发现和培养优秀党外代表人士，推荐党外代表人士担任各级人大代表和政协委员，鼓励他们参政议政。

民族工作 2017年，县委统战部开展“中华民族一家亲，同心共筑中国梦”主题民族团结进步宣传月活动，与县委宣传部联合下发《大田县开展第十个民族团结进步宣传月活动实施方案》，共发放民族团结宣传材料200余份，张贴宣传板报16期，宣传信息20多条。加强与挂钩帮扶少数民族村的部门单位的联系沟通，将乡村旅游、精准扶贫与美丽乡村、少数民族特色村寨建设相结合，帮助争取各类资金近800万元。东坂畲族村开展安全生态水系建设，打造染布体验工坊和精品乡村亦佳民宿，被命名为第二批“中国少数民族特色村寨”和第一批全市民族团结进步教育基地，民宿“大熊小屋”和“瑞竹园”均被评为三明市第二批“绿野乡居”。山川回族村实施民生工程建设，土地整理，建设山头自然村道路、村道排水沟、机耕小道，开展环境整治，引进蛋鸡产业化项目。当年，为5名高考考生、13名中考考生出具少数民族身份证明，为3位少数民族大学生争取到资助资金，帮助少数民族贫困家庭解决实际困难。

宗教工作 2017年，县委统战部推进以“规范”为主题的“和谐寺观教堂”创建活动，指导各宗教团体结合各自实际，进一步深化“和谐寺观教堂”活动；建立和完善财务监管、宗教教职人员社会保障等；开展反邪教宣传活动，在各宗教场所张贴反邪教活动宣传画，召开座谈会2场，发放反邪教宣传材料600多份；贯彻落实中央关于做好民间信仰工作的意见和省实施意见，按照市统战工作部署，完成全县民间信仰基本情况普查和分类登记工作；推进宗教活动场所统一社会信用代码赋码、新版宗教活动场所登记证换发等专项工作，按时完成全省民族宗教系统基础工作数据录入；开展宗教政策法规学习月活动，组织各宗教团体、场所点负责人认真学习新修订的《宗教事务条例》等相关法规，增强他们依法依规开展宗教活动的意识。

【“第二集美学村”保护与开发工作】 2月7日，市长余红胜到县考察“第二集美学村”保护与开发工作，余市长一行先后到大田“第二集美学村”陈列馆、大田中央苏区革命历史陈列馆、抗战时期集美职校内迁大田部分旧址，分别听取大田中央苏区革命历史和集美职校内迁大田历史的介绍。2月13日，厦门集美校委会副主任、校友总会会长、陈嘉庚纪念馆馆长陈呈一行到县调研第二集美学村开发与保护工作，县委常委、统战部部长施正立，副县长涂林瑢，县政协副主席陈庆建陪同调研。陈呈一行先后参观大田县城关第二小学、第二集美学村旧址、大田县职业中专等，并举行座谈会。7月14日，集美大学李清彪校长一行到大田“第二集美学村”参观调研，先后参观嘉庚铜像广场、陈嘉庚故居、“第二集美学村”陈列馆等旧址，并组织集美大学国际处党支部开展“重走集美学校播迁之路”主题党日活动，县委副书记、县长林金龙陪同调研。11月6—7日，陈嘉庚长孙、爱国华侨陈立人，陈嘉庚侄孙、厦门市陈嘉庚教育基金会监事长陈忠信一行到大田考察，先后参观考察“第二集美学村”、县城关第二小学，并召开座谈会肯定县委、县政府将“第二集美学村”保护列入重点项目等所做的一系列工作，并提出建议。县委常委、统战部部长施正立，县委常委、宣传部部长黄芳，县政协副主席陈庆建陪同考察。11月26日，中国侨联顾问、原主席林军，泉州市安溪县委常委、统战部部长林荣超，安溪县政府副县长林毅敏一行到县调研侨联工作及集美学校内迁大田历史，先后参观考察“第二集美学村”和“灵动济阳”中国传统村落。县长林金龙，县委常委、统战部部长施正立陪同。

【县委统战工作会召开】 3月17日，全县统战工作会召开，县委统一战线工作领导小组成员单位分管领导、各乡镇统战委员、统战系统单位全体干部共52人参会。会议传达贯彻全省全市统战部长会议精神，通报2016年全县统战信息采用情况。县委常委、统战部部长施正立作重要讲话。

【港澳台交流活动】 4月1—3日，香港福建大田联谊会考察团到县参观考察。考察团先后参观考察桃源镇、屏山乡、济阳乡、谢洋乡、南湖针织时装有限公司。7月18日，来自台湾科技大学、华东理工大学、中国矿业大学等16所海峡两岸高校师生90余人组成闽南聚落文化及传统建筑夏令营，到济阳乡调研济山古街、大田“第二集美学村”旧址及诸多风格独特的传统建筑。11月2—4日，2017年“速尔体育”杯海峡两岸大学生篮球赛（大田赛区）在县体育中心举行，来自高雄师范大学、台中科技大学和北京大学、中国民航大学在这里同台竞技并参观“第二集美学村”。

【服务商会工作】 10月23—25日，广东省福建大田商会筹备组回乡投资考察，县委常委、统战部部长施正立，县工商联、招商办等相关负责人陪同考察。考察组一行先后实地考察城区和桃源、屏山、湖美等乡镇以及京口、上京工业园区。9月16日，厦门大田商会第三届第一次会员大会暨第三届理（监）事就职典礼在厦门威斯汀酒店举行。县长林金龙，县委常委、统战部部长施正立参加会议。

【新的社会阶层人士统战工作】 11月27日，大田县召开推进新的社会阶层人士统战工作会议，县委统一战线工作领导小组及相关单位领导，各乡镇统战委员，统战系统单位全体干部共48人参会。会议传达省委常委、统战部部长雷春美在全省新的社会阶层人士统战工作会议上的讲话精神，县委常委、统战部部长施正立作重要讲话。

（陈鹏菁）

精神文明建设

【概况】 2017年，大田县以推动落实社会主义核心价值观为根本任务，深化群众性精神文明创建活动，着力提升公民思想道德素质和社会文明程度，为中共的十九大胜利召开营造良好氛围，为进一步加快“科技、绿色、快乐、活力、和谐”五个大田建设提供重要保障。

【创建活动】 2017年是省级文明县城创建工作总评年。全县同期参评全国文明乡镇1个；省级文明村镇5个，文明单位11个，文明校园4所，文明社区1个；市级文明村镇12个，文明单位57个，文明校园19所、文明社区2个；县级文明村镇100个，文明单位42个，文明校园22所，文明社区9个（含小区4个）。县委县政府继续开展“文明乡镇”竞赛活动，表彰获奖乡镇6个，一等奖石牌镇，二等奖吴山镇、湖美乡，三等奖广平镇、前坪乡、文江乡。此次创建文明县城总评分材料申报和实地测评两个部分：电子材料申报于11月16日完成，共上传报送规范文件201份，说明报告240份，实景图片394张，统计表格17份；实地测评时间为12月7日至8日，为迎接文明县城总评年实地测评，县创城指挥部制定《大田县创建第五届省级文明县城总评年工作方案》，7月21日，10月20日分别组织召开大田县创建省级文明县城总评部署工作会和大田县创建省级文明县城工作促进会，建立处级领导干部挂包责任制，各项工作的开展有效推进县省级文明县城创建工作。通过抓好正面教育引导、发挥红白理事会作用、组织指导主题活动三方面工作，以上促下，以“关键少数”带动“绝大多数”等形式，推进移风易俗，培育文明新风。

【公民思想道德建设】 2017年，全县公民思想道德素质和社会文明程度得到进一步提升。践行社会主义核心价值观，编播体现社会主义核心价值观的微电影《选择》，举办文明餐桌、敬老尊老、劳动竞赛等实践活动；编印社会主义核心价值观教育读本和校本课程，开设价值观道德讲堂，实现价值观教育进机关、企业、农村、学校、社区，做到内化于心、外化于行。开展“我们的节日”，传播传统文化，5月27日，赤岩居委会举办“品味端午、传承文明”趣味系列活动，居敬孝老爱亲服务队志愿者和社区党员、居民共60多人参加。在七夕节和中秋节，开展中华经典诵读、走访慰问道德模范、关爱身边好人活动。在春节、元宵、清明、重阳等传统节日，组织开展民俗展演、慰问帮扶、文体健身等惠民利民活动，拓展节日文化文明传播，营造传统节日的浓厚氛围。持续推进“好人建设”，做好模范好人推荐选树工作，7月太华镇唐名高获福建好人榜见义勇为好人，并于11月入选“中国好人榜”见义勇为好人。推荐大田县中国好人榜敬业奉献好人、三明市第四届敬业奉献道德模范吴祥江和福建好人榜助人为乐好人陈兴光参评“满意在三明”30周年“十大文明人物”。结合文化讲坛、道德讲堂，组织各级道德模范、身边好人进社区、机关、企业、学校、村镇进行巡讲，全方位宣传道德模范、身边好人的感人事迹，传递传统美德正能量。落实文明单位结对帮扶工作，继续组织县国税局、县总工会等单位与生活困难道德模范及好人结对帮扶。春节前夕，县政府拨专款慰问全县各级道德模范及身边好人，共27人、1.35万元。弘扬“八不”行为规范。常年在县电视台转播“八不”行为规范公益广告；以创城为契机，制定下发《大田县2017年创建省级文明县城宣传氛围布置工作方案》，设置“图说我们的价值观”公益广告5000多张（幅）、善行义举榜公益广告150多块，在各办公场所、乡镇（村）、社区、街巷、广场和各类公共场所做到公益广告全覆盖。

【未成年人思想道德建设】 2017年，大田县围绕立德树人，推进未成年人教育常态化。继续借助闽中工委遗址、屏山“红军园”、大田革命烈士陵园、“第二集美学村”旧址等平台对青少年开展爱国主义教育。在重要时间节点深化“我的中国梦”各项主题教育实践活动。县文明办、教育局、关工委、司法局、妇联、团县委六部联办的“青春魂·中国梦”讲师团继续开展宣传活动进校园活动。组织各中小学校、幼儿园开展“满

2017年5月27日，大田县举办“品味端午 传承文明”趣味系列活动（报道组/提供）

意在三明”微视频创作，并推荐9个作品到市参评。开展第四届大田县“美德少年”评选表彰系列活动。活动共表彰自强自立、尊老爱亲、助人为乐、诚实守信、尽责奉献等五类“美德少年”15名。开展“童心向党”歌咏传唱。6月9日，县文明办、教育局在县实验小学、城关第二小学举办“喜迎十九大、童心向党”歌咏展演活动，活动实况在福建文明风网站专题展播。推进乡村学校少年宫建设。县文明办为各项目少年宫学校建立管理平台账号，指导项目学校做好档案资料上传和完善；组织各少年宫作品创作，其中3件视频作品和13件图片作品参加省委文明办组织的少年宫作品网络展示。

【社会志愿服务活动】 2017年，大田县持续推进志愿服务常态化。扩大志愿者队伍、加强培训、提升服务质量，如大田一中春运志愿者队伍已达115人；大田“第二集美学村”志愿者全年接待团客146批、2万余人。深化“邻里守望”“居敬孝老志愿服务工作站”等品牌建设。完善各级文明单位志愿云系统志愿者信息等工作，各级文明单位志愿者注册比例均达65%以上。表彰先进树典型，倡导时代新风。表彰2015—2017年度志愿服务工作先进集体2个、先进个人10名和网络文明传播志愿服务先进工作者6名。推动社会志愿服务工作常态化。在春运、高考、3月5日、12月5日等时段，大田一中师生、回乡大学生、各单位干部职工等志愿者开展“温馨回家路、平安伴你行”“平安春运、交警同行”“春风行动”“邻里情、暖人心”“爱心送考”等主题志愿服务活动；依托居敬孝老志愿服务工作站，组织城区各社区志愿者为社区居民开展义诊、电路维护、交通文明宣传等8项志愿服务活动；开展“邻里守望、情暖大田”“救助贫困母亲行动”“扶贫帮困”等志愿服务行动，继续组织全县关爱留守儿童志愿者队伍与学校结对，开展帮扶关爱留守儿童活动；在迎接2017年省级文明县城总评工作和2017年“浩沙杯”全国艺术体操锦标赛期间，组织文明单位和学生志愿者在城区背街小巷、主干道、公园、广场、车站等地开展环境卫生整治、交通秩序维护等志愿服务活动。

【诚信建设工作】 2017年，大田县持续推进诚信建设制度化。推进“一张网”建设，建立各部门信息互通与联动约束机制，至年底已完成信息归集2680条。制定《大田县建立联合惩戒失信平台实施方案》和建立诚信“红黑名单”制度，在企业注册、评优评先、提拔任用、文明单位参评、高消费、不动产交易、旅游等各方面对失信被执行人进行限制。

（叶高干）

对台工作

【概况】 2017年，县委台湾工作办公室贯彻落实中央、省、市对台工作会议精神，在经贸交流、民间交往、惠台政策宣传、台胞台属慰问等方面开展工作，当年，共为台胞台属提供政策咨询等服务11批45人次，接待台胞到大田探亲旅游、投资考察、经贸洽谈、文化交流等活动8批53人次。

【对台交流】 7月17日，来自台北科技大学、云林科技大学、金门大学等16所著名高校的师生抵大田“第二集美学村”参加“纪念抗战·铭记历史”活动，共同接受嘉庚精神洗礼，体验抗日战争时期福建“西南联大”生活，感悟大田人民的无私奉献精神。该活动由中国艺术研究院、福建文化厅主办，泉州市博物馆承办，大田县文广局、关工委、博物馆参加接待。8月，大田县连氏宗亲联谊会赴台与台湾连氏宗亲联谊会开展交流；11月，县残联参加省残联组织的工作交流团，赴台开展“两岸身心障碍政策及福利规划与执行之研究”研讨会，推动大田县残疾人事业发展；同月，台商赖秋霞等人到大田考察适宜项目。11月2—4日，2017年“速尔体育”杯海峡两岸大学生篮球赛分赛区在大田县体育馆举行，来自台湾的高雄师范大学、台中科技大学和北京大学、中国民航大学的大学生在这里同台竞技。比赛由中国篮球协会、福建省体育局指导，福建省篮球协会、福州速尔互动网络科技有限公司、福建国公体育文化发展有限公司主办，大田县文体广电出版局、大田县篮球协会承办。

【经贸合作】 10月28日，县委邀请大方广、茶永萱等台资企业负责人参加“大田县第十二届高山茶文化节”活动，共同促进大田茶产业发展。

【走访慰问】 2017年，县委台办慰问台胞台属21名，发放慰问金6300元，增强他们的认同感和归属感。

【对台服务】 2017年，县委台办做好境内台资企业的政策宣传工作。4月，县委台办向各台资企业宣传《台湾优秀人才来闽创业创新支持实施办法（试行）》《在闽台资企业人才高地申报确认实施办法（试行）》文件精神。10月，组织台资企业大方广茶业有限公司负责人参加12日在福州举办的福建省台资企业政策与服务宣讲会，帮助企业详细了解福建省最新对台优惠政策。

（施烨生）

党校工作

【概况】 2017年，中共大田县委党校（简称县委党校）围绕坚持党校姓党这个根本原则，贯彻落实全面从严治党，争创学习型、研究型、熔炉型、服务型、创新型党校，突出主业主课，加强中国共产党的理论教育和党性教育，发挥党校干部培训主渠道、理论宣传生力军、参谋决策思想库的作用。至年底，在编在岗16人，其中，专职教师10名，研究生学历1人、本科学历8人、大专学历1人。到基层单位作《学廖俊波精神，做合格党员》和《认真学习党章，严格遵守党章》专题党课辅导，参加县委宣讲团到机关、乡镇、村宣讲中共十九大精神，1400多人次受教育。开展道德讲堂活动4场。

【领导干部经济管理高级研修班举办】 4月22—30日，大田县领导干部经济管理高级研修班在清华大学建筑节能研究中心举办，县委常委、统战部部长施正立，县政协副主席阮芳以及县直机关、乡镇科级干部和选调生共52名学员参加学习。研修班采用专家授课、专题研讨、案例分析、现场教学等培训方式，开设中国经济新方位、打造新型城镇化品牌、县域经济发展、传统文化与现代管理等8个专题课，并组织学员到国家博物馆、京东集团总部等地现场教学。

【教育研究会年会在县委党校召开】 7月10—11日，三明市党校教育研究会2017年年会在大田县委党校召开，教育研究会理事会成员、各县（市、区）委党校负责人、入选年会论文作者共43人参加会议。县委副书记连仁魁到会并致辞。会议组织与会人员参观第二集美学村、吴山乡光伏扶贫产业园和济阳乡美丽乡村建设。

【队伍建设】 11月20日，按照干部选拔任用工作条例的有关要求，经县委党校校委会研究决定（田委校〔2017〕12号），田生银任中共大田县委党校、大田县行政学校教务室主任，林克进任中共大田县委党校、大田县行政学校理论研究室主任。通过2017年大田县事业单位公开招聘工作人员考试，第一学历为马克思主义基本原理专业的硕士研究生王沁被聘为县委党校专业技术人员，并于2017年12月正式到任上岗。

【省委党校课题组到县调研】 12月11—12日，福建省委党校工商管理教研部主任胡熠教授带领课题组一行11人到县开展生态文明建设教研基地调研。课题组到广平、建设、上京、桃源、吴山、武陵、屏山7个乡镇，对基层党建引领小康示范村建设、河长制实施情况、高山茶文化产业及乡村旅游发展情况进行调研，并召开座谈会听取有关部门的意见和建议。

【干部培训】 2017年，县委党校举办各类培训班、进修班30期，3915人次参训，其中，科级班2期、81人，青干班1期、43人，优秀年轻干部培训班1期、39人，全县党务干部培训班2期、200人，县直机关纪检干部1期、33人，全县入党积极分子培训班3期、305人，选调生和大学生村官培训班1期、48人，全县领导干部学习十九大精神轮训班8期、1475人，全县村（社区）党组织书记轮训班3期、274人，全县村（居）委会主任轮训班2期、265人，县第十七届人大代表履职培训班1期、150人，乡镇住村特派员培训班1期、87人，学习贯彻十八届六中全会精神专题研讨班1期、560人，清华大学大田县领导干部经济管理高级研修班1期、52人，大中专毕业生转正定级培训班2期、303人。全年聘请专家学者和省市县乡及县直部门领导授课57人次，其中，专家学者5人次，省市领导5人次，县领导10人次，县直部门和乡镇领导33人次，企业管理人员4人次。高级讲师田生银应邀给三明市委党校主体班授课3次。开设学员微论坛，登台发言学员42位。

【科研工作】 2017年，县委党校派员参加全省研讨会1人次、全市研讨会5人次；完成科研论文18篇，其中课题结项2项，入选全市党校教育研讨会5篇，获奖论文1篇；选入县委党校教师2005—2017年撰写并发表、获奖或入选省市研讨会的论文43篇并编印成论文集《探索求真（第二集）》。其中，郭立新的《弘扬孝廉文化促进社会和谐》入选福建省“中华孝道文化暨健康养老高峰论坛”学术研讨会论文汇编，王升飞的《树立党校精品课PPT制作新理念，提升精品课品质》被评为三明市党校教育研究会2017年年会优秀论文。

【岩城大讲堂】 2017年，“岩城大讲堂”举办专题报告会4场，邀请4名专家教授作专题报告，参加报告会的党员领导干部共560多人次。三明市委党校、三明行政学院原常务副院长汪震国、哲学教研室主任涂大杭、党建教研室主任陈锦琪应邀作专题报告。10月19日，中国人民大学博士、闽南师范大学教授兰毅辉应邀作《创新思维策略》专题报告。

（郭立新）

党史研究工作

【概况】 2017年，大田县委党史研究室完成《中国共产党大田历史（二卷）》修订稿。10月15日，武陵乡百束村被三明市委党史研究室命名为三明市第二批“中央红军村”。完成大田县“第二集美学村”遗址省级文保单位申报。举办纪念全民族全面抗战爆发80周年系列活动。

【抗战文化展示】 2月1日，大田县开展“嘉庚情缘”主题文艺会演。此次会演宣传、讲述抗战时期玉田人民舍身舍家助学集美、集美师生与大田人民团结抗战的历史，讲述嘉庚先生爱国主义情怀的故事，展示大田“第二集美学村”的抗战文化。

【资政育人】 2月7日，三明市市长余红胜一行到大田考察集美职校内迁大田旧址群保护与开发工作。大田县委书记熊旭明及相关领导陪同。11月6日，陈嘉庚长孙陈立人到县参观玉田“第二集美学村”旧址，县委常委、统战部部长施正立，县委常委、宣传部部长黄芳，及部分县领导陪同。11月26日，中国侨联顾问、原主席林军，泉州市安溪县委常委、统战部部长林荣超，安溪县政府副县长林毅敏一行11人到县调研集美学校内迁大田历史，大田县县长林金龙，县委常委、统战部长施正立陪同。

2017年，大田县委党史研究室依托大田中央苏区革命历史陈列馆、大田县“第二集美学村”陈列馆、闽中工委会址展馆、大田县红军北上抗日先遣队革命历史陈列馆、叶炎煌烈士故居展板等16个党史教育基地开展革命传统教育活动，全年共接待来自清华大学、同济大学、厦门大学、集美大学等高校和各地机关事业单位的参观人员5万余人。

【成立红色讲解员志愿服务队】 7月26日，大田县委党史研究室在大田中央苏区革命历史陈列馆开展红色讲解员比赛，并成立大田县红色讲解员志愿服务队，进行党史文化宣传和红色旅游讲解。

【党史资料征集】 2017年，大田县委党史研究室开展大田改革开放时期党史专题征编工作、文字资料和口述史料的征集工作。在完成的社会主义时期地方党史大事记的基础上，积累翔实可靠的资料。

【党史编研】 2017年，大田县委党史研究室继续推进中华人民共和国成立后地方党史研究与探索，完成《中共大田县地方史》第二卷（1949—1978）正本初稿编写，拟于2018年底送省委党史研究室审核并出版。编纂《福建中央苏区纵横·大田卷》。讲述大田革命故事《大田红色故事》初稿编写完毕。协助县档案局编撰《闽西北中央苏区党的宣传工作》——大田卷。

【申报省级文物保护单位】 2017年，大田县委党史研究室对集美水产航海学校旧址（集和堂）等三座旧址进行抢救性修缮保护与布置；申报“第二集美学村” 16座集美学校旧址为省级文保单位。

（杨佳收）

老干部工作

【概况】 2017年，县委老干部局（简称县老干局）服务管理的离休干部31人，其中处级（含享受待遇）9人，分布为：行政机关13人、事业单位9人、企业9人。“5·12”退休干部（1949年10月1日—1950年5月12日参加工作的干部）24人。原任副处级以上退休干部21人。

落实老干部政治待遇 2017年，县老干局坚持邀请老干部出席重要会议和工作情况通报制度，全年共邀请老干部参加县委、县政府重大会议和县人大、政协“两会”及重要决策会议，领导干部的述职、测评、推荐会和反腐倡廉报告会、征求工作意见座谈会等9场，老干部参加116人次，共邀请老干部参加通报会2次。

县老干局先后组织老干部学习十八届四中、五中、六中全会精神和习近平总书记系列重要讲话精神等内容。十九大胜利召开后，县委老干局邀请党校老师作“奋力夺取新时代中国特色社会主义伟大胜利”专题辅导，并展开讨论。

县老干局坚持方便老干部学习制度，县老干局阅览室征订各类党刊、杂志20余种供老干部学习；建立“送学上门”制度，每月精选打印老干部喜好的学习材料送到家中，保障老干部政治学习的需求。

落实老干部生活待遇 2017年，县老干局走访慰问老干部（含遗属）189人次，发放慰问金16.1万元、困难补助0.9万元，生病住院探视28人次，为老干部送蛋糕祝寿。县老干局向参加“两费”统筹管理的老干部每人每年发放180元的书报费和320元的公务费。

2017年，县老干局继续坚持服务联系卡制度，每人一卡，全面了解掌握老干部的基本情况。保持与原单位、社区及其子女的沟通联络，建立单位、社区、家庭等多位一体的服务体制。建立白岩社区老干部学习、活动、关心照顾、发挥作用“四就近”示范点。

组织老干部活动 1月6日晚，县老干局、县老年大学在县影剧院举办“中国梦·夕阳美”主题文艺会演，传播大田好声音。4月28日，县老干局、县老年大学组织350余名老干部到县职专开展“庆五一·看变化”主题活动。6月29日，大田县离退休干部党工委、老干局党支部、老年大学临时党支部开展“庆七一·强党性”主题教育活动，组织老干部观看《廖俊波同志先进事迹》，参观大田县“第二集美学村”和大田中央苏区革命历史陈列馆旧址，再次重温入党誓词。9月20日，县委老干部局与人行大田支行共同开展“金融安全行·守护夕阳红”活动，加大对老年群体的金融知识宣传普及力度，提高老年人的风险防范意识和辨别能力。9月26日，县老干局组织副处级以上退休干部专程前往“千年古县”宁化参观考察。11月8日，县老干局组织原任副处级以上退休干部考察县美丽乡村建设。12月15日，大田县离退休干部党工委邀请县委宣讲团、党校教师林克进作“奋力夺取新时代中国特色社会主义伟大胜利”专题辅导，县离休干部、“5·12”退休干部、原任副处级以上老领导、各离退休干部党支部书记、委员、老年大学临时党支部全体党员和在职党支部全体党员90余人参加。

【“四访”沟通】 为加强离退休干部的思想政治工作，强化教育管理，老干局工作人员坚持“四访”制度，沟通与老干部之间的感情，为老干部工作注入活力：回访有思想包袱的老干部，帮其更新观念，解决其现实困难，设法解开他们的思想疙瘩；走访身体状况差，行动不便的老干部，帮助其克服学习上的困难，交心谈心，及时把新的老干部政策和县委县政府的重大决策向他们传达；不定期查访身体较好的老干部，督其积极参加政治学习，交流思想情况，了解思想动向和要求，做到老有所教，确保思想稳定；专访事迹突出的老干部，推出典型，发挥老干部先锋模范的激励作用。8月，市委老干局领导到大田县检查老干部工作时，对这一做法给予高度肯定。

【支部建设】 根据省、市文件精神，县委把离退休干部党支部和老干部思想政治建设纳入党建目标考核。老干部党支部建设进一步规范，离退休干部较多的单位已建立老干部党支部，全县由原来的6个老干部党支部增加到17个，并开展各项活动，使老干部“政治常新，理想永存”。2017年，县委组织部下拨2.7万元党费，用于老干部党支部活动开展和《中国老年报》等报刊订阅。

9月11日，县委书记熊旭明主持召开县委常委会议，学习市委办、市政府办《关于进一步加强和改进离退休干部工作的实施办法》文件精神，研究贯彻意见，会议就有关事项议定如下：①离退休干部党员人数5名以上的单位都应建立离退休干部党支部或党小组；党组织书记（不含在职），按每月不低于200元的标准给予适当工作补贴，所需经费由部门（单位）统筹解决。②2017年离退休党建工作经费从县党建专项经费60万元中支出；2018年的离退休干部党工委工作经费10万元以及老干部活动中心工作经费5万元列入县财政预算。③同意各单位离退休干部党员活动经费比照在职党员每人每年不少于50元，列入机关、事业单位年度预算，企业列入企业成本核算。④按照《关于进一步加强和改进离退休干部工作的实施办法》（明委办〔2017〕19号）文件精神，加大党费对离退休干部党组织活动的支持力度，请县委组织部按照党费拨付相关规定抓好落实。⑤同意把离退休干部工作作为党建工作、精神文明建设考评的一项主要内容，纳入目标责任制管理体系。党建考评中，离退休干部党建工作占总分的5%，分别对各乡镇和县直各单位落实情况进行考评。

【市局领导到县调研】 2017年，县老干局按照“规定动作不走样，自选动作创特色”的工作思路，各项工作抓出成效、抓出特色。8月2日，市委老干部局副局长、市委离退休干部党工委副书记李勇一行到县检查老干部工作。检查组听取县老干部工作情况汇报，并到县老干部活动中心、林业局、供销社、供电有限公司实地察看，对大田县在解决老干部实际困难，使老干部政治待遇和生活待遇得到全面落实给予高度赞誉，并从领导高度重视、老干部党支部工作纳入全县党建目标考核、离休干部离休费和医药费保障工作措施得力、改制企业离休干部医疗纳入医保等方面给予高度评价。

【重阳节活动】 10月27日，县老干局组织老干部开展“学习十九大·欢歌庆重阳”活动，县委书记熊旭明，县委常委、组织部部长王怀斌到场为老干部祝节，扬敬老美德。重阳节前夕，各乡镇和县直各部门结合本地实际，先后开展座谈会、茶话会、情况通报会、健康体检、文艺演出和组织老干部外出参观考察等丰富多彩的活动，让广大老干部了解本地本部门经济发展和各项社会事业取得的新成果、新进展，让他们永葆“壮心不已”的革命本色，继续发扬艰苦奋斗的优良传统，一如既往地关心和支持全县文明建设。

【开通微信公众号】 为适应新形势下老干部工作的需要，创新老干部工作方式，县老干部局开通微信公众号，搭建信息平台。公众号主要以经验交流、通报老干部工作动态、宣传老干部政策法规、推出老干部工作中涌现出的经验典型等内容为重点，通过网络载体宣传，全面介绍大田县社会经济建设及老干部工作等方面情况，让社会各界能及时、全面地了解中国共产党的老干部方针政策、工作动态、调研成果、先进典型、经验和文化、娱乐活动等有关信息，达到联系沟通、资源共享、促进发展的目的。

【活动中心修缮】 2017年，县老干局为确保老干部的活动安全，投入近20万元，对老干部活动中心的台球室、监控室、健身室等进行修缮，同时在活动中心楼层增建120平方米的活动室，并投入使用。

（陈辉文）

机关党建

【概况】 2017年，中共大田县委县直机关工作委员会（以下简称县直机关党工委）下辖党委15个、党总支11个、党支部237个。至年底，共有党员4434名，其中，机关事业单位在职党员3427名，离退休干部职工党员1055名，女党员982名，少数民族党员34名，大专以上学历党员3286名，35岁以下党员570名。年内新发展党员45名。全年共收缴党费150.06万元。

【领导调研】 3月30日，省直机关党工委常务副书记梁晋阳到县开展“下基层、抓落实、促发展”专题调研。梁晋阳认真听取大田县委书记熊旭明就大田县经济社会发展情况的简要介绍以及大田县委常委、组织部部长、机关党工委书记王怀斌关于大田县直机关党建工作情况汇报。到上京镇梅林村、斯威特环保公司和大田县行政服务中心调研考察。三明市直机关党工委常务副书记龚其明，三明市直机关党工委办公室主任谢盛时，大田县委副书记连仁魁，大田县委常委、组织部部长王怀斌，大田县直机关党工委常务副书记甘满香等陪同调研。

【党建工作会议】 4月14日，县直机关党建工作会暨2016年党委书记抓基层党建述职会在县委三楼会议室召开，县委常委、组织部部长、机关党工委书记王怀斌出席会议。7月14日，县直机关党工委组织召开县直机关党建工作现场推进会，全县机关党委书记、副书记，工委全体干部30多人参会，县委常委、组织部部长、机关工委书记王怀斌出席会议并作重要讲话。与会人员参观学习大田职专、均溪中心小学、大田一中等支部党建工作的做法，并在大田一中召开会议。

【党务干部培训班举办】 5月9—12日，县直机关党务干部基层党务实务培训班在县委党校举办，县直各党委、总支、支部具体负责党务工作的干部共201人参加；5月18—19日，县直机关纪检干部纪律检查业务培训班在县委党校举办，县直各系统纪委委员共33人参加。

【系列活动举办】 2017年，县直机关党工委为庆祝中国共产党建党96周年，丰富县直机关党员干部文体生活，提振机关干部精气神，举办系列活动。6月24日，庆祝中国共产党建党96周年党员气排球赛在县体育馆举办，14个机关党委代表队参赛，教育系统党委，经信系统党委、党群系统党委，农业系统党委、林业系统党委、宣传系统党委分获一、二、三等奖。6月25日，庆祝中国共产党建党96周年拔河球赛在县体育场举行，来14个机关党委代表队参赛，教育系统党委，林业系统党委、农业系统党委，交通运输局党委、公安局党委、党群系统党委等分获一、二、三等奖。6月26日，“在党为党、在岗有为”演讲比赛在县委党校举行，14个机关党委代表参赛。同时，对“在党为党、在岗有为”演讲和征文比赛中获得一、二、三等奖的选手进行表彰。

【基层组织建设】 2017年，县直机关党工委持续开展基层组织建设。完善党务干部队伍建设，以机关党组织换届选举为契机，加大对党务干部的选用力度和教育培训；当年，共举办党务干部培训班2期、系统纪检干部培训班1期，举办《坚持以党的政治建设为统领，不断提高机关党的建设质量》党建知识讲座1期，共300多人参训。抓好意识形态工作，引导机关各级党组织向省、市机关党建网报送党建信息，全年共被采用79条；组织做好机关党建重点课题调研，形成调研文章16篇，其中，《新时期机关党建创新对策》获市机关党建重点课题调研二等奖。抓好阵地建设，县直机关党工委将支部阵地建设作为一项重要的工作来抓，先后投入近10万元，加强党群、交通、市管局3个党委以及纪委、党史室、旅游局等党组织阵地建设，推进基层党组织的规范化建设。强化责任落实，坚持用责任制管责任人，完善机关党建考评机制，调整党工委成员挂钩联系基层党委制度，加大对基层党组织的指导和调研，确保党建工作有人抓、有人管。做好述职评议工作，指导和督促机关各党委召开支部书记述职评议会，组织召开机关党委书记抓基层党建工作述职评议会，树立抓好党建就是最大政绩的理念，增强党组织书记抓党建工作的责任感与自觉性，促进党建工作责任落实。建立党建督查机制，按照全面从严治党的新要求，建立基层党建督查机制，通过定期督查和不定期调研指导，确保中国共产党各项制度落实到位；当年，共开展党建工作专项督查4次，机关支部督查率达90%以上；9月，配合组织部、巡察办开展党内组织生活制度落实情况专项巡察，巡察机关支部80个；12月，联合组织部、国资办对13家已建立党组织的县属国企开展专项督查。完善党工委自身建设，注重干部的教育和培训，当年共选派4名干部到中央和市、县参加培训，提高干部的综合素质和服务能力；及时调整充实驻村工作力量，充分发挥机关党建优势服务社会发展，与挂钩的均溪镇华坑村党组织开展党建共建活动，拨款3万元完善村党员活动基础设施建设，赠送党员十九大学习辅导材料60套，争取建设资金2.5万元，帮助协调解决美丽乡村建设有关问题2个，为社区共建、扶贫对象提供帮扶资金7000元。

【党风廉政建设】 2017年，县直机关党工委深化机关作风建设。结合党建工作督查，配合县效能办对全县机关单位干部职工进行纪律作风全面“体检”，着力解决一些干部的“四风”问题；配合县委党风廉政建设巡察中心开展党风廉政建设巡察，着力发现问题，抓早抓小，推动党风廉政建设常态、长效，努力建设一支政治过硬、作风过硬、品行过硬、能力过硬、廉洁过硬的党员干部队伍。

【“党建服务品牌”创建】 2017年，县直机关党工委按照“一党委一品牌，一支部一特色”主线，开展“党建服务品牌”创建工作，每季度召开一次党建工作现场推进会，及时总结和推广先进经验和典型，推进党建服务品牌创建工作，先后树立县卫计、妇幼、一中、均小、职专等支部党建服务品牌。

【学习型党组织建设】 2017年，县直机关党建工作围绕“服务中心、建设队伍”主线，以落实全面从严管党治党为主线，以“两学一做”学习教育常态化制度化为抓手，贯彻中共十九大精神，推进机关党的政治、思想、组织、作风、纪律、制度建设，为“五个大田”建设提供有力的政治保证和组织保障。按照“两学一做”学习教育要求，组织机关各党组织开展系列活动，完成专题研讨4次，集中学习12次。购买《中国共产党章程》近5000册，举办中共十九大精神解读培训班1期。

（池上亮）

机要保密工作

【概况】 2017年，大田县机要保密部门严格落实责任，推进机要保密各项目标任务，实现全县机要保密工作安全无差错。

【保密专项检查】 2017年，大田县国家保密局严格按照省市要求，结合本县实际，开展保密检查监督工作。7月和11月先后两次对全县30个保密要害部门、县直机关进行抽查，对存在较大泄密隐患的单位发出整改通知书和意见反馈书，进一步规范全县保密管理，强化各级党政领导干部的保密意识。同时参与高等职业教育入学考试、中考和全国高考保密工作，会同教育、公安等部门对试卷保密室进行检查验收和巡查，确保保密措施落实到位，杜绝失窃密事件发生。11月，配合省国家保密局保密技术检查中心对县民政局二普办违规外联等违反保密规定行为进行查处，相关责任人受到通报批评、诫勉谈话等处分。

【保密宣传教育】 2017年，大田县国家保密局按照《中华人民共和国保守国家秘密法》等法律法规和政策规定，以县处级领导、科级干部和涉密人员为重点，开展形式多样的保密宣传教育活动，提高全县干部保密意识水平。11月，邀请省国家保密局保密技术检查中心主任林美月在县委中心组学习（扩大）会议上作专题辅导讲座，县委理论学习中心组成员、县直各单位主要负责人、分管领导和乡镇分管保密工作副职领导等200多人听取讲座。

【机要通信安全】 2017年，大田县委机要局严格按照规定和要求做好各类电报的收发、传阅、归档等工作，做到无一疏漏，无丝毫差错。在密码通信保障、密码安全管理、电子政务内网建设、干部队伍建设等方面取得新成效，特别是在服务保障中共十九大、金砖国家领导人厦门会晤等重大工作中，完成上级交给的各项任务，县委机要局被三明市委机要局评为2017年度全市党政系统密码工作绩效考评优秀单位。

（刘利烽）

综 述

【概况】 2017年，县人大常委会学习贯彻中共十九大精神，以邓小平理论、“三个代表”重要思想、科学发展观和习近平新时代中国特色社会主义思想为指导，围绕“五个大田”建设目标，依法履职，主动作为。全年召开人民代表大会会议3次、常委会会议8次、主任会议15次，作出决定决议14项，开展执法检查4项，听取和审议专项工作报告14项，组织开展调研视察、检查15次、满意度测评4次，配合省、市人大常委会开展立法调研、执法检查、工作调研等活动13次。

【加强自身建设】 2017年，县人大常委会以学习教育增强政治定力，把理论武装放在首位，落实各项学习制度，突出习近平总书记系列重要讲话精神的系统学习，学做结合，推进“两学一做”学习教育常态化制度化。坚持党的领导、人民当家作主、依法治国有机统一，始终与县委思想同心、目标同向、工作同力，重大问题、重要事项及时向县委请示报告，统筹安排和推进各项工作。依法行使干部任免权，坚持党管干部原则与人大依法任免的有机统一，实行任前法律知识测试、表态发言，任后颁发任命书和宪法宣誓等制度，全年共依法任免国家机关工作人员39人次。以务实作风展示良好风范，抓好正风肃纪，严格执行党规党纪，教育在先、警示在先、预防在先，筑牢反腐倡廉防线，做到廉洁用权、规范履职；改进工作作风，完善“常委会组成人员分片联系基层代表”和“代表联系群众”的双联系制度，畅通社情民意反映和表达渠道。全年共受理群众来信来访26件（次），推动解决一大批群众合理合法诉求。主动服务重点工作，常委会领导、人大机关积极参与全县重点项目建设、招商引资、特色产业发展等中心工作。突出精准扶贫工作，多次开展专题调研、视察，组织人大机关干部深入挂钩贫困村，与帮扶农户“结亲认戚”，“点对点”精准帮扶，提供资金、技术、信息等服务，助推精准扶贫与精准脱贫工作。以制度规范推动依法尽责，主动适应人大工作的新形势，修订完善常委会组成人员守则、议事规则、专门委员会职责等工作制度，促进工作制度化、规范化和程序化。创新监督机制，健全部门工作评议办法，评议对象由政府组成部门延伸至非政府组成部门、省市垂管单位等，并对评议主体、评议方式、结果运用进行拓展。健全和完善会议管理、信访接待、公务接待等机关内部管理制度，进一步规范机关各项工作。加强乡镇人大工作指导，贯彻落实《福建省乡镇人大主席团工作规定》，对乡镇召开人民代表大会、主席团会议，开展代表调研、视察等工作进行指导，坚持乡镇人大主席列席常委会会议制度，组织召开乡镇人大工作座谈会，加强与乡镇人大的联系和沟通，不断激发乡镇人大工作活力。

【服务发展大局】 2017年，县人大常委会立足推动经济发展加强监督，关注经济运行情况，听取和审议2017年上半年计划执行情况报告，提出要推进供给侧结构性改革，加快发展实体经济等建议，力促转型升级。围绕“项目攻坚年、招商突破年”活动，专题视察经济开发区、卫斯特环保等重大项目建设情况，支持和督促县政府强化服务举措，加大招商引资力度，推动项目建设取得实效；关注特色农业发展，组织开展富硒农业产业化发展专题调研，要求县政府高度重视富硒产业发展，加快打造富硒茶、水稻、果蔬等标准化种植基地；关注新型城镇化发展，审议通过《关于提请吴山、华兴、梅山、文江撤乡设镇的议案》。立足于强化财政保障加强监督，推进全口径预决算监督，重点抓好“预算审查、预算执行、决算审查”三个环节；听取和审议2016年度财政预决算执行、2017年上半年预算执行等多个专项报告，针对存在的困难和问题，要求县政府强化财税征管，推进政府采购、国有资产管理等改革，确保农业、教育、卫生和社会保障等重点支出；开展审计查出问题整改落实情况跟踪检查，推动县政府加强预算绩效、财政专户及结余结转资金等管理工作。组织开展2014—2016年城市公用事业附加收入（地方电力附加费）情况专题调研，促进专项资金使用绩效进一步提升。关注政府性债务，督促县政府提高风险防范意识，管好、用好债券资金，控制政府性债务规模。深化政府投资项目监督，推动香山北路、国道纵五线（大田段）、兴泉铁路（大田段）等一批项目建设，发挥政府公共投资拉动经济发展和改善民生的作用。立足增进民生福祉加强监督，围绕学有所教，审议《大田县城区教育布局专项规划》，及时作出决定，为教育发展留足空间；组织开展教育工作专题视察，细致为教育事业发展“问诊把脉”，围绕病有所医，开展城区卫生资源配置情况专题调研，在加大投入力度、加强人才队伍建设、提高医疗资源使用效率等方面提出意见建议，着力解决“看病难、看病贵”等问题。围绕老有所养，组织开展城乡社区养老服务工作调研，推动养老服务体系建设；围绕和谐稳定，开展征地补偿政策落实情况调研，针对安置方式、补偿标准、公开透明度等群众关心的问题，督促县政府抓好整改落实，保障被征地农民的合法权益。组织开展社会治安综合治理和“平安大田”建设专题视察，进一步推动形成共创平安、共保稳定、共促和谐的良好局面。立足优化生态环境加强监督，持续关注生态文明建设，听取县政府环境保护工作专项报告，推动环保法贯彻实施；突出河长制工作重点，在全省县级人大率先作出《关于全面深化河长制的决定》。继续开展存在问题整改情况跟踪，进行满意度测评，针对测评不满意的情况，督促县政府采取有效措施，做实整改工作；关注农村饮用水安全，对水量水质保障、资金投入、管理体制等问题提出意见建议，推动农村饮水安全工作的巩固提升。立足促进司法公正加强监督，针对“执行难”问题，听取和审议县法院执行工作情况报告，提出要加强部门联动、充实执行队伍力量、运用多种财产查控手段等意见，维护社会公平。围绕生态检察工作，听取和审议县检察院生态检察工作情况报告，提出要增强政策宣传实效、加大打击力度、健全长效机制等审议意见。加强规范性文件备案审查工作，坚持常规审查与专项审查相结合，对《大田县造福工程补助资金管理暂行办法》《大田县招商引资优惠政策规定》等10件规范性文件的合法性、适当性进行备案审查，保障宪法和法律的遵守和执行。

【发挥代表作用】　2017年，县人大常委会夯实活动阵地，健全18个乡镇人大代表工作室，将省、市、县、乡四级人大代表按乡镇组建72个代表小组，建立活动室，明确工作职责，制定活动制度，订阅学习宣传资料，定期组织代表开展学习培训、接待群众、征集意见建议等活动；根据县情及代表分布情况，组建教育、卫生、茶产业等行业代表小组，发挥各个行业人大代表的专业优势；开展茶旅融合发展、公共卫生服务项目建设等专题调研活动，提出具有较强专业性的意见建议，促进相关工作开展。做实代表活动，换届选举后，先后集中举办全县代表初任、履职培训班，邀请省、市专家，对人民代表大会制度、代表法、监督法等进行专题辅导，着力提升代表履职能力；推进“互联网＋代表履职”模式，完成省、市、县人大代表履职服务平台建设，实现代表建议提交、履职记录、信息查询“掌上”办理；完善微信公众号宣传展示、沟通互动功能，拓宽代表履职渠道，提高代表履职和代表工作效率。定期邀请代表列席常委会会议，组织各级代表开展调研、视察、执法检查、评议等各类活动，引导代表做到“六个一”（每季度走访原选区选民一次以上，每半年参加代表小组活动一次以上，每半年参加学习培训、调研、视察、列席会议等履职活动一次以上，每年参加代表接待群众日活动一次以上，每年提议案、建议一条以上，每年向原选区选民报告履职情况一次），增强履职的自觉性和主动性，促使代表在精准扶贫、经济发展、民主法治、社会稳定等方面，发挥桥梁人、带头人、监督者、参与者的积极作用。抓实建议督办，坚持以“提高办理质量”为目标，对转交“一府两院”研究办理的议案建议，采取现场督办、办理情况视察、满意度测评、“回头看”等方式，加大督办力度，回应代表关切。

【市人大领导到大田调研】　3月15—16日，市人大常委会主任徐铮一行4人到县调研美丽乡村建设情况。调研组实地察看裕田生态农业项目、桃源镇蓝玉村智能温控大棚项目、上京镇梅林村三田廉政文化广场、上京镇梅林人大代表小组活动室、福建（大田）机械铸造产业聚集区建设项目等，听取和征求意见、建议。县人大常委会主任陈汉良、副主任章玲陪同。

当年，市人大常委会副主任廖小华、王庆、郑国仁、肖长根、潘征、张知通等，先后11次组成调研组到县开展环保、人大、卫生、农业、美丽乡村、水土保持、民间信仰管理等工作调研。县人大常委会副主任刘永生、章玲、张爱兰、郑宜堆，副县长余维语、涂剑锋、涂林瑢、陈剑生等陪同。

【市人大财经工作会在大田召开】　7月5—7日，全市人大财经工作座谈会在大田召开。市人大常委会副主任肖长根、市人大常委会财经工委主任叶清松、市人大常委会副秘书长郭颖、各县（市、区）人大常委会分管财经工作副主任及财经委主任等31人出席会议。县委副书记连仁魁到会致欢迎词。会上，大田县、将乐县就人大财经委成立情况和开展监督工作情况作交流发言。永安市就如何开展预算审查监督工作作交流发言。尤溪县、明溪县就服务“三会”，加强财经监督工作的亮点作交流发言。市人大常委会财经工委主任叶清松传达全省人大财经工作专题座谈会精神并介绍全市财经工作情况，各县（市、区）人大财经委交流研讨当年财经工作情况及下一年度工作打算。市人大常委会副

2017年7月20日，全县乡镇人大工作座谈会　（县人大办／提供）

主任肖长根讲话。

【乡镇人大工作座谈会召开】 7月20日，县人大常委会召开乡镇人大工作座谈会，副主任张爱兰主持。县十七届人大常委会组成人员及各乡镇人大主席、主席候选人参加，就新形势下如何进一步加强乡镇人大工作进行交流探讨。县人大常委会主任陈汉良讲话。

【省人大领导到大田调研】 7月26日，省人大常委会委员、侨（台）工委主任路平一行6人，到大田开展少数民族社会事业工作调研。县人大常委会副主任刘永生，副县长余维语陪同。10月19—20日，省人大常委会副主任潘征一行10人，到大田开展美丽乡村建设情况调研。调研组到桃源镇东坂村、济阳乡济中村、吴山乡梓溪村、屏山乡内洋村实地察看。县人大常委会副主任章玲陪同。

（钟岑　吴英儒）

人民代表大会与人大常委会会议

【概况】 2017年，召开县十七届人民代表大会会议1次；召开常委会8次、主任会议15次，听取和审议“一府两院”专项工作报告23项。

【县第十七届人大常委会第一次会议】 2月20日召开第1次会议，副主任章玲主持，会期半天。会议主要内容：听取和审议《大田县人大常委会2017年工作要点（草案）》；听取和审议《大田县人民代表大会常务委员会组成人员守则（草案）》；听取和审议《大田县人民代表大会常务委员会议事规则（草案）》；听取和审议《大田县人民代表大会财政经济委员会主要职责（草案）》；听取和审议《大田县人民代表大会财政经济委员会议事规则（草案）》；听取和审议《大田县人民政府关于大田县鸭蛋山非正规垃圾填埋场资源化治理PPP项目政府购买服务费用列入县财政预算的议案》；听取和审议《大田县城区教育布局专项规划》；审议县政府工作部门有关人员任命事项；审议县法院有关人员任免事项。

【县第十七届人大常委会第二次会议】 4月18日召开第2次会议，副主任张爱兰主持，会期半天。会议主要内容：听取和审议《关于大田县2017年财政预算支出（草案）的报告》；听取和审议《大田县人民政府关于大田县鸭蛋山非正规垃圾填埋场资源化治理PPP项目政府购买服务费用列入县财政预算的议案》；人事任免事项；举行宪法宣誓仪式。

【县第十七届人大常委会第三次会议】 6月27日召开第3次会议，副主任刘永生主持，会期半天。会议主要内容：听取《县政府关于环境状况和环境保护目标完成情况的报告》；听取和审议《县人民检察院关于生态检察监督工作情况的报告》；听取和审议《县政府关于提请审议吴山、华兴、梅山、文江乡撤乡设镇的议案》；听取和审议《县政府关于提请调整2017年县本级财政收支预算的议案》。

【县第十七届人大常委会第四次会议】 8月29日召开第4次会议，副主任郑宜堆主持，会期一天。会议主要内容：审议《大田县人大常委会关于全面深化河长制工作的决定（草案）》；听取和审议《关于县人民法院执行工作情况的报告》；听取和审议《关于2017年上半年国民经济及社会发展计划执行情况的报告》；听取和审议《关于2017年上半年财政预算执行情况的报告》；听取和审议《县政府关于2016年度县本级财政决算的议案》《关于2016年度县本级财政预算执行和其他财政收支情况的审计工作报告》；人事任免事项。

【县第十七届人大常委会第五次会议】 10月30日召开第5次会议，副主任章玲主持，会期半天。会议主要内容：学习贯彻十九大精神；听取和审议《关于城区饮用水源地管护工作存在问题整改情况的报告》；对城区饮用水源地管护工作情况进行满意度测评；人事任免事项；举行宪法宣誓仪式。

【县第十七届人大常委会第六次会议】 11月23日召开第6次会议，副主任张爱兰主持，会期半天。会议主要内容：听取和审议《关于县政府提请大田县城市棚户区改造项目政府购买服务资金列入财政预算支出管理的议案》；听取和审议《大田县人民代表大会常务委员会关于开展部门工作评议的试行办法（草案）》《大田县第十七届人大常委会工作评议实施方案（草案）》。

【县第十七届人大常委会第七次会议】 12月15日召开第7次会议，副主任郑宜堆主持，会期一天。会议主要内容：对县检察院关于生态检察监督推动生态环境保护的工作情况进行满意度测评；听取和审议《县政府关于县十七届人大一次会议和闭会期间代表提出的议案、建议办理情况报告》；审议通过《代表资格审查委员会关于代表变动情况的报告》；听取《大田县第十七届人民代表大会第二次会议筹备工作情况的报告》，提请大会预备会议通过；审议通过《大田县第十七届人民代表大会第二次会议议程和日程（草案）》，提请大会预备会议和主席团第一次会议通过；审议通过《财政经济计划审查委员会和议案审查委员会名单（草案）》，提请大会预备会议通过；审议通过《各代表团划分及团长名单（草案）》，提请大会预备会议通过；审议通过《大田县第十七届人民代表大会第二次会议主席团和秘书长、副秘书长、主席团常务主席、执行主席分组名单（草案）》，提请大会预备会、主席团第一次会议通过；审议通过《邀请上主席台就座人员和列席会议人员名单（草案）》；审议通过《大田县第十七届人民代表大会第二次会议选举办法（草案）》，提请大会第一次全体会议通过；审议通过《县人大常委会工作报告（草案）》；接受委员辞职事项。

【县第十七届人大常委会第八次会议】 12月25日召开第8次会议，主任陈汉良主持，会期半天。会议主要内容：接受代表辞职事项，补选黄家发为三明市第十三届人大代表。

【县第十七届人民代表大会第二次会议】 12月29日至2018年1月1日，大田县第十七届人民代表大会第二次会议在县影剧院召开，代表共200人，出席代表198人，列席人员189人。会议听取和审议县人民政府县长林金龙作的《政府工作报告》、县人大常委会主任陈汉良作的《县人大常委会工作报告》、县人民法院代理院长杨绍东作的《县人民法院工作报告》、县人民检察院检察长张春明作的《县人民检察院工作报告》，并通过相应的决议。会议审议了县发展和改革局局长周家好作的《关于大田县2017年国民经济和社会发展计划执行情况与2018年国民经济和社会发展计划（草案）的报告》、县财政局局长吴高勇作的《关于大田县2017年预算执行情况和2018年预算（草案）的报告》，并通过相应的决议。大会选举黄家发为检察委员会主任；大会补选黄军晖为大田县第十七届人民代表大会常务委员会委员。大会举行新当选国家机关工作人员宪法宣誓仪式。

（钟 岑　吴英儒）

2017年12月29日至2018年1月1日，大田县第十七届人民代表大会第二次会议在县影剧院召开　（报道组／提供）

重大事项审议决定

【概况】 2017年，县人大常委会贯彻中央和省市委的重大决策部署，落实有关法律规定，对本行政区域改革开放、经济建设、民主法制建设及召开重要会议、人事任免等进行认真审议，及时作出决议或决定。全年，作出决议6项、决定2项。

【批准《城区教育布局规划》决议】 2月20日，县十七届人大常委会第1次会议经过审议和表决，通过《大田县城区教育布局专项规划》。会议审议认为，该专项规划根据城区学校现状、人口分布、生数增长预测、学位需求以及土地资源状况等实际，对需要新建、改扩建学校的选址、容量规模以及实施措施等，进行较为详细布局规划，基本满足城区未来5—10年就学需求。规划能结合大田城市规划建设、未来人口变化、交通承载能力以及中小学校建设设置标准等方面进行多方位考虑，比较可行。会议要求，县政府及有关部门要提高重视程度，更好地发挥职能作用，投入更大的力量，采取更有力的措施，推动规划的落实，确保规划如期完成。

【批准县财政预算支出草案的决议】 4月18日，县第十七届人民代表大会常务委员会第2次会议听取了县人民政府《关于大田县2017年财政预算支出草案的报告》，并对草案进行审查。会议同意县人民代表大会财政经济审查委员会的审查结果报告，决定批准2017年县财政预算支出草案。会议要求：加强政府性基金及国有资本经营预算管理。抓好支出监管、财税收入征缴、培植财源建设，注重政府性债务管理，提高风险防范意识。

【批准PPP项目费用列入预算决议】 4月18日，县第十七届人民代表大会常务委员会第2次会议听取并审议《大田县人民政府关于大田县鸭蛋山非正规垃圾填埋场资源化治理PPP项目政府采购服务费用列入财政预算的议案》。批准支付给福建威田投资有限公司本项目政府购买服务费用逐年纳入同期年度财政预算，由县财政统筹安排支付。

【批准财政收支预算议案决议】 6月27日，县第十七届人大常委会第3次会议，听取了《大田县人民政府关于提请调整2017年县本级财政收支预算的议案》，并对议案进行了审查。会议同意县人民代表大会财政经济委员会的审查结果报告，决定批准调整2017年县本级财政收支预算的议案。

【批准撤乡设镇报告的决议】 6月27日，大田县第十七届人民代表大会常务委员第3次会议，听取和审议涂剑峰受县人民政府委托所作的《关于提请审议吴山、华兴、梅山、文江撤乡设镇的议案》报告。会议认为，吴山、华兴、梅山、文江乡近年来经济和社会各项事业的发展都取得明显成效，随着经济建设的不断发展，乡建制制约着经济社会发展的各项工作开展，撤乡建镇是推进县域次中心乡镇发展的迫切需要，是优化县小城镇地域分布布局需要，也是民意所需、民心所向。目前，吴山乡等乡集镇初具规模，各项功能日益完善，生产总产值、财政收入、人口等主要指标都达到了撤乡设镇的要求。会议充分肯定县政府撤乡设镇的工作，同意报告提出的《关提请审议吴山、华兴、梅山、文江撤乡设镇的议案》，决定批准这个报告。

【关于全面深化河长制的决定】 8月29日，县第十七届人民代表大会常务委员会第4次会议通过《关于全面深化河长制的决定》。2009年以来，大田县在全省率先推行河长制工作，取得了预期成效，“易信晒河”获得了“全国十大基层治水经验”，但离新的要求、百姓期盼仍有距离。为进一步提升县河道保护管理水平，深入推进全县流域水环境保护和综合治理，根据中央、省、市有关文件精神和相关法律、法规规定，结合本县实际，特作此决定。要求全县各级机关、社会团体、企业事业单位和基层自治组织应当充分认识全面深化河长制的重要意义，秉承“绿水青山就是金山银山”的理念，坚定“污在水中、源在岸上、根子在人”的治河思路，完善巡河、晒河、治河、护河、爱河的管护体系，实现“河畅、水清、岸绿、景美”，进一步促进全县生态文明建设。

【批准本级财政决算决议】 8月29日，县第十七届人民代表大会常务委员会第4次会议听取县人民政府《关于2016年大田县本级财政收支决算（草案）的报告》和《关于2016年大田县本级财政预算执行情况和其他财政收支的审计工作报告》，对2016年县本级财政决算（草案）进行审查。会议同意县人大财政经济委员会提出的《大田县人民代表大会财政经济委员会关于2016年大田县本级财政决算的审查报告》，决定批准2016年县本级财政决算。

【召开县第十七届人民代表大会第二次会议的决定】 11月23日，县第十七届人大常委会第6次会议决定：大田县第十七届人民代表大会第二次会议于2017年12月29日至2018年1月1日召开。建议会议主要议程：听取和审议大田县人民政府工作报告，并通过相应的决议；审议大田县2017年国民经济和社会发展计划执行情况及2018年国民经济和社会发展计划草案的报告，审查和批准大田县2017年国民经济和社会发展计划执行情况的报告及2018年国民经济和社会发展计划；审议大田县2017年预算执行情况及2018年预算草案的报告，审查大田县2017年预算执行情况的报告及2018年预算草案，批准大田县2017年县本级预算执行情况的报告及2018年县本级预算；听取和审议大田县人大常委会工作报告，并通过相应的决议；听取和审议大田县人民法院工作报告，并通过相应的决议；听取和审议大田县人民检察院工作报告，并通过相应的决议；选举大田县监察委员会主任；补选大田县第十七届人民代表大会常务委员会委员；大会主席团决定提请大会审议的其他事项。

（钟岑　吴英儒）

监督工作

【概况】 2017年，县人大常委会履行宪法和法律赋予的职责，着重监督方式的创新和运用、不断提升监督实效，深化和推进加强对法律法规实施和执法工作的监督。全年，听取和审议“一府两院”专项工作报告23项，组织开展调研、视察、执法检查15项，组织满意度测评4次，配合省、市人大常委会开展调研、视察、执法检查等活动13次。

【征地政策补偿落实情况调研】 3月下旬，县人大常委会组成以副主任章玲为组长，部分常委会委员、乡镇人大主席为成员的调研组一行11人，对全县征地补偿政策落实情况进行调研。调研组到县国土局、教育局、人社局、高速办、国道纵五线公路建设指挥部、连接国道纵五市政基础设施建设（香山北路改造）指挥部、均溪镇（包括福塘村、温镇村）、石牌镇（包括石牌村、老厝村）等单位，通过实地察看、听取汇报、座谈交流等形式，了解征地补偿政策依据、补偿标准（包括土地补偿费、安置补助费、青苗补偿费、房屋拆迁补偿费、其他附着物补偿费等）、补偿资金使用、失地农民生活保障、土地收储及出让等情况。

【教育专题调研】 4—5月，县人大常委会组成4个调研组，章玲、张爱兰、刘永生、郑宜堆分别为各组组长，组员由部分常委会委员、县人大代表组成，对全县教育工作情况进行专题调研。调研组到各乡镇、中小学校，以查阅资料、座谈讨论、听取汇报等形式，了解全县城乡学校的规划和建设情况、促进城乡学校合理布局的意见建议，以及其他需要了解的相关情况。

【生态检察监督工作情况调研】 5月，县人大常委会成立以副主任郑宜堆为组长、部分常委会委员、县人大代表、乡镇人大主席为成员的调研组一行12人，到县检察院、水利局、环保局、林业局、国土局、住建局、生态执法局、吴山乡、前坪乡等相关单位，采取听取汇报、座谈了解、实地考察、明察暗访、查阅相关资料等形式，了解县人民检察院开展生态检察监督工作情况。

【环境保护调研】 5—6月，县人大常委会副主任章玲带领县人大常委会部分委员、乡镇人大主席组成的调研组一行12人，先后察看县环保局、农业局、畜牧兽医水产中心、水利局、林业局、财政局、国土局、住建局、交通局、生态综合执法局、上京镇、太华镇、济阳乡、文江乡、经济开发区管委会及部分企业、安然水务环保有限公司、正仁环保有限公司等单位。采取听取汇报、查阅相关资料、座谈了解、实地察看等形式，了解全县环境保护规划、环境质量状况、政府环境保护目标责任落实情况、企事业单位和其他生产经营者环境保护目标责任落实情况。

【法院执行工作调研】 7月下旬，县人大常委会成立以副主任郑宜堆为组长、部分常委会委员、人大代表、乡镇人大主席为成员的调研组一行10人，到县法院、公安局、发改局、市管局、林业局、国土局、住建局、人社局、人行，岩城、宏岩、协胜律师所等相关单位，采取听取汇报、座谈了解、实地考察、明察暗访、查阅相关资料等形式，了解县法院2016年以来贯彻落实中央、省委和最高人民法院关于基本解决执行难决策部署的成效及做法，当前推进基本解决执行难面临的困难和问题，改进执行工作和推进基本解决执行难的意见和建议。

【农村饮用水安全调研】 7月下旬，县人大常委会成立以副主任章玲为组长、部分常委会委员、人大代表、乡镇人大主席为成员的调研组一行14人，到县水利局、环保局、住建局、农业局、疾控中心、建设镇、广平镇、奇韬镇、屏山乡、湖美乡等单位，采取听取汇报、查阅相关资料、座谈了解、实地察看等形式，了解全县农村饮用水工程建设、管理、安全情况（包括水质、水量、方便程度、保证率）、农村饮用水源地保护情况、农村环境卫生综合整治情况、农业面源污染整治情况、农村饮用水安全存在问题和意见建议。

【医疗卫生调研】 10月中旬，县人大常委会成立以副主任张爱兰为组长、部分常委会委员、人大代表为成员的调研组一行11人，到县卫计局、县委编办、财政局、公务员局、医保中心、总医院、妇幼保健院、均溪社区卫生服务中心等单位，采取听取汇报、查阅相关资料、座谈了解、实地察看等形式，了解城区医疗卫生机构设置、医疗资源配置情况。特别是县总医院的组建、科室设置、床位设置、专业人才配备、大型医用设备配置使用等情况，城区卫生资源配置存在的困难和问题。提出优化城区卫生资源配置的意见和建议。

【重点项目实施情况调研】 10月下旬，县人大常委会成立以副主任刘永生为组长、部分常委会委员、人大代表为成员的调研组一行11人，到桃源裕田农业、梦幻桃源、亲子小镇项目、华兴仙峰漂流项目、牲畜定点屠宰场及冷链一体化建设项目、香山北路建设项目、国道纵五线（大田段）公路建设项目、永兴达考训场项目、赤岩小学建设项目、均溪中心小学建设项目、闽中康养中心项目、中医院医养结合项目建设现场，采取听取汇报、查阅相关资料、座谈了解、实地察看等形式，对部分重点投资项目实施情况进行视察，了解2017年度部分重点投资项目进展情况及建设过程中存在的困难和问题，积极推动重点投资项目落到实处。

【城区饮用水源地管护满意度测评】 10月30日，县十七届人大常委会第5次会议对城区饮用水源地管护工作情况进行满意度测评。常委会组成人员认为，自2015年开展城区饮用水源地管护情况专题询问、2016年跟踪督查至今，县政府针对存在问题认真整改，管护工作有所加强，但离人民群众的要求还有差距，存在问题整改落实不到位，实效不明显，在此次常委会中未能通过工作报告，满意度测评连续两年为不满意。存在问题：基础工作落实不到位，水源污染有所回潮，整治力度不够彻底，水体水质有待提升。建议加快基础设施建设，持续防范面源污染，全面开展整治“回头看”，提升水体水质。

【水土保持工作跟踪检查】 11月14日—15日，市人大常委会副主任张知通一行12人，到大田开展《中华人民共和国水土保持法》《福建省水土保持条例》贯彻实施情况调研。调研组到桃源裕田生态农业项目、永安煤业仙亭煤矿煤矸石场治理项目、太华万湖矿山水保生态治理项目、太华池元小流域水土流失治理项目实地察看，并召开座谈会。县人大常委会副主任章玲、副县长涂剑峰陪同。

（钟岑　吴英儒）

人事任免

【概况】 2017年，县人大常委会坚持党管干部和人大依法任免的统一，严格依照法律履行人事任免职责，确保人事任免工作规范化、程序化、民主化。全年，任免县政府组成人员32人次；任免县人大常委会机关工作人员5人次；任免审判、检察人员17人次。

【任免池伟等审判人员】 2月20日，县第十七届人大常委会第一次会议通过，任命池伟为县人民法院刑事审判庭庭长，李勤模为县人民法院执行庭庭长，吴佳强为县法院建设法庭庭长，李春雷为县人民法院民事审判第二庭庭长，罗世辉为县人民法院民事审判第一庭副庭长，范美平为县人民法院行政审判庭副庭长，林华杉为县人民法院执行庭副庭长；免去池伟县人民法院执行庭庭长职务，李勤模县法院建设法庭庭长职务，吴佳强县人民法院刑事审判庭庭长职务，李春雷县人民法院民事审判第一庭庭长职务，罗世辉县人民法院民事审判第二庭副庭长职务，范美平县人民法院执行庭副庭长职务，林华杉县人民法院民事审判第一庭副庭长职务，乐庆才县人民法院民事审判第二庭庭长职务。

【免去阮芳人大常委会财政经济委员会主任职务】 2月20日，大田县第十七届人大常委会第一次会议通过，决定免去阮芳县人大常委会财政经济委员会主任职务。

【任命陈有明等政府组成人员】 2月20日，大田县第十七届人大常委会第一次会议通过，任命陈有明为县人民政府办公室主任，周家好为县发展和改革局局长，蔡建峰为县教育局局长，林奕明为县科学技术局局长，刘阳辉为县公安局局长，陈清辉为县监察局局长，黄桂珍为县民政局局长，肖长祥为县司法局局长，吴高勇为县财政局局长，郭育靖为县人力资源和社会保障局局长，林宗镇为县国土资源局局长，田是告为县环境保护局局长，林建明为县住房和城乡规划建设局局长、人民防空办公室主任，郑际楷为县交通运输局局长，郑成鑫为县农业局局长，肖宏强为县林业局局长，田仁芳为县水利局局长，黄军晖为县商务局局长，林春忠为县文体广电出版局局长，陈永晶为县卫生和计划生育局局长，严建忠为县审计局局长，施正钻为县安全生产监督管理局局长，林芳庆为县统计局局长，余维语为县市场监督管理局局长。

【任命黄能桂人民检察院副检察长】 4月18日，大田县第十七届人大常委会第二次会议通过，任命黄能桂为大田县人民检察院检察员、检察委员会委员、副检察长。

【免去陈清明人民法院审判员职务】 4月18日，大田县第十七届人大常委会第二次会议通过，免去陈清明大田县人民法院审判员职务。

【任免施发帅等政府组成人员】 4月18日，大田县第十七届人大常委会第二次会议通过，任命施发帅为县市场监督管理局局长、张春艳为县商务局局长；免去余维语县市场监督管理局局长职务、黄军晖县商务局局长职务。

【任免黄军晖等县人大机关工作人员】

4月18日，大田县第十七届人大常委会第二次会议通过，任命黄军晖为县人大常委会农业与农村工作委员会主任，李方广为县人大常委会财政经济委员会主任；免去李方广县人大常委会信访室主任职务。

【任免涂林瑢等政府组成人员】 8月29日，大田县第十七届人大常委会第四次会议通过，任命涂林瑢为县教育局局长；免去蔡建峰县教育局局长职务、陈清辉县监察局局长职务。

【任命赖伟平为大田县人民政府副县长】 10月30日，大田县第十七届人大常委会第五次会议通过，任命赖伟平为大田县人民政府副县长。

【接受黄丽玲辞去县第十七届人大常委会委员职务】 12月15日，大田县第十七届人大常委会第七次会议决定，接受黄丽玲辞去县第十七届人大常委会委员职务的请求，报大田县第十七届人民代表大会第二次会议备案。

（钟岑　吴英儒）

代表工作

【概况】 2017年，县人大常委会探索、创新代表履职方式，规范代表履职行为，搭建平台、提供服务，提高履职能力，代表主体作用得到发挥。主要有建立健全代表活动阵地，举办代表履职培训，组织代表开展调研视察，推进代表议案的办理和落实，完善代表履职服务网络平台，指导乡镇人大代表会议召开等。当年，重新组建新一届人大代表小组72个、组建行业代表小组3个；补选市第十三届人大代表1人、县第十七届人大代表3人；接受辞去市第十三届人大代表1人、县第十七届人大代表1人。

【分片联系基层人大代表】 3月27日，县人大常委会建立新一届县人大常委会组成人员分片联系基层县人大代表制度，明确联系要求，规定组成人员每年至少走访所联系的代表两次。

【代表建议的办理和落实】 县十七届人大一次会议期间，代表提出建议127件，经主席团决定由议案转为建议办理的15件，闭会期间代表提出的建议14件，共156件。3月31日，县人大常委会与县政府召开县十七届人大一次会议期间与闭会期间代表提出的议案、建议、批评和意见交办会。县人大常委会坚持以“提高办理质量”为目标，对转交“一府两院”研究办理的议案、建议采取现场督办、办理情况视察、满意度测评、“回头看”等方式。突出“重点督”，把涉及民生、群众热切关注的建议，由常委会领导牵头、相关委室负责全程跟踪问效，推进办理工作从“答复型”向“落实型”转变，代表对首次办理结果的满意率为89.7%。

【人大代表小组活动情况专项督导】 4月，县人大常委会组成督导组通过审阅资料、实地查看、召开座谈等方式，了解各乡（镇）人大代表小组划分、乡（镇）人大代表工作室、代表小组活动室设立及活动开展情况及存在问题，并收集相关意见建议等。

【代表履职培训班举办】 6月1—2日和8月2—30日，县人大常委会举办2期县第十七届人民代表大会代表履职培训班，县十七届人大常委会部分组成人员及各乡镇人大主席、主席候选人、人大秘书、人大机关干部等120余人参加。培训内容主要有：代表法、选举法等法律法规；如何审议人大、“一府两院”工作报告；学习新预算法，加强人大预算监督；人大的权力与运行；大田县人民代表大会代表建议、批评和意见办理工作规定。县人大常委会主任张爱兰作讲话。

【代表建议办理业务培训会议】 11月24日，县人大常委会召开县乡人大干部及代表建议承办单位经办人员业务培训会议，副主任张爱兰主持。各乡镇人大主席、人大秘书、县人大常委会机关干部、县政府督查室负责人及经办人员、各承办单位经办人员190余人参加。会议主要内容有：深入学习贯彻党的十九大精神，推进《中共福建省人大常委会党组关于加强和改进人大代表履职有关工作的实施意见》的贯彻落实，并对“福建省三级人大代表履职服务网络平台”及有关代表补选知识进行业务培训。

【工作平台建设】 11月，根据《中共福建省人大常委会党组关于加强和改进人大代表履职有关工作的实施意见》，县人大常委会人事代表工作室加挂“代表履职服务中心”牌子，各乡镇建立“人大代表联系群众活动室”，配备专门工作人员，规范上墙材料，将各级人大代表统一编入平台，并明确各乡镇每月确定一个圩日为代表接待群众日，由各乡镇人大组织代表轮流在活动室接待群众。代表接待群众日年度安排向群众公开。

【行业代表小组组建】 2017年，县人大常委会根据县情及代表分布情况，组建新一届教育、卫生、茶产业等行业代表小组，发挥各个行业人大代表的专业优势。全年，组织开展茶旅融合发展、公共卫生服务项目建设等专题调研活动，提出具有较强专业性的意见建议。

【指导乡镇人大召开人民代表大会】 2017年，县人大常委会根据中发〔2015〕18号、中办发〔2017〕10号文件精神及《中华人民共和国地方各级人民代表大会和地方各级人民政府组织法》《福建省乡镇人民代表大会主席团工作规定》，乡镇人民代表大会会议每年举行2次。县人大常委会就会议时间、会期及会议议题相关事项进行指导。

（涂婉琴）

综 述

【概况】 2017年，大田县人民政府以习近平新时代中国特色社会主义思想为指导，树立和践行新发展理念，致力稳增长、调结构、促改革、惠民生、防风险，全县经济社会发展保持总体平稳、稳中向好、稳中有进的良好态势。全年完成地区生产总值198.22亿元，比上年增长8.8%；全县财政总收入10.44亿元，同比增长10.7%；地方公共财政收入7.42亿元，同比增长7.4%；农林牧渔业总产值56.26亿元，同比增长4.18%；规模以上工业增加值95.62亿元，同比增长7.8%；固定资产投资319.13亿元，同比增长17.3%；社会消费品零售总额53.69亿元，同比增长11%；实际利用外资（验资口径）2120万美元，同比增长9.5%；城镇居民人均可支配收入3.25万元，同比增长9.5%；农村居民人均可支配收入1.54万元，同比增长9.4%。国道"纵五线"（大田段）一期正式通车；机械铸造产业集聚区动工建设，被列为中国铸造产业集群试点县；获批创建国家级电子商务进农村综合示范县；卫斯特环保院士专家工作站被评为"全国示范院士专家工作站"；优特水稻新品种应用院士专家工作站落户济阳；"大田高山茶"获国家地理标志证明商标；"大田槐猪"获国家农产品地理标志登记；在全国率先成立河长协会，大田河长制代表福建省在太湖流域第二次河长制工作会上作典型交流；成功举办"浩沙杯"全国健美操冠军赛和创造"最多人随录像做健身操"吉尼斯世界纪录；县体操队获国赛双冠军，并代表国家在世界啦啦操锦标赛中获佳绩。

【发展步伐稳健】 2017年，县政府开展"项目攻坚年"活动，建立正向激励机制，加快"五个一批"（谋划一批、签约一批、开工一批、投产一批、增资一批）项目滚动接续，实施"五个大田"重点项目160个，完成投资78.42亿元，61个项目开工建设、42个项目建成或部分建成。开展"百名干部服务百家企业"活动，制定落实工业稳增长调结构、企业降本减负、园区企业资产按揭贷款等政策，取消县级涉企行政事业性收费12项，兑现企业扶持资金8094万元，协调金融机构向小微企业增贷2.39亿元。开展净化金融生态"三大攻坚"（打击恶意逃废债攻坚行动、法院执行攻坚行动、公职人员清欠攻坚行动）行动，处置和化解诚通地产金象温泉城、四方置业龙腾盛世等一批重点风险项目，不良贷款率控制在3%的目标值以内。

【产业支撑有力】 2017年，县政府以科技创新推动工业转型升级，实施"科技大田"重点项目31个，科华石墨负极材料、大圣日用陶瓷等项目动工建设，中工塑胶、海诚新能源等项目建成投产，全面淘汰铸造行业落后炼铁设备，压减水泥产能29万吨、煤炭产能14万吨，新增高新技术企业3家、科技小巨人领军企业2家。以全域旅游理念引领现代服务业发展，实施"快乐大田"重点项目23个，中国·桃源里旅游度假区、永兴达机动车驾考中心等项目动工建设，全县新增限额以上商贸企业8家、电商企业50家，被列为省级VR产业发展和技术应用试点县，大仙峰·茶美人景区获评省级生态旅游示范区，灵动济阳景区获批国家AAA级旅游景区，东坂村成功创建省级乡村旅游创客示范基地。以工业化理念推进农业供给侧结构性改革，实施"绿色大田"重点项目40个，建成科技农业富硒产业园、霓上精制高山茶、大田肉兔产业化等项目，完成粮食播种面积2.64万公顷，新增农民专业合作社272家、家庭农场76家、"三品一标"（无公害农产品、绿色食品、有机农产品和农产品地理标志）认证农产品23个，省级现代茶业产业园获批，（富硒）水稻、雷竹笋种植列入省级农业标准示范项目，济阳乌山头休闲生态农业联合创业基地入围国家级星创天地。

【城乡环境宜居】 2017年，县政府实施"活力大田"重点项目29个，全面启动"四区一路"（原汽车站片区、原火电厂及福田桥头周边片区、城区新建教育项目片区、石牌片区和凤山路改造片区）旧城改造，凤山路改造一期完成，推进香山北路、河滨西路等市政道路建设，碧桂园·天誉、兴田大厦等开发项目稳步实施，城区生活垃圾无害化处理厂技改工程竣工完成，新建改造城区给排水管网19.33公里、天然气管道7.2公里，新增城市停车位225个。美丽乡村建设扎实推进，实施省级美丽乡村整治村和示范村15个，加快梅林、隆美、建忠、建国、元沙、红星等6个小康示范村建设，18个乡镇生活垃圾压缩式中转站实现全覆盖，完成农村生活污水无害化处理1.04万户，解决农村饮水不安全人口1.5万人，张坑、香坪2个中国传统村落列入中央财政支持范围，济中、隆美等4个村入选省级农村社区建设示范单位。生态建设持续强化，高位推动中央和省环保督察问题整改，全力开展生态环境综合治理五大攻坚行动和八个专项整治，银川矿区矿山地质环境治理示范工程三期、白岩公园人工湖黑臭水体整治等项目全面建成，推进鸭蛋山非正规垃圾填埋场资源化治理、万里安全生态水系等项目。持续深化河长制，延伸拓展矿山水土流失治理“五园”（把治理点打造成家园、公园、田园、工业园、物流园）模式，治理水土流失3680公顷，完成造林绿化1260公顷，森林覆盖率提升至73.04%，矿山生态环境恢复治理率居全省首位，均溪、文江溪两条主要河流出境断面水质达到或优于Ⅲ类标准。

【发展活力强劲】 2017年，县政府改革步伐进一步加快，稳妥推进国家农村产权流转交易服务标准化试点，基本完成全县农村土地承包经营权确权登记颁证，列入省级农村集体产权制度改革试点县。推广“福林贷”“邮林贷”普惠制林业金融产品，新增新型林业经营组织29家，规范流转林权1333.33公顷；稳步推进省级新型城镇化试点和均溪镇省级小城镇综合改革建设试点，华兴、吴山实现撤乡设镇；深化商事制度改革，全县市场主体突破2万户、注册资本突破200亿元；大力实施品牌战略，主导或参与制定国家标准6项、团体和地方标准2项。开放合作进一步加大，组织开展“招商突破年”活动，组建7个招商联络组和18个乡镇招商小分队，深入推进“五企”（中央企业、外资企业、民营企业、省属企业、厦属企业）对接，全年新签约项目107个、总投资94亿元，全县实际利用外商直接投资2130万美元，比上年增长10.1%，外贸出口11.5亿元，同比增长10.5%。基础建设进一步加强，新建提级改造农村公路72.8公里，实施农村公路指路系统工程800公里；建成建设镇35千伏输变电工程，完成新一轮农村电网改造升级工程286公里；闽江上游尤溪流域防洪二期工程、国家农业综合开发小流域治理等项目加快推进，下岩中型水库列入国家“十三五”项目库。

【人民生活幸福】 2017年，县政府15项为民办实事项目基本落实，民生支出比上年增长10.3%，占公共财政支出的84.4%。脱贫攻坚取得新进展，创新“一家四业”（造福工程建好一个家，发展“房前”劳务业、“屋后”种养业、“院内”手工业、“屋顶”光伏业）产业扶贫模式，实施造福工程200户、危房改造91户，光伏扶贫覆盖全县86.8%的贫困（空壳）村和65%的贫困户，建成屏山扶贫客栈、武陵扶贫产业园等示范点，全县脱贫人口达到8402人，占贫困人口的98.6%。社会保障取得新成效，积极推进小微企业创业创新基地城市示范工作，全县新增城镇就业1600人、农村劳动力转移就业3213人，城镇登记失业率2.3%，新开工保障性住房719套，城乡低保、五保供养等标准进一步提高，临时救助、医疗救助等体系进一步完善。社会事业取得新突破，实施教育提升“五大工程”（学前教育“普惠”工程、小学“强基”工程、初中“壮腰”工程、高中“筑梦”工程、职业教育“精品”工程），加快推进27个城乡教育项目，建成实验幼儿园开发区分园、太华第一中心幼儿园等7个项目，新增学位3340个，大田职专成功创建省级中等职业教育改革发展示范学校；深化医药卫生体制改革，县总医院组建运营，改扩建乡镇卫生院4所，延伸设立村级卫生所186家，成功创建省级妇幼健康优质服务示范县；开展“养老服务推进年”活动，在全市率先成立医养服务中心，闽中康养服务中心投入运营，新建改造乡镇敬老院15个，被列为省级农村幸福院建设试点县；实施文化惠民工程，改造提升“数字三馆”（数字文化馆、数字图书馆、数字博物馆），建成闽中戏曲文化创意产业园一期、居敬书院，县文化馆获评国家一级馆，文江“杂剧作场戏”被入选省级非物质文化遗产保护名录，成功举办全国健美操冠军赛、全省青少年羽毛球锦标赛、海峡两岸大学生篮球联赛，“小城办大赛”全民健身品牌日益彰显。社会治理取得新进步，“平安大田”建设不断深入，“七五”普法扎实推进，生产安全、食品药品安全形势持续稳定，防灾减灾能力持续加强，精神文明创建活动持续开展，人民群众获得感、幸福感、安全感稳步提升。与此同时，人民武装、国防动员、民兵预备役、人民防空、地方志、档案、统计、库区移民、民族宗教、外事侨务、老区、老龄、老体协、青少年、妇女儿童、残疾人和关心下一代等各项工作全面推进，连续两届获评省级“双拥模范县”，连续三年荣获省级计划生育工作先进县。

【自身建设务实】 2017年，县政府接受人大法律监督和工作监督、政协民主监督，办理和落实人大代表建议156件、政协委员提案106件。深化“放管服”（简政放权、放管结合、优化服务）改革，弘扬“马上就办、真抓实干”精神，建立“周末无休”“窗口无否决权”工作制度，梳理“一趟不用跑”和“最多跑一趟”事项427项，公布实施县直部门权责清单4613项，在全市率先将行政审批平台延伸到乡镇。推进“两学一做”学习教育常态化制度化，严格落实中央八项规定精神，纠正“四风”，“三公”经费下降39.9%。推进政务信息公开，加大效能督查、行政监察和审计监督力度，严肃查处各类违纪违法案件，廉洁政府建设取得新成效。

【领导工作分工调整】 3月，县政府领导调整分工。副县长涂剑峰负责农村、农业、林业、水利、环境保护、生态综合执法、生物医药、库区移民等工作；分管县环保局、农业局、林业局、水利局、生态综合执法局、茶业局、库区移民开发局、烟草局、供销联社、农机中心、畜牧兽医水产中心、坑口水库管理处、东风农场、农科所、良种场。联系县气象局、水文站。副县长吴文旗不再负责环境保护工作，不再分管县环保局。副县长詹冬华负责发展改革、重点建设、统计、商务、招商等工作；分管县发改局（含物价局、粮食局）、统计局、商务局、招商办，联系县国际商会、外商投资企业家协会。

8月，因人事变动，县政府领导调整分工。副县长余维语增加负责旅游工作，增加分管县旅游局、县田阳旅游开发投资有限公司。副县长涂林瑢不再负责旅游工作，不再分管县旅游局、县田阳旅游开发投资有限公司。县政府党组成员林永田协助分管发展改革、重点项目建设、统计、商务、招商等工作。

11月，因人事变动，县政府领导调整分工。县委常委、常务副县长陈剑生不再负责科技（含地震）工作，不再分管县科技局（含地震办）；不再联系县科协。县委常委、副县长赖伟平负责外事、侨务、港澳事务、对台事务、机关效能建设、法制、行政服务、机关事务管理、科技（含地震）、商务、招商、司法、民族与宗教事务、地方志等工作；分管县政府办（含效能办、外侨办）、政府法制办、行政服务中心管委会（含公共资源交易中心）、机关事务管理局、科技局（含地震办）、商务局、招商办、司法局、民族与宗教事务局、县志办；联系县政协、国际商会、外商投资企业家协会、保密局、档案局、科协。副县长余维语负责发展改革、重点建设、统计、人力资源和社会保障、民政（含双拥）、社区、市场监督管理、旅游等工作；分管县发展和改革局（含物价局、粮食局）、统计局、人社局、民政局（含老龄办、老区办）、市场监督管理局（含质量技术监督局、食品药品监督管理局、工商局）、旅游局；联系县残联、老促会、慈善总会。副县长詹冬华不再负责发展改革、重点建设、统计、商务、招商等工作。不再分管县发展和改革局（含物价局、粮食局）、统计局、商务局、招商办；不再联系县国际商会、外商投资企业家协会。

【政务信息】 2017年，县政府办公室围绕县委、县政府中心工作及重大问题，挖掘有新动态、新举措、新成效的信息。全年共编发《岩城快讯》正刊29期、增刊12期；编报《每日动态》专报153期、专报信息460件，分别被省政府办《今日要讯》、市政府办《三明要讯》采用13件、41件。

【效能建设】 2017年，大田县机关效能建设工作紧扣党委、政府中心工作，弘扬“马上就办、真抓实干”精神，持续强化服务、提升效能、创优环境，为推进“五个大田”建设提供效能保障。

简政放权 2017年，县机关效能办深化“马上就办”，创优服务环境。抓流程再造，实现运行高效化，对全县的审批和公共事项进行3次清理和梳理，项目办理时限进一步得到压缩，使行政审批服务项目办理总时限由12077个工作日减少到4395个工作日，审批时限压缩到法定时限的37%，提速63%。抓平台建设，实现服务便民化，持续推进18个乡镇便民服务中心标准化建设，按照职能项目、场所阵地、标识标牌、服务规范、流程标准、人员管理的“六统一”，实行为民服务全程代办、重点项目服务全程代办，实现“让群众好办事，为群众办好事”的目标，实现便民服务全覆盖。抓即办事项，实现办事简约化，全面梳理公布“一趟不用跑”和“最多跑一趟”办事清单，年内县直部门公布2批，共428项，其中“一趟不用跑”事项81项、“最多跑一趟”事项347项，占总事项的82.9%；乡镇“一趟不用跑”1项、“最多跑一趟”57项，占总事项的82.8%；年内“最多跑一趟”可转化为“一趟不用跑”的事项有177项，占总事项的51%。抓“互联网+政务服务”，实现审批服务智能化，建立“横到边、纵到底、上下联通、内部联审、无缝对接”的乡镇便民服务中心网上办事大厅，在全市率先运行，变“群众跑腿”为“信息跑路”，变被动服务为主动服务。开通行政服务中心门户网站和移动手机APP，推进审批事项网上报件，打造24小时不下班的“政务超市”。大田县“全域覆盖、全程提速、全员增效”的做法，获得上级肯定，选送的典型案例“群众满意，是我们永恒的承诺”获第二届全国行政服务大厅典型案例“综合十佳”称号。

效能督查 2017年，县机关效能办强化效能督查，力促工作落实。开展环保工作落实专项督查，会同县委督查室、县政府督查室、县巡察办、环保局组成4个环保专项督查组，采取“一周两督一报”的形式督促各乡镇、责任单位严格按照国家环保督查要求，逐项抓好落实，在针对存在问题进行通报的同时，采用“定点挂号、限时消号”方式督促相关责任单位及时处置问题，全面完成环保工作目标任务。全年共发出《环保督查通报》5期。开展特殊时期专项督查，加强森林防火、防汛、安全生产、河长制工作等专项督查，会同县委督查室、县政府督查室、防火办、防汛办、安监局、河长办等部门开展专项督查28次，发出通报15期，对工作落实不到位、问题整改不力的相关责任单位予以全县通报批评。开展重大项目建设专项督查，围绕省、市效能办开展行动计划“一季一督查”目标任务及列入县重点项目建设开展全方位督查，按照“三查四定”的督查原则，及时了解项目进度、要素保障、服务环境等事项，对进展滞后的项目，逐一分析原因、逐个落实责任、逐项限期解决，确保项目有督查、有推进、有落实。年内除了组建3个重点项目督查小组，以旬为节点对年度实施项目开展督促检查，通过县重点项目建设“易信群”集中展示通报外；按照“一月两督一报”的方式，对项目进展情况进行通报。全年共发出各类项目督查通报8期，通报滞后项目6个。

效能投诉 2017年，县机关效能办突出投诉受理，着力标本兼治。进一步畅通投诉渠道，在继续抓好24小时受理来电投诉工作的同时，着力抓好“12345”网络平台投诉件的办理工作，做到及时查阅、及时办理、及时答复。主动前移投诉端口，结合工作纪律、重点项目、惠企政策等检查，变传统的坐等“上访”为主动“下访”，将受理“关口”前移，深入基层一线，及时了解部门干部服务质量、工作作风、办事效率等问题，“零”距离受理群众的诉求，及时收集有价值办件线索。加大效能投诉“直查快办”力度，改变调查方式，直接介入检查，为群众解决最直接、最迫切、最现实的问题，切实提高办理质量和效率。全年投诉中心共受理企业和群众各类投诉件539件（来电来信投诉10件，“12345”投诉平台529件），办结率100%，对1件逾期办理的责任单位予以全县通报批评。

绩效管理 2017年，县机关效能办深化绩效管理，提升绩效水平。扎实开展工作任务责任分解，结合年初县人大通过的任务目标及市下达对口指标需完成的目标，制定《2017年度县委、县政府绩效管理工作任务责任分解落实方案》，对7项一级指标、61项二级指标进行责任分解、细化，形成内容科学、程序严密、配套完备，有效管用的绩效管理工作体系。动态跟踪指标完成情况，定期开展绩效自评工作，及时掌握分析绩效指标落实情况；县指标考评工作小组及时组织开展“季度点评、半年总结”，及时跟踪管理，指导督促，确保绩效指标管理工作有序完成。加强察访核验，督促推进落实，结合省、市效能办开展行动计划“一季一督查”和便民服务“马上就办”专项督查，针对机关事业单位工作纪律、工作落实、服务质量等情况进行察访核验。

（刘艳岑　吴开熹　林玉斌）

重要会议

【概况】 2017年，县政府召开全体成员会议2次，会议主要是贯彻中央、省、市相关会议精神和县委、县人大常委会决策决议，决定和部署政府重要工作，通报县政府重要工作情况，研究重大问题和需要由政府全体成员讨论的事项。全年召开县政府常务会议15次。主要是研究贯彻中央、省、市重要会议精神，讨论决定县政府工作中的重大问题和由县政府发布的规范性文件及各工作部门、各乡镇政府请示的重要事项，分析全县经济社会发展趋势和工作中的问题，讨论通过重大事项，落实重大决策措施等。

【第一次常务会议】 1月3日，在县政府二楼会议室召开（下同），县长林金龙主持（下同），研究调整购房补助、契税补贴和商业用房装修补助、延长县级淘汰落后产能奖励资金政策等问题，审议《大田县特困人员救助供养暂行规定（送审稿）》《大田县乡村医生养老保障实施意见（试行）（送审稿）》《大田县全民参保登记计划实施方案（送审稿）》《深化供销合作社综合改革实施意见（送审稿）》。

【第二次常务会议】 1月5日，研究讨论关于龙山宾馆资产处置、规范特殊岗位津贴、经济开发区项目建设和要求拨付相关费用、京诚资产经营有限公司为三九军大公司资产按揭贷款提供融资服务、中央苏区主题公园和高山茶旅游景区项目融资、均溪镇政府要求调整原均溪水泥厂宗地土地性质、县广播电视台网台分离工作、生态环境保护指挥中心运营维护等问题。

【第三次常务会议】 2月20日，研究批准《大田县电力设施布局规划》、三明市康华塑料科技有限公司和大田县金门油压机制造有限公司使用县企业贷款应急转贷资金、终止石牌开发建设BT项目合同、县树县花评选等问题。

【第四次常务会议】 3月6日，传达贯彻《中共中央国务院关于推进安全生产领域改革发展的意见》，研究县人大常委会对全县城区学校规划建设情况审议意见的整改落实情况、全县征地区片综合地价、乡镇（公社）老放映员生活补助经费、乡镇残疾人联络员待遇、“生态大田·智慧环保”网格化信息系统建设资金补助、国道纵五二期项目融资等问题。

【第五次常务会议】 3月31日，传达贯彻全国、省、市国土资源工作会议和全省“两违”综合治理福州现场会议精神，研究2017年县委、县政府为民办实事工作计划、县人大代表建议和政协委员提案办理工作、禁毒工作、福建（大田）机械铸造产业集聚区先期开发资金、均溪镇东坑矿区（整合）地质详查相关费用、教育系统临时自聘人员社保和追加教师绩效、县医院向邮储银行贷款等问题。

【第六次常务会议】 4月10日，传达贯彻《中共中央国务院关于推进安全生产领域改革发展的意见》，研究交通基础设施建设、坑口水库城区集中饮用水源地保护区搬迁、四方置业有限公司龙腾盛世项目扫尾等问题，审议《2017年县直部门综合财政预算支出安排情况（送审稿）》《大田县“十三五”加快残疾人小康进程规划纲要（送审稿）》《大田县燃煤锅炉、铸造企业炼铁设施等生态环境存在问题整改工作方案（送审稿）》《大田县生猪养殖场（户）拆除关闭工作方案（送审稿）》。

【第七次常务会议】 4月17日，专题研究街面水库大田库区网箱养殖治理工作，成立街面水库大田库区网箱治理工作领导小组。

【第八次常务会议】 5月15日，研究扶贫开发、2017年现代农业发展等专项资金安排方案、大田县招商引资优惠政策规定、县人大常委会《关于进一步加强城区饮用水源地管护工作的审议意见》办理情况、撤乡设镇、终止闽江上游尤溪流域防洪堤市政道路工程景观工程及配套设施BT工程合同、原石牌华灿生物用地收储及费用等有关问题。

【第九次常务会议】 6月7日，传达贯彻2017年闽江流域河长制工作现场会会议精神，审议《大田县总医院组建工作实施方案（送审稿）》《进一步落实教育教学质量提升工程的实施意见（送审稿）》，研究浩沙体育文化产业园项目建设有关企业征收补偿、大田县生态综合执法局申请法条备案、清理整治不规范地名工作等问题。

【第十次常务会议】 7月13日，传达贯彻全市林业金融改革工作推进会议精神，研究过渡市场拆除及处置、2017年大田县重点流域生态补偿资金安排、大田县铁合金行业企业用电奖励实施意见、福建（大田）机械铸造产业集聚区先期开发地块补偿、福建省新茂电子有限公司及新威电子工业有限公司土地及房屋征收补偿、仙廷酒店用房产抵偿债务、凯天龙实业有限公司信贷风险化解等有关问题，审议《大田县2017年促进工业经济稳增长调结构若干措施（送审稿）》《大田县燃煤锅炉拆除专项资金补助方案（送审稿）》。

【第十一次常务会议】 8月7日，传达贯彻全国全省安全生产电视电话会议及全市第三季度防范重特大生产安全事故会议精神，研究福建正仁环保有限公司特许经营协议权利义务转让、国有土地使用权类型确认、均溪镇福兴路建设、提高城乡低保标准、县光荣院与县社会福利中心合并建设、下院宗地部分土地出让款拨付均溪镇作为农村基础设施建设资金、县法院审判功能性用房建设项目资金保障、安徽科达洁能新材料有限公司“一事一议”优惠政策、福建仙顶实业有限公司信贷风险化解方案等问题，审议《大田县铸造产业发展提升规划（2017-2025）》《大田县城区排水（雨水）防涝及污水专项规划（2015—2025）》《原火电厂及福田桥头周边片区改造项目土地与房屋征收补偿安置方案（征求意见稿）》《原汽车站片区改造项目房屋征收与补偿实施方案（征求意见稿）》。

【第十二次常务会议】 8月24日，传达贯彻省委十届三次全会和市委九届四次全会精神，审议《关于加快教育事业发展的实施意见（送审稿）》《关于加快医疗卫生事业发展的实施意见（送审稿）》《关于加快养老事业发展的实施意见（送审稿）》《关于加快城乡民生基础设施建设的实施意见（送审稿）》。

【第十三次常务会议】 9月15日，研究《诚通地产金象温泉城项目信贷风险化解方案（送审稿）》《大田县企业贷款应急转贷基金管理暂行办法（修订稿）》及下岩水库工程建设前期工作、均溪镇温镇加油站前期投入纳入土地收储成本、泉州圣莉徕箱包有限公司投资项目“一事一议”优惠政策、大田县水利投资有限公司组建方案、扶贫开发资金使用、大田县农信社不良贷款打包处置、福建大田县金凤凰农业开发有限公司使用县企业贷款应急转贷资金等问题。

【第十四次常务会议】 9月29日，研究国道纵五线大田县境梅山德州至均溪周田段公路项目建设、农村公路提升改造配套资金、大田县工业园区基础设施项目建设、大田县政府债务风险防控、规范国有企业融资以及担保行为、大田县水利投资有限公司与其他国有企业互相借款、华阳光电公司技改项目奖励金额等问题，审议《大田县土地利用总体规划（2006—2020年）调整方案（送审稿）》《大田县水土保持规划（2016—2020年）（送审稿）》《大田县水土流失重点防治区划分技术报告（送审稿）》《大田县铸造产业改造提升实施意见（送审稿）》《大田县铸造行业“短流程”铸造炼铁高炉规范管理工作方案（送审稿）》《大田县党政机关国内公务接待管理办法（送审稿）》。

【第十五次常务会议】 11月1日，研究广平至石牌高速公路联络线项目前期工作、大田县城市棚户区改造项目、大田县工人文化宫建设用地划拨和资产调拨、组建大田县稀土开发有限公司以及拨补国新建材工业有限公司、矿产开发公司、煤炭工业公司、煤炭管理局工作经费等问题，审议《大田县生态环境保护工作职责规定（送审稿）》《关于扶持文化产业发展的若干意见（试行）（送审稿）》《大田县堤防工程维护管理费征收、使用和管理办法（送审稿）》。

【县政府第一次全体会议暨廉政工作会议】 1月22日，在龙山宾馆七楼会议室召开。会议评价县政府成员单位及相关部门落实县委、县政府重大决策部署、重点工作及优质服务郑重承诺履行情况，对2018年政府工作、廉政工作进行安排部署，县政府全体成员单位主要负责人就2017年度工作完成情况和存在的主要不足作述职，各分管副县长分别作点评测评，并向18个乡镇颁发目标责任状，县委常委、常务副县长陈剑生主持会议。副县长余维语、涂林瑢、涂剑峰、吴文旗、党组成员林永田、副处级干部陈贵国出席会议。县政府全体成员单位负责人和各乡镇负责人参加会议。

【化解金融风险工作会】 3月8日，在县政府四楼会议室召开。研究部署进一步加强全县金融工作，强化金融服务实体经济发展，防范化解企业信贷风险，维护经济金融平稳运行。县长林金龙、常务副县长陈剑生、县法院院长杨绍东、公安局局长刘阳辉出席会议。全县相关单位负责人、重点风险客户工作组、县级金融机构负责人参加会议。

【推进“放管服”改革工作会议】 7月6日，在县政府五楼会议室召开。会议传达全国和省、市推进简政放权放管结合优化服务改革电视电话会议精神，通报全县行政审批制度改革工作情况，安排部署下阶段工作。陈剑生常务副县长主持。副县长余维语、涂林瑢、涂剑峰、吴文旗、党组成员林永田、副处级干部陈贵国出席会议。全县各乡镇及相关单位负责人参加会议。

【水土流失治理项目现场推进会】 7月7日，在龙山宾馆七楼会议室。水利局、国土局、太华镇、前坪乡等单位作水土保持工作典型发言，县政府副县长涂剑峰总结上半年水土保持工作安排部署下阶段工作，强化全县水土保持工作，推进水土流失治理项目落实。县长林金龙出席会议并讲话，县委常委、组织部长王怀斌主持，副县长余维语、涂林瑢、涂剑峰、吴文旗、党组成员林永田、副处级干部陈贵国出席会议。

【安全生产工作会议】 9月29日，在县政府五楼会议室召开。县委常委、政法委书记茅有温传达贯彻全市安全生产专题会议精神，县委常委、常务副县长陈剑生通报前阶段安全生产大检查工作开展情况，安排部署下阶段安全生产工作。会议推动安全生产大检查工作深入开展，督促落实整改国务院安委会、省、市安全生产大检查综合督查发现的问题及隐患。各乡镇政府、县政府组成部门和有关单位负责人参加会议。

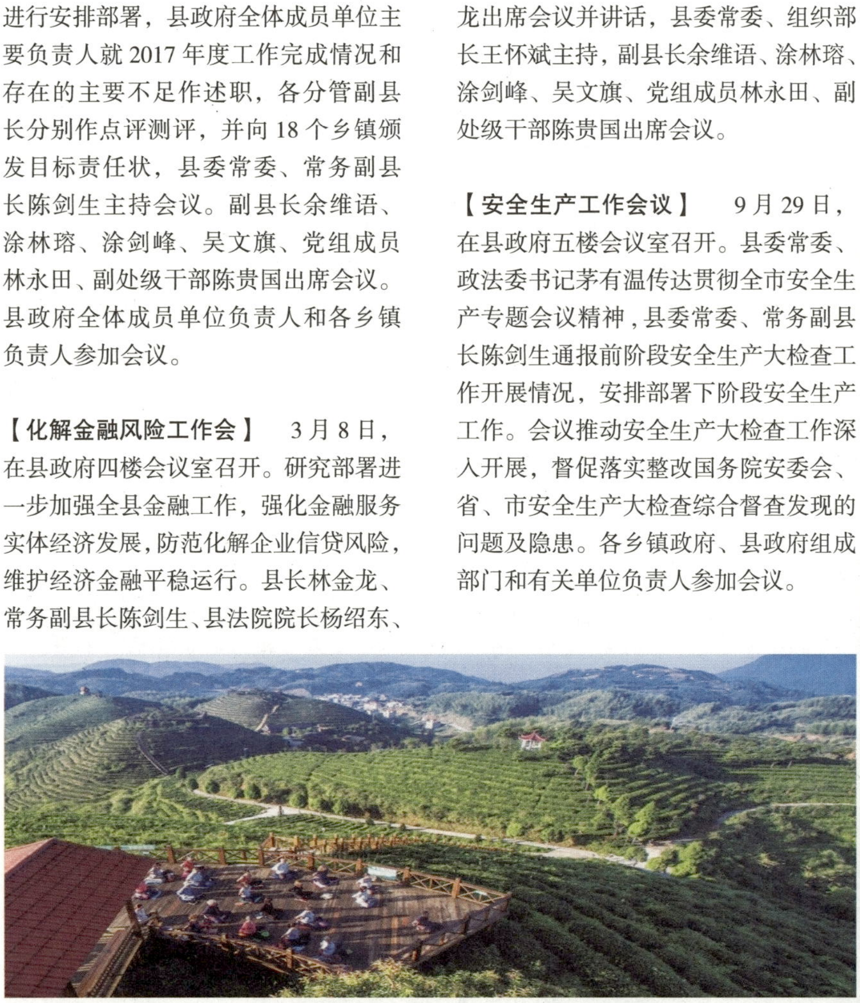

2017年8月18日，绿色屏山　（陈广程/摄）

【金融财政工作专题会议】12月19日，在县政府四楼会议室召开，部署金融财政工作，冲刺全年目标任务，谋划2018年工作。县委书记熊旭明、县长林金龙、县政协主席余真华出席会议。

（刘艳岑）

政务活动

【概况】 2017年，县政府围绕全县的经济发展、生态文明、城市交通建设、文化教育、扶贫攻坚、民生等重点工作开展调研、考察、现场办公，解决工作中的困难和问题。全年县领导外出考察培训10次，外引内联活动5次，副厅以上及相关部门领导到县考察调研43次。

【全国旅游景区质量等级评定】 1月6日，全国旅游景区质量等级评定委员会专家组到县检查评定福建大田高山茶生态旅游景区创建国家AAAA级旅游景区工作，县长林金龙、副县长涂林瑢陪同考核验收。

【城市建设现场办公会】 4月1日，县长林金龙召开城市重点项目建设现场办公会。5月3日，副县长吴文旗参加“第二集美学村”保护与开发项目现场会。5月18日，副县长吴文旗参加河滨西路建设项目现场办公会。5月25日，副县长詹冬华参加香山北路建设开工检查现场会。9月2日，县长林金龙到凤山路道路改造工程现场办公，督促工程加快进度，部署安全生产工作。

【领导外出考察工业企业项目】 5月10—11日，县长林金龙赴厦门开展招商引资活动，出席大田县人民政府与厦门钨业公司、丰泰（厦门）集团公司合资合作框架协议签约仪式。6月11—12日，县长林金龙率陈剑生常务副县长等赴上海参加第十三届中国铸造协会年会，代表大田县接受“中国铸造产业集群试点县”授牌，并作试点县创建经验交流报告，出席大田县人民政府与中国铸造协会战略合作框架协议签订仪式。6月13日，县长林金龙一行受邀出席“第十五届中国国际铸造博览会”暨“第十二届中国国际压铸工业展览会”在上海新国际博览中心举办的开幕式，并带领有关部门、机械铸造企业参观展览。6月17—19日，副县长詹冬华到福州参加第十五届中国·海峡项目成果交易会。7月9—11日，县长林金龙赴安徽省马鞍山市考察安徽科达洁能新材料有限公司等企业，对接洽谈石墨资源开发利用、锂电池负极材料项目，并出席安徽科达洁能新材料公司与大田县人民政府签订项目投资协议书仪式。9月17日，县长林金龙到银江股份有限公司福建分公司、诺讯（福建）电子商务有限公司开展招商引资活动；县长林金龙、副县长詹冬华参加三明市在厦门举办的投资三明企业座谈会暨项目签约仪式。9月18日，县长林金龙、副县长詹冬华参加厦门国际投资贸易洽谈会，并到厦门龙净环保科技有限公司、厦门福昶金属工业有限公司开展招商引资活动。12月4—5日，副县长赖伟平率招商办赴珠三角开展招商引资活动。

【客商到大田考察项目】 5月23日，厦门丰泰集团董事长吴亮泰到大田考察矿产资源综合开发利用项目，县长林金龙陪同。6月29日，澳门经纬旅游策划管理有限公司董事长许卧龙到大田考察济阳“马力小镇”项目有关事宜，副县长涂林瑢陪同。6月30日，中国航天建设集团福建分公司副总经理林继续一行到大田洽谈旅游等投资项目有关事宜，副县长涂林瑢陪同。9月7日，广东科达洁能股份有限公司董事长钟信才、安徽科达洁能新材料有限公司总经理朱亚峰等一行到罗丰工业园区调研，县长林金龙陪同。11月9日，全国政协委员、香港福万有限公司董事长林铭森到大田对接洽谈裕田生态农业合作项目，副县长涂剑峰陪同。

【领导外出学习培训】 6月26—29日，副县长余维语到福州参加全省民族宗教工作培训班。10月20—26日，副县长吴文旗到上海参加全省城乡规划建设管理研修班。11月18—20日，副县长涂剑峰到福州参加全省市、县两级新任森林防火指挥长培训班。12月4—8日，县长林金龙赴福州参加省管干部学习贯彻中共十九大精神专题研讨班。

【上级及部门领导到大田调研检查】 2017年，水利部发展研究中心、水利部河长办副主任王冠军，国家体育总局体操运动管理中心副主任郭振明，国家检验质量监测指导中心副主任胡梅，副省长李德金，省纪委副书记黄汉升，省监察厅副厅长肖仁辉，省纪委常委冯新婷，省纪委副书记、秘书长洪仕建，省委巡视办副主任张国明，省人大常委会副主任潘征，环保部华东督察中心处长刘栋副，省财政厅副厅长陈强，福建煤监局副局长朱石福，省政法委委务会议成员、综治办副主任傅建飞，省经信委陈传芳副主任，清华大学原副校长张凤昌，省农科院副院长余文权，省旅游协会秘书长洪一树，三明市委书记杜源生，三明市委常委、政法委书记纪熙全，三明市委常委、统战部部长肖明光，三明市委常委、市纪委书记游宇飞，市委常委陈龙德，常务副市长黄建波，副市长肖华鑫，副市长程鹏鹰，副市长张文珍，副市长、公安局局长陈育煌，市卫计委副主任何千晶，集美大学校长李清彪，省农业厅副厅长陈明旺，省民政厅老区办主任陈晨光，省方志委副主任林浩，科技部科长刘俊，市计生协会会长吴金容，省司法厅副厅长俞建春，林业厅副厅长刘亚圣，省军区副参谋长林能秋，市人大常委会副主任王庆，市人大常委会副主任廖小华，市人大常委会副主任张知通等领导，先后到大田开展水土流失治理、“河长制”、安全生产、产学研对接、机械制造、茶产业、计划生育、司法行政、征兵、矿产资源勘查开发、民政民生、扶贫、经济社会发展等工作。

（刘艳岑）

人事工作

【概况】 2017年，大田县公务员局贯彻落实《中华人民共和国公务员法》和《事业单位人事管理条例》，以科学发展观和科学人才观为统领，坚持“服务发展、人才优先”工作主线。加大人才引进培养力度，进一步推进公务员队伍建设，加快推进事业单位人事制度改革，继续推进工资收入分配制度，促进毕业生就业创业，抓好各项人事人才工作。

人事计划统计 2017年，县公务员局按照上级下达的增人增资计划控制干部总数，逐步建立适应人事制度改革的调控机制。年末，全县在职干部职工总数8645人，其中，政府机关公务员1451人、参照中华人民共和国公务员法管理工作人员（简称“参公人员”）201人、事业单位工作人员5939人（管理人员776人、专业技术人员5163人）、工勤人员1054人。

干部管理 2017年，非师范类大中专毕业生回县报到300人，其中博士1人、硕士研究生11人、本科198人、专科90人。调配干部职工141人，其中，县外调入13人、调出19人、县内调整93人，办理借调16人。事业单位公开招聘186人，其中紧缺学科教师112人、其他事业单位工作人员74人；国家公务员招录24人。安置退役士官6名；安排乡镇卫生院临床医学专升本、本科定向委培生13人、服务期满考核合格村干部就业4人。接收大学生村官21人、选调生6人；“三支一扶”12人、大学生志愿者到基层服务8人、大学毕业生到社区服务5人。确定科员15人、九级职员13人、十级职员1人。党政纪处分45人（党内警告18人、严重警告6人、留党察看2人、开除党籍8人、撤职1人、免职1人、开除公职9人）；效能问责3人（效能诫勉教育2人，效能告诫1人）。会同有关部门审核把关，向上级部门上报先进个人5人，先进集体2个。完成政府系统新录用公务员转正登记15人，组织新录用公务员55人按期参加市局举办的初任培训。

人才市场管理 2017年，县人才服务中心认真做好大中专毕业生档案接收归档工作，全年共接收档案1588册，接受档案查询320人次，提供免费保管毕业生人事档案1588人，转递档案506人。

干部档案管理 2017年，局档案室转入干部人事档案158册、转出干部人事档案32册，提供查阅63人次，办理更改学历58人次（硕士1人、本科34人、大专23人），其中干部56人、职工2人。开展全县干部人事档案整理、完善工作，年内完成所有政府系统科级以下一般干部人事档案专项审核工作。

工资福利 2017年，县公务员局完成507个单位人员工资基金核定，办理新录用人员工资306人次，调入、调出工资审批项目727人次；办理机关工作人员级别滚动升级352人次、事业单位工作人员薪级晋升6098人次，职务职级晋升87人次、等级工考试增资6人次、岗位降低18人次；办理退休人员退休金243人次、死亡人员及受处分人员工资核减93人次、警衔变动增资48人次。兑现2016年被确定为优秀等次的公务员260人奖励，并对合格（称职）以下等次的7名机关（含参公）单位工作人员，取消当年一次性年终考核奖金。于2015年11月开始组织实施县以下机关公务员职务与职级并行制度，全县符合职级晋升政策规定的共有647人（其中晋升副科级417名、正科级81名、副处级146名、正处级3名），年内已全部完成晋升审批手续并兑现工资待遇，月人均增资439.5元。县公务员局将继续落实好职务与职级并行制度工作，确保制度实行动态管理。统一全县津补贴发放标准，制定津补贴发放的项目、标准及对象，规范后全县津贴补贴项目有六项：精神文明奖、机关人员年终一次性奖金、绩效管理奖、未休年休假报酬、在职人员食堂补助、综治平安工作考评奖。

年度考核 2017年，县公务员局完成2016年度全县政府系统机关事业单位人员应参加考核对象8617人，实际参加考核8611人，经考核，优秀1024人、称职（合格）7381人、不称职（不合格）7人、不定等次195人、不属考核对象4人，不参加考核6人。凡在2016年度工作综合考评中获一、二等奖的优秀比例分别按16%、14%核定，获鼓励奖的优秀比例按12%核定。会同县委组织部审核、审批三等功26人、嘉奖260人。

退休干部职工管理 2017年，县公务员局完成办理退休人员243人，其中干部184人、工人59人。审批机关事业单位在职、离退休死亡抚恤83人，遗属困难补助22人，70周岁以上退休干部高龄补贴155人、80周岁以上退休干部高龄补贴42人。开展退休干部慰问探亲、送温暖，政治学习和重大节日文体、游园活动，慰问退休干部1859人、特困退休干部60人、退休干部代表59人，发放慰问品1859份。

机构编制规范化管理 2017年，县委编办落实机构编制动态管理机制，科学配置机构编制资源，发挥有限机构编制资源的最大使用效益；落实机构编制监督检查机制，加强全县机关事业单位机构编制执行情况的监督检查；落实机构编制信息公开机制，持续推动机关事业单位机构编制信息及时有效公开；落实机构编制联动管理机制，加强与纪检监察和组织、人社、财政、审计等部门的协调配合，形成各负其责、齐抓共管的机构编制管理整体合力，确保全县行政编制（含各类专项编制）不突破中央核定的总额，事业编制不突破2012年底总量，机关工勤人员编制只减不增。全县党群、政府系统招考公务员、选调生安排等使用编制58名；县属事业单位招聘紧缺急需专业和非紧缺急需专业人员使用编制184名，其中：非教育系统101名、教育系统83名，办理机关、事业单位申请入编事项957人次。

【县河长制办公室成立】 3月，大田县河长制办公室成立，核增科级领导职数1名，主要负责组织实施全县河长制工作的组织协调、调度督导、检查考核等工作。大田县河务管理中心成立，为股级事业单位，核定财政核拨事业编制10名，主要承担河道管理辅助性、技术性等相关工作。“河长制”形成可借鉴的管河治河工作机制，得到水利部的肯定。

【优化人才政策环境】 2017年，县公务员局制定发布《大田县2017年紧缺急需专业人才和优秀人才引进目录》，通过赴高校召开专场招聘会和省市组织人才招聘会等方式，对研究生及以上学历符合县优秀人才引进条件的人员，采取直接考核办法进行招聘，对符合县紧缺急需专业人才的引进，采取直接面试、考核方式进行招聘，对符合县优秀人才的引进，采取直接考核方式进行招聘，全年共引进紧缺急需医学类人才8名。

【事业单位人事管理】 2017年，县公务员局贯彻实施2014年国务院颁布的《事业单位人事管理条例》，保障事业单位人员合法权益，促进公共服务发展。全县共有341个单位完成岗位设置方案，有6025人与事业单位订立聘用合同，有13人与单位解除聘用合同。全县共有6081名专业技术人员和管理人员参加继续教育培训，完成2016年度继续教育登记验证5963人；推荐评审各类专业技术人员223人次（高级69人、中级152人、初级2人），组织专业技术人员参加各类专业技术资格考试111人次，其中社会工作者职业水平考试9人，注册计量师考试5人，经济专业技术资格考试53人，注册安全工程师职业资格考试4人，执业药师资格考试40人；确认专业技术初级职务任职资格4人；组织企事业单位人员参加工程技术人员初级职务评审，取得初级职务任职资格62人。年内公布全县专业技术人员高级职称60人，中级职称176人，初级职称174人。组织机关事业单位工勤人员104人参加等级考核报名工作（其中报考技师45人）。考试通过初级工2名、中级工7名、高级工10名、技师5名；参加继续教育网络培训672人。

【监察体制改革】 2017年，大田县监察委员会成立，与县纪委合署办公，实行一套机构、两个机关名称，履行纪检、监察两项职能。大田县监察局撤销，将相关职能、人员编制整合至县监察委员会。在原纪委内设机构（10个）不变的基础上，增设第四、第五、第六纪检监察室。核定大田县监察委员会主任1名、副主任2名、委员4名等领导职数。做好纪委、监察委人员编制划转工作。

【纪检组派驻机构创新】 2017年，原县纪委、监察局派驻县直部门的31个纪检组（纪工委）、监察室撤销，重新设立县纪委派驻纪检组（含县纪委县直机关工作委员会）10个，核定行政编制30名、副科级领导职数18名。县纪委派驻纪检机构由县纪委直接领导、统一管理，向县纪委负责。

【医疗卫生体制改革】 2017年，大田县总医院整合组建，加挂中医院牌子。乡、村两级基层医疗卫生机构整合，作为总医院的成员单位。县总医院核定院长1名（参照正科级事业干部管理），副院长6名，纪委书记1名，总会计师1名（相当于行政副职）。实行总医院及成员单位编制总量控制、统筹安排、动态调整，人员可以在系统内统筹调配使用。医疗卫生机构和人员的性质保持不变，财务管理制度不变。县医改办的综合协调管理职能由县卫生和计划生育局划归县政府办承担，县政府办公室增设医改科。

【行政审批制度改革】 2017年，县委编办围绕简政放权、放管结合、优化服务的工作部署，推进行政审批改革工作，严格按时间节点要求完成各项工作任务。根据国务院、省、市的要求，对全县权力事项进行调整，新增行政权力事项292项、调整行政权力事项242项、取消行政权力事项105项。调整后全县保留事项情况：保留行政审批事项196项，保留公共服务事项192项；全县共有权责事项4613项；保留前置审批事项64项、调整13项；保留行政审批涉及的中介服务事项34项、调整5项；乡镇权责事项1110项；县级保留证照141项、取消23项。

【机关事业单位统一社会信用代码管理】 2017年，机关事业单位组织机构代码证核发职能从质量技术监督部门划转到机构编制部门，县委编办推进事业单位“三证合一”登记制度改革，制订统一社会信用代码赋码工作方案，全县党政群机关在规定的时间内完成统一社会信用代码赋码和发证工作。至年底，全县党政群机关完成赋码和发证76家，事业单位符合赋码和发证289家，因单位撤并等原因，注销3家，冻结5家。

【政府购买服务管理】 2017年，全县探索推行政府购买服务，解决机构编制供给不足和社会事业发展的矛盾，逐步建立财政经费保障与人员编制管理的协调约束机制。对中小学紧缺学科教师等专业技术岗位，采取先通过全省统一考试招聘，工资及“五险一金”等待遇按在编人员标准由财政拨付，逐年解决入编问题（2017年已新招聘紧缺学科教师113名）。对辅助性岗位由县委编委统一核定，财政按3.3万/年·人统一拨付工资及“五险一金”等待遇，人员实行公开招聘，并实行劳务派遣。全县共核定政府购买服务岗位1813个。

（余启伟　周庆锋）

信访工作

【概况】 2017年，大田县信访工作贯彻落实中共十八届五中、六中全会、中共十九大和习近平新时代中国特色社会主义思想，按照中央、省、市关于信访工作一系列决策部署，践行“两学一做”教育实践活动要求，依法实施处理信访事项“路线图”，实行依法逐级走访制度，推动诉讼与信访分离，落实省联席会议《关于建立健全初访分析和首办责任制》等七项机制，打造“阳光信访、责任信访、法治信访”，维护信访人的合法权益，信访工作总体态势良好。全年，县一级受理群众初信初访104批，比上年增加0.97%，其中来信17件、同比下降10.5%，平日来访50件、同比增加85.2%，每月15日来访43件、同比下降24.56%，市政务12345平台受理595件、同比上升33.7%，省交办来信29件、同比上升52.6%，省交办来访1件、同比下降83.3%，来邮63件、同比上升34%。省交办1件信访积案，市交办4件信访积案，全部签订息诉息访书。办结国家信访局网上投诉信访件15件，同比下降25%，列入初信初访满意度调查件39件，满意4件，不满意5件，30件超期未评价（视为满意）。全年进京上访2批2人次。其中进京非正常上访1批1人次，大田县公安局对进京非正常上访人员陈某行政拘留10日，建宁法院对上京镇多年进京非正常上访人员吴某以涉嫌扰乱国家机关工作秩序罪、寻衅滋事罪判处有期徒刑2年。到省上访4批8人次，其中集体上访1批5人次；到市上访20批58人次，其中集体访2批33人。

【县委常委会议研究信访工作】 3月2日，8月28日，9月30日、11月23日，召开县委常委（扩大）会议4次，主要学习总书记习近平对信访工作的重要指示，传达贯彻中央、省、市政法维稳信访有关会议精神，研究维稳信访突出问题和工作考评奖励问题，落实信访问题领导包案责任，抓好人民群众初信初访办理，安排部署开展信访积案攻坚和进京非访整治工作，集中精力解决疑难信访案件，为信访工作提供组织保障，督促把问题解决在基层，努力维护社会安定稳定。

【省市领导到大田开展信访积案督查】 8月10—11日，省信访局副厅级督查专员张辉一行3人到广平镇开展省级信访积案罗某信访事项实地督查。市政府办副秘书长、市信访局局长陈丁权，县委常委、政法委书记茅有温陪同督查。

【县信访工作联席会议】 2017年，全县召开信访工作联席会议5次。

1月6日，县信访联席会议在县政府四楼会议室召开。会议传达全省“两会”期间及信访重点工作视频会议精神，部署下阶段县信访工作，总召集人连仁魁主持（下同）。县领导陈剑生、茅有温出席会议，各乡镇分管信访工作领导、县直有关单位负责人参加会议。

2月26日，会议传达全国“两会”期间依法处置非正常上访视频会议精神，通报全县信访突出问题，部署全国“两会”期间信访工作。县领导陈剑生、茅有温出席会议，县信访工作联席会议成员单位负责人及18个乡镇党委书记参加会议。

5月5日，会议传达省、市“一带一路”国际合作高峰论坛期间安保工作视频会议精神，部署论坛期间全县信访工作。县领导茅有温出席会议，各乡镇分管信访工作领导、信访工作联席会议成员单位负责人参加会议。

6月6日，会议通报全县信访工作存在的问题，部署全国“三合一”会议期间信访维稳工作。县领导陈剑生、茅有温出席会议，县信访工作联席会议成员单位负责人及十八个乡镇党委书记参加会议。

10月18日，会议通报全县信访工作情况，部署中共十九大信访维稳工作。县领导陈剑生、茅有温出席会议，公检法司领导，政法委、信访局、人社局、住建局、经信局、卫计局、粮食局、桃源林场主要负责人，18个乡镇主要领导参加会议。

【依法化解信访积案】 2017年，信访局及时转交办群众上访事项至有权处理的行政机关，在规定期限内督办答复。畅通信访渠道，对诉求合理的，协调相关部门依法化解信访积案，维护信访人的合法权益。年内，化解省市交办的5件信访积案、县自行排查的张某、杨某等人的信访积案。

【开展结对帮扶活动】 2017年，县信访局挂钩太华镇华山村6户精准扶贫户，信访局干部蹲点太华镇仕坑村，为华山村、仕坑村贫困户开展精准扶贫和结对帮扶活动，捐赠帮扶资金1万余元。

（章高乾）

机关事务管理

【概况】 2017年，大田县机关事务管理局继续做好公共机构用电、用水、办公用房等管理和安保及县政府大院卫生、美化等工作，控制出入大院的车辆停放数量，确保停车有序和车库、车位、车辆出入安全，坚持24小时值班巡逻制度，完善夜间楼层巡查和来访人员登记、确认及消防检查等制度。做好全县公共机构耗能统计和规划工作，按要求设置能源管理岗位，专人做能耗统计。开展公用机构节能宣传周活动，组织全县公共机构开展形式多样的节能宣传周活动。做好政府机关大院的供水、供电、安全秩序等后勤保障工作，为机关县直单位提供安全、绿色、舒适的办公环境。

【公务接待管理】 10月20日，县机关事务管理局参照《三明市党政机关国内公务接待管理实施办法》，结合全县实际，牵头制定《大田县党政机关国内公务接待管理办法》，印发给全县机关企事业单位，进一步明确接待规范、接待主体、接待标准等。

【公务用车制度改革】 2017年，按照全市统一部署，全县开展公务用车制度改革，完成政府机关及参公单位的公车改革。完成全部涉改车辆封存、车辆拍卖及各涉改单位车补的信息审核工作。全县涉改单位136个，涉改人员2177人，涉改车辆442辆，其中留用190辆，调拨公车服务平台54辆，拍卖公车195辆，报废3辆。完成闽通公司公务用车调度平台建设，年内公车服务平台共派车2634单。

【办公用房整改】 2017年，县机关事务管理局根据上年在办公用房清理整改工作中查出的问题清单进行督查回访，提出整改建议并督促有关单位及时做好超标违规办公用房整改工作。针对年内新搬迁的工作单位做好督查工作，确保新建办公用房符合标准。把办公用房清理整治工作作为经常性的监督检查内容，确保办公用房超标问题不反弹。

（巫芹香）

行政服务工作

【概况】 2017年，大田县行政服务中心贯彻落实“放管服”改革部署，以提高行政效率、提升群众获得感为重点，

2017年，大田县行政服务中心　（报道组/提供）

以“互联网+政务服务”为抓手，为推进“五个大田”建设营造良好的软环境。全年共受理各类行政审批及服务事项4.34万件，其中，即办件4.24万件，即办率97.7%，承诺件提前办结率98.23%，按时办结率100%，群众满意率为100%。大田县行政服务中心获全国“综合十佳”称号。

【领导调研】 3月3日，省直机关党工委常务副书记梁晋阳、市直机关党工委常务副书记龚其明到县行政服务中心调研党建工作，并对县行政服务中心党建工作给予肯定，勉励县行政服务中心要扎实推进“1263”党建机制建设，围绕“行政提速、服务提质、群众满意”主题，不断提升群众的获得感，把行政服务中心建成群众满意的窗口。

【获全国“综合十佳”称号】 11月9日，由中央国家机关工委《紫光阁》杂志社、中国行政体制改革研究会、人民网联合主办的“深入学习贯彻党的十九大精神、推进‘放管服’改革交流研讨会暨第二届全国行政服务大厅典型案例展示活动总结会”在福州市召开。在历时2个多月，经过案例征集、案例展示、案例评审等多个环节评比，福建省选送的大田县行政服务大厅典型案例“群众满意，是我们永恒的承诺”获全国“综合十佳”称号。

【推进“互联网+政务”服务】 2017年，县行政服务中心建设乡镇网上办事大厅，覆盖市、县、乡镇三级，全县392项审批服务事项全部纳入省网上办事大厅，政务服务实现由“群众跑腿”到“信息跑路”的转变；开通中心门户网站和手机APP，变“民众跑”为“数据跑”，实现行政审批服务全程网办，促进“互联网+政务”的良性互动，打造全天候的“政务超市”。

【行政审批服务】 2017年，县行政服务中心以增强群众和企业获得感为标准，全面梳理所有依法申请的行政审批服务事项，细致分析需要申请人到场次数、办理环节、审核流程和实行网上办事的可行性，公布“一趟不用跑”和“最多跑一趟”办事清单428项。其中，县直部门“一趟不用跑”事项81项、“最多跑一趟”事项347项，占总事项的82.9%；乡镇“一趟不用跑”1项、“最多跑一趟”57项，占总事项的82.8%。

【网上采购新系统启用】 2017年，大田县公共资源交易中心网上采购新系统于7月1日正式启用，全面实现电子招投标。全年完成交易项目308宗，成交总额15.63亿元，增收8390.5万元，增值率15.12%；节支1.13亿元，节支率10.91%。

（苏晋平）

2017年，美丽乡村建设——武陵乡大石村　（县农业局／提供）

综　述

【概况】 2017年，政协大田县委员会（简称县政协）在中共大田县委领导下，贯彻中共十九大精神，深入学习贯彻习近平新时代中国特色社会主义思想，推进协商民主彰显作为，促进社会和谐凝心聚力，强化能力建设提高实效，为“五个大田”建设作出贡献。

【围绕中心协商议政】 2017年，县政协贯彻中央和省、市、县委《关于加强人民政协协商民主建设的实施意见》精神，落实议题共同确立、计划共同制定、人员共同参与、实施共同推进的“四个共同”协商工作机制，主动与县委、县政府沟通，形成年度协商工作计划草案。全年完成县委交给县政协的重点协商议题任务14个，提交调研视察报告、呈阅件、建议案10件，获党政主要领导批示11件（次）。坚持政治协商“三在前、三在先”原则，就“项目攻坚年”“招商突破年”“四区一路”旧城改造、精准扶贫“三年会战”等重大决策部署提出意见。围绕“办人民满意教育，打造教育强县”开展专项调研，报送《关于大田县教育工作情况的调研报告》，部分建议成为促进教育发展的实际举措。聚焦民生问题和社会热点开展特色鲜明的协商议政活动，“红釉古法工艺传承与保护”“打造农业（富硒）旅游产品”“推动全民阅读 建设书香大田”等协商成果接地气、合民意。参与重点项目建设、招商引资、创城等工作，做好土地征用、债务化解等协调服务，成功引进的永兴达机动车驾考中心基本建成、济阳“灵动济阳·马力小镇”项目开工建设。县政协各专委会紧扣“五个大田”建设，全年组织委员开展调研视察、召开协商会等活动31场（次）、400多人次。

【民主监督力求实效】 2017年，县政协贯彻中央《关于加强和改进人民政协民主监督工作的意见》精神，推进协商式民主监督，形成“禁毒工作视察报告”“做好精准扶贫工作的建议”“做好食品安全工作的建议”等多份监督成果。强化提案监督，选取5个重点提案，由县政协领导牵头负责，实施重点督办、持续督办，县民政局、卫计局等承办单位与提案者加强互动、查找差距、改进工作，促进撤乡建镇、“医养联合体”建设等提案办理落地转化，带动十届一次会议审查立案的99件提案办理出成效。开展监督性专项视察，县政协领导实地调研广平元沙、上京梅林等党建引领小康示范村以及禁毒工作、重大交通基础设施建设、园区经济发展、水土流失治理等工程。提升会议监督，安排精准扶贫、食品安全两个监督性议题，邀请县农业局、市场监督管理局领导在常委会通报工作情况，发挥监督整体成效。加强日常监督，推荐和支持委员担任部门监督员、人民陪审员等，组织委员参加党委政府工作报告征求意见会、重点项目专项督查、中小学校长任期述职测评活动等，提升监督实效。

【发挥委员主体作用】 2017年，县政协秉承以人民为中心的理念，全力践行为民宗旨，加强委员与部门、群众之间的沟通联系，展现委员心系发展、情牵民生的为民情怀。脱贫攻坚用实劲，县政协领导班子、机关驻石牌镇工作队结合挂乡镇包村工作，深入联系点和挂包贫困户，制定扶贫计划、商讨脱贫措施，提供项目帮助、争取资金支持，开展扶贫指导、共谋致富良策，一批委员企业推行“公司＋基地＋农户”扶贫模式，与贫困户精准对接，带动贫困群众实现稳定脱贫。改善民生出实招，针对均溪镇福塘村、石牌镇石牌村群众纳入市政供水范围的申请，组织委员、水利、水务及相关镇、村负责人，现场调研、座谈协商、谋划对策，形成专题协商意见报送县委县政府，直接转化为推动工作的实际行动。反映民意求实效，全年通过召开会议集中征集、走访活动现场征集、运用新闻媒体广泛征集，收集反映群众期盼和社会动态信息，共组织整理报送社情民意信息117条，《建言助推孝道故里建设》等62篇被全国、省、市政协采用，发挥社情民意“直通车”作用。

【突出团结民主作用】 2017年，县政协坚持大团结大联合，突出政协优势，为改革发展稳定营造良好环境。凝聚各界力量，搭建知情明政、参政议政、学习交流平台，邀请工商联、无党派人士和社会新组织、新阶层代表参加政协活动。坚持走访常态化，深入委员企业，关注引导非公有制经济人士，鼓励创新创业；拜访泉州、厦门、福州等异地商会，推动田商回归，共促发展。开展联谊交流，组织考察德化陶瓷产业、永安石墨烯产业、尤溪红酒产业、建阳、将乐纪念馆群建设及文化推广工作做法；做好省市和兄弟县（市、区）政协调研考察“河长制”、全域旅游、公共文化服务体系等工作，宣传推介大田相关领域经验；开展少数民族村寨建设和宗教场所调研。推进文史工作，挖掘、收集郭居敬孝文化史料，开展孝道文化专题调研，向县委县政府提交《加强孝文化名片建设打造孝道故里的对策建议》，郭居敬纪念馆启动建设；征编出版《大田地方戏曲》，与教育部门合编《大田县第四届园丁杯书画展作品集》、联办书画展。

【推进政协自身建设】 2017年，县政协主动适应新形势下政协履职要求，增强内在动力，夯实履职基础，促进自我完善、自我提升。在学习引导中增进共识，通过党组扩大会、常委会、专题报告会等形式，迅速兴起学习宣传贯彻中共十九大精神热潮，县政协领导带头学、带头讲、带头深入基层宣传，实现委员、机关、乡镇政协委员联络组和挂钩乡镇、村干部学习参与面全覆盖。年内多次举办委员读书班、专家专题讲座，召开政情通报会，分批组织委员和机关干部参加全国政协、高校等培训中心培训，为全体政协委员赠订《人民政协报》《政协天地》。推进委员参与政治协商、民主监督、参政议政制度建设，动态管理委员参与政协活动履职档案，评选年度优秀委员和先进乡镇联络组组长19名、优秀提案5件、提案办理先进单位3个。加强基层政协组织建设，年内新设立7个联络组，实现全县18个乡镇联络组全覆盖，完善政协领导挂钩机制，促进县、乡镇政协互动，推动联络工作顺利开展。

【政协领导下基层扶贫、慰问活动】 1月4—5日，县政协领导余真华、陈庆建、陈钦梅、杨兴和、阮芳、高石麟分别到石牌镇拱桥村、前坪乡黎明村、谢洋乡坑口村、屏山乡美阳村、建设镇建国村、广平镇广平村慰问困难群众。1月8日，县政协领导陈庆建、陈钦梅、杨兴和、阮芳、高石麟分别到前坪乡、谢洋乡、屏山乡、建设镇、广平镇指导精准扶贫工作。1月23日，主席余真华参加春节期间坚守岗位干部职工慰问活动。4月10日，主席余真华到石牌镇拱桥村走访精准扶贫户。9月6—8日，县政协领导余真华、陈庆建、陈钦梅、杨兴和分别到实幼、城二小、城三小、卫校及挂钩乡镇学校开展教师节慰问活动。9月15—20日，县政协领导余真华、陈庆建、陈钦梅、杨兴和、阮芳、高石麟分别到挂钩乡镇开展党员慰问活动。

【开展联谊交流】 3月8—10日，县政协副主席陈庆建到集美大学联系“第二集美学村”保护与开发工作。3月29日，德化县政协主席温文英带队到大田考察学习调研教育工作，县政协主席余真华、副主席杨兴和陪同。6月20日，主席余真华到太华镇、吴山镇走访红狮水泥有限公司、仙岭谷生态农业开发有限公司等委员企业。6月23日，主席余真华带队到德化县考察陶瓷产业发展。7月14—15日，副主席杨兴和带领部分县政协委员到尤溪县考察学习制釉、酿酒产业发展及申遗保护工作经验做法。8月9日，主席余真华到吴山镇锦山村走访委员刘大舜企业。9月4日，主席余真华到桃源镇东风农场、岜峰山泉、八峰天然菌业专业合作等委员企业调研。11月30日，主席余真华带队到永安市石墨和石墨烯产业园、建新轮胎（福建）有限公司考察学习。

【政协委员义务植树活动】 4月8日，县政协组织常委会组成人员、乡镇政协委员联络组组长、机关委室负责人及机关党支部全体党员，到济阳乡“政协委员义务植树基地”参加植树活动，县政协主席余真华，副主席陈庆建、陈钦梅、杨兴和，秘书长陈德强参加。

【省政协领导到大田调研】 5月22日，省政协副主席陈义兴率队到大田调研《关于加强人民政协协商民主建设的实施意见》的贯彻落实情况，并到卫斯特环保科技有限公司和河长制指挥中心调研，县政协主席余真华陪同。

【政协委员小组活动】 10月19日，十届县政协第五组委员活动小组开展小组活动，委员们先后到均溪镇玉田村视察“渔池洋”保护与开发工作，谢洋乡坑口村考察生态旅游资源开发情况，并召开座谈会，副主席陈钦梅参加。11月2日，十届县政协第二委员活动小组到济阳乡乌山头开展小组活动，委员们实地察看乌山头生态农业、马术文化及草原部落规划项目，听取“灵动济阳·马力小镇”建设项目情况介绍，并召开座谈会，副主席陈庆建参加。11月10日，十届县政协第四委员活动小组开展小组活动，委员们视察福建省三九军大生物科技有限公司食品安全生产工作，并到广平镇元沙村五龙山茶园、知青纪念馆，广平居敬书院学习考察，副主席杨兴和参加。11月15日，十届县政协第一委员活动小组开展小组活动，委员们深入桃源镇考察福建省裕田生态农业有限公司、蓝玉村美丽乡村建设以及福建省聚贤农业开发有限公司，召开座谈会，县政协副主席陈钦梅、杨兴和、阮芳参加。11月16日，十届县政协第六委员活动小组开展小组活动，县政协副主席

2017年12月12日，县政协党组书记、政协主席余真华带领十届县政协委员中的部分中共党员，政协机关全体党员，到武陵乡中共闽中工委旧址开展红色教育（范鹤翔/摄）

高石麟，委员们视察县泽惠养老服务中心、医养服务中心，太华镇万湖矿山水保生态治理项目，秘书长陈德强参加。12月12日，十届县政协第三委员活动小组到武陵乡开展小组活动，结合委员小组活动，主席余真华带领第三委员活动小组中的中共党员、政协机关全体党员，在武陵乡中共闽中工委旧址举行"重温入党誓词"仪式，县政协领导余真华、陈庆建、杨兴和，秘书长陈德强参加。

【政协委员读书班】 10月27日，县政协举办2017年委员读书班。主要学习中共十九大精神，邀请福建省社科院经济研究所所长伍长南作"当前宏观经济形势分析与发展建议"专题讲座，县政协主席余真华，副主席陈庆建、陈钦梅、杨兴和、阮芳，秘书长陈德强及省、市、县政协委员，乡镇政协委员联络组长，政协机关全体干部共153人参加。

【市政协领导到大田调研】 2017年，市政协领导李茂胜、曾明生、伍成康、蔡光信、陈欣、包萍等分别到大田开展美丽乡村、少数民族特色村寨、森林资源开发利用、政协协商民主、茶文化和茶产业等开展调研视察，县政协领导余真华、陈庆建、陈钦梅、杨兴和、阮芳等分别陪同。

（范鹤翔）

重要会议

【概况】 2017年，政协大田县委员会召开政协十届二次会议，全年召开政协常委会4次。传达全国政协会议精神，听取县政府经济社会运行、精准扶贫、食品安全、专项项目建设情况通报，研究政协要点工作。

【县政协十届一次常委会】 4月1日，县政协十届一次常委会议传达全国政协十二届五次会议精神和省、市《关于加强人民政协协商民族建设的实施意见》精神，通报县政协2017年《工作要点》和《协商工作计划》，协商通过《政协大田县委员会关于开展政协主席会议成员联系常委、常委联系委员活动的通知》。县政协主席余真华，副主席陈庆建、陈钦梅、杨兴和、阮芳，秘书长陈德强参加，副主席陈庆建主持。九届县政协副主席高石麟，县各乡镇政协委员联络组组长、县政协机关各委（室）主任列席。

【县政协十届二次常委会】 8月23日，县政协十届二次常委会议听取县政府关于上半年全县经济社会运行情况的通报、县农业局关于全县精准扶贫工作情况的通报，协商通过《加强对建忠村吴氏红釉古法制作技艺传承和保护的建议（讨论稿）》及有关人事事宜。县政协主席余真华，副主席陈庆建、陈钦梅、杨兴和、阮芳，秘书长陈德强参加，副主席陈钦梅主持。九届县政协副主席高石麟，县各乡镇政协委员联络组组长、县政协机关各委（室）主任列席。

【县政协十届三次常委会】 11月3日，县政协十届三次常委会议传达学习贯彻中共十九大和省市县委常委（扩大）会议精神，听取县市场监督管理局关于全县食品安全工作的通报，协商通过《关于加快解决均溪镇福塘村、石牌镇石牌村自来水供应问题专题协商情况的通报》《加强孝文化名片建设 打造孝道故里的对策建议（讨论稿）》。县政协主席余真华，副主席陈庆建、陈钦梅、杨兴和，秘书长陈德强参加，副主席杨兴和主持。县各乡镇政协委员联络组组长、县政协机关各委（室）主任列席。

【县政协十届四次常委会】 12月20日，县政协十届四次常委会议讨论通过召开政协第十届大田县委员会第二次会议的决定、会议议程（草案）、日程（草案）、列席人员、邀请上主席台就座人员组成原则，协商通过《政协第十届大田县常务委员会工作报告（讨论稿）》《政协第十届大田县委员会关于十届一次会议以来提案工作情况的报告（讨论稿）》《打造大田县农业（富硒）旅游产品的建议（讨论稿）》《推动全民阅读 建设书香大田的对策和建议（讨论稿）》和有关人事事项。县政协主席余真华，副主席陈庆建、陈钦梅、杨兴和、阮芳，秘书长陈德强参加，副主席阮芳主持。县各乡（镇）政协委员联络组组长、政协机关各委（室）主任列席。

【县政协十届二次会议】 12月28—31日，县政协十届二次会议在县影剧院召开，县政协委员185人出席会议，驻大田省、市政协委员、离退休老干部、县直机关、企事业单位领导和在县的省、市属单位领导列席会议，大会由副主席陈钦梅主持。会议审议通过政协第十届大田县委员会常务委员会工作报告和提案工作情况报告。委员们列席县十七届人大二次会议，听取并讨论县政府、县法院、县检察院工作报告以及其他报告。大会表彰优秀政协委员16人、优秀提案5件、提案办理先进单位3个、先进乡镇政协委员联络组组长3人。

（范鹤翔）

参政议政

【概况】 2017年，县政协坚持宽领域常态化协商，按照"四个共同"机制要求，突出"创新驱动、绿色发展"工作主题，精选"加快解决均溪镇福塘村、石牌镇石牌村自来水供应问题""加快郭居敬纪念馆建设""加强对大田县红釉古法工艺的传承和保护""打造大田县农业（富硒）旅游产品"等10项议题，通过开展专题协商、对口协商、界别协商、提案办理协商等各类协商23次，向县委、县政府提交呈阅件2件、调研报告5件，提出意见建议90多条，为加快大田发展贡献政协智慧。

【参与重大项目建设】 3月18—20日，县政协主席余真华带领诚通地产金融风险化解协调组及石牌镇有关人员到西安建工集团洽谈石牌诚通地产项目合作事宜。3月28日，主席余真华、副主席杨兴和参加国道纵五线开工仪式。8月9日，主席余真华主持召开仙峰养生温泉度假区A地块（龙泉华苑）项目规划调整论证会，听取设计单位方案介绍，并与参会人员交流讨论。9月1日，主席余真华到石牌镇永兴达考训场、石牌美食城项目调研。10月17日，主席余真华到石牌镇岐昌新型材料、长溪水泥制品厂、三九军大等企业调研。11月22日，主席余真华到建设镇"红釉时光小镇"调研。

【参与招商引资】 4月9日，清华大学航天航空学院宝音贺西教授一行到县考察调研，副主席阮芳陪同。4月13日，福建三十六都旅游文化发展集团有限公司董事长陈铭志到太华、建设镇洽谈招商项目，副主席陈庆建陪同。6月8日，澳门经纬旅游策划管理有限公司董事长许卧龙一行到县考察，主席余真华、副主席陈庆建陪同。8月31日，中国四建公司总经理林兴一行到县考察教育基础设施建设项目，主席余真华陪同。

【红粬古法制作技艺传承与保护对口协商】 4月20日，县政协副主席杨兴和带领部分政协委员到红粬主要生产基地建设镇建忠村实地走访调研。6月26日，县政协在建设镇建忠村组织召开“加强对大田县红粬古法工艺传承与保护的建议”对口协商会，县政协主席余真华、副主席杨兴和、秘书长陈德强，部分县政协常委、委员，建设镇党委、政府有关领导及建忠村红粬古法工艺传承人等参加会议。7月13—14日，副主席杨兴和带领部分县政协委员到尤溪县考察学习制粬、酿酒产业发展及申遗保护工作经验做法，考察组先后到尤溪县坂面镇、洋中镇桂峰村进行考察，并与当地政府有关部门和企业就红粬产量、产品延伸开发、销售、传统技艺申遗等工作进行座谈讨论。

【自来水供应问题专题协商】 6月7日，县政协副主席陈庆建带领部分政协委员、政协提案和法制委干部，县水利局、水务公司、均溪镇、石牌镇等相关单位及镇、村负责人，到县地表水厂现场调研，并召开协商座谈会，专题协商“加快解决均溪镇福塘村、石牌镇石牌村自来水供应问题”。7月10日，向县委、县政府提交呈阅件《关于加快解决均溪镇福塘村、石牌镇石牌村自来水供应问题的专题协商意见》。7月12日，县委书记熊旭明在呈阅件上作出批示，县政府分管领导组织相关部门立即行动，由县水利局牵头成立福塘、石牌片区管网工程建设推进组，负责项目建设相关工作。10月30日，项目正式动工。

【郭居敬纪念馆建设专题协商】 6月23日，县政协副主席陈钦梅召集部分县政协常委、委员，县委宣传部，县文体局、地税局、教育局、住建局、民政局、城建监察大队、园林处、广平镇及县郭居敬孝道文化研究会负责人，召开“加快筹建郭居敬纪念馆的建议”专题协商会。会前，与会人员实地考察纪念馆选址、岩城广场等，并在协商会上就纪念馆展馆布局、内容设置、铜像摆放位置、岩城广场是否更名及孝道文化传承与发展提出意见建议。6月29日，副主席陈钦梅主持召开编撰《郭居敬孝文化专辑》座谈会。7月4—5日，副主席陈钦梅带领部分县政协委员、县政协文史研究员到建阳区、将乐县考察学习纪念馆群建设及文化推广工作先进经验。8月4日，主席余真华到广平镇居敬书院调研，要求深入挖掘郭居敬和“二十四孝”文化内涵，打造“孝道故里”的文化名片。

【农业（富硒）旅游产品界别协商】 7月5日，县政协副主席阮芳到委员企业桃源镇裕田生态农业建设项目调研富硒农产品开发工作开展情况。7月30日，九届市政协副主席阎伟强一行到济阳乡调研省市农业科研成果转化基地建设，指导农业（富硒）旅游产品开发工作，副主席阮芳及县农业局、旅游局等有关单位负责人陪同调研。11月16日，副主席阮芳带队到桃源镇、武陵乡、前坪乡开展“富硒旅游产品开发”界别协商活动。

（范鹤翔）

民主监督

【概况】 2017年，县政协贯彻中央《关于加强和改进人民政协民主监督工作的意见》精神，推进协商式民主监督，鼓励和支持委员行使民主权利，履行政协民主监督职能，共开展各类民主监督活动21场次，邀请部门领导通报工作情况、直面委员提出的存在问题和整改意见建议，通过与委员深度交流、互动协商，发挥监督整体成效。

【开展专项视察】 2017年，县政协领导先后察看习近平总书记走访过的上京隆美、梅林、建设建忠、广平元沙等党建引领小康示范村新变化，武陵乡大石村扶贫教室、光伏长廊、吴山镇梓溪村光伏产业园、屏山乡内洋村扶贫堡、国道纵五线、兴泉铁路、禁毒工作等，推动县委县政府决策部署和各项要求落实。

【提升会议监督】 2017年，县政协以现场问询方式召开协商会，会前做深精准扶贫、食品安全两个议题调研，邀请部门领导通报工作情况、直面委员提出的存在问题和整改意见建议，通过与委员深度交流、互动协商，发

2017年11月3日，县政协组织部分政协委员对境内国道纵五线、兴泉铁路等重点交通项目建设情况进行视察（范鹤翔/摄）

挥监督整体成效。

【参与项目督查】 2017年，县政协继续推荐和支持委员担任部门监督员、陪审员等，组织委员参加重点项目专项督查、幼儿园价改听证、中小学校长任期述职测评、法院强制腾房等活动，推动服务型政府建设。

（范鹤翔）

提案工作

【概况】 2017年，全体政协委员、政协各参加单位和各专门委员会，围绕县委县政府中心工作和人民群众反映的热点难点问题认真履职和建言。全年共征集提案106件，经提案委员会审查，立案99件，立案率93.4%。106件提案中，个人提案57件，联名提案49件，146名委员参与提案。提案梳理分类后，由县政府会同县政协召开提案交办会，转交44个承办单位办理落实，年内完成办复提案71件，占总数74.7%。

【重点提案办理情况】 2017年，县政协选取“关于撤乡建镇的提案”“关于加强古建筑保护的提案”“关于大幅增加教师招聘名额，规范管理中小学幼儿园临时聘用人员的提案”“关于坑口水库水资源保护区综合治理的建议（跟踪督办）”“关于鼓励养老机构与医疗机构建立‘医养联合体’的建议”等5件提案作为提案办理协商议题，实行主席、副主席重点提案包案制，参与办理全过程。通过实施重点督办、持续督办，让提案者、提案承办单位双方面对面协商，推动华兴、吴山撤乡建镇、医养联合体等工作出成效，带动十届一次会议后审查立案的99件提案落地转化。

（范鹤翔）

2017年6月16日，居敬书院在广平镇广平村落成　（报道组／提供）

宣传文史工作

【概况】 2017年，县政协推进文史工作，挖掘、收集郭居敬孝文化史料，开展孝道文化专题调研，为郭居敬纪念馆建设及郭居敬故里孝文化传承弘扬献计出力；征编出版《大田地方戏曲》，征集“大田地方美食”等资料，与教育部门合编《大田县第四届园丁杯书画展作品集》、联办书画展；开展省市政协《天有丰年——福建农业文化遗产综览》《三明家风家训》有关大田的资料收集工作；组织参加市政协喜迎十九大书画作品展评选，获二等奖1名，入展资格5件。

【文史资料征编出版工作】 2017年，县政协编辑出版文史资料第二十九辑和第三十辑。第二十九辑《大田地方戏曲》对县境内的地方戏曲按“大田戏曲文艺”“非遗剧种丰场戏”“主要地方剧种”“地方剧团”“戏剧人物”“演出轶事”等6个部分编辑，共收录史料46篇近12万字，图片137张，推动大田地方戏曲艺术的传承与发展。与县教育局围绕“园丁颂”主题联合出版的《大田县第四届园丁杯书画展作品集》（第三十辑），共征集到书画作品143件，经专家评选，入展作品100件。

（范鹤翔）

综 述

【概况】 2017年，中共大田县纪律检查委员会、大田县监察局学习贯彻习近平新时代中国特色社会主义思想，全面落实中共十九大和十九届中央纪委二次全会精神，忠诚履行党章赋予的职责，严明政治纪律和政治规矩，持之以恒正风肃纪，深化标本兼治，推进监察体制改革试点工作，推动全面从严治党向纵深发展。强化自我监督、自觉接受监督，建设忠诚干净担当的纪检监察干部队伍，为加快推进“五个大田”建设提供坚强纪律保证。

【机构设置】 2017年，中共大田县纪委、监察局合署办公，内设10个职能室（部）。全县共有乡镇纪委18个，派驻（出）纪检组10个。全县纪检监察系统共有干部129人，其中乡镇纪委书记、副书记、纪委委员70人，县纪委派驻（出）纪检组共有干部21人。

（郑祥云）

重要会议

【概况】 2017年，县纪委共有委员21名，常委7人，召开纪委全委会1次，常委会37次。

【县纪委十三届二次全会】 1月20日，中国共产党大田县纪律检查委员会第十三届二次全体会议在龙山宾馆七楼会议室召开，县纪委委员21名出席会议。会议听取并审议通过县委常委、县纪委书记、县监委主任黄家发代表县纪委常委会作题为《推动全面从严治党向纵深发展、为全力打造“五个大田”提供坚强保证》的工作报告。县委书记熊旭明在会上讲话并与乡镇党委签订落实党风廉政建设主体责任书。县委、县人大、县政府、县政协领导，县直单位和纪检监察机构负责人参加会议。

2017年1月20日，中共大田县纪委十三届二次全会召开（县纪委/提供）

【县纪委常委会】 2017年，县纪委召开常委会议37次，部署党风廉政建设和反腐败工作；研究制定2017年度乡镇纪委和派驻（出）纪检组纪检监察工作考评办法；传达学习中共十九大和十九届中央纪委二次全会精神；研究案件处理意见；研究有关人事问题。

（郑祥云）

党风廉政建设和反腐败工作

【概况】 2017年，全县纪检监察机关贯彻落实中共十九大精神和各级纪委全会精神，坚持挺纪在前，忠诚履行党章赋予的职责，严明政治纪律和政治规矩，强化监督执纪问责，持之以恒纠正“四风”，保持反腐败压倒性态势，忠诚履职尽责，推动全面从严治党向基层延伸、向纵深发展，党风廉政建设和反腐败工作取得新成效。

【责任落实机制】 2017年，县纪委压紧压实“两个责任”清单，实现管党治党从宽松软向严紧硬的深刻转变。按照省委“五抓五看”要求，县委书记带队开展对乡镇党委落实全面从严治党主体责任情况检查，进行集体约谈，交办问题清单，提出问责意见，倒逼各级党委落实主体责任。县纪委落实“五抓五重”要求，乡镇纪委和派驻纪检组向县纪委常委会述职述廉，推动监督责任落实。对照年终责任制检查和半年“回头看”检查发现问题制定问题清单、整改任务和分解方案，下发问题整改通知书44份。开展落实全面从严治党主体责任情况集中检查和集体约谈，交办问题清单，提出问责建议，共问责24人，党政纪处分4人。全县共对落实“两个责任”不力的58名领导干部实施责任追究，其中科级37人。

【执纪审查工作】 2017年，中共大田县纪委监察局实行信访举报“三到一线”（摸排线索、受理问题、反馈办结到一线）工作法，建立片区执纪审查机制，将10个派驻纪检组和18个乡镇纪委分为4个片区，开展提级、交叉、协作执纪。当年，全县共受理信访举报179件（转立案11件），立案126件，比上年增长13.5%，其中科级干部23人，同比增长27.8%，涉嫌犯罪被移送司法机关处理7人。创设乡镇纪委“流动接访”“定点接访”两种方式，对“蝇贪”“村霸”和宗族恶势力等问题，集中开展基层大走访、信访件大起底、问题线索大核查。共处置基层“微腐败”案件46件，占比36.4%，同比增长172.3%，推进正风反腐向基层“最后一公里”延伸。全县运用“四种形态”处理476人次，其中，第一种形态310人次，第二种形态118人次，第三种形态30人次，第四种形态18人次。

【党风政风建设】 2017年，县委扛牢主体责任，在全县范围内开展“红白喜事大操办”专项整治活动，明确责任单位、实施步骤、时间要求，制定党员和公职人员操办红白喜事遵守“六不准”，建立完善“三书两会一约一卡”（倡议书、“六不准”承诺书、婚事从简承诺书、红白理事会、村民议事会、村规民约、提醒卡），开通“随手拍”举报平台，完成28个示范村创建工作，劝导并制止问题3起。开展“1+X”专项督查68批次135个单位，查处违反中央八项规定精神问题17起，党政纪处分20人，发出通报5期9起，公开曝光13人，持续释放越往后执纪越严的强烈信号。推行“五必五做”住村工作法，延伸监督触角。当年，乡镇纪委共开展住村503天177个村，发现问题138个（业务内问题21个），推动解决问题71个，办理信访件36件，党纪立案4人。实行扶贫领域违纪问题线索督办和挂钩监督工作机制，制定县乡两级纪委监督责任清单，开展“每旬一函一报告一会商”，严惩扶贫领域违规违纪问题。当年，全县共发现扶贫领域问题线索22条，党政纪立案14人，通报3期6起10人，共对因工作失职失责的7名领导干部进行问责。

【宣传教育工作】 2017年，中共大田县纪委监察局推进“两学一做”学习教育常态化制度化，以“周一党课”“岩城清风讲坛”“五抓五重”大研讨等为载体，党性党风党纪教育向纵深拓展、向全体覆盖。大田县纪委被省纪委、省人社厅授予“全省纪检监察系统先进集体”，2名干部分别获评全省纪检监察系统先进工作者和纪检监察工作嘉奖。建立“三重三联”新闻宣传机制，获全省前三季度新闻宣传“业绩最优”，中纪报上稿数量和省市纪委的得分均列全市第一。

【纪检监察体制改革】 2017年，大田县推进监察体制改革试点，县委书记当好“施工队长”，5名县委常委分别负责5个工作组，严把政治关、廉洁关、形象关，开展谈心谈话和入户家访，9名转隶干部提前到纪委开展业务锻炼，推动思想、情感、工作深度融合，完成监委组建、挂牌并开展业务工作。完成派驻机构改革，制定《派驻纪检组长、副组长提名考察办法》，明确纪检组长、副组长的提名和考察以县纪委会同县委组织部为主，设置10个派驻纪检组，行政编从18个增加到30个（比上年增长66.7%）实现县一级党政机关派驻监督全覆盖。在全市试点乡镇纪委规范化建设“五统一”模式，乡镇纪委共立案72件，同比增长125%，自办案占比76.4%，同比增长358.3%，打通全面从严治党向基层延伸“最后一公里”。

【加强队伍建设】 2017年，中共大田县纪委监察局坚持打铁必须自身硬，强化素质能力建设，打造忠诚干净担当执纪铁军。以“周一党课”“岩城清风讲

2017年11月8日，县纪委监委干部开展“打铁自身硬 党心入我怀”主题党日活动 （县纪委/提供）

坛”“五抓五重”大研讨等为载体，强化党性教育，打造坚强战斗集体。建立委局机关“1+N”、乡镇纪委“3+2”、派驻机构“4+1”多岗位锻炼机制，推动干部素质提升。严格落实纪检系统“两个责任”，制定纪检干部“正负面清单”，强化纪律教育，从严管理监督。制定《纪检监察干部“十不准”规定》和节假日有关事项报备制度，实行重大事项“月报告”机制，强化日常监督管理，破解“八小时之外”的监督“真空”，严防“灯下黑”。

（郑祥云）

巡察工作

【概况】 2017年，中共大田县委围绕“规范提升、扩大覆盖、增强增效”目标，坚持政治导向、问题导向、基层导向和发展导向有机统一，聚焦党的领导弱化、党的建设缺失、全面从严治党不力“三大问题”精准发力，发挥巡察监督利剑震慑遏制治本作用，推进全面从严治党向基层延伸、向纵深发展。

【巡察工作成效】 2017年，中共大田县委紧扣“六项纪律”，以被巡察党组织领导核心作用发挥、党的建设、全面从严治党、落实中央八项规定精神、廉政风险防控等情况为重点开展巡察，创设“五式”（开放式、地毯式、问卷式、体检式、组合式）巡察办法，采取“1+X”巡察情况报告提交方式，实行“双报告+一台账”整改情况报告制度。当年，共开展3轮5批常规巡察、3轮“机动式”和1轮“全交叉”扶贫领域专项巡察、1轮执行党内组织生活制度专项巡察，常规巡察7个乡镇和22个县直机关，延伸巡察103个村（居），发现“三大问题”355个，移交线索71条，处理52人，其中，党政纪处分23人，移送司法机关3人。大田县巡察工作做法先后在全省巡察干部培训班和中央巡视办调研巡察工作座谈会上做交流汇报，《中国纪检监察报》《福建日报》等媒体多次报道该做法，先后刊发县委书记、县纪委书记的署名文章，省市纪委和省市巡察办领导多次到县调研指导巡察工作，并给予充分肯定，省内外10个多县（市、区）多次到县开展工作交流。

（郑祥云）

说明：

“两个责任”：全面从严治党主体责任、监督责任。

“五抓五看”：省委在总结福建省近年来党风廉政建设和反腐败经验的基础上，提出“五抓五看”要求，即看有没有抓加强教育，看有没有抓制度建设，看有没有抓“一把手”，看有没有抓查处，看有没有抓部署、检查、落实。

“五抓五重”：省纪委对履行纪委监督责任的要求，即，抓日常监督，重在落实抓早抓小；抓执纪审查，重在加强自办案件；抓责任追究，重在做到失责必问；抓标本兼治，重在推动建章立制；抓自身建设，重在坚持严管厚爱。

“四种形态”：党内监督必须把纪律挺在前面，运用监督执纪“四种形态”，经常开展批评和自我批评、约谈函询，让“红红脸、出出汗”成为常态；党纪轻处分、组织调整成为违纪处理的大多数；党纪重处分、重大职务调整的成为少数；严重违纪涉嫌违法立案审查的成为极少数。

党员和公职人员操办红白喜事遵守“六不准”：一、不准动用公款公物或使用公务用车操办红白喜事；二、不准在红白喜事活动中大操大办、互相攀比、铺张浪费、搞封建迷信活动、借机敛财；三、不准在城区、村（社区）内街道或公路主干道搭桌办酒席、大肆燃放烟花爆竹、搭建灵棚、摆放祭品、焚烧抛撒纸钱、做法事；四、不准响器班占道搭建舞台开展低俗、色情表演；五、不准在耕地、林地，城市公园、风景名胜区、文物保护区，水库、河流附近和水源保护区，铁路、公路主干线两侧等地建造坟墓；六、不准非法制作、运输、销售封建迷信殡葬用品。

“五必五做”住村工作法：对乡镇专职纪检干部住村提出的工作要求，即“必谈”上级决策部署落实情况、群众反映强烈的矛盾纠纷和民生问题，做好“护林员”；“必访”农村党员、村“两委”干部、致富能手、困难户、信访户、特殊户，做好“勤务员”；“必讲”中国共产党的路线方针政策、党章党规党纪、纪委主业主责，做好“宣传员”；“必看”村级党组织建设、农村“三资”管理制度执行情况、村务公开，做好“监督员”；把“必查”乡村党员干部“四风”问题和群众反映强烈的突出问题，做好“纪检员”。

“六项纪律”：中国共产党的政治纪律、组织纪律、廉洁纪律、群众纪律、工作纪律、生活纪律。

大田县总工会

【概况】 2017年，新增工会组织共53个，其中工商联执委企业建会22个；新增工会会员3002人，其中农民工会员2504人。年末，全县有工会组织1056个，其中，非公企业工会1016个，国企工会21个，乡镇（开发区）工会19个，共有会员3.68万人。当年，县总工会获县综合考评二等奖、县综治平安先进单位、县招商引资工作二等奖。

职工维权 2017年，县总工会职工服务中心依法为职工签订和履行劳动合同提供咨询、解答、指导、服务，督促企业用人单位依法履行，提高职工劳动法律意识、维权意识。其中一人兼任劳动争议仲裁员和人民陪审员，承担办理职工来信来访、法律咨询、指导帮助等。聘请1名律师为常年法律顾问、10名法律援助志愿者，每月15日由一名律师坐班免费为困难职工代写法律文书、代理诉讼请求及提供法律服务等。参与劳动争议调解仲裁223件，其中，涉及工伤保险88件、确认劳动关系45件、解除终止劳动合同18件，其他72件。劳动仲裁，涉案金额854万元，涉及劳动者223人。

荣誉与先进 2017年，大田移动分公司获得省“五一”劳动奖状，大田县南湖针织时装有限公司缝盘智能吊挂班组获得“省工人先锋号”，县环境卫生管理处清扫队获得省“五一先锋号”，县住房和城乡规划建设局高超巧获省“五一劳动奖章”。

【劳动技能竞赛】 4月28日，县总工会在南湖针织有限公司举办“中国梦·劳动美”首届“南湖杯”职工针织技能竞赛。在“5·12”护士节期间，与县卫计局在县医院开展护理技能大赛。12月16—17日，与县教育局举行第三届中小学幼儿园教师教学技能大赛。

【县总工会改革方案出台】 8月28日，县委常委会研究通过《大田县总工会改革方案》，该方案围绕健全组织体系、增强基层活力、做实职工服务、创新办会模式、强化党的建设5个方面改革任务，提出24条具体改革措施。其中，在健全组织体系方面，在宣传教育部加挂网络工作部；在做实职工服务方面，通过购买和调拨资产的形式，恢复大田县工人文化宫，将县职工活动中心4个编制划入工人文化宫，强化工会阵地服务职工群众的社会效益。

【联席会议召开】 12月22日，县政府与县总工会召开第10次联席会议。会议议定：将“金秋助学”补助资金制度化，每年视县财政状况确定补助金额；增加机关事业单位职工医疗互助金财政预算；将县总工会机关财政全额拨款在编干部年终绩效等奖金列入县财政预算；提高机关事业单位工作人员体检费用标准。

【探索建会模式】 2017年，县总工会探索工会建会模式，推出“四动四建”，即上下联动，把工会建在产业上；维权带动，把工会建在工地上；服务推动，把工会建在项目上；创新驱动，把工会建在网络上，不断扩大工会基层组织的覆盖面。该模式在厦门召开的全省工会改革创新现场会和三明市群团改革工作座谈上作经验交流。

【工人文化宫建成】 2017年，通过认真研究政策，采取调拨资产的形式，在全市率先完成工人文化宫建设并挂牌，将县体育中心体育馆部分场馆，改建成工人文化宫，用地面积5949.8平方米，建筑面积5695.18平方米，固定资产5244万元。

【大田县职工服务中心设立】 2017年，县总工会在工会改革中新设立大田县职工服务中心，增加事业编制干部2名。该中心为职工信访维权、法律援助、困难帮扶、医疗互助、网上服务等直接服务职工的综合性窗口单位。

【“五小”创新大赛】 2017年，县总工会组织职工参加福建省百万职工“五小”创新大赛，县共组织申报54个项目，有16个项目获奖，申报项目和获奖项目均位居全市前列。其中，一等奖2个，二等奖3个，三等奖11个。大田县金门油压机制造有限公司黄成存发明的卧式热压单板干燥机和国网大田县供电有限公司方来澡发明的户外高压设备可带电润滑油加注器获一等奖。

【首届“十佳金牌工匠”评选】2017年，县总工会开展首届“十佳金牌工匠”评选，经过基层推荐、资格初审、网络投票、社会公示、专家评审、综合评定等程序，评选出黄成存、苏启绵、陈乘溉、章兴斌、方来滨、田志新、何永强、严秀兰、卢锦秀、郑祥燮10名“十佳金牌工匠”，他们分别来自机械制造、制茶、电力、纺织、采矿、手工艺等领域。该活动备受社会关注，在网络投票中点击量达44余万次，在全县形成“学工匠、当工匠”的浓厚氛围。

【职工文体中心建成使用】 2017年，县经济开发区职工文体中心建成，该项目占地面积4078平方米，建筑面积2538平方米，总投资500余万元。2016年10月动工，2017年10月投入使用。设有室内多功能球场、健身房、台球室、乒乓球室、棋牌室、舞蹈厅、职工书屋等。

2017年10月，县经济开发区职工文体活动中心落成 （报道组／提供）

【大田劳模风采丛书出版】 2017年，县总工会编撰出版大田劳模风采，该书共编写了30位劳模的故事，涵盖教育、卫生、公安干警等基层一线劳模。在县“两会”期间，将该书分发给代表、委员学习，弘扬劳模精神。

【微信公众号开通】 2017年，县总工会开通岩城工会（dtxzgh039）微信公众号，及时全面报道县工会最新动态，展现干部职工激情创业新形象、新面貌，成为服务职工、贴近职工、为职工办实事的新途径。

【职工健身运动和春秋游基地建立】 2017年，县总工会本着情系职工、服务会员的宗旨，对本辖区内休闲健身场所进行考察评估，建立职工健身运动基地和春秋游基地，并给予授牌。为机关、事业单位开展文体、春秋游活动创造条件。年末，有职工健身运动基地1家、春秋游基地5家。

【金秋助学活动】 2017年，县总工会继续做好金秋助学活动，共资助困难职工子女上大学100人，发放助学金23.7万元。

【职工医疗互助活动】 2017年，县总工会办理职工住院医疗补助1115人次，支付住院互助金111.24万元，其中女特病补助32人、8.4万元，工伤4人、2400元，死亡3人、2800元。第八期职工医疗互助，全县有335家机关企事业单位11.72万名职工参加，缴纳互助金166.84万元。

【困难职工帮扶】 2017年，县总工会核查全县困难职工基本情况，建立档案，分门别类做好识别，动态管理，分类帮扶，精准脱困。年内，脱困292户；年末，在档困难职工284户，其中困难农民工90户。年内，慰问困难职工327人，共发放慰问金63.35万元。

（蒋　鹏　吴联巍）

共青团大田县委

【概况】 2017年，全县有基层团委47个，团员1.58万人。新发展团员1369人，超龄退团1869人。年内，受省级以上表彰个人1名，获市级表彰单位3个、个人9名。

【系列活动举办】 5月3日，团县委在“第二集美学村”举办“不忘初心跟党走”城区新团员集体入团宣誓仪式，为210名新团员讲解“第二集美学村”厚重的抗战文化，上好“心忧天下，担纲使命”入团第一课。5月6日，团县委联合县河长办举办“绿动青春·助力护河”接力跑活动，500多名志愿者上街分发宣传扇、引导市民关注“大田团县委”“大田河长制”微信公众号；300多名基层团干、青年突击队进行均溪内河清理河道、捡拾垃圾活动。让大田的水更绿、山更翠、天更蓝，为“五个大田”建设作贡献。5月27日，举办青年团干部公文写作能力提升培训班，20余名团干部参加培训。

【“六一”系列活动】 5月19—20日，团县委与县教育局、文广局联合举办大田县首届“岩城文化少年说”小小讲解员评选活动，比赛分小学组、中学组，分别有14名学生进入决赛。决赛于6月初举行，获一等奖1名、获二等奖2名、获三等奖3名。6月1日，各中小学少先队开展“拥抱快乐、放飞梦想”“传承孝道学会感恩”“浓情六一·心手相牵”等主题的亲子活动和游园活动，老师组织学生自导自娱自乐，在欢声笑语中度过节日。

【暑期教育活动】 7月9日，团县委委托厦门道慧LP15团队，在县体育中心篮球馆开展承办“你我手拉手、成长心连心”大型公益活动。主题是“创造一个激情、付出、共赢的世界”，共有300多名学生、家长，近100名义工、老师参与该次活动。活动促进孩子、家长、教师之间的相互沟通，使其彼此接纳、信任、欣赏，创造一个沟通无阻碍、教育无痕迹的成长环境。7月12—17日，团县委组织到大田开展暑期活动的福建师范大学“河小禹”暑期社会实践的学生，开展“培养人水和谐意识，树立生态文明理念”的暑期“三下乡”社会实践活动，从理论认识、实地考察、多角度宣传等方面调研当地河长制建设以及河流保护情况。7月26日，福建省青少年羽毛球锦标赛在县体育馆举行，团县委组织、训练大学生青年志愿者70人，为福建省青少年羽毛球锦标赛开展赛场服务。

【少先队建队 68 周年活动】 10 月 13 日，县少工委表彰一批全县少先队先进集体、优秀少先队员、优秀少先队辅导员。10 月 20 日，县少工委举办纪念“10·13”少先队建队 68 周年暨“我是光荣的少先队员”主题队日活动，特邀市兼职少先队副总辅导员饶丽婷观摩指导；城区各中小学分管德育副校长、全县各中小学少先大队辅导员共 48 人参加观摩学习。其间，各中小学也开展“我是光荣的少先队员”等主题队会活动，通过诗歌朗诵、才艺达情、歌唱校歌、庄严宣誓等形式展现当代少先队员朝气蓬勃、积极向上的精神风貌。

【团县委第二十次代表大会召开】 10 月 31 日，在县龙山宾馆开幕，全县 36 个团委，119 名团代表参加会议。县委书记熊旭明、团市委书记余志伟出席会议并作讲话。第一次全体会议上，黄璟頔代表共青团大田县第十九届委员会作题为《不忘初心跟党走，青春奋进勇担当，争当加快推进“五个大田”建设的新青年》工作报告。第二次全体会议选举产生共青团大田县第二十届委员会委员 29 人，选举产生大田县出席共青团三明市第二十次代表大会代表 23 人。

2017 年 10 月 31 日，共青团大田县委第二十次代表大会召开　（林建伟 / 摄）

【“弘扬嘉庚精神，培育诚毅学子”少先队主题活动】 11 月 6—7 日，大田县城关第二小学（前身为集美职校附属玉田国民学校）少先大队举行“弘扬嘉庚精神，培育嘉庚弟子”各项活动。陈嘉庚长孙陈立人率海内外亲友团一行 7 人在中共大田县委、常委统战部部长施正立、宣传部部长黄芳等领导陪同下参加活动，宾主双方 3000 余人通过温校史、读校训、唱校歌、忆前贤、访旧址、诵遗训等多种形式回首抗战时期集美水产航海、商业、农林三所职校内迁大田的烽火弦歌播迁生活，激励师生们牢记总书记习近平“弘扬嘉庚精神，深怀爱国之情，坚守报国之志”的教诲，心忧天下，担纲使命。

（王尧钦）

大田县妇女联合会

【概况】 2017 年，全县设乡镇妇联 18 个，村(居)妇联 274 个，县直系统妇委会 7 个，非公有制新经济妇女组织 4 个。县妇联配专职妇干 7 名，乡镇妇联配专职妇联主席 18 人，村（居）妇联主席 274 人。县妇联干部，坚持服务大局与服务妇女相统一，团结带领广大妇女为推进新时代“五个大田”建设做贡献。年内，广平镇广平村被省妇联授予省级家风家教示范基地。

【节日慰问】 3 月 8 日，县委常委、统战部部长施正立，县妇联副主席廖桂珍一行看望慰问“两癌”贫困妇女周某和廖某，向她们致以节日的问候，同时送去中央专项彩票公益救助金各 1 万元。年内，县妇联多方募捐母亲健康“1+1”爱心款 2.28 万元，全年共争取全国、省“两癌”救助金共 15.7 万元，救助农村“两癌”贫困妇女 51 人。5 月 27 日，县妇联联合武警中队、白岩社区，在武警中队开展“粽叶飘香迎端午，军民鱼水一家亲”联欢活动，50 多人参加；5 月 28 日，联合消防大队、仙亭社区等单位在锦绣福田小区开展“我们的节日·端午”主题活动。两场活动中巾帼志愿者走访慰问部分留守儿童、留守老人、留守妇女、贫困孤寡老人等，为他们送去粽子和节日的问候。5 月 31 日，县妇联到梅山中心小学，为 34 名贫困留守儿童送上书籍、笔记本、文具等“六一节”礼物。10 月 27 日，县妇联组织干部到挂包的湖美乡长坂村开展“爱心敲敲门”活动，慰问、帮扶 11 名留守老人、贫困老人。

【城乡妇女事业发展】 2 月 4—5 日，县妇联协同人社局、总工会、残联举行“春风行动”重点企业招聘会，现场 30 多家招聘企业，提供纺织、家政服务等 1115 个就业岗位，方便妇女就近找到适合自己的工作；3 月 15—18 日，县妇联、总工会在太华镇举办母婴护理“流动课堂”培训，46 名妇女参加培训。7 月 10 日，三明市巾帼精准脱贫家政培训班（大田站）在县妇联会议室举行开班仪式，市妇联党组成员、副主席吴淑贤，市妇联发展部部长林东武，县政府党组成员、副县长涂剑峰出席开班仪式。全县各乡镇 40 名建档立卡贫困妇女参加培训；10 余名下岗女工、农村待业妇女旁听学习。年内，共举办母婴护理培训班 7 期，精准脱贫家政培训班 2 期，共有 340 人参训，其中，培训建档立卡贫困妇女 67 人，下岗女工、农村待业妇女 38 人。

10 月 13 日，县妇联在县汽车站组织召开“巾帼文明岗”创建工作经验交流会，12 个省级巾帼文明岗负责人和 8 个 2017 年新申报市级、省级巾帼文明岗负责人、县妇联干部共 25 人参加。

【纪念“三八”妇女节】 3 月 3 日，县妇联联合县妇幼保健院举办“关爱女性生殖健康”知识讲座，邀请省妇幼保健院专家林顺和、修晓燕为 100 多名女性干部、职工授课，同时邀请县妇幼保健院书记吴红女到上京、济阳等乡镇授课。年内，共举办讲座 5 场。3 月 7 日，开展“乐意帮家政杯”庆“三八”健康行活动，300多名女干部、职工参加；同日，联合县纪委、县委组织部、宣传部、文明办开展“传承好家风，争当廉内助”现场签名活动，向全体党员干部发出倡议，牢树“家庭助廉”意识。3月24日，召开县“三八”红旗手和“三八”红旗集体表彰会，共表彰60名“三八”红旗手和20个“三八”红旗集体。联合县电视台宣传吴玉兰、郭美文等巾帼先进典型事迹。

【“平安家庭”活动】 3月10日，县妇联、检察院、卫计局等单位的巾帼志愿者到广平镇，开展“建设法治大田·巾帼在行动”妇女维权宣传活动。年内，共到基层开展形式多样的宣传活动9场，分发《妇女维权手册》《中华人民共和国反家庭暴力法》《崇尚科学、关爱家庭、珍惜生命、反对邪教》等各类宣传材料一万多份，反家暴宣传品3000多份，接受群众现场咨询300多人次。

5月25日，县妇联召开“平安家庭”创建工作推进会，县妇联主任科员张峰梅就平安家庭创建、婚姻家庭矛盾纠纷以及信访接待工作作专题辅导。

9月27日，县妇联联合县政法委在县委党校举办“反对邪教，共建和谐”专题讲座，邀请三明市委党校法学教研室讲师李小丽授课。各乡镇分管综治副书记、综治办专职副主任、妇联主席、县委党校第30期科级干部进修班学员等100多人参加。

10月24日，县妇联在妇女儿童活动中心会议室，举办“雨后彩虹”反家暴知识讲座，邀请三明市反家庭暴力联动中心社工主管、市社会工作协会理事张河亮主讲，各乡镇妇联主席、社区妇联主席、部分村妇联主席、婚姻家庭纠纷人民调解员等60余人出席讲座。

【市妇联领导到大田调研】 3月15日，市妇联主席廖丽青、副调研员蔡小榕、宣教部部长陈春华一行到大田调研，市妇联领导一行先后到乐意帮家政服务有限公司、南街社区、吴山乡易津茶业有限公司、上京镇梅岭三田家风家教示范基地调研，通过实地考察，了解县家政服务、妇女之家建设、巾帼脱贫攻坚行动、优良家风家教传承等工作开展情况。县委常委、统战部部长施正立陪同。

6月22日，市妇联党组成员、副主席郭春晖，权益部部长包艳晨，蓝天社区服务中心专职社工张河亮一行到大田调研婚姻家庭纠纷风险隐患排查化解工作开展情况，调研组一行在县妇联会议室召开婚姻家庭纠纷风险隐患排查工作座谈会。市妇联副主席郭春晖，就推进平安家庭创建、加大反家暴培训工作力度、充分发挥好“联”字作用、排除风险隐患作发言。

11月29日，市妇联副主席吴淑贤、发展部部长林东武一行到省级“巾帼文明岗”大田县妇幼保健院调研。调研组一行实地察看、了解超声科、儿科、妇产科等科室的运作和“两癌”免费普查项目的实施情况。

【县妇联十四届七次执委（扩大）会召开】 3月24日，县妇联召开十四届七次执委（扩大）会，常委、执委及乡镇妇联主席等40余人出席会议。会议学习省妇女十二次代表大会、市妇女十一次代表大会精神；县妇联主席林爱红回顾总结2016年工作，部署2017年工作任务。县委常委、统战部部长施正立出席会议并讲话。

【“春蕾计划”活动】 3月30日，高君芷助学基金“春蕾”行动15周年活动在太华镇中心小学举行，省妇女儿童基金会秘书长徐亚力，县委常委、统战部部长施正立，国网福建管培中心领导、高君芷学雷锋志愿服务队及“春蕾班”受助学生代表等参加活动。在纪念活动现场，省妇女儿童发展基金会、国网福建管培中心为16名困难儿童发放助学金1.6万元，并向太华中学捐赠15部电脑。

5月31日，县妇联副主席廖桂珍到梅山中心小学“留守儿童之家”，举行“春蕾爱心书屋”揭牌仪式。省妇女儿童发展基金会捐赠涉及文学、历史、科普等方面书籍1600余册。

2017年，陈某、曾某等5名春蕾女生获福建省2017年度“精准扶贫·春蕾圆梦”助学金，每人5000元。8月17日，春蕾女生陈清香受邀参加省2017年度“精准扶贫·春蕾圆梦”助学金发放仪式，并作为学生代表发言。争取市妇联资金8600元资助李某、陈某等19名春蕾女童。

【县妇联十四届八次执委会召开】 4月14日，县妇联召开十四届八次执委会。会议替补陈幼珠为县妇联第十四届执行委员会委员，并选举陈幼珠为县妇联十四届常务委员会委员、县妇联副主席。

【“家庭教育”活动】 9月21—22日，县妇联邀请省家庭教育专家王霏，到济阳中心小学和城三小开展“好家风好家训好家教”巡讲公益行，共有450多名家长参加。联合县教育局开展家庭教育理论研讨暨家庭教育论文征集活动，选送10篇优秀论文参加省、市家庭教育优秀论文评选活动，其中城三小老师林慧清的《留守儿童家庭教育问题的原因及对策》获得省家教论文三等奖。

【“会改联”工作完成】 2017年，县妇联以上京镇为试点，推进乡镇妇联区域化建设和农村妇代会改建妇联工作。5月25日，组织各乡镇妇联主席到上京镇上京村“会改联”现场观摩学习。截至7月20日，县各乡镇妇联区域化建设和农村妇代会改建妇联工作全面完成。18个乡镇共新增专、兼职副主席11名，新增妇联执委277名；266个村完成“会改联”工作，选举产生村妇联主席266名、兼职副主席371名、妇联执委3045名；8个社区妇联选举产生兼职副主席16名，新增妇联执委80名。通过改革，壮大基层妇联组织工作力量，实现从“单兵作战”到“团队作战”的工作局面。

【岗位建功】 2017年，省妇联“巾帼重点示范基地”易津茶业有限公司董事长严秀兰被全国妇联授予“全国巾帼建功标兵”称号；大田县绿大地生态苗木合作社被评为省级“巾帼示范基地”；桃源镇蓝玉村被命名为省级“巾帼美丽家园”；高金华、范晓燕被省妇联授予“三八红旗手”，城三小被省妇联授予“三八红旗集体”称号；吴春美、吴玉兰、余爱华、余小妹被市妇联授予“三八红旗手”称号，县政府行政服务中心管委会、县地方税务局办税服务厅被市妇联授予“三八红旗集体”称号。

（陈秋华）

大田县科学技术协会

【概况】 2017年，大田县科学技术协会（简称县科协）第四届委员会有委员41名、常委15名、主席1名、副主席3名（其中兼职2名）。全县共有县级协（学）会15个，乡镇科协18个，企业科协13个，学校科协4个，机关科协1个，农村专业技术研究会8个，有个人会员2374人。县科协获三明市2017年度科学技术学术年会组织奖。

【文化科技卫生“三下乡”活动】 1月13日，大田县文化科技卫生“三下乡”活动在湖美乡举行，由县委宣传部、县科技局、县科协等13家单位主办，为该乡居民送去文艺表演、春联书写、送书下乡、义诊等服务。活动期间，县科协共分发科普保健、“十二五”国家科技成就等小册子200册，分发书籍200册，结合公众感兴趣的科技常识开展宣传，接受咨询10多人次。

2017年1月13日，县文化科技卫生“三下乡”活动在湖美举行　（林建伟/摄）

【开展精准扶贫培训】 3月28日，县科协联合县供销社在武陵乡上岩村举办精准扶贫农业实用技术培训班，邀请县农业局高级农艺师周高山、桃源供销合作社农资经营部施生苗授课，上岩及周边村50多名村民参加培训。授课老师结合实践经验解答种植户生产过程中遇到的疑难问题。通过课堂授课、分发技术资料、现场解答的方式，把实用技术传授给村民。

【卫斯特院士专家工作站获省级示范站称号】 6月18日，由“院士专家八闽行”组委会主办的创新驱动助力工程暨院士专家项目签约授牌仪式在海峡国际会展中心举行，福建卫斯特环保科技有限公司院士专家工作站被授予“省级院士专家示范工作站”，是县首家获得此项称号的院士专家工作站。

【组织青少年参加高校科学营活动】 7月11—17日，县科协选派大田一中10名学子赴南京航空航天大学参加2017年青少年高校科学营福建分营活动。本次活动由中国科协、教育部主办，为期一周。10名学子走进大学课堂，听取知名院士、专家讲座，获得与院士、专家们面对面交流的机会；参观南京航空航天馆、国家重点实验室、南航校史馆和南京博物院；参与科技作品实践赛、公益智体挑战赛、趣味知识竞答等活动。活动期间，大田一中学子们表现优异，其中陈韵颀、杨承弘获得“优秀营员”称号；在百科知识“一站到底”趣味竞答赛中，陈承其、林延吉两位营员代表班级获得三等奖；在科技作品实践赛中，陈琛、范弘、吴慧萍、陈韵颀小组获得二等奖，吴占烨、洪彦、陈承其小组获得三等奖。

【青少年各类竞赛获奖】 2017年8月，在教育部、科技部等5部委联合举办的32届青少年科技创新大赛中，县一中林启福老师《走进“海绵城市”活动方案》获科技辅导员创新项目类省赛一等奖，全国赛三等奖，集体项目“直观的地球运动演示仪”获得市二等奖；在第22届全国青少年信息学奥林匹克联赛三明赛区竞赛中，县参赛学生获提高组一等奖1名，二等奖4名，三等奖1名；普及组一等奖1名；在第三届省青少年科学素养网络知识竞赛中，县获网络知识竞赛小学组三等奖1名。

【全国科普日科普宣传活动】 9月20日，县科协协同县委宣传部、科技局、环保局、食品药品监督管理局、林业局、卫计局、气象局、文广局、中医院、畜牧水产局等部门在吴山乡街道联合开展2017年全国科普日科普宣传活动。活动围绕“创新驱动发展，科学破除愚昧”主题，通过展览展示、科技咨询、医疗义诊、赠送书籍等形式，重点围绕科学发展、医疗健康、应急救护、反邪教、绿色发展、环境保护等群众关切的问题释疑解惑，宣传“创新、协调、绿色、开放、共享”的发展理念，启迪民智、凝聚民心。本次活动共分发四季保健、常见病预防、农村实用技术、防震减灾、食品安全、环保知识、“十二五”期间国家科技成就等各类书籍资料800册，赠送环保购物袋120份，提供医疗义诊、农业技术推广咨询等惠民服务100余人次，展出食品安全、反邪教、常见疾病预防等展板16块。10月20日，县科协和县委党校联合举办闽江科学传播学者“科普八闽行”大田站讲座。讲座邀请闽江科学传播学者、闽南师范大学教授兰毅辉，为县直机关领导干部、县委党校科级进修班学员作题为“创新思维策略”的专题讲座。兰教授从复制性思维、创造性思维和创新的思维策略两个层面，为大家比较分析日常思维与创造性思维的差异，并分别从独创性组合、思想形象化等8个方面，详细讲解培养创造性思维能力的办法，提升党员干部对创新思维的理解和认识。

【中科院院士谢华安到济阳乡调研】 9月23日，著名杂交水稻育种专家、中国科学院院士谢华安和省、市农科所专家一行6人到大田济阳乡调研指导高山生态农业生产。谢华安一行考察济阳乡彩色水稻“灵动济阳”艺术字彩绘项目，该项目引进了谢华安院士团队培育的6优673、广8优673、野香优639、野香优148等4个杂交水稻新品种。随后，还调研了“马力小镇”项目，指导企业在济阳乡发展绿色农产品种植，生产绿色食品专供澳门市场，提升济阳乡的农、林业生产附加值，优化和发展农村产业经济。

【机械铸造论坛举办】 11月24日，“创新驱动 绿色发展”大田县·清华大学机械铸造论坛在大田龙山宾馆举办。应大田县邀请，清华大学材料学院长聘教授、博士生导师李言祥，清华大学材料学院教授、博士生导师许庆彦，清华大学材料学院副教授、博士生导师陈祥，清华大学材料学院副教授张华伟4人为大田的机械铸造产业发展把脉会诊、授课解惑。县直有关部门主要负责人、有关乡镇分管工业领导、全县机械铸造企业业主与技术主管以及泉州机械配件行业协会、泉州市车辆零部件协会、泉州工程机械行业协会代表等160人参加论坛。县委常委、副县长赖伟平和李言祥教授分别代表双方致辞。随后陈祥、许庆彦、李言祥三位教授分别以《我国铸造行业的现状与发展前景》《数字化铸造技术》《铸造合金技术的新发展》为题作专题讲座，并与现场企业业主互动，针对企业提出的有关技术、发展中的难题，提供咨询指导。

11月25日，李言祥等一行4人对大田县机械铸造产业把脉问诊，先后到落户大田的福建卫斯特环保科技有限公司、福建华伦特重工有限公司、大田县宝山机械有限公司、大田县金门油压有限公司、福建鑫鹭峰股份有限公司、三明市菲得美机械有限公司等6家企业，进行参观和指导。教授们详细了解企业的生产工艺、市场形势、经营状况、发展方向等方面的情况，并与企业负责人座谈交流，为企业把脉问诊，根据企业的发展情况提出指导性意见。县委常委蔡兴山，县科协、非公办等相关部门负责人一同参加调研。

2017年12月，大田卫斯特环保院士工作站获全国示范站　（报道组/提供）

【卫斯特环保院士工作站荣全国示范站称号】 12月5日，2017年示范院士专家工作站评选揭晓，落户大田的福建卫斯特环保科技有限公司院士工作站被中国科协评为“2017全国示范院士专家工作站”，是大田首家获此荣誉的院士专家工作站。

【科学技术学术年会在大田召开】 12月14日，三明市2017年科学技术学术年会在大田举行。学术年会由市科协和县政府主办，县科协承办，以“创新驱动·绿色发展”为主题，共征集论文99篇，经专家评审，共评选出一等奖论文5篇、二等奖11篇、三等奖15篇。会议表彰2017年度三明市科学技术学术年会优秀论文获奖者及优秀组织单位。会上，省环境教育学会会长、首批闽江科学传播学者、福建师范大学环境科学与工程学院副院长苏玉萍和三明市环保局副总工程师林佳楷分别以《流域水生态保护社会共治与公众参与》和《水资源概述与污染防治—以重金属为例》作专题讲座。

（郑彬彬）

大田县老科技工作者协会

【概况】 2017年，县老科技工作者协会，努力为离退休专业技术人员搭建服务平台，团结和组织县老科技工作者，为建设更加和谐、幸福、美丽大田献智出力。当年，有农林牧、工业企业、水利水电、医药卫生、科教文化5个专业分会和均溪、桃源、上京、建设、广平5个乡镇分会，有会员305人。年内，分别于3月10日、7月12日、10月28日在县老科技工作者活动中心召开县老科协常务理事会或全体理事会，就加强组织建设服务经济建设等方面进行研究。

【科技惠农】 2017年，县老科协老科技工作者，指导上京镇南坑村2万多株红豆杉栽培管理；配合德化永仙山茶叶公司开展“红豆杉叶茶”、红豆杉枝叶加工、红豆杉种子酒的系列产品开发研究；到华兴镇华安村、上京镇下溪口村指导红、白心猕猴桃高产栽培；配合洛神花合作社抓好洛神花苗木繁育和高产栽培；到上京镇梅林、梅山乡秀岭、湖美乡西燕等村指导百香果高产栽培，并举办培训班；通过在城区建立的畜牧咨询服务部，指导禽畜饲养和疾病防治；配合汤泉热带鱼苗场做好良种鱼苗的筛选、分塘技术指导。

当年，刚退休的高级农艺师吴新增

加入老科协后，参加农业部下达的种子资源普查及全县古老品种和濒危品种收集工作。同时，承担2017年六三种业联合体水稻区域试验。县国家一级评茶师吴选族退休加入县老科协后，到屏山、吴山等茶产区，开展科技咨询服务，重点到梅山秀岭农家农场、彩云间茶叶合作社和吴山和洋茶叶生产基地，培训摇青等制茶技术，提高茶品质档次，受茶农欢迎。

年内，举办科技培训班6场，受训300多人次。农业技术推广和服务三农活动10次，分发《农村百事通》《农村新技术》等科普资料1000多份。在5个乡镇老科协和1个科普基地分别建立科普宣传栏。

【科企合作】 2017年，工业企业组高级工程师到建设镇建爱水电站、梅山乡沧州水电站、文江乡中克炉水电站、武陵乡铜锣坪水电站、广平镇575电站、太华镇南山电站，帮助企业扩容增效技术改造，提高企业经济效益。参与岩能发电有限公司开展科技咨询服务和城区香山路口施工等多项工程建设。

【职称评定】 2017年，为县各专业老科技工作者老有所为、继续为社会服务创造条件，年内，报经省老科协职称委评定审批的有陈整刷获批教授级高级工程师、李纯宗获批主任医师。老科协会员有高级以上职称50人、中级职称168人。

（郑学圣）

大田县工商业联合会

【概况】 2017年，大田县工商业联合会（简称县工商联）共有会员399个，其中，企业会员214个，个人会员181个（老工商业者3个），团体会员4个。当年新发展会员14个，会员中有省人大代表1人，市政协委员3人（其中常委1人），市工商联执委14人（其中常委2人），县人大代表7人（其中常委3人），县政协委员28人（其中常委5人）。县工商联（商会）有大田永春、兴化、南安三个直属商会和福州、泉州、厦门三个大田异地商会。

【非公经济运营情况】 全县非公经济新增个体工商户2126户，新增注册资金2.58亿元，新增从业人员6114人，总数分别为1.70万户、13.99亿元、3.27万人；新办私营企业462家，新增注册资金29.93亿元，新增从业人员5122人，总数分别为3275户、158.60亿元、3.50万人。纳税超百万元民营企业60家，其中超500万元的15家，超1000万元的5家。166家规模以上民营企业完成工业增加值93.92亿元，缴纳税收4.22亿元。11家出口创汇企业实现出口创汇1.65亿美元，比上年增5.8%。当年，全县非公经济实现产值（销售收入）280.54亿元；上缴税收6.03亿元。

【光彩事业】 县非公经济人士、县工商联（商会）会员参与“光彩事业”活动。广联木业、茂林珍稀花卉等会员企业在“百企帮百村”活动中对武陵仕洋村、梅山德州村等进行产业、就业帮扶，捐款捐物25.3万元。南湖针织、硅光通迅、韵达快递等会员企业对县内中小学捐资15万元，用于救助贫困学生。

（连　峰　郑彩虹）

大田县个体私营企业协会

【概况】 2017年，全县个体工商户1.55万户、资金数额13.79亿元，分别比上年增加3.36%、14.72%。其中，新增个体工商户2015户，资金数额2.71亿元。全县有私营企业3248家，注册资金157亿元，分别比上年增加12.23%、26.59%，其中，新增私营企业450家，注册资金30.26亿元。

【服务会员企业】 2017年，引导会员企业实施创新驱动和商标广告等发展战略，年内，有5家会员企业获得市知名商标认定。9月，大田县茶叶协会“大田县高山茶”地理标志证明商标认定获得通过。7户小微企业申报小微企业高知名度商标获奖励3.5万元。4家企业被评为2016—2017年度三明市守合同重信用企业。通过短信及微信平台发送年报信息2万余条，以“温馨提示”“上门指导”“明白告知”和“专业帮办”四项服务，开展无偿代理服务工作，共为会员提供年检、设立、变更等无偿服务700多人次。

【非公党建工作】 年内，深入学习宣传贯彻中共十九大精神，学习领会十九大报告及党章内容，统一分发党章和党徽。扎实开展“两学一做”学习教育，组织集中学习和专题学习讨论。

（郭爱玉）

大田县消费者权益保护委员会

【概况】 2017年，县消委会开展食品安全宣传、纪念“3·15”国际消费者权益日和科技、文化、卫生“三下乡”等活动，提高市民对食品安全和消费维权的认识。

【纪念“3·15”国际消费者权益日】

2017年3月15日，国际消费者权益日宣传活动　（刘冬春/摄）

3月15日是第34个国际消费者权益日，大田县开展现场宣传咨询活动。15日上午，县市场监督管理局会同县消费者权益保护委员会召集工商局、食药监局、质监局、烟草专卖局、卫计局、农业局、消防大队等行政执法部门和银行、保险、证券、供电、通信、安燃燃气等企业及美农贸易、长富牛奶等个体工商户在时代广场开展以“网络诚信，消费无忧”为主题的2017年消费维权年主题现场接诉、宣传、咨询活动，共有25个单位110人参加，当天共分发宣传材料5000多份，接受消费者咨询126人次，现场受理调解消费者投诉两件，为消费者挽回经济损失108元。在县电视台和城区各大屏幕滚动播出新《中华人民共和国消费者权益保护法》及消费维权知识，在城区各大超市门口悬挂“3·15”宣传条幅5条。

【文化科技卫生“三下乡”活动】 5月23日、25日，县消委会、市管局与县科技局、农业局、司法局、计生局、人社局等有关部门人员到武陵、谢洋乡，向广大农民群众宣传中共十九大精神，现场提供有关法律法规咨询、科技咨询、体检义诊等服务，并慰问困难党员和五保户。

【开展“全国食品安全宣传周”活动】 6月26日，县消委会、市管局工作人员会同县食安办成员单位，在时代广场举办以“尚德守法 共治共享食品安全”为主题的宣传咨询活动，现场共接受消费者咨询116人次，分发宣传材料3200份，使广大市民对食品安全的认识得到提高。

【消委会法定代表人、会长变更】 年内，县消委会原法定代表人、会长程立森调离原工作单位。7月12日经县委组织部批准，由县市场监督管理局局长施发帅担任大田县消委会法定代表人、会长。

（翟永昌）

大田县残疾人联合会

【概况】 2017年，大田县残疾人联合会（简称县残联），抓好残疾人康复、就业、教育、宣传、辅具适配、文体、维权、专项调查等方面工作。通过国家残联就业指导中心评审验收，县盲人协会成为全省唯一的县级中国盲按实训基地，获奖励金30万元。年内，共办理二代残疾人证1642本，新证发放1098本，变更受理544本。年末，全县共有残疾人2.78万人，其中持证残疾人1.19万人。

残疾人康复 2017年，县残联实施残疾儿童康复救助、国家彩票公益金精神病服药住院补助、辅具适配补助等项目。完成智力残疾儿童接受定点机构康复训练88名，补助资金87.14万元；为171名贫困精神病患者提供门诊服药补贴，平均每人500元；为50名贫困精神病患者提供一次性住院医疗救助，救助标准为每人2000元，住院周期为3个月。实施残疾人精准康复服务工作，根据2016年度残疾人基本服务状况和需求专项调查数据库数据，全县有需要康复服务人数为5563人。组织乡镇、村、社区联络员和协调员对有康复需求的持证残疾人和残疾儿童开展入户调查、康复需求评估，依据评估结果，按照康复服务类别和项目，提出转介意见，填写入户信息登记表和康复服务手册，将残疾儿童、建档立卡的重度残疾人和精神病人列为重点对象，优先纳入服务范围，提供辅助器具和支持性服务。年内，共有2914人得到康复服务，服务率52.38%。其中辅助器具适配266人，建档立卡服务238人，因病致贫服务117人。10—11月，县在奇韬镇、文江乡、湖美乡、吴山镇、屏山乡、济阳乡6个乡镇开展“办实事、献爱心、送温暖”活动，“量体裁衣”式地为130名残疾人适配各类辅具170件，补助资金8万元。入户办理残疾证230本，免费义诊及为家属提供康复咨询服务650人次，努力解决基层困难残疾人需求。

残疾人教育 2017年，县残联继续实施“助学工程”，73名低保残疾人家庭子女和残疾学生享受就学补助，共补助资金14.9万元。其中，省残联“通向明天——交通银行残疾青少年助学计划”受助学生8名，共补助1.6万元；国家彩金项目受助8名，共补助2.4万元；市残联补助57名，共补助10.9万元。组织2名基层残疾人指导员参加清华大学远程教育学习。助残日期间，在县特校举办“爱心大礼包”发放仪式，共发放大礼包190份，价值9.5万元，并捐资1万元支持县特校和康贝启智教育中心发展。

残疾人精准扶贫 2017年，县残联将残疾人扶贫融入政府扶贫工作大局，研究制定残疾人精准扶贫、精准脱贫的工作措施和办法，发动县、乡镇残联干部到残疾人家庭开展实地调查，根据扶贫部门确定的最低收入标准，准确掌握残疾人家庭人口数、劳动能力、家庭经济收入、住房、孩子受教育等情况以及致贫原因，对每一户残疾人家庭的基本情况和生产生活条件做到心中有数、精准识别，并填写好残疾人贫困户登记表和乡镇贫困残疾人精准扶贫对象情况表，对每个贫困残疾人家庭的具体致贫原因精准分析，建档立卡，做到一人一档，实行动态管理。全县有1812人残疾人纳入精准扶贫对象，其中国定标准1345人，省定标准467人。2016年已脱贫771人，未脱贫1041人。继续做好农村贫困残疾人家庭危房改造项目，今年为40户残疾人家庭实施新建补助，每户补助1.2万元，共48万元。对符合无障碍改造条件的新建户给予无障碍改造项目资金补助，每户2000元，有4户新建户享受叠加项目的补助。

残疾人就业 2017年，县残联做好残疾人保障金征收的机关企事业单位审核认定工作，已审核认定28家，安置残疾职工228人，征收入库残保金400余万元。实施省残联扶持残疾人就业创业政策，发放政策奖励资金计49.93万元。其中，集中安置残疾人，获社会保险奖励的单位有3个：东升包装制品制造有限公司获补贴5.58万元；新泉包装制品有限公司获补贴9.85万元；弘惠纸业有限公司获补贴1.07万元。对自主创业或灵活就业的残疾人，以个人身份参加城镇职工基本养老保险的，给予按从业人员最低缴费标准的50%补贴，132名残疾人享受社保补贴，补贴资金共33.44万元。完成省级为民办实事项目，全县扶持80名农村贫困残疾人开展就业、创业、生产经营，每人补助5000元；市级扶持残疾人就业创业项目，受助对象49名，每名补助5000元；

落实《三明市扶持残疾人就业创业的暂行办法》，按规定给予3名自主就业创业残疾人市级就业创业补助，资金共1.5万元；为5名发展生产经营的残疾人按规定给予小额贷款贴息5437.5元。选送3名视力残疾人参加市级盲人按摩培训。11月，举办农村残疾人实用技术培训四期，培训残疾人329人。与人力资源部门共同组织开展“就业帮扶，真情相助”就业援助月活动，分发政策宣传资料3500多份，家访就业困难人员和零就业残疾人家庭10户，帮助实现就业9户，纳入年度培训计划45人。

残疾人保障 2017年，县残联抓好困难残疾人生活补贴和重度残疾人护理补贴、残疾人参加居民养老保险和医疗保险政府代缴补助等政策的落实，配合做好“两项补贴”政策宣传、残疾等级和残疾类别的审核工作，残疾人享受生活补贴或护理补贴11.68万人次，共发补助资金644.04万元。全县有4885名残疾人参加居民养老保险，所有持证残疾人均免费参加医疗保险，1015名残疾人纳入城乡低保。县残联为6592名残疾人建立意外伤害保险，共理赔39人，理赔金额10万余元。

残疾人维权 2017年，县残联完善县残疾人法律救助工作站的设施设备，聘请法律顾问1名，规范工作程序，建立健全相关工作制度，开展法律救助工作，维护残疾人合法权益。同时，健全残疾人信访工作机制，打造“968891”残疾人服务专线平台，做好日常信访接待工作。年内，会同县司法局法律援助中心共为15名残疾人提供维权服务，办理法律援助案件13起，完成信访件和网上信访的回复工作。做好残疾人居家无障碍改造工作，完成残疾人家庭居家无障碍改造54户（其中省、县级项目46户，省级项目4人，县级项目4人），补助资金15万元。为79名残疾人发放燃油补贴共2万余元。县内持证残疾人均免费乘坐公交车，城区的交通主干道均铺设盲道。

【宣传活动】 2017年，县残联围绕全国助残日、国际残疾人日及助残、动态更新调查、残疾人活动等主要节点，开展宣传党和国家有关残疾人的法律、法规及方针政策，宣传残疾人自立自强的典型和社会扶残助残好人好事等。开通“大田残联”微信公众号、“大田残联”微博等媒体平台，发挥“互联网+”对残疾人事业的强大带动力。在县电视台宣传残疾人法律法规，出版《三明新周报》助残专刊一期。下发田残联〔2017〕33号文件，进一步加大助残惠残政策宣传工作力度，做好面对面宣传、重要节假日宣传、阵地宣传、新媒体宣传等。

【公益助残活动】 2017年，县残联组织公益助残活动。大田平安医院为残疾儿童进行义诊；发动社会组织、爱心人士为康贝启智教育中心献爱心，并举行捐赠仪式。其中，县地税局为康贝启智教育中心捐赠1.3万元购买教具等设备、厦门万佳同盛传媒有限公司捐助1万元帮扶5户残疾儿童家庭、县妇幼保健院携县晟点传媒有限公司为康贝启智教育中心内的儿童免费体检；开展助残志愿者招募活动和志愿者服务活动。

【文体活动】 2017年，县肢体残疾人协会选送郑新雷、陈志攀、苏文炜等残疾人参加省、市演讲和职业技能比赛，郑新雷获三明市残联系统文艺比赛二等奖、获省第十届残疾人艺术会演优秀奖，苏文炜获全省职业技能竞赛保健按摩项目第二名。选送胡生洪等残疾人书画作品10件参加市书画展。羽毛球运动员施生倬参加2017年全国残疾人羽毛球锦标赛获得站立上肢su5男子双打第一名、站立上肢su5男子单打第二名；田径运动员郭燕兰代表福建省首位聋人运动员参加世界聋奥会，填补了福建省空白，并在女子400米栏取得第七名、4×400接力赛取得第五名。

【组织建设】 2017年，县残联加强机关、事业单位、5个专门协会及乡镇残联、村残协建设。年末，18个乡镇残联配齐了专（兼）职理事长和294个残疾人工作联络员，有275个村（社区）成立残协。乡镇联络员工资和村级联络员工资补贴均列入县财政预算，各乡镇政府并给予一定的工资补助；11月，县残联向县政府申请给予乡镇专职残疾人联络员缴交“五险一金”，并建议将工资标准提高到每月1300元，获得批准。

【残疾人专项调查】 2017年，县残联开展残疾人动态更新调查工作，完成调查持证残疾人1.17万人，其中完成入户调查1.12万人、电话调查312人，查无此人3人，已搬迁24人，空挂户10人，外出2人，死亡147人，入户调查率95.55%。县残联组织工作人员对18个乡镇随机各抽1个村（社区）进行验收，均符合调查标准。

【残疾人托养服务】 2017年，县残联实施省委、省政府为民办实事项目——为重度肢体、智力、精神残疾人提供

2017年11月28日，大田县残疾人联合会第六次代表大会召开　（报道组/提供）

居家养护补贴，每人补助2000元，机构托养每人补助5000元。10月底前，完成205名贫困重度残疾人居家托养补助金发放，补助资金共41万元；机构托养17名，补助资金共17万元。实施国家“阳光家园计划”项目，为68名残疾人提供居家护理服务，每名补助2000元，计13.6万元。

【助残志愿服务】 2017年，全县助残志愿者队伍共1100人。年内，结合重大残疾人节日，组织开展“爱耳日”“关爱残疾儿童”“善行大田、扶贫助残”“国际盲人节活动”“春运便民暖心”等内容的扶残、助残志愿服务。年内，共服务残疾人2000余人次。

【驻村工作】 2017年，县残联挂包上京镇黄城村。帮助5户残疾人家庭解决生产生活上的困难，与两户建档立卡对象签订帮扶协议，每户各补助2000元；给2名残疾人居家托养项目补助各2000元，给1户夫妻双残疾创业就业补助5000元；给予1户残疾人困难补助1000元、无障碍改造补助3000元。

【自身建设】 2017年，县残联加强自身建设，努力做好残疾人的服务工作。组织开展“两学一做”学习教育活动，成立领导小组，制订学习计划，安排专门活动，认真履行党建主体责任，进一步提高党员干部的政治思想水平，加强作风建设，开展“规范管理、优质服务、提高效率”活动。加大党风廉洁建设和反腐败工作力度，修订风险防控制度、公务接待制度、留用技术车管理制度、大楼平安管理制度等，使机关内部管理及业务项目执行更加规范化、制度化。7月24日—8月10日，认真配合县委巡察三组对县残联开展的机动式巡察工作，11月23日，巡察组反馈整改意见。县残联于12月25日报送巡察整改报告及整改台账，完善各项制度，加强廉政风险防控。持续开展文明创建工作，争创新一届（2015—2017）市级文明单位、“省级巾帼文明岗”等，充分激发残联干部的工作活力，展示行业风采。

【福乐家园建设】 2017年，县残联着力完善综合服务设施功能布局。年内，继续扶持残疾人康复服务中心、康贝启智教育中心、福乐盲人推拿中心，完善健全管理机构的制度，充分发挥“福乐家园”的最大效益。

（颜晓斌）

大田县归国华侨联合会

【概况】 2017年，大田县归国华侨联合会（简称县侨联）以侨为本，为侨服务，认真履行侨联群众工作、参政议政、维护侨益、海外联谊职能，发挥桥梁作用。接待华侨华人和考察项目的客商共8批、20多人次。接待海内外客人3批、8人次。侨联慰问全县困难归侨侨眷9户，共发慰问金1.14万元。

【领导调研】 11月26日，中国侨联顾问、原主席林军一行到大田寻访参观“第二集美学村”旧址，了解抗日战争时期集美职校内迁均溪镇玉田村的八年抗战史和感受嘉庚精神；了解“中央红军村”的红色文化和陈嘉庚在大田的办学历史及嘉庚清廉、爱国的故事。林军对大田弘扬嘉庚精神、红色文化遗址保护与开发工作予以肯定，认为大田的历史文化资源丰富，第二集美学村饱含抗战精神、嘉庚精神等多种文化，值得进一步挖掘，发扬光大。

【帮扶工作】 2017年，县侨联继续开展“侨爱心365”等活动。鼓励、引导侨界热心人士捐赠公益和慈善事业，争取省财政贫困侨专项资金1.14万元帮扶苏某、刘某、章某等贫困归侨侨眷和1位失依儿童。

【爱心工程】 2017年，县侨联发挥侨联委员顾问的作用，开展“服务项目带动、促进侨资回归”活动，通过向已结识的海内外客商宣传、推介大田。2017年7月，争取南益集团总经理林潞捐赠50万港币给大田县城关第二小学，用于学校购买55台电脑和多功能会议厅配套设施安装。

（郑桂珠）

大田县计划生育协会

【概况】 2017年，县计划生育协会（简称县计生协）围绕改革发展稳定大局，顺应政府职能转变、计生工作转型发展的新要求，立足社团特色，坚持“三个服务”，参与创新治理，推进生育关怀行动，全面提升服务水平，促进人口计生工作健康发展。

【宣传教育】 “三八”妇女节期间，县计生协邀请县妇幼保健院医疗专家，到文江、梅山乡等12个乡镇开展“生育关怀—育龄妇女生殖健康知识”巡回讲座。利用赶圩日、纪念日等时机，县计生协先后组织县中医院、县妇幼保健院等医生到太华镇、武陵乡、文江乡等13个乡镇开展义诊服务，共为1589名群众进行义诊，免费发放药品，价值13万元。

4月5日，县计生协到梅山乡中心小学开展“关爱送温暖 真情暖童心”慰问贫困留守儿童活动。为该校留守儿童送去礼物，了解孩子的生活学习情况，勉励他们好好学习、自强自立，并为50名家庭困难留守儿童送去文具、书包、慰问金等。

5月25日，县计生协开展纪念中国计划生育协会成立37周年暨第19个会员日活动，联合县卫计局、前坪乡党委政府在前坪乡开展以“深入推进计生协改革发展，全面落实六项重点任务”为主题的系列关爱计生群众宣传服务活动。组织县医院内科、儿科、妇科等科室医生到前坪乡卫生院开展生育关怀义诊服务活动，当天到前坪乡卫生院义诊的群众，可凭医生开具的处方单直接免费领取治疗药品。还组织部分医生对行动不便的患者入户义诊，送医送药上门服务。当天共为150名群众义诊，免费发放治疗药品价值5000余元。

年内，县、乡镇计生协会共走访慰问计生户479户，发给慰问金20万元，分发优生优育优教知识和计生法规等计生宣传品8.5万份，提供优生优育指导、免费提供法律咨询和孕前优生、健康咨询1150人次。

【国家、省、市领导调研】 3月22日，湖南省计划生育协会秘书长梁文明带领长沙、岳阳、常德、湘潭市计划生育协会领导一行8人到大田县考察计生协会工作。省卫计委党组成员、计生协会专职副会长陈友茂、市计生协会会长吴金容等领导陪同考察组一行，先后到中国计生协会项目试点、县妇幼保健院调研"创建幸福家庭——生殖健康援助行动蓝氧项目"，儿童早期教育项目；到中国计划生育协会流动人口项目试点、县永大工艺制品有限公司关爱留守儿童——陶瓷文化创意体验基地调研。县人大常委会副主任、计生协会会长温如校陪同。

3月28日，市计生协会党组书记、会长吴金容带领市计生协会副会长刘水生、王汉衡、王永、常务专职副会长苏泉福、市计生协会工作人员，到县调研计生协会"六项任务"落实情况以及市计生协会下派干部服务企业情况。吴金容一行先后察看县职业中专青春健康教育基地、均溪中心小学关爱留守儿童陶瓷文化创意项目点、县永大工艺制品有限公司，调研关爱留守儿童陶瓷文化创意实践基地以及市计生协会干部下派服务企业情况。同时，在县永大工艺制品有限公司召开座谈会，会上吴金容对县计生协会工作给予肯定，认为大田能够围绕大田经济发展、农业产业特色来推动"六项任务"工作开展，值得学习，并就新形势下计生协会如何科学发展提出意见。调研期间，吴金容一行到乡镇调研基层计生协会工作并走访慰问6户计生困难家庭，共发放给慰问金3000元。县人大常委会副主任、计生协会会长温如校陪同调研。

7月13日，市计生协副会长周申、陈凤珠，计生协专职副会长郑龙华、理事王克昌等一行7人，到县开展生育关怀和基层计划生育协会建设专项资金使用情况督查调研。调研组一行先后到桃源、太华镇督查调研生育关怀和基层计划生育协会建设专项资金使用情况。县人大常委会副主任、计生协会会长温如校，副县长涂琳琮陪同调研。

9月14日，中国人口福利基金会生殖健康援助行动项目负责人田莉、珠海市新依科蓝氧科技股份有限公司总经理孙元凯、省计生协会项目工作部科员冯韵等一行5人到县开展生殖健康援助行动"蓝氧"项目调研，全面了解项目运作情况，分析和解决项目运行中存在问题。县人大常委会副主任、计生协会会长温如校陪同。

【争创活动】 2017年，县计生协开展县、乡、村、组计生协会"四联创"活动，有9个乡镇获得先进乡镇计生协会；开展基层群众自治示范村（居）建设，有88个村被县级以上计生协会评为"人口计生基层群众自治示范村"。

【帮扶服务】 2017年，县计生协做好幸福工程和计生小额贴息贷款帮扶项目工作，投入幸福工程救助款190万元，救助计生贫困母亲96户；落实计生小额贴息贷款390.5万元、帮扶计生户98户。开展"金秋助学"活动，为8名贫困二女户孩子争取到省计划生育协会助学金，就读大学期间每人每学年资助5000元。实施安居工程，为20户农村二女户家庭发放建房补助金45万元，其中，为5户农村二女特困家庭争取省、市、县计划生育协会建房补助金30万元。

【国家项目衔接】 2017年，县计生协承担国家计划生育协会"创建幸福家庭——生殖健康援助行动蓝氧项目"试点工作，为广大育龄妇女解决生殖健康问题。7月13日，县计生协在全省计生协基层组织建设和生育关怀项目业务工作培训班上作工作经验介绍。

当年，承担并确认国家计划生育协会流动人口工作项目即关爱留守儿童实践基地，该项目为全国八个项目点之一。

【荣誉获得】 2017年，县计生协会；被福建省人口计生领导小组评为2016—2017年度计划生育协会"四联创"活动先进县。获得市计生协会、中国人寿保险公司三明分公司2017年度三明市计生家庭意外伤害保险工作持续推进奖。

（曾建新）

大田县红十字会

【概况】 2017年，县红十字会开展人道主义救灾、救助、救护工作，完善红十字会网络建设，提高备灾救灾能力。组织义务献血、开展人道主义宣传和应急救助演练，推进社会救助活动及救助能力的提升。

【春节慰问】 春节前，县红十字会接收省红十字会博爱进万家慰问物资12件，慰问奇韬镇永德村6户、23人。

【"三下乡"活动】 2月15日，由县委宣传部牵头，县红十字会参加在湖美乡仁美村举行的科技、文化、卫生"三下乡"活动启动仪式，并提供活动经费3000元。组织5名获得救护师资格的红十字会志愿者参加"三下乡"活动，常年开展人道主义宣传、应急救助演练。与县教育局联合在县城关第一小学开展体验式生命教育活动，并将县城关第一小学确定为县体验式生命教育示范学校。

【义务献血】 3月和8月，在县影剧院门口组织2次无偿献血活动，参加献血925人次，献血量31.89万毫升，其中，3月27日在县医院组织医务人员参加献血活动，共120人次献血，献血量3.73万毫升；8月3—4日，分别在广平和建设镇政府组织无偿献血活动，方便离县城比较远的乡镇献血志愿者献血，参加献血72人次，献血量2.33万毫升。

【纪念"5·8"世界红十字日】 5月8日，是第67个"世界红十字日"。当日上午在上京镇政府门口分发急救宣传手册200多册，进行相关知识、技能宣传讲解和健康咨询，讲解捐献骨髓的目的意义，提高村民对"无偿献血，健康储蓄"及用血保证金制度的认识和对科学献血无损健康的理念。同日下午，县红十字会与上京中心小学、华正义工联盟联合在上京中心小学举办急救培训班，参训学生200多名。上京中心小学聘请县红十字会志愿者、救护师许小芳和韩丹为该校的校外辅导员，开展以自救互救实操、敬畏生命与感恩为主题的社会实践活动。8—14日，县红十字会以县广播电视台为载体，在电视台连续播放纪念"5·8"世界红十字日主题宣传片，弘扬"人道、博爱、奉献"的红十字精神。

【接受救护教具和应急救援储备物资】 2017年，县红十字会接收国家彩票公益金生命健康安全教育项目救护教具12具，分别为成人心肺复苏模拟人型号KAF/CPR15230 4具，婴儿复苏模拟人型号KAF/CPR150 3具，简易模拟人型号KAF/CPR195 5具，合计价值6339元，用于应急救护培训示范基地开展应急救护进社区、进农村、进学校、进企业、进机关、进家庭“六进”活动演练。11月28日，县红十字会收到福建省红十字会统一订购的帐篷4顶(含县城关第一小学1顶)。

【捐赠与募捐】 2017年，社会爱心企业通过县红十字会捐赠10.31万元，救助重症肝病产妇1人和用于残疾特殊儿童体检。县红十字会在新华都超市岩城广场店和满田春市场店设置捐款箱2个，开展社会募捐活动，全年收取募捐款1001.3元，存入县红十字会专户。

（陈之垅）

大田县关心下一代工作委员会

【概况】 2017年，大田县关心下一代工作委员会（简称县关工委）内设农村教育、学校教育、城市教育、法制教育、家庭教育、宣传教育、基金管理7个专业委员会，下辖普法、德育2个报告团和关爱、卫生保健、金秋农业科技3个服务工作团，是一支以老干部、老专家、老战士、老教师、老模范“五老”为主体，专兼结合的青少年思想道德建设队伍。

【“护青园”夏令营活动】 7月中旬，县关工委与法院、公安局、教育局、司法局、团县委、妇联等部门继续联合举办“护青园”法治教育夏令营，通过举办一场法治讲座，参加一次道路交通安全实践，学习一套交通指挥手势操，观看一片法制教育视频，旁听一个案件的审理、模拟一场审判，探访一回监狱，参观一个法制教育基地，参与一场禁毒知识竞赛，参加一次“身边人、身边事”法治故事演讲比赛，召开一场学法恳谈会，体验一回反空袭野外生活，写一篇法治征文“十二个一”活动，通过走、看、听、学、练、讲等方式，让学生亲身体会法律的严肃、知法的用处、守法的重要、违法的后果，生动活泼地对青少年实施精准普法。

【构筑“护青工程”】 12月4日，县关工委借助全国宪法日、全国普法宣传日契机，与县法院少年庭、检察院未检科、公安局法制大队、刑侦大队、禁毒大队、综治办、司法局、文明办、团县委、妇联、县教育局、一中、五中、职专、鸿图中学、六中、石牌中学等单位联手，开展大田县“护青工程”主题研讨活动。活动主要通报和分析近三年大田县青少年违法犯罪的主要特点、交流青少年法治教育经验、研讨各部门联动协作3个议题，群策群力，联手构筑“护青工程”，加强和改进青少年法治教育、做好青少年犯罪的预防工作，为青少年的健康成长创造更好的学习、生活环境，更好地维护青少年的合法权益。

2017年7月，“护青园”法治教育夏令营开营仪式　（报道组/提供）

【加强自身建设】 县关工委班子坚持每月一次学习制度，年内举办教育、企业、乡镇等基层关工委骨干培训班4期；学习贯彻中共十九大精神及省、市、县各级党委、政府文件精神，提升自身素质，围绕建设“五个大田”中心工作，注重整合各方力量，落实关心下一代工作。

【基层组织建设】 2017年底，全县有关工委基层组织356个，其中乡镇18个、县直机关10个、民营企业10个、村265个、社区8个、中小学45个，大田县供电公司新成立关工委组织；报告员、校外辅导员、帮教员、家教员、科教员、文化市场督导员“六大员”共1200余人。县关工委班子下沉乡镇、机关、村、社区、学校、企业等基层单位，推进关工委基层工作创新年活动。全县约80%的基层关工委达到或基本达到“五好”活动的预期要求。

【“党建带关工委建设”工作推进】 2017年，各乡镇完善“党建带关工委建设”工作机制，制定实施方案，选择条件成熟的村作为“党建带关建”示范村，以点带面有序铺开。县直机关以机关党委系统为单位，整组十个机关系统关工委。7月12日，分别在上京镇梅林村及桃源镇翁厝村召开“党建带关工委建设”现场推介会。

【加强企业关工委建设】 2017年底，县关工委召开企业“党建带关工委建设”研讨活动，县委组织部、县关工委、工商联、经济开发区和16家建立党组织的、职工百人以上的企业业主参加。企业关工委作为关心下一代事业的补充和延伸，在青少年思想道德建设中发挥着不可替代的作用，如京口省级经济开发区福建大联新型材料发展有限公司党组织对青年职工政治上引导向上，生活上体贴关怀，工作上细心指导，使外来职工安心乐业。

【开展主题教育活动】 2017年，县关工委以重要时间节点为契机举办主题教育活动。清明祭奠英烈、“六一”前后落实未成年人保护工作、“七一”前夕开展爱党教育、“八一”前夕开展拥军活动、重阳节开展敬老孝亲活动、抗战胜利日开展爱国主义教育、“十一”开展热爱社会主义祖国教育活动，全国宪法日、法制教育宣传日举办法治教育活动，通过手抄报、板报、演讲比赛、国旗下讲话、歌咏等方式，深化“三爱两史”主题教育。春节期间，县关工委创作6个文艺节目，在城区各中学支持下参与中共大田县委宣传部和集美学校委员会、集美校友总会等单位在大田“第二集美学村”旧址联办的“嘉庚情缘”春节文艺会演，弘扬嘉庚精神。重阳节在玉田“中央红军村”开展宣传中共十九大精神“新时代、新思想、新目标、新征程”文艺会演；在市关工委举办的“向军旗敬礼、向英雄学习”演讲比赛中，县关工委、教育局选拔的中小学生选手分别获得演讲比赛一等奖和三等奖。

【扶贫济困助学工作】 2017年，县关工委协同教育、民政等部门办实事、解难题，通过慈善总会、各基金会、企业家等助学奖学，帮助学生解决经济困难，助学、奖学金总额37万元；协助解决进城务工人员子女就读及均溪镇、石牌镇残疾少年林某、陈某就学等问题。

【“留守孩子”关爱工作】 2017年，县关工委指导各基层关工委建立健全全县父母在外打工的“留守孩子”档案，为精准关爱打好基础，推广大田五中建立“留守孩子工作室”的创新经验，关注“留守孩子”的学习、生活和安全问题。继续办好社区“四点钟学校”和乡镇学校留守孩子“幸福家园”，呵护孩子们健康成长。

【帮助被拐16年的孩子寻亲认亲】 2017年，县关工委在担任“合适成年人”工作中发现一少年无父无母、来历不明，于是启动县关工委、法院、公安局、民政局、司法局联动机制，通过公安部“打拐办”帮其寻亲、认亲。几经周折，终使2岁时被4名持刀蒙面歹徒深夜破门而入抢走后辗转多地拐卖至大田的贺某找到云南省昭通市大关县上高桥彝族回族自治乡的父母，与失散16年的亲人团聚，成为感动滇、闽两省的关爱美谈。

【帮教失足青少年】 2017年，县关工委继续做好失足少年帮教工作。县教育系统关工委做细城区失足女中学生的引导工作，和老师、家长联手引导其认错改过，并联系学校帮助复学；梅山、屏山、济阳乡关工委帮助失足青少年吴某、郭某、涂某迷途知返，参加职业培训，走上自食其力的正道；政法系统关工委和司法局、法院、人社局和京口经济开发区关工委等联手帮教失足青年7人，帮他们复学、就业。

【为失亲少年救急解难】 2017年，县关工委把帮扶失亲少年作为工作重点，教育系统关工委，为自幼丧父母亲出走的职业中专学生翁某申办助学补助；屏山乡孤儿郭某家境贫寒，又患暴力型精神病，危及乡邻，屏山乡关工委领导不辞辛劳地带其辗转求医，为其办理残疾证，并垫付医药费2000余元，其基本康复出院后，乡关工委又与院方协调，将其医保卡留在医院，由医院按时寄药，免除患者奔波劳苦及耗费。

【“让历史告诉未来”地标建设】 2017年，县关工委在县委、县政府支持下，联手九三学社中央青工委、集美校委会、集美校友总会和水利局、均溪镇、大田一中继续推进“让历史告诉未来”地标建设，在完成仙亭山“抗日战争时期集美职校防空袭森林课堂纪事碑”设立之后，又完成位于大田一中的日寇“9·20”轰炸大田纪事碑、位于城区镇东桥的“抗日战争时期集美职校师生晨呼跑操纪事碑”、位于均溪镇周田村双龙桥头的“抗日战争时期集美职校救亡剧社抗日宣传演出地纪事碑”和位于均溪塔兜潭东岸的“抗日战争时期集美水产航海学校塔兜潭海训场纪事碑”4处大田县抗日战争纪念地的地标建设。

【弘扬民族优秀文化】 2017年，县关工委注重发掘本地历史文化资源，对青少年开展孝道文化教育。广平镇关工委常务副主任、退休教师郭良国担任位于广平镇的“郭居敬书院”院长，并为青少年开讲“孝廉文化”道德讲堂，以“郭居敬”孝道文化理事会为平台，用书画、书法、手抄报比赛等形式，传播孝道文化教育；该镇关工委通过“明德书院”，向青少年解读国学。

【报告团精准施教】 2017年，县关工委法治报告团、德育报告团采用“你点菜，我下厨”的模式，有的放矢地协助各中小学开展校园欺凌专项整治、女生自我保护、道路交通安全、用电安全、禁毒、青少年犯罪预防等专题法治教育，由县关工委、公安局、法院、检察院、司法局、教育局、电力公司等多个部门联合组建的讲师团依照各自专长精心备课、精准施教，全年共开办各类讲座47场。

【志愿者服务】 2017年暑期，受县“第二集美学村”保护和开发指挥部委托，县关工委协助培训“第二集美学村”第四批讲解员志愿者队伍，并多次示范讲解。志愿者队伍扩容之后，全年接待海内外客人4万余人次，其中团客146批。

（周调产）

大田县老年人体育协会

【概况】 2017年，县委、县政府把老年人体育工作作为敬老工程、德政工程、明星工程来抓。开展“老年人健身康乐家园”创建工作，解决老年体育健身场地设施、活动经费保障、队伍建设等问题，开展内容丰富、特色鲜明的老年体育活动，继续将创建“老年人健身康乐家园”工作列入各乡镇综合工作考评及奖励加分项目，并采取以奖代补的办法，在创建经费上给予适当扶持；在县文广局内设“县老年体育管理中心”，自2017年起将老体协年度预算经费由10万元调整为15万元。

【健身展示交流活动】 4月22—23日，县老体协乒乓球俱乐部参加三明市老体协举办的60岁组老年人乒乓球选拔赛，叶联欢获得女子第三名。

5月21—23日，在2017年度中国柔力球三明站公开赛中，县老体协柔力球代表队，参加集体规定套路A组比赛获一等奖，由国家体育总局社会体育指导中心授予“一等奖”牌匾。

5月22—23日，县老体协举办首届“康乐家园杯”乒乓球展示交流活动，由县乒乓球俱乐部承办，全县51个获“康乐家园”称号的村（居）选派17个代表队参加。

6月15—16日，县老体协组队参加三明市老体协老年人第十一套健身球操交流展示活动，获优秀奖。

6月30日—7月1日，县老体协举办首届“康乐家园杯”象棋展示交流活动，由棋牌俱乐部承办，全县19个乡镇、场共有64位象棋爱好者参加。

8月8日，县举办“星泰安杯”暨“河长杯”生态有氧行进操展示交流活动。全县18个乡镇共组织26支代表队，600多名选手参加。副县长涂剑峰在开幕式致辞。

集体展示后，各代表队在体育中心篮球馆进行交流，县老年大学、桃源镇桃源村、均溪镇南街社区分获前三名，并由老体协制作视频，推荐参加省“星泰安杯”展示，大田县桃源镇桃源队获得全省“星泰安杯”有氧行进操一等奖，县均溪镇南街社区队、县老年大学队均获得二等奖。

10月21日，由县老体协、文体广电出版局、老龄委、农体协、均溪镇人民政府联合主办，县老体协健身指导站、均溪镇老体协承办，均溪镇中心小学、林业系统老体协协办的大田县“康乐家园杯”中老年广场舞展示交流活动在均溪中心小学举行。参加展示的18支队伍，年龄最大的男队员78周岁、女队员70周岁。经过评选，7个代表队获优胜奖，11个代表队获优秀奖。

10月31日—11月2日，县老体协组织参加三明市首届老年人智力运动会，参加中国象棋、围棋、桥牌、扑克80分4个项目比赛。

县老体协组队参加全国老体协举办的“全国气排球之乡”气排球展示活动。“锦溪房产测绘”杯2017年全国气排球之乡（女子组）交流展示活动，于11月7—10日在浙江奉化市体育馆举行。“金宝路”杯2017年全国气排球之乡（男子组）交流活动，于11月13—17日在江苏太仓市体育馆举行，县男、女气排球队在展示交流活动中均获优胜奖。

11月29日—12月1日，县女子气排球代表队参加三明市老年人气排球交流展示，获得优胜奖。

【康乐家园建设现场会议精神贯彻】 8月10日，县老体协主席黄少春，在县委常委（扩大）会议上，汇报在沙县召开的全市“康乐家园”创建现场会议精神，同时传达省委书记尤权、市委书记杜源生的重要批示，对下一步全县创建老年人健身康乐家园工作提出意见。县委书记熊旭明肯定县老体协的工作，要求在组织健全，经费保障、场地设施建设以及创建老年人健身康乐家园工作等方面给予更大支持。会议决定在太华镇召开全县创建工作现场推进会。

【康乐家园创建现场推进会召开】 8月22日，县2017年创建老年人健身康乐家园现场推进会在太华镇召开。县委副书记连仁魁，县委常委、纪委书记黄家发，县委常委、组织部长王怀斌，县人大副主任章玲，县政协副主席杨兴和，县创建工作领导小组成员，18个乡镇老体协主席及常务副主席，获得省、市“康乐家园”村（居）的代表共80人参加。市老体协常务副主席杨国风、驻会副主席兼秘书长刘胜富应邀出席会议。会议由县委常委、组织部部长王怀斌主持。

会议对如何推进康乐家园创建形成共识，一致认识到创建康乐家园是关系到实现全面小康的民生大事，既是政治任务，又是现实的历史责任。对照省市的要求找差距，努力形成康乐家园创建与新农村建设同步实施的新理念，增强创建活力，提高创建质量。争取到2020年，康乐家园创建率达80%以上，努力实现全覆盖。

【康乐家园创建】 2015—2017年，全县共完成126个村（居）“康乐家园”创建工作，创建率46%。其中三星级33个、二星级43个、一星级50个。2015—2016年，推荐上报获省级康乐家园的有10个村（居），获市级康乐家园的有20个村（居）。

【骨干培训】 2017年，县老体协侧重抓有氧行进操培训。4月19日，派员参加三明市老体协举办的快乐舞步行进健身操培训。为推广大连金洲第八套快乐舞步行进健身操，6月22—23日，县老体协在大田县体育中心篮球馆举办快乐舞步行进健身操培训班，由县健身指导站对各位辅导员及骨干进行培训，县老年大学、19个乡镇（场）、8个社区居委会，共选派120多人参训。

8月10—11日，县老体协派员参加三明市举办的第七套健身秧歌辅导员培训班培训。三明市老体协市区柔力球分会，应大田县柔力球协会邀请，副会长、国家一级教练员吴小平带领分会骨干林美容、廖益林等8位辅导员到大田进行柔力球技艺指导和交流切磋活动。8位辅导员对第八套规定套路《走向复兴》进行分节讲解和示范教学。

11月13—15日，县老体协派员参加三明市体育局主办、三明市老体协承办的三明市高智尔球（WISE球）运动教练员、裁判员培训。

【加强自身组织建设】 2017年，县老体协贯彻落实省、市老体工作会议精神，充分发挥老人体育在应对人口老龄化过程中的积极作用。县文广局切实把老体工作作为敬老工程、德政工程、民心工程来抓，根据田委办〔2017〕4号文件，县文广局内设老年体育管理中心，管理中心由文广局副局长陈晖等5人组成。其主要职责是：做好老年人体育工作；支持老年人开展有益身心健康的文体活动；协调配合县老体协做好日常事务工作；举办老年人文体展示交流以及培训老年文体骨干。县文广局要求各乡镇文广站要支持、指导、参与、服务辖区内的老年体育工作，主动组织老年朋友开展文体展示活动，活跃农村文体生活。

年内，县老体协对协会班子成员作调整，一位副秘书长已近80岁高龄，经本人提出辞职，由县老年体育服务中心副主任兼任副秘书长。县老体协棋牌俱乐部、健身指导站负责人也作了调整，使其更具低龄化和专业化。

【老年人文体休闲健身场所建设】 年内，县委、县政府将原“老人憩园”修建改造成为大田县老年人文体休闲健身活动中心，为老年人提供体育健身和文化娱乐活动新空间。

（林克雄）

人武部

【概况】 2017年，大田县人民武装部（简称县人武部）坚持政治建军、改革强军、科技强军、依法治军原则，以保障能打仗、打胜仗为目标，加强单位全面建设，科学统筹，创新发展，推进各项工作有效落实，被三明军分区评为“军事训练先进单位”。

【思想政治建设】 2017年，县人武部坚持把思想政治建设摆在首位，加强理论武装，提升干部职工思想政治素质，开展“坚定改革强军意志，投身改革强军实践”主题教育，做到“两学一做”学习教育常态化制度化，落实思想调查、党委议教等制度；严肃组织生活，按照“个人承诺、组织审诺、群众评诺”的程序，组织党员在支部党员大会上作出承诺；多种形式组织“12个重大是非问题”讨论辨析，促使干部职工思想更加纯洁、可靠，密切关注意识形态领域斗争，开展形势任务和“四反”保密教育，组织形势分析，确保部队纯洁巩固。8月，召开专题民主生活会，查找剖析党委班子和个人存在的问题及原因；注重正风肃纪，把学习规定作为正风肃纪的首要任务，组织班子成员和干部职工学习《中央军委加强自身作风建设十项规定》《关于加强廉洁征兵工作的规定》《福建省军区党委机关加强作风建设十六项规定》《军分区党委机关改进作风建设十六条措施》等文件精神和上级纪委关于几起案件查处情况通报，并通过党委会、交班会、宣传栏等对相关规定进行宣传，凝神聚力抓作风、改作风。

【国防动员工作】 2017年，县人武部坚持强军目标和实战需求，抓民兵组织布局调整、国防潜力数据调查和兵员征集等基础性工作，按“结构合理、编组精实、管理规范、队伍可用”的要求，运用“优化方案、分级组建、广域抽组、以网聚兵”的具体举措，按照筹划准备、组织实施、总结上报和检查验收四个阶段进行民兵整组。立足区位特点，围绕“保障过境、提供支援、应急处突、抢险救灾”任务，完成全县基干民兵队伍实案化编组。4—6月，开展国防动员重点潜力调查，按照军分区《关于抓好国防动员重点潜力统计调查的通知》精神，对全县国防动员潜力9类476项数据进行详细调查，完善国防动员潜力数据库。围绕实现“三保一杜绝”（保质、保量、保廉，杜绝责任性退兵）目标，以兵役法规政策为依据，坚持“五率”（报名率、上站率、合格率、择优率、退兵率）量化考核，提高兵员征集质量，完成兵员征集任务。

【战备工作】 2017年，县人武部着眼人武部系统战备工作特点，按照省军区《关于阶段性规范作战值班》通知要求，完成各项战备任务，提升单位战备工作整体水平，结合春节、劳动节、国庆节等重要节日和中共十九大召开，教育干部职工认清形势，结合学习《战备工作规定》《处置突发事件规定》等政策法规，提高作战值班人员战备工作能力。针对县情特点，及时修订方案，年初，结合民兵组织整顿修订完善战备方案；5月，针对可能担负的应急任务，组织修订完善“重要目标处突、地方维稳、森林扑火、抗洪抢险”非战争军事行动方案，确保各项任务都能够依案行动；10月，根据防汛应急任务需要，组织辖区重要目标勘察，完善应急预案，

2017年4月1日，大田县国防教育进校园活动　（刘冬春/摄）

提高应急处突能力，按照“全时值班、随叫随通”的要求严格日常战备值班，落实人武部值班室和县相关单位军地社情、网情、舆情、灾情互通机制，确保不错、不漏、不误。发挥民兵情报信息员队伍作用，及时掌握辖区内民社情动态，按省军区“年龄轻、素质好、专业精、常年在位”要求，抓应急分队建设、加大训练力度，结合民兵整组和防抗台风准备，定期组织人员集结、拉动演练，形成“急时应急、战时应战”的整体能力。安排资金完善补充战备物资器材，完善基础设施，下拨11万元专项经费，用于支持基层乡镇武装部规范化建设。

【军事训练】 2017年，全县民兵军事训练工作按照“能打仗、打胜仗”的目标要求，区分现役干部和民兵两个层次，采取“岗位自训、集中组训”相结合的方法，着眼应对多种安全威胁、完成多样化军事任务，通过组织集训，提升民兵队伍完成平战转换、支前保障和遂行作战等任务的能力，基本实现军事斗争准备从应急状态向常态化保持的转变，后备力量建设得到科学发展。1—3月，根据省军区统一部署，按照《军事训练与考核大纲》标准，开展“大练兵、打基础、创纪录、争一流”活动，通过对组织指挥、业务素质、基本体能等课目训练考核，提升现役干部能力素质。组织民兵营连长暨民兵信息员集训，提高专武干部和民兵干部的军事素养。落实基础课目训练，注重新知识、新技能、新装备的学习和基础课目的训练力度，突出抓好新入队人员的基础课目训练，使其具备基本的军事素质。9月22—30日，县人武部在厦门大学后备军官选培办的协助下，完成对大田一中、五中、鸿图中学等校3000余名新生的国防军政教育训练。10月，结合年度国防动员演练，完成全县民兵应急连实案化拉动演练。

【安全管理】 2017年，县人武部把安全稳定工作作为一项经常性、基础性保底工程，坚持思想教育引导，利用交班等时机常态灌输安全思想，提高安全意识。组织开展“学法规、明职责、严纪律、正秩序”“条令月”“安全管理十个专项整治”“保密实力普查”等活动，排查安全隐患，解决纠治倾向问题，督促干部职工每日对照反省，每周集中讲评。以“人、车、枪、弹、密、酒、网”等为管理重点，抓好各项制度落实，特别是在重大活动、季节转换和重要时期，落实好安全教育、评估和检查，确保安全责任落实到具体责任人；坚持每月召开1次安全形势分析会，组织1次安全隐患排查整治，落实每周保密办公检查制度，规范保密办公秩序，杜绝失泄密问题发生。在财物管理上，坚持党委理财，开支公开透明，大项经费使用和重要事项充分发挥民主，做到每项收支都清楚、明白。在实弹射击、演训活动等重大活动坚持风险评估，在季节转换等易发生问题的时节，把握特点规律，抓住重要环节，有针对性开展安全防事故工作，确保安全稳定。

（栾仁豹）

县消防大队

【概况】 2017年，县消防大队抓部队管理，落实各项规章制度，确保安全防范措施到位，安全工作出现良好势头，持续推进部队正规化建设和执勤灭火防控工作，完成以防火灭火和抢险救援为中心的各项工作任务，维护“火灾形势”和“部队管理”双稳定。共接警143起，出动警力1230人次，出动消防车176辆次，抢救被困人员30人，疏散人员63人，抢救财产价值279.3万元。年内未发生重特大火灾事故，无人员伤亡。

【消防宣传】 2017年，消防大队组织消防官兵、消防志愿者开展消防宣传“进社区、进学校、进企业、进农村、进家庭、进机关、进网站”工作，向群众发放消防常识宣传单万余份；在车站、商场市场、“九小”（小学校或幼儿园、小医院、小商店、小餐饮场所、小旅馆、小歌舞娱乐场所、小网吧、小美容院说洽场所、小生产加工企业的总称）单位等人员密集场所张贴消防知识挂图，开展消防宣传“三提示”（提示公众所在场所火灾危险性、提示公众所在场所安全疏散路线、提示灭火自救器材所在位置和使用方法工作），受教育群众2万余人。重大节假日、重大民俗活动及火灾多发季节发送消防安全提示短信3万余条；开通微信、微博，关注人群8000多人，发动消防安全提示信息8000余条。消防大队与县广播电视台签订消防知识宣传协议，电视台滚动播发消防知识字幕2000余次、火灾隐患曝光2次。

【加大防火监督力度】 2017年，消防大队检查单位企业1543家（次），发现火灾隐患1788处，督促整改火灾隐患1751处，下发《责令改正通知书》775份，下发行政处罚决定书28份，下发临时查封决定书7份，责令“三停”（停产、停营业、停施工）单位5家，督促整改重大火灾隐患2家，累计处罚53.1万元，拘留1人。2014年被省政府挂牌督办的京口工业园区的区域性火灾隐患，进行跟踪帮扶指导，确保厦门金砖会晤前整改销案。县消防大队加大与县公安派出所指导培训，确保全县派出所消防安全检查工作顺利开展。全县派出所共出动干警2.63万人次，检查单位企业1.29万家，发现隐患1.74万处，下发责令改正通知书8849份。在

2017年9月28日，大田县退伍军人宣传会　（刘冬春/摄）

夏季消防安全检查工作期间，大队联合派出所、教育局、民政局、卫计局对全县71家特殊群体、人员密集场所多次进行联合检查。

【拥政爱民系列活动】 2017年，消防大队慰问福利院孤寡老人3次，帮扶困难家庭5户，节假日期间为他们带去慰问金，油、米、猪肉以及牛奶等生活用品，并义务打扫卫生。在春节、争创“文明县城”、“两会”期间为县城街道、满田春市场、镇东社区和石牌等地段冲洗累计10余公里。“浩沙杯”全国艺术体操竞赛前期，大队出动32米登高车为运动场馆维护提供服务，确保后勤支持。

【消防经费增加】 2017年，消防大队争取地方财政支持，严格按照《福建省地方消防经费管理办法》落实经费保障。大队党委班子本着谋划全局的思想，协调县委、县政府、县财政等相关部门，通过“请进来”的方式，向地方领导汇报消防大队存在的实际困难。全年共争取经费524.5万元，其中，消防业务经费414.5万元、信息化建设专项经费57万元、议军费53万元。

【营房营区逐步改善】 2017年，消防大队持续进行正规化建设，对营区三、四、五楼立面以及三、四楼卫生间装修，对建设中队荣誉室、图书阅览室、游艺室、文艺室、网络室、红门影院等场室进行改造共投入100余万元。

【器材装备进一步完善】 2017年，消防大队共投入经费120万余元，用于购置消防宿营车以及各类灭火、破拆、侦检、防护等器材装备的配备。定期邀请器材厂家技术人员，对现有执勤车辆装备进行全面维护保养，做好“灭大火、打恶仗”准备。

（高锦灏）

武警大田中队

【概况】 2017年，县武警中队牢固树立“提升官兵能力素质，高标准完成各类任务”的思想，不断加强中队官兵的军事技能训练，强化执勤能力，确保执勤目标——县看守所的绝对安全。

【军事训练】 2017年，武警大田中队组织官兵45人次参加支队、大队组织的勤训轮换、冲锋舟集训、支队后勤专业兵比武，以提高部队战斗力为标准，结合中心工作实际需要开展军事训练。在大队统一军事训练计划的基础上，坚持支部议训，搞好教学分工、备课试教和骨干培训，严格按纲施训。重视官兵基础素质，扎实训练基础促进技能科目提升。中队科学计划每日下午体能训练内容和强度，坚持每周六早晨一个五公里测试。

【拥政爱民】 2017年，武警大田中队高度重视拥政爱民工作，视驻地为故乡、人民群众为父母，在处置突发事件、看守所外围安全警戒和维护社会治安综合治理工作中发挥尖刀和拳头作用，为大田县的平安建设、稳定发展做出贡献。

（罗天华）

人民防空

【概况】 2017年，大田县人民防空办公室共办理城市新建民用建筑易地修建防空地下室审批89件。

人防工程 7月，县人防办做好迎金砖安保维稳工作，对全县在建、已建及历史遗留坑道进行全面大检查，共62趟次。为明确管理任务及职责，人防办与辖区内在建、已建人防工程责任单位签订《安全生产责任书》，共30份，进一步明确人防工程建设与管理单位主体责任。

指挥通信 9月20日，大田县举办防空警报试鸣暨防空疏散演练活动，并在大田一中举办“9·20”日寇轰炸大田纪事墙揭幕仪式和人民防空宣传活动，县委宣传部部长黄芳，大田一中校长连青阳，人防办范德学、方丽卿、肖秀美参加。11月，县人防办完成三明市人防办组织的人防指挥培训及演练，为期4天。

【闽运公司防空警报器设置点拆迁】 8月，县人防办在日常巡查中发现原防空警报器设置点闽运公司办公楼即将进行拆迁，根据《中华人民共和国人民防空法》第三十五条的规定对其进行立项审批，并对警报器拆迁现场进行监督管理。

【人防指挥所信息系统建设】 人防指挥所信息系统是国防战备的组成部分，是人防战略工作的核心。根据《国务院中央军委关于进一步推进人民防空事业发展的若干意见》文件要求，县级人防地面指挥所须配备人防指挥信息系统。12月，完成人防指挥信息系统招标文件的编写，并准备公示招标。

（肖秀美　方丽卿）

2017年4月14日，武警大田中队防汛抢险演练　（刘冬春/摄）

政法委及综治

【概况】 2017年，全县政法综治部门，以中共十九大和金砖国家领导人厦门会晤（以下简称金砖厦门会晤）安保维稳为主线，以"清问题控增量减存量"和"查隐患抓稳定保平安"为抓手，扎实推进风险隐患排查、矛盾纠纷化解、治安问题整治、群防群治队伍建设等各项工作，政法综治平安建设工作取得明显成效。圆满完成全国"两会"、全省"两会"、"一带一路"高峰论坛、"福州三合一会议"和金砖厦门会晤、中共十九大等重要会议和重大活动的安保维稳工作，实现了"一个确保"（万无一失、绝对安全）、"七个坚决防止"（发生影响国家安全和社会稳定的严重政治事件、暴力恐怖事件、个人极端暴力事件、大规模群体性事件、重大生产安全和公共安全事故、重大网络安全事件、失泄事件）和"三个满意"（让中共中央和总书记满意、让各国领导人和与会嘉宾满意）的工作目标，守住了安保维稳底线。全县信访工作呈现"四下降"（信访总量下降、群众进京非访下降、群众到省上访下降、群众到市上访下降），成功化解杨连坊、周万卷等一批十几年信访疑难问题，全年信访人数进京、赴省、到市分别比上年减少88.89%、27.27%、24.32%。中共十九大和金砖厦门会晤期间，实现进京、赴省、到厦"零上访"的目标，信访秩序好转。持续开展矛盾纠纷排查化解、治安问题清查整治、打击电信诈骗、网络空间净化等"十个专项行动"。全年，公安机关共立案侦查各类刑事案件1500件，比上年下降14%，破案数1090件，同比上升0.55%，八类刑事案件发案数连续五年下降，治安形势稳步向好。检察机关共依法批准逮捕各类刑事案件106件、106人，提起诉讼300件、417人。审判机关共受理各类案件7495件，审结6674件；司法机关共排查调处矛盾纠纷1676件，调解成功1662件，调解成功率99%；接收社区服刑人员267人，解除矫正207人。推进综治中心、网格化管理平台和"雪亮工程"建设，率先在桃源镇东坂村和大湾新村、济阳乡济中村、吴山镇梓溪村等开展农村整村推进立体化防控试点建设，进一步筑牢立体化防控体系，综治"三率"明显提升。2017年底，群众安全感率达95.68%，位居全省第15位，比上年同期提升了32位。率先打击寻衅滋事信访人员，开启全市信访刑责追究的第一案；率先成立第三方专业调解机构，填补全县社会自治空白；率先建立医患纠纷"120"调解模式，连续三年无医闹、无越级上访，为医患纠纷调解提供新样板；创新民爆物品全流程监管机制，"零清退"制度、"联合库"措施、"库长制"责任等系列做法受到省综治办的好评。全县政法系统共有32个集体、94名个人受到市级以上表彰。其中，县公安局在金砖厦门会晤安保维稳期间获集体二等功，刑侦大队被公安部评为"全国优秀公安基层单位"，吴祥江被人社部、公安部授予"全国特级优秀人民警察"称号；县检察院控申科自2004年以来连续保持"全国检察机关文明接待示范窗口"；县法院建设法庭获"全省十佳法庭"称号。

【见义勇为先模载誉归来座谈会召开】 1月12日上午，县召开欢迎获省见义勇为先模陈华庭、叶继坚载誉归来座谈会，市委政法委副处级调研员、市见义勇为工作协会副秘书长杨金江，县委常委、政法委书记茅有温以及先模所在乡镇主要负责人，县见义勇为工作协会有关人员共23人参加座谈会。茅有温在座谈会作讲话。

【综治（平安建设）签订颁发仪式】 3月3日上午，县召开县委政法工作会议暨2017年乡镇、县直单位党政领导综治（平安建设）签订颁发仪式。县委书记熊旭明出席会议并讲话，县长林金龙主持会议，黄芳、林其秋、陈剑生、茅有温、王怀斌、郑宜堆、吴文旗、陈庆建等县领导，以及县法院院长杨绍东、检察院检察长张春明、公安局局长刘阳辉出席会议；各乡镇党委书记、乡镇长、分管综治的领导，县委政法委员会委员，县综治委成员单位主要负责人，永安煤业公司有关领导，政法部门领导班子成员及有关科所队、庭室负责人等220人参加会议。

【第三方调解工作室成立】 3月3日，县首个第三方调解工作室（方圆调解室）成立，是县创新社会治理，针对少数长期困扰和影响全县社会和谐稳定突出问题探索设立的一种第三方调解模式。在人民防空大楼内安排两间面积约100平方米作为办公场所，以政府购买服务的方式，每年从财政安排专项资金30万元作为调解室工作经费，用于聘请1名兼职律师和6名专职调解人员工资、奖励金和日常运转费用。至年底，调解室已聘请专职调解员2人、办公人员1人，兼职律师1人。方圆调解工作室主要是针对20多件全县各行业调解、专业调解部门多年努力，但一直没有得到有效化解的信访疑难问题，开展调查了解，心理疏导，啃硬骨头，尽力减少信访积案存量，有效遏制进京非访、超级上访等居高不下势头。

【综治信访维稳工作联席会召开】 5月5日下午，县召开“一带一路”论坛综治信访维稳工作联席会。县委副书记连仁魁、县委常委、政法委书记茅有温出席会议；县信访工作联席会议成员单位领导、各乡镇党委书记等50人参加。县信访局局长罗浩通报4个月来信访工作情况；县综治办主任乐余聪安排部署综治平安建设工作；茅有温传达全市社会稳定工作会议精神，安排部署“一带一路”国际合作高峰论坛期间综治信访维稳工作及金砖厦门会晤安保工作。连仁魁就做好当前综治信访维稳工作强调：一要统筹安排，有序落实；二要内紧外松，务求实效；三要形成合力，及时处置。

【安保维稳和禁毒工作会议召开】 6月6日上午，县召开金砖厦门会晤安保维稳和禁毒工作会议。县委副书记连仁魁，县委常委、常务副县长陈剑生，县委常委、政法委书记茅有温出席会议；县金砖会晤安保维稳部各成员单位、县禁毒委各成员单位的主要负责人参加会议，县公安局局长刘阳辉主持。均溪镇、石牌镇、建设镇、广平镇党委书记就安保维稳工作情况及下一步工作打算作简要汇报；县委维稳办副主任，县信访局、安监局、邮政大田分公司领导就安保维稳工作情况及下一步工作打算作汇报；茅有温安排部署金砖厦门会晤安保维稳临战阶段工作；陈剑生安排部署禁毒工作。

【司法救助工作事项专题研究】 7月5日，县委政法委副书记、县国家司法救助领导小组组长李启智主持召开国家司法救助领导小组办公会议，就县法院、县检察院、县公安局提请的11起国家司法救助事项进行专题研究，本次会议认为11起案件申请符合司法救助条件，申请补助金额共合计26.5万元。

【市综治调研督导组到县检查工作】 7月17日上午，市中院执行局局长杨怀荣带领督导组一行3人到县对综治半年工作开展督导检查，县委常委、政法委书记茅有温陪同。督导组先后到广平镇元沙村知青馆、居敬书院、“平安智慧”视频监控中心实地督导检查，了解平安建设开展情况，并就民爆物品重点整治、雪亮工程建设、安全生产等工作提出指导意见。在情况反馈会上，督导组听取镇党委书记陈秀达关于民爆物品重点整治工作情况汇报。杨怀荣指出，广平镇民爆物品重点整治点是省级挂牌督办件，各部门要高度重视，认真开展排查、理清整治思路，将各项工作落到实处，确保年底顺利通过验收。

【省厅领导到县督导安保维稳工作】 7月26日下午，省国安厅四总队总队长缪继峰一行4人到县调研督导金砖厦门会晤安保维稳工作。市委政法委副书记肖文波、县委常委、政法委书记茅有温，县公安局局长刘阳辉等陪同。调研督导组实地察看吴山治安卡口、吴山梓溪村整村立体化防控、石牌镇综治中心、石牌市际公安检查站运行情况。通过实地查看、翻阅材料、听取汇报，检查社会治安重要领域突出问题排查整治工作，茅有温从“五抓五筑”方面向督导组作简要汇报。

【“平安志愿行动”启动仪式】 8月22日上午，县委政法委、县综治办、县公安局、县委文明办、共青团大田县委主办的县平安志愿行动启动仪式在县体育馆隆重举行，来自全县各乡镇、县直有关部门的青年志愿者共200余人参加启动仪式。县委常委、政法委书记茅有温，县人大副主任郑宜堆，县政协副主席陈庆建，县法院院长杨绍东，县检察院检察长张春明，县公安局局长刘阳辉等出席启动仪式。启动仪式的举行，对广泛组织和动员社会各方力量积极参与平安建设、排查矛盾纠纷、排除安全隐患、维持治安秩序、弘扬社会正能量等方面将起到积极的作用。

【省综治调研督导组到县检查工作】 8月23日下午，省综治办傅建飞主任一行3人到县调研督导2017年社会治安稳定突出问题排查整治工作。三明市副市长、公安局局长陈育煌，县委常委、政法委书记茅有温，县公安局局长刘阳辉等领导陪同。调研督导组一行到广平镇、公安局合成作战中心等基层单位，通过实地查看、翻阅材料、听取汇报等形式，检查社会治安问题突出问题排查整治工作，了解县公安局合成作战中心等有关情况，傅建飞对县综治和平安建设工作给予肯定。

【全县综治维稳工作会议召开】 10月11日，全县综治维稳工作会议在县政府五楼会议室召开。会议总结金砖厦门会晤期间综治维稳工作，分析存在的问题，安排部署中共十九大期间安保维稳工作。县委副书记连仁魁、县委常委、政法委书记茅有温、县人大常委会副主任郑宜堆、县政协副主席陈庆建、县检察院检察长张春明、县公安局局长刘阳辉出席；各乡镇党委分管综治副书记，县综治委成员单位、县委维护社会稳定领导小组成员单位分管领导等60人参加。茅有温回顾总结金砖会晤期间全县综治维稳工作，分析当前存在的问题，安排部署十九大期间安保维稳工作；连仁魁作强调讲话。

【综治宣传进园区】 10月16日，三明市总工会联合市工人文化宫、大田经济开发区管会、县总工会开展“喜迎十九大，建设新大田”文艺活动。县综治办以此为契机，联合司法局、检察院等部门开展“喜迎中共十九大，综治文化进园区”宣传活动，共发放宣传材料1000份、宣传品200份。

【中共十九大精神宣讲】 10月31日上午，县委常委、政法委书记茅有温到县公安局宣讲中共十九大大会盛况、主要精神，并传达省委、市委、县委常委（扩大）会议精神，安排部署贯彻落实措施。县公安局领导班子成员及科、所、队、室负责人等150余人到场听讲。

【基层反邪教队伍建立】 2017年，县委防范办开展反邪教基层基础建设年活动。建立基层反邪教协理员、宣传员队伍，实现每个乡镇有一名反邪教协理员，每个村有一名反邪教宣传员，破解基层长期无专人负责反邪教工作的难题。

【网格化管理平台建设推进会召开】 11月24日，县召开网格化管理平台建设推进会，传达市综治业务会议精神，推进网格化管理平台建设，安排部署年终迎检准备工作。各乡镇分管综治副书记、参与年终考评的部门分管领导等45人参加会议。石牌镇政府就综治中心建设及网格化管理工作方面作经验介绍，电信大田分公司负责人从软件开发、安装和运用等方面介绍网格化建设工作；县委政法委副书记乐余聪传达全市综治业务工作会议精神、对年终迎检工作进行安排部署；县委常委、政法委书记茅有温从“肯定成绩的同时，更要接续努力；抓好常规的同时，更要突出重点；保障收官的同时，更要做好迎检”三个方面对综治工作提出要求。

【市综治督导组到县检查年终工作】 12月20日，三明市政法委副书记方艺、市综治办副主任杜宝山带领督导组一行3人到县对综治年终工作开展督导检查。县委常委、政法委书记茅有温、县公安局局长刘阳辉等陪同。检查组一行到华兴镇禁毒教育宣传基地、济阳乡平安创建点、县河长办、医调委等单位实地察看、翻阅资料、听取汇报。在情况反馈会上，县委书记熊旭明出席会议并汇报2017年综治（平安）建设工作情况。方艺指出，大田县在综治（平安）建设工作上领导重视、措施有力、宣传有效。（方能来 胡吉萍 蔡泽鸿）

法治政府建设

【概况】 2017年，县政府法制办探索制度创新，加强重大行政处罚案件报备制度，全年共报备重大执法案件34件，比上年增加150%，合法率100%；加强对县政府和政府办出台规范性文件审查力度，及时修改其中不合法内容，确保县政府出台文件合法有效。向县人大和市政府报备规范性文件13件，合法率100%。联合县法院推广依法行政与行政审判良性联动机制，全年收到行政复议案件14件、行政诉讼10件，对可能涉及行政诉讼、复议的案件，提前介入，避免行政纠纷进入诉讼、复议程序；运用法治思维和法治方式推进政府工作，为全县经济建设和创建“法治大田”“平安大田”营造法治环境。

【政府决策渠道畅通】 2017年，县政府及其部门对涉及重大公共利益和群众切身利益的决策事项，采取张贴公告、网上公开或召开听证会、座谈会形式，畅通公众参与和政府决策的沟通渠道。坚持行政决策集体讨论决定制度，县政府重要事项和重要文件都由县政府常务会议或专题会议集体讨论决定。年内，县政府召开全体成员会议2次、常务会议15次、专题会议6次，审议涉及安全生产、环境保护、放管服（放开、管理、服务）改革、化解金融风险、水土流失治理、交通基础设施建议、城区建设等一系列重要议题。

【行政执法规范】 2017年，县政府理顺行政执法体制机制，加快推进执法力量向基层倾斜，推进市场监管、公共卫生、安全生产、文化旅游、资源环境、农村水利、交通运输、城乡建设、商务等领域的部门内综合执法，探索生态保护、城市管理等领域跨部门执法。落实行政执法责任制，开展土地卫生执法监督检查，小流域环保执法检查，肉制品市场整治、农资打假专项治理，交通运输市场秩序整治等行动。推行执法全过程记录和健全行政执法决定法治审核制度，发挥法治审核对行政执法的规范、指导和监督作用。

【行政执法监督】 2017年，由县政府法制办牵头，对县政府行政执法部门行政职权进行梳理，按照全省统一规范格式将相关职权数据报送省级网上执法平台，在县级执法平台上统一公开行政职权目录、行政职权裁量基准、行政职权办理流程，行政执法人员信息、行政处罚文书、法律法规库等事项，预防行政执法中的乱作为、不作为现象，提升执法机关及工作人员依法行政水平。全年共组织县直部门、乡镇执法人员执法证注册考试146余人次。年内共收到行政复议案件14件，提前介入通过调解、和解等方式结案。避免行政纠纷进入诉讼程序，实现案结事了人和的效果。

（张聿文）

公　安

【概况】 2017年，全县公安机关开展“两学一做”学习教育常态化制度化，践行习近平总书记对公安机关的“对党忠诚、服务人民、执法公正、纪律严明”四句话、十六个字总要求，树立“敏锐维稳、主动治安、实力应对”理念，弘扬“马上就办、真抓实干”精神，围绕中共十九大和厦门金砖五国会晤安保两条主线，以大事不出、小事少出为底线，全警动员，全力以赴，全面提升打防管

2017年，县公安局刑侦大队获奖干警　（县公安局／提供）

控能力水平，深入推进“平安大田、公正大田、法治大田”建设。严厉打击各类违法犯罪活动，抓好治安、交通、户籍、监所、出入境管理和消防、法制等工作。确保全县社会大局持续平稳，为建设“五个大田”创造安全稳定的社会环境。

年内，全局受到各级公安机关表彰的集体32个次，个人190人次。其中：县局被省公安厅授予集体二等功；刑侦大队被公安部评为“全国优秀基层所队”、省公安厅评为“全省优秀公安基层单位”，均溪森林派出所被省森林公安局授予“2016—2018年度全省森林公安机关执法示范单位”；吴祥江被国家人社部、公安部评为“全国特级优秀人民警察”；卢有明被省公安厅评为“福建省道路交通安全综合整治先进个人”；陈其德被省公安厅评为“全省公安机关‘暖警’工程建设成绩突出个人”；陈长裕被公安厅授予个人二等功；吴欣获“全省优秀人民警察”称号。

刑事侦查 2017年，共立各类刑事案件1500起，破案1090起，抓获各类逃犯82人，提起公诉犯罪嫌疑人430人。开展“三打击一整治”专项行动，破获“盗抢骗”案件352起；破获电信诈骗案件299起，辖区居民电信诈骗发案同比下降22.7%，被骗损失下降6.7%。打击拐卖儿童团伙1个，破获涉拐案件2起，抓获犯罪嫌疑人8人，解救被拐儿童1人，DNA比中认亲儿童4人。

治安管理 2017年，共查处治安案件2539起，结案2232起，查处违法嫌疑人1418人次，其中，警告8人次、罚款915人次、治安拘留495人次；查处违法单位2家。查破赌博刑事案件10起，治安案件221起；查破涉黄刑事案件4起，卖淫嫖娼治安案件103起；立环境污染犯罪案件8起；查破食品药品案件16起，其中打掉销售病死猪肉犯罪团伙1个、处罚9人。

森林资源保护 2017年，全县森林公安机关共受理各类森林案件246起，查处229起。其中刑案立99起，破84起，破案率84.85%；刑案移诉82起、58人；林业行政案件受理145起，查处145起。共处理违法犯罪人员217人次，抓获逃犯13人（在互联网上通缉的逃犯11人），其中逮捕22人、取保候审31人、刑事拘留19人、林政处罚145人次；清理林地面积5.89公顷，没收木材311.64立方米，为国家挽回经济损失122.5万元。县森林公安与周边森林公安建立案情通报、突发警情联动、办案协作、联合打击机制。加强与其他公安警种协作，实现联防联勤、信息互通、优势互补、警力互动、重点人员互监共控、流窜犯罪互查共控，有效提升保护森林资源、保障生态安全、维护林区稳定的能力和水平。

交通管理 2017年，共接处道路交通事故警情1778起，立简易事故案件850起。其中，一般以上道路交通事故84起，死亡30人，受伤83人，经济损失24.38万元，四项指数同比分别下降8.7%、3.22%、33.6%、上升1.14%。未发生死亡3人以上的较大道路交通事故。全年共查纠各类严重交通违法行为2.95万起。其中，酒驾478起、醉驾60起，营运客车41起，摩托车和超标电动车超员1604起，其他车辆485起，货车超载154起，现场超速156起，涉牌3186起、涉证4130起，未使用安全带、占用应急车道、不避让特种车、未戴头盔和疲劳驾驶1.92万起。查处无证驾驶当事人行政拘留32人。

户籍管理 2017年，持续推进户籍制度改革、加快提高城镇户籍人口比例，进一步放宽落户政策，推动有关部门抓紧出台综合配套改革措施。年内，新增城镇人口1.08万人，现有城镇人口12.32万人，占全县户籍总人口数40.6万人的30.1%；制作发放居住证155张。6月，首批在均溪镇天山路安装推广应用二维码门楼牌，实施标准化、数字化管理，全面采集维护“实有人口、实有房屋”信息，实现以房管人、以地管业、因地控物、因地知事，推动基层基础工作提档升级。共访查房屋11.9万户，采集实有人口28.8万人，注销实有人口6.5万人，启用标准地址13.33万条，安装二维码门牌8.6万块。

监所管理 2017年，监所部门逐步规范监所管理制度，定期开展安全检查，整治安全隐患，保障被监管人员权益，确保监所安全。年内启动创建全国三级看守所工作。看守所全年羁押363人次，拘留所收拘612人次，没有发生监管安全事故。

消防工作 2017年，全县派出所共出动警力2.63万人次，共检查各类单位1.29万家，下发《责令改正通知书》8849份，督促整改消除火灾隐患1.74万处，临时查封7家，行政处罚33起，责令“三停”（停产、停营业、停施工）5家，排查高层建筑51栋，督促整改火灾隐患50余处。年内发生火灾38起，无人员伤亡，未发生重特大火灾事故。

出入境及往来港澳台管理 2017年，出入境大队共受理、审核公民出国申请6905件，其中，出国申请2980件，往来港澳地区申请2471件，前往台湾地区申请883件，网上警局受理港澳和台湾旅游再次签注571件。答复申请人咨询6000余人次。

法制工作 2017年，法制大队到基层所队开展执法规范化培训6次，开展执法质量专项考评5次，审核查阅案卷1364件。推进办案中心管理规范建设，探索立案管理改革，组建“案管中心”。加强涉案财物管理，涉案财物2557件，已全部入库。审核刑事案件254起、刑事拘留399人、取保候审189人、逮捕100人、移送起诉202起；审核行政案件1126起，其中行政处罚727起。未出现行政诉讼、国家赔偿或行政复议被省厅、市局撤销、责令更正的案件。

【破坏野生动物资源系列案告破】 2016年12月16日，福建省电视台综合频道“帮帮团”栏目曝光大田县满田春市场存在非法买卖野生动物现象。县森林公安分局专案组连夜摸清涉案相关人员情况，于当晚抓获4名主要犯罪嫌疑人。经过10个月深挖细查、顺藤摸瓜，终查清该系列案整个猎捕、运输、出售、收购野生动物的全部犯罪事实，成功破获破坏野生动物资源系列案件55起，抓获犯罪嫌疑人24人，起诉24人，向泉州、厦门地区森林公安移交案件线索13条。

【濒危野生动物案获破】 1月13日，屏山派出所民警接到两车剐蹭的报警，现场发现其中的闽CUM622车内有6只野生动物死体，立即控制驾驶员李某，并通报吴山森林派出所，由此破获了李某等人非法狩猎、非法捕猎珍贵、濒危野生动物案。后经鉴定，其中国家二级保护野生动物凤头鹰1只，国家三级保护野生动物雉鸡3只，灰胸竹鸡2只。当日，吴山森林派出所在对形迹可疑的闽D130X8车辆盘查时，查获1支高压气枪和19只国家三级保护的鸟类死体，将气枪依法移交给吴山派出所。分别破获叶某、陈某非法狩猎案及非法持有枪支案。

【2017利剑行动】 2月25日至12月31日，县公安局森林分局根据国家林业局森林公安局的部署，开展为期10个月的打击破坏森林和野生动物资源违法犯罪专项打击行动的“2017利剑行动”。行动期间，立刑事案件52起、侦破43起（野生动物案件18起），查处林政案件135起，抓获网上逃犯6人，负案在逃犯3人，刑事追究42人，行政处罚135人次，刑案移诉82起、58人，清理林地5.89公顷，没收木材299.96立方米；收缴国家重点保护野生动物19只、制品2只，一般野生动物87只，捕鸟网、声音诱捕器、鸟笼等工具10件，为国家挽回经济损失107.2万元。

【市森林公安机关领导到大田调研】 3月2日，市森林公安局政委江涛率政治处主任蔡元坤、办公室副主任颜荣杰一行3人，到局调研基层基础和信息化建设，指导指挥中心及林区道路卡口建设。8月23日，市森林公安局副局长郑文熹率治安科科长谢奕、刑侦科科长陈瑞彬一行3人，到局开展厦门金砖会晤和中共十九大安保工作专项督察。11月23日，市森林公安局局长孙俐、副局长郑文熹到局调研基层森林公安队伍建设及督导冬季森林防火工作。

【市政法委领导到大田调研】 3月8日，市委常委、政法委书记纪熙全到大田调研综治工作，先后到上京新岩水泥企业火工库、谢洋公安派出所和110指挥中心检查指导。县委书记熊旭明，县委常委、政法委书记茅有温陪同。

【首批居住证发放】3月10日，城关派出所为住在均溪镇凤山东路的高某某、黄某某等8人，发放第一批居住证。居住证制度是福建省公安厅推行的一项便民惠民户政改革新举措。居民只要在居住地具有合法稳定就业、合法稳定住所或者连续在本地就读半年以上的，都可到当地派出所办理居住证。持有居住证的居民可以享有与常住人口同等的基本公共服务和便利，如公租房申请、孩子就学、出入境证件办理、机动车驾驶证申领等，居住证按照“一地办证、全省通用，换地变更”的要求，对居住证持有人变更居住地住址的，不再重新换发新证，直接将原证中的居住地住址通过可擦写的方式变更为新的居住地住址，实现全省“一证通”。

【摧毁组织卖淫犯罪团伙收网行动】 3月12日，县公安局组织开展统一行动，对城区采取发卡招嫖方式组织卖淫的犯罪团伙集中统一收网，抓获组织卖淫团伙头目冯某仙，团伙成员陈某华、陈某平、冯某勤、杨某旺、尤某胜等6人，当场抓获卖淫女5人。

【省局挂牌督办系列案告破】 4—9月，华兴镇仙峰村民卢某珍伙同卢某堆、颜某辽等人从华兴镇仙峰村、洪坑村、横坑村、德化县春美乡等地非法收购村民盗、滥伐的林木49车、59.47立方米，出售给县森励木业有限公司的林某建。9—10月，森林公安分局根据群众举报的案件线索，成功侦破省森林公安局挂牌督办卢某珍、卢某堆等人非法收购、运输盗、滥伐林木系列案，摧毁砍、运、销一条龙的盗销团伙1个、10人。

【生态环境检察室设立】 5月18日，县人民检察院驻县公安局森林分局生态环境检察室设立，县人民检察院副检察长黄能桂、县公安局森林分局局长林建楠分别代表县人民检察院、县公安局森林分局举行签约仪式。县人民检察院驻县公安局森林分局生态环境检察室的设立，将进一步加强县人民检察院对县森林公安机关涉林刑事案件的业务指导，强化检察机关侦查监督机制，推进执法规范化建设，提高执法质量和执法效率，进一步形成保护森林资源合力。

【毒品预防教育社会实践基地揭牌】 6月26日下午，县中小学毒品预防教育社会实践基地揭牌仪式在华兴中学举行。县委常委、常务副县长、县禁毒委主任陈剑生和市局禁毒支队副支队长熊建平为基地揭牌。县禁毒委各成员单位领导、县职业中专学校部分师生近300余人参加揭牌仪式。

【涉案财物管理规范】 7月起，县公安局森林分局开展“积案及涉案财物专项清理整治”行动，经清理，县法院判决没收涉案车辆共15辆（货车9辆、中小型客车5辆、三轮摩托车1辆）。局根据公安部《公安机关涉案财物管理若干规定》，经报县财政局批复，对已达到报废标准的12辆涉案车辆进行集中销毁，对未达报废标准的3辆涉案车辆，依法予以评估进行公开拍卖处理。

【打击非法占用林地资源专项行动】 8月1日至10月31日，县公安局森林分局根据省森林公安局的部署，开展为期3个月的打击非法占用林地资源违法犯罪专项行动。其间，立非法占用农用地刑事案件1起、破1起，查处林地林政案件12起，清理非法占用林地项目12个，打击处理13人次，其中逮捕1人、林业行政处罚12人次，清理林地38.01亩，为国家挽回经济损失15.93万元。

【拐卖儿童犯罪团伙案告破】 8月8日下午，县公安局在建设镇医院、宾馆等处，抓获8名涉嫌拐卖儿童的犯罪嫌疑人，解救被拐婴儿1人。

【不符合安全标准食品销售案告破】 9月17日，县公安局组织警力开展集中统一收网行动，破获涉嫌销售不符合安全标准食品犯罪团伙，抓获犯罪嫌疑人9人，扣押疑似病死猪肉45公斤。

【境外逃犯投案自首】 9月29日，潜逃菲律宾多年的犯罪嫌疑人吴某文(男，43岁，福建石狮市人，涉嫌虚开增值税专用发票罪）到县公安局投案自首，完成“猎狐2017”专项行动追逃任务。

【首家出入境业务受理点建成】10月20日，出入境太华派出所受理点正式启动工作，当日受理首笔业务。该业务受理点建成，方便周边乡镇10余万群众办理出入境业务。

【民爆安全监管视频监控中心建成】 10月，县公安局探索创新民爆物品管理新模式、新机制、新方法。充分运用科技信息手段，推行民爆物品可视化闭环监管，建设视频智能监控中心和手机APP巡查系统，强化“购、储、运、用、清”全流程动态监管，随时随地巡查，事前预警提醒、事中纠错指导、事后倒查追责，有效突破监管警力和时空限制。并推动建立县乡两级党委、政府和有关部门联动联管“大监管”格局，全面推行“双随机”安全检查、“三员”（爆破员、安全员、技术员）责任连带、部门异常情况通报等工作机制，设立60万元涉爆举报奖励基金并制定奖励办法，切实有效提高民用爆炸物品监管水平。

【红色教育主题活动】 11月9日，县公安局组织开展红色教育主题活动。局党委书记、局长刘阳辉带领局班子成员、各室所队负责人，先后参观大田中央苏区革命历史陈列馆、走访集美第二学村旧址，重温入党誓词，回顾党的历史，现场宣讲中共十九大精神，让广大公安民警在参观中学习、在学习中思考，在思考中不断提升对中共十九大精神的认识和理解。

【安保总结表彰大会召开】 11月9日，县公安局召开厦门金砖五国会晤和十九大安保总结表彰大会，总结中共十九大和厦门会晤安保工作成功经验，表彰全县公安机关中共十九大和厦门会晤安保先进集体3个、个人78人。

【全国健美操冠军赛安保工作】 11月12日上午，2017年全国健美操冠军赛开幕式暨挑战吉尼斯世界纪录在县体育场举行。以公安力量为主的安保队伍，制定周密详细的安保方案，抓好安保现场路线、警卫、社会面控制、突发事件和群体性事件处置、通讯保障、督导检查等具体工作，开幕式期间出动警力350人（次）。全体参战民警以高度的工作责任心，严谨的工作作风，高标准、严要求开展工作，圆满完成安保任务。

【食品药品犯罪侦查中队设置】 11月，经县委编委会研究同意，县公安局治安管理大队增设食品药品犯罪侦查中队，为股级单位，人员编制4人，设中队长和副中队长各1名。主要职责负责承办党委、政府和上级公安机关批办的食品、药品领域的重大案件，负责受理和查办食品、药品领域的违法犯罪案件，协同有关职能单位开展打击食品、药品领域违法犯罪专项治理工作。

【公安厅领导到县调研网安工作】 12月28日，省公安厅副厅长许耀鹏率网安总队总队长林乐坚一行8人，到县公安局调研指导网安工作，召开县级网安工作现场调研座谈会，分析当前网安工作面临的困难和问题，谋划2018年网安工作思路。三明市副市长、公安局长陈育煌，市局党委委员、总工程师郭毅强陪同。

2017年11月9日，县公安局开展红色教育主题活动　（县公安局／提供）

【警务辅助人员管理实施方案出台】 12月29日，县政府出台《大田县规范公安机关警务辅助人员管理工作实施方案》，该方案出台，将实现“警务辅助人员管理体制基本理顺，岗位职责清晰明确，管理制度健全完善，职业保障规范到位，队伍素质和形象改善，公共安全服务能力和水平提升”。

【“雪亮工程”建设任务完成】 2017年，县财政投入484万元，建设社会治安视频管控“雪亮工程”，扩容县公安指挥中心存储量，增加视频数据结构化、智能分析等实战功能。

（傅德生　郑传收）

检　察

【概况】 2017年，县检察院围绕中心服务大局，忠诚履职深化改革，从严治检建设队伍，各项检察工作平稳健康发展。重点打击严重暴力、黑恶势力、多发性侵财等影响社会稳定和危及人民群众安全感的严重刑事犯罪，严厉查处利用电信网络诈骗、破坏环境资源、非法集资、食品药品安全等群众反映强烈的案件，全年共依法批准逮捕各类刑事案件106件、160人，提起公诉300件、417人。

刑事诉讼监督 2017年，县检察院会签《开展对公安派出所刑事侦查活动监督工作的实施方案》，建立健全对公安派出所刑事侦查活动的监督。监督公安机关立案8件、8人，监督撤案6件、6人，追捕5件、9人，纠正漏诉5人，纠正漏罪11件，发出纠正违法通知书5份。加强对刑事审判活动的监督，向法院提出刑事抗诉1件并得到改判，抗诉监督工作走在全市前列。

民行检察监督 2017年，县检察院受理民事行政监督案件33件，发出检察建议33份均被采纳，督促履职14件。针对县国土资源局未严格履行收取矿山生态恢复治理保证金职责一案，提起公益诉讼，获县法院当庭判决支持。通过诉前程序和公益诉讼，督促国土资源局追缴生态恢复治理保证金547.67万元。

刑事执行监督 2017年，县检察院开展案件羁押必要性审查工作，发出检察建议书30份，办案机关采纳建议对29名犯罪嫌疑人、被告人变更强制措施；全面核查财产刑罚执行案件和强制医疗案件等专项检察活动，开展监管检查，消除安全隐患，及时纠正刑罚执行和监管活动中违法行为，维护被监管人的合法权益。

生态检察工作　2017年，县检察院在“河长制”基础上，建立文江河流域生态巡回检察协作机制，加强区域联动；设立三明市首家派驻森林公安分局的生态环境检察室，探索“五步工作法”，打造生态巡回检察新亮点。当年5月，在县检察院的推动下，“四市五县”（三明市大田县、尤溪县、泉州市德化县、福州市永泰县、莆田市仙游县）检察院共同签署了《环戴云山生态保护司法联盟》，构筑一体化的生态检察联动机制。同时，对3年来生态修复案件开展“回头看”，集中发出4份《生态修复令》，其中包括全省检察机关首例针对污染环境案件发出的生态修复令。

当年，县检察院获市级以上集体表彰26次、个人表彰35人次。其中，检察院被省检察院评为“全省检察机关先进集体”，被市检察院评为“先进检察院”；连续20年保持“省级文明单位”。公诉科被共青团中央授予“全国青年文明号”，被省妇联授予“巾帼文明岗”称号，被省政法委评为“全省政法系统优秀基层单位”，被共青团三明市委授予“三明市共青团员先锋岗”称号；控申科获评第九届“全国检察机关文明接待示范窗口”和第八届“全省创建文明行业竞赛活动示范点”称号；驻看守所检察室获评最高人民检察院“二级规范化检察室”。

【助力精准扶贫】　2017年，县检察院扎实开展“千名干部结穷亲活动”，全院67名干警与梅山乡8个村的82户贫困户结对帮扶。多次深入挂钩金阳村为贫困农户送去慰问品、慰问金，了解农户在生产经营、生活居住中面临的困难和瓶颈；帮助挂钩村争取扶贫配套资金16万元，促进贫困村民参与光伏发电产业扶贫项目，加强自身脱贫致富“造血能力”。同时依托5个巡回检察联络室，辐射全县18个乡镇，重点在民间纠纷调处、保护贫困村留守儿童合法权益、关爱“空巢老人”等方面，做群众的法律顾问。

【职务犯罪案件查办】　2017年，县检察院贯彻中共中央关于反腐败斗争的决策部署，突出查办骗取、侵吞、挪用支农惠农资金、民生工程投入和医疗卫生领域案件，共立案侦查职务犯罪案件7件、11人，查办贪污贿赂案件4件、8人，渎职侵权案件3件、3人。其中，科级干部2人，大案要案率为90.9%，为国家和集体挽回经济损失330余万元。

【职务犯罪预防工作】　2017年，县检察院在18个乡镇开展“预防职务犯罪邮路”专题活动，发放自行编撰预防宣传材料3000余份；受理行贿犯罪档案查询547条，推动市场诚信建设，降低腐败风险；发出年度预防报告5份、检察建议23份，开展预防警示教育活动16场次。

【“两个专项”监督】　2017年，县检察院共立案监督危害食品安全犯罪案件2件、2人，立案监督破坏环境资源犯罪案件2件、2人，监督行政执法机关移送危害食品安全犯罪案件2件、2人。

【服务民生检察】　2017年，县检察院推进“一站式”检察服务平台建设，推行律师参与化解和代理涉法涉诉信访、刑事申诉制度，制定出台《律师参与化解和代理涉法涉诉信访案件实施细则（试行）》，做好司法救助和法律援助便民服务工作，成立全市首个检察院法律援助工作站，发放司法救助金8万元。坚持以案析理、以案释法，宣传检察职能和法律法规，依法办理各类控告举报线索，化解各类社会矛盾。全年，共受理人民群众来信来访67件，其中控告类54件、举报类13件、检察长接访24次，成功化解一件长达10年的涉检信访案件。

【稳步推进体制改革】　2017年，县检察院扎实推进内部结构整合和人员分类管理，采取“大部制”模式进行内设机构整合和管理运行，建立符合检察权运行规律的检察人员分类管理体系，遴选员额检察官26人，全部参与一线办案，进行检察辅助人员和司法行政人员归类定岗，并对检察官助理和书记员进行等级确认，明确“三类人员”的岗位职责。严格按照中央和省市县委确定的时间表、路线图，从政治和全局的高度，不折不扣配合国家监督体制改革试点各项工作的落实。加强与纪委、组织部沟通衔接，将反贪、反渎和预防部门的机构编制、领导职数、实有干警人数，如实造册上报，确保改革工作稳步推进。

【互联网检务公开】　2017年，县检察院利用“两微一端”新媒体平台，对外发布程序信息753条，公开法律文书286份，接待辩护人、诉讼代理人69次，保障人民群众对检察工作的知情权、监督权。

（林　琳　陈成炯）

法　院

【概况】　2017年，县法院共受理各类案件7495件，审执结6674件，结案率89%，比上年同期上升8个百分点。其中，受理刑事案件355件，审结342件，判处罪犯469人；受理民商事案件2604件，审结2559件；受理、审结行政案件199件；受理执行案件4220件，执结3459件，执结率81.9%，同比上升15个百分点，执行标的额2.35亿元；受理特别程序、再审等其他案件117件，审结115件。2月，建设法庭被评为全省十佳法庭；6月，县法院被三明中院评为2017年全国“两会”和“一带一路”先进单位。当年，县法院共有5个集体、29人受到市级以上表彰。

【集中发放农民工工资】　1月，县法院举行涉民生案件执行案款暨农民工工资集中发放仪式，为102名农民工发放执行到位的工资款共计35万余元。

【联合惩戒失信平台培训会召开】　3月，县法院为21家县联合惩戒失信平台成员单位进行培训，参加人员60人，主要围绕平台的管理、运行等内容进行授课，旨在通过培训让失信惩戒平台有效运转，形成打击“老赖”的高压态势。

【主题演讲比赛举办】　6月，县法院举办以“迎接十九大·岗位当先锋”为主题的演讲比赛，8 名参赛选手用自己身边先进人物事迹诠释“争当岗位先锋”深刻内涵，用慷慨激昂的演讲倡导勤奋敬业、甘于奉献的高尚品质，抒发对人民法院司法事业满腔热爱和忠诚，展示新一代法院人形象。

【“百日执行攻坚”专项活动】 7—10 月，县法院开展“百日执行攻坚”专项活动，共执结案件 2194 件，执行到位标总额 2171.79 万元，执结率 60.69%，同比上升 22 个百分点。其中在夜间、凌晨、周末等执行 18 场次，找到长期失联被执行人 100 余人、拘留 76 人，严厉打击了“老赖”的嚣张气焰。10 月 19 日，全市法院决胜执行攻坚推进会在大田召开。

【应诉材料首例微信送达】 8 月，县法院通过微信送达的方式，向一名远在河南省的当事人送达应诉材料，节约司法资源，提升案件办理效率。这也是县法院在最高人民法院《关于进一步加强民事送达工作的若干意见》出台后首例案件微信送达成功案例。

【千里送被拐少年认亲】 9 月，由县民政局启动绿色通道，县法院与关工委工作人员共 4 人途经 2000 公里将被拐少年贺某送至云南昭通。10 月 16 日，贺某的父母不远千里送来一面写着“骨肉团圆，恩重如山”的锦旗，感谢县法院热心助其寻找到失联 16 年的儿子。

【“增殖放流”修复生态活动联合开展】 9 月，县法院与县生态综合执法局、吴山镇政府、县河长办、渔政部门等联合开展“增殖放流 净化水质”生态修复活动，将 2000 尾红、白鲢鱼和鲤鱼投放到梓溪河中。干警还进村入户，向村民发放宣传单、宣讲生态污染审判案例，进一步增强全社会爱护、保护环境意识。

【为三聋哑当事人邀请手语翻译老师】 9 月，县法院公开审理一起聋哑人张某、杜某、朱某等 3 人盗窃案。为充分保障聋哑人的诉讼权利，县法院从三明市特殊教育学校聘请教师为被告人提供手语翻译。整个庭审活动庄严肃穆、规范有序，3 被告人在讯问和举证质证阶段均提出多项辩解意见，被告人的诉讼权利得到了充分保障。

2017 年 9 月，县法院在吴山镇梓溪河投放鱼苗　（报道组 / 提供）

【“执行无忧”悬赏保险正式上线】 11 月，县法院与中国人民财产保险股份有限公司大田支公司联合签署“执行无忧”悬赏保险合作协议。与传统的悬赏公告相比，“执行悬赏保险”将进一步减轻申请执行人经济负担，降低执行悬赏风险，拓宽“找人、找钱”新路径，有助于全民一起“捉老赖”。

【法官送法到县消防大队】 11 月，县法院涉军维权合议庭法官到县消防大队开展送法进军营活动，为广大官兵提供法律咨询和法律帮助。内容包括刑事、民事、行政和执行各方面，涉及婚姻、继承、劳动合同、交通事故、宅基地纠纷等多个领域。法官以认真负责的态度，针对所提出的问题进行细致释法答疑。

【案件繁简分流机制改革】 2017 年，县法院组建速裁审判团队，建立“速裁法官 + 人民调解员 + 法官助理 + 书法员”运行模式，指派专职分流员，加强分流引导，搭建诉调对接平台，全年速裁结率 851 件，占同期民商事结率的 32.7%，其经验在全市法院案件繁简分流和调解速裁机制改革工作推进会上交流。

（刘娇佑　卢新煊　邓锦军　叶聿僚　张英灿）

司法行政

【概况】 2017 年，县司法局围绕全县中心工作，发挥法治宣传、人民调解、社区矫正和安置帮教、法律服务等职能作用，开展各项工作，促进了社会和谐稳定。全县共排查调处矛盾纠纷 1676 件，调解成功 1662 件，调解成功率 99%；全年共接收社区服刑人员 267 人，解除矫正 207 人，开展社会调查评估 285 份，无脱管、漏管现象发生；接收安置帮教人员 426 人，安置 423 人；办理法律援助案件 167 件，受援人数 174 人，为受援群众挽回经济损失 426 万余元，已办结案件受援人满意率达 99%；全县律师共担任法律顾问 205 家，办理案件 715 件；基层法律服务工作者共担任法律顾问 5 家，办理案件 162 件；县公证处办理各类公证 985 件。

4 月 6 日，中共大田县委研究决定在县司法局设立党组（田委〔2017〕29 号文件）。8 月 28 日，经县委常委会研究同意，撤销包含派驻司法局监察室在内的 15 家县监察局派驻监察室（田委办发〔2017〕14 号）。

法治宣传　2017 年，县司法局开展“七五”普法工作，落实“谁执法谁普法”责任制，强化国家机关普法责任。组织全县领导干部参加法律知识测试，开展“学生带法回家”“护青园法治夏令营”等法治宣传活动，利用节假日和重要时间节点开展普法活动。全年共组织开展各类法治宣传活动20余次，制作发放法治宣传材料5万余份、法治宣传挂图2000余幅、法治宣传环保购物袋2000多个，解答群众法律咨询1000余人次。实施“互联网+法治宣传”，通过微信公众号、微博、头条号、普法微信群等载体，打造新媒体普法矩阵，县司法局“两微”平台累计推送普法知识1600多条，原创的多篇普法微文被省、市采用，提升了普法实效。

人民调解 2017年，县司法局以开展“防风险 保稳定 护航金砖会晤 喜迎党的十九大”人民调解专项活动和“争写金牌调解书、争当金牌调解员、争创金牌调委会（调解室）”活动为抓手，扎实做好矛盾纠纷排查化解工作。全县3份调解书、4名调解员、1个调委会被评为市级金牌调解书、调解员、调委会。建立各类调委会340个，配备调解员1410人，设立道路交通事故、医疗纠纷、劳动争议、物业纠纷等13个行业专业调解委员会。全年共排查调处矛盾纠纷1676件，调解成功1662件，其中，防止民间纠纷转化为刑事案件67件，防止群体性上访4件、械斗2件。

社区矫正和安置帮教 2017年，县司法局严格落实社区矫正监管有关制度规定，强化社区服刑人员动态监督管理。落实县、乡两级社区矫正情况分析例会制度，排查整治社区矫正和安置帮教工作各个环节安全隐患。开展社区服刑人员和刑满释放人员大排查大走访活动，各司法所按照“全方位、不遗漏、无死角”的要求对全县261名在矫社区服刑人员和2285名在管安置帮教人员进行逐一排查走访，坚持边排查边帮教，边发现隐患边补缺补漏，对排查出的重点人员进行重点监控、加强管理，严密防范其重新违法犯罪。全年共组织4次开展全县社区服刑人员集中点验活动，集中教育2200多人次，心理辅导400多人次。

法律援助 2017年，县司法局加强与公、检、法机关工作衔接，在县法院、检察院、看守所设立法律援助工作站，全县法律援助工作站增至31个，法律援助联络点274个，实现“半小时法律援助服务圈”全覆盖。加大法律援助宣传力度，利用重大节假日等关键时间节点组织开展法律援助集中宣传和咨询服务。开展“马上就办”活动，对材料齐全且符合援助条件的困难群众，在一小时内办理完所有法律援助手续。通过跟踪办案过程、出席旁听审理、审查案卷等方式，对法律援助案件实行全程跟踪管理；细化法律援助案件评估标准，不定期征询办案机关和受援人意见，强化内外监督机制，提升法律援助案件质量。县法律援助中心共办理法律援助案件167件，受援人数174人，为受援群众挽回经济损失426万余元，受援人满意率99%。

法律服务 2017年，县司法局依托县法律援助中心，整合各项法律服务职能，建立县级公共法律服务中心，依托乡镇司法所，建立乡镇公共法律服务工作站，在村（社区）建立公共法律服务工作室，打造县、乡、村三级公共法律服务平台，对群众的法律服务需求实行“三个一”，即统一受理、一站式办理、一条龙服务。升级县“12348”公共法律服务热线平台，及时解答群众的法律咨询，提升法律服务质量。积极参与精准扶贫工作，全年发放法律服务精准扶贫“连心卡”2000余张、法律援助便民卡5000多张，为19户贫困户提供法律援助，挽回经济损失16.97万元。引导公证处积极服务县重点项目建设，为香山北路改造、凤山路道路改造、浩沙、国道纵五工程等县重点项目建设办理公证215件，促进项目工程顺利实施。

【调整党总支下属党组织设置】 1月17日，田委工〔2017〕24号文件同意新成立“中国共产党大田县司法局机关支部委员会”，保留原“中共大田县宏岩律师支部委员会”，撤销原中共大田县司法局机关第一、第二支部委员会。

【市政法委书记纪熙全到县调研】 3月8日下午，市委常委、政法委书记纪熙全到县调研人民调解工作。纪熙全肯定县人民调解工作在化解社会矛盾纠纷方面所取得的成绩，并对建立健全第三方调解机制提出指导意见。县委书记熊旭明，县委常委、政法委书记茅有温陪同调研。

【岗位大练兵系列活动】 3月10日，县司法局组织全县近60名司法行政干部在一中电教室学习PPT制作基础知识和制作技巧，拉开司法行政干部岗位大练兵活动序幕。6月30日，县司法局组织开展司法所业务技能竞赛，全县18个司法所用PPT演示汇报2016年度司法所工作及2017年下半年工作打算，并评出一等奖1名，二等奖2名，三等奖3名。本次岗位大练兵为期三年，本着“干什么、练什么、缺什么、补什么”和“面向实际、讲求实用、讲求实效”的原则，重点抓好司法行政干部本职岗位应知应会基础业务知识和技能学习训练，全面提升全县司法行政干部服务大局、服务群众能力和水平。

【业务用房建设完成】 3月，县司法局回购一套与局业务用房相连的商品房（南山路253号2幢502室）作为县公共法律服务中心业务用房，建筑面积115.23平方米，并进行装修。至7月，县司法局业务用房改扩建项目全部建设完成并投入使用。11月，县司法局桃源司法所业务用房改建项目建设完成并投入使用。

【人民调解“三争”活动】 3月，根据市综治办、市司法局统一部署，县司法局在全县开展“争写金牌调解书、争当金牌调解员、争创金牌调委会（调解室）”（简称人民调解“三争”）活动。争取用3年时间实现“四无”（无因民间纠纷调解不当出现民转刑案件、非正常死亡事件、集体性上访事件和群体性械斗事件）村居达85%以上，调解率达100%，调解成功率达95%以上。

【法律援助办案补贴标准提高】 3月，县司法局出台《大田县县级法律援助办案补贴标准实施细则》。该实施细则规定提高县法律援助办案补贴标准，其中，刑事案件侦查阶段、审查起诉阶段由原来每件补贴600元提高至800元，审判阶段由原来每件补贴1000元提高至1200元；民事、行政、仲裁案件由原来每件补贴1200提高至1500元；申诉案件由原来每件补贴800提高至1500元；公证法律援助案件每件不高于700元；群体性案件第一个案件补贴按正常办案补贴标准支付，其余案件按正常办案补贴标准的1/3支付，承办群体性案件的法律援助人员每人领取补贴最高不超过1.2万元。

【司法厅领导到县调研】 5月17—18日，省司法厅党委委员、副厅长俞建春一行7人到县调研指导司法行政工作，先后实地察看了县司法局、济阳司法所、均溪司法所和方圆调解工作室，详细了解县司法行政工作开展情况，听取工作汇报，并对下一步工作进行指导。市司法局局长刘叶爱、副县长余维语陪同。

【公共法律服务热线平台运行】 7月，县"12348"法律援助热线升级为"12348"公共法律服务热线平台并正式运行。平台的主要功能是解答法律咨询、普及法律常识。当年共解答群众各类法律咨询200余件，来电咨询内容涉及人身损害赔偿纠纷、劳动争议纠纷、婚姻家庭纠纷等方面，咨询人员从农民工、残疾人、妇女、未成年等弱势群体扩展至个体工商户、企业家、商人等社会各个层面群体。

【"护青园"法治夏令营活动】 7月12—14日，县司法局、关工委、法院、公安局、教育局、团县委、妇联等7个部门联合举办2017年"护青园"法治夏令营活动，来自城区中学的100多名师生参加此次活动。夏令营结束后，举办单位组织开展以"尊法学法守法用法"为主题的"护青园"法治征文活动，评出一等奖6名，二等奖6名，三等奖8名，并将优秀法治征文编纂成册。

【公共法律服务平台建设】 10月，县司法局完成县、乡、村三级公共法律服务平台建设。依托县法律援助中心，建立县级公共法律服务中心；依托乡镇司法所，建立公共法律服务工作站；结合"一村（社区）一法律顾问"工作，在村（社区）建立公共法律服务工作室。统一县、乡、村三级公共法律服务平台名称标识，统一制作法律顾问桌牌、法律顾问便民联系卡、法律精准扶贫连心卡、村（社区）法律顾问工作台账格式文本等，制定工作制度，明确工作职责，提升公共法律服务质量。

【社区矫正执法检查】 10月，县司法局联合县检察院对全县18个基层司法所开展社区矫正工作执法检查。通过实地走访、查看档案材料、听取工作汇报、对社区服刑人员进行实时定位、电话抽查，对社区服刑人员日常监督管理、教育矫正等工作情况进行监督检查。

【公检法法律援助工作站成立】 11月，县司法局分别在县法院、县检察院、县看守所设立法律援助工作站，实现与法院、检察院、公安局等部门刑事法律援助工作"无缝对接"。公检法部门法律援助工作站的主要工作职责是开展法律咨询，对刑事案件中的犯罪嫌疑人、被害人及家属进行法律援助知识的宣传，对因经济困难没有委托辩护律师的犯罪嫌疑人、被害人及家属提供法律援助等。

【学生"带法回家"社会实践活动】 2017年，寒暑假期间，县司法局联合公安局、教育局、国土局等多个部门，开展以"强化自我防范意识，提高识骗防骗能力""珍爱土地人人有责，保护耕地利国利民"等为主题的学生"带法回家"社会实践活动。活动中，各中学师生结合实体案例，采取入户宣传、墟日宣传、发放材料、制作宣传栏、书写春联和文艺演出等形式，到各乡镇、山村、社区、街道、工厂、矿山等地，向群众宣传《中华人民共和国刑法》《中华人民共和国治安处罚法》《中华人民共和国土地管理法》《福建省禁毒条例》等法律法规，共发放法治宣传材料4万余份，接受法律咨询400余次。

【国家宪法日宣传活动】 12月4日，县司法局组织开展的"12·4"国家宪法日宣传活动。一是开展集中普法活动。由司法局牵头，联合县直26个单位在时代广场设立咨询台、律师服务岗等，向群众发放法治宣传材料、纪念品，接受法律咨询，为群众提供法律服务；各乡镇结合实际，通过开展法律咨询、知识问答、法治讲座、法治进校园等活动，弘扬宪法精神，在全县范围内掀起法治宣传热潮。活动期间，全县共接受法律咨询500余人次，发放法治宣传材料8000余份，挂历2500余份，购物袋1000多个。二是举办有奖竞猜活动。在时代广场开展法治谜语有奖竞猜活动，悬挂300多条法治谜语，设置精美礼品，吸引众多群众驻足猜谜，让群众既享受猜谜乐趣，又加深对宪法的理解，受到群众广泛欢迎。三是举办法律知识讲座。邀请县委党校讲师为县直机关公务员讲授宪法相关知识，58个单位共106人参加。四是组织收看广电法治节目。组织全局干部职工收看中央电视台播出的由司法部、全国普法办与中央电视台举办的国家宪法日暨全国法治宣传日特别节目"宪法的精神法治的力量— CCTV 2017年度法治人物颁奖礼"。五是广泛宣传全民参与。利用各乡镇、各单位的宣传栏、显示屏、微信、微博等宣传载体，广泛宣传中共十九大和宪法精神，在主要街道醒目位置悬挂法治宣传标语，营造全民参与法治宣传的良好氛围。

（范清萍）

2017年12月4日，县司法局开展"12·4"国家宪法日宣传活动　（县司法局/提供）

综 述

【概况】 2017年，大田县农业部门贯彻落实中央一号文件和中央、省、市农村工作会议精神，发展现代农业，创建美丽乡村，推进精准扶贫，农业农村各项工作取得成效。全年实现农林牧渔业总产值56.26亿元，比上年增长4.2%；农村居民人均可支配收入1.54万元，同比增长9.4%。粮食总产量12.41万吨，茶叶产量1.07万吨，烟叶产量4104吨，木薯产量12.71万吨，蔬菜产量59.05万吨，食用菌鲜品产量1.13万吨、干品产量6448吨。屏山茶天下休闲度假区被省农业厅确认为省级现代茶业产业园，元沙村被省农业厅确认为福建省最美休闲乡村，“灵动济阳”被省农业厅确认为福建省休闲农业示范点。

【农产品安全质量监管】 2017年，县农业局开展省农产品质量安全追溯监管平台的应用工作，开展线上检查140多次。新发展纳入平台的生产主体19家，全县46家生产主体纳入平台监管（包含2家已注册但省尚未审核），年内42家生产主体按照要求上传生产记录等资料。建立“农产品质量安全视频追溯监管平台+物联网”项目，由三明电信分公司中标承担建设，中标价为97.26万元，12月31日竣工。项目为纳入省追溯平台的36家生产主体免费配备二维码打印机、扫描枪，并为其中的11家“三品一标”（无公害农产品、绿色食品、有机农产品和农产品地理标志）生产主体配备摄像机等视频监管设备和3年免费专线20兆宽带服务，在11家生产主体中选择5家，增加配备传感器等物联网设施。将日常安全巡查、集中巡查、突击巡查等相结合，重点检查农业投入品使用情况，监测农产品质量情况，没有发现使用禁用农兽药、超范围使用限用农兽药等情况，各生产主体能够执行安全休药期等规定，所抽样检测的农产品合格率100%。年内县农业局共开展日常巡查31次，检查生产主体31家次，没有发现问题；协同县畜牧兽医水产中心、茶业局组织全县各乡镇开展农产品质量安全大检查2次，检查生产主体、大户363家（户）次，没有发现问题；检测样品304个样，合格率为100%；开展“双随机”（随机抽取检查对象，随机选派执法检查人员）监督检查抽检一次，检查生产主体24家，没有发现问题；定量检测样品12个，合格率100%。做好农产品快速检测预警工作，全县共快速抽检种植业农产品6665个样品，合格率为98.2%，高于省市要求的97%。全年共定量检测（实验室检测）87个样品，蔬菜检测41个，合格率为97.6%；水果检测11个，合格率为90.9%；食用菌检测3个，合格率为100%；茶叶检测29个，合格率为100%；禽肉及禽蛋共检测3个，合格率为100%。

【农资安全监管】 2017年，县农业局组织开展农资市场巡查3次，检查农资店126家次，做到经营网点全覆盖，提出整改建议49条，并责令限期整改。开展农资质量抽查59批次（种子6批次、农药18批次、肥料10批次、兽药10批次、饲料15批次）；开展标签抽查166个（种子65个，肥料50个，农药51个）。落实“检打联动”工作机制，农业执法与农检股联合开展4次农产品“检打联动”整治活动，产品质量抽检55批次，合格率100%，豆芽专项检查2次，农业生产企业及种植大户投入品台账专项检查28家，提出限期整改意见15条。办理一般程序行政处罚案件6件（饲料5件，兽药1件），罚没款4.2万余元。进一步健全完善农资企业、农资产品和农资用户登记备案制度，实行农资购销平台登记备案审核、农业新型经营主体实名登记购买，以及高剧毒农药一瓶一码、实名登记购买制度，严管严控高残留高风险农药、兽药。进一步发挥信息化监管功能，定期开展平台线上巡查，动态监管农资购销行为，及时处理购销异常，结合现场稽查、监督抽检，应用平台快速追溯功能，双向追溯打击假劣农资。进一步拓展平台监管范围，将肥料纳入平台监管，实现肥料监管信息化。年内全县建立农资监管信息平台29个，其中兽药15家，农药（肥料）14家，农药、兽药、肥料购销实行电子平台登记备案；推行农业生产企业、农民合作社等新型农业经营主体购买农资实名登记制度，推行农药一瓶一码、实名购买、终身追溯；强化平台线上巡查，月开展平台线上巡查30次以上，继续投入使用农资（化肥）监管平台16家。

【农业品牌认证】 2017年，县绿色食品发展中心加强有机食品、无公害农产品、绿色食品和地理标志“三品一标”认证工作。做好“三品一标”认证主体证书到期续证工作，全县“三品一标”证书到期的产品有8个，全部提交续证申请，其中7个续证抽检全部合格，续展率为87.5%，高于省、市要求的70%、80%。引导生产主体积极进行“三品一标”认证，完成提交认证申请的企业2家，计划认证的产品2个，5家企业的7个产品计划申请认证，需跟踪、指导。引导所有认证生产主体纳入省农产品质量安全追溯监管平台管理，年内1家认证主体因业主外出、企业倒闭没有纳入。

【扶贫开发工作】 2017年，全县继续实施扶贫开发工作，建立镇村主体、牵头部门主导、县直单位包扶、党员干部挂包、企业社会帮扶责任“五大责任体系”。年初，向各乡镇下发《脱贫攻坚责任书》，明确扶贫目标任务，各乡镇（东风农场）比照责任书，逐条梳理，向县委县政府递交《脱贫攻坚承诺书》，确保目标责任落实。按照“两不愁、四保障”和贫困发生率、农村居民人均可支配收入、村级收入、基础设施、产业发展和基本公共服务等指标要求，全县有贫困人口1576户、4553人、7个贫困村，13个空壳村和1个市级扶贫开发工作重点乡（吴山镇）实现脱贫摘帽，全面完成上级下达的年度减贫任务。落实造福工程易地搬迁扶贫对象200户、753人，完成上级下达任务数1.03倍，其中国定对象97户、315人，完成上级下达任务数1.01倍，建设20户以上集中安置区3个，年内竣工96户、340人，完成投资1265万元。全县扶贫小额信贷风险担保金总额从1300万元增至1600万元，发放贷款7672万元，扶持1550户建档立卡贫困户发展生产，覆盖面54.5%。“雨露”计划培训年初任务740人，实际完成培训2048人，占年度任务的276%，位居全市第2名。光伏扶贫产业全县安装并网总容量15.5兆瓦，覆盖全县贫困户1923户、贫困（空壳）村59个和市级贫困乡2个，年总发电量1740万千瓦时，年总收入1705万元，实现每个贫困户增收7500元，每个贫困空壳村增收4.4万元，每个贫困乡增收33万元。

【农村经济管理】 2017年，县乡镇经管站开展村级民主理财和账前审计工作，全县266个村，共剔除手续不完整发票655张，金额118.28万元；剔除违纪发票74张，金额14.49万元，收回违纪金额14.49万元。对资产、资源的拍卖、转包、转让、工程发包实行公开招投标。1—11月资产处置招投标3件，标的12万元，中标13.8万元，增加村财收入1.8万元；工程项目招投标218件，标的5333.11万元，中标5001.53万元，减少村财支出331.58万元。受县委组织部的委托，对县第四批驻村干部的23个村开展就地交叉审计，审计总金额1.38亿元，清出违纪村数7个，违纪金额8.5万元，为组织部门对第四批驻村干部任职期满进行客观评价提供第一手资料。加强对一事一议筹资筹劳的指导和培训，举办二期一事一议筹资筹劳培训班，参加会议170多人。明确一事一议财政奖补项目，全县一事一议财政奖补项目共124个村，占总村数46.62%，计划财政奖补2495.06万元。全县经工商注册登记成立的农民专业合作社707个，年内新增272个；全县经工商注册家庭农场321家，年内新增76家。推荐省级示范社3家、市级示范社3家，评选县级示范社1家。推荐省级示范场3家、市级示范场4家，评选县级示范场5家。到乡镇举办失地养老保障业务培训班4期，参训人员120多人；协审土地征用17个项目，总面积7505.4公顷，协审失地养老保障对象3267人。加强信访调查，受理信访件9件，行政处罚9件，处罚金额1.8万元。

【农业信息服务】 2017年，县农业信息工作站利用农业“12316”服务窗口共受理各类咨询410人次，专家现场指导460人次；举办各类培训36期，受训1940人次，科技人员下乡30次，科技人员下乡达72人。4月，到屏山乡举办“放心农资下乡进村”科技活动，现场接待农民咨询600多人，发放《识别假劣农资》、农技科普图书、明白纸、宣传册等资料3000多份，赠送肥料、农药、饲料、种子等农资产品1000多公斤，价值近2万元。通过报纸、电视、网络等媒体，共报送各类信息168条，采用143条，采用率85.11%。

【农科教工作】 2017年，全县科技示范户共遴选582户，面积921.54公顷，其中水稻318户，面积307.65公顷。每个示范主体都安排一名农技人员挂包，进行定期或不定期指导，同时通过现场培训、现场指导、发放技术资料以及电话指导等方式做好技术指导与服务工作。组织66名基层农技人员参加脱产业务培训。组织遴选主要粮食作物品种47个，其中水稻品种30个、甘薯品种10个、马铃薯品种4个、玉米品种3个，以及作物水稻、再生稻、甘薯、马铃薯、玉米和大豆等作物的主推技术6个，建立4个农业科技试验示范基地：大田县济阳乡岱云家庭农场、大田县永岩家庭农场、福建省裕田生态农业有限公司、福建山瓜瓜农业发展有限公司，每个基地都与市级及以上农业科研院校结合，开展不少于2项农业先进适用技术集成熟化，解决农业生产中的技术难题不少于2项，提出产业发展对策建议3条及以上。

（郑晓岚）

农村工作

【概况】 2017年，全县农业、农村工作部门加快小康示范村创建，重点推进红星、梅林、隆美、建国、建忠、元沙6个小康示范村；实施“绿色大田”重点项目40个，建成科技农业富硒产业园、霓上精制高山茶、肉兔产业化等项目；加大扶贫开发力度，“一家四业”（“屋顶”光伏业、“房前”劳务业、“院内”手工业、“屋后”种养业）产业扶贫模式得到省、市肯定；重点开发利用富硒资源，发展高山茶、油茶和稻米等富硒产业；完成农村土地承包经营权确权登记颁证合同签订，强化农村经济管理；开展农业信息化服务和农机技术培训等工作，促进农业增效、农民增收、农村增绿。

【农产品质量安全培训】 4—10月，县农业局召集乡镇农技（兽医）站长、乡镇农产品检测监管人员、村（居）食品协管员330多人次举办农产品质量安全监管等方面知识培训，发放宣传材料7000多份，丰富县、乡、村农产品监管人员知识，提高监管能力。7—9月，农产品生产主体共80多人次参训，举办农产品质量安全有关法律法规学习培训，发放责任告知书80多份，签订承诺书40多份。

【小康村建设】 2017年，全力推进“一镇六村”（建设镇，红星、梅林、隆美、建忠、建国、元沙）小康示范建设工作。建设镇“一镇两村”工作进展：突出抓好306线省道沿线9个村庄美化，共完成屋面改造220余座，拓宽花带800米，开展建忠村32户省道沿线统一风格院墙建设示范；建设建国村3.2千米竹篱笆围网，打造建设镇“十里长廊示范带”。广平镇元沙村工作进展：确定“二十个一”工程，五龙山建成观光木栈道350米、凉亭1座、环山游步道，移建老式木屋1座，完成游客管理中心建设，共接待游客5000余人次。上京镇梅林村、隆美村工作进展：梅林村完成文化展厅布置并开放参观；梅林休闲农家乐开始营业；隆美村完成小康休闲广场建设；健身活动中心、多功能展厅建设及村部修缮完成建设。均溪镇红星村工作进展：村级组织活动场所重新升级改造，竣工投入使用；完成村民文化活动中心改造升级，分别设立占地约40平方米、集广电影视、电化教育、培训授课等功能于一体的多功能厅。

【国家立项农业综合开发】 2017年，全县上报土地治理项目共5个，分别是武陵乡百大片高标准农田建设项目、华兴镇高标准农田建设项目、均溪镇小流域治理项目、太华镇大张地溪流域小流域治理项目、上京镇小流域治理项目。华兴镇高标准农田建设项目建设面积133.33公顷、总投资320万元，获批复进入招投标程序。其他项目待批复。

【富硒资源开发】 2017年，由省技术监督局牵头，组织对五个富硒县制定标准，县农业局、县农科所参与标准制定，标准于12月28日颁布实施。全县发展富硒产业化项目建设，组织实施省农业厅下达富硒产业化生姜项目，投资50万元。前坪乡七里香农业发展公司完成建设。

【土地承包经营权流转】 2017年，全县开展转包、转让、互换合同的签订、鉴证工作，为专业大户、家庭农场、合作社土地流转合同签证263份，签证面积85.73公顷。土地承包经营权流转的农户总数5820户，实行土地承包经营权流转的耕地面积3204.8公顷，占总面积22.34%；18个乡镇成立农村土地承包经营权流转服务中心，各村设土地流转信息员1名，共266名，由村报账员兼任。信息员将流转土地面积、土地状况、产业重点等信息，报县、乡镇土地流转信息平台向社会公开发布。

【农村能源沼气建设】 2017年，县农业局组织相关农业技术人员和沼气管理人员200多人次对全县18个乡镇、1个农场内的沼气工程（包含户用沼气7351户、联户沼气1座、大中型沼气工程4座）开展安全生产排查整治工作，调查了解农户使用沼气及沼气管理、维护等情况，排查沼气安全隐患等问题，处理存在的沼气问题，消除安全隐患，纠正农户不安全做法，指导并传授农户安全合理使用“三沼”及管理沼气运行等知识，确保农户用气安全。检查中发现并完成整改大中型沼气工程安全隐患3处，发现并整改户用沼气安全隐患203处。全年共举办2期沼气安全生产培训班，培训人员达90人次，发放《福建省农村沼气服务体系建设技术人员培训教材》100册、《大田县农村沼气安全生产和应用须知》1万份，电视宣传1次、网络宣传2次。

【扶贫小额信贷】 2017年，全县建立扶贫开发投融资平台，制定下发《大田县扶贫小额信贷资金管理暂行办法》，18个乡镇和东风农场都成立乡村扶贫担保基金，共筹集扶贫小额信贷担保基金1600万元，发放贷款7672万元，扶持1923户建档立卡贫困户发展生产，扶持贫困户覆盖面67.6%。

【农业农村实用人才工作】 2017年，全县推进农业农村实用人才工作机制，发挥农村实用人才的作用。实施新型职业农民素质提升工程，采取措施组织实施新型职业农民素质提升工程，选送一批青壮年农民和有志从事农业生产经营的农村初高中毕业生、返乡农民工等，参加专科学历或中等职业学历教育，全年共招收32名，超额完成任务。选送农村实用人才带头人参加部级培训，按照2017年中央“三农”重点工作部署和农村基层组织建设有关要求，面向贫困地区，遴选种养大户、家庭农场主、农民合作社负责人等组织和带领农民群众脱贫致富的带头人3人，分三期参加中共中央组织部、农业部将联合举办农村实用人才带头人培训。选送最美人物，在广泛征集的基础上，推荐上报巫振桂为县农业农村实用人才创富带头人；推荐上报刘连生、陈世镜为最美农技人员，刘永强、林大治为新型职业农民。

【智慧农业】 2017年，县农业部门发展智慧农业，加快运用现代信息技术和

2017年，前坪乡第二批精准扶贫小额信贷现场 （报道组/提供）

物联网技术改造提升传统农业。建设科技创新平台，以设施农业为载体，加强与省内外科研单位合作，裕田生态农业有限公司与以色列奥卫滋公司合作，建设高8.2米的锯齿形连体智能温控大棚8公顷，实施IPM（综合病虫害管理）和循环滴灌系统，实现按需供给、节水省肥、高产优质。加快推进信息服务体系建设，组织80名农技人员安装农技推广APP软件，建立QQ群，利用“12316”手机农务通和农业网络书屋等信息化方式开展农技推广服务。开展农业信息进村入户，全年共组织专家下基层200多人次，举办技术培训讲座86场，受训农民6000多人次；发放农业科技书籍5800多册、技术“明白纸”1万份，“兴农富民联系卡”5000多张。建设“互联网+”农产品销售平台，发展互联网+农业，联合紫诚、诺迅、赶街、仙顶、阿末、尚上鞋服、周一贸易、龙德在县8家企业开展电子商务业务，从业人员200多人，开设网店100多家，线上销售额达8500多万元。建设农产品质量安全监管平台，组织具有一定规模、品牌和包装销售的茶企，以及“三品一标”生产企业共39家纳入平台监管，加强生产主体线上巡查和现场稽查，提升农产品质量安全监管能力。

（涂萃林　郑晓岚　林永焜　李代胜　谢锦秀　刘连生　郭文生　池爱莲　林友波　肖长洪）

种植业

【概况】 2017年，县农业部门贯彻全国、省、市农业工作会议精神，培养家庭农场，建设农业标准化示范区，推进无公害、绿色和有机农产品生产，落实增产措施，完成农林牧渔业产值56.26亿元，比上年增长4.18%。

粮食生产 2017年，全县指导性粮食播种面积2.64万公顷，产量12.41万吨，实际完成播种面积2.62万公顷，占全年播种面积100%，其中水稻总面积1.28万公顷，玉米杂粮0.16万公顷，甘薯0.48万公顷、马铃薯0.37万公顷，大豆、杂豆0.33万公顷。在桃源、东风农场、上京、建设、武陵等乡镇、场建立7片66.67公顷的富硒优质粮食种植基地，补助金额12.4万，通过“以奖代补”形式，鼓励种植大户、家庭农场、农民合作社和农业企业等经营主体发展特色粮食种植。通过示范片带动各乡镇建立优质稻核心示范片，建立2666.67公顷富硒优质稻示范基地，打造“圣米之乡”品牌。基地主要分布于武陵、桃源、上京、太华、建设、广平、奇韬、文江、前坪等11个乡镇，带动全县推广6666.67公顷。种植类型主要有富硒大米、红米、黑米、薏米；主打品牌主要有建设镇香浮大米、桃源镇东坂富硒大米（红米、黑米）、均溪镇龙翔富硒大米；品种选用优质杂交粮食品种，中浙优8号、甬优9号品种。

果蔬生产 2017年，全县优化蔬菜生产布局和品种结构，着力发展地方特色蔬菜，重点抓好桃源莴苣、白菜、黄瓜、武陵雪山萝卜、前坪金姜、梅山辣椒、太华花椰菜等区域特色蔬菜基地建设，以及均溪、华兴、石牌城郊蔬菜基地。推广无公害蔬菜生产技术，建立桃源镇富硒蔬菜生产基地。在全县建设莴苣、萝卜、金姜、辣椒等各类蔬菜生产基地6个，辐射带动种植面积约2000公顷。全县建设各类温室大棚15.65公顷，完成年度备案立项项目建设任务，其中已验收待拨付面积14.77公顷。全县蔬菜（含菜用瓜）种植面积2.04万公顷，总产量59.05万吨，平均亩产量1913公斤。年内全县新增芙蓉李21.33公顷、锦绣黄桃23.33公顷、脐橙18.67公顷、芦柑20公顷、百香果140公顷。

食用菌生产 2017年，全县食用菌生产4500万袋，其中主要栽培品种香菇900万袋、毛木耳700万袋、平菇800万袋。在桃源镇广汤村建设2017年省级农民创业示范基地——桃源镇广汤食用菌专业合作社完成钢架大棚、培养架、雾化喷水系统等基础设施建设，累计投资106.3万元。

烟叶生产 2017年，县烟草局以“稳规模、提质量、拓市场、精管理、促现代”为指导思想，以“提三性、育中棵”为目标，牢固树立绿色发展理念，狠抓常规技术落实，烟叶质量全面提升。全县共有烟农630户，同比上年减少99户，种植面积1006.67公顷，同比减少80公顷；户均种烟规模1.6公顷，同比增加0.11公顷，单户种烟面积最大为8公顷；全县共收购烟叶2382.57吨，同比增加429.77吨，烟农售烟叶总收入7506.53万元（含补贴），同比增加1110.6万元。

【农业“三项补贴”改革】 2017年，全县按时完成农业“三项补贴”改革工作，耕地面积1.44万公顷，耕地地力保护补贴金额1823.3万元；种粮大户种植面积163.19公顷，每亩奖励30元，补贴金额约7.34万元；乡镇工作经费补贴金额11.95万元。6月，下达农业支持保护补贴资金1842.59万元，确保政策落实到村、资金落实到户，解决群众有种无收的后顾之忧。

【良种工程】 2017年，县种子站辐射带动全县示范推广农作物新品种1.61万公顷，其中，优质稻品种0.93万公顷，高效蔬菜品种0.24万公顷，旱作品种（两薯、大豆、玉米、花生、油菜）0.44万公顷，主推品种推广面积达0.44万公顷，主要粮油作物良种覆盖率达98.2%，蔬菜良种覆盖率达93.6%，主要粮油作物优质专用率达85.3%以上。实施良种工程，推广高产、优质粮食新品种，使早稻优质率达85%，旱粮优质率达80%以上，中单晚优质率达95%以上，全年优质率达90%，良种覆盖率达95%以上。引进各类农作物新品种101个，其中水稻66个、高效蔬菜13个、旱作22个（其中甘薯5个，马铃薯2个，玉米10个，花生5个），分别在上京、均溪、桃源、华兴、太华等乡镇进行多点试验示范，从中筛选出水稻16个、玉米4个、蔬菜5个、甘薯2个、马铃薯2个。

【测土配方施肥】 2017年，县土肥站共采集土样200个，分析土壤样品412个，2060项次，安排田间肥效试验3个，建立新型农业经营主体典型示范样板4个，示范面积140公顷，技术培训650人次，免费为5.6万户农户提供测土配方施肥技术服务，推广测土配方施肥技术3.01万公顷，配方肥推广面积达1.47万公顷。

【烟叶生产基础设施建设】 2017年，县烟草局以严格规范项目管理为重点，抓好烟水路等常规项目建设，提高烟叶基础设施配套水平，持续推进现代烟草农业建设。全县共投入烟叶生产基础设施项目11个，投资236.41万元，受益农户1841户、面积239.33公顷。其中，田间道路2条，长1.79千米，投资47.72万元；水渠5条，长0.66千米，投入资金34.06万元；排洪渠2条，长0.73千米，投资56.46万元；防洪堤2条，长0.41千米，投资98.18万元。

【病虫害测报与防治】 2017年，县植保站全年发布《病虫情报》14期，指导农作物防治面积达12.87万公顷次。其中水稻病虫发生1.49万公顷次，防治2.96万公顷次，挽回损失0.607万吨；茶叶病虫发生1.1万公顷次，防治1.62万公顷次；柑橘病虫发生0.57万公顷次，防治0.84万公顷次。培育专业化统防统治组织2家，新购买植保无人机4架、自走式喷杆喷雾机1台、水雾机和烟雾水雾机多台，全年完成专业化统防统治示范面积5333.33公顷次，辐射推广面积4.43万公顷次，农药利用率达38.2%。建立茶叶病虫害全程绿色防控核心示范片133.33公顷，辐射带动面积1333.33公顷。全县完成农作物病虫害绿色防控面积3.66万公顷次。全县使用农药653吨，比上年减少5.3%。（李华丽　刘连生　章赞德　田新湖）

茶　业

【概况】 2017年，全县有茶园面积6486.7公顷，年产毛茶1.07万吨，产值7.56亿元，完成茶园水土流失治理80.4公顷，福建省江山美人茶业有限公司被评为“福建省优秀有机茶基地”，云韵茶业有限公司茶园列入南亚热带（闽粤滇）茶园化肥农药减施增效技术集成与示范项目之减肥技术模式研究地块，作为减肥技术模式构建研究与示范核心示范基地。屏山乡获“福建名茶之乡”称号经国家工商总局商标局核准，“大田高山茶”被注册成为中国地理标志证明商标，县茶业局参与《国家茶叶公园标准及评定》的起草制定。

【茶事活动】 1月14日，“茶香梅口杯”民间斗茶赛在泰宁梅口举行，由三明市茶叶学会主办，通过民间评委组审评和专家组裁评，获奖茶样73只，其中金奖13只、银奖27只、优质茶奖33只。大田县选送茶样35只，23只茶样获奖，其中金奖4只，银奖5只，优质奖14只。

9月23日，县美人茶斗茶赛在仙顶实业有限公司举行。共征集茶样46只，评选出金奖1名，银奖3名，铜奖5名，优质奖6名。谢洋乡仙友茶业林起贵获金奖。县领导陈汉良、王怀斌、章玲、涂剑峰，县直有关部门和各乡镇分管领导，参赛企业代表参加颁奖仪式。

10月27日，县秋茶赛在仙顶实业有限公司举行，共征集参赛茶样106只，其中铁观音89只，金观音17只。评选出铁观音茶王1名，金奖1名，银奖3名，铜奖5名，优质奖10名，金观音金奖1名，银奖2名，铜奖2名。吴山乡爱文茶业陈爱文获金观音金奖，九寨岩茶厂林芳毅获铁观音茶王。

12月8—9日，海峡两岸秋茶茶王擂台赛在厦门夏商茶世界（台湾赛区在嘉义阿里山茶叶生产合作社）举行，大田县岬顶峰茶业有限公司获大田东方美人茶专项奖茶王。赛事由海峡两岸茶业交流协会、福建日报集团、台湾阿里山茶叶生产合作社、厦门茶叶学会、厦门茶叶协会主办，海峡导报社承办。

【茶文化】 1月20—21日，由中共福建省委宣传部主办，东南网承办的2016年福建省茶文化艺术创作调演活动在福州人民艺术剧院举行，县茶业局选送的茶艺《月下问红》获最佳创意奖。

2月26日，福建省江山美人茶业有限公司等10家有机茶企业入驻三坊七巷黄巷小黄楼“海峡两岸教育与文化交流基地”。

10月27—30日，大田县第十二届中国高山茶文化旅游节在中国高山茶城举办，内容有秋茶赛，美食节，旅游伴手礼、农产品展示展销，茶艺、茶歌、茶舞、孝文化、章公文化演绎及中国高山茶大舞台民间戏曲文化展演，厦门、泉州、安溪等地15家采购商参会。28日上午，举行开幕式，海峡两岸茶业交流协会创会副会长陈世泽、常务副会长陆火生、严凤英，秘书长纪圣，海峡两岸茶业交流协会副会长柯家耀，省农业厅茶叶产业办副主任、国务院特殊津贴专家、福建省茶产业技术体系首席专家、推广研究员高峰，质量专业高级工程师陈郁榕，县领导林金龙、陈汉良等以及来自全国各地的其他嘉宾、专家、新闻媒体、客商代表，各乡镇、县直有关部门主要领导和茶企、群众代表共800多人参加开幕式。县委副书记、县长林金龙致开幕词，海峡两岸茶业交流协会创会副会长陈世泽致辞，质量专业高级工程师陈郁榕对大田高山茶产业及2017年秋茶赛茶样进行点评，县人大常委会主任、大田高山茶产业工作领导小组组长陈汉良，宣读2017年秋茶赛获奖名单。

【全县茶业生产工作会议】 2月21日，在龙山宾馆七楼会议室召开，会议由县政府副县长詹冬华主持。会议总结2016年茶业工作，分析存在问题，部署2017年茶业工作。县领导陈汉良、王怀斌，18个乡镇长以及分管领导、县茶产业领导小组成员单位领导，东风农场场长，乡镇农技站长、茶企代表共130人参加会议。

【品牌建设】 2月23日，福建仙顶实业有限公司与CCTV央视网商城正式签约，成为“央视网商城优选品牌”。

【技术培训】 3月4—5日，茶叶生产许可化验员培训班在仙顶实业有限公司举办，聘请三明市产品质量检验所高级工程师授课，吴山、屏山等乡镇茶企代表37人参加培训。

【展示展销】 4月16—18日，福建省象山岩茶业有限公司参加在河南郑州举办全国农产品地理标志产品展示会。

4月21—24日，福建省象山岩茶业有限公司、福建省江山美人茶业有限公司等4家企业参加2017年中国国际茶业及茶艺博览会，在北京全国农业展览馆举办。

5月18—21日，福建省江山美人茶业有限公司参加在杭州国际博览中心（G20杭州峰会主会场）举办的中国国际茶叶博览会。

5月24—28日，福建省象山岩茶业有限公司等3家茶企参加三明名优茶、“尚书品”茶推介活动，在西安举办，活动由三明市海峡茶业交流协会组织。

6月16—21日，福建省江山美人茶业有限公司、大田县易津茶业有限公司等10家茶企参加福州第十五届中国·海峡项目成果交易会现代茶产业专题展。

6月30日，美人茶生产技术培训班在屏山举办，培训班分理论学习和技能操作，吴山、屏山等16个乡镇的茶农及农技站技术干部共128人参加培训。

8月17—19日，福建省江山美人茶业有限公司参加第九届香港国际茶展（香港）。

8月17—22日，福建省象山岩茶业有限公司、大田县联欣茶业有限公司参加第十八届中国绿色食品博览会展示，在内蒙古自治区包头市举行，由中国绿色食品发展中心主办。

9月18—21日，福建省江山美人茶业有限公司、大田县锦荣茶厂、大田县易津茶业有限公司、大田县龙湖山茶业有限责任公司参加厦门国际投资贸易洽谈会茶产业投资展览会展示，大田县龙湖山茶业有限责任公司入选展览会礼茶供应商，向组委会提供金花老铁、野生红茶2款礼茶。

11月6—9日，大田县易津茶业有限公司、福建省江山美人茶业有限公司参加第十三届海峡两岸林业博览会暨投资贸易洽谈会。

11月16—19日，福建省象山岩茶业有限公司、大田县五龙山茶叶有限公司、大田县屏山乡云雾生态茶叶专业合作社、福建省江山美人茶业有限公司参加在武夷山举办的第十一届海峡两岸茶业博览会。

【领导调研】 7月21日，三明市海峡茶业交流协会会长林纪承一行4人，到县调研茶产业。县人大常委会主任、茶产业领导小组组长陈汉良陪同调研。

8月13—14日，海峡两岸茶业交流协会创会会长、原省人大党组书记、副主任张家坤一行3人到县调研茶产业。实地考察吴山茶城、大方广茶业有限公司、扶贫土堡、屏山生态茶园，在茶乡大院召开座谈会。市海峡茶业交流协会会长林纪承、常务副会长严凤英，县领导林金龙、陈汉良、涂剑峰陪同调研。

10月18—19日，海峡两岸茶业交流协会副会长连逸君一行3人，到县调研茶产业。实地考察屏山茶美人景区，到大方广等企业调查美人茶生产情况，参观梦幻桃源建设项目。县领导赖伟平、涂剑峰陪同调研。

【“高山特色乌龙茶生产关键技术集成示范”项目】 9月8—10日，“高山特色乌龙茶生产关键技术集成示范”项目通过省农业厅、省农科院等单位专家组验收，项目由福建省星火科技计划，福建大田大方广茶业有限公司承建，建设期3年，建立生态茶园示范基地面积、年亩产干茶、特色乌龙茶新产品数量、茶叶制优率、生产工效等全部指标均达到或超过项目预期。

（罗义航）

畜牧业

【概况】 2017年，全县饲养生猪15.44万头，比上年减少30.23%；牛2307头，同比减少66.18%；羊3.02万只，同比减少33.04%；禽176.88万只，同比增减少17.11%；兔329.26万只，同比减少24.77%。肉类产量2.1万吨，同比增长10.53%，禽蛋产量3564吨，同比增长8.1%。畜牧业产值9.68亿元，同比增长6.31%。

动物防疫 2017年，全县完成高致病性猪蓝耳病免疫23.34万头、猪瘟免疫23.34万头、牲畜口蹄疫免疫28.2万头、禽流感免疫218.52万羽、新城疫免疫128.50万羽，小反刍兽疫1.8万头。

动物疫情测报 2017年，全县完成畜血清免疫抗体检测560头份，其中猪免疫抗体监测520头份，检测结果猪瘟抗体合格率为94.5%，口蹄疫抗体合格率为98.2%；牛羊免疫抗体监测40头份，口蹄疫抗体合格率为97.5%；鸡免疫抗体监测430头份，检测鸡新城疫抗体合格率为94.5%，禽流感抗体合格率为95.6%；鸭免疫抗体监测290头份，检测禽流感抗体合格率为95.5%。开展牛羊布鲁氏菌病基线普查，共采集牛羊血清2183份，检测结果均为阴性。向省、市动物疫病控制中心送检禽咽喉和泄殖腔拭子600份；猪组织样品80头份。每月开展一次动物流行病学调查，共调查120个散养户和3个猪、牛、羊、禽养殖大户及规模场，对16种重点动物疫病进行流行病学调查。

动物检疫 2017年，全县共检疫活畜禽11.43万头（只），检疫肉类产品9.25万头（只）。检出病害肉类产品1120公斤，全部进行无害化处理。

【大田槐猪获农产品地理标志登记保护】 1月10日，大田槐猪获农业部农产品地理标志登记保护，保护范围为大田县所辖18个乡镇266个行政村，产品生产规模为3.1万头、2418吨/年。

【生猪屠宰监管】 2017年，县牲畜定点屠宰办开展专项行动17次、联合执法8次、出动车辆26辆次、执法人员100人次，发放法律法规等宣传材料1300份，检查生猪屠宰场（点）25家次，取缔生猪非法屠宰点5个；移送司法机关处理案件1起，追究刑事责任1人。

2017年1月，县畜牧水产中心查处私宰点联合执法行动　（县农业局/提供）

【蛋鸡产业化项目】 10月17日，大田县蛋鸡产业化项目开工，项目位于前坪乡山川回族村大田县扶贫产业园内，占地面积20公顷，由福建省旺中生态农牧发展有限公司建设，投资6亿元，建设标准化蛋鸡养殖场、有机肥生产线和鸡肉冷链加工厂等附属设施共计6.5万平方米，建成后年存栏蛋鸡100万羽，年产蛋量2.97万吨、有机肥10万吨，建设年限从2018至2020年。

【病死猪无害化处理】 2017年，全县无害化处理病死猪1.67万头，兑现补助资金134万元，其中省级以上财政承担117.24万元，县级财政承担16.76万元。

【生猪养殖面源污染防治】 2017年，全县生猪规模养殖场升级改造任务9家。年内，完成养猪场拆除136家、升级改造9家（存栏250头—1500头7家、存栏1500头—4999头2家）。

【质量安全监管】 2017年，县动物卫生监督所与36家养殖业主签订不销售病死畜禽承诺书和健康养殖承诺书。抽检屠宰场生猪尿样2500头份、养殖场生猪尿样320头份，检测结果均为阴性。开展兽药、饲料整治行动6次，检查兽药经营企业、养殖场数量45个（次），抽检10个兽药、15个饲料样品并送检。

【肉兔生态养殖产业项目建成投产】 2017年，肉兔生态养殖产业项目建成投产，项目位于均溪镇后华村芹菜垅，由县畜牧兽医水产中心以大田县种兔场迁建为契机，引进福建莱德旺畜牧业有限公司投资兴建。项目占地3.33公顷，总投资2000万元，1月开工，7月完工，建成兔舍4栋3500平方米和生活办公楼1栋500平方米并购置配套养兔设施，引进种兔3000只饲养，年可新增出栏肉兔10万只。

（林兴铃）

渔　业

【概况】 2017年，全县水产养殖总面积1431公顷，其中池塘109公顷，占人工养殖面积7.6%；山塘水库1322公顷，占92.4%；水产品总产量8231吨，比上年增长7.2%，其中捕捞产量558吨，养殖产量7673吨。全县渔业产值按现行价计算为1.28亿元，比上年增长8.28%，渔业产值占农业产值37.95亿元的3.37%。全县有渔业专业劳动力1266人，渔农兼业劳动力446人。

【实施基层水技推广体系改革与建设补助项目】 2017年，县畜牧水产中心实施基层水技推广体系改革与建设补助项目，项目提升水产技术推广人员业务能力、建立福建省启农地热养殖有限公司、大田县鑫绿水产养殖有限公司等2个渔业科技试验示范基地、建设15个渔业科技示范主体，全县16名水产技术推广人员全部安装使用中国渔技推广APP。围绕主导产业，遴选主导品种和主推技术，确保主推技术入户率达100%。

【街面水库大田库区渔业水域环境监测】 2017年，县畜牧水产中心监测水面漂浮物情况、水色、水温、透明度、溶解氧、pH值、氨氮、亚硝酸氮、硫化物、叶绿素a。每月开展1次，洪水台风季节（4—7月）和秋冬交替季节（10—11月）等灾害多发季节，加大监测频率，及时掌握重要养殖区水环境质量变化情况，指导养殖户持续、健康发展库区渔业生产。

【水产品禁用药物残留快速检测】 2017年，县畜牧水产中心从水产品生产单位数据库中抽取受检渔业企业15家，根据水产养殖生产实际，均衡安排不同品种、不同区域、不同季节的抽检数量，扩大快检工作的覆盖面，提高快检结果的代表性。检测项目为氯霉素、孔雀石绿、呋喃唑酮代谢物、呋喃西林代谢。全年共检测鱼类样品45个，样品检测合格率为100%。

2017年，闽湖湖美库区网箱养殖清理综合执法　（县农业局/提供）

【街面水库大田库区网箱养殖清理】 2017年，县畜牧水产中心参与制定库区养殖网箱清理方案，收集上报网箱清理进展情况，参与综合执法组对新增鱼苗、新增网箱及不配合网箱清理养殖户的巡查处理，做好迎接中央和省政府环保督查、国控高才断面水质提升等各项工作，完成各阶段的工作任务。

【水产高优品种养殖】 2017年，县畜牧水产中心引进福建启农地热养殖有限公司、福建省大田县榕美水产养殖有限公司等鳗鱼工厂化养殖项目建设；同时抓好大田县隆锦顺生态养殖有限公司鲈鱼、倒刺鲃等名优品种养殖。

【渔政管理】 2017年，县渔政大队举办渔业法律法规、水产品质量及渔业生产安全宣传培训2期，培训渔民315人次；出动宣传车辆8车次，发放宣传资料500多份，接受群众咨询、解答问题300人次，设置禁止电毒炸鱼宣传牌90块，张贴标语横幅12条；开展水上执法巡查检查28天，陆上岸边养殖场巡查检查22天，出动执法车船50次，执法人员200人次，检查渔船163艘，检查养鳗及饲养牛蛙养殖场31家，下达责令整改通知书13份；查处、制止、驱赶电鱼等破坏渔业资源行为30起，没收电鱼机11台，罚款人民币2000元。动员渔民自行拆除削减库区养殖网箱508个，2.67万平方米，下达库区网箱养殖整改通知书12份、发放处罚告知书6份。检验渔业船舶163艘；为28艘捕捞渔船、135艘养殖渔船申报2017年度燃油补助，发放2016年度燃油补助58.07万元，办理渔工人身意外伤害互助保险139份。

（陈仁收　林兴铃）

农业机械

【概况】 2017年，县农业机械化管理中心（县农机中心）围绕服务农业、方便机手、兴机富民和创建“平安农机”中心，利用国家农机补贴强农惠农政策，推广和引进农机新机具、新技术，促进全县农业机械化发展。全县农机总动力18.7万千瓦，机械保有量稳定增长，种植业机械2.36万台，农用排灌机械4895台，植保机械2885台，渔业机械451台，全县农业机械原值达1.54亿元。

【农机宣传活动】 6月14日，县农机中心在广平镇栋仁村开展农机事故应急处置演练，广平镇政府、农机站、栋仁村村委会及农机手等43人参加。6月20日，农机中心牵头联合桃源镇农机站开展以“全面落实农机手安全生产主体责任”为主题的“农机安全咨询日”活动，发放农机安全生产法律法规等宣传资料150多份，接待农机安全生产咨询20人次。6月，开展农机“安全生产月”活动，监理站利用到各乡镇开展拖拉机年检、机手集中的时机，发放各类农机安全宣传材料300多份；在县有线电视报道活动专题新闻及农机安全生产知识1次，现场开展农机安全宣传活动6次，监管人员24人次参加宣传活动，张贴标语18条、悬挂横幅3幅、展示展板6块，发放农机安全学习手册和农机安全知识宣传材料各400份，农机安全宣传活动受益人数180人次。

【农机监理】 2017年，县农机中心突出农机安全监理工作，加强与公安、交通、安监等部门的合作，开展“隐患排查”“打非治违”农机专项整治、上道路拖拉机联合专项整治、农机维修经营网点安全大检查和安全宣传活动月等多项整治宣传活动。拖拉机上牌率96%，持证率95%，检验率达70%以上。中心与监理站和18个乡镇农机站，乡镇站与45户农机户分别签订年度农机安全生产责任状。年检拖拉机324台（多功能拖拉机232台，手扶拖拉机92台），联合收割机11台。“打非治违”活动中，共检查43单位，查处违法行为与隐患1起，发放宣传材料400份，签订责任状29份。

【农业机械购置补贴】 2017年，全县共办理指标农民申请办理购机2535份，受益户数1935户，机具数量2966台，总补贴451.37万元（中央补贴393.79万元，省补贴57.58万元）。带动农民群众投入农机发展资金828.6万元，全县农业机械总动力达18.7万千瓦。全年农机购置补贴资金完成进度全省排名第五，全市排名第一。

（章婉虹）

农　场

【概况】 2017年，全县有东风农场和良种场2个。总户数1252户、4408人。

东风农场 2017年，全场有1185户、4218人。全场工农业总产值7433万元，其中农林牧渔业产值7198万元，工业产值235万元；农工人均纯收入1.25万元。粮豆播种面积433.33公顷，烟叶种植38.67公顷，收购烟叶1725担；规范120公顷雷竹基地管理，逐步扩大种植规模，雷竹笋总产值2000万元以上；规范红菇基地管理，全年红菇产值200万元以上；完成林木生产经营3232立方米，销售收入338.8万元；完成幼林抚育180公顷；发放产业精准扶贫资金10.83万元，精准扶贫易地搬迁3户10人，补助资金27.2万元。东风农场获信用社授信17户，发放“福林贷”贷款17笔，总金额180万元。

县良种场 2017年，全场67户，190人。耕地总面积13.33公顷，农业总产值292.8万元，人均纯收入7600元。种植玉米10.66公顷，产量24万公斤，产值76.8万元；种植蔬菜25公顷（含复种），总产量131万公斤，产值183万元；种植大棚蔬菜1公顷，产值25.5万元；温州蜜柑4公顷，产量6.2万公斤，产值7.5万元。

【基础设施建设】 2017年，东风农场完成垦区危旧房改造20户（套），年度计划投资300万元，实际完成投资350万元；对2016年危旧房改造30户进行配套基础设施建设：安装太阳能路灯60盏，总投资27万元，其中中央及省市县配套补助14.5万元；石寨村土地整理项目，面积35.73公顷，总投资136万元；新建下排吉水毁水坝1座，总投资11万元。

【农垦改革】 2017年，农垦办开展社会职能改革，全面剥离农场办社会职能工作，实现“政企分开、管办分离”。东风农场完成国有土地确权登记发证工作，至年底，完成权籍调查3399.73公顷，完成发证3229.93公顷，其中年内完成发证360.2公顷。

（林生郁　黄志金）

森林资源培育

【概况】 2017年，大田县林业工作围绕“绿水青山就是金山银山”的目标和建设生态林业、民生林业的主题，推进现代林业建设。

营林造林 2017年，全县共完成造林绿化面积1556.1公顷，占省、市下达任务的118.2%。按造林类型分：“两带一区”工程建设174.1公顷（乡村生态景观林17.3公顷、生物防火林带19.3公顷、重点生态区位林分修复137.5公顷），占任务的106.6%；其他人工造林更新1382公顷（珍贵用材树种造林110.8公顷、不炼山造林93.3公顷、其他造林1177.9公顷），占任务的119.8%。完成封山育林2253.3公顷，占任务的100%。完成“三个必造”面积834.9公顷（火灾迹地更新6.1公顷、林木采伐更新731.5公顷、占用征收林地异地恢复森林植被造林97.3公顷），占任务的102.8%。

苗木培育 2017年，全县大田育苗6.1公顷，产苗490万株，其中，马尾松0.2公顷24万株，杉木4.4公顷396万株，木荷1公顷45万株，其他阔叶树0.5公顷25万株。分别培育马尾松、杉木轻型基质容器苗55万袋、40万袋；培育绿化苗315.6公顷645万株。

竹业开发 2017年，全县巩固“两高一优”丰产竹林面积1866.67公顷，新发展“两高一优”毛竹笋竹两用林233公顷，低产毛竹林改造67公顷；完成竹山机耕路（宽2.5米以上）3公里，建竹山灌溉蓄水池10个200立方米。全年生产原竹225万根，中小径竹材产量1150吨，鲜笋8500吨，清水笋360吨，笋干450吨。竹业总产值1.76亿元，其中加工产值3687万元。

油茶开发 2017年，全县新造油茶林116.7公顷，油茶低产林改造1006.7公顷；争取中央现代农业（油茶）生产发展项目补助资金500万元。年底，全县油茶林面积达1.01万公顷。

【义务植树】 3月，县委、人大、政府、政协四套班子部分人员在上京镇隆美村曲垅以“创新驱动，绿色发展”为主题，带头开展全民义务植树活动，新建县级义务植树基地1个，面积1.01公顷。全县参加义务植树19.66万人次，植树76.26万株。加大力度对广平镇丰庄村（和厝）及太华镇德安村（安山）钩锥古树群、屏山乡和坑村昭云庵圆柏等省市重点古树的保护建设。

【速丰林基地建设】 2017年，全县完成速生丰产林基地建设面积339.3公顷，其中，速丰工程造林面积136.6公顷（含杉木大径材和珍贵用材树种培育造林）；现有林改造培育速生丰产林（含国家木材战略储备林）基地面积202.7公顷。

【油茶栽培技术培训】 2017年，县林业局专业技术人员到华兴、湖美等14个乡镇，对油茶低产林改造施工进行实地现场培训和丰产栽培技术培训，受训农户和技术骨干达350多人。

（陈鹏飞　方来毅　陈光畏　张锦斌　乐景传）

森林资源保护

【概况】 2017年，县林业局执行《中华人民共和国森林法》和《中华人民共和国森林法实施条例》等法律、法规，严格采伐限额管理，控制森林资源过量消耗，实现森林可持续利用；建立健全森林资源管理制度，做到管理、服务一起抓，强化措施，依法行政，使森林资源管理工作逐步适应社会和林业发展的需要，促进林业经济可持续发展，全县森林覆盖率达73.04%，林地保有量17.4万公顷，森林蓄积量1255.5万立方米。

限额采伐 2017年，县林业局根据省林业厅下达的商品材采伐计划，分解下达各乡镇、场采伐蓄积量29.9万立方米，确保年度采伐消耗量及分项结构不突破指标。全县共办理商品材林木采伐证482份、蓄积量10.58万立方米，出材7.4万立方米。

依法护林 2017年，县林业局执法部门共受理各类森林案件244起，查处225起，其中，立刑案99起，破案84起，抓获逃犯13人；受理查处林政案件145起，共处理违法犯罪人员217人次（依法逮捕22人、取保候审31人、刑事拘留19人、林政处罚145人次），没收木材311.64立方米，为国家挽回经济损失122.5万元。全年办理木材运输证1.04万份，运输木材14.5万立方米。

林地管理 2017年，县林业局共受理林地征占用项目32宗，面积215.76公顷，其中通过审批31宗，上报省林业厅审核待批1宗。林业执法部门开展非法占用林地清查专项行动，共清理非法占用林地5.86公顷，其中，刑案立案3起，破4起（年前积案1起）；查处林政案件37起，处罚4个单位37人次，并责令限期恢复森林植被。

森林防火 2017年，全县贯彻执行森林防火的法规、政策，按照省、市政府下达的森林防火责任目标要求，坚持“预防为主、积极消灭”的方针，多层次、全方位抓森林防火，结合实际，突出重点，抓好各项防范措施落实。全年召开指挥部成员及其他形式会议96场次，组织森林消防队伍培训30期，参加培训1582人次，开展消防队伍演练25次，参加演练队员750人；发布禁火令6次，橙色预警5次；出动宣传车1920车（次），制作固定宣传牌419块，印发防火宣传单、禁火令、刷写、张贴标语19万张（条）；查处违章野外用火72起，罚款1.1万元。全县发生森林火灾1起，过火面积8.9公顷，受害面积1.7公顷，商品林受害率为0.01‰。

森防检疫 2017年，县林业局森防站执行国家《植物检疫条例》和《森林病虫害防治条例》，坚持“预防为主、科学治理、依法监管、强化责任”的林业有害生物防治方针，做好森林病虫害测报和防治。新增梅山检疫办证点。发放松材线虫病防控宣传手册300份，到村、厂矿、工业园区和高速公路、铁路等在建工程，张贴松材线虫病防控宣传单共500余份。全年测报病虫种10种，监测面积14万公顷，发布虫情预警2次，产地苗木检疫18户、面积131.56公顷，产地检疫率100%，无发现检疫对象。在全县林业有害生物普查中，摸清62种林业有害病虫的分布及危害情况，并通过省市验收。

【森林资源调查外业完成】 3月底，县林业局开展的第四次森林资源规划设计调查（二类调查），由湖南省农林工业勘察设计研究总院全面完成外业调查，共调查样地1234个（全县共有样地1235个，2606号样地位于尤溪县境内），其中复测样地1218个、目测样地16个。按地类分，林地965个（乔木林地752个、特殊灌木林地79个、一般灌木地25个、竹林地50个、疏林地4个、未成林造林地18个、迹地10个、宜林地27个），非林地269个。

2017年3月，县林业局开展森林资源规划设计调查 （刘美利／摄）

【山林纠纷调处】 2017年，县山林纠纷调处办调处县内森林和林木林地纠纷2起，面积6.9公顷；接待群众来访1批6人，受理来信31件，全部办结，办结率100%。

（吴善群 林正松 郑丽敏 沈荔琴 高铮铮 苏晋伙 游剑滢 郭行泽 林伟才）

林业改革

【概况】 2017年，县林业局进一步完善集体林权制度配套改革，开展推广普惠林业金融“福林贷”工作，全县有248个村召开村民代表会议，成立林业专业合作社247个，开立保证金专户232个，普惠林业金融“福林贷”共涉及213个村、林农1455户，放款金额1.56亿元，占市下达任务的102.5%。推进培育新型林业合作经济组织，当年新增213家，全县共有林业专业合作经济组织403家，其中，工商注册合作社306家，各类林业协会19家，股份林场37家，家庭林场20家，公司+基地+农户21家。加强生态林管理，签订重点生态林管护合同415份、重点生态公益林监管责任书224份。全年发放国财、省财补助资金1412.37万元。

【林下经济发展】 2017年，全县林下经济涉林面积1.89万公顷，年产值3.12亿元，农民人均创收2418元。其中，

2017年，林下种植中药材 （县林业局／提供）

林下种植中药材、林菌（红菇、梨红菇）6646公顷，产值8089万元；林下养殖鸡、鸭、鹅、牛、羊3620公顷，产值1.31亿元；采集加工笋竹（含小径竹）6440公顷，产值7825万元；森林景观利用森林公园、森林人家2153公顷，产值2166万元。实施2016年度省、市级6个林下经济发展建设项目，完成县级自查，并经市级检查验收，发放省级项目补助资金70万元、市级50万元。完成当年林下经济专项补助项目（省级150万元）林下养蜂专项补助143.25万元，涉及16个乡镇（场）、95户养蜂农户和一个养蜂专业合作社的5户精准扶贫农户。

【**林权抵押贷款和贴息**】 2017年，县不动产登记管理局共办理林权抵押登记13宗、面积1120公顷，抵押贷款金额1282.6万元；申请林农小额贴息贷款1537万元，中央财政贴息30.22万元。

（吴成坤　张峰林）

国有场圃

【**概况**】 2017年，县境内国有场圃4个，其中省办市管林场2个，县属林场和苗圃各1个。经营面积1.54万公顷（苗圃用地1.2公顷），其中林地1.43万公顷，林分蓄积量224.79万立方米。全年迹地更新造林125.47公顷，中幼林抚育2350.34公顷，木材生产3.26万立方米，主营业务收入3392.02万元，比上年增长20.66%，利润1033.49万元，同比增长8.16%。年底，共有职工172人，其中专业技术人员66人。

桃源国有林场 2017年，全场经营面积6469.6公顷，其中林地5953.33公顷，森林覆盖率92.02%，林分蓄积量88.5万立方米。当年迹地更新造林59.4公顷（速生丰产林造林27.47公顷），平均成活率95.7%；森林抚育面积610.92公顷，中幼林抚育953.07公顷；新造珍贵树种23.07公顷；杉木、马尾松当年平均抽高分别为55厘米、34厘米，综合合格率100%；速生丰产林达标率100%，未成林造林转有林地70.1公顷、综合合格率100%；幼林进阶68.5公顷，进阶率100%；防火林带抚育55公里，林道维修80.78公里；4月，施放白僵菌粉剂500公斤，防治森林病虫害67.46公顷，并按照县林业局安排，对马尾松林分进行松材线虫病、松突圆蚧春、秋季普查，踏查面积达3000公顷，按一定面积布点，根据病虫的发生规律，做好测报。全年主伐皆伐林木面积54.1公顷，抚育间伐191公顷，木材生产8730立方米，销售9372立方米，每立方米平均销售单价1045.4元，比上年下降9%。主营业务收入1004.02万元，销售利润581.49万元，利润率57.92%；营林、抚育投资405.29万元。年底，全场在职干部职工64人，其中专业技术人员28人（中级职称8人，高级以上职称12人）。

是年，贯彻落实全省国有林场改革动员会和全市省属国有林场改革座谈会精神，成立改革领导小组，制定《福建省大田桃源国有林场改革实施细则》，设置办公室（资产管理科）、人事教育科（工会）、营林科技科（森林公园办）、生产经营科（安办）、计划财务科、资源管理科（护林防火办、林业执法中队）等职能部门6个，设桃源、登榜、莲花山、湖美、梅山5个森林管护站。8月25日召开改革岗位竞聘大会，人员竞聘上岗、择优录用，进行绩效考核，建立高效、灵活的选人用人机制。

梅林国有林场 2017年，全场经营面积6358.53公顷，其中林地面积5842.8公顷（生态公益林938.16公顷），林分蓄积量94.69万立方米，森林覆盖率88.9%。全年迹地更新造林38.27公顷，其中珍贵树种福建柏混交林种植面积6.8公顷，采取割灌、林下套种等措施，完成国家木材战略储备91.13公顷；森林抚育1202.6公顷，其中中幼林抚育98.47公顷、省级森林抚育3.46公顷、中央森林抚育400.67公顷；抚育间伐140.6公顷；森林病虫防治141.8公顷，林道维修93公里，防火林带抚育32公里，完成冬整地52.33公顷。木材生产1.65万立方米，销售1.88万立方米，销售收入1772万元，利润416万元，比上年增长4.11倍。当年得到上级专项拨款204.37万元，育林金林价留场13.32万元，营林投资362.35万元。8月，按照国有林场改革要求，61位职工重新竞聘上岗。林场基础工作在当年度全市国有林场工作绩效评比中获得第一名。年底，全场在职干部职工70人，其中专业技术人员30人（中级和高级以上职称各9人）。

赤头坂国有林场 2017年，大田县赤头坂国有林场经营面积2549.73公顷，其中林地2479.8公顷，森林覆盖率97.24%，林分蓄积量41.6万立方米。完成中央财政森林抚育补贴项目面积304.5公顷，完成省财政森林抚育补贴项目面积109.7公顷。当年迹地更新造林27.8公顷（种植楠木、杉木、马尾松混交林）；新营造木荷防火林带3.2公里。幼林抚育184.6公顷，抚育间伐、卫生伐35.3公顷，维修防火路57.9公里，森林病虫害防治320公顷。全年木材生产、销售5562立方米，销售收入616万元，上缴财政利润36万元，税后财务收支节余24.21万元；年底，干部职工36人，其中专业技术人员8人。

汤泉苗圃 2017年，苗圃水田1.07公顷、旱地0.13公顷，育苗1.07公顷，产苗130万株。年底，有职工2人。

【**预防职务犯罪教育课举办**】 10月12日和17日，梅林国有林场和桃源国有林场分别邀请三明市和大田县检察院有关人员到场举办讲座，县人民检察院副检察长黄能桂为两个场的干部职工120多人讲授“让权力在阳光下运行”为主题的预防职务犯罪教育课，教育干部职工廉洁从政，遵守法律法规，抵制诱惑，预防职务犯罪。

2017年10月，桃源国有林场开展预防职务犯罪教育课（桃源林场/提供）

【**梅林林场综合服务中心项目开工**】 10月26日，梅林国有林场综合服务中心建设项目举行开工仪式，项目位于均溪镇河滨西路（福塘），建设用地2601.20平方米，规划建筑面积2700平

2017年10月26日，梅林国有林场综合服务中心建设项目开工仪式（梅林林场/提供）

方米，建筑物高5层，其中住宅5套、地下停车位30个，工程由兴田城市建设投资有限责任公司代建。

【结对帮扶活动】 10月27日，桃源国有林场在重阳节前夕，组织党员志愿者服务队10人，开展“重阳节——走进广汤”关爱老人结对帮扶活动，为挂包的广汤村横洋自然村2户精准扶贫困难户送 上食用油、面等生活用品和慰问金等价值1000余元，有的帮忙擦洗桌椅、搞好清洁卫生，有的帮助收地瓜、割水稻等。

【森林防火】 2017年，桃源国有林场制定《大田桃源国有林场森林火灾事故应急处理办法》，场级领导每人挂钩负责一个保护站，每季参与护林检查，平时督促护林员做好日常工作。4月和9月，分别开展春秋季防火宣传月活动，出动宣传车到毗邻5个乡镇进行《中华人民共和国森林法》《福建省森林防火条例》等有关知识宣传8天，受教育3万多人次，发放防火公约500份，出宣传栏和简报各1期，张贴护林防火标语100多幅。设立扑火装备器材库，配备劈刀20把、二号扑火工具80把、柴刀40把，油锯2台、风力灭火机7台、前式水枪10把等，每名扑火队员配有扑火服装、鞋帽、背包、手电筒等。9月，联合举办森林防火培训及应急演练，结合炼山，全场扑火队员60多人参加演练。10月，调整场防火指挥部成员，同时调整充实专业森林消防队共61人（桃源分队43人，湖美分队18人），其中风力灭火机组各10人。

【林地占补平衡】 2017年，桃源国有林场因省重点项目国道纵五线建设被征用林地8.31公顷，办理前置审批手续，并与县国有干线公路建设指挥部、县林业局、梅山乡政府协商，由县锦田公路建设有限公司受让大田县树和林业发展有限公司森林资源10.13公顷作为林地“占一补一”指标，完成签约和林权过户手续。

【爱心奉献和帮扶活动】 2017年，梅林国有林场开展公民道德建设和爱心奉献活动，共捐款1.43万元。其中，“六一”儿童节对周边上京中心小学和梅林、隆美、上平等4所小学资助1400元，教师节资助2000元；全体干部职工向见义勇为基金会捐款690元；支持白岩社区社区共建费3000元；为结对帮扶的上京镇城口村3户、梅林村1户特困家庭资助共7200元。

【科技进步奖获得】 2017年，赤头坂国有林场在三排（地名）建立钟萼木苗圃基地，面积1.33公顷（20亩），总投资约15万元。同时在苗圃基地组织开展钟萼木生长性状遗传多样性与栽培技术研究，获三明市科技进步三等奖。

（陈森森　田立丰　余瑞真　林伟才）

水 利

【概况】 2017年，大田县水利局遵循“绿水青山就是金山银山”的发展理念，推进项目支撑、责任落实、生态建设和党的建设，推动水利事业发展。年内，全县投入水利资金3.22亿元，占市下达任务的101%，获2017年度全市水利工作责任目标考核一等奖。省水利投资集团（大田）水务有限公司完成售水量651万吨，产值1196.65万元，上缴税收55.6万元，代征收污水费597万元，垃圾处理费202万元。新增用水户1395户，全年水质综合合格率99.80%。

【开通微信缴费】 5月，县水务有限公司为满足用户差异化需求，开通微信缴费渠道，方便用户交缴水费，提高工作效率，让用户足不出户就可缴纳水费，提高供水企业服务水平。

【均溪安全生态水系建设项目】 12月，均溪河安全生态水系建设项目（一期）通过市级完工验收复核。项目含均溪河、东坂溪两条河段，总长14.87公里。2016年11月20日，均溪河段工程进场施工，2017年11月25日完工；2017年11月20日，东坂溪段完工，累计完成投资2338万元。

【重大水利项目投资】 2017年，全县重大水利项目8个，累计完成投资1.91亿元，占年计划的102%；面上项目11个，累计完成投资1.3亿元，占年计划的101.5%，其中闽江上游尤溪流域防洪二期（大田段）、均溪河安全生态水系（二期）、铭栋溪流域安全生态水系、雪山水库等项目均完成年度任务，城区管网改扩建、河道治理等工程均超额完成年度任务。

【补齐民生水利短板】 2017年，全县解决饮水不安全人口1.59万人，其中国家建档立卡贫困人口253人。全县农村集中供水率达77.5%，农村自来水普及率达83%。建设高标准农田1720公顷，新建改造城区给排水管网19.33公里，城区地表水厂供水水质合格率达99.8%。

【水土流失治理】 2017年，全县实施水土流失综合治理面积3680公顷，占省、市下达任务的138%，完成投资8872万元。推进大田县2017年省级重点县、第二批国家重点水土保持重点建设工程等重点项目建设，综合治理规模2956.7公顷，总投资1853万元。年内完成投资1030万元，综合治理2733公顷。

【水土保持监督】 2017年，全县审批水土保持方案38份，征收水土保持补偿费202万元。出动执法人员248人次，检查矿山89个，建设项目7个，提出整改意见120多条，促进生产建设单位按照水土保持方案做好水土保持防治工作。

【水旱灾情】 2017年，据县气象部门统计，全年降雨量1558.86毫米，比往年（前30年平均降雨量，下同）多25.16毫米。降雨特点：一是时空分布不均。最大屏山站（1742.7毫米）是最小湖美站（1319.8毫米）的1.32倍。1—4月降雨量为398.4毫米，比往年平均433.4毫米少8%，5—8月降雨量为935.9毫米，比往年平均828毫米多13%，9—12月降雨量为224.56毫米，比往年平均272.3毫米少17.5%。二是台风雨影响少。有“海棠”“苗柏”两个台风影响全县，每个台风风雨影响较大。6月11—13日，“海棠”最大过程降雨量160.2毫米，平均过程雨量72.6毫米；7月28—31日，“苗柏”最大过程降雨量196.3毫米，平均过程雨量84.3毫米。全年降雨量偏少，水库水位普遍较低，六角宫水库没有泄洪，坑口水库由于启闭房横梁出现微小裂缝不允许下闸，故出现自然溢流（自然泄洪565万立方米）。6月15日，文江溪由于上游矿山开采的影响，河床淤积抬高，多次超警戒水位，最高水位为256.01米，超警戒水位1.15米（警戒水位254.86米，保证水位256.01米）；8月1日，坑口水库最高水位609.78米（正常蓄水位614.5米），均溪河最高水位为355.31米，超警戒水位0.72米（警戒水位354.59米，危险水位357.3米）；8月4日，六角宫水库最高水位535.75米（正常蓄水位539米）。全年受多次强降雨及多个台风雨影响，对全县造成较大灾害，19个乡（镇、场）不同程度出现严重洪涝灾害和地质灾害，公路中断、堤防决口、农田受淹，交通、水利、电力等基础设施损毁严重。

全县受灾人口1.65万人、转移2600人，直接经济损失3735万元，其中农作物受灾面积2428.8公顷，因灾减产粮食1700吨，农牧渔业直接损失1253.2万元；主要公路中断3条次(不含村道)、工矿企业停产14个、供电中断11条次、通讯中断2条次，工业交通经济损失1321.4万元；堤防损坏53处、护岸损坏92处、灌溉设施损坏127处，水利设施经济损失1160.4万元。

【冬春水利建设及水利水毁修复工程】 2017年，全县累计完成2017—2018年冬春修水利建设及水毁修复工程投资5979万元，占总投资的83.2%，投入劳动力20.8万个工日，完成土石方72万方，新增节水灌溉面积106.7公顷，改善灌溉面积160公顷。实施2017年水利水毁修复建设，项目投资409万元，完成307.8万元，占总投资75.26%。

【农村饮水安全巩固提升工程】 2017年，全县重点实施农村饮水安全巩固提升工程，主要涉及华兴镇（柯坑村、仙峰村）、湖美乡（元安村、旺建村）、前坪乡前坪村、屏山乡（内洋村、屏山村、玉屏村、美阳村、溪头村）、石牌镇盖山村、谢洋乡仕福村、文江乡（文江村、大文村）、上京镇城口村、建设镇(集镇自来水厂、建爱村)等17个村，总投资951.45万元，上级补助资金697万元，解决1.59万人饮水问题。各乡镇均进入施工阶段，其中，石牌镇盖山村、华兴镇柯坑村、仙峰村、湖美乡元安村、前坪乡前坪村等5个村饮水工程完成工程建设。

【国家建档立卡贫困人口饮水工程】 2017年，全县国家建档立卡贫困人口的饮水不安全人口涉及10个乡镇，87户、253人，省级下达给县国定贫困人口省级补助资金15.2万元。9月底，完成“一户一策”的实施方案编制工作；10月12日，全面开工建设；11月30日，解决大部分贫困户饮用水问题。年内，桃源、石牌、谢洋、奇韬、建设、武陵、华兴等乡镇完成镇、村两级验收及项目专项资金报账工作。

【高标准农田节水灌溉工程】 2017年，大田县葫芦岩露茶业有限公司建设高效节水灌溉工程，铺设输配水管网800米，新建清水池、沉淀池等，项目投资45万元，项目补助投资10万元。

【铭栋溪流域安全生态水系建设项目】 2017年，广平镇铭栋溪流域安全生态水系建设项目，涉及栋仁、铭溪两个村，项目整治起点位于丰庄村庄桥，终点位于铭溪村水尾桥，完成复合式护岸1公里，造价200万元，计划总投资1150万元，省级补助1000万元，到位资金500万元，综合治理河长10公里。

【河长制工作】 2017年，大田县“河长制”工作经验经中央深改组第28次会议通过在全国推广；生态综合执法制度得到省委书记于伟国批示肯定。河长制工作代表福建省在全国贯彻落实第二次河（湖）长制视频会议上作典型发言、在水利部太湖流域第二次河长制工作会议上作经验介绍，在全国率先注册成立河长协会，主导起草全省河（湖）长制管理规范地方标准。

2017年5月6日，大田县志愿者宣传河长制　（陈德传/摄）

【水资源管理】 2017年，为健全组织领导和管理考核体系，县长任组长的水资源管理委员会成立，设立水资源管理和节约用水办公室，实行涉水事务一体化管理。建立完善计量与收费分离监督制度，严格水资源论证及取水许可，加强水资源执法监管力度，强化水资源费征收管理。全年共征收水资源费451万元，水资源费征收到位率达92%以上，大田县被三明市政府评为2017年度实行最严格水资源管理优秀县。

【供水管网建设】 2017年，福建省水利投资集团（大田）水务有限公司完成凤山中路供水管道改造项目，全年完成老旧管网改造5100米；石牌镇、均溪镇福塘村的管网改造并网工程开工，工期四个月，项目竣工后，年供水量将增加102万吨，全面解决两地居民用水困难的局面；启动城区水厂二期扩建工程，预计在2019年5月建成投产。

（郑新镱　陈姗姗　邱建焱　陈贺铭）

电　力

【概况】 2017年，大田县水利、电力部门规范小水电管理，挖掘小水电潜能，加大增效扩容改造力度；加强小水电下泄流量监管，保护水生态环境，落实防汛度汛安全责任制度。全县有水电站178处，总装机容量16.28万千瓦，年发电量4.54亿千瓦时，比上年减少41.03%。国家电网福建大田县供电有限公司完成售电量13.91亿千瓦时，比上年增长12.75%；累计完成固定资产投资9275万元，完成年计划的100%，综合线损率为4.15%。农配网总投资6300万元，全县共有193个项目，开工率100%，竣工率100%。完成新建改造10千伏及以下线路288公里，配变137台。县供电公司综合绩效在三明10家县（市）公司排第二位，首次进入三明公司A段。

【电网建设】 2017年，国网福建大田县供电有限公司突破历史遗留输电线路林木砍伐案件青赔难题，促成保护性施工完成35千伏建设变投运任务，开工建设35千伏屏山输变电工程；完成重点工程闽农光伏发电站35千伏线路送出工程。全年农配网总投资6300万元，共193个项目，开工率100%，竣工率86.01%（其中27个项目属跨年项目）。累计完成新建改造10千伏及以下线路288公里，配变137台。

【电力管理】 2017年，国网福建大田县供电有限公司实现安全生产、党风廉政“零”事故，连续生产安全4071天、连续经济安全2355天。开展安全生产大排查大整治以及春秋检活动，共排查问题2816项，整改率98.1%。运用“远程稽查系统”及单兵视频执规，强化作业信息管控，开展全流程观察，突出小型分散作业现场安全管控，全年执规检查各类现场1365个，发现违章287起，下发“两单一表”（督办单、反馈单、管控表）5份，强制待岗培训8人次。完成安装二遥故障指示器414个，架空线路覆盖率100%，平均在线率99.71%，配网自动化得到提升；开展线路综合检修、加装避雷器1128组，分段、分界开关98组，走廊清理113.4公里，绝缘化改造37.8公里，频繁停电现象得到缓解。组织开展打击窃电及违约用电专项行动，共查获违约、窃电37户、追补电费共5.72万元；开展异常台区专项治理，加大异常跟踪整改力度，同期日线损合格率95.45%，一体化系统同期月线损达标率100%。

2017年11月，均溪镇凤山路电网改造 （刘冬春/摄）

【营销服务】 2017年，国网福建大田县供电有限公司完善服务风险预警机制，规范取证维护权益，全年属实投诉7件。改进供电服务客户经理制及看板管理，全面优化办电流程，普及全业务线上受理，强化业扩协同，业扩平均送电时长87.8天；强化电能替代，推动2个项目落地实施，累计替代电量5040万千瓦时，推动地方政府电能替代政策出台，建设福塘电制米粉示范区，开展“电网连万家，共享电气化”主题宣传活动2次；服务纵五公路、香山北路、兴泉铁路等基础设施工程。

【品牌建设】 2017年，县供电公司首次实现中央级媒体零突破，自主拍摄的微电影《万家灯火》获英大传媒2017年度优秀电视作品微电影二等奖，是全省系统唯一一个县公司获奖作品。

【丰富职工文化生活】 2017年，县供电公司深化“四季关怀”和“五心活动”工作安排，结合“边远美丽站所”建设的工作推进，开展为职工办实事活动。完善“妈妈小屋”“青年创新工作室”“老体协活动室”等场所，活跃职工精神文化生活。

（宋志祥）

综　述

【概况】 2017年，全县工业企业围绕工业经济发展目标，坚持“工业强县”的发展战略，应对经济下行压力的影响，主动作为、迎难而上。不断完善开发区基础设施和配套设施建设，拓展园区发展空间，一区多园，促进县工业多元化发展，形成专业集群，加快推进新型工业化建设，促进工业经济增量提质和转型升级，全县工业经济呈现平稳发展的良好态势。当年，全县规模以上工业企业183家，比上年增加4家，实现产值434.07亿元，比上年增加54.97亿元，增长14.5%；实现工业增加值95.62亿元，同比增长7.8%。全年实施工业建设项目354项，完成投资138亿元；实施技改项目324项，完成投资123.61亿元。发展循环经济项目15项，其中节能项目5项，循环经济项目10项。

经济运行　2017年，新增规模以上工业企业4家。累计工业用电11.89亿千瓦时，比上年增长12.6%。规模以上重工业完成产值373.48亿元，占总产值的86.0%，比上年增长36.8%；轻工业完成产值126.71亿元，比上年增长19.48%。建材水泥、冶铸及机械加工、轻纺服装等产业三大集群产值131.23亿元，占规模以上工业总产值的30%，比上年增长8.4%；矿产品采选和能源等传统产业产值155.68亿元，占总产值的35.86%，增长15.6%；陶瓷、电子等新兴产业实现产值9.07亿元，占总产值的2.09%，比上年增长20.4%。全年规模以上工业经济效益综合指数442.4%，比上年下降1.69个百分点，实现利税总额12.14亿元，其中实现利润5.01亿元，税收7.13亿元。

项目投资　2017年，全县实施工业建设项目354项，完成投资138亿元，比上年增长3.2%，完成市下达任务137亿元的100.72%。其中，3000万以上的城镇工业项目351项，完成投资133.55亿元，比上年增长1.67%；实施技改项目324项，完成投资123.61亿元，比上年增长1.91%，完成市下达任务110亿元的112.37%。列入省重点技改项目6项，总投资8.83亿元；列入市重点技改项目52项，总投资43.42亿元，年内完成投资19.29亿元；列为“科技大田”工业经济重点投资项目15个，其中，在建项目7个、预备项目4个、前期项目4个，总投资19.16亿元，年内15个项目完成投资3.86亿元，占年度计划的81.3%。

2017年，大田经济开发区京口园区　（县经济开发区管委会／提供）

【工业稳增长调结构措施出台】 9月8日，大田县人民政府办公室下发《关于印发大田县2017年工业经济稳增长调结构若干措施的通知》。该“通知”分为鼓励企业扩大生产、推进企业试点示范、支持两化融合开展、支持企业技术改造、支持企业开拓市场、加大融资支持力度、开展企业节能降耗、促进管理提升及降低实体经济企业成本等方面内容。

【招商工作】 2017年，县工业招商组共开展招商引资活动12场，对接洽谈项目25个，其中达成意向类投资项目21个、完成项目签约3个，总投资48亿元。落地项目2个，即与安徽科达洁能新材料有限公司签订年产1万吨锂电池负极材料及配套石墨化子系统项目，总投资2.5亿元；与大圣日用陶瓷签订生产项目，该项目总投资5亿元。年内，新策划投资额5000万元以上的民企项目共10个，投资总额20.1亿元，项目涉及制造、环保、服务等行业。

2017年6月8日，第十五届海峡项目成果交易会大田专场对接会　（报道组/提供）

【淘汰落后产能企业】 2017年，全县水泥行业淘汰小旋窑水泥企业1家、产能20万吨，水泥粉磨站1座、产能9万吨。钢铁行业淘汰铸造企业8家、铝壳中频炉设备产能19.25吨。煤炭行业关闭3处矿井，去产能14万吨。全县拆除炼铁土炉49座、矿热炉2座、100立方米以下炼铁高炉25座、100立方米以上的炼铁高炉3座，“封存”100立方米以上的炼铁高炉2座。依法取缔3家高污染的“小炼油”企业。对5家造纸企业实施整改后恢复生产。对华兴京口工业园区、上京三阳机械制造（铸造）产业集聚区、均溪陶瓷文化特色产业园区、太华罗丰非金属加工园区“四区”内78台燃煤锅炉实施新型节能环保锅炉改造，整改率100%。

【服务企业】 2017年，宣传、落实国家和省、市惠企政策，深入开展“百名干部服务百家企业”活动，及时出台工业稳增长调结构11条等政策措施。年内，运用县财政应急周转金办理应急转贷资金2笔、1200万元；为企业争取到各类补助资金4000万元。三明建华纺织有限公司、大田威斯特环保科技有限公司和福建省浩特纺织科技有限公司申报省、市“两化融合”项目获得认定。南湖针织“机器换工”示范项目建成智能数控生产车间和2条自动化生产线。

（王　翀）

矿物采选工业

【概况】 2017年，全县矿物采选工业规模以上企业76家，比上年增加1家；实现产值160.92亿元，销售收入160.13亿元，分别比上年增长17.25%、17.56%。

煤炭采掘　2017年，全县规模以上煤炭采掘企业18家，与上年持平；实现产值17.96亿元、销售收入17.78亿元，分别比上年减少3.32亿元、3.55亿元，下降15.6%、16.64%。矿山分布在广平、上京、建设、太华、奇韬5个镇。其中，省属煤炭采掘企业1家，矿山位于广平和上京2个镇境内。

非煤矿物采选　2017年，全县规模以上非煤采选企业58家，比上年增加1家；实现产值142.97亿元、销售收入142.35亿元，分别比上年增加27亿元、27.47亿元，增长23.48%、23.91%。矿产品有铁矿、铅锌矿、锰矿、硫矿、石墨矿、钾长石、石灰石、机制砂等，矿山分布在广平、奇韬、建设、均溪、华兴、上京、太华7个镇和文江、济阳、武陵、谢洋4个乡。

【煤矿火灾事故应急救援演练】 6月27日，结合全国“安全生产月”活动，县煤管办会同三明市煤炭管理局、县三泉矿山救护队等有关部门，组织全县煤矿有关人员在福建惠峰矿业有限公司汤泉甲魁煤矿开展煤矿火灾事故应急救援演练，县政府常务副县长陈剑生、三明市煤炭管理局和大田县煤管局有关负责人、已复工复产煤矿的矿长及部分非煤矿山矿长共50多人观摩演练，通过演练使矿山企业主要负责人掌握事故应急救援基本技能。

【煤矿复产复工情况】 2017年，县矿管办开展煤矿节后复工各项工作，按照煤矿节后复工复产验收方案，落实程序和标准，将复产复工有关要求明确告知煤矿企业，把妥善处理欠薪工作作为复工复产的必要条件，做到“一矿一策”。对申请复工复产的煤矿要求提交内业资料，由县煤管局和安监局组织验收，严格把关，做到合格一个复工一个。当年初，全县地方煤矿25家，其中生产矿井8家；建设矿井4家；停产停建矿井10家；列入年内关闭矿井3家。当年，全县陆续复工复产煤矿15家。

【冶金化学矿复产复工情况】 2017年，全县冶金化学矿共有采矿企业22家，采矿证27本，探矿证3本，77个生产系统。县矿管办严把节后复工工作，从企业管理机构、图纸、证照、特种作业人员持证、制度建立落实、生产系统等方面入手，认真排查、清理，督促企业制定切合实际的整改方案，并由专人督促整改，把好矿山企业复工复产安全关。年内，冶金矿山企业复工16家，共30个生产系统。

【非金属矿复产复工情况】 2017年，全县非金属矿共有采矿证29本，县矿管办利用年初矿山企业复工审批时机，会同县安监局到矿山生产现场进行安全生产检查，要求企业消除安全隐患后方可复工生产。年内，20家矿（井）点通过复工验收予以复产复工。

【煤炭行业去产能关闭退出任务完成】 2017年，根据省经信委《关于煤炭行业化解过剩产能实现脱困发展的意见》及省政府有关文件精神，2月27日，县政府网站对石牌三坊煤矿、梅山煤矿、济阳煤矿3家煤矿进行公告关闭。6月19日，县关闭验收组对三坊煤矿进行关闭验收；6月30日，三坊煤矿通过省市验收合格。11月8—10日，福建煤监局组织省安监、工商、公安及三明市煤管局、国税局等省、市部门组成的省级验收组，对县2017年煤炭去产能关闭退出煤矿进行省级验收，当年关闭退出的梅山煤矿、济阳煤矿通过省级验收，提前完成煤炭去产能关闭退出任务。

【全县煤矿企业安全“体检”】 2017年，围绕“查大系统、治大灾害、除大隐患、防大事故”的工作思路，煤管局办公室印发《大田县煤矿全面安全“体检”专项工作方案》。3—7月，“体检”工作小组到煤炭生产第一线，通过对煤矿基础资料及井下各系统进行全面排查，经过专家会诊，全面筛查，确定煤矿存在的问题和隐患。“体检”组共查出隐患386条，对查出的问题提出针对性对策及建议，下达执法文书25份，全面完成25家煤矿“体检”工作。

【煤矿安全生产大检查】 2017年，县煤管局根据《福建省煤矿安全生产大检查工作实施方案的通知》和县安委会办公室《关于印发煤矿安全生产大检查工作实施方案》，从6月起，开始对全县煤矿进行安全生产大检查，共查出隐患396条，年内整改到位。

8月8—25日，三明市煤管局牵头，县国土资源局与煤管局联合开展煤矿安全生产大检查工作，检查矿井32家，完成全覆盖检查。同时，明确各职能部门职责，对停产停建煤矿、纳入2017年退出计划以及证照不全的煤矿由属地乡镇政府每周全覆盖巡查；正常生产建设矿井由县煤管局会同国土资源局、安监局分组对辖区内煤矿每周开展一次安全检查。8月28日—10月31日，安全生产大检查全覆盖，检查正常生产建设矿井17家，停产停工矿井11家，退出产能淘汰关闭的煤矿4家，下达处理决定书77份，共查出安全隐患660条，年内全部整改到位。

【煤矿风险隐患大排查大整治】 2017年，县安委会下发《大田县煤矿风险隐患大排查大整治行动方案》，围绕“找问题、补短板、堵漏洞”，以煤矿“水、火、人、车、顶板、中毒窒息”等主要致灾因素为重点，构建以安全生产标准化为载体，风险辨识管控和隐患排查治理“两道防线”为手段的“三位一体”事故预防机制，杜绝重、特大事故，遏制较大事故，防范一般事故，推进全年煤矿安全生产形势平稳向好。排查活动开具执法文书15份，列出安全隐患136条，已整改129条，隐患整改率为95%。

【煤矿安全生产管控和隐患排查】 2017年，县煤管局制定《大田县煤矿安全生产风险分级管控和隐患排查治理预防机制实施方案》，要求各煤矿结合实际，制定符合本煤矿的安全生产风险分级管控和隐患排查治理的实施细则。同时，选择县铭源煤矿有限公司大竹林煤矿作为县级试点煤矿，先行开展双控预防机制建设工作。对开展试点工作的煤矿，加强指导和技术支持，组织力量帮助试点煤矿企业制定科学的安全风险辨识程序和方法，有效管控安全风险，实行隐患排查治理的闭环管理。

【长期停工停产矿井盯守】 2017年，县煤管局制定印发《关于长期停工停产煤矿盯守方案》，对辖区内9家长期停工停产煤矿要求安排值班值守人员，制定停工停产期间安全技术措施，落实盯守人员，县煤管局监管人员每月检查不少于两次，严禁未经复工复产审批手续的煤矿擅自生产建设。

【煤矿建设项目】 2017年，全县煤矿核准建设项目共10处，其中，扩建项目有大田县丰源煤业有限公司西井田煤矿、大田县振鸿煤矿有限公司文江煤矿、大田县黄沙煤业有限公司黄沙矿山3处；资源整合项目有大田县山贵崎煤矿有限公司山贵崎矿山一号井、福建惠峰矿业有限公司东井田煤矿、大田县铭源煤矿有限公司大竹林煤矿；改建项目有大田县香浮煤矿有限公司香浮煤矿、福建省大田县小华煤业有限公司小华矿山、大田县山贵崎煤矿有限公司山贵崎矿山二号井、大田县山贵崎煤矿有限公司山贵崎矿山三号井4处。根据省、市要求，对辖区内所属煤矿建设项目进行摸底排查，提出分类处置意见，并加强安全监管，确保建设期间安全生产。

【煤矿安全生产标准化建设】 2017年，各煤矿按照新办法开展达标创建工作，对照新标准，加强装备、设施、资料等基础性工作。通过政策引导、建立激励机制，提高煤矿安全生产标准化建设的积极性，不断完善煤矿安全基础设施和矿井生产系统，改善煤矿安全生产条件。各煤矿在内业整理、现场整治和购买设备等方面加大投入，全县参与达标创建工作的正常生产和建设项目矿井共投入资金1704.8万元，改善煤矿安全生产条件。

2017年，全县共有煤矿22家，规划安全生产标准化二级达标的有10家，三级达标的有12家；参与煤矿安全生产标准化考核定级的有溪口煤矿、永丰煤矿、甲魁煤矿、大竹林煤矿、小溪洋二号井5家。至年末，市煤炭管理局组织二级初审考核的有溪口煤矿、永丰煤矿、甲魁煤矿、大竹林煤矿4家；小溪洋二号井由县煤管局组织三级初审考核，报送市煤管局申请三级认定。

【加大违法违规处罚力度】 2017年，县矿管办创新安全监管方式，根据监管矿井安全风险程度的不同，实行区别对待，采取分类监管，进一步优化监管资源配置，增强安全监管工作的主动性和有效性；创新执法方式，强化联合执法手段，与县安监局、生态执法局开展联合执法6起；突出重点执法，对五类煤矿安全生产日常管理进行重点监管，加强对矿井水害、火灾、顶板、提升运输重点部位的监管。在加大对煤矿安全监管的同时，加大行政处罚力度，年内，对3家违法违规煤矿进行行政处罚。其中，对大田县山贵崎煤矿有限公司山贵崎一号井行政处罚9.2万元；对福建京鑫煤矿有限公司雪坑矿山行政处罚1万元；对大田县铭源煤矿有限公司大竹林煤矿行政处罚1万元。通过行政处罚，形成震慑力，有效遏制煤矿违法违规生产。

【主要矿产品生产销售情况】 2017年，全县煤炭开单销售87.81万吨，比上年增加26.07万吨，增长42.22%；铁矿石（原矿）开单销售56.70万吨，比上年增加3.71万吨，增长7%；铅锌入选矿（原矿）开单销售28.81万吨，比上年减少12.03万吨，下降29.46%；铁精矿开单销售7.07万吨，比上年增加0.71万吨，增长11.24%；铅锌精矿开单销售4.12万吨，比上年减少815.87吨，下降1.94%；硫精矿开单销售4.03万吨，比上年增加1.84万吨，增长84.53%；石灰石开单销售111.17万吨，比上年减少60.83万吨，下降35.37%。

【停征县级矿产品金费】 根据《大田县人民政府办公室关于责令停征县级涉矿收费的通知》，自2017年5月起停征矿产品超吨位补收金费。

（许金锋）

建材工业

【概况】 2017年，全县规模以上建材企业16家，实现产值27.12亿元，比上年增加4.58亿元，增长20.31%。其中，水泥生产企业5家，实现产值10.32亿元、销售收入10.26亿元，分别比上年增加1.71亿元、2.07亿元，增长19.86%、25.27%。

【新型建材生产企业】 2016年末，全县有砖类、砌块类生产厂家35家。在中央环保督察后，经相关部门协调处理，淘汰和关停了一些产能和工艺落后的企业。2017年保留建材企业21家，其中16家已取得排污许可证，21家企业年生产标砖15.2亿块。规模以上建材生产企业16家，比上年增加1家，实现产值27.12亿元，比上年增加4.58亿元，增长20.31%。全年共节约土地6.33公顷，节约标准煤9900吨，减少废气排放2.35吨，利用废渣12.3万吨，城区屯围内所有建设项目新型墙体材料使用比例达到97%。根据财政部《关于取消、调整部分政府性基金有关政策的通知》，自2017年4月1日起，取消新型墙体材料专项基金。

【红狮水泥二期和环保项目前期工作】 2017年，大田县国新建材工业有限公司，配合县政府协调解决大田红狮水泥二期日产4500吨水泥项目工程建设、红狮水泥太华金竹坑石灰石矿区建设、年处置10万吨危废焚烧和资源化环保项目的有关问题。

【建材行办行业安全监管工作】 2017年，建材行办按照（田安委〔2017〕12号）和田政办〔2017〕58号文件要求，对全县非金属矿山开展全覆盖拉网式的安全生产大检查，重点检查矿山企业非法违法开采情况，做到查处一起，整治一起，如实备案，跟踪监督。共检查矿山企业34家次，出动执法人员102人次，下发整改通知书12份。抓汛期防范、隐患排查治理和打非治违“回头看”行动的落实，建材行业办共组织安全检查和暗访暗查18人次，下发整改通知书3份，查出隐患9条，已整改9条，整改率100%。汛期期间，利用建材行办信息平台及时发送汛期预警信息，共发送信息180条，同时，要求矿山企业加强排土场的隐患治理，对存在较大安全隐患的危坝、险坝，及时进行加固处理。

（高　扬　许金锋）

陶瓷工业

【概况】 2017年，全县规模以上陶瓷生产企业4家，实现产值9.33亿元，比上年增加1.51亿元，增长19.31%。销售收入与产值持平。年内，引进福建大圣瓷业有限公司1家，在建企业，尚未投产。

【陶瓷原料资源管理】 2017年，全县共有陶瓷原料生产企业8家，其中，瓷土加工企业4家，石英石深加工企业4家。全县共有瓷土矿采矿证一本（另有两本未完成续证），石英石采矿证两本，钾长石采矿证两本。

【陶瓷产业园建设】 2017年7月，县成立福建省大田陶瓷产业园项目建设指挥部，县委副书记连仁魁担任总指挥。大田陶瓷产业园规划选址在均溪镇北部建成村，距离县城区5公里，南临纵五线，距离307省道9公里，地理位置优越，交通便利。园区规划面积266.67公顷，聚集全县陶瓷生产企业，按照入园企业不同规模、不同产品不同工艺等需求，进行合理的平台划分，可建成工业平台146.67公顷。规划以陶瓷生产加工为核心，增加陶瓷文化园、创意设计中心、陶瓷国际交流中心、小镇商贸中心等功能，以“产业＋文化＋旅游＋社区”的多元功能，打造大田陶瓷特色小镇。园区总投资估算12亿元，可充分利用大田县境内丰富的瓷土资源。预计于2018年9月完成整体规划建设，建成后可吸引20家陶瓷企业入驻，实现年产值80亿元，容纳当地居民就业5000人，可创造利税3亿元。

（高　杨）

冶炼与铸造工业

【概况】 2017年，全县冶炼与铸造工业规模以上企业33家，比上年增加1家；实现产值110.41亿元，销售收入109.06亿元，分别比上年增加5.35亿元、6.01亿元，增长5.1%、5.83%。其中，黑色金属铸造企业2家，厂址分别位于太华镇和前坪乡；破碎机生产企业2家，厂址分别位于均溪镇和华兴镇；矿山机械制造企业1家，厂址位于石牌镇；油压机生产企业1家，厂址位于均溪镇；热压机生产企业1家，厂址位于华兴镇；硅锰合金生产企业1家，厂址位于石牌镇；结晶硅生产企业1家，厂址位于上京镇；铸件加工企业1家，厂址位于桃源镇；其他基础化学原料制造企业1家，厂址位于吴山镇；铸钢、铸铁件生产企业22家，厂址分别位于石牌、太华、均溪、华兴镇和前坪、武陵乡。

【中国铸造产业集群试点县】 6月11日，中国铸造协会第十三届年会在上海嘉定区举行，大田县被该协会授予“中国铸造产业集群试点县”称号。

【铸造行业改造提升实施意见出台】 10月25日，大田县人民政府办公室下发《铸造行业改造提升实施意见的通知》。该实施意见从加快铸造行业改造提升的重要意义、主要目标以及项目规范要求等入手，对县铸造行业的项目审批（备案）管理及监管、淘汰落后产能程序及其工作要点以及下一步铸造企业规范生产经营等行为进行强化规范，为全县铸造行业改造提升，实现转型升级奠定坚实的基础。

【省首台（套）重大技术装备认定】 12月29日，省经信委、省财政厅对大田县宝山机械有限公司申请福建省首台（套）重大技术装备给予验收通过，这是县企业获得该项目认定首例。

【冶金行办行业安全监管工作】 2017年，冶金行办加强安全监督工作，严格落实企业责任。年初，共与26家在册有效冶金行业矿山企业主要负责人（法人）签订安全生产目标责任状，落实安全生产例会制度、安全检查制度、领导带班制度，适时分析安全生产形势并及时传达给每位员工，对存在的安全隐患落实整改。

严格检查与治理，重点检查企业主体责任落实情况，把企业是否与各工人工种签订责任状列入日常监管检查的内容，同时增加现场检查频次，对发现的安全隐患，立即下达整改指令书，责令限期整改。年内，冶金行办共监管检查矿山79次，下发整改指令书11份，查处隐患35项，整改率100%。

抓好汛期安全工作，督促企业建立健全防治水制度，落实汛期停产撤人和汛期值班巡查制度。雨季汛期期间，共下发汛期安全生产工作通知文件26份，预警防范短信86条，微信群发通知5次。

开展“六月份安全生产月”宣传活动，围绕“全面落实企业安全生产主体责任”的活动主题，制定切实可行的活动方案，对26家矿山企业下发开展活动通知及45条宣传标语。

（许金锋　范丽月）

造纸工业

【概况】 2017年，全县造纸工业有规模以上企业4家，与上年持平。职工313人；完成工业产值6.45亿元，比上年增加7400万元，增长12.96%；销售收入6.33亿元，比上年增加7200万元，增长12.83%。4家造纸企业分布在华兴、吴山镇。

【客商租赁承包造纸】 1月，县华闽纸业有限公司引进大田客商涂两胜投资租赁承包1575纸机生产生活日用纸，年产1500吨，产值500万元。4月，县华闽纸业有限公司引进莆田客商郑国俊投资30万元租赁承包两条1575包装纸生产线，年产量3000吨，产值900万元。

【华闽纸业公司场地出租】 3月，县华闽纸业有限公司将厂区2公顷闲置空地租赁给中铁十八局做兴泉铁路建设搅拌站用。

【客商投资合作技改】 3月，县华闽纸业有限公司引进浙江客商肖云藏投资100万元合作改造第四生产车间3200型工业用纸生产线，升级改造完成后，年产工业用纸1万吨，产值3000万元。

【行业主管部门脱钩】 4月，根据《县委办公室、县政府办公室关于印发〈大田县行业协会商会与行政机关脱钩工作方案〉的通知》要求，县城镇联社与大田县纸业行业协会顺利完成脱钩试点工作，县城联社不再作为大田县纸业行业协会主管部门。

【“安全生产月”活动】 6月，按照国务院安办和全国“安全生产月”活动组委会的统一部署，县城联社在全县造纸企业内开展“全面落实企业安全生产主体责任”为主题的安全生产警示和科普教育活动，成立组织机构，制定活动方案，对各造纸企业进行全面安全检查、隐患排查，确保安全活动取得实效。

【华闽公司综合楼兴建】 10月，县华闽纸业有限公司因生产扩容和职工增加，员工住宿和办公场所紧张，公司投资20万元兴建住宿、办公综合楼一幢。

【收购技改锅炉设施】 10月，闽发纸业公司林其国等4位股东以145万元收购由泉州晋江客商林健投资270多万元新建的链条炉排锅炉，每小时可供20吨热气，可供8条生产线满负荷使用。

（庄家乐）

其他制造加工工业

【概况】 2017年，全县规模以上其他制造加工工业企业48家（含电力），比上年增加1家，实现产值115.12亿元、销售收入113.71亿元，分别比上年增加18.17亿元、21.35亿元，增长18.74%、23.12%。产品分别有胶合板、人造板、门业加工、木制家具、板式小家具、生物质颗粒燃料、石英振荡器、人造革、PU合成革、纺织品与服装、复合袋、包装袋、糖果与蜜饯加工制作、茶叶制作、桶装水制造。此外有木雕、根雕等。厂址分别分布在均溪、石牌、广平、建设、上京、桃源、吴山、华兴、太华9个镇和武陵、湖美、屏山、谢洋4个乡。

【工艺品参展、参赛】 4月28日—5月2日，县城联社组织县工艺美术企业、工艺美术艺人参加第十二届中国（莆田）海峡工艺品博览会，选送木雕、根雕、观赏石等优秀作品参展、参赛。其中，获第十二届中国（莆田）海峡工艺品博览会优秀作品银奖3个、铜奖1个。

【参加研习培训】 5月25日—6月25日，县城联社推荐连晋尉、周宗朝两位工艺美术师参加由福建省文化厅举办的2017年度中国非物质文化遗产传承人群研习培训班，这是县工艺美术界工艺美术师首次参加高层次研习培训。

【观赏石获评盛世名石】 11月，大田赏石协会会长李春孟选送的观赏石《宁静致远》参加福建省观赏石协会、中华雅石艺术协会（台湾）等举办的闽台观赏石精品展，被评为首届海峡盛世名石。

【厦门文博会参赛工艺品获奖】 11月，工艺美术师周庆寨、连晋尉等选送优秀作品参加第十届海峡两岸（厦门）文化产业博览交易会“海峡工艺精品奖”评选活动，获铜奖2个，精品优秀奖1个。

【作品获奖】 12月，陈加坡参加第三届（泉港）工艺美术精品展优秀作品评比，获精品奖和创意奖。

【市工艺美术协会会长到大田调研】 12月14日，三明市工艺美术协会会长汤晓明一行三人到大田调研，县城联社主任吴联广汇报大田工艺美术工作发展等情况，并到大田丰兴工艺品厂等企业调研。

（庄家乐　范丽月）

生物科技工业

【概况】 2017年，全县规模以上生物医药企业2家，实现产值4.71亿元，销售收入与产值持平，产值与销售收入均比上年增长9800万元、增长26.27%。当年，全县生物医药制药企业有福建华灿制药有限公司一家，内设机构有办公室、财务部、博士后科研工作站、全国工具酶标准化工作组秘书处、技术研发中心、实验室、化验室、生产部、设备部、采购部、销售部等。职工总数183人，其中：博士3人，硕士4人，本科28人。年内，福建华灿制药有限公司获“福建省高新技术企业”称号。

【药品生产】 福建华灿制药有限公司药妆生产线通过验收，“帕索顿活性SOD冻干粉”及医用防护射线喷剂药妆产品已进入市场销售。

【全国工具酶标准化工作组年会召开】 8月25—28日，由福建华灿制药有限公司承担的全国工具酶标准化工作组2017年年会及标准审定会在武夷山市召开。会上，宣布了国家通过的《核糖核酸酶A》《限制性凝血酶》等6个国家标准，并对《工具酶术语和分类》《活性测定通用要求》等7个国家标准进行审定。

（林芳镇　范丽月）

个体与私营工业

【概况】 2017年，县市场监督管理局落实推进工商注册登记便利化，简化市场主体办理注册登记事项，营造便捷市场准入环境。全县个私工业企业总数1532户，比上年增加105户，比上年增长7.36%；从业人数1.67万人，比上年增长45.22%；注册资金41.60亿元，比上年增加4.32亿元、增长11.59%。其中私营工业企业722家，注册资金40.72亿元，从业人数1.34万人；个体工业企业810户，注册资金8755万元，从业人数3378人。当年经工商登记注册的个体、私营企业238家，比上年增加57家，注册资金6.4亿元，比上年增加9400万元；从业人数3530人。

【个私印刷工业】 2017年，全县个私印刷工业企业17家，注册资金3393.2万元，其中注册资金500万元以上的4家、100万元以上的3家，不足100万元的10家。17家印刷企业均分布于城区。

【股份处治登记】 2017年，县市场监督管理局注册股，应用工商登记职能作用，向金融部门和企业宣传商标质押权贷款模式，拓展企业融资渠道。年内，共办理股权出质登记13件，出质股权份数6408.3万股，被担保债权数额8.25亿元，缓解企业融资难的处境。

（黄清渊）

大田县经济开发区建设

【概况】 2017年，大田经济开发区有以轻纺新型材料为主的京口工业园、以装备制造为主的上京工业园、以非金属材料为主的罗丰工业园和以陶瓷为主的均溪工业园。2017年末，共有13家企业入驻京口工业园区，其中9家企业一期建成、部分投产，规模以上企业8家，比上年增加1家。当年，完成工业产值15.2亿元，同比下降29.54%；实现税收3821.47万元；用电量7734万千瓦时，同比增长12.22%；企业固定资产投资3.04亿元。推进上京省级高端装备制造（铸造）和新材料、新能源产业集聚区建设，打造全省发展高端装备制造和铸造产业基础；强化招商引资，承接沿海和台湾先进装备制造产业转移。推进以太华罗丰非金属加工园为主导的大田石墨（烯）产业集聚区建设和推进均溪陶瓷文化特色产业园。2017年，县经济开发区管委会获全县综合考评二等奖、县直项目推进竞赛三等奖、招商引资工作县直部门三等奖、综治平安先进单位。

【规模企业投产与培育】 7月，三明中工塑胶有限公司项目投入生产，建设期仅10个月，比计划提前8个月。12月，三明中工塑胶有限公司成功申报入库规模以上工业企业。

【职工文体活动中心投入使用】 2017年10月，职工文体中心投入使用，并于10月16日举办“喜迎党的十九大、争当工业排头兵”文艺晚会及游园、拔河等活动。

【一区多园】 2017年，为拓展县经济开发区发展空间，扩大园区建设规模，促进大田工业多元化发展，形成专业产业集群，开发区先后启动上京工业园、罗丰工业园、均溪工业园基础设施建设，至年末，完成土地平整64.67公顷，其余320公顷土地开发的PPP招标工作正在进行；与京口工业园形成“一区多园”的建设模式，为全县工业经济集群发展奠定基础。

【项目进展】 2017年，县经济开发区管委会抓项目工作和园区企业配套设施建设工作。在建的宇隆超纤、新盈彩铝正在加快建设；飞鹰无纺布车间新增3条生产线；大联新上生产线1条及配套设施DMF“三效五塔”装置；建华纺织新上1条新型材料生产线及4000平方米仓库投入使用。与夜视明“空心玻璃微珠”项目加快洽谈投资及合作事宜；利用福州滨海新城规划的契机，加强跟踪联系长乐市华逸隆、文申针织等意向搬迁企业；对接泉州市机械配件行业协会、晋江市机械五金配件进出口商会和清华大学无人机、上海“双恒”、晋江“鹏发”、莆田“煌兴”等项目。根据市政府同意开发区实施蒸汽锅炉集中供热的意见，京口园与各企业主就加快园区企业燃煤锅炉的改造提升问题，组织有关人员到浦城参观学习，形成集中供热方案。

【招商引资】 2017年，工业园区管委会针对各工业园功能定位和产业政策，京口园引进圣莉徕箱包项目，正在开展工商注册等前期工作；新中天环保项目、天然气供气项目、集中供热项目有序开展前期工作；上京园区引进无人直升机项目，正开展初设等前期工作；泉州成裕机械公司等11家铸造企业已完成初步选址工作；罗丰园区引进科华石墨项目，已完成工商注册及厂区平面设计；

均溪园区引进大圣陶瓷项目，已完成工商注册及厂区总平面布置图、效果图的设计工作。

【基础设施建设】 2017年，不断完善开发区基础设施和配套设施建设。京口园区投资180万元，完成535米的B平台支路建设；投资300多万元，完成二期供水工程；投资300万元的污水应急池完成基础开挖，计划2018年春节前完工；第三期23.33公顷未开发部分，完成工程设计、外业调查等，前期工作正在进行；配套物流项目，开发9号平台作为三明华夏物流公司用地，该公司注册资金300万元，已购置大型物流车辆5台。投资500多万元的职工文体中心完成建设并投入使用；社区卫生服务站完成装修并投入使用；开发区幼儿园已完成4层主体，计划2018年投入使用。上京园区完成一期一标段28公顷工业用地平台建设。罗丰园区计划新平整用地436.67公顷。均溪园区一期一标段正在实施，计划平整用地10公顷。

【园区管理】 2017年，县经济开发区管委会抓制度建设提高园区管理水平。加强和创新社会管理工作作为园区发展的重要保障来抓，健全综治、维稳和信访工作机制，推广创新社会管理模式，做到“小事不出企、大事不出园，矛盾不上交”。加大法律宣传力度，提高管理水平。通过宣传《中华人民共和国安全生产法》《中华人民共和国消防法》《中华人民共和国环境保护法》《中华人民共和国税法》《中华人民共和国社会保险法》《中华人民共和国职业病防治法》等法律法规，进一步提高企业主和企业工人的法律意识和安全意识。成立安全环保室，加大安全生产的监管和培训力度；以安全环保督察为契机，联合有关部门开展诊断、整治和“安全生产月”活动全面提升开发区安全环保水平；加大投入，完善环保设施，做到达标排放。

2017年，京口园区浩特纺织生产车间　（县经济开发区管委会/提供）

【服务企业】 2017年，县经济开发区管委会努力做好服务企业工作。建立健全《企业挂包工作制度》，深入推进“一线工作法”，进一步强化领导、部门及工作人员职责和责任，将工作任务和责任层层细化分解，突出“精准服务”，及时、全面掌握企业基本情况，动态了解企业生产经营状况，全力解决企业在生产建设中的实际困难。实行入园企业手续资料全程代（协）办制度，为开发区企业办理需到园区外办理的行政审批等事项，及时协调解决项目落地、建设、生产过程中遇到的问题和困难，确保企业顺利建设。年内，代办行政审批事项20多项；为企业在武陵、谢洋等乡镇分发招工信息500多份，协助企业招收工人200多名。成立京诚资产经营公司，促成大联发展、三九军大与兴业银行达成贷款2笔、3100万元，已发放2533万元；促成育灯纺织与中国银行达成贷款额度1800万元。通过融资，大联发展新建厂房1幢、新上生产线1条，正在建设DMF“三效五塔”回收装置；三九军大加快厂房建设、设备购置和原材料购买。

【党建工作】 2017年，县经济开发区管委会围绕创建发展强、党建强、组织强；生产经营好、企业文化好、劳动关系好、党组织班子好、党员队伍好、社会反应好“三强六好”党组织的目标，着力推动党组织创先争优活动。贯彻落实省市县关于推进“两学一做”学习教育常态化制度化的实施意见，持续深化《中国共产党章程》《中国共产党廉洁自律准则》《中国共产党纪律处分条例》和习近平总书记系列重要讲话以及在福建工作期间有关指示的学习教育。探索开展发挥党组织的政治引领作用；比技术、比奉献；企业争活力、党员争先锋、员工争业绩；组织联建、环保联创、矛盾联调、村企联帮“一引、二比、三争、四联”活动。以党群服务中心为平台，规范管理党群服务中心；以党群共建理事会为核心，创建“园区党委＋乡镇党委＋党群共建理事会＋村党支部＋非公企业”“五位一体”党建运行模式。贯彻落实党风廉政建设有关规定，严格遵守《中国共产党廉洁自律准则》和廉洁自律的有关规定，落实“一岗双责”，细化党风廉政建设目标责任，明确职责任务，完善具体措施，促进权力透明，规范权力运行，提高监督成效。

（涂晓珊）

交通建设

【概况】 2017年，大田县铁路、公路建设总投资19.39亿元。兴泉铁路（大田段）全长60.28公里开工建设，完成投资14.2亿元。公路建设总投资5.19亿元。完成国道纵五线均溪周田至石牌长溪段公路10.61公里；乡村公路改造15条、45.86公里。年底，全县有公路328条、1685.65公里。其中，高速公路1条、60.61公里；国道2条、126.21公里；省道1条、83.57公里（含国道G356线重合31.89公里管理，与国道G534线重合3.51公里）；县道13条、308.4公里；乡道137条、734.5公里；村道151条、250.72公里；专用公路23条、149.31公里(以上公路分类按2013年省交通运输厅对全省普通公等级重新修编表述）。全县有高级（混凝土、沥青）路面1508.4公里，中级（泥结碎石）177.25公里；晴雨通车1685.65公里。县专业养护班站(养护组)10个，员工73人，配备高空作业车1辆、扫地车2辆、洒水车3辆、划线机1套，挖掘机、装载机各1台及公路养护自卸车15辆。县、乡、村道养护站18个、养护工294人，配备割草机60台、清缝机、灌缝机各2台，装载机、洒水车、小挖掘机、破碎镐、切割机、扫路机、发电机、无人机各1台，照明车、小型自卸车各1辆。

表2

2017年大田县乡村公路建设改造情况表

序号	路线起讫地点	组织实施单位	路基宽（米）	混凝土路面（米）	里程（公里）	总投资（万元）	动工时间	竣工时间
1	仑丘—仑丘自然村	谢洋乡科里村	4.5	3.5	2.21	80.00	2016年3月	2017年2月
2	仕福—草垄崎	谢洋乡仕福村	4.5	4.5	4.25	270.00	2016年4月	2017年3月
3	梧村路口—梧村自然村	文江乡联盟村	4.5	3.5	1.19	53.50	2016年12月	2017年8月
4	石壁坑—余西坑	石牌镇石坑村	4.5	4.5	2.78	180.00	2016年7月	2017年5月
5	大贡—大贡路口	石牌镇拱桥村	4.5	3.5	0.66	26.00	2016年12月	2017年9月
6	东坂村—黄山头	桃源镇东坂村	4.5	3.5	3.86	173.70	2016年5月	2017年2月
7	内洋—溪头	屏山乡溪头村	4.5	4.5	2.94	220.50	2016年7月	2017年7月
8	高星—汀海	太华镇高星村	4.5	3.5	5.17	232.60	2016年6月	2017年3月
9	龙口—香坪	梅山镇香坪村	4.5	4.5	6.80	238.00	2016年3月	2017年3月
10	盖竹—沈口村出点	梅山镇盖竹村	4.5	4.5	10.00.	350.00	2016年5月	2017年5月
11	歪乾—雄峰村入点	梅山镇雄峰村	4.5	4.5	1.60	72.00	2016年5月	2017年5月
12	大岭头—文经	奇韬镇文经村	4.5	3.5	1.90	90.00	2016年3月	2017年3月
13	二保—坷垅	梅山乡梅山村	4.5	3.5	0.67	30.00	2015年5月	2017年1月
14	牛头仑——保岬	梅山乡梅山村	4.5	3.5	0.53	23.00	2015年9月	2017年3月
15	宁坑—宁坑路口	梅山乡西坑村	4.5	3.5	1.30	70.00	2016年1月	2017年7月

【泉南高速上京互通连接线委托管养】 1月，泉南高速上京互通连接线7.24公里管养护工作，由县锦田公路建设有限责任公司移交县交通运输局，县交通运输局再委托县公路分局管养，管养费用每年35万元，由县财政支出。

【县道奇广线路面改造】 1月，大田公路分局组织对县道奇广线兴铺至广平段6.52公里、4.12万平方米路面续建改造。由三明永达公路勘察设计有限公司设计，三明永达公路有限责任公司施工，三明永达公路工程监理咨询有限公司监理。完成投资665.16万元。

【省道绿化工程完善】 1—6月，大田公路分局组织对省道306线沿线路段进行绿化完善提升，种植红叶石楠53.04万棵、大叶栀子2.75万棵、红叶石楠球536棵、海桐球251棵、红叶石楠树231棵、香樟932棵、银杏200棵，并在灾防上挡墙路段种植炮仗花4700株、爬山虎6110株。投资197万元。

【国道纵五线华坑大桥续建完工】 3月，国道纵五线华坑大桥续建完工，当年续建桥面铺装6847平方米，完成投资71万元。大桥累计完成投资2421万元。

【兴泉铁路（大田段）项目工程建设】 3月20日，兴泉铁路（大田段）项目工程开工。兴泉铁路，从江西省兴国县至福建省泉州市，途经三明市的宁化、清流、明溪、三元、永安、大田，泉州市的德化、永春、安溪、南安等地，全长461公里，建设工期54个月。兴泉铁路（大田段）途经桃源、上京、石牌、均溪、华兴、屏山、济阳等7个乡镇的21个村和1个国有林场，全长60.28公里。按国家Ⅰ级，单线设计，时速160公里，客货兼顾。内设2个中间站（石牌镇小湖村货运站、均溪镇红星村岭后大田客运站），3个技术停靠站（桃源广前、上京溪尾、屏山内山）。设桥梁29座（特大桥4座）、隧道14座（长隧道5座，特长隧道三阳隧道和将军寨隧道），桥隧比高达90.48%。由中国中铁二院工程集团责任有限公司设计院设计，第四、五标段由北京现代通号工程咨询有限公司负责监理，第六标段由南昌华路建设咨询监理有限公司负责监理。业主单位向莆铁路股份有限公司。境内分三个标段建设，桃源镇赤头坂将军架至桃源镇广汤村第4标段，全长11.72公里，由中铁十七局承建；桃源镇广汤村至华兴镇华安村第5标段，全长33.27公里，由中铁隧道集团承建，华兴镇华安村至屏山乡内山村和济阳乡大儒村至大垅村第6标段，全长15.29公里，由中铁十八局承建。涉及征用土地346.53公顷，其中永久用地70.64公顷，临时用地275.88公顷（取弃土场临时用地123.02公顷，大型设施临时用地152.86公顷），房屋拆迁总量9.9万平方米（小湖点房屋拆迁量约7.5万平方米）。工程预算投资约45.84亿元。

4—12月，有仙峰村、南屏山、三阳、桃山2号、将军寨、铁骑山1号、2号、前竹尾、内山、白林垵等隧道及和平溪、华兴均溪、小溪、洋禽、广前车站1号、2号3线等桥梁先后动工建设。

2017年底，完成主线征地49.4公顷，占任务70%；临时用地165.33公顷，占任务60%，房屋征收评估6.81万平方米，已拆迁3.88万平方米，占任务40%。完成路基挖方30万立方米、填方25万立方米，路基清表19.8公里，筑涵洞2587米，隧道洞身开挖7条881.71米，砌边沟、排水沟、截水沟1023米，砌筑边坡防护21356立方米。完成投资14.2亿元，占总投资31%。

【省道307线路面改善工程】 1—10月，大田公路分局组织对省道307线7.37公里（K241+400—K248+770，其中1.7公里试验路段）实施路面改善，加铺面积6.91万平方米。由三明永达公路勘察设计有限公司设计，福建三明盛达公路有限责任公司施工，三明永达公路工程监理咨询有限公司监理。完成投资1149.3万元。

【国道纵五线德州至溪柏林动工建设】 4月，国道纵五线梅山德州至均溪溪柏林段工程动工。路线起点位于梅山乡德州村（与尤溪交界），经梅山乡德州、秀岭、梅山、沈岭、沈口、雄峰、香坪，湖美乡后坪、高才、湖上、仁美、仁东、西燕、前进、大尤，均溪镇许思坑、周田、后华，终点位于溪柏林（接一期工程起点），途经3个乡镇19个建制村。全长41.71公里。按交通部部颁二级公路标准建设，设计时速60公里，双向二车道，路基宽度10米，路面采用水泥混凝土结构，设计汽车荷载等级为公路－Ⅰ级。由福建省交通规划设计院设计，河南海威路桥工程咨询有限公司、内蒙古华讯工程咨询监理有限责任公司监理，中铁北京局集团第一、中铁航空港集团第一、中铁十七局集团第六，中铁十八局第二和中铁五局集团第五工程有限责任公司施工，业主单位大田县锦田公路建设有限责任公司。4—5月，有下坋1号、溪柏林1号、周田1号、2号、3号、双板、沈口1号、2号、扬场坑等桥梁和二保、通尾、和

2017年3月20日，兴泉铁路（大田段）开工　（报道组/提供）

平、后洋、扬场、茶地坋等隧道先后动工建设。年底，完成路基挖方 244.6 万立方米、填方 196 万立方米，路基清表 34.947 公里，筑涵洞 890.67 米，砌边沟、排水沟、截水沟 4366 米，砌筑边坡防护 1.03 万平方米；隧道累计开挖深度 1816 米；桥梁桩基完成 132 根；草种喷播 2.45 万平方米。完成投资 3.03 亿元，占总投资 20.17%。项目预算总投资 15.02 亿元。

【溪柏林 2 号大桥续建完工】 5 月，国道溪柏林 2 号大桥续建完工，当年续建桥面铺装 5981 平方米，完成投资 31 万元。累计完成投资 2348 万元。

【省道生命防护工程完善】 5—11 月，大田公路分局组织完善省道 306 线、307 线生命防护工程，增设钢筋砼防撞护栏 5301 米。由三明永达公路勘察设计有限公司设计，大田县鹏程公路有限责任公司和福建三明盛达公路有限责任公司施工，三明永达公路工程监理咨询有限公司监理。投资 249.15 万元。

【农村公路安全防护工程整治】 6—8 月，县交通运输局组织实施对县道 X722 线昆山至京口段 3.25 公里，乡道 Y061 线仙峰至六角宫段 9.5 公里，农村公路安全防护整治，设置波形防护栏 3264.8 米。由福建通和路桥设计院有限公司设计，大田县鹏程公路有限责任公司组织施工。工程投资 67.9 万元。

【农村公路安全生命防护工程建设】 6—8 月，县交通运输局组织实施湖桃线（X724）万湖至川石段、高林线（Y095）高峰至林兜段、湖均线（X7LA）翰林岬农村公路安全生命防护工程建设。设置波形护栏 1696.8 米，安全标志 16 面，反光镜 6 面。由福建通和路桥设计院有限公司设计，大田县鹏程公路有限责任公司组织施工。投资 36.1 万元。

【水毁公路修复工程】 6—12 月，大田公路分局组织对省道 306 线、307 线和县道 732 线、727 线、728 线路基缺口、桥涵局部毁坏、边坡溜方等 43 处水毁点，采用增设挡墙、跌水、边坡卸载等方案进行修复，消除安全隐患。由三明永达公路勘察设计有限公司设计，大田县鹏程公路有限责任公司施工，三明永达公路工程监理咨询有限公司监理。投资 300 万元。

【省道 306 线路面破碎修复工程】 7—12 月，大田公路分局组织对省道 306 线石牌至梅林、建设镇路段，省道 307 线上京路段，路面破碎面积约 1.3 万平方米进行修复。由三明永达公路勘察设计有限公司设计，清流县龙达公路工程有限公司、福建省三明盛达公路有限责任公司施工，三明永达公路工程监理咨询有限公司监理。完成投资 274 万元。

【普通公路归类移交接养】 8 月，根据《福建省交通运输厅关于印发普通公路归类移交接养工作方案的通知》文件要求，三明市公路局与大田县交通运输局签订《普通公路归类移交接养》协议，双方约定：三明市公路局将专养公路县道 5 条、108.08 公里，乡道 6 条、21.71 公里，道班房 3 座移交给大田县交通运输局；县交通运输局将群养农村公路（规划未建成的国省道绕行路段）县道 3 条、27.88 公里，乡道 2 条、6.32 公里移交给三明市公路局。同时，约定于 2018 年 1 月 1 日正式办理交接，移交后公路产权归接收方。

【国道横六（G534）大田段工程项目】 10 月，国道横六福清至长汀（G534）大田段全长 30.13 公里，工程项目工可通过省发改委组织审查。

【国道纵五线溪柏林至长溪续建完工】 10 月，国道纵五线均溪西溪柏林至石牌长溪段续建完工。完成铺设混凝土路面 10.03 公里，溪柏林 2 号大桥、华坑大桥完成桥面铺装，主体工程已基本完成；双冠山隧道配电房及照明工程、各标段交安工程标识标牌施工和、绿化工程完成，完成投资 1.67 亿元。10 月 26 日举行项目竣工通车仪式。当年完成投资 5.51 亿元。

【双冠山隧道续建完工】 10 月，国道纵五线双冠山隧道续建完工，当年续建完成隧道剩余变更和机电工程量，完成投资 605 万元。

【管吴、横七段公路完善工程建设】 10—12 月，县交通运输局组织实施县道管吴线（管前经文江到吴山）石牌至吴山段、德横线济阳至横七段公路完善工程建设，完善路面清灌缝 4.83 万米，公路标线 7964 平方米，安装条形反光道钉 8545 个，球形反光道钉 1634 个，新建边沟 1773 米。大田县龙昌建设工程有限公司承建。工程造价 100.68 万元。

【莆炎高速支线广平至石牌工可委托】 11 月，莆炎高速公路支线广平至石牌联络线工程项目，县政府常务会议通过同意委托省交通规划设计院工可编

2017 年 10 月 30 日，莆炎高速（大田段）开工誓师大会　（报道组 / 提供）

制工作。

【泉南高速上京互通A匝道滑塌加固】6—11月，县高速公路指挥部对泉南高速上京互通A匝道AK0+700—BK0+30左侧高边坡二级至五级局部滑塌，滑塌土方量约0.5万立方米，工程进行加固抢险修复。由中铁十二局负责加固施工。工程投资220万元。

【农村公路养护中心综合楼续建】2017年，县公路分局续建县农村公路养护应急中心综合楼，楼高四层；建筑占地面积207.05平方米，总建筑面积955.31平方米，钢筋混凝土框架结构。项目预算总投资273万。

【莆炎高速（大田段）征地拆迁工作】2017年，县高速公路指挥部加强征地拆迁工作。一是召开开征地拆迁安置工作动员会、业务培训会等会议。二是印发出台本项目征地拆迁安置补偿实施方案等基础性文件。三是按程序做好压覆矿、红线内用地、临时用地等评估测量单位的选择工作。四是开展红线内用地的调查丈量工作。五是做好控制性工程用地报批工作。六是做好5个施工标段项目部的项目驻地、拌和站、制梁场，施工便道等临时用地办理工作。有序推进莆炎高速公路（大田段）征地拆迁工作。

【省道306线道口整治工程】2017年，大田公路分局组织对省道306线280处重要道口进行整治，硬化面积1.34万平方米，埋设单柱式停车让行标志牌229面，道口桩埋设1116根，设震荡标线56.93平方米，盖板水沟188.3米。投资155.56万元。

（林加兴）

交通运输

【概况】2017年，全县营业性货车（含危货）2345辆、3.03吨位。全年完成货运量2204.67万吨，周转量23.58亿吨公里。营业性客车164辆（含旅游、出租车）、2700座，平均日发客车277班次、运送乘客3257人次，全年完成客运量321.42万人次，周转量2.24亿人公里。营业性公交班车66辆，全年完成客运量651万人次。至年底，有省际客运线路1条，省内跨地（市）线路12条，市内跨县（市）区线路10条，县内线路18条，学生周末班车线路4条，城区公交客运线路13条。人力三轮车145辆。

【组织运力保春运】1月13日至2月21日，县交通运输部门按照“安全第一、保障有力、方便快捷、服务至上”指导原则，抓好春运组织工作，合理调控运力，采取长短客运经营，多班、双班、包车和卸载分流相结合抓好客运业务。春运40天，组织客车260辆，发车1.08万班次，安全运送旅客22.4万人次（不含县内短途客运），完成周转量2194万人公里。

2017年2月1日，县长林金龙检查春运现场　（报道组/提供）

2017年大田县客运班线一览表

表3

线别	序号	营运班线	里程(公里)	客车（辆）	线别	序号	营运班线	里程(公里)	客车（辆）
县内	1	大田—广平东景	80	1	县内	9	大田—广平	75	11
	2	大田—广平丰庄	82	1		10	大田—太华魁城	36	1
	3	大田—广平万筹	77	1		11	大田—桃源东风农场	60	1
	4	大田—桃源	51	4		12	大田—桃源广汤	56	1
	5	大田—梅山	50	6		13	大田—武陵	26	2
	6	大田—梅山秀岭	48	1		14	大田—济阳	46	2
	7	大田—上京	32	6		15	大田—谢洋	30	1
	8	大田—奇韬	64	4		16	大田—屏山	24	2

续表 3

线别	序号	营运班线	里程(公里)	客车(辆)	线别	序号	营运班线	里程(公里)	客车(辆)
县内	17	大田—湖美	22	3	省内跨地(市)	1	大田—泉州(高速)	141	5
	18	大田—太华大合	51	1		2	建设—厦门枋湖	298	1
市内跨县(市)区	1	大田—永安(高速)	87	6		3	大田—福州(高速)	297	4
	2	大田—沙县(高速)	150	1		4	大田—石狮(高速)	164	5
	3	大田—沙县（X732、S304）	125	2		5	大田—厦门(高速)	223	3
	4	大田—尤溪	114	1		6	大田—漳州	248	1
	5	大田—三明	105	10		7	大田—龙岩	218	1
	6	大田—三明（经奇韬新增）	150	1		8	大田—武夷山	368	1
	7	建设—永安	107	2		9	大田—晋江(高速)	154	1
	8	梅山—沙县	150	1		10	大田—安溪	132	1
	9	上京—永安	55	1		11	大田—莆田	230	1
	10	桃源—永安(新增)	44	2		12	大田—泉港	191	1
省际	1	大田—广州(高速)	905	2					
合计									103

【石牌客运综合服务站落成】 1—3月，闽通大田分公司续建主站楼幕墙安装、室内装修和室外附属工程，完成主站楼、停车场等附属全部工程。3月26日，落成揭牌，正式投入运营。完成投资140万元。

【闽通大田分公司修理厂搬迁】 3月，位于雪山北路18号闽通大田分公司修理厂因列入棚户区改造，修理厂搬迁至大田旧车站内（凤山中路214号）。8月10日，原厂区用地总面积为1.95万平方米(商住用地1.65万平方米)，以“毛地”拍卖方式出让碧桂园竞买开发，拍卖成交价1.1亿元。

【出租车更新】 9—12月，闽通大田分公司、环宇大田分公司原有98辆（桑塔纳SVW7182HQ）出租车经营期限到期，经县运管所批准，重新申请更新，更新后车辆总数57辆（48辆大众牌SVW71612AH、9辆起亚牌YQJ7126GC5）。

【电气混合动力公交车引进】 12月，大田县闽通公共交通有限引进首批6辆厦门宇通电气混合动力新能源公交车，投资258万元。

【太华魁城一类港湾式客运站建设】 12月，太华镇政府在魁城村建设一类港湾式客运站，占地面积200平方米，建筑面积60平方米。内设驾驶员休息室、旅客候车室、停车场等。由大田县规划设计院设计，大田县宏城建筑工程有限公司施工，大田县宏城建筑工程有限公司刘芳毅监理。项目投资60万元。

【物流有限公司通过许可】 2017，县运管所依照《道路货物运输及站场管理规定》，对圣昊、大润、华厦、岩荣、丰润、和记、永腾、万达、宏景等9家物流公司经营资质进行审核，准予经营普通货运。

【城区公交站点建设】 2017年，闽通大田公交公司改建宝山路、凤山路16个灯箱式夜景公交站台，新建兴田路8个灯箱式夜景公交站台。总投资161万元。

（林加兴）

交通管理

【概况】 2017年，全县营业性客运企业2家，客车164辆（含旅游、出租车），公交客车66辆。道路运输证持证率、年审合格率100%；客运驾驶员从业资格证办证29人，办证率100%；乘务员从业资格证办证率99%。营业性货车2345辆，年审合格率82.38%。货运汽车驾驶员从业资格证办证141人（危货62人）、办证率96.5%。五级以上货运企业66家，经营许可证办证率100%。运输企业质量信誉考核59家，AA级9家、A级24家、B级26家。注销经营许可16家。汽车维修经营业户48家，其中二类13家、三类30家，摩托车维修经营业户5家。维修质量信誉考核48家，其中AAA级1家、AA级25家、A级14家，B级8家。机动车驾驶员培训企业4家，其中二类3家、三类1家，驾培质量信誉考核达到AA级3家、B级1家。教练车168辆，其中小型汽车158辆、摩托车10辆。教练员239人，其中理论教练员34人、实际操作教练员238人。培训机动车驾驶员6689人，其中小型汽车5566人、摩托车1123人。

【路域环境百日整治】 4—7月，县交通执法大队开展“雷霆1号”路域环境百日专项整治。突出公路路域环境重点路段、重点区域、重点设施、重点行为等四个重点集中整治，强化路域环境监管，查纠各类侵害公路路产路权行为，保障公路完好、安全及畅通，路产路权不受非法侵害。通过路域环境百日整治，公路路域环境基本实现“八个无”（公路标志前后500米无广告，无违法建筑物和地面构筑物，无违法搭接道口和占用挖掘公路，无违法跨越和穿越公路的物体，无违法非公路标志，路基路肩边坡无非法种植物，无摆摊设点和打谷晒场，公路用地范围内无堆积物）。整治期间，共出动执法人员587人次，开展联合执法23次，查处违章搭盖、违法占道等各类行为57起。

【道路交通安全“百日会战”】 5—8月，县交通运输局开展“压事故、保安全”道路交通安全“百日会战”整治行动，进一步推进道路交通安全综合整治“三年提升工程”，强化“两客一危”车辆技术安全隐患排查整治，特别是农村客运车辆技术安全隐患排查整治，确保营运车辆技术状况良好投入运营；实施安全生命防护工程，对公路临水、临崖安全隐患进行整治，增设农村公路安全防护标志、标线，防护栏设施；开展打击道路运输非法营运专项行动，维护良好运输市场秩序和道路交通安全环境，努力构建长效工作机制。整治期间，共开展交通法律法规宣传3次，联合执法行动22次，出动执法人员206人次，检查企业52家次，检查车辆340辆次，立案处罚41起。临水临崖5条农村公路增设波1680米形护栏、6面反光镜、16处安全标志。完成投资120万元。

【道路货运物流专项整治】 6—9月，县运输管理所开展道路货运物流专项治理，确保物流渠道安全。活动期间，共检查货运企业83家（危货企业1家，货运代理10家，仓储6家），排查整改安全隐患21家次，确保道路货运物流安全管理“两个100%”（开箱验视100%、实名制100%）的落实，有效提升道路货物运输安全管理水平。

【非法营运整治】 7—8月，县交通执法大队开展非法营运专项整治。通过对道路运输“两客一危”、出租汽车等重点领域，车流量密集路段、违法行为多发易发路段等重点部位，驾驶人、车辆、企业等重点环节，“两站一场一区”等重点区域4个重点，打击道路非法营运，维护市场经营秩序。整治行动期间，与公安交管部门联合执法12次，出动人员153人次，检查企业21家次，车辆367辆次，查处非法营运案件2起、危货运输案件1起。

【锦宏道路配套设施开发公司运营】 8月，大田县锦宏道路配套设施开发有限责任公司（2016年7月注册，注册资本2000万元，经营公路沿线土地开发利用，公路服务区建设项目运营管理，建筑材料出售）正式运营，隶属大田县锦田公路建设有限责任公司全资子公司管理。

【车辆超限检测治理】 2017年，大田石牌超限运输检测站共出动执法人员4332人次，检测车辆3.62万辆次。其中违章超限车辆159辆次，作出重大行政处罚9起，卸载货物2008.81吨，行政处罚58.35万元，立案率和结案率100%，未发生被投诉、起诉案件，车辆超限率0.45%，符合车辆超限率控制在3.6%以下的要求。

【道路运输违法整治】 2017年，县交通执法大队开展道路运输违法整治。通过加强危货运输和物流安全管理监管，打击货运车辆改装改型，非法超限超载、非法营运和污染公路“滴、撒、漏”行为，道路运输违法整治起得明显的成效。整治期间，共出动执法车辆263辆次，人员1236人次，检查企业353家次，检查车辆2255辆次，立案查处各类违法案件114起。

（林加兴）

邮　政

【概况】 2017年，中国邮政集团公司福建省大田县分公司（简称邮政县分公司）业务总收入3352.1万元，同比增长12.5%。全县城乡邮路59条，总长1785.65公里。报纸订阅466.65万份、杂志订阅21.33万份，出口函件17.98万件、进口函件34.12万件，出口包件16.55万件、进口包件27.23万件。县分公司狠抓服务与发展，促进企业双文明发展协调开展。公司蝉联“省级文明单位”称号。3月，公司获得“三明邮政2016年度经营管理一等奖”6月，被市分公司工会评为“2016年度工会工作先进单位”。

【联合开展“平安进校园”活动】 3月，县分公司与综治办和教育局联合开展“平安进校园”活动，在鸿图中学举行启动仪式。这是以招商形式发动一些企事业单位赞助的公益活动。印制“安全宣传手册”4万份，赠送各中小学学生。

【携手杂志社开展进校园活动】 5月22—23日，邮政县分公司通过“邮政+报刊社+学校”加强联系，与教育杂志社和《学生周报》社携手《课堂内外》开展进校园活动，请杂志社编辑到城三小和建设小学举办讲座，与师生联动，助推校园报刊的发展。

【联合开展“预防职务犯罪邮路”活动】 5—6月，邮政县分公司与县检察院联合开展“预防职务犯罪邮路”活动，这是省分公司的总部营销项目。大田县活动由中国人民银行大田县支行牵头，12家金融机构出资协办。制作笔记本3000册，刊印“廉洁自律部分法律法规”和“精准扶贫”有关宣传内容。

【代开税票业务网点开办】 6月起，邮政县分公司代开国税增值税发票业务在县城3个网点陆续开办，至年底，全县有代理网点9个，让城乡居民可就近开具税票。

【建设镇快递包裹营揽投部设立】 7月，邮政县分公司在建设镇设立邮政快递包裹营揽投部。以自营形式，员工配备2人，方便当地群众。

【邮政企业实施机构改革】 8月，邮政县分公司根据中国邮政集团公司、省（市）分公司机构改革方案，设立综合办公室、市场营销部；市场营销部下设业务中心4个，另设班组若干个。各农村网点（支局）保持不变。

【联合民政局在全县推出“慈善超市”】 9月6日，邮政县分公司联合县民政局在上京镇创办第一个“慈善超市”，至年底共推出上京、建设、奇韬等3个“慈善超市”。这是一个邮政牵线、民政出资（超市装修）、商家让利经营的公益项目。

【发展“邮乐小店”项目】 9月，邮政县分公司尝试“线上·线下”业务，发动员工和客户开通“邮乐小店”1322户。该平台可以让客户（商家）以消费或产品入驻的形式，下单销售。

【服务大田景区创建项目】 10—11月，邮政县分公司函件、集邮专业在宣传和创意设计上，针对大田景区创级（屏山AAAA、济阳AAA乡镇景区）开展服务，设计个性化邮折、明信片、纪念封、纪念册、纪念戳等。

【联合开展系列社会公益活动】 2017年，邮政县分公司结合邮政特色服务社会，发动部分单位出资联合开展公益活动，开展“六一”深入学校为2000名留守儿童赠送价值2万元物品活动；组织开展“中秋节·精准扶贫”活动，11个单位参与为挂钩贫困户送温暖，赠送价值4.75万元的物品。

【参与“城乡共建”活动】 2017年，邮政县分公司参加县委宣传部组织的“文化科技卫生三下乡”活动，出资5000元。参加县委县政府组织的挂钩村帮扶活动，为挂钩村（户）提供4000元帮助。

（谢　铁）

中国电信

【概况】 2017年，中国电信大田分公司电信业务收入5662万元，比上年增长3.45%。城区及农村集镇光宽带全覆盖，全县266个建制村100%开通光宽带，城区全光网区域达100%。全县拥有固话4.5万部，天翼6.5万户，宽带4.4万户，光缆6299.8皮长公里，天翼3G基站198个、4G基站387个，信号覆盖率99.99%，通话村266个，通话面100%，营业网点35个、渠道专营店10个，为社会提供全方位电信服务。当年，分公司获电信福建公司“投资建设管理先进集体奖”三等奖，获三明电信“首季开门红团队竞赛”1组二等奖、“第三季度营销活动分组PK赛”1组三等奖、“第三季度营销活动团队竞赛”1组三等奖、“网络资源竞赛优秀团队”三等奖、“投资优化管理专项竞赛先进集体”二等奖、“LTE五期800M重耕项目建设专项竞赛”先进集体一等奖、“线路维护划小'对赌'专项竞赛团体奖”“客户感知提升劳动竞赛服务管理优秀团队”三等奖、“逆向派单工作优秀支撑团队三等奖”；被县妇联评为“三八红旗集体”，获大田总工会“最信赖职工之家”称号等。公司连续21年实现“三无”工作目标。

【防汛抗洪抢险演练】 4月，电信大田分公司参加县政府防汛抗旱指挥部组织的“大田县2017年防汛抗洪抢险救灾暨地质灾害应急救援—恢复灾区通信”应急保障演练工作。通过演练，进一步检验应急预案的可行性和操作性，达到了“模拟实战、锻炼队伍、完善预案”的目的，进一步提升了抢险人员应急处置能力。

【开展企业文化宣讲】 7月，电信大田分公司开展“百场万人”战略转型暨企业文化宣讲活动，介绍电信集团公司转型升级战略及其内容和举措，重温中国电信企业文化、指明公司发展方向等，进一步规范了员工行为，凝聚共识，促使员工更加积极主动落地执行企业战略目标。

【校园一键式报警接入】 12月，电信大田分公司深化推进全市中小学幼儿园“护校安园”行动，为全县48所学校提供一键式可视报警机，用于接入县公安指挥中心实时监视校园的情况及防护区域警情的检测与防范。

【重耕网络建设完成】 2017年，电信大田分公司完成了第一阶段和第二阶段建制村LTE800M基站建设任务，快速建成了与C网1∶1站址覆盖规模相当的农村4G网络，提升大田4G网络覆盖能力，为广大用户提供了更优质的4G网络。

【微型消防站建设】 2017年，电信大田分公司结合省消防工作要求，给予每个消防重点单位免费赠送“天翼对讲机”1台，全面推进大田消防重点单位微型消防站建设。

【配合凤山路改造】 2017年，电信大田分公司员工为保障旧城改造进度，克服高温，在工期紧、任务重，施工环境复杂情况下，加班加点，确保线路迁改工程完成。对电信护线到位，与施工单位协作配合按时序推进施工进度，在每周现场协调会上，得到县分管领导多次表扬。

【“居家养老”项目建设】 2017年，电信大田分公司为响应全市“居家养老”项目建设计划，进一步推进智慧城市“互联网+医养”暨“一键通”呼叫服务信息平台建设，结合“想家”业务，以“光纤网、IPTV网、手机网”三网合一、基于电信网络实现电视对电视、电视对手机、手机和手机之间视频互动通话业务，为全县5000多户老人免费提供手机。

【开展志愿服务献爱心】 2017年，电信大田分公司贯彻落实志愿服务工作会精神，弘扬“奉献、友爱、互助、进步”，以“邻里相助情暖大田”“心系学子、捐资助学”“浓情五月天，感恩母亲节”等为主题开展志愿者活动15次，近200人次参与，捐款6.5万余元。

【服务质量提升】 2017年，电信大田分公司阶段性开展营业、维护人员、客户经理的技能培训、岗位认证、技能竞赛等促进服务人员服务水平的提升，有效管控业务差错率及各类投诉率，连续7个月服务指标和工信部申诉率均排名全市前三。

（严慧芳）

中国移动

【概况】 2017年，移动通信大田分公司承接集团公司"大连接"战略，牢固树立以客户为中心、市场为导向的"两大理念"，取得较好成绩。全年运营收入1.37亿元，排名全区第三。当年，新建4G基站209个，总基站数达1145个，实现城区、建制村、泉三高速、国省道全覆盖。宽带建设共完成230个小区，新增端口2.22万个，总端口数达到8.11万个，用户数达2.7万户、宽带用户份额突破达到38%，手机上网流量同比增幅17.6%，排名全区第一。当年，移动通信大田分公司获"福建省五一劳动奖状"、省公司"2017年先进集体"称号；市场部省公司"岩鹰部落"获卓越班组，市公司一、二、四季度A+网络劳动竞赛分别获得二等奖、三等奖、二等奖；林长涛获得省公司"省优秀员工""最美移动人""优秀班组长"；廖程鹏获得"省优秀工会积极分子"；柯玉华、廖程鹏分别被共青团三明市委评为"三明市杰出青年岗位能手""三明市优秀青年岗位能手"。

【文化科技卫生"三下乡"活动】 1月15日上午，大田县文化科技卫生"三下乡"宣传活动在湖美乡举办，移动通信大田分公司通过党员先锋队，借助当日聚集的人气，积极推进终端、套餐、全业务等两节（元旦、春节）业务发展。

【防汛抗洪救灾暨地质灾害救援演练】 4月14日，移动通信大田分公司参加县政府防汛抗旱指挥部及县地质灾害防治工作领导小组联合华兴镇、消防大队、气象局、移动公司等19个部门举行的防汛应急演练。模拟华兴镇出现50年一遇的强降雨，造成山洪暴发，山体滑坡，河水猛涨，房屋被淹，断水断电，通信全阻，道路不通。移动通信大田分公司根据防汛办安排，成立"通信应急抢险队"，派出抢修人员10人、车辆2辆，备齐相关防汛物资，调通海事卫星电话，让防汛总指挥长向上级汇报灾情；抢通损毁光缆线路，布缆熔接，安装基站设备一个，启动油机给基站供电，用海事卫星与三明机房联系进行数据制作，恢复灾区通信。

【公司获"福建省五一劳动奖状"称号】 5月18日，三明市总工会党组书记、常务副主席陈兴万受省总工会委托为移动通信大田分公司颁发"福建省五一劳动奖状"。这是三明全市所有通信运营企业唯一获得这一荣誉的单位。

【行动学习研讨】 7月26日，移动通信大田分公司围绕"如何提升工作幸福感"话题开展第一期行动学习研讨，24人分4组参加培训。建导师陈连捷利用专业的催化技巧，激发探询、质疑和反思，带动学员群策群力、相互交流、分享知识与经验。通过头脑风暴，团队列名法等集体研讨方式贯穿学习研究全过程。

【商圈4G下载速率提升】 8月，大田凤山路商圈内专营店集中，导致用户4G体验不理想。移动通信大田分公司通过县市协同、网业协同，利用专营店做站址，在1个月时间内建设开通6个基站，使凤山路商圈覆盖明显改善，专营店内的4G下载速率在忙时也能达到50M以上，比原来增速1倍。

【持续推进党员亮岗履职活动】 2017年，移动通信大田分公司开展党员亮岗履职活动，将党建工作融入日常生产经营，通过"亮、晒、述"3个动作，充分发挥党员的先锋示范作用，在公司楼道及各办公区域上墙上牌等方式亮明党员身份；每季初，党员结合本职岗位制定季度工作目标，上台对全体党员进行宣读，明确季度提升工作目标；党支部将党员制定的季度目标上墙，接受群众的监督，提升党员自我加压意识；季度末，各党员对本季度工作达成情况进行专项述职，分析未达原因，并制定下季度工作目标；将党员季度目标达成情况纳入党员量化积分考核。共计制定105项工作目标，达成94项，达成率89.5%，有效促进公司整体经营目标完成。

【优秀渠道经验交流分享】 2017年，移动通信大田分公司总结优秀渠道营销经验，发掘不同渠道专长，通过多种形式开展优秀经验分享，现场交流和线上交流同步，做综合业务提升经验分享介绍，安排部分业务及服务较差渠道现场互动交流、学习，并全程录制成视频通过微信分享至全县其他渠道，做到优秀经验覆盖全渠道；将优秀渠道经验进行场景分解，安排渠道经理进行专题学习，确保渠道经理对优秀经验全面了解，并能有效指导推广。全年总结分享4个营销场景+1个厅店服务管理经验。

【宽带电视业务"量、质"升华】 2017年，移动通信大田分公司以问题为导向，紧抓营、建、维主要问题，通过"拉渠道""抓协同""提服务"3个措施，实现宽带电视持续发展，连续两年份额提升均超过8%，列全区第一，获得省公司最佳拓展入围奖。

（章留玲）

中国联通

【概况】 2017年，中国联通网络通信有限公司大田分公司（简称：中国联通大田分公司）全年完成业务收入3591万元，比上年增长10.25%。全县联通基站369个，联通2G用户1.5万余户，3G/4G用户24712户。优质的网络服务、优良的客户服务使企业的核心竞争力得到加强，为改善大田投资环境、促进经济发展提供通信保障。

【新型智慧医疗服务】 6月，中国联通大田分公司中标承建县妇幼保健院智慧医疗信息化平台。12月完成。双方共同打造具有中国联通自主知识产权的物联网平台和行业应用，开拓社区、家庭端医疗健康服务，探索建立新型智慧医疗健康服务。

【承建平安监控信息化平台】 7月，中国联通大田分公司中标承建110路大田平安监控信息化平台，12月完成。

（郭秀明）

商务工作

【概况】 2017年，县商务局应对国内外复杂多变的经济形势，找准切入点，创新工作思路，抓项目、拓市场、促消费、稳增长，引进外资，加强进出口贸易，商务各项工作取得成效。全县社会消费品零售总额53.69亿元，比上年增长11%，居全市第九。限额以上企业共83家，其中批发企业26家、零售企业48家、住宿餐饮企业9家，新增10家。限额以上批发业销售额23.35亿元。全县城乡集市贸易市场总面积4.67万平方米，全年交易额4.34亿元。

城乡集市贸易 2017年，城区有满田春市场、岩城新市场（好多多超市、服装鞋帽市场各占一半）、商贸中心市场3个市场，总面积1.28万平方米，其中商贸中心市场2600平方米大部分处于闲置状态，活牲畜市场因旧城改造于10月关闭。在城区凤山西路岩城集团楼前、镇东桥头附近、城东村小溪坂、南山路（中段）桥头、福田路原纺织厂路口设5个农产品临时交易点。城区市场全年交易额1.91亿元。济阳、梅山、华兴、建设、武陵、文江、前坪、太华、石牌、奇韬、湖美、屏山、吴山、上京14个乡镇建有农贸市场，总面积3.39万平方米，全年交易额2.43亿元。

满田春市场 2017年，满田春市场总占地面积7045.56平方米，实用总面积5794.34平方米，内设服务总台、信息中心、食品安全检测中心。市场分A、B两个区域，其中，A区为干货区，设有店面38间、固定摊位81个，主要经营干鲜果、三类小药材、茶叶、青草药、食杂、粮食、蔬菜种子、干海产品等11种行业；B区为鲜货区，设有店面34间、固定摊位258个、临时摊位53个，主要经营鲜肉类、蔬菜、家禽、卤制品、熟食品、面豆制品、食用菌、酱菜调味品、糕点、活鱼、海产品、冰冻产品等20多种行业。全年交易额1.83亿元。

岩城新市场 2017年，岩城新市场经营面积6229.88平方米，南侧为好多多超市，经营面积约3500平方米；北侧为小商品市场，经营面积约3114.54平方米，设固定店面33间、摊位118个，主要经营服装、鞋帽、日用小商品，有个体工商户153户，全年成交额950万元。

活牲畜市场 2017年，活牲畜市场主要经营小猪及牛羊为主，年交易约0.93万头，交易额853万元，于10月关闭。

国有企业管理 2017年，商业总公司职工61人，营业收入549万元，上缴税收128万元，连续多年获得县“纳税一百万企业”称号。实行增收节支，比上年节约费用32万元，实现营业利润35万元。食品公司营业收入133万元，上缴税收4.5万元，扭亏为盈，盈利10.2万元。饮服公司实现营业额173万元，上缴税收45万元，实现利润4万元。县市场服务中心干部职工5人、协管员9人、保安8人，下辖满田春市场、岩城新市场，全年收入137.03万元、支出163.94万元。

副食品基地建设 2017年，全县县级可调控副食品基地45个，其中省级生猪基地2个、蛋禽基地1个、蔬菜基地1个，企业投入资金1126万元。其中常年蔬菜基地17个，面积202公顷，年产蔬菜1.7万吨；生猪基地18个，年出栏生猪9.5万头；蛋禽基地5个，存栏蛋鸡13.3万只，年产蛋品1123吨；水产基地5个，网箱养殖760箱，库区网箱养殖年上市淡水产品3499吨。大田县米桶山禽业有限公司、大田县昌裕畜牧有限公司新列入省级城市副食品调控基地。

商务执法 2017年，县商务局共出动执法人员285人次，检查商场、餐饮、住宿、加油站、报废汽车回收拆解点、二手车交易市场、城区市场安全生产共98次，排查整改各种隐患29处。其中开展安全生产专项检查4次，共出动执法人员124人次，下发整改通知书8份，消除安全隐患19处，签订安全生产责任书68份。利用商贸企业LED显示屏滚动播放《中华人民共和国安全生法》“第一个安全生产法宣传周”“安全生产月”等标语96条次。

外资 2017年，全县新批办福建省大田兴中堂旅游开发有限公司、大田剑齿虎商贸有限公司、大田县广福矿业有限公司3家外商投资企业。全年利用外资实际到资2120万美元，同比增长9.5%，位列全市第二。

外贸 2017年，新增大方广茶业、新盈彩铝、更升贸易、禾福贸易、仙师泉5家进出口企业，全县拥有对外贸易经营权企业55家，当年有11家企业产生进出口实绩。全年出口总值完成9.4亿元，同比增长10%。

电子商务 2017年，全县新增电商企业50家，现有电商企业181家，网店达3000家以上，从业人员达3000多人，全年完成电商交易额约10亿元，网络零售额4.9亿元，同比增长分别为14.4%、6.5%。

【组团参加“9·18”投洽会】 9月18日，县委、县政府组团参加2017厦门国际投资贸易洽谈会，共邀请客商32人，对接外资项目10个，总投资3.72亿美元，拟利用外资1.448亿美元。

2017年5月，大田县电子商务实战提高班开班　（县商务局/提供）

【电子商务进农村综合示范县获批】 7月，县商务局申报的创建“第四批国家级电子商务进农村综合示范县”获商务部、财政部和国务院扶贫办批复，争取专项扶持资金2000万元，重点建设县级农村电子商务公共服务中心、农村电子商务服务站体系、农村电子商务物流体系、农村电子商务培训体系、农村产品供应链管理体系、营销服务体系、农村电子商务统计体系和电商精准扶贫工程。

【省级农村电子商务示范县绩效评价全省第一名】 10月，省商务厅、财政厅委托北京和兴会计律师事务所有限公司对大田县创建省级电子商务示范县工作进行绩效评价，评价排名位列全省第一。

（林新捷）

供销合作

【概况】 2017年，大田县供销合作社联合社（简称县供销社）内设办公室、人事、财务、经济发展、合作指导、资产管理、工会7个科室，下辖4个基层中心社；县供销贸易总公司辖烟花爆竹经营部、农业生产资料公司、龙得宝农资有限公司（股份制）3家直属商业企业。至年底，有经营网点127个，在职干部职工39人；离退休人员213人，其中县供销社机关离退休人员19人、直属企业74人、基层社120人。全年商品购进总额13.6亿元，比上年增长27.99%；商品销售总额17.95亿元，同比增长32.57%；实现利润128.49万元，同比增长29.78%。

【《关于深化供销合作社综合改革实施意见》出台】 1月，县供销社提交的《深化供销社综合改革实施意见（送审稿）》，经县委常委会研究讨论通过。2月8日，县委、县政府出台《关于深化供销合作社综合改革的实施意见》，加强对供销社综合改革的组织领导，为各项工作开展提供保障，并根据实施意见拟定《综合改革试点行动方案》。

【新型农资供应服务平台搭建】 7月，县供销社引进社会能人重启大田县农业生产资料公司，并设立大田县供销社惠农配送中心，配备专用配送车，对接种植大户开展高效、环保、新型农资产品联采直供配送到家业务。与大田县满田春农机专业合作社合作，开展稻田、茶园、果园、烟田半托管农机作业、无人机农药喷洒作业和病虫害防治。供销社惠农配送中心有社员113户，拥有各种农机具158台（套），全县建立营销网点5个，下乡为农民完成机耕作业530多公顷、机收作业333公顷。组建农业机械维修服务站1个、兴建面积400平方米机库1座，发展壮大农机专业合作社，提升供销社惠农服务能力。

【烟花爆竹配送中心项目推进】 2017年，县供销社选址新建的烟花爆竹配送中心项目总用地面积7500多平方米，规划占地面积3811.25平方米，设计存药量10吨以上，估算项目总投资680万元。一期共投入195万元，完成项目建设征地补偿、配送中心存储库图纸规划设计、项目建设预安评和一期工程造价测算。着手进行项目建设环境评估和一期工程项目（岗哨、围墙、给排水、蓄水池等工程）建设招标。

【基层供销社综合改革试点工作进展】 2017年，根据市供销社打造“中村”式新型基层社的任务，县供销社以“中村”模式提升改造桃源供销社。按照省供销社“五个有”（有场所、有人员、有制度、有项目、有工作成效）建设要求，改造梅山、均溪、上京和吴山供销社，构建区域集聚的乡镇经营服务项目中心，发展面向乡村的连锁配送业务，打造上下一体、运行高效、形象突出、效益显著的新型供销合作社。采用联合办社、引进社会能人的方式，创建新型基层供销社，济阳、广平、桃源3个基层社分别吸纳辣椒、油茶、雷笋专业合作社成为基层供销合作社的成员社，并聘任专业合作社法人为基层供销合作社名誉副主任，成为基层供销社成员。

【电子商务中心项目建设平台稳步运行】 2017年，县供销社投入207万元，装修福建明恒电子商务（农易购）运营中心，购置办公、摄影等设备，进行1期35人的电商知识培训，建成福建明恒电子商务（农易购）服务中心（产品展示厅、办公场所）及农易购样板体验店，中心实现试运营。着力培育农产品电商品牌，专门设计明恒电子商务农易购产品包装盒，重点打造“小川村”金绿生姜系列产品、“和财米粉”等商标品牌，统一包装袋，加挂中国供销合作社标志。同时（农易购）平台链接市千合投资集团“掌上供销”和苏宁、可米生活、TPS 等第三方电商平台，着力做好“一村一品一户一业”规划引导。

【烟花爆竹经营管理】 2017 年，县供销社加强烟花爆竹安全生产，全县设配送中心一个，占地面积 526 平方米，经营网点 84 个。其中，城区经营网点 12 个、乡镇 72 个，从业人员 168 人。当年，与公安、安监、市场监督管理局等部门联合执法，共出动车辆 56 辆次、执法人员 167 人次，查处违规营运烟花爆竹案件 23 起，查扣处理违规烟花爆竹产品 3200 多件，实现烟花爆竹规范、安全、有序经营管理。全年销售总额 3850 万元，实现利润 490 万元，上缴税收 195 万元。

【农资备供工作】 2017 年，县供销社抓好各项农资物资的储备和供应工作，完成化肥冬储任务和冬储贴息资金落实，保障全年全县农资供应。全系统储备各种化肥 2.38 万吨、农药 147.4 吨、农（地）膜 536.5 吨，确保了春耕生产的需要。配合市场监督管理局加强农资市场监管力度，加大巡查频次及密度，从农资市场主体准入入手，严格审查化肥、农药、农膜进货渠道，做到“一户一档”监管，杜绝假冒伪劣农资商品流入市场，确保农民买到货真价实、物美价廉的“放心肥”“放心药”，切实维护农民利益。派出 2 人到省社参加庄稼医生培训，组织庄稼医生到梅山、均溪、桃源、上京、太华、武陵等乡镇开展多场次农资科技下乡活动，聘请专家举办精准扶贫农业生产技术讲座 3 场，发放宣传单 2.3 万多份，提高农户科技种植技术，为科学种田、科技种植服务。

（颜琼洲）

粮食流通

【概况】 2017 年，大田县粮食局履行粮食宏观调控、市场监管和服务职能，依法管粮。全年县地方储备粮库安全储存储备粮 1.16 万吨、大米 360 吨和储备油 70 吨，县国有粮食企业房租收入 153.42 万元，实现净利润 39.52 万元。推进科学保粮新技术和仓储管理规范化标准化，确保储粮质量良好，数量真实，增强调控市场能力。固定资产原值 8897.37 万元（粮食企业 1722.65 万元），比上年增加 614.37 万元；粮食企业流动资产 4678.81 万元，同比减少 57.19 万元。年底，局及下属企业职工 29 人（局机关 10 人，国有粮食企业 19 人），比上年减少 6 人。

【县级储备粮规模增加】 5 月，为落实粮食安全省长责任制，进一步完善县应急成品粮机制，根据《大田县人民政府办公室关于同意增加应急成品粮储备规模的批复》，从 6 月起，新增大米储备 160 吨，大米储备规模达 360 吨。

【订单粮食收购】 6 月，县政府根据“订单粮食”收购政策及县地方储备粮轮换任务需要，确定“订单粮食”任务 4620 吨。根据周边县市的粮食收购价格，结合县粮食市场的实际，制定合理订单粮食收购价格。当年产国标中等早籼稻收购价格为每 50 公斤 133 元、晚籼稻 136 元。直接补贴标准保持每 50 公斤 12 元。为方便粮农售粮，坚持粮食收购“五个一”优质服务。县地方储备粮库实行“三公开一预约一兑现”收购的办法收购订单粮食。做到定点收购中午不休息、傍晚延时收，预约村民上门收，严格执行收购“五要五不准”制度，提高了农户售粮意愿。至年底，收购晚谷 4317 吨。

【县级储备粮轮换】 6 月，县储备库根据 3 年轮换周期要求，委托有资质的粮油检测机构对到期轮换粮 4620 吨质量检验全部符合陈粮质量标准，检验后委托福州市粮食批发交易市场全部竞价销售。12 月，通过订单粮食收购晚谷 4317 吨，按规定上网公开采购晚谷 303 吨，确保轮换储备粮食 4620 吨及时补库到位。

【粮食流通及市场监管】 2017，县粮食局按照《粮食流通管理条例》相关政策，加强粮食流通市场的监督和粮食市场监测，完善旬报制度，开展最高最低库存量检查，指导粮食经营者合理购销，保证粮食市场供应，价格平衡。1 月底，召开粮食统计工作会议，对粮食经营及加工业主进行粮食统计业务培训，部署统计工作，确保粮食统计的及时、准确，为政府做好粮食宏观调控工作提供决策依据；开展春季粮油库存检查、“粮食安全隐患大排查快整治严执法”集中行动、统计制度专项检查、秋季粮油安全大检查、粮食收购专项检查等检查活动，督促粮食经营企业加强管理，确保粮食品质；加强“放心粮油”工程建设，参与治理“餐桌污染”专项行动，加强对粮油质量安全检测监督，在春节、“五一”、中秋、国庆等节日前组织有关人员开展粮油质量检查，督促粮食经营者依法经营，杜绝陈化粮食进入大田口粮市场，确保军民吃上放心粮油；在粮食收购期间，组织人员进乡入村检查，杜绝哄抬粮价、压级压价等行为，维护正常收购秩序，保证粮源质量。

【“粮食安全”省长责任制考核工作】 12 月，县政府下文《关于落实 2017 年度粮食安全省长责任制考核工作的通知》，召开落实粮食安全省长责任制考核工作专题会议，部署粮食安全省长责任制考核工作，加强对粮食安全省长责任制完成情况的日常监督，各成员单位定期上报工作进展情况，及时协调解决存在的困难和问题，迎接省市考核检查。

（张加泰）

专卖商品经营与管理

【概况】 2017 年，全县烟草、民爆物品、食盐等商品仍实行专卖经营。大田县烟草专卖局、三明市烟草公司大田分公司（分别简称县烟草局、县烟草分公司）合署办公，一套人马、两块牌子，员工 126 人，履行全县烟草专卖管理、执法和卷烟、烟叶经营管理职能，当年，县烟草局、县烟草分公司被中共大田县委、县政府评为“2016 年度纳税一千万元以上企业”，被三明市烟草专卖局评为烟草系统 2016 年度专卖监督管理工作先进单位，获 2017 年“中国梦·劳动美”三明烟草专卖管理岗位技能竞赛团体二等奖；林扬被省烟草专卖局、省公安厅评为全省卷烟打假打私和治理真烟非法流通工作成绩突出个人，吴以荣被共青团三明市委评为“三明市优秀青年岗位能手”、张贤榕被评为“三明市青年岗位能手”。大田县永丰民爆器材专卖有限公司（简称永丰民爆专卖公司）有干部、职工17人，大田盐业分公司员工2人。

烟草专卖 2017年，县烟草局按照“收得进、调得出，经得起检查”的总体要求，抓等级质量和收购管理，使烟农增收，全县收购烟叶2382.57吨，同比上年增长22%，上等烟比例占58.53%，平均亩产量157.78公斤，同比增长31.69%，平均亩产值4971.21元，同比增长31.77%，户均种烟收入11.77万元，同比增长34.21%，单户烟农售烟总额最高达57.59万元，烟农售烟总收入7506.53万元，同比增长17.35%；实现烟叶税1591.83万元，同比增长17.65%。县烟草局坚持稳中求进，以保销量、保税利、保状态、保规范、保稳定的“五保”经营思想为指导，加强卷烟营销网建工作，全县卷烟销售11649.65箱，比上年增长2.18%。其中，销售一类烟1835.14箱，同比增长14.70%；二类烟3300.74箱，同比增长3.93%；三类烟4353.82箱，同比增长5.64%；四类烟1096.86箱，同比增长10.35%；五类烟1061.44箱，同比下降26.24%。全年销售额（含税）3.21亿元，同比增长6.29%。

民爆物品经营 2017年，永丰民爆专卖公司加强企业管理，做好工农业生产建设和重点工程建设所需民爆物品供应，抓好企业的安全生产和对标管理、增收节支工作，确保国有资产保值增值。年末，总资产1703.04万元，比上年增长16.78%；净资产1400.1万元，同比增长9.7%。全年销售工业炸药3121.9吨，同比增长30.86%；工业雷管331.98万发，同比增长47.36%；实现销售收入3781.2万元，同比增长38.36%；利税总额588.53万元，同比增长90.73%。

盐业专营 2017年，大田盐务局围绕三明盐务局制定的各项工作目标，落实全市盐业市场监管工作会议精神，执行国务院盐业体制改革方案，根据国务院《食盐专营办法》，加强食盐市场监管职能，到社区、乡镇，走访食盐经销点、加工用盐户，开展现场咨询，对消费者、经销商和加工用盐户进行国家盐业管理的法律法规和非食用盐、假冒食盐危害群众健康等宣传教育，发放《告知书》1000余份。同时与工商、公安、食品药品监管、卫生等部门联合执法，营造良好的食盐销售环境，提高食盐安全总体水平。全县食盐供应网点40个，其中，城区6个（超市直供点3个），农村34个。当年，大田盐业分公司销售各种盐1293.36吨，比上年减少241.4吨，下降15.73%，其中，小包装碘盐1128.16吨（品种盐143.86吨）；腌制盐58吨，同比下降36.79%；大包装盐107.2吨（小工业用盐49吨），同比增长16.67%。

【烟草专卖管理】 2017年，县烟草局依据《中华人民共和国烟草专卖法》《中华人民共和国烟草专卖法实施条例》《烟草专卖许可证管理办法》履职尽责，依法行政、规范服务。全年打假打私共出动1740人次，查办各类违法案件37起，其中涉嫌构成犯罪3起，移送公安部门处理，共查获违法卷烟2520.2条，烟叶9917.2公斤，罚没款7510元。年底，全县共有烟草专卖零售许可证经营卷烟1899户。

【违规盐查获】 2017年，三明盐务局盐政执法人员加大盐政执法检查，在大田开展两次食盐专项治理行动，对生产加工、饮食服务、流通领域等重点区域和重点环节进行全面检查，未发现假冒、伪劣小包装碘盐。坚持依法治盐，解决出现的新情况、新问题，稳妥查处各种涉盐违法违规行为，防止非食用盐、工业盐、假冒碘盐、劣质盐流入食盐市场，全年出动335人次，查获违法案件93起，没收违规进入市场的省外盐产品7.36吨。

（林如馨　陈华贡　陈岳林）

石油经营

【概况】 2017年，县辖区内成品油经营单位有中石化森美（福建）石油有限公司三明分公司加油站14座（含泉南高速路4座）、中石化森美商客部大田批发点、中国石油天然气股份有限公司大田加油站8座、社会私营加油站18座，员工总数255人。中石化、中石油分别为国有控股合资和国有控股非独立核算单位，人、财、物由上级公司统一管理，油品由上级公司配送，销售由省级公司根据国家规定统一定价。全年度因油源充沛、国际油价平稳，未出现市场紧张现象。年均柴油每吨6300元，93号汽油每吨8200元，97号汽油每吨9200元。当年，全县成品油销量9.6万吨。其中大田片区中石化森美成品油零售4.3万吨（代批发0.8万吨），上缴税收480万元；中石油销售2.8万吨；私营加油站销售3万吨。

（范祯钟）

个体私营商业

【概况】 2017年，全县经工商行政管理局登记注册的个体商业户和私营商业企业1.26万户，比上年增长2.44%；从业人员4.95万人，同比增长14.85%；注册资金66.75亿元，同比增长11.21%。其中，城区7854户，从业人员2.64万人，注册资金53.71亿元；农村4716户，从业人员2.31万人，注册资金13.04亿元。总户数中，个体商业户1.11万户，同比增长2.78%；从业人员2.21万人，同比增长5.74%；注册资金7.08亿元，同比增长3.51%；私营商业企业1508户，同比增长5.31%；从业人员2.74万人，同比增长23.42%；注册资金59.67亿元，同比增长12.2%。

【网络经济增长】 2017年，县市场监督管理局继续落实“互联网+”的各项政策，助力“大众创业、万众创新”，全县网络经济增长迅速，全年新增网络经济市场主体1049户，达1423户；从业人员新增1977人，达2926人；注册资金新增3.16亿元，达5.61亿元。其中公司制企业153户，从业人员829人，注册资金3.15亿元。

（张秀莹）

规划设计

【概况】2017年，大田县住房和城乡建设局（简称县住建局）以立足规划为先行，加强城市规划管理，做好城乡规划编制工作。

城市规划管理 2017年，县住建局严把规划审批关，执行“一书两证”制度，城乡建房办证率达100%。全年共办理单位建设项目选址意见书22件，其中道路工程4件，用地面积177.8万平方米（含纵五线）；单位建设用地规划许可证29件，用地面积91.59万平方米（含纵五线），建筑面积28.3万平方米；单位建设工程规划许可证35件，用地面积30.52万平方米，建筑面积17.86万平方米。办理个人建房建设规划用地许可证37件，用地面积0.13万平方米，建筑面积2.47万平方米；办理个人建房建设工程规划许可证52件，用地面积0.56万平方米，建筑面积2.31万平方米。

城市规划编制 2017年，县住建局按照“南进东拓北扩”的发展战略，城市规模积极向东延伸，向北扩展。完成《大田县城总体规划修编》（2017—2030年）初步方案；完成原火电厂桥头及周边地块、物资局地块、旧汽车站片区等地块概念性规划设计方案工作；完成大田汽车站（二期）、下洋商住小区、原大田县麻纺厂地块（二期）、闽通长运有限公司大田分公司地块等项目拍卖前规划条件的设置工作；完成福兴幼儿园、石牌中心幼儿园、新红星幼儿园、城南幼儿园（扩建）、县中小学生社会实践基地、赤岩小学、福塘小学等教育项目的审批工作，协助做好城东小学、澹多幼儿园、香山学村的修建性详细规划设计方案。

【上京福能绿色小镇概念规划编制】2017年，浙江天尚建筑设计有限公司编制上京福能绿色小镇概念规划，该项目位于上京镇，是由上京镇政府作为规划主体、福建省能源集团作为投资主体的矿区绿色转型与旧镇区更新的概念规划项目。规划用地面积390.5万平方米。规划目的在生态思维的指导下，促进产业的合理转型和可持续发展，事项规划区域内功能有机分布。

【上京镇总体规划修编】 9月，浙江建院建筑规划设计院完成上京镇总体规划修编（2016—2035年）。城镇规划总面积19.54平方公里。根据上京镇的交通条件、用地条件、经济基础、发展能力，研究和确定镇区的职能、性质、规模和用地布局，以全面构建大田县西部集工业、物流、商贸为一体的县域副中心城镇。

【谢洋乡蕉坂村规划修编】 2017年，上海集正佳建筑规划设计有限公司完成谢洋乡蕉坂村规划修编（2017—2030年）。该村域规划范围为蕉坂村地域范围，面积约2.44平方公里，结合建制村的实际情况，制定村庄的经济社会发展目标，确定村庄发展规模，安排用地布局和统筹安排社会服务及基础设施。

（陈美明）

城市建设

【概况】 2017年，县住建局以基础设施为重点，强化公共服务配套建设，城镇化率从2016年的48.7%提高至49.8%。

市政道路建设和维护 7月10日，凤山路动工改造，改造路段为白岩山公园门口至东门桥头水晶招待所（含文山路面改造、东门桥），长约1.4公里；建设城乡公共停车位225个；启动福兴路、栋山支路项目建设。加强道路维护，全年出动400多人次，对城市道路、人行道、护栏等设施进行巡查维护，改造城区巷道，长3.7公里，投入约700万元，改善背街小巷路面破损面貌；对城区道路及人行道地板砖松动和破损现象修复约1460平方米，修补路面18处，更新建山路2600米和修复福田路道路隔离栏570米，更换窨井盖板86块，新装防坠网259套。

城市夜景亮化 2017年，县住建局新建和完善县新汽车站、大田县城关第三小学、县福万通、南门桥至彩虹桥东岸、福田路和均溪河栈道等夜景工程6.5公里；完成县城区夜景工程设施维护采购项目，对县政府、白岩公园、体育场、武装部、法院、文化广场等城区部分夜景设施进行维护；对城区夜景路灯维护更换，新装零星路灯35盏。

园林绿化管理 2017年，县住建局对城区绿化进行种植、补植、修剪、施肥和病虫害防治，开展城市公园、广场绿化景观各类设施维护、安全管理和美化亮化工作。完成仙亭山公园绿道至龙兴殿路段绿化、石牌路香樟种植、烈士陵园路口至白岩公园镇西桥段绿化等工程 4.6 公里，城区绿化率提升至 38.3%。

管网改造和维护 2017 年，县住建局采购管道清通车 1 辆、27 万元，完成城区主管网检测 2 公里，完成凯天龙桥到珠宝桥 2 公里主管网 46 个漏点修复工程。当年，共计安排施工 70 人次，运输工具 40/ 天次，清理大小井共计 41 个，次管道渗漏修复 320 米，改善河水脏臭现象。

燃气行业安全生产管理 2017 年，县住建局定期抽查燃气公司日常安全管理情况，组织燃气企业负责人、技术负责人、安全管理人、特种人员参加各种业务知识培训，修订完善企业燃气应急预案，通过安全预案演练提高企业员工对突发事件的应急能力及相关部门综合应急协调能力。将城区各网点气瓶仓库统一搬迁至均溪镇青安路 16 号充装站实瓶库，消除城区居民区的安全事故隐患。

【天然气管网建设】 2017 年，全县完成天然气管网敷设 7.2 公里，庭院管网敷设 10.2 公里，建设 LNG 撬装站、LPG 撬装站、LNG 点供站、LNG 加气站各一座；完成居民天然气安装 4700 户，商业安装 68 户；完成南湖针织厂“煤改气”工程和核发管道燃气经营许可证。

【宜居环境建设超额完成年度计划】 2017 年，全县继续开展以市政提升工程和新一轮“千村整治、百村示范”为重点，结合农村生活污水垃圾治理、历史文化名村改善提升和美丽乡村景观带等项目，不断丰富和深化环境整治项目内涵，更加系统、全面地推进宜居环境建设。当年，全县宜居环境建设项目 92 个，累计完成投资 19.91 亿元，占年度计划 103.1%，超额完成市年初下达的建设任务；全县集中打造广平镇元沙村 1 个省级美丽乡村示范村和 14 个整治村，全年共获得省住建厅省级“以奖代补”资金共 985 万元；全面完成乡镇农村生活垃圾压缩式中转站建设，完成新建、改造三格化粪池 1.04 万个，超额完成市下达的建设任务。

【凤山路改造】 2017 年，县政府实施改造白岩公园门口至东门桥头水晶招待所路段（含文山路面改造，含东门桥），长约 1.4 公里，道路建设进行强弱电（管网）下地、雨污分流、路面白改黑及东门桥拓宽，立面改造采用现代风格，规范空调架、店招广告和夜景改造提升等工程；总投资 9500 万元（其中道路 4500 万元，立面 3000 万元，夜景 1000 万元，东门桥 1000 万元）。经过改造，进一步提高城区污水收集率和污水进厂浓度，凤山路景观靓丽，城市品位提升，形成一路一品牌、一街一特色的城市新貌。

【白岩公园人工湖水体整治】 2 月，县住建局组织实施白岩公园人工湖水体整治，进行湖底清淤、建设 2 座沉淀池、改造引水渠、加固湖堤和建设水循环处理系统等附属项目，工程总造价 630 万元。10 月完工，经过整治，改善白岩公园人工湖水体水质，打造生动、多样的公园景观，打造“水畅、湖清、岸绿、景美”的休闲环境。

2017 年 2 月，县白岩公园人工湖水体整治　（刘冬春 / 摄）

【城区垃圾处理厂技改】 4 月，县政府针对城区生活垃圾处理厂存在处理能力不足、废气收集不到位、垃圾渗滤液外排等问题，开始停产整顿，进行技改升级，获得市发改立项和环评批复，工程投入 9500 万元。至年底，已完成生活垃圾技改工程建设并具备运行条件，垃圾处理 300 吨 / 日，基本可实现垃圾户分类、村收集、镇转运、县处理的目标。

（陈美明）

城市管理

【概况】 2017 年，大田县城市管理综合执法局（简称县城管局）以创新管理为目标，努力提升城市管理水平。大力宣传《三明市城市管理和环境卫生管理条例》，探索创新城市管理办法，继续推进“街长制”创新实践，落实巡查工作常态化。

城区环卫工作 2017 年，县环卫处积极争取县财政资金，完善城区环卫设备和设施。投入 110 万元添置摇臂垃圾车 1 辆、车厢可卸式垃圾车 2 辆、果皮箱 120 个、垃圾箱 10 个；投入 150 万元新建生态环保公厕 5 座，改善和方便城区居民如厕问题，推进餐厨垃圾处理厂项目建设，完成项目的厂房建设以及餐厨废弃物生化处理设备、餐厨垃圾车、垃圾桶的采购，进入设备安装阶段；全年清运垃圾 3 万余吨，生活垃圾清运率 100%；环卫清扫队获省总工会颁发的“五一先锋号”称号。

市容违章整治 2017 年，县城管局与交警等部门开展联合整治，遏制乱停乱放现象蔓延势头；开展夜市烧烤专项整治，取缔油烟排放不达标烧烤经营户；加大城区渣土、弃土整治力度，对城区主干道违章堆放的建筑材料及建筑垃圾进行清理。全年，共查处各类违章9500余起，清运建筑垃圾及沙石土约180多立方米，行政处罚46起，处罚金额24.96万元。

【"两违"综合治理】 2017年，县城管局与均溪镇、华兴镇、石牌镇及国土局等有关部门通力协作，齐抓共管，违法建设行为得到有效管控。全年，调查摸底出涉"两违"393户，拆除"两违"379户，拆除违法建筑面积38.44万平方米。1月，县城管局被福建省"'两违'综合治理专项行动领导小组"表彰为全省"两违"综合治理专项行动表现突出单位。

【规划执法力度加强】 2017年，县城管局查处规划建设方面违章113起，违章建筑面积约1.15万平方米，发放停建通知书89份，拆除违章建筑69起（含临时搭建），行政处罚24起，处罚金额24.2万元。

（陈美明）

房地产

【概况】 2017年，县政府以落实国家宏观政策为重点，推进房地产健康发展，促进民生工程建设。进一步加强商品房销售管理，保护商品房交易双方合法权益，维护商品房销售市场秩序，印发《关于进一步规范我县商品房销售现场信息公示管理有关问题的通知》，进一步规范房地产市场经营行为。继续做好保障性住房和房地产登记管理等方面工作。

【房地产开发】 2017年，全县完成房地产开发投资6.1亿元，同比上年增长63.54%；商品房销售面积21.94万平方米，同比增长78.37%；商品房销售额14.3亿元，同比增长120.81%。全年住宅专项维修资金归集金额552.78万元，支取121.19万元，累计代管总额3714.31万元。

【保障性住房建设】 2017年，全县实际安排棚户区住房改造建设任务719套，开工率100%；配租配售公共租赁住房和限价商品房105套；完成农村危房改造146户。完成24个保障房审计发现问题整改，共收回资金160.29万元，落实拨付闲置资金3.5亿元。

【房地产登记管理】 2017年，全县完成房屋租赁备案328宗，租赁备案面积9.17万平方米；商品房预售许可22宗，预售面积22.10万平方米，商品买卖合同网签备案2009宗、2037套，网签面积21.94万平方米，存量房网签备案733宗，备案面积9.79万平方米，出具房屋登记信息证明7362份，在建工程抵押备案3宗，备案面积1.21万平方米；完成购房补助申请687宗，补助金额20.59万元，补助面积7.77万平方米；配合不动产登记中心完成限制登记、抵押权注销登记、预告注销登记、所有权注销登记、解除限制登记、所有权登记等工作，补录入不动产登记中心办理的产权登记2604宗，登记面积124.8万平方米。

【住房公积金】 2017年，全县缴交住房公积金单位1003个、职工1.73万人，比上年增加220个、1443人；住房公积金覆盖率96%，比上年提高12个百分点；归集额2.24亿元，同比增长13.6%；支取人数6744人，支取金额1.72亿元；办理逐年冲还贷业务2376人，比上年提高8.5个百分点；为399户职工发放个人住房公积金贷款1.49亿元，同比下降11.57%。有406单位基数核定（扣除长期睡眠户），核定率94%。8月，全面启动"公转商"贴息贷款，当年发放公转商贴息贷款212笔、金额8819万元，期末余额8744万元。年业务收入2058万元，业务支出1090万元，实现增值收益968万元。提取贷款风险准备金337万元、廉租住房建设补充资金473万元、管理费用158万元，为当地政府保障性住房建设提供部分资金支持。至2017年底，全县公积金累计归集额15.14亿元，余额6.76亿元，比上年增加5192万元；累计支取总额5.38亿元；累计发放贷款6729户、金额11.32亿元，余额6.74亿元，个贷率99.8%，比上年提高5.2个百分点；累计提取廉租住房建设资金3218万元。

（陈美明　陈进端）

建筑业

【概况】 2017年，县住建局强化建筑施工监管，培育建筑业壮大发展。加强对建设单位、工程招标代理、工程监理、施工企业等各方建设主体单位执行国家有关法律法规，技术标准规程的监督检查，确保全县建筑工程顺利施工。全年共完成建筑业产值21.34亿元；办理施工许可证31件，审核办理工程竣工验收备案项目12个；把好建筑施工领域招投标备案工作，全年备案招标项目34个。落实施工质量安全双提升活动，全年发出《责令改正（整改）通知单》111份，共排查治理隐患企业87家次，排查一般隐患545条；加强项目

2017年，碧桂园建设　（刘冬春/摄）

经理、总监、施工单位、监理单位动态记分，进一步强化工程监督质量安全“双随机”（随机抽取检查对象，随机选派执法检查人员）制度，促进各方主体主动履职。强化勘察设计管理，严格一校一审制度，满足施工图设计深度及施工图审查要求。全年完成施工图设计项目74个，建筑面积6.5万平方米，实现收入136万元。加强工程造价监管力度，完成每月建设工程材料价格信息编制工作，做好重置建安造价的审核和重点项目资金监管，全年完成施工企业合同履约评价工作项目97个。

【建筑市场管理规范】 2017年，县住建局做好建筑施工企业资质年检初审工作，项目经理资质复查、申报、继续教育培训以及特殊岗位人员资质的复查工作；按照建筑法有关法律法规，加大对建筑市场和施工现场管理力度，结合县实际情况，加强对建设单位、工程招标代理、工程监理、施工企业等各方建设主体执行国家有关法律法规、技术标准规程的监督检查，确保全县建筑工程顺利施工。

【建筑工地施工安全监督】 2017年，县住建局组织监督人员学习宣传《福建省安全生产条例》和《2017年安全生产宣传教育工作要点》，制定下发《关于开展2017年住建系统“安全生产月”活动的通知》，组织相关人员在县时代广场参加“安全生产月”咨询宣传活动，累计发放宣传资料360多份。办理质量安全监督手续30份，出具建筑工程质量监督报告18份，全县建设工程质量总体情况处于受控状态，建设工程质量监督覆盖率达100%。加强工程质量巡查力度，严格按照《福建省建设工程质量安全动态监管办法》对建设工程质量实施监督，全年发出《责令改正（整改）通知单》111份，共排查治理隐患企业87家次，排查一般隐患545条，整改率100%，给予项目经理动态记分39人次、1382.38分，总监动态记分20人次、772.1分，37家施工单位动态记分1038.62分，8家监理单位动态记分628.83分。进一步强化工程监督质量安全“双随机”制度（随机抽取检查对象，随机选派执法检查人员），促进各方主体主动履职。

【工程质量监督】 2017年，县住建局办理质量安全监督手续30份，建筑总面积17.88万平方米，市政道路总长度8648.74米，工程造价约7.33亿元，出具建筑工程质量监督报告18份。全县建设工程质量总体情况处于受控状态，建设工程质量监督覆盖率达100%。

（陈美明）

村镇建设

【概况】 2017年，围绕县委、县政府关于“城镇扩规模，建设新农村”的发展战略目标，统筹搞好和谐乡镇建设。全年完成《大田县上京镇总体规划修编（2017—2030）》、上京镇《福能绿色小镇》、《谢洋乡蕉坂村村庄规划修编》的评审报批工作；协助完成国道纵五线沿线村民安置地、兴泉铁路红湖新村点、铁路客运站规划设计工作；做好郭村安洋新村、红星村北坑新村、周田村绿树林新村、上京镇富民小镇、华兴乡仙峰新村等村庄规划管理审批工作。继续争取上级“以奖代补”资金，完成其余所有乡镇农村生活垃圾压缩式中转站建设，生活垃圾转运系统全覆盖，实现生活垃圾“村收集、乡镇转运、县处理”；建制村生活污水治理主要是对新建房屋要求严格按照标准建设三格化粪池，并积极引导村民进行旱改厕。全县集中打造广平镇元沙村1个省级美丽乡村示范村和14个整治村。重点对整治村庄进行裸房、生活垃圾、污水等进行综合整治，对村庄进行绿化美化，开展河道整治等工作。

【传统村落保护规划编制】 2017年，吴山镇张坑村、梅山乡香坪村委托福建省建盟工程设计集团有限公司编制《三明市大田县张坑村保护发展规划》《大田县梅山乡香坪村保护发展规划》；同时，吴山镇张坑村、梅山镇香坪村2个村列入传统村落保护2018年中央财政支持范围，每村获得中央补助资金300万元。

【农村生活垃圾整治中转站建设】 2017年，县政府继续争取上级“以奖代补”资金，完成武陵、济阳、屏山、谢洋、前坪、湖美、文江、梅山、华兴、太华、广平11个乡镇农村生活垃圾压缩式中转站建设，生活垃圾转运系统全覆盖。至年底，各乡镇均已完成选址和工程招投标工作，其中，济阳乡、文江乡、武陵乡、前坪乡、湖美乡、屏山乡已完成主体工程建设和设备安装，谢洋乡、梅山乡垃圾转运系统完成主体工程，进行设备安装，奇韬镇另行选址，已开工建设。建制村生活垃圾治理主要以乡镇聘请保洁员为主，定期对村内环境卫生进行清运。

【农村生活污水处理实施建设】 2017年，全县继续巩固环境连片整治成果，按照创生态县的要求，全县18个乡镇已完成污水处理设施建设，主要以污水处理站、微动力氧化塘、人工湿地等处理方式。全年完成新、建改造三格化粪池1.04万个，超额完成市下达的建设任务。

【农村危房改造】 2017年，县政府按照住建部、省住建厅、市住建局关于做好农村危房改造的相关通知，制定《大田县2016年农村危房改造实施方案》。全年农村危房改造任务150户，完成危房改造146户。

（陈美明）

旅游项目开发与推介

【概况】 2017年，县委、县政府将旅游产业作为全县经济发展重要产业，制定“十三五”旅游发展规划，出台系列配套文件，将旅游工作纳入责任目标管理。县旅游局坚持以供给侧结构性改革为主线，以旅游景区建设为载体，延伸产业链条，完善服务功能。新增凤来居、加剪盂家庭农场、永强农场、蓝玉民宿、山湖寨民宿、古堡客栈、坝王别居、岬坪凹客栈8家三明市第三批“绿野乡居”民宿，全县乡村民宿30多家，新增旅游从业人员300多人；创建第二个国家AAA级景区“灵动济阳”；举办“探秘古堡，骑游大田”为主题的首个世界骑行日暨大田首届高山骑行节活动、十二届高山茶文化旅游节和“千堡之城·孝源大田”等系列活动；创新平台，多极营销，初步打响“仙峰古堡·茶香大田”品牌。全年旅游127.35万人次，比上年增长23.8%；旅游收入10.17亿元，同比增长35.1%。各乡村旅游景区日均接待各地游客近1000人次，全县旅游产业持续保持健康发展的良好态势。

【第二个国家级AAA景区创建】 9月，县成立景区创A工作领导小组，制定《灵动济阳景区创建国家A级景区实施方案》，按照国家《旅游景区质量等级的划分与评定》标准，逐项对照旅游交通、游览、旅游购物等八大部分逐一制定解决方案，明确工作任务、时间节点、责任人员等，建成游客服务中心，改造生态停车场，完善旅游标识导览系统，提升服务水平，营造和谐舒适的游览环境。12月，经三明市旅游发展委员会批准“灵动济阳”景区为国家AAA级旅游景区。

【旅游规划编制】 2017年，县旅游局开展新一轮大田旅游资源普查，聘请北京道源咨询有限公司编制《大田全域旅游发展战略规划（2016—2025年）》《大田县旅游营销规划（2017—2020年）》，围绕“仙峰古堡·耕读大田”总体旅游形象制订一系列落地项目营销规划，制定《大田县旅游产业发展考评方案》。

【“快乐大田”项目建设推进】 2017年，县旅游局开展“五比五晒”（比谋划晒前期、比招商晒签约、比开工晒进度、比投产晒成效、比服务晒质量）活动，建立微信群每周一报的工作机制，“快乐大田”项目组23个项目中，旅游项目18个。涉及屏山、济阳、桃源、广平等8个乡镇，至年底，完成投资6.2亿元，占年度计划投资68%。其中龙创农业休闲旅游开发项目和仙岭谷生态休闲旅游项目完成投资额100%。

2017年9月，“灵动济阳”创国家级AAA景区　（陈德传/摄）

【高山生态茶休闲旅游开发】 2017年，县计划投资3.1亿元，实际完成投资2.97亿元，占年度计划95.81%。建设停车场和游客服务中心主体部分、朱德出击闽中纪念园红军亭项目，拓宽大方广到茶园核心区道路，完成文化墙走廊道路混凝土铺设3200米及排水沟，迁移景区内的坟墓，“扶贫客栈”项目开始对外营业。大仙峰·茶美人景区申报国家AAAA级旅游景区。

【谢洋乡坑口移民乡村旅游开发】 2017年，县计划投资2000万元开发谢洋乡坑口移民乡村旅游项目，实际完成投资2100万元，占年度计划105%，农家乐、部分民宿已建成并投入使用，完成生态停车场、休闲漫步道、河道整治、绿化美化、核心区房屋整治等工程，建设休闲垂钓、泳池健身和民宿规模扩大等工程。

【百公里高山骑行道建设】 2017年，县实施屏山、吴山、济阳、华兴、均溪、石牌、武陵、谢洋8个乡镇共36个村高山骑行道建设。以高山骑行道为战略抓手，串点成线、以线带面，实现全域发展。至年底，完成示范段65公里标识、安全、配套、文化等系统工程建设，投入120万元。

2017年9月24日，世界旅游日环城骑行 （刘冬春/提供）

【旅游宣传推介】 2017年，县旅游局加强旅游宣传推介工作，发挥“大田旅游”官方微信作用，及时发布大田旅游资讯及信息，宣传大田旅游区景点、游览线路、旅游项目，编写发布微信文章680多期，关注量5000多人。依托郭居敬孝文化、高山茶文化、红色文化、“章公祖师”文化等资源，坚持“一季一主题”，举办首届山歌节、首届稻草人艺术节、千人共享土猪宴、大田县国际梦幻光影美食音乐节，首届高山骑行节活动和“千堡之城·孝源大田”等系列活动；举办旗袍文化礼仪培训班，屏山、济阳、武陵3场乡村旅游讲解员培训班，推动大田旅游营销向专业化、市场化、公司化转变。加强信息报送，分别在国家和省旅游局网站上发布信息3条、40条，《福建旅游信息》8条，三明市旅游局网站发布信息50余条。福建旅游频道、大田县电视台等合作，在福建旅游频道黄金时段播放“探秘古堡，骑游大田”为主题的首个世界骑行日暨大田首届高山骑行节活动及千堡之城·孝源大田等活动，在大田电视台推出《在线访谈》1期，题为《推动产业融合，发展全域旅游》等。

【旅游招商】 2017年，县旅游局主动对接省内外大型旅游企业，围绕《福建省大田县全域旅游重点项目招商手册》，重点推介及精准招商，做好跟踪对接及服务工作。引进马力小镇项目并开工，同深圳市铁汉生态环境股份有限公司、福建省三十六都旅游文化发展（集团）有限公司、厦门三华齐集团等达成合作意向。借助海峡旅游博览会平台推介大田，在《热卖先锋》展墙上体现大田旅游成熟线路，发放《大田旅游服务指南》《小隐乡间——千人游大田》展商名片及企业图册等宣传材料2000多份，参观大田展台嘉宾1.5万多人，同时现场签约的百名厦门游客在端午节期间赴大田二日游。

【旅游扶贫】 2017年，县旅游局加强旅游扶贫，开展互联网结对，举办“互联网+旅游扶贫”创业创新培训班，邀请村游网福建运营中心、村游学院的高级讲师何巧玲到场授课，18个乡镇分管旅游领导、省级乡村旅游休闲集镇及特色村、乡村旅游扶贫重点村负责人、星级乡村旅游经营单位所在村主干和业主等80多人参加。组织企业结对，召开全县旅游扶贫“百企百村”对接帮扶座谈会，13家旅游企业与12个国家旅游扶贫重点村面对面对接，企业根据对口与相应村签订福建省旅游“百企百村”帮扶活动企村结对帮扶协议书12份。其中来自泉州新门旅游特色街企业对接大田7个旅游扶贫重点村。开展干部结对，落实“千名干部结穷亲”活动，5名局干部挂钩帮扶吴山乡阳春村7户贫困户，根据各贫困户具体情况及特色旅游资源，通过光伏产业、造福工程易地搬迁、指导发展农家乐、开发成乡村旅游产品、完善阳春村旅游标识系统、强化项目招商引资等帮扶措施扶持脱贫5户。实行专项结对，申报争取扶贫村省级旅游专项资金，武陵乡大石村列入2017年福建省、市重点扶贫村，并争取40万元的旅游扶贫补助资金。

（陈文娟）

旅游服务与管理

【概况】 2017年，全县新增旅行社服务网点3家。厦门驴妈妈国际旅行社有限公司设立广平营业部，福建省智游之旅国际旅行社有限公司设立宝山营业部、建设营业部。县旅游局加强旅游业务培训，制定乡镇导游讲解培训方案，推广使用福建省旅游团队服务监管平台，出台《加强旅游市场综合监管暨开展“放心游福建·满意在大田”旅游服务承诺实施方案》，主动对接12315旅游投诉服务平台，实施“旅游投诉快处先赔”旅游服务承诺。

【旅游行业管理与服务】 2017年，县旅游局加强行业管理与服务。在各旅行社推广使用福建省旅游团队服务监管平台，督促县内各旅行社（分社）及时上报旅游团队信息，落实行前说明会制度，加强内部管理制度、应急机制建设，提升应急处置能力，保障旅游安全，严格把好旅游服务质量关，优化旅游服务环境。加强旅游业务培训，先后安排旅游系统相关人员参加全省旅游信息培训班、福建省旅游服务监管暨文明旅游工作培训、全国旅游监管平台培训、“清新福建大讲堂”专题讲座、全市导游年审培训、全省百千讲解员培训、全省旅游项目工作培训、乡村旅游“创业创新”培训班、市导游岗前培训及全省旅游投诉服务平台“12315”培训等10次培训，参加60人次。组织参加“悠然三明”旅游产品创新推介大赛暨文明旅游推介大使评选活动，大田县获三等奖。制定《乡镇导游讲解培训方案》，培养景区讲解员，组织县职专旅游班50名学生和文明旅游志愿者开展实地景区讲解员培训，共举办讲解员培训班2期。加强旅游企业文明旅游服务意识，组织旅游酒店和旅行社参加全省旅游行业服务监管暨文明旅游工作视频会议，加强全县旅游企业自我管理、自我监督，提升文明旅游服务制度化、常态化。

【旅游质量监督服务】 2017年，县旅游局完善县旅游市场秩序“双随机”执法抽查工作方案和工作机制，做到一年随机抽查不少于两次，一年市场主体检查率不少于10%；重点提升旅行社服务质量，在各旅行社推广使用全国旅游监管服务平台，督促县内各旅行社（分社）及时上报旅游团队信息，落实行前说明会制度，加强内部管理制度、应急机制建设，提升应急处置能力，保障旅游安全，严格把好旅游服务质量关，优化旅游服务环境；开展形式多样的旅游从业人员培训，着力提升旅游从业人员的整体素质和能力。

【旅游安全管理】 2017年，县旅游局按照旅游安全管理“党政同责，一岗双责”实施细则，履行行业监管责任，强化隐患排查治理。加强旅游市场秩序管理，定期排查景区接待设施、警示标牌、路灯照明、引水管道、库区游船等安全隐患。加强在强降雨期间应急值守，及时张贴安全告示，关闭象山、仙亭山、灵动济阳等景区并进行安全巡查，做好各类旅游突发事件的应急处置，防止旅游安全事故发生。当年出动检查人员79人次，对全县10家旅行社（分社、营业部）、山水大酒店、大仙峰·茶美人景区、灵动济阳景区等12家旅游企业安全生产工作情况进行检查，排查并整改一般隐患15项，整改率100%，未发生旅游安全事故。

【文明旅游创建】 2017年，县旅游局旅游行业文明创建活动领导小组，统筹协调全县旅游行业文明创建工作。开展文明旅游进旅行社、星级酒店（含拟评星级饭店）、景区，加大社会宣传力度，在城区大电子显示屏、社区宣传栏、主要楼道张贴“文明旅游”公益宣传海报、旅游法规、文明旅游制度等，围绕落实旅游法规和文明旅游制度，加强文明旅游督导检查，各景区增加文明旅游温馨提示以及“文明餐桌”等提示语，营造文明旅游良好氛围；组织开展旅游志愿服务和帮扶共建活动，加强网络文明传播志愿服务，以旅游服务、经营管理、行业监管为重点，结合实施“旅游服务质量提升工程”和文明县城创建、生态县创建、省级森林县城创建等工作，促进文明旅游工作上水平、上台阶。

（陈文娟）

财政工作

【概况】 2017年，大田县财政局落实县委、县政府的决策部署，坚持新发展理念，加强财源建设和收入征管，优化支出结构，保障民生重点支出，促进经济社会平稳健康发展。

一般公共预算收支 2017年，全县公共财政总收入10.44亿元，比上年增长10.69%，其中地方公共财政预算收入7.42亿元，同比增长7.37%。一般公共预算支出23.87亿元，同比增长15.45%。

一般公共预算平衡 2017年，全县地方公共财政预算收入7.42亿元，上级补助收入12.17亿元，债务转贷收入4.19亿元，政府性基金调入2.9亿元，其他调入1527万元；体制上解支出4347万元，专项上解支出2638万元，债务还本支出1.84亿元，总财力24.29亿元。总财力加上年结余1.34亿元（上年决算调整后数字），减去当年一般公共预算支出23.87亿元，待偿债置换一般债券结余1187万元，结转下年支出1.64亿元。

基金预算收支 2017年，全县政府性基金预算收入5.97亿元，同比增长42.43%；政府性基金预算支出3.93亿元，同比增长14.04%。

基金预算平衡 2017年，全县政府性基金预算收入5.97亿元，省市补助0.48亿元，上年结转0.94亿元（上年决算调整后数字），基金总收入7.39亿元；政府性基金预算支出3.93亿元，政府性基金调出2.90亿元，基金总支出6.83亿元。收支相抵，滚存结余0.56亿元。

2017年大田县财政收入情况表

表4

收入项目	决算数（万元）	比上年	
		增减额（万元）	增减幅度（%）
一、全县一般公共预算收入	74247	5097	7.37
1. 国内增值税	17843	6601	58.72
2. 改征增值税	5023	1942	63.03
3. 营业税	323	-3719	-92.01
4. 企业所得税	3037	737	32.04
5. 个人所得税	1587	13	0.83
6. 资源税	2257	-532	-19.07
7. 城市维护建设税	1999	350	21.22
8. 房产税	2231	933	71.88
9. 印花税	575	23	4.17
10. 城镇土地使用税	1150	480	71.64
11. 土地增值税	1228	229	22.92
12. 车船税	586	66	12.69
13. 耕地占用税	912	701	332.23

续表 4

收入项目	决算数（万元）	比上年	
		增减额（万元）	增减幅度（%）
14．契税	2446	38	1.58
14．烟叶税	1592	239	17.66
16．专项收入(含教育费附加、残疾人就业保障金收入、水利建设专项收入)	2297	331	16.84
17．排污费收入		–230	–100.00
18．水资源费收入		–315	–100.00
19．地方育林基金收入		–45	–100.00
20．地方森林植被恢复费	2370	2010	558.33
21．行政性收费收入	2718	–751	–21.65
22．罚没收入	4517	2098	86.73
23．国有资产（资源）有偿使用收入	17846	–4850	–21.37
24．其他收入	211	–113	–34.88
25．提取的教育农田水利金	1216	–64	–5.00
26．政府性住房租金收入	283	–1075	–79.16
二、政府性基金预算收入	59707	17786	42.43
三、上划中央收入	30142	4987	19.83

说明：①从 2017 年 1 月 1 日起，取消地方育林基金

②排污费收入、水资源费收入 2016 年列专项收入，2017 年排污费收入 261 万元列行政性收费收入，水资源费收入 367 万元列国有资产（资源）有偿使用收入

2017 年大田县财政支出情况表

表 5

支出项目	决算数（万元）	比上年	
		增减额（万元）	增减幅度（%）
一、一般公共预算支出	238702	31952	15.45
1．一般公共服务支出	17290	–960	–5.26
2．国防支出	226	–127	–35.98
3．公共安全支出	13459	2577	23.68
4．教育支出	69372	13061	23.19
5．科学技术支出	7033	2597	58.54
6．文化体育与传媒支出	2312	569	32.64
7．社会保障和就业支出	20605	3520	20.60
8．医疗卫生与计划生育支出	15838	–574	–3.50
9．节能环保支出	10494	4457	73.83
10．城乡社区支出	31826	6393	25.14
11．农林水支出	26571	–5005	–15.85
12．交通运输支出	4974	2576	107.42

续表 5

支出项目	决算数（万元）	比上年	
		增减额（万元）	增减幅度（%）
13. 资源勘探信息等支出	3485	1669	91.96
14. 商业服务业等支出	1591	–2182	–57.83
15. 金融支出	51	39	325.00
16. 国土海洋气象等支出	2343	–1609	–40.71
17. 住房保障支出	3924	3602	1118.63
18. 粮油物资储备支出	362	–159	–30.52
19. 其他支出	1158	94	8.83
20. 债务付息支出	5744	1424	32.96
21. 债务发行费用支出	44	–10	–18.52
二、政府性基金预算支出	39325	4841	14.04
合计	278027	36793	15.25

【财政收入稳步增长】 2017年，县财政完善财税部门收入分析联席会议制度，按照税源增减因素和行业发展趋势，加强税源预测分析，完善税收监控体系；加强对23家重点税源企业跟踪管理和新上项目跟踪反馈，建立税收收入监控、预测、预警机制；建立规范非税收入征管体系，提高非税收入管理水平，确保财政收入稳定增长，均衡入库；建立协税护税机制，将乡镇完成收入目标、增长率、增长数及协税护税任务情况纳入县政府绩效考核，并与补助乡镇干部职工年终绩效考核奖数额挂钩，提高乡镇培植财源和协税护税的主动性与积极性。当年全县财政总收入10.43亿元，比上年增收近1.01亿元，在连续三年下降后出现回升，重新上10亿元（相当于2012年水平），为2014年后最好年份。地方公共财政收入同比增收5097万元，税比为57.63%，同比提高7.47个百分点。

【积极财政政策落实】 2017年，县财政落实县委、县政府出台的招商引资和促进工业经济稳增长调结构等优惠政策扶持企业发展，兑现小微企业双创资金、用电奖励、节能与技改、普惠金融资金等奖励资金8094万元；为3家企业办理应急转贷资金3笔3200万元。推进大众创业万众创新，拨付资金1452万元，重点用于高山茶“1+4+N”小微企业创业创新示范基地等项目建设。支持建筑行业营改增试点，落实取消、调整（或停征）部分政府性基金和涉企行政事业性收费，减轻企业负担。同时拓宽融资渠道，多方筹集资金，保障重点项目及民生补短板项目建设资金需求；稳步推进城投企业债发行，申报山水林田湖中央项目得到财政部批准，争取中央体育彩票资金3000万元，建设健身栈道三期工程。大力推行PPP项目运作模式，发挥财政资金引导和杠杆作用，鼓励和引导社会资本参与项目建设运行，县中医院、体育馆、鸭蛋山非正规垃圾填埋场资源化治理等3个项目进入实施阶段；稳步推进国道纵五、园区、教育PPP项目。

【民生保障水平提高】 2017年，县财政提高城乡低保户、五保户补助标准和城乡居民医疗保险财政补助标准，加大医疗救助和居家养老的财政投入，农村低保标准家庭年人均收入提高到3550元，农村五保对象集中和分散供养月人均补助标准分别提高到740元、588元；城市低保每人月提高到512元，城市“三无”人员集中和分散供养月人均补助标准分别提高到800元、666元；人均基本公共卫生服务经费、城乡居民医保财政补助标准分别提高到50元和450元；支持开展社区居家养老专业化服务，对城乡七类贫困老人（65周岁以上特困供养人员、低保对象、建档立卡的贫困人口、重点优抚对象、计划生育特殊家庭人员、重度残疾人中的老年人、80周岁以上老年人）实行政府购买服务，购买服务线上、线下分别为每人每月20元、50元。加大对教育事业发展的财政支持力度，提高农村小学和中等职业教育公用经费，兑现教师绩效奖金；继续实施城乡困难家庭普通高中学生助学金政策；拨付资金1.23亿元，用于赤岩小学、香山学村等一批新建教育项目及改善义务教育薄弱学校办学条件；继续加大力度支持职业教育，拨付资金2560万元，用于职业教育基础能力建设、改善职业教育办学条件。支持农村各项事业发展，支持保护农业等发放各项涉农补贴3420万元；实施村级公益事业建设“一事一议”财政奖补项目124个，拨付资金2495万元，受益群众19万人；13个建档贫困村被列入省第一批扶持村级集体经济发展试点，省级补助资金520万元。

【财政管理加强】 2017年，县财政继续完善预算编制，公用经费定额在上年大幅下降的基础上再压减5%；将文明奖、年终绩效奖、车改补贴、综治平安单位奖金列入财政预算；建立结余结转资金定期清理和与预算编制相结合机制，继续扩大县本级国库集中支付改革范围，推行国库集中支付电子化管理；

加强政府采购监管，当年7月1日起，将部分政府采购业务纳入“福建省政府采购网上公开信息系统”管理；规范政府债务管理，将地方政府债券纳入政府性债务管理信息系统；推进预决算公开，督促各预算单位按要求及时、完整公开部门预决算信息，增加预决算透明度；县政府制定《大田县国有企业领导人员任用办法（试行）》《关于规范国有企业融资担保行为的通知》，落实《大田县国有企业（公司）运营管理与绩效考核办法》，对国有企业领导人员任用和管理、国有企业融资和相互担保审批权限以及国有企业工资总额、财务管理、绩效奖励等方面的行为作出明确和规范；开展机关事业单位养老保险、医疗保险、工伤保险、生育保险、失业保险和住房公积金“五险一金”及政府采购代理机构、会计信息质量专项检查和全县行政事业单位资产、省级财政支农专项资金结转结余情况清查，严肃财经纪律。

（郑占泉）

国家税收

【概况】 2017年，大田县国家税务局围绕税收“集成共进，争创一流”的目标，依法治税。按照“放管服”改革的要求，加强国地税合作、实施绩效管理，做好纳税服务和从严治党等工作。市国税局局长何荔春和省国税局副局长陈慕斌分别对《大田国税专报》（第一期）、《控风险、清欠费、促诚信——大田国税局着力构建税源管理新机制》、《三明国税专报》（第52期）、《聚阳光能量、合内生动力——大田国税打造“阳光党建铸税魂”党建品牌》的经验和做法作出批示，县委书记熊旭明也对县国税局报送的《县域经济视角下“营改增”后生活服务业税负比对分析与征管建议》的呈阅件作出“制定对策抓好征管”的批示。1月，县国税局被县委、县政府评为2016年度“上级垂管部门考评先进单位（第一名）”和“落实综治领导责任先进单位”；同月20日，局纳税服务科被共青团三明市委、三明市创建青年文明号活动组委会评为“2017—2019年三明市青年文明号”；3月，局征管科技科受市国税局“三明市国税系统金税三期优化版推广工程集体嘉奖”，局工会委员会被县总工会授予“最可依赖职工之家”、局纳税服务科被县妇联授予“三八红旗集体”称号。9月、10月，县国税局分别受省、市国税局“营改增试点工作”集体嘉奖。

税收收入 2017年，县国税局组织各项税收收入5.25亿元，比上年增长40.5%，完成年计划的117%。其中，“营改增”增值税完成1.15亿元，同比增长82.7%；四大行业（建筑、金融、房地产、生活服务业）改增值税入库9589万元，同比增长102.9%。全年完成县本级税收2.40亿元，同比增长60.7%。

2017年大田县国家税务局税收收入情况表

表6

项目	入库额（万元）	比上年	
		增减额（万元）	增减率（%）
总收入	52527	15145	40.5
国内增值税	47157	13732	41.1
其中营改增	11470	5192	82.7
国内消费税	17	11	183.3
企业所得税	3851	585	17.9
车辆购置税	1502	817	119.3

税收征管 2017年，县国税局加强税收征管工作，加强信息管税，借助金税三期系统及时修正错误数据，全年共修正错误信息2102条，其中行业代码98条、登记注册类型165条，核实修改身份证号码783条、组织机构代码相同和税务登记号码不同的纳税户信息1056条；排查解决已达起征点而未生成批扣清册135户次，处理汇总纳税企业总分支机构税费种认定征收品目不匹配49户次。开展风险应对，组织纳税评估，依托金税三期、增值税发票新系统，运用大数据开展风险排查，全年下达税收风险应对104户次，其中中风险54户、低风险50户（提示提醒）；对大田红狮水泥有限公司2015年度有关涉税事项进行税收风险分析，补缴增值税2.06万元，调增应纳税所得额160.53万元，补缴企业所得税42.99万元，滞纳金11.25万元；及时跟踪年纳税10万元以上重点企业税收入库变化情况，分析查找税收风险，筛选评估对象，按照税收风险管理办法和工作职责，跟踪管理，以评促管，全年入库税款及滞纳金2334.83万元，同比增收88.76%。做好“三证合一”（税务登记证、组织机构代码证、工商营业执照）工作，当年，工商登记的“三证合一”户数累计2690户，做税种登记的累计和银税协议各1224户，票种核定的243户，其中企业税种登记、银税协议各240户、票种核定的203户。开展国地税联合稽查，设置常设联合稽查办公场所，分别建立工作台账，全年召开联席会议2次，联合开展企业自查18户，16户自查收入金额420.19万元，查补入库税款17万元，加收滞纳金0.92万元；联合立案检查8户，查结6户，查补国税13.55万元、罚款11.39万元、滞纳金1.68万元；地税立案检查查补收入22.2万元，国、地税合作查补收入共48.82万元；同时参与市局稽查工作，4名干部被市

局抽调参加办理专案、重点税源检查及重案审理，其中检查重点税源户2户、查补入库税款20万元、滞纳金13万元，办理打虚打骗专案2件（虚开增值税专用发票），移送公安部门进一步侦查；参与完成重案审理2件。做好税收违法案件协查，按照上级要求开展委托及受托协查，协查经办人员参加省、市级培训，加强绩效考核，责任到岗、到人、到位，协查按期回复率100%，全年，委托协查3起，其中回复有问题2户，回复正常1户，准确率66.67%；受托协查35起，涉及虚开发票351份、税额964.04万元；立案检查10件，查补入库税款154.27万元、滞纳金33.5万元。

开展打击发票违法犯罪活动，组织专人开展发票检查14户，发现有问题13户，其中，查处非法取得发票6户、98份，涉及金额664.44万元，查补入库税款73.08万元，加收滞纳金0.61万元，罚款8.54万元；虚开发票7户、105份，涉及金额1067.34万元，查补入库税款181.45万元，加收滞纳金11.41万元。同时通过微信群、QQ群、宣传栏等媒介，曝光案例4件，开展发票教育宣传12次，与县公安经侦大队联合开展打击发票违法犯罪活动宣传1次。抓好企业所得税汇算清缴和征收方式鉴定，至5月31日，提前完成汇算2016年度管征的企业所得税1757户，汇算面100%；日常按季度申报预缴2409万元，预缴率94%。汇算调整后全县盈利企业290户、占16.51%，零申报943户、占53.67%，亏损申报524户、占29.82%；盈利企业汇算调增应纳税所得额1.44亿元，调减应纳税所得额128万元，弥补以前年度亏损企业77户，弥补额4909万元。全额征收企业所得税70户，享受所得税优惠政策159户，减免所得税额222万元。完成全县2017年企业所得税征收方式鉴定，全年国税管征的企业所得税1854户，其中，实行查账征收1745户，核定征收109户、核定征收率5.87%。做好反避税监控、非居民税收管理和出口退税申报、资料审核，通过对南湖针织时装有限公司开展反避税监控管理，由企业自查调增应纳税所得额40.84万元，11月1日入库应补缴企业所得税10.21万元，并加收滞纳金7862.07元。同时1户非居民入库税收款2000元。全县有6户生产企业出口货物销售额1037万美元（人民币7009万元），审核免抵退税额1059万元，应退税额555万元，免抵税额504万元。开展执法监察，加强对税收征管、经费管理等重点环节监督检查，规范税收执法行为，6月和12月中旬召开联席会2次，通报分析内控机制信息化建设情况；开展金税三期工程内控内生化情况调查和“营改增”试点廉政风险应对，排查廉政风险点10个，提出防控措施4条，全面控制税收执法风险和廉政风险。

纳税服务 2017年，县国税局持续开展“便民办税春风行动”，服务福建六项重大改革试验区建设，支持大数据产业、现代服务业、特色现代农业等发展，执行省供给侧结构性改革20条措施；落实支持小微企业发展的优惠政策，做好未享受优惠政策企业的风险提示工作；开展国别税收信息中心建设，创新对“走出去”企业的服务管理模式。简政放权，全面推进出口退税无纸化管理，试点下放流通型出口企业出口退税审批权，加快退税进度，支持外贸新业态企业发展；进一步拓展O2O涉税处理中心业务范围，扩大发票网上申领覆盖面，提升增值税发票网上申领、网上代开系统功能，推广增值税发票管理新系统的快速开票功能。优化办税服务，落实纳税服务规范，办税服务管理监控系统升级；提升办税厅电子化水平，增强网上申报软件运行的稳定性，提高申报质量；简化优化办税流程，减少纳税人等候时间；全面实行实名办税制度，做好实名制信息采集，全年实名办税调阅比对1.16万人次；探索定制个性化服务新路，统一自助办税区标识；国地税联合办税服务进驻县行政服务中心，建立定期培训机制和纳税人学堂师资库，对500多户纳税人进行培训；建立健全纳税人需求搜集机制和税企联络员制度，了解企业生产经营状况；宣传营改增税收政策，发放税企联系卡、营改增试点辅导手册及入户问卷调查，全年走访纳税人900户次；加强“12366”纳税服务中心管理，提升“12366”网上咨询和智能咨询比例；落实纳税信用联合激励和惩戒措施，扩大税银互动合作范围。推广“互联网+”办税服务，纳税人到办税窗口代开普票比率降低到6.67%。加强网络安全防范，3月18—25日，开展网络宣传安全周活动，通过局网页弹窗、展板、微信群通知等，宣传网络安全法和安全技能知识，提高干部的信息安全防范能力。

税收优惠 2017年，全县小微企业享受免征部分增值税政策的1.44万户次，申报免税销售额3.09亿元，减免增值税税额928.03万元。经所得税汇算，县国税局为159户小型微利企业减免2016年企业所得税222万元，为2017年109户小型微利企业减免企业所得税111.31万元；全年，为全县企业减免优惠所得税额1889.3万元，其中，农林牧渔项目企业16户、397.56万元；残疾人员工资加计扣除2户、324.38万元，免税收2户、292.74万元，减计收入5户、874.62万元，共减免企业所得税额694.33万元。审批退税民政福利企业3户、金额337.66万元，资源综合利用企业5户、金额1389.57万元。

【法律法规和预防职务犯罪讲座举办】 3月29日，县国税局在八楼会议室举办法律法规讲座，参加92人，邀请县人民法院行政庭庭长、四级高级法官苏启谊辅导讲课，围绕依法行政合法性、合理性、公正性、责任性等四大基本原则，解读行政许可、行政处罚、行政强制等相关重点注意事项和法律要点，并结合税收日常工作、稽查案件处理，就做好文书送达、询问笔录、行政执法等方面提出意见和建议，为提升税务干部依法行政能力提供知识储备。6月29日，在局八楼会议室举办预防职务犯罪警示教育专题讲座，参加92人，邀请县检察院案管办主任徐荣贵授课，以《防微杜渐、远离职务犯罪》为题，讲解贪污贿赂类犯罪和渎职类职务犯罪的最新规定及典型案例，指出职务犯罪不仅仅是领导的事，要防微杜渐，别让“小心意”击倒。同时观看预防职务犯罪微电影《方圆之间》。

【青年志愿者活动】 5月6日，县国税局青年志愿者35人参与团县委组织的“绿动青春，助力护河”主题活动。通过宣传《大田县治河公约》，清理均溪内河河道、捡拾垃圾，向岸边住宅小区的居民宣传环境保护和水资源保护等方面的知识，以实际行动为建设生态优美新大田保护环境、保护母亲河。11月12日，志愿者10人参加在县体育中心举办的2017“浩沙杯”全国健美操冠军赛开幕式服务活动。

【主题文化讲座举办】 5月10日，县国税局在局八楼会议室举办以“快乐工作，幸福生活”为主题的文化讲座，参加92人，邀请福建格林集团党委书记、高级经济师陈国成讲课，陈国成从38年前自泉州到大田县前坪乡下乡插队谈起，比较人们对幸福生活的理解和要求的差异性，倡导根据实际，设立符合各自“幸福生活”的追求目标，立足岗位、认真学习、好好工作，追求积极向上的美好生活。

【市国税局局长到大田调研】 5月17—18日，市国税局局长何荔春、副局长吕永明带领市局相关科室负责人一行5人到大田调研。会见了当地党政领导，走访永安煤业上京分公司，听取局工作情况汇报，对县国税局在办税服务、管征措施、绩效建设等各方面取得的成绩给予肯定。

【县国地税局联合举办主题演讲赛】 6月27日，县国税局与地税局在县地税局八楼会议室联合举办“喜迎十九大、做合格党员”主题演讲比赛，国、地税各选派3名选手参加，邀请县直机关党工委常务副书记甘满香等5人组成评委团，观看比赛80多人。演讲间隙穿插礼仪情景剧表演、礼仪风采展示、诗歌朗诵等，以此庆祝中国共产党成立96周年。县国税局获得一、二、三等奖各1人。

【苏诗布入选中国作家协会新会员】 8月20日，县国税局苏诗布入选中国作家协会2017年新会员（共507人），成为省国税系统第3位入选中国作协会员。苏诗布，男，笔名田仲，鲁迅文学院福建中青年作家班结业。福建省作家协会、民间艺术家协会会员，三明市作家协会副主席，政协大田县委员会委员。

【“金秋助学”和驻村扶贫活动】 9月5日，县国税局组织志愿者开展“金秋助学”活动，走访慰问均溪镇福塘村的陈其盛、上京镇上平村的吴美珠、建设镇和平村的郑国荣等当年考上大学的寒门学子，给每人送上慰问金3000元；局班子成员4人帮扶和平村黄朝义等8户贫困户，给每户送慰问金300元，共2400元。是年，局派一名干部驻太华镇华溪村，帮助筹集资金12万余元，建设该村老人活动中心120多平方米，添置桌椅等办公用具和电视机，同时修建河堤长20多米。

【县国地税联合办税厅揭牌】 12月28日，县国税局、地税局联合办税服务大厅在均溪镇赤岩山路2号福万通大厦九楼举行揭牌仪式，入驻县行政服务中心，县委书记熊旭明、市国税局局长何荔春、县委副书记连仁魁和县委常委、副县长陈剑生、赖伟平以及县直机关有关部门领导等70多人参加，是三明市首个国地税联合单独设立的办税服务厅。由县政府投资400多万元装修配置，总面积约1200平方米，设置有办税服务区、咨询辅导区、自助办税区、填单示范区、等候休息区、公告宣传区等6个功能区域，配备电子公告栏、排队叫号机、自助开票机等设备和母婴室、休息室、茶水室、减压室、纳税人维权中心及投诉中心、无障碍卫生间等场所。对外开设19个窗口，其中国地税“一窗通办”窗口15个，可以办理包括登记注册、文书受理、申报纳税、咨询服务在内的绝大部分国地税前台涉税业务。

【国地税合作】 2017年，县国税局推进《国家税务局地方税务局合作工作规范（3.0版）》，每月定期报送《国地税合作成效数据报告表》，每季度定期报送国地税合作工作报告。51项合作项目中当年实现合作44项，办税大厅窗口国地税业务“一窗式”通办，并推行“一人一机双系统一POS”服务；一窗一人一台电脑国地税金三系统互访，实现纳税人使用同一张银行卡刷同一台POS机即可缴纳国地税税款，缩短纳税人的办税时间，提高工作效率。联合开展每月不少于一次的纳税人网络学堂，实行签到制度，进行课程质量和纳税人需求调查，并将相关资料留存备查，全年授课17次，参加学习培训615人次，通过网络纳税人学堂（微信订阅号、QQ群、百度网盘）分享12份网络课件，发布学习资料30余次。联合开展纳税信用等级评定，2016年度纳税信用级别评价纳入信用管理1931户，其中，该评价年度内无生产经营业务收入或纳税人信用管理时间不足一个评价年度不予评价1286户；评价户数645户，其中一般纳税人399户，国、地税联合评价纳税信用级别A级37户、占5.74%，B级444户、占68.84%，C级122户、占18.91%，D级42户、占6.51%。

（张正利）

地方税收

【概况】 2017年，大田县地方税务局坚持“科学发展、和谐发展、创新发展”，推进国地税合作、“营改增”后征管体

2017年12月28日，国地税联合办税厅现场　（县税务局/提供）

制改革和优化纳税服务，各项工作取得新成效。被县委、县政府评为“上级垂管部门综合考评先进单位”“落实综治（平安建设）领导责任制先进单位”“项目工作竞赛活动先进单位”，局办税服务厅被市妇联授予“三明市‘三八’红旗集体”，机关工会委员会被市总工会授予“最信赖的职工之家”，局办公室被县委办、县政府办联合评为“全县办公室系统信息工作先进单位”；获市“五一劳动奖章”“网络文明传播先进个人”和县“三八红旗手”“信息工作先进个人”各1人，被市局记“三等功”5人，获市局岗位标兵考试第一名1人。报送的《“塑料紫菜”谣言背景下政府加强网络谣言治理的思考》被中办信息刊物单条采用后，得到中共中央政治局常委、国务院副总理张高丽和国务委员、国务院秘书长杨晶批示；调研文章《福建省宏观税负水平差异分析测算与影响机制探究——基于泰尔指数法与OLS回归分析》获2017年度全省地税系统税收科研优秀成果一等奖。

税费征收 2017年，县地税局组织各项收入5.17亿元，比上年增收1606万元、增长3.2%，扣除营改增影响，同比增收6258万元、增长14.2%，其中税收收入2.48亿元，同比下降4.8%（扣除营改增影响，同比增长17%）。非税收入2.69亿元，同比增收2856万元、增长11.92%，其中，基本养老保险费收入1.17亿元，同比增长13.6%；失业保险费收入353万元，同比下降31.3%。

税费管征 2017年，县地税局加强管控、堵塞漏洞、打击违法、落实责任，重新调整各分局（所）税费征管范围，以行政区域划分为基础，将原有的5个税源管理分局和2个中心调整为6个税源管理分局和1个中心。清欠堵漏增收，各税源管理部门按征管法规对欠税税种、金额、时间及对欠税单位组织实施的法律文书建立分户档案一户一档，并按清理难易程度分档实行动态监控，全年清理入库各项税收1117.02万元、费金5.2万元；利用金税三期风险管理系统，提供录入特殊风险信息54批、65户，风险应对补缴各项税收2415.12万元。规范所得税管理，完成2016年度469户企业汇算清缴，企业自行申报应纳税所得额4427.95万元，补缴企业所得税533.11万元；同时做好年所得12万元以上个人自行纳税申报，共362人，申报所得额8676.82万元，应纳税所得额7540.61万元，补缴个人所得税6.04万元。加强国地税协作，联合征收税款1255.39万元，联合稽查立案7户，审结6户，查补收入22.3万元。加强规费征缴管理，筛选人均申报缴费基数低于预警值的缴费单位，对按最低工资标准缴费的企业，通过办税服务厅和税管员把好申报审核关，缴费基数大幅增长，全县非个体类基本养老保险费平均缴费基数2212.66元，同比增长11.8%。加强同公安经侦大队、法院行政庭及执行局、国税稽查局等部门沟通协调，扩大信息共享面，优化稽查运行机制，加快案件审结速度，全年稽查查补税款397.8万元，入库368.55万元，同比增长30.1%。

纳税服务 2017年，县地税局围绕“放管服”的改革要求，解决办税难点堵点，服务纳税人，打造“线上”“线下”两个办税服务厅相互融合的新格局，促进实体办税、网上办税、掌上办税和自助办税相互补充，实现七大项、43个分类事项网上通办，网上申报率达97.62%。线下实现公共服务事项当场办结88项，办税事项的即办率84.62%；全面推行“免填单”服务，基本实现所有涉税事项无需填报相关资料。做好审批权限下放后的注销业务，对符合条件的个体工商户注销，窗口受理、窗口审批、当场办结，当年窗口简易注销纳税人25户。12月，入驻均溪镇赤岩山路2号（福万通大厦）九楼联合办税大厅，实现“进一个门，办两家事，到一个窗，办所有事”，让纳税人“少跑路”，县地税局办税服务厅全年办理各项涉税事项4万余件，受理个人二手房交易税收减免764户次，减免一手房契税959户，受理退抵税148笔、退抵金额967.3万元，开具各类涉税证明1400余份，为地方经济发展和纳税人提供便捷的服务。

【税收减免】 2017年，县地税局抓好国务院六项减税政策以及省地税局减税降负十条政策的落实，为69户小微企业减免企业所得税额74.98万元；对符合安置残疾人条件的2户企业税前加计扣除213.6万元，减免税款53.4万元；为3户企业办理农林免税所得减免备案，备案金额245.02万元，减免税款61.25万元；为1户符合研发费用税前加计扣除条件的企业加计扣除12.01万元，减免税款3万元；办理1户非营利组织税收优惠备案，备案减免税款32.39万元；累计减免个人房地产交易各项税费4929.33万元。

【优惠政策落实】 2017年，县地税局落实失业保险费、残保金、防洪费优惠政策，失业保险费总费率降低0.5%，使企业减轻负担121.74万元；472户企业享受残保金优惠政策，减免残保金99.16万元；同时配合财政、人社部门做好社会保险补贴发放工作，全县困难就业人员1480人享受社保补贴274.95万元。

【公益活动和扶贫】 2017年，县地税局在“六一”儿童节之际，向县特殊教育学校和县康贝启睿教育中心分别资助2万元和1.3万元，为大田六中贫困学生送去爱心助学金3000元，教师节到济阳学校开展慰问活动并送去慰问金2000元；13名分局长以上副科干部挂钩帮扶26户困难群众，帮扶资金1.5万元；全年组织学雷锋志愿服务活动36次，参加215人次。

（刘倩倩）

中国人民银行大田县支行

【概况】 2017年，中国人民银行大田县支行贯彻国家金融方针政策和上级行会议精神，按照三明市中心支行“稳中求进、普惠民生、科学管理、和谐有为”的要求推动各项工作高效优质开展。年底，人行县支行内设办公室、信贷调统股、外汇管理股、保卫股、营业室，有员工25人，其中，本科学历14人、大专9人、中专2人，中级职称14人、初级9人。

存款贷款 2017年，全县金融机构本外币各项存款余额109.66亿元，比上年增长13.20%，其中储蓄存款68.21亿元，同比增长16.50%。本外币各项贷款余额85.92亿元，同比增长13.71%，其中，住户贷款余额56.37亿元，同比增长15.87%；非金融企业及机关团体贷款29.55亿元，同比增长9.82%。全县银行结汇641.26万美元，同比增长7.33%；售汇2297.84万美元，同比下降44.12%；对外贸易进出口总值1.68亿美元，同比下降8.20%，其中，出口额1.21亿美元，同比下降11.41%；进口4698.29万美元，同比增长0.91%。进出口顺差7407.85万美元。

2017年大田县金融机构本外币存款余额表

表7

项 目	年底余额（万元）	比上年增减	
		增减额（万元）	增减幅度（%）
一、境内存款	1096191	127804	13.20
1.住户存款	682873	97417	16.64
(1)活期存款	366584	42502	13.11
(2)定期及其他存款	316289	54915	21.01
2.非金融企业存款	155730	-53343	-25.51
(1)活期存款	100736	-50502	-33.39
(2)定期及其他存款	54994	-2841	-4.91
3.广义政府存款	254589	83811	49.08
(1)财政性存款	11236	3924	53.67
(2)机关团体存款	243353	79887	48.87
4.非银行业金融机构存款	2999	-81	-2.63
二、境外存款	419	103	32.59
合计	1096610	127907	13.20

2017年大田县金融机构本外币贷款余额表

表8

项 目	年底余额（万元）	比上年增减	
		增减额（万元）	增减幅度（%）
一、境内贷款	859211	103626	13.71
（一）住户贷款	563690	77202	15.87
1.短期贷款	179233	47412	35.97
2.中长期贷款	384457	29790	8.40
（二）非金融企业及机关团体贷款	295521	26424	9.82
1.短期贷款	100006	-57764	-36.61
2.中长期贷款	195515	84188	75.62
二、境外贷款	0	0	0
合计	859211	103626	13.71

货币政策 2017年，人行县支行召开金融工作会、金融形势分析会、行长联席会等，及时向地方政府、金融机构传达重大金融方针政策和继续执行稳健货币政策精神，执行宏观审慎评估体系(MPA)。制定出台《关于大田县金融支持工业稳增长调结构增效益的实施意见》《关于做好大田县供给侧结构性改革金融服务工作的意见》《大田县2016—2018年贫困户、贫困村金融帮扶行动方案》等系列指导意见，引导金融机构为县域供给侧结构性改革和实体经济发展提供长期、有力支撑。

金融服务 2017年，人行县支行增进与地方经济主管部门沟通协作，加强对经济金融运行情况的监测分析，开展金融支持休闲旅游产业发展、普惠金融发展、重点行业产业发展等区域的特色研究，为地方经济发展提供智力支撑。经过充分调研，推动农信社与机械铸造协会、非公办签订《普惠金融卡推广合作框架协议》，创新“非公办+铸造协会+福万通普惠金融卡”贷款模式，为6家机械铸造企业办理普惠卡授信100万元；指导创新小微企业“云税贷”产品，为小微企业提供“互联网+大数据+金融+税务”全新服务体验，为9户诚信纳税客户提供贷款721万元。同时，针对经济下行压力大、企业资金流紧张加剧的状况，支行协同政府相关部门及金融机构召开全县信贷工作联席会、信贷风险防控会和金融工作会等专题研讨会，研究协调解决增贷化险事项，得到政府肯定，被县政府评为服务地方经济发展先进单位。

金融稳定 2017年，人行县支行把握好金融稳定的履职边界，按照“管面、控点、画线、监测、预警”的总体要求，开展金融突发事件应急处置演练；对2家地方法人金融机构存款开展保险风险评级，对信用联社资本充足率进行现场核查，协助市中心支行信贷科制定《三明市农信社普惠金融卡业务风险排查实施方案》，参与并高质量完成大田县农村信用社普惠金融卡业务风险排查，获得市中心支行信贷科充分肯定；完成辖内8家金融机构2016年度综合评价工作，并将评价结果作为2017年度开展综合执法检查的重要依据，提高监管强度，维护金融秩序。

征信管理 2017年，人行县支行落实征信信息安全管理制度，与8家银行签订《征信信息安全管理责任状》。协助地方政府制定实施《大田县失信行为联合惩戒管理办法（试行）》，配合政府打好优化金融生态环境“组合拳”；创新“征信+信贷”产品，开展线上质押融资业务，用政府购买服务资金的应收账款作为质押，解决福建兴田城市建设投资有限责任公司（简称兴田城投公司）棚户区改造项目4.6亿元贷款担保难问题。配置征信查询室和配备二代自助查询机，工作日内全天候为客户查询提供便利，全年共查询个人信用报告5237份，企业信用报告108份。

外汇管理 2017年，人行县支行做好对外汇的“监测、约谈、督导、检查”，有效抑制外汇资金大量流出。至12月底，县域出口企业出口总额1.21亿美元，同比下降11.41%；进口总额4698.29万美元，同比增长0.91%。进行外汇管理改革，提前完成外商投资企业存量权益申报，申报率100%。

反洗钱管理 2017年，人行县支行在辖区2家法人银行业金融机构实施中国人民银行《金融机构大额交易和可疑交易报告管理办法》。加强洗钱可疑交易线索筛查甄别，重点关注涉恐、涉毒、涉贪、涉税等洗钱上游犯罪案件，与县公安局开展反洗钱案件情报会商，接收重点可疑交易线索7条，向公安机关报送可疑交易线索2条。配合公安、税务、外汇管理部门开展打击地下钱庄、逃税、跨境非法转移资金等三项“专项行动”，有效打击非法吸收公众存款、集资诈骗等涉众型经济罪犯以及涉毒、涉贪、涉恐、走私等严重上游犯罪。

支付结算 2017年，人行县支行规范助农取款点业务，建立标准示范点15个，改造“农村普惠金融支付服务点”，为全市5个试点单位之一。组织“支付清算系统 普惠千家万户”宣传活动，推进金融IC卡在公交、学校、快餐店和超市应用，金融IC卡在公交车推广运用10万人次；辖内商业汇票、贴现电子化率分别达到99.23%、100%。县支行获2016年度省级中央银行会计核算先进集体称号。

【助推精准扶贫】 2017年，人行县支行实施三种模式、两个方案、一项创建“321”工程助推精准扶贫。实行“贫困户+乡镇扶贫开发公司+涉农金融机构、光伏发电公司+乡镇扶贫开发公司+农信社、光伏扶贫委托贷款”等3种模式，县政府出台《大田县2016—2018年贫困村金融帮扶行动方案》《大田县普惠金融发展行动方案》2个方案，开展1项创建活动，制订《大田县创建金融精准扶贫示范乡、村实施方案》，创建金融精准扶贫示范县。并配套出台相关考评办法，至年底，全县建档立卡贫困户贷款余额5081.8万元，比上年增长57.74倍；有1381户、4350人贫困户实现脱贫，脱贫率达46.5%，贫困户扶贫小额信贷户的覆盖面达39.4%，居全省县域第一。相关工作模式被《福建日报》《福建金融信息（专刊）》《福建货币信贷动态周刊》《三明日报》等刊载。

【普惠金融深化】 2017年，人行县支行拓宽渠道深化普惠金融。将金融知识纳入国民教育体系工作，与县教育局联合印发《金融基础教育银校合作共建制度》，组织签订银校合作共建备忘书；参与全省金融基础教育有效性评估文件的起草，在全市各县率先开展小学金融知识水平标准测试及金融基础教育有效性评估；利用“六一”儿童节、金融知识普及月等，开展“信用点亮梦想、金融伴我成长”“金融安全行 守护夕阳红”等金融知识宣传活动，被地方电视台、《三明日报》报道。创建“岩城普惠金融”微信公众号，拓宽金融宣传教育的渠道，提升宣传教育效率。开展一项“普惠金融服务最佳实践”评选，利用总体评价指标和具体量化指标两套数据从宏微观总体评价普惠金融指标，受众覆盖小微企业、农民、城镇低收入人群、贫困人群和残疾、老年人等六类群体，机制涵盖制度、指标、组织、渠道、产品、环境等六个体系，措施包括支付、支农、支小、信贷、信息信用六个方面的普惠等三类内容措施，普惠金融一项实践、两套数据、三类内容“123工程”的相关做法在《全省人民银行系统推进普惠金融工作侧记》视频中展示。县支行获全省人行系统“创新发展 争创一流 建功‘十三五’”业务竞赛先进集体称号。

【党员教育管理】 2017年，人行县支行创新五查五看、三亮三比、一日一榜“531”党员教育管理模式。即五查五看学习研讨（查党性修养、组织观念、道德品行、纪律意识、担当精神，看坚守信念宗旨、处理公私和组织与个人关系、践行社会主义核心价值观、敬畏党规党纪、为央行发展解难释疑），三亮三比主题实践（亮身份、职责、承诺，比学识、作风、业绩），实践一日一榜正向激励（按月开展支部主题党日30号+活动，制定“党员积分制管理实施办法”，推行党员量化积分榜），坚持问题导向，实行跟踪问效，集中解决突出问题，增强党员责任意识和奉献意识，激励和引导党员立足岗位发挥先锋模范作用。该做法及成效被《福州中支人事处基层动态》《福州中支“两学一做”专栏》《三明日报》刊载。县支行被评为全省人行系统“两学一做”学习教育先进基层党组织，并在全省学习贯彻中共十九大精神暨省人民银行系统党支部书记培训班作交流。

（王莉文）

三明银监分局大田办事处

【概况】 2017年，中国银行业监督管理委员会三明监管分局大田办事处（简称大田银监办）以“增贷化险”工作为中心，加强监管引领和监督指导，促进辖区金融稳定和健康发展，金融服务得到明显改善。存贷款余额呈现两位数“双增”态势；不良贷款呈现大幅“双降”态势，年底，全县不良贷款余额2.86亿元，同比下降2.17亿元，比年内最高峰时下降4.24亿元，不良率3.25%，同比下降3.2个百分点，较年内最高峰时下降5.67个百分点，按市金融办统计口径不良率年底为2.95%，实现3%的防控目标；全年累计处置不良贷款11.71亿元，其中9—12月处置7.28亿元，风险暴露匹配度首次达122.37%，信用风险得到明显化解和遏制。

【信用风险防控】 2017年，大田银监办加强信用风险防控，做好金融风险防控机制建设，督促银行成立信用风险防控工作组，加强风险排查和测算，制定“一户一策”化险措施；同时按季定期召开县银行业监管情况通报会，不定期召开增贷化险专题会议，及时分析研究风险防控对策。加强信用风险防控日常督导，围绕县委县政府下达的金融工作目标任务，会同金融办将指标层层分解至各行（社），设置增贷化险进度表，定期督查；并加强对重点监控机构的日常监管督导，实施约谈高管、监管提示等措施。参与协调重大信用风险防控工作，县委县政府成立县信贷风险化解协调工作组，全年召开各类专题协调会议30余次，协调推进和建立涉金融案件快审快结绿色通道。

【重点企业风险处置】 2017年，县信贷风险化解协调小组实行重点风险企业县处级领导挂包制度，建立定期专题研究磋商机制，政府、司法、银行、企业“四位一体”协同推进一批重点风险企业快速处置不良贷款，对省定重点风险企业诚通房地产公司、四方置业公司等老、大、难不良贷款处置取得进展，通过“以物抵债+整体拍卖+损失核销”等模式，诚通房地产公司不良贷款2.88亿元全部进行处置；通过资产分类打包、再转让、快速处置方式，处置四方置业公司不良贷款0.96亿元。

【重点机构监管加强】 2017年，大田银监办督促银行业机构做好内控案防工作，加强风险排查与警示教育，以农村信用社、村镇银行等中小法人机构作为监管工作重点，做好不良贷款偏离度压降督导，至年底，农信社批量转让、核销、剥离不良表内贷款4.9亿元，偏离度由年初的492.49%下降至147%，完成控制在150%以下的目标；同时加强非现场监管,全年发出监管提示单8份,上报风险快报6份。并做好监管评级和审慎监管会谈及流动性压力测试、完善应急计划。

【金融服务改进】 2017年,大田银监办重点围绕加大信贷投入、金融创新优化信贷结构,推进普惠金融和精准扶贫等方面加强监管引领和窗口指导,督促加大信贷投放,优化信贷投向,督促各银行业机构加大力度与市、省分行沟通,早计划、早争取、早发放,做好信贷投放工作,加大对县重点项目、小微企业和涉农贷款等信贷重点支持。加强金融信贷创新,引导兴业银行大田支行加大推广园区资产按揭贷款,全年为辖内3家企业提供资产按揭贷款授信1.09亿元,发放贷款8080万元。推进普惠金融和精准扶贫工作,信用联社发放普惠金融卡2.6万多张,用信1.7万多张,位居全省前列;村镇银行和信用联社在全省率先试点探索"光伏+"产业金融结合模式,借助"光伏贷"金融精准扶贫新模式促使贫困户加快脱贫,至年底,共发放光伏产业贷款7812万元。

(苏立墩)

中国工商银行股份有限公司大田支行

【概况】 2017年,中国工商银行股份有限公司大田支行(简称工行大田支行)贯彻银行业监管部门和上级行工作会议部署,按照"零售先行、项目优先、表内活化、受托快处"核心的工作要求,经营效益得到提升。全年实现中间业务1153万元,实现拨备前经营利润911万元,比上年增长116.39%。年底,机关内设综合部、客户部、业务部、个人金融业务部4个部,营业大厅营业网点1个,附行式自助银行1个,离行式自助银行3个,共有员工39人。7月,经分行党委决定,曾钦略代为履行工行大田支行行长职责,解聘谢仁辉支行行长职务。

存款贷款 2017年,工行大田支行本外币全部存款余额6.01亿元,同比增长11.5%,其中,储蓄存款3.26亿元,同比增长6.19%;对公存款2.74亿元,同比增长19.13%;公司存款同比增加4972万元,完成497.17%,辖内排名第一。各项贷款余额3.71亿元,同比下降38.98%(福建省诚通房地产开发有限公司不良压降2.88亿元),其中,个人贷款3.63亿元,同比增长16.35%;公司类贷款740万元,同比下降97.5%。年底不良贷款余额2272万元(均为个人贷款),同比减少2.79亿元,不良率6.13%。

内控管理 2017年,工行大田支行坚持"内控优先"原则,加强案件防范工作,坚持以制度管人,始终依法合规经营,开好每月一次的案件防范分析会,每会必讲安全经营,做到警钟长鸣;坚持节假日领导带班和日常安防巡查制度,持续监督保安规范履职;按照《中国工商银行福建省分行员工异常行为排查实施细则》规定的排查方式和程序,以案件风险排查为重点,开展集中排查和日常排查,建立员工异常行为排查处置台账,对思想品质和行为有不端迹象、可能导致案件发生的员工进行诫勉谈话,并签订员工不参与非法集资活动承诺书;不定期对安防设备运转情况检查,对存在的问题和风险隐患及时落实整改或消除。全年实现无案件、无重大责任事故、无重大差错的"三无"经营目标。

金融服务 2017年,工行大田支行持续开展"服务面貌专项整治季"活动,推动形成大服务的格局,改进窗口服务,解决服务环境、服务态度、服务效率、服务功能等问题。主要提升个人金融业务,服务县域社会经济,加强网点负责人、理财经理、外拓营销团队、产品经理和大堂服务团队的运作和管理,完善零售业务"五大团队",全年新增有效个人客户4883户,个人客户达6.2万户;新增芯片借记卡6941张、薪金卡1387张;以客户为中心、贴近市场,大力发展线上线下特约商户,新增信用卡2228张,位居全市工行系统前列,发展特约商户102户;发展电子银行业务,新增"融e行"产品4376户,位居全市首位。重点支持个人住房按揭贷款,全年共发放贷款1.06亿元。

【银校缴费合作】 1月3日,工行大田支行与县实验幼儿园签订《缴费业务合作协议》,开展相关资料收集及流程的梳理,1月10日建立缴费平台,将784个学生的名单导入。9月1日,又向县实幼集团三个分园营销新生学杂费上线"工银e缴费",客户1512户、年缴费金额600万元,新开卡办网银521户,实现银校合作。

【不良贷款清收】 2017年,工行大田支行加大不良贷款清收和处置力度,在上级行和县委、县政府支持下,对不良贷款大户福建省诚通房地产开发有限公司开发的石牌"金象温泉城"房地产项目不良贷款,3月30日办理以物抵债2718.87万元;11月27日通过公开拍卖方式收回不良贷款1.24亿元;12月

2017年12月,中国工商银行大田支行营业厅　(工行大田支行/提供)

29日核销不良贷款本金1.37亿元和表外息9520.68万元。当年，起诉个人不良贷款20户、金额551万元，信用卡立案42.59万元，起诉127.43万元，信用卡不良贷款比上年下降121.8万元。

（李美玲）

中国建设银行股份有限公司大田支行

【概况】 2017年，中国建设银行股份有限公司大田支行(简称建行大田支行)贯彻落实省、市分行工作会议精神和各项工作部署，执行中央“八项规定”、总行党委“十项要求”和省行党委“九条意见”，围绕等级行和核心指标(KPI)进位和员工工资提升“两进一提”工作目标，坚持规范经营，各项业务继续保持良好的发展态势，实现账面利润3079.59万元。9月，县域市场竞争力全省排名第28位，比上年提升15位。年底，支行内设办公室、客户部和营业部，辖营业网点镇东支行，员工41人。6月，市分行与委派运营主管余锡峰解除劳动合同，聘任高连华为建行大田支行委派营运主管（二级分行部门副经理级）。

存款贷款 2017年底，建行大田支行一般性存款余额15.2亿元，比上年增长18.11%，时点余额和新增、日均新增占比均为县域4家商业银行第一，其中，企业存款余额8.52亿元，占4家银行的42.36%，同比增长80.94%；储蓄存款6.68亿元，占4家银行的34.88%，同比增长8.42%。各项贷款余额18.06亿元，同比增长58.90%，余额、新增均居4家银行首位。不良贷款余额1.2亿元，在分行下达的管控指标内，其中，公司类1.10亿元，个人类538万元，信用卡439万元。当地政府及各方的努力配合现金回收四方置业有限责任公司不良贷款9950万元，全行不良贷款率6.66%，下降12.57个百分点。核销资产现金回收236.54万元，其中，公司类资产25.18万元，个人类134.38万元，信用卡核销回收76.98万元。受托资产（证券化）回收13.79万元。

内控管理 2017年，建行大田支行抓党建促内控，进一步明确“一岗双责”和主体责任的责任范围、责任内容及行为管理，细化责任清单，做好工会工作，树立先进典型，发挥党员先锋模范作用和党支部战斗堡垒作用，把党建工作与业务发展融合，提高党风廉政建设和案件防控水平，实现全年“不发案、不误人”和“不伤企业”的内控目标。获县银行业金融机构安全评估第一名。

金融服务 2017年，建行大田支行创新金融服务内涵，推行服务规范化、标准化建设和提高客户满意度，支持县域经济发展，公司客户贷款余额8.13亿元，同比增长29.87%，当年，投放房地产企业碧桂园2.7亿元，兴田城投公司新增7000万元；化解“四方置业”不良贷款，有效遏制不良贷款及贷款项目净回收带来的影响；加强营销实现楼盘合作全覆盖，提升二手房市场份额，个人贷款余额7.9亿元，同比增长15.35%；至12月底，小微快贷和申贷客户数54户，有效客户数43户，新增41户，完成全年任务的117%，全区排名第一；贷款余额新增1553万元，全区小微快贷业务专项营销竞赛分组第一；同时，增加自助银行设备和拓展网银、手机银行、微信银行等业务，提高移动金融柜面替代率。

2017年10月，中国建设银行大田支行办公楼（建行大田支行/提供）

【凤山西路自助银行开业】 9月30日，建行大田支行在凤山西路4号设立的自助银行投入使用，设置ATM自动取款机和CRS存取款一体机各2台，投入65万元，方便居民的金融服务需求。

【营业部重新装修完工】 12月6日，建行大田支行营业部重新装修完工并投入使用，共设置智慧自助机9台、自助终端机3台、ATM自动取款机2台、CRS存取款一体机4台、公安便民卡自助柜员机1台，设有高柜窗口3个、VIP窗口1个、低柜窗口5个、理财室3个，总投资241万元，为客户提供存取款、查询、转账、网上银行、电话银行、理财等金融服务。

（姚　诚）

中国农业银行股份有限公司大田县支行

【概况】 2017年，中国农业银行股份有限公司大田县支行(简称农行县支行)按照省分行党委提出的“各项工作有明显进步”的总要求，围绕“扭亏增盈”这一核心目标，落实“两个责任”（党委的主体责任、纪委的监督责任），加强“比学赶超”，严格管控信用风险，深化经营转型，增强全行改革发展活力，全年实现拨备前利润3485万元，比上年增长15.74%。年底，支行内设综合管理部、运营管理部、信贷与风险管理部/计划财务管理中心、公司业务部、个人金融部5个部门；城区设支行营业部、岩中支行、东门支行、南大街支行，乡镇设上京支行，共有营业网点5个，员工86人。4月，三明分行运营管理部科员郑彩芳调任农行县支行副行长；10月，三明分行国际业务部副总经理曾庆斌调任县支行副行长，副行长魏丽金调任三明分行国际业务部副总经理。

存款贷款 2017年底，农行县支行各项存款余额14.95亿元，同比增长17.16%，其中，对公存款余额6.92亿元，同比增长30.32%；个人存款8.02亿元，同比增长8.97%。各项贷款余额12.54亿元，同比增长9.52%。

内控管理 2017年，农行县支行落实上级行基层管理和基础管理“双基管理建设年”的工作要求，抓好内部管理，保障依法合规经营。加强信贷管理，推进“三化三无”创建（信贷业务经营与管理制度化、程序化、规范化，无不良贷款、无新增逾期贷款、无新增欠息），落实贷前调查、贷中审查、贷后管理制度，规范贷款调查、审查、审批、授信等流程，做好风险预警处置，提高信贷基础管理水平。加强运营管理，综合运用授权管理、视频监控、银企对账、事后监督、预警核销、专项监管等监管手段，加强临柜内控机制监管，保障临柜业务安全性。加强案防和员工日常管理，层层签订合规经营防控案件责任书和安全保卫责任书，落实案件防控责任；推行“三线一网格”管理模式（党建线、纪检线、运营线的风险管控条线，行长、班子成员、机关部门、基层网点分为一个个网格），对员工风险行为做到早发现、早控制，有效防范各类违规问题发生。

金融服务 2017年，农行县支行加大金融服务“三农”力度，推出“金穗快农贷”，帮助农民脱贫，全年，给147户烟农发放贷款830.3万元，22户油茶农发放贷款199.5万元；开通代收水费便民缴费业务，2月，县农行与大田水务公司签订合作协议，开发水费代收代扣系统，为全县2万多户用水户提供银行柜面、自助终端、网银、掌银等多渠道代缴费服务手段，实现水费查询、水费代缴、回单打印等服务功能，共代收扣缴水费52.6万元。

【工会选举】 7月，农行县支行召开第七届职工代表大会暨会员代表大会，增补黄长福、胡福广、高超宙为第七届工会委员会委员，选举黄长福为主席，胡福广为副主席。

【内设机构调整】 10月，农行县支行按照省分行《关于支行运营计财管理职能优化整合的通知》要求，将资产负债管理和财务会计管理职能从运营财会管理部划转出来，设立计划财会管理团队，与信贷与风险管理部合署办公，信贷与风险管理部更名为信贷与风险管理部/计划财会管理中心，运营财会管理部更名为运营管理部。

（林纪伟）

中国银行股份有限公司三明大田支行

【概况】 2017年，中国银行股份有限公司三明大田支行（简称中行大田支行）围绕分行绩效考核导向，贯彻省行提出的“优绩效、拼市场、控风险、重敬业”的要求，结合自身特点，推进存贷款结构转型，做好授信风险管理，化解不良贷款，支持地方社会经济发展。被省分行授予“2017年度中银优秀集体奖”，被县政府评为“平安单位”“服务地方经济发展先进单位”“金融风险防控工作先进单位”。

存款贷款 2017年底，中行大田支行人民币各项存款余额3.07亿元，比上年增长35.02%，其中，公司存款1.93亿元，同比增长41.98%；储蓄存款1.14亿元，同比增长24.71%。各项贷款余额6.77亿元，同比增长122.56%，其中，公司类贷款3.63亿元，同比增长5倍；零售贷款3.14亿元，同比增长28.48%。不良贷款余额407.52万元，不良贷款率0.60%，同比下降70.30%。

内控管理 2017年，中行大田支行抓好内控管理，坚持“晨会案防一分钟”“安全员轮值”工作制度，落实上级行“蓝天工程”“内控案防专项治理”等各类检查行动的要求，通过行务会和周例会，对员工进行培训、传导和检查，加强对员工合规经营理念的教育，使合规文化的核心价值观成为全体员工的行为准则和自觉行动。支行分别成立“蓝天工程2017——春雨行动”、违反中央“八项规定”精神问题现场检查、员工涉嫌赌博问题专项整治、违规公款购买消费高档酒问题集中排查整治4个工作小组，对各项可能存在的问题进行自查自纠，确保各项业务合规开展，防范风险于未然。

金融服务 2017年，中行大田支行为县域社会经济发展和群众生产生活做好金融服务，为福建育灯纺织有限公司、福建岩兴气体有限公司等企业投放贷款3000万元，为美地公园和大田碧桂园项目的144户业主提供住房按揭贷款6712万元；全年发放有效信用卡1350张，消费金额近7200万元；拓展结算产品，分别激活电子银行和手机银行客户累计3608户、3315户；引导配合社区工作人员对南街社区和红星村老年人协会、大田老年大学开展老年人小额定期、理财产品及防范金融诈骗等知识宣传，开户130多户，新增定期存款580万元。

【反腐倡廉和爱国主义教育】 6月15日，中行大田支行开展“反腐倡廉、爱国主义”教育活动，组织全行员工15人到均溪镇后坂洋县人民检察院警示教育基地和建山路县反腐倡廉教育基地参观学习。首先参观县人民检察院与国网大田供电有限公司检企共建的廉政文化主题图片展览馆，观看学习“警与诫——用身边的案例警示身边的人”系列警示教育宣传片；再到大田“第二集美学村”参观，观看大田中央苏区革命历史陈列馆，通过观看廉政文化图片和历史文献片、听取讲解红军在大田革命的事迹等，增强员工廉洁自律和反腐倡廉意识，增进爱党、爱国、爱社会主义的情感。

【预防职务犯罪讲座】 6月28日，中行大田支行在行会议室举办预防职务犯罪讲座，邀请县人民检察院预防职务犯罪科主任乐绍威、侦查监督科副科长连晓婷作《警钟长鸣，预防犯罪》讲课，内容包括职务犯罪的概念与特征，银行领域职务犯罪呈现的四大特点，职务犯罪案例警示，如何预防职务犯罪等，并观看微电影《方圆之间》，全行员工15人参加。

（吴开斌）

中国邮政储蓄银行股份有限公司大田县支行

【概况】 2017年，中国邮政储蓄银行股份有限公司大田县支行（简称邮储银行县支行）围绕省、市行工作会议精神和战略部署，按照“稳增长、提质量、控风险、强基础、增效益”的目标，立足地域特色，推动转型升级，加强案防和风险管控；抓好经营效益、效率和质量提升，推进各项业务发展。人民币流通监管被县人行评价为A类；6月、8月，营业部分别获得省分行“文明规范服务四星级网点”和中国银行业协会“文明规范服务三星级网点”称号。

存款贷款 2017年，邮储银行县支行各项存款余额16.87亿元，比上年增长25.06%，其中，储蓄存款余额14.35亿元，同比增长22.54%（自营网点余额3.03亿元、同比增长9%）；公司存款2.64亿元，同比增长47.49%。

各项贷款余额8.03亿元，同比增长20.02%。不良贷款余额1531万元，不良率1.91%。

内控管理 2017年，邮储银行县支行健全内控管理体系，贯彻落实“党政同责、一岗双责、齐抓共管、失职追责”的安全生产责任体系，年初，行长与部门负责人、部门负责人与员工100%签订“安全生产责任书”“案件防控责任书”，对员工加强合规文化和风险意识教育。加强制度建设，加大力度对重点岗位、重点环节检查和风险排查；规范员工行为，做好12个岗位员工轮岗管理，发挥派驻人员风险管控职能，严查员工有章不循的违规行为；规范印章管理，建立案防长效机制。建立内控体系，开展对公重点业务风险专项检查、专项排查及发现问题的整改、不规范经营专项整治、员工行为排查和贷后管理等。做好风险管控，落实资产质量控制指标，做好资产质量指标完成情况监测、分析与预测，关注重点产品、重点客户风险状况和风险排查；利用晨会、周例会、学习会进行风险分析、提示，贷款流程做到精细化管理，并厘清辨析外围经济关系，联系公安、法院等司法部门对风险客户进行不良资产清收；同时开展消防“安全治理专项检查”，营业网点外部安装高清监控安防设施，实现全年“零案件”。

金融服务 2017年，邮储银行县支行开展“服务品质提升”“杜绝投诉、规范服务”“每月一重点，加速促规范”等一系列活动，提高员工综合服务能力；开展星级标杆网点创建，完善网点服务环境，提高员工服务意识；5月，凤山支行按照标准化网点进行装修，10月，正式对外服务，给客户提供温馨舒适的服务环境；对客户投诉、第三方神秘人检查、省市分行服务非现场检查等三个指标进行考核，提高违规问题的整改率，实现违规问题闭环管理，全年无发生客户有理由投诉，年度服务满意度99分。同时，围绕特色林业、生态养殖等特色产业，配套家庭农场、循环贷、利率优惠、简化手续等优惠措施，服务县域经济社会发展.

【贷款新产品推出】 1月、7月，邮储银行县支行分别推出“优享贷”“邮林贷”等新产品，其中，“优享贷”单户授信额度最高50万元，期限最长5年，额度循环使用，灵活选择还款方式；“邮林贷”单户授信额度最高10万元，额度使用期最长2年，额度使用期内的单笔贷款最长期限为24个月。均采取信用授信，无需提供抵押或担保，随借随还、按日付息、提前还款不收取手续费，授信额度通过手机银行自行操作支用或还款，简单方便。至年底，共授信1280户，授信额度1.66亿元，支用956户、金额8600万元。

【献爱心活动】 2017年，邮储银行县支行弘扬企业文化，共捐款3400元，其中，向挂钩的广平镇西园村教育基金捐款2000元，扶贫困难户1000元，同时为县见义勇为基金捐款400元。

（肖玉玲）

兴业银行股份有限公司三明大田支行

【概况】 2017年，兴业银行股份有限公司三明大田支行（简称兴业银行大田支行）坚持“依法经营、稳健经营、文明经营”的方针，开展各项改革与创新，推动业务发展和盈利模式的转变。年底，支行内设综合科、企业金融小企业业务部、零售业务拓展部、营业厅，员工17人。

存款贷款 2017年底，兴业银行大田支行本外币各项存款余额5.43亿元，比上年下降24.71%，其中，对公存款3.01亿元；个人储蓄2.42亿元，同比增长46.67%。各项贷款余额9.09亿元，同比下降12.26%，其中，短期贷款4.55亿元，中长期贷款4.54亿元。

内控管理 2017年，兴业银行大田支行围绕全行的中心任务，建设惩治和预防腐败体系，严明纪律要求、强化教育自律、坚持执纪监督，实现“不发案、不误人”和“不伤企业”的内控目标，实行党务、行务公开，贯彻落实中央“八项规定”，开展纠正“四风”活动，加强作风建设，倡导移风易俗、禁奢倡廉的新风尚，增强员工勤俭节约、艰苦奋斗的自觉性，营造廉洁和谐文明氛围。按照上级行的部署，开展“学党章、守纪律、正品行”主题教育实践和“抓基层、强管理、防案件”专项治理，结合员工异常行为、员工自律承诺书、防范和打击非法集资等专项自查排查和“道德讲堂”“反腐倡廉电教片”等，开展员工行为规范及案防管理制度学习月活动，提升制度监督执行力，消除案件风险隐患。加强要害岗位轮岗制度和岗位监督，健全岗位职责体系，定期和不定期排查监督职责履行情况，及时纠正违规现象。严肃违规问题责任追究制度，落实总行、分行“合规内控提升年”专项活动，加强合规内控和案防工作考核，提升员工案防风险意识和防控能力，防范操作风险和案件风险，培育员工良好的职业操守与道德规范。

金融服务 2017年，兴业银行大田支行服务地方经济建设和社会发展，

2017年11月，兴业银行大田支行营业厅 （兴业大田支行/提供）

参与县大型基础设施、旧城改造和海西建设，支持省市县重点项目、扶持中小企业发展，水利设施建设贷款余额3.9亿元，占全部贷款余额的42.87%。创新金融产品，提高服务效率，推行“兴@付”，形成“易速贷”“连连贷”“交易贷”“园区资产按揭贷”“双创贷”“兴闪贷”“安愉人生”“寰宇人生”等系列及企业版“兴业管家”等金融特色产品，使用互联网金融新产品客户1000余户，构建起个人贷款、汽车贷款等金融“一站式”服务体系。

【“兴e付”金融产品推出】 2017年，兴业银行大田支行推出互联网金融产品“兴e付”，新型的聚合支付方式既方便消费者，避免消费者被动安装各类手机支付APP，也帮助商户解决对账、找零、多门店管理等难题，明显提升支付效率，共有客户560户。

【“兴闪贷”金融产品推出】 2017年，兴业银行大田支行针对个人客户推出全流程线上自助信用消费贷款“兴闪贷”，采用全线上自助操作模式，10分钟之内放款到账，无需抵押与担保，最高额度可达30万元，使用该产品的客户320多户。

【“兴业管家”金融产品推出】 2017年，兴业银行大田支行推出对公移动支付产品“兴业管家”，主要服务中小微企业客群，客户使用手机实现企业账户管理、财务审核、转账汇款、支付密码编制、账户查询、代发工资、移动办公于一体的管理，小企业签约使用“兴业管家”APP客户235户。

（洪新阳）

大田晋农商村镇银行股份有限公司

【概况】 2017年，大田晋农商村镇银行股份有限公司（简称晋农商村镇银行）坚持服务“三农”和支农支小，加强风险管控，克服经济发展的诸多不利因素，稳步推进审慎合规经营与健康有序发展，实现利润566.49万元，比上年增长4.97%。年底，内设营业部、业务部、综合部，共有员工27人。

存款贷款 2017年底，晋农商村镇银行各项存款余额2.61亿元，同比增长0.46%，其中，对公存款1.79亿元，同比增长20.18%；储蓄存款8200万元，同比下降26.10%。各项贷款余额2.5亿元，同比下降7.07%，其中，涉农贷款2.26亿元，同比下降12.40%，占各项贷款余额的88.97%，贷款农户1461户，余额1.69亿元。全行贷款户均15.75万元。

内控管理 2017年，晋农商村镇银行加强内控监督管理机制，加强信贷资金管理，严控信贷风险，落实关联企业、客户统一授信原则，坚持“小额、流动、分散”的信贷经营理念，落实贷款责任制和“三查”（贷前调查、贷中审查、贷后检查）、问责、免责制度，做到责任到位、到人，贯彻执行贷款新规，把控准入关，做好贷后管理与检查，对不良贷款实行“零容忍”，加大不良贷款清收力度，全年处置不良贷款450万元。加大稽核检查力度，开展风险自查与排查，从公司治理、内控制度、信贷资产风险、会计决算等方面进行序时性检查2次，按月、按季度抓好员工操作行为、授权业务、对账、重要岗位轮换等关键风险点排查，重点对检查后整改的后续稽核，防范内部操作风险。提高员工安全防范意识，定期组织安全知识学习会和防盗、防暴、消防及安全保卫预案演练，增强防范案件的能力；落实“一把手”抓安全、全员抓保卫、层层抓落实的安全保卫责任制，加强安防、物防、技防等设施建设，提高风险管理效率。完善内控制度建设，制定内控管理规章制度，及时、有效进行合规风险监测，形成环环相扣，层层监督。加强员工队伍建设，组织27名员工参加银行业从业资格、岗位定级和业务知识考试；开展业务知识视频讲解12场、工作交流会和员工座谈会各6次，提高全员综合素质。

金融服务 2017年，晋农商村镇银行提升金融服务水平，坚持网点窗口“践行文明、树立形象”晨会，开展文明礼仪自检与互检，规范网点柜员与大堂经理工作职责。9月，开展“金融知识进万家”宣传月活动，向群众宣传借记卡、电子银行、自助设备、家易贷、美丽乡村流水贷、精准扶贫贷、防范电信网络诈骗等业务知识，提高群众对金融服务的认识，增强金融防范意识。创新金融服务方式和支持当地农户经济发展，结合实际，探索贷款新方式，借鉴主发起行经验，继续推行“家易贷”贷款模式，余额1575万元，同比增长72.87%；加大产业精准扶贫贷款力度，全年发放贷款5995万元，同比增长近75倍。针对不同贷款客户的风险程度和贡献度，合理贷款利率定价，丰富还款方式。同时推行阳光信贷制度和授权营业部部分贷款权限，使调查、审查、审批等环节阳光化、快捷化，提高办贷效率。

【职业技能竞赛】 12月20日，晋农商村镇银行员工参加县银行业协会在大田六中组织的职业技能竞赛，共参加

2017年5月，大田晋农商村镇银行 （大田晋农商行/提供）

24人，黄钟霖分别获汉字、数字录入二、三等奖，林高铭获汉字录入优秀奖。

【精准扶贫贷款】 2017年，晋农商村镇银行与县农办对接继续开办精准扶贫贷款业务，单户授信额度原则上不超过5万元，贷款期限最长3年。全年新增精准扶贫贷款1199笔，贷款金额5995万元，截至年底，精准扶贫贷款累计1215笔、金额6075万元，其中，行自营资金发放467笔，金额2335万元；委托发放748笔，金额3740万元。

（林高铭）

大田县农村信用合作联社

【概况】 2017年，大田县农村信用合作联社（简称县信用联社）围绕省联社和县委、县政府各项工作部署，坚持“稳中求进、重点突破、统筹兼顾、稳健经营”的工作基调，助力农业供给侧结构性改革，抓好普惠金融，开展“对标补短板、争先上台阶”行动，在风险化解、业务发展、转型创新等方面取得新的成效，充分发挥农村金融、普惠金融、民生金融三支主力军作用，打造以农为本、让人信赖、受人尊重、队伍优秀的“四好银行”，为建设升级版福建农信贡献力量。年底，县联社职能部门12个，营业部1个，信用社16个，分社7个；员工215人，其中本科学历141人、专科59人，中级职称54人、初级35人。

存款贷款 2017年底，全县信用社各项存款余额44.50亿元，比上年增长11.83%，占市场份额的40.61%，其中，对公存款余额12.81亿元，同比下降1.84%；储蓄存款31.69亿元，同比增长18.52%。各项贷款余额25.27亿元，同比增长5.81%，占市场份额的29.41%，其中涉农贷款余额21.93亿元，占各项贷款余额的86.78%。小微企业贷款余额8.14亿元，增幅为6%，完成“三个不低于”目标（贷款增速不低于各项贷款平均增速，贷款户数不低于上年同期户数，申贷获得率不低于上年同期水平）。

内控管理 2017年，县信用联社持续加强内控监督检查管理，推进合规稳健发展，转变经营理念，重塑信贷文化。吸取以往“傍大款”“垒大户”的教训，重塑“小额、流动、分散”的信贷投放原则，严控大额授信，从严落实关联企业、客户统一授信管理。坚持问题导向，加强整改落实，结合省联社、三明审计中心、三明银监分局等内外部专项检查发现存在的问题，加强整改，抓好落实，严肃问责，责任到人。完善规章制度，营造合规文化，结合内外部专项检查、稽核检查反馈的情况，重点抓好各项规章制度的修订完善；根据员工积分管理办法的要求，对违反各项规章制度的员工严格按照办法扣减分数，并进行通报问责164人次。开展案件防控，推动合规经营，加强各类现场检查，全年共开展10个专项检查，提出各类稽核整改建议146条，整改落实126条，落实问责158人次，推动依法合规经营。

金融服务 2017年，县信用联社持续提升金融服务水平，促进县域经济发展，丰富金融品种，满足多元需求，推广“农e贷”“安居贷”“福林贷”及普惠金融卡等金融产品，因地制宜，创新推出“婚易贷”。至年底，“婚易贷”贷款182户、余额1958.80万元，“福林贷”授信1422户、金额1.55亿元，“安居贷”309户、贷款余额5956.83万元，“农e贷”授信865户、金额2777.22万元；普惠金融卡授信总额10.02亿元、存量2.72万张。加强制度保障，加大绿色信贷投放力度，相继出台《大田县农村信用合作联社2017年绿色信贷工作计划》《大田县农村信用合作联社支持国家生态文明试验区（福建）建设工作实施方案》，为支持绿色信贷奠定基础，全年发放绿色信贷资金1.09亿元，重点支持县光伏发电项目，发放贷款1682.67万元。完善工作机制，提高扶贫效率，成立联社、分支机构两级联动、上下推动的金融扶贫工作领导小组，与县扶贫办、地方政府、村两委、扶贫户沟通对接，及时掌握资金需求、产业意向、项目进展、成果回报等情况；全面完成贫困户建档立卡，针对贫困户有无劳动能力的情况，累计授信605户、金额2181.77万元，解决他们生产生活的实际问题。拓展电子产品，加大电子银行建设，提高网上银行、手机银行、自助银行、POS机、二维码扫码收单的覆盖率和使用率，至年底，电子交易占87.70%，网上银行客户存量1.1万户，手机银行客户存量8.2万户，微信用户关注数4万户，微信银行绑定数1.97万户，共有小额支付便民点机具202台。

【普惠金融“985、211”工程启动】 4月1日，县信用联社在桃源福建华伦特重工有限公司召开普惠金融整村推进现场会，启动普惠金融“985、211”工程，部门经理、网点主任、党支部书记和联社班子成员等40人参加。以持续推广普惠金融卡、“安居贷”、“车易贷”、“农e贷”、电子银行产品等系列金融产品为载体，以客户信息建档为基础，采用整村、整社区、整街推进方式，争取至12月底9个月，有85%的客户持有联社信贷或电子化产品；通过客户采集系统实施精准营销，新增授信2万户、授信金额11亿元。年底，持有联社信贷或电子化产品的客户占86%，新增授信2.06万户，授信金额11.86亿元。

【“婚易贷”产品推出】 5月，县信用联社创新推出“婚易贷”产品，向符合贷款条件的新婚夫妇（不包括再婚、复婚）发放用于支付结婚时所购家具、家电、首饰、婚宴等结婚所需的消费支出，具有额度高、期限长、利率低、手续简便的特点。至年底，发放“婚易贷”贷款近200户、余额1958.80万元。

【广电收视费代扣代缴】 5月，县信用联社正式开通福建广电网络集团大田分公司电视收视费代扣代缴服务，用户只需通过手机银行就可缴交收视费，全县农信社又增加中间业务种类，至年底，共代收电视收视费26万余元。

【金融知识进校园】 6月1日，县信用联社组织志愿者到城关第一小学开展主题为“信用点亮梦想 金融伴我成长”的金融知识进校园宣传活动，内容涵盖征信知识、货币知识、小学生理财等基础金融常识，共有55人参加，通过PPT演示、实物展示、视频播放、知识竞答等方式给师生宣传金融知识。

2017年7月13日，省联社党委书记、理事长余军（右三）到大田调研指导（县联社／提供）

【省联社党委书记余军到县调研】 7月13日，省联社党委书记、理事长余军到县信用联社调研指导工作。到桃源镇裕田农业绿色金融示范点、吴山镇光伏扶贫产业园参观，并到营业部看望一线员工，与联社班子成员进行交流座谈。要求县联社要抢抓机遇，加快转型发展。

【联社“三会”和管理层换届】 8月，县信用联社进行社员代表大会、理事会、监事会和经营管理层换届。在第四届社员代表大会第一次会议上，选举廖世星、廖何旺等9人为理事；在第四届理事会第一次会议上，选举廖世星为县信用联社理事长，聘任廖何旺为县信用联社主任，张祖荣、庄锦强、杨婷娥为副主任；在第四届监事会第一次会议上，选举吴郁为县信用联社监事长。

【首台新式小额支付机具使用】 10月，县信用联社增设县首台新式小额支付便民机具在县职业中专小额支付点投入使用，是县第一个使用新款机具的小额支付便民点，在原来结算基础上增设IC卡交易、扫码、无线WiFi、手机互联查询等硬件和软件功能，进一步优化支付环境，获得客户一致好评。

【开展消防应急演练】 11月17日，县信用联社联手闽家物业公司、县直有关单位在福万通大厦开展消防应急演练，县信用联社和有关单位员工共56人参加，县消防大队派员全程指导并参与演练。旨在贯彻“预防为主，防消结合”的消防方针，普及防火知识，提高广大员工在火灾现场的疏散逃生和应急自救能力。

【中高层管理人员培训】 11月，县信用联社在福万通大厦26楼活动室举办中高层管理才能发展（MTP）提升培训2天，班子成员、中层副职及以上人员共60余人参加，邀请培训导师、管理专栏作家、清华大学、北京大学、上海交通大学等多所大学MBA和EMBA讲师岳阳授课，围绕探究管理、角色认知、目标管理、组织沟通和时间管理等五个方面进行授课，具有较强的针对性和适用性，提升中高层管理人员的经营管理理念与能力。

【业务发展】 2017年，县信用联社业务发展实现五个第一，授信总户数2.84万户，居全市农信系统第一；普惠金融卡存量2.72万张，位居三明农信系统第一；普惠金融卡全年增量1.66万张，为三明农信系统当年增量唯一超万张的行社，占全市农信系统总增量四分之一强；个人户均贷款7.01万元，位居三明农信系统第一位、全省第二位；手机银行客户存量8.2万户，当年新增有效客户3.84万户，完成进度130.93%，位居全省农信系统第一。

（陈汝君）

中国人民财产保险股份有限公司大田支公司

【概况】 2017年，中国人民财产保险股份有限公司大田支公司（简称人保财险大田支公司）实现保费收入4065.32万元，比上年增长10.74%，其中，机动车辆险保费商业险1690.10万元、同比增长2.47%，交强险533.19万元、同比增长17.33%；货运险保费0.27万元，同比增长58.82%；责任险395.02万元，同比下降18.21%；意外险264.76万元，同比增长4.95%；健康险12.71万元，同比增长1360.92%；家财险184.06万元，同比增长77.80%；农业保险保费832.83万元，同比增长14.39%（水稻种植险255.80万元、森林险415.10万元、能繁母猪险26.22万元、育肥猪险125.33万元、贫困户农作物保险10.38万元）。全年理赔结案3908件，赔款总额2262.73万元，简单赔付率55.66%，其中，企财险赔款103.06万元，赔付率68.34%；车险交强险赔款332.05万元，赔付率62.28%；车险商业险赔款690.06万元，赔付率40.83%；责任险赔款411.79万元，赔付率104.25%；意外险赔款74.93万元，赔付率28.30%；家财险赔款88.28万元，赔付率47.75%；农业保险赔款558.89万元，赔付率67.11%；其他险种赔款3.67万元。全年实现考核利润1345.32万元，计划完成率280.06%。

4月7日，人保财险三明分公司聘用陈当烜任大田支公司副经理。8月24日，经省公司农险部批复（闽人保财险农往来〔2017〕29号），大田支公司在吴山镇和洋村中国茶城设立三农保险服务站，9月1日正式开业。年底，支公司内设综合部、理赔分部、非车险部、农险部、续保团队、车商团队、直销业务部等7个部门，下辖建设保险营销服务部、吴山三农保险服务站。各类性质用工56人，其中，总公司和地方劳动合同员工分别6人、15人，劳务派遣人员35人。

【农房叠加保险开办】 1月，人保财险大田支公司开办农房叠加保险业务，每户保险金额由原来的1万元增加到2.5万元，叠加保险保费每户每年12元，其中，农户自缴3元，省、县财政分别补7元、2元。低保户和建档立卡贫困户3元由省财政支付。至3月31日全县承保7.47万户，共收取年度叠加保费 89.15 万元。

【保险业务关系建立】 4 月 7 日，人保财险大田支公司与福建省水利投资集团（大田）水务有限公司签约，承保该公司企业财产综合险、机器设备损坏险、公众责任险，共收取保费 21.04 万元，其中，公众责任险保费 10.5 万元，企财综合险保费 9.65 万元，机损险保费 0.89 万元。

【农村公路财产保险开办】 5 月，人保财险大田支公司根据省交通运输厅和省分公司签订的《福建省农村公路灾毁保险服务协议》精神，开办农村公路财产保险，承保全县群养农村公路、构筑物及其附属设施，保险期限 230 天（2017 年 5 月 1 日至 12 月 31 日），共收保费 102.97 万元，其中群养公路保费 88.95 万元、全市统保的专养公路保费 14.02 万元。

（陈开篇）

中国人寿保险股份有限公司大田县支公司

【概况】 2017 年，中国人寿保险股份有限公司大田县支公司（简称中国人寿县支公司）坚持“系统先进、市场领先、队伍壮大、基础扎实、风险可控”的发展目标，推进转型升级，提升公司核心竞争力和可持续发展能力，在保险业 2017 年度反洗钱监管考核评级中，独家被县人行评为 A 级机构。全年保费收入 1.20 亿元，比上年增长 0.16%，其中，续期保费 7408.51 万元，同比增长 35.15%；首年保费 3769.29 万元，同比下降 35.31%；短期性保费 833.31 万元，同比增长 22.01%。办理各类赔案 1312 件，赔付金额 467.88 万元，其中，长期性寿险赔付 178 件、285.65 万元，短期险赔付 1134 件、182.23 万元。

1 月，县支公司经理张河川调任连江县支公司经理，邓国权调任县支公司经理。10 月，市分公司个险部经理助理陈辉、银保部主管何敏敏同时调任县支公司经理助理；县支公司副经理丁琦调任市分公司营销总部主管，经理助理孙志根调任永安市支公司经理助理。年底，县支公司在全县设营销服务部 5 个，员工 25 人、代理业务员 581 人。

【新险种推出】 2017 年，中国人寿县支公司推出“国寿鸿福至尊年金保险”“国寿鑫如意年金保险”“国寿福（至尊版）”等新险种，至年底，共收保费 2176 万元，占全部保费收入的 18.12%。

【特殊人群保险服务】 2017 年，中国人寿县支公司为全县五保、低保、五老人员和重点优抚对象、农村农民独女户、二女扎户、残疾人等特殊人群 1.97 万人提供意外身故（伤残）保障的意外伤害补充保险服务。根据县政府常务会议纪要（〔2016〕23 号），由县政府出资投保，共收取保费 39.40 万元。

【建档立卡贫困户保险服务】 2017 年，中国人寿县支公司为全县建档立卡贫困户 8696 人提供包括意外身故（伤残）、重大疾病、住院（意外或疾病）日津贴等保障内容的扶贫保险服务。根据县政府常务会议纪要（〔2017〕8 号），由县政府出资投保，共收保费 69.57 万元。

【大案理赔】 2017 年，中国人寿县支公司为均溪镇居民连某在作业时从厂房顶摔落死亡赔付意外身故保险金 24.4 万元；为太华镇村民郑某因车祸死亡赔付意外伤害保险金 17 万元；为均溪镇居民童某患食管癌死亡赔付疾病身故保险金 14.85 万元、池某患直肠癌赔付重大疾病保险金 28 万元。

（涂新红）

证 券

【概况】 2017 年，全县证券营业部 2 家，主要经营证券和举办代销各类基金，交易量共 143.35 亿元。开展投资顾问业务，全年举办股市沙龙活动 53 次，参加 630 余人次。

兴业证券大田营业部 2017 年，兴业证券股份有限公司大田建山路证券营业部（简称兴业证券大田营业部）重点销售兴全系基金和圆信永丰基金，其中兴全社会责任基金和圆信永丰多策略基金年收益分别占 45% 和 22%。5 月，开展与大田农村信用联社的第三方存管业务，覆盖 18 个乡镇 25 个网点。当年新开账户比上年增长 2.1 倍，股基交易量 24.72 亿元，证券交易金额 27.81 亿元，手续费区域占比为 0.61%，全省占比为 0.04%。

华福证券大田营业部 2017 年，华福证券有限责任公司大田建山路证券营业部（简称华福证券大田营业部）主营证券经纪及代销基金等权益类产品，引导客户适当性投资，对员工进行业务知识、合规及反洗钱等培训 200 多人次，提升员工的业务素质及合规意识。当年开户 1699 户，交易量 90.82 亿元。

【投资顾问业务开展】 9 月，兴业证券大田营业部首次开展证券投资顾问业务，周三晚在营业部办公室举办股市沙龙，宣传证券投资顾问业务，树立证券从业人员专业化的职业形象，提升客户投资交易的体验感，推动营业部代买市场份额的提升，至年底，共举办 16 次，参加 130 多人次。

【股市沙龙】 2017 年，华福证券大田营业部周三晚组织股市沙龙活动 37 次，参加 500 多人次，向新入市投资者普及证券投资基础知识，与新老客户交流股市行情变化、向投资者解读国内外发生的大事件，进行融资融券、期权、港股通等新业务知识培训，向投资者揭示“飞单”、非法证券等相关投资风险，引导投资者理性投资。

（林万春 林 媛）

国土资源与生态环境管理

□ 编辑 陈吉浣

国土资源管理

【概况】 2017年，大田县国土资源局贯彻“十分珍惜、合理利用土地和切实保护耕地”的基本国策，以“保障发展、保护资源”构建“阳光国土、和谐国土、高效国土、快乐国土”。省国土资源管理监测评价及辅助决策系统显示，大田县位处全省第四名，全市第二名；获县生态环境保护工作三等奖、水土保持工作目标责任和安全管理工作两个二等奖、矿产资源管理工作一等奖。

法规宣传 2017年，县国土资源局联合县人民法院、县检察院开展世界地球日宣传活动；主办第三届“国土杯”篮球赛，县地税、电力等12支男子篮球代表队参加，发放地球日特刊、新版国土资源知识100问和生态环境保护等宣传材料2000多份；翻印地质灾害防灾避险宣传折页2000份和海峡资源报社发行的特刊1000份，进村入户分发。6月21日至25日通过微信公众号连续向10万个微信号用户推送“全国土地日”宣传特刊，宣传土地与生态文明建设。

执法监察 3月10日，县国土资源局邀请县人民法院行政庭庭长苏启谊进行行政执法规范化培训，结合国土资源行政执法监察相关业务，重点讲解执法监察的办案程序等知识，国土资源所所长、局机关全体执法监察人员共30余人参加。全年，依法立案查处土地案件92宗，涉及土地面积11.32公顷，其中耕地1.79公顷，处罚没款70.68万元；妥善办理群众信访件84件，接待群众来访16批115人次。

规划管理和耕地保护 2017年，县国土资源局完成永久基本农田划定面积1.59万公顷，比上轮减少733.3公顷，占全县耕地面积的78.71%。县、乡、村三级逐级签订永久基本农田保护责任书，设立基本农田标志牌54座、界桩120根，建立县、乡、村三级永久基本农田保护表册和永久基本农田保护数据库。落实国土资源部“保增长保红线行动”和基本农田“五不准”的要求，印发《大田县耕地保护工作考评办法》，将卫片执法监察、耕地占补平衡、耕地保护内业资料等三个方面工作，采用百分制作为乡镇政府年度考评的重要内容之一，确保全县耕地面积保有量、基本农田保护面积数量不减少、质量不降低。同时调整完善县级、乡级土地利用总体规划，调整方案分别通过省、市政府批复。5月27日，召开矿产资源总体规划（2016—2020年）论证会，讨论第三轮矿产资源总体规划（审批稿）修编。

地籍管理 2017年，县国土资源局土地利用变更调查采用“互联网+”举证核查模式分步实施，国土资源部共下发遥感监测图斑262个，监测总面积217.27公顷，涉及18个乡镇106个村，变更调查第一次上报成果数据中，违法使用耕地1.68公顷，占4.78%。同时有序开展宅基地和集体建设用地使用权确权登记发证，在石牌、湖美、华兴、广平、均溪、上京、太华、建设、桃源等11个乡镇83个村开展农村地籍和房屋调查，完成年度辖区内的农村地籍和房屋调查1.38万宗、面积219.69万平方米，至年底，累计完成5.58万宗、总面积871.28万平方米。

建设用地管理 2017年，县国土资源局实行差别化供地政策，推进土地节约集约利用，提供建设项目用地服务，鼓励工业项目进驻园区。上报市政府批准农转用和征用土地5个批次12个项目、面积15.18公顷（耕地9.84公顷），经省政府批准农转用和征收土地5个批次24个项目、面积38.75公顷（耕地7.05公顷），单独选址2个项目113.42公顷（耕地31.47公顷）；拍卖挂牌出让经营性土地使用权9宗、面积25.93公顷，总成交价6.58亿元。审批农村个人建房用地29户、面积0.4公顷；新村用地12宗、面积15.73公顷；县政府审批城区个人建房55宗、面积0.59公顷；单位划拨用地22宗、面积103.14公顷。

矿产开发管理 2017年，全县有效采矿权证72本，矿产品经营许可证91本，其中新办32本。矿产品经营许可证年检19本。受理省、市发证矿山采矿权延续、变更登记3宗，依法关闭矿山19家；应公示全国矿业权人勘查开采信息98个，公示94个，随机抽检5个，列入异常名录矿山1个；办理矿业权抵押登记2宗，抵押金额3360万元。11家矿山未按时缴纳矿山保证金，移送县生态综合执法局查处，其中清理退出采矿权2宗，催缴县级发证矿山生态环境恢复治理保证金703.67万元，追缴矿产资源补偿费78.86万元。

地质灾害防治 年初，编制地质灾害防治方案，实行汛期24小时值班、巡查和地质灾害速报等防治工作制度；对县域2233平方公里范围内的地质灾害隐患和群众居住的高陡边坡全面巡查、排查，跟踪管理地质灾害隐患点347处、高陡边坡2037处；完成地质灾害搬迁重建任务145户。年内，银川矿区矿山地质环境治理示范工程三期项目竣工，涉及面积90.86公顷。

地质勘查与储量管理 2017年，县国土资源局加强勘查项目监督管理，建立勘查项目台账，督促探矿权人提交开工报告、地质资料12份；开展95个矿山储量动态检测，提交年报28份，其中67个停产矿山储量未发生变化，免于提交年报。年底，全县有效探矿权证23本。

不动产登记管理 2017年，县国土资源局基本完成不动产登记数据整合，完成档案库房建设，面积333.6平方米，纸质房产档案整库接管。受理并颁发不动产权证书2899本，出具不动产权证明5414份。

土地收储 2017年，县国土资源局对国有储备地加强监管，定期跟踪巡查，土地储备中心完成新茂电子有限公司、闽通公司大田分公司、志敏物资贸易公司、县一建机砖厂等10宗土地收储补偿；新报批石坑、莱坂洋头小区、六迪坑三期等地块储备土地15.72公顷；新增储备土地20.7公顷。

测绘管理 2017年，县国土资源局实行基础测绘作业组自查、作业单位质检部门检查和委托单位或申请质检部门验收“两级检查一级验收”制度，测量队做好图件制作、征地测量、单位和个人土地登证的地籍测量、工业企业地形图测量等，共完成项目289宗(不含个人不动产登记1284宗)，测量土地总面积395.33公顷，比上年增加238.66公顷。

【征地区片综合地价公布执行】 3月13日，县政府公布新修订的征地区片综合地价并施行，依据地类、产值、土地区位、农用地等级、人均耕地数量、土地供求关系、当地经济发展水平和城镇居民最低生活保障水平等因素，划分区片并测算征地综合地价补偿标准，包括土地补偿费、安置补助费，不含青苗及地上附着物补偿费。覆盖范围为18个乡镇266个村的所有集体土地。征地区片综合地价分为三级区片，土地类别主要分为耕地、园地、交通运输用地、未利用地四大类。

【地质灾害应急救援演练】 4月14日，县防汛抗旱指挥部在华兴镇京口村举行防汛抗洪抢险救灾暨地质灾害应急救援演练活动，国土局、水利局、民政局、气象局、消防大队、武警中队、公安局、华兴镇政府等19个部门以及福建省地质工程勘察院专家等共206人参加，模拟受台风影响，出现短时强降雨等极端气候现象，河水超警戒水位2米，华兴镇京口村2处低洼地受淹，导致山体滑坡，群众生命财产安全受到威胁，演练按防汛抗旱指挥部部署防洪防汛工作、组织低洼地群众转移，冲锋舟救援、抛绳器、地质灾害应急，医疗救护、道路抢通、供电和通讯抢修、卫生防疫、应急保障等步骤进行。县国土资源局抢险队员会同地质灾害应急专家组对发生的滑坡采取转移人员、设警戒线等应急措施。

【启用无人机进行监测】 4月24日，县国土资源局投入20余万元为18个国土资源所和执法监察等相关股室添置21台无人机设备，并对使用操作人员进行专门培训。主要用于土地、矿山和地质灾害隐患点巡查，根据无人机巡查拍摄的图片，快速对视野范围内的违法用地、违法采矿和地质灾害隐患点等情况进行动态监测。经后续拼接、对比，发现有疑似违法占地和采矿、地灾隐患，即有针对性前往核查，既节省人力，又能及时制止违法用地、违法采矿行为和做好地灾防治。

2017年4月14日，在京口村举行地质灾害应急救援演练　（刘冬春／摄）

【旧村复垦项目实施】 5月2日，县政府印发《大田县旧村复垦新增耕地挂钩指标交易资金管理暂行规定》，建立健全项目资金使用管理制度，规范旧村复垦新增耕地指标交易资金管理，确保资金专款专用和运作规范。18个乡镇旧村复垦在建项目16个，总规模75.83公顷，可新增耕地和产生增减挂钩指标74.99公顷，已交易34公顷。至年底，通过市国土局、农业局验收的项目9个，规模47.59公顷，新增耕地、产生增减挂钩指标39.75公顷，其中，省国土资源厅结算项目8个，最终核定指标39.77公顷。

【行政公益诉讼】 5月9日，县人民检察院就县国土资源局对奇韬镇非金属矿洋地——张畲瓷土矿，未全面履行法定职责缴存矿山生态环境恢复治理保证金，向县人民法院提起行政公益诉讼，县人民法院于6月29日公开开庭审理此案。县国土资源局对该矿山采取不予受理采矿权登记业务申请、发出《关于限期缴存矿山生态环境恢复治理保证金的通知》、多次派员到现场监督指导、移送大田县生态综合执法局立案查处、将该矿山列入福建省矿政管理信息系统“黑名单”异常名录、不予受理其采矿许可证延续登记申请等一系列措施。

【城镇基准地价修编执行】 12月19日，县政府公布修编的县城市规划区和各乡镇集镇规划区及规划区范围外的所有土地基准地价并执行，用地类型主要分为商服、住宅、工矿仓储、营利性的公共管理与公共服务、交通运输、特殊用地等六种类型，楼面、地面地价和片区价等相结合，分别测算商服用地、住宅用地、工矿仓储用地、营利性的公共管理与公共服务用地的片区基准地价，基准地价包括土地取得费、开发费及增值收益等。新修编的基准地价级别范围、地价水平均有较大调整，有较强的实用性和可操作性。

【工业用地使用年限弹性出让】 2017年，大田县根据现行国家产业政策、产业生命周期，以及全县的工业发展趋势，结合土地和城市规划等，灵活设置工业用地的出让年限。采用“弹性机制”出让均溪镇红星村大垵处工业用地1宗，面积0.89公顷，出让年限5年，为三明市首例。该宗地为废弃资源综合利用业——供电用地，出让价款47万元，由福建卫斯特环保科技有限公司竞得。

【“青山挂白”治理项目竣工】 2017年，由省纪委挂钩帮扶的均溪镇七町废弃矿山治理项目竣工，治理面积2.17公顷，省级财政补助120万元。

【矿山废弃地复垦】 2017年，县国土资源局全面推广矿山水土流失综合治理“五园”模式，因地制宜把废旧矿区打造成公园、家园、田园、工业园、物流园，建设绿色矿山，对部分乡镇矿区水土流失严重、14家采矿证到期的企业实行关闭，损毁的采矿用地实施综合治理进行复垦，推进银顶格川石矿区矿山地质环境治理示范工程（三期）建设、面积90.86公顷，争取中央财政资金5058万元；开展矿山废弃地复垦为耕地等一批生态保护修复项目建设，规模11.84公顷，可新增耕地10.82公顷；推进工矿废弃地复垦利用与新增建设用地相挂钩，探索矿山生态治理产业化、市场化道路。

【卫星遥感监测图斑执法检查】 2017年，县国土资源局对照国家卫星遥感监测图斑进行核实统计和自查自纠，发现的问题采取措施进行整改，初步变更图斑262个，面积217.27公顷（耕地56.42公顷），其中，合法图斑76个，面积75.58公顷（耕地24.29公顷）；违法图斑52个，面积4.8公顷（耕地0.89公顷）；临时用地36个，面积26.86公顷（耕地11.55公顷）；设施农用地42个，面积4.3公顷（耕地1.05公顷）；伪变化56个，面积105.73公顷（耕地18.64公顷），违法占用耕地比例3.5%。

【土地整理项目实施】 2017年，均溪镇和丰村等5个村土地整理项目经市国土资源局竣工验收，总规模318.61公顷，新增耕地35.51公顷；吴山、武陵、梅山、广平、文江、均溪、谢洋、建设、前坪等11个项目在施工，总规模691.95公顷，新增耕地97.55公顷；通过设计评审项目14个，总规模约867.1公顷，预计可新增耕地86.71公顷。

（田美颂　陈尾英　陈燕萍）

生态综合执法

【概况】 2010年7月，县委、县政府在县水利局组建生态综合执法大队，履行生态环境监督检查职能。在此基础上，2013年10月，率先在全省成立生态综合执法局，承担并履行水利、国土资源、环保等部门委托的部分行政执法职能，理顺执法体制，明确执法责任，精简执法队伍，防止重复执法、多头执法和推诿执法、执法不到位等现象的发生，全面履行县域环境生态监督检查职能，行使矿山环境保护管理、矿山水污染防治管理、水土保持管理、水管理、河道管理和流域水环境保护管理等生态环境领域七个方面法律、法规、规章规定的行政处罚权，依法查处未经批准进行采石、取土、捞沙、采矿、排污、弃土、弃渣和水洗沙、水洗矿、占用河道、水土流失等破坏环境生态的行为。局内设办公室、政策法规室、直属综合行政执法大队等，编制17人；各乡镇和矿业监督管理局设立生态综合执法分局，分局人员编制6—10人，在单位原有编制人员中调剂配置。经费列入县财政预算，实行“收支两条线”和“票款分离”制度，罚款、没收违法所得以及没收违法物品所得全部上缴国库。制定《大田县生态综合执法局工作职责》《生态执法职业道德规范》等规章制度，明确执法依据和执法流程，全县173人通过省政府法制办执法资格考试，取得资格证。生态综合执法局成立后依法独立行使行政处罚权，及时、有效查处环境生态违法案件，可以采取法律规定的行政强制措施，有利于加大执法力度，使权力、责任，执法力量更集中，实现环境领域整治的管理权、审批权与监督权、处罚权的分离，建立行政执法机构与相关行政机关的监督约束机制。2016年12月，大田县生态综合执法获中国法治政府奖组委会和中国政法大学法治政府研究院第四届“中国法治政府奖提名奖”。

2017年，大田县生态综合执法局依法查处生态环境领域违法案件，办结行政处罚案91件，比上年增长47%，收缴罚没款120万元，同比增长50%；移送公安机关行政拘留案3件3人，首次将涉嫌刑事犯罪案件移送公安机关立案3件6人，对不履行行政处罚决定的案件50件，移送申请县人民法院强制执行。处理办结督办件、信访件20件，其中，国家、省、市环保督办件5件，县委、县政府督办件分别3件、4件，县人大议案2件，信访件6件。受理举报电话并处理落实47次（起）。9月，省长于伟国在水利部河长制工作领导小组办公室《河长制工作简报》第112期作出批示：大田县创新生态综合执法，为推进河长制提供了新经验。

2017年7月15日，银川废矿区改造成公园　（陈德传／摄）

【生态环境保护指挥中心】 2015年10月，县生态综合执法局在均溪镇赤岩山路2号福万通大厦六楼成立全省首个生态环境保护指挥中心，与河长制办公室、生态综合执法局合署办公，中心入驻街长办、重点建设项目办、（矿）井长办、（水）库长办等4个与生态环境相关的职能部门，设立行政执法与司法联动办公室（入驻公安生态侦查大队、检察院生态环境检察科、法院生态巡回审判庭），及时联动适时会商，形成纵向到底，横向到边，统一指挥，统一管理的“一盘棋”工作格局。内设生态环境信息中心和数据处理中心，在重点污染源、重点企业、重点水质断面安装视频监控，建立河长、街长、库长、井长等易信群；利用“互联网+”、大数据等技术，信息中心融合视频监控、易信群数据，录入“12369”投诉信息，进行归口管理、分类派遣处置，在线远程指挥、监控，线下解决线上发现的问题，达到快速处理、精确打击。同时建立生态环境保护考评机制，由生态综合执法局局长任总督查长，县委、县政府督查室和监察局、效能办、河长办领导任督查长，对各片区进行定期督查和明察暗访。依托“生态通”APP移动执法终端，对责任人员处置环境事件实行全过程跟踪、督办、评价；对各部门、乡镇落实生态环境保护责任情况进行事前、事中、事后考核评价；及时通报责任人员和责任单位的考评结果，并作为年度绩效考评依据之一；对落实不到位、办理不高效的责任单位和责任人员，按照生态环境保护督察机制，实施约谈督导、问责处分。2017年，发现和依法查处生态环境违法案5件。

【生态环保工作推进】 2017年，县生态综合执法局加强部门协作联动，推进生态环境保护工作，与县环保局等部门应对国家和省环保督查，制定案件移送和处罚通报制度，形成查处合力；与环保、畜牧、交通等部门抓好闽湖库区网箱养殖治理，采用一周一会诊的工作机制，共同研究库区养殖治理中存在的问题，并制定应对措施，至年底，库区养殖治理按照市政府的要求有序推进；与河长办、交通局、兴泉高速铁路（大田段）办公室定期召开联席会，通报国道纵五线、高速铁路等重大项目水保方案落实情况，督促业主落实环境保护责任；与县水利局、河长办制定涉沙攻坚行动方案，配合督促18个乡镇全面取缔辖区内的非法洗沙制沙点，年内，全县56家非法洗沙制沙点全部取缔。

【生态环境监管质量提升】 2017年，县生态综合执法局完善工作机制，提升生态环境领域监管质量，建立行政执法与司法联席会议制度，负责召集召开联席会议4次，明确生态环境领域部门之间案件移送中，证据采集保全移送的要求和职责及上京溪污染源监管各方的职责；设立司法联动办公室，商请县人民检察院、人民法院、公安部门派员入驻生态环境保护指挥中心，邀请公检法参与联动执法，实行重大案件与公检法会商制度，实现行政执法与司法无缝对接。制定《大田县生态综合执法局办案规程》，明确执法职责，规范执法行为。依托生态环境保护指挥中心，创新监管手段，建立智能可视化监测系统，对重点污染源、重点企业、河流水质断面、环境空气、重要部位等进行24小时远程在线监控，及时采集和研判问题信息，全年从中发现生态环境违法案件线索并依法查处5件，同时依托APP执法终端对执法进行全过程监督。

（柯双根）

2017年，大田县生态环境保护监察指挥中心　（报道组/提供）

环境保护

【概况】 2017年，大田县环境保护局贯彻落实中共十九大精神，践行绿水青山就是金山银山理念，加强生态文明建设和生态环境保护，做好污染防治和督察发现问题的整改，切实改善提升辖区环境质量。全县18个乡镇交接考核断面（列入地方河长制考核的小流域）均符合或优于Ⅲ类水标准，县级集中式饮用水源地水质达标率100%；城区环境空气质量优良天数比例达99.7%，二氧化硫（SO_2）、二氧化氮（NO_2）、可吸入颗粒物（PM10）、细颗粒物（PM2.5）、臭氧（O_3）、一氧化碳CO等六项主要污染物年均值均达到国家二级标准，其中SO_2、NO_2、CO三项年均值优于国家一级标准；城区、交通噪声环境分别达到国家二级、一级级标准。

建设项目环境管理 2017年，县环保局践行“马上就办、真抓实干”精神，全力服务县域经济发展，制定《环保简政放权服务绿色发展十条措施》，进一步缩短审批时限，12项审批服务事项平均压缩时间79%，“一趟不用跑”2项，“最多跑一趟”8项；对重点项目实行排污权交易价格优惠，取消部分项目环保竣工验收行政许可，放开环境监测，加快项目推动。全年审批建设项目36个，核发排污许可证69本，累计缩短审批时限2231天。同时推进排污权有偿使用、环境信用评价、环境污染责任险等制度改革，提升环境保护社会参与率，提高环境管理水平，结合绿色金融制度，促使企业由“要我减排”向“我要减排”转变，组织76家企业参与2016年度环境信用评价，被评为环保良好企业34家；在全行业实现排污权交易，引导中德顺、碧鑫、恒荣空心砖等7家企业通过交易获得总量指标，

19 家企业投保环境污染责任险。

环境监察 2017 年，县环保局以迎接环保督察为契机，将“执法大练兵”“清水蓝天”等专项行动向纵深推进，系统推进机制砖、冶铸等行业专项整治，打击各类环境违法行为。全年共查处环境违法案件 50 件，处罚金额 210.29 万元；查办四个配套办法案件 28 件，其中查封扣押 21 件、限产停产 4 件、移送行政拘留 3 件；移送司法机关追究刑事责任 4 件。严格执行 24 小时环保 110 联动值班制度，办理群众信访投诉，全年共办理“12369”投诉电话、信访件 362 件，处理率和办结率均为 100%；在规定期限内办结各类交办件、督办件 66 件。

环境监测 2017 年，县环境监测站开展常规监测、建设项目环保设施竣工验收监测、污染源监督性监测、执法监测等工作；完成城区空气质量、降尘、酸雨常规监测；每两个月对均溪城区段 4 个断面和文江溪流域 6 个断面进行 1 次常规监测，每月对高才尤 1 国控断面地表水和城区地表水厂（坑口水库沉砂池前）进行 1 次常规监测，并对省小流域 9 个断面与 18 个河长制小流域乡镇交接考核断面的定期监测；开展 2 个项目“三同时”环保设施验收监测，每季度对省重点监控一、二级污染源的 27 家企业进行 1 次监督性监测。

【中央环保督察组到县专项督察】 5 月 7 日，中央环保督察组（4 月进驻福建）到县开展专项督察，重点察看了太华、前坪 4 家铸造企业。督察期间，全县共接到信访交办件 48 件，涉及环境问题类型 72 个（噪声 4 个、水 24 个、大气 13 个、土壤 1 个、垃圾 3 个、油烟 1 个、扬尘 6 个、生态 8 个、其他 12 个），由相关乡镇、部门牵头在规定时限内反馈，办结率 100%。责令 28 家企业整改，立案处罚企业 15 家次，罚款金额 38.9 万元；移送公安机关查处 3 人，约谈乡镇、部门领导和企业负责人 15 人，问责 21 人。

【玉田空气自动监测站建成】 11 月，县环保局在均溪镇玉山路 12 号（城关第二小学教学楼顶）完成新建空气自动监测站（玉田站）站房基础建设，县财政投入 150 万元，12 月完成仪器安装，并与省环保厅空气监测平台实现数据联网。该站能对环境空气中的主要污染物 SO_2、NO_2、PM10、PM2.5、O_3、CO 等污染物以及气温、气压、湿度、风向、风速气象因子进行 24 小时连续自动监测，与原来的文昌监测站共同使用，能及时、快速、准确反映城区环境空气污染状况及污染特征，预警大气突发性环境污染事件，查找污染物来源，提升县环境监测水平，服务环境管理，改善城区环境质量。

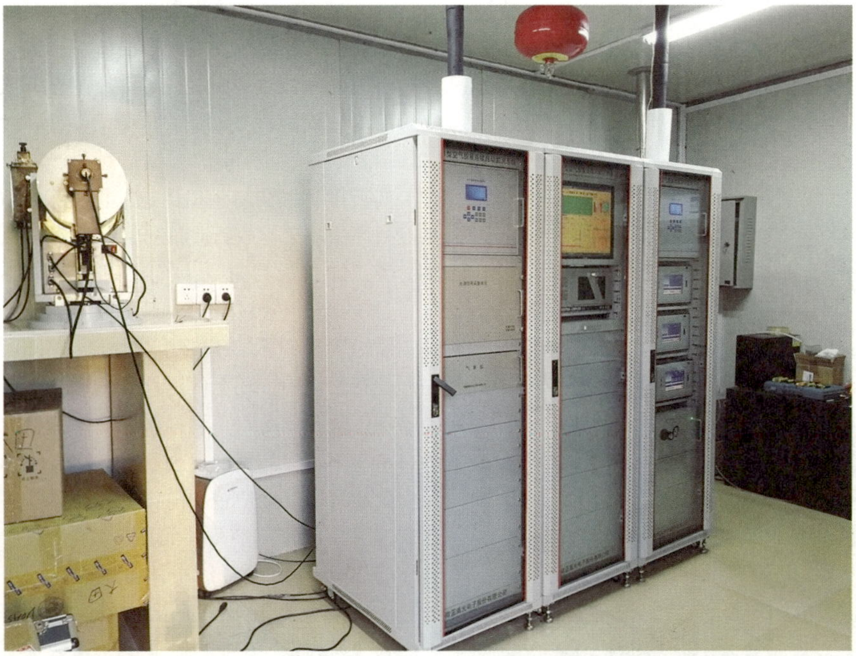

2017 年 11 月，大田县玉田空气自动监测站建成　　（县环保局／提供）

【生态环保成效列为任用干部重要依据】 2017 年，大田县出台《关于在干部选拔任用工作中全面落实环境保护相关要求的暂行规定》，为省首个将生态环保工作完成情况作为领导干部选拔任用重要考察依据的文件，把自觉践行绿色发展理念的好干部选出来、用起来，促进能者上、庸者下、劣者汰和生态环保责任落地、落实。规定明确提出：对环保工作敢于担当担责、工作成效突出的可优先提拔使用，对环保工作决策部署执行不力、连续两年未完成环保目标任务的不得提拔或进一步使用。

【生猪养殖业污染整治】 2017 年，县政府办制定并印发《大田县开展生猪养殖污染专项整治行动实施方案》（田政办〔2017〕37 号）及配套的拆除补助方案，采取疏、堵、打相结合的方式，因区制宜、因类施策，对禁养区的养殖场一律关闭拆除，禁建区一律不再新建养殖场，对可养区实施标准化改造，年内，全县禁养区 55 家养殖场全部拆除。

【土壤污染防治全面推进】 2017 年，县政府办编制《大田县土壤环境保护方案》（田政办〔2017〕199 号），科学划定农用地土壤污染详查采样监测点位 502 个，开展全指标分析，全面掌握全县土壤环境质量，在万湖矿区开展土壤污染风险管控及修复试点，至年底，已完成项目土壤环境监测，并制定修复方案，方案通过省环境监测中心站副主任严登峰和高级工程师郭伟、省环境科学研究院教授（高级工程师）林奇、福建农林大学教授王果、省财政投资评审中心高级工程师彭国诚等专家评审。

（陈启金）

发展计划管理

【概况】 2017年，大田县发展和改革局围绕“创新驱动、绿色发展”，坚持稳中求进，推进“五个大田”（科技、绿色、快乐、活力、和谐）建设，强化协调、服务职能，统筹做好稳增长、促改革、调结构、惠民生、防风险各项工作，促进全县经济社会保持平稳较快发展。

年度计划编制与实施 2016年12月，县发改局完成2017年大田县国民经济和社会发展年度计划编制，提交县第十七届人民代表大会第一次会议审议通过。

2017年大田县国民经济和社会发展各项主要预期目标及完成情况：

地区生产总值增长9%，当年完成198.22亿元，比上年增长8.8%。

农林牧渔业总产值增长4.5%，当年完成56.26亿元，同比增长4.2%。

规模以上工业增加值增长8%，当年完成95.62亿元，同比增长7.8%。

固定资产投资增长15%，当年完成319.13亿元，同比增长17.3%。

社会消费品零售总额增长11%，当年完成53.69亿元，同比增长11%。

出口总值（海关口径）增长10%，当年完成9.4亿元，同比增长10%。

实际利用外资（验资口径）增长10%，当年完成2120万美元，同比增长9.5%。

地方公共财政收入增长5%，当年完成7.42亿元，同比增长7.4%。

城镇居民人均可支配收入增长9%，当年实际32532元，同比增长9.5%。

农村居民人均可支配收入增长10%，当年实际15413元，同比增长9.4%。

城镇登记失业率控制在3.6%以内，全年城镇登记失业率2.3%。

投资项目审批 2017年，县发改局衔接中央、省、市下放审批权限，审批建设项目264个，总投资125.8亿元，办结率100%，其中，审批项目104个，总投资46.56亿元；备案项目160个，总投资79.25亿元。

项目竞赛活动 2017年，县发改局继续开展项目竞赛活动，组织开展“五比五晒”（比谋划晒前期、比招商晒签约、比开工晒进度、比投产晒成效、比服务晒质量）和“项目攻坚年”“招商突破年”竞赛活动，实施“五个大田”项目会战组重点项目160个，总投资527.81亿元，当年完成投资71.64亿元，其中，实施“科技大田”项目31个，完成投资13.31亿元；“和谐大田”项目37个，完成投资2.01亿元；“快乐大田”项目23个，完成投资7.36亿元；“绿色大田”项目40个，完成投资11.74亿元；“活力大田”项目29个，完成投资37.22亿元。

争取上级补助 2017年，县发改局会同有关部门共同争取精准扶贫、棚户区改造、资源节约、民生事业等各领域上级补助项目21个，获得补助资金近1.01亿元。其中，省级重点流域生态补偿资金2840.61万元，易地扶贫搬迁工程中央预算内资金193.9万元，易地扶贫搬迁工程专项建设基金138.5万元，闽江上游尤溪流域防洪二期工程（大田段）项目2000万元，县职专机械电子实训大楼项目1800万元，县疾控中心实验室改造项目600万元，城市公益性骨灰楼项目480万元，谢洋乡谢洋村饮用水扩容工程和华兴镇仙峰村田墘至丘坂村道桥面拓宽工程分别获省级以工代赈财政配套资金补助5万元，均溪镇温镇幼儿园项目480万元，赤岩社区、文昌社区老年人日间照料中心项目各95万元，光荣院项目364万元，县VR产业发展和技术应用试点项目300万元，上京棚户区改造一期配套基础设施建设项目456万元，其他项目6个、220.4万元。

发展第三产业 2017年，县发改局通过县第三产业发展联席会议，组织有关部门加强主要支撑指标的监测调度，全县第三产业增加值63.45亿元，同比增长13.6%；新纳入限额以上的批发、零售、住宿、餐饮企业法人单位22家；新增规模服务企业20家，全年实施第三产业重点项目50个、完成投资27.9亿元。组织编制的《大田县VR产业发展和技术应用试点县实施方案》，通过省发改委组织的专家评审，被列为全省VR产业和技术应用试点县。

推动企业上市 2017年，县发改局引导科技型、成长型企业上市融资，鼓励和支持有条件的企业挂牌上市、发行债券等。当年，卫斯特环保科技、岩兴工业气体、三九军大生物科技等企业先后列入省市重点上市后备企业和“新三板”挂牌后备企业，县城投公司正在开展企业债券主承销中介机构的招标工作。

【项目成果对接】 6月18日，县发改局牵头组织20个主要经济部门、18个乡镇和多家企业参加省政府在福州举办的第十五届“6·18”海峡项目成果交易会，开展央企招商活动12场（次），共洽谈对接项目26个，签约项目6个，总投资21.5亿元；卫斯特环保科技公司研制的“垃圾填埋场有毒有害气体监测和控制信息系统专用机器人”在院士馆展出，卫斯特环保院士专家工作站分别获得中国科协企业工作办公室颁发的全国和省委组织部、财政厅、科协、科技厅联合评选的省级“示范站”称号，研发的“综合集成型垃圾分选”“冷压精密型衍生燃料生产线”等专业设备，为国内环保行业首创。

2017年6月18日，大田县组团参加第十五届海峡项目成果交易会　（报道组/提供）

【“五个一批”项目建设】 2017年，全县新增市“五个一批”项目库管理项目360个，总投资609.97亿元。其中，谋划一批项目182个，总投资386.23亿元；签约一批项目74个，总投资119.91亿元；开工一批项目55个，总投资52.88亿元；投产一批项目39个，总投资36.85亿元；增资一批项目10个，总投资14.1亿元。

【项目策划储备】 2017年，县发改局结合“五个大田”建设，围绕扩大有效投资和补齐民生短板，策划、筛选和申报“五个一批”项目408个，总投资796.61亿元。实施省重点项目15个，总投资75.7亿元，当年完成投资33.31亿元；省行动计划项目50个，总投资366亿元，当年完成投资81.92亿元；市重点项目28个，总投资368.75亿元，当年完成投资74.47亿元。策划储备政府和社会资本合作PPP项目12个，总投资75亿元；实施投资重大工程包项目69个，总投资83.11亿元。

（赖蓉婷）

人力资源和社会保障管理

【概况】 2017年，大田县人力资源和社会保障局围绕经济建设、政治建设、文化建设、社会建设、生态文明建设“五位一体”和全面建成小康社会、全面深化改革、全面依法治国、全面从严治党“四个全面”的战略布局，结合人社部门实际，落实省、市人社工作会议和全县经济工作会议精神，加强岗位责任制和绩效目标管理，抓好各项工作落实，促进就业工作稳定、社会保险制度全覆盖及和谐劳动关系建立。

就业再就业 2017年，县人社局继续做好就业和再就业工作，落实就业政策，开展“春风”行动，给困难就业人员就业援助，为2540人提供免费就业培训，向1495个灵活就业的就业困难人员发放社保补贴277.98万元。鼓励支持创业，为246名创业者发放创业贴息贷款2092.5万元；培育创业个人和群体，当年，获评全市创业典型企业5家，市级技能大师2人；与县文联联合编辑《大田县小微企业实录——创新创业故事》，展示50多位创业者的成功经验和创新优秀群体的风采。做好就业扶贫，全县建档立卡贫困劳动力全部录入省公共就业服务信息系统，在东升、新泉等企业建立就业扶贫基地，设立3个扶贫加工点，解决30位困难人员就业；制定公益性岗位开发与管理办法，开发公益性岗位45个，重点开发适合贫困家庭劳动力就业的岗位，优先安置贫困家庭劳动力。

社会保障 2017年，全县社会保险覆盖面不断扩大，社保惠民效应更加显现，社保经办服务更加完善。建立全面、完整、准确的社会保险业务基础数据库，形成个人唯一的社保标识，实行信息数据的日常维护和动态管理。

企业职工养老保险　全县参保企业815户、2.73万人，完成任务数的101.83%，比上年增加1.97%，审批退休400人；全年征收保费1.17亿元，为企业离退休人员7113人按时足额发放养老金1.93亿元，社会化管理100%。

机关事业单位养老保险　全县参保436户，在职参保的7919人、离退休的3001人，征收养老金1.31亿元，职业年金2462.26万元，基金支出1.25亿元。

城乡居民基本养老保险　全县参加城乡居民基本养老保险17.87万人，其中当年应缴费13.15万人，实际缴费11.88万人，个人缴费1506万元；60周岁以上领取养老金4.87万人，发放基础养老金5890万元；新确认被征地农民养老保险对象4055人，为60周岁以上被征地农民4351人发放养老保险金773万元。

工伤保险　全县参保企业999户、3.8万人，征收保费1930.15万元；依法认定工伤585起，支付保险金3085.34万元。

生育保险　全县参保2.11万人，征收保费547.38万元，为881人支付生育金609.97万元。

失业保险　全县参保企业461户、2.5万人，征收保费356.52万元；为失业人员874人按时足额支付失业金434.83万元。

医疗保险　城镇职工参保449户、2.51万人，征收医疗保险基金9183.86

万元，其中统筹账户5581.98万元、个人账户3601.88万元；基金支出7292.12万元，其中统筹账户3942.31万元、个人账户3349.81万元；基金结余1891.74万元，其中统筹账户1639.67万元、个人账户252.07万元。城乡居民参保33.07万人，基金收入1.98亿元、支出1.79亿元。

职工权益保障 2017年，县人社局建立联席会制度，确保“属地管理”和“谁分管、谁负责”原则落到实处；同时建立企业工资保证金制度，做到政府投资项目全覆盖；实行司法联动机制，惩处恶意欠薪和恶意讨薪行为；开展创建“无欠薪项目部”活动，规范施工企业工资发放，推行银行代付工人工资，从源头上治理欠薪问题。共收取企业工资保证金3577万元，代付工人工资22万元；解决460人被拖欠工资287万元。县劳动人事争议仲裁院挂牌、成立乡镇劳动争议调解委员会，使劳动人事争议仲裁实体化，提高案件办理能力；并探索建立与人民法院裁审衔接制度，参与司法领域大调解，依法维护劳动者合法权益。全年，劳动争议立案276件，其中裁决154件、调解108件，结案262件，结案率94.93%。

【劳动人事调解仲裁交流会召开】 10月26日，全市劳动人事争议学习研讨经验交流会在县人社局会议室召开，市人社局副调研员胡建明、仲裁科科长黄金荣及各县市区人社局分管劳动人事调解仲裁的副局长及相关科室负责人，共23人参加会议，黄金荣主持。县人社局局长郭育靖在会上着重就劳动争议案件处理、裁审衔接、诉调对接中心设立、“党员示范岗”活动开展等方面作介绍。

【劳动争议案件裁审座谈】 11月7日，县人民法院民一庭法官到县人社局，与劳动争议仲裁委员会工作人员进行座谈，法官与县仲裁委员分别介绍劳动争议案件的基本情况，双方就部分案件同案不同判、法律观点等问题展开交流，从事实认定，法律适用，社会效果等方面进行研讨。县人社局领导希望仲裁委、法院能定期召开劳动争议疑难问题联席会，有利统一仲裁和法院审理案件的法律适用标准，提升劳动争议案件办案裁审一致率，发挥仲裁和审判联动作用，化解劳动争议，促进劳动关系和谐稳定。

【养老保险待遇资格认证】 2017年，全县启用人脸识别认证系统，开展养老保险待遇资格认证，26台多功能自助一体机在各乡镇及社区投入使用，退休人员可在就近乡镇、社区通过自助一体机电脑登录三明民生平台，或通过手机APP人脸识别完成资格认证。当年新办理退休人员需在经办机构窗口现场办理采集人脸照片信息，本年度无需认证。全年通过人脸识别系统经办柜台认证2058人，窗口经办柜台认证896人，移动端认证1736人，网站认证11人，自助机认证1545人，照片采集98人，街道社区上门认证100人，邮寄认证223人，纸质证明159人，共认证6626人。

【审批服务改革】 2017年，县人社局将审批权限全部下放至县就业和社会保障综合服务中心的各经办窗口，践行“一次不用跑”“最多跑一的次”服务理念，按照“一窗受理，集成服务”的要求，将传统的“摆摊式设窗办理”改为“综合单一窗口受理”经办，“统一受理、内部流转”，实现服务窗口的优化整合，并公开服务事项、工作流程、办结时限、服务标准。3月4日起，县就业和社会保障综合服务中心的社保中心窗口、就业中心窗口执行周末无休，还利用“互联网+”技术，推进人力资源社会保障信息的共享整合，让数据“多跑路”，换取群众“少跑腿”，把服务向乡镇保障所联网延伸，实现县乡两级信息同步。

【“三坚持”工伤认定】 2017年，县人社局工伤认定工作，坚持一次性告知进行资料审核，一次性告知申请工伤认定的用人单位或个人所需材料，认真审核申请材料和时限、事故发生环节，确保工伤认定的准确性。对需要调查的工伤案件，坚持及时开展调查取证，疑难复杂案件，采用拍照、摄像、走访做笔录等现场调查取证，多渠道收集工伤职工受伤情况资料。坚持依照法定程序，对事实清楚、权利义务明确的工伤认定申请，自受理申请之日起15日内做出认定决定；对模糊拿捏不准的案件提前与市人社局沟通，并在案件审结后，总结经验教训，提高办案水平。全年共受理并办结工伤认定申请589起，维护了劳动者的合法权益。

（郑元粮）

安全生产监督管理

【概况】 2017年，全县贯彻各级党委和政府的一系列决策部署及安全生产领域改革发展意见，加强安全生产责任落实，完善监管机制，深化专项整治，加大执法力度，做好安全生产各项工作，保持全县安全生产形势稳定，并总体向好发展。全年共发生各类生产安全事故25起，比上年减少15起，下降37.5%；死亡12人，同比增加1人；受伤14人，同比减少16人。其中，工矿商贸企业发生较大生产安全事故1起，死亡4人、受伤1人；火灾事故8起，同比减少10起，未发生死亡、受伤事故；生产性道路交通事故16起，同比减少6起，死亡8人、同比减少3人，受伤13人、同比减少17人。

【矿山“打非治违”长效机制建立】 3月14日，县政府出台《大田县矿山“打非治违”即查、即报、即改工作制度》(田政办〔2017〕58号)，要求公安机关提前介入，形成县、乡镇、村、矿山“打非治违”一体化监管和查处机制，并设立矿山打非治违举报奖励基金50万元，加强群防群治，有效遏制非法违法勘查、采矿现象。

【安全生产“三个责任清单”制定】 5月15日，县委、县政府制定下发“安全生产三个责任清单”（田委办发〔2017〕9号），进一步明确县委、县政府领导班子成员安全生产工作责任和47个县直部门安全生产责任及生产经营企业安全生产主体责任，厘清安全生产综合监管与行业监管的关系，划定各有关部门安全生产和职业健康工作职责，并在工作中抓好落实。各乡镇党委、政府和县直有关单位分别研究制定领导班子成员、内设部门或所（站）、企业安全生产责任清单，按相关规定全面照单履职、照单监管、照单追责。

【安全生产“十项整治行动”】 5月16日，县委办、县政府办下发《关于印发大田县集中开展安全生产“十项整治行动”实施方案的通知》（田委办〔2017〕87号），突出道路交通、煤矿、非煤矿山（包括尾矿库）、危险化学品、烟花爆竹和民爆物品、消防、建筑施工和城市燃气、特种设备、有限空间、粉尘防爆等重点行业领域，按照“全覆盖、零容忍、严执法、重实效”的要求，全面开展专项整治，确保行业领域安全。全年各级各部门共排查隐患8976条，至年底整改8951条，整改率99.72%，到期隐患全部整改。

【“安全生产月”活动】 6月，全县开展以“全面落实企业安全生产主体责任”为主题的“安全生产月”和“安全生产万里行”活动，多角度、多层面集中开展安全生产宣传教育。活动期间，发放新修订的《福建省安全生产条例》1180余册，编发煤矿、非煤矿山、危险化学品、烟花爆竹、人员密集场所等重点行业领域安全生产应知应会知识手册2400余册，举办安全生产法律法规知识讲座132场（次）、参加听讲座1100多人次，出专栏527期（次）、张贴标语3600余张，向中小学生发放宣传单2.3万份，社区出宣传专栏24期（次）。16日，县委宣传部、总工会、安监、交通、质监、住建、教育、交警、高速交警、消防、矿管、旅游、电力等部分安全生产管理委员会（简称安委会）成员单位共38人，在凤山中路时代广场前举办“安全生产宣传咨询日”活动，分发各种宣传手册、资料2200余份（件），悬挂各类标语横幅11条，展出安全图片46幅，播放各类安全生产宣传教育片3个多小时，接受群众咨询160余人次。

【安全生产干部选拔任用规定】 8月18日，县委、县政府制定出台《关于在干部选拔任用工作中全面落实安全生产相关要求的暂行规定》（田委办〔2017〕118号），将干部履行安全生产职责情况列入干部选拔任用重要参考依据，做到：从事安全生产干部的选拔任用，坚持“重一线、重实绩”的用人导向，实现安全达标、用好干部的目标，落实“三项措施”，连续三年安全生产绩效考核获县优秀等次、成绩显著受上级表彰、从事安全生产工作成效突出等“三种情形”优先提拔；安全生产决策部署执行不力、超过事故控制指标、被追责问责、未参与事故应急救援、安全巡查督查查处整改不到位等“八种情形”不予提拔任用；发生生产安全事故但本人履职到位的、组织认定符合容错纠错的、处分期满等“三种情形”不影响提拔使用。

【安全生产“零报告”制度】 2017年，县安委会办公室在中共十九大和金砖厦门会晤等重要时段，开展安全生产驻守督导工作，督查指导各乡镇、县直有关单位采取“挂图作战”“包片负责”“蹲点驻守”等办法，对辖区内和行业领域的重大风险、重点企业、重要场所、重点设备设施和公共人员密集场所等全面进行检查，做好安全风险防控，推动企业按照排查出的安全风险和事故隐患制表列出清单，建立台账，制定管控措施和整改方案，落实事故隐患整改责任、措施、资金、时限、预案“五到位”四个100%的要求，全方位开展自查自纠，及时消除排查隐患。同时，督查各级各部门严格执行24小时值班和领导在岗带班制度，并实行安全生产“零报告”制度。

【安全生产“监管执法年”活动】 2017年，县安委会制定下发《大田县安全生产“监管执法年”活动方案》，以大检查促进大执法、大执法推动大检查，通过强化事前执法、集中查办一批典型案件、建立健全联合执法制度、开展乡镇委托（授权）执法等举措，全面实行安全生产处罚关口前移，加大非事故预防性处罚工作力度。对存在安全隐患单位限期整改385家，停产停业整改13家（消防5家，非煤矿山5家，工贸企业3家），取缔关闭100家（铸造企业24家、砖厂10家、消防1家、道路交通8家、烟花爆竹50家、工贸企业7家），罚款150.96万元（煤矿9.2万元、非煤矿山6.7万元、职业卫生2万元、消防53.15万元、道路交通77.51万元、工贸2.4万元），给予行政警告处罚的10家。

【安全风险点管控】 2017年，县安委会下发《关于做好全县重点安全风险点管控工作的通知》，对全县各行业领域重点安全风险点重新全面摸排，摸排出373家生产经营建设单位或场所有重大安全风险点197项，全部建立台账，明确责任单位，严格落实管控，并要求各乡镇、有关部门对风险企业分行业分类梳理建档，从高到低按红、橙、黄、蓝四种颜色标示，绘制安全风险空间分布图，实施挂图作战。

（林开族）

市场监督管理

【概况】 2017年，大田县人民政府进一步理顺市场监督管理局的职能关系，工商行政管理、食品药品监督管理、质量技术监督三个局按有效融合下的大局模式运转，市场监管局以全新的姿态融入县委、县政府中心工作，在市场监管实践中高效配合中央环保督查组和省安全生产检查等中心工作，取得较好成效，做到食品药品、特种设备等履职安全和行政执法队伍安全。5月，县市场监管局对原工商、质监、食药监的岗位和人员重新进行优化组合，对局领导分工及38名中层干部任职进行调整，新增城关市场监管所，按照“精局强所”的原则将10余名业务骨干充实到一线。年底，局内设机构15个，辖市场监管所8个、直属机构2个（市场监管执法大队、投诉举报中心）、直属事业单位2个（食品药品执法大队、质量计量检测所）、群团组织2个（消委会、个私协）。全局编制114人，领导职数16人（占职位14人、缺2人），非领导职数10人，股室及直属机构占编48人，8个基层所37人，消委会、个私协3人。

当年，工业企业产品省市抽检合格率100%，列全市第一；食品安全工作绩效考评为全市第三名，企业信用信息归集为全市第一名；企业年报率94.63%、全市第二名，农民专业合作社年报率96.06%、全市第四名，个体工商户年报率96.99%、全市第五名。市政府质量强市领导小组对“2016年县级政府质量考核”，大田县为A级县；县市场监管局获省第十三届文明单位，上京市场监管所被全国创建“青少年维权岗”活动领导小组评为“2016—2017年度全国青少年维权岗”，建设市场监管所被共青团三明市委评为“青年文明号”，质量计量检测所被市文明办评为“第八届文明行业示范点”。

商事管理 2017年，县市场监管局在“放、管、服”（市场准入放低门槛、事后管理、为企业服务）上下功夫。办理证照登记坚持企业“五证合一、一照一码”登记制度，颁发记载有社会统一信用代码的企业营业执照4555张（含电子营业执照3187份）、个体营业执照5775张，全县市场主体总数2.03万户，注册资本220亿元。查处无证无照经营，县查无证照成员单位查处无证无照案件48起，涉案金额40.65万元，罚没款37.53万元。通过信息抄告平台，及时接受反馈相关部门的抄告信息，市场监管局发出抄告件10件，其中送安监部门8件、环保部门2件。提供优质服务，优化流程实施企业主体注册便利化，确定“一趟不用跑办件1项，最多跑一趟办件6项”，全年办结审批服务事项2.19万件，其中即办件2.16万件，当场办结率99%；窗口前移为重点扶持培育企业现场办公，13名应聘注册官走访企业172人次，同步审批21次，为社会弱势群体上门办照32次；为在县内落户的重点项目开设绿色通道，企业注册登记实行“一站式办公”，为企业提供“直通车服务”“跟踪服务”和“保姆式服务”。

质量计量管理 2017年，县市场监管局推进民生计量工程，全年免费检定（强制）计量器具7109台件，免收检定费用33.3万元；对辖区内兴泉铁路建设路段的计量器具进行备案，将压力表纳入国家停征的强制检定计量器具范畴，免费检定压力表106台件。与省市技术机构联合为桃源镇东坂村、屏山乡内洋村开展环境空气质量、饮用水、空气中的PM2.5和负氧离子、土壤、不同季节的各类农作物等提供100余批次的免费检测。自2015年起连续三年为济中村、蓝玉村、东坂村、内洋村美丽乡村建设提供相关项目免费检测服务。

食品药品安全保障 2017年，市场监管局做好食品药品安全保障工作，执行餐饮服务和食品经营“两证合一”，办理食品经营许可证730件、换证144件、注销286件、变更18件，食品小作坊生产加工条件核准7件，新增食品生产许可证4件、换证6件、注销5件；引导福塘米粉专业村规范发展，指导小作坊办理加工核准证6家，全村米粉日产量达25吨；加强食品质量可追溯体系建设，食品生产企业、超市纳入食品可追溯体系30家，录入食品品种6090个，初步实现食品来源可追溯；创建“农村食品安全示范店”18家、“食品质量可追溯示范点”5家、“小作坊示范点”2家、“明厨亮灶”和“放心肉菜示范超市”各1家。开展安全隐患大排查大整治，对猪肉市场、食品加工小作坊、婴幼儿配方乳粉、水产品市场、保健品、化妆品等领域突出问题专项整治40次；规范网络订餐的经营行为，对“饿了么”“美团外卖”“百度外卖”3家网络平台进行监督检查，并责令建立健全各项管理制度，对入网食品经营户进行严格审查登记，未办理许可证的食品进行下架处理；立案调查涉嫌违法的网络订餐第三方平台2家，共罚款5万元。开展元旦、春节、国庆、中秋节前食品安全专项检查，全面对农贸市场、商场、超市、餐饮等重点领域进行排查，重点详细检查经营者的证照、原材料进货查验、索票索证、台账记录以及场所卫生环境等，现场指导责任单位立即整改，确保节日期间市民安全消费，共出动执法人员268人次，检查食品经营企业600多家次，发放宣传材料600余份，并提醒市民，发现食品安全违法违章行为，拨打“12331”电话及时举报，共同净化食品市场。开展食品安全监督抽检，持续治理“餐桌污染”，建设“食品放心工程”，加大风险防控和源头治理，加强各环节食品安全监管，推进社会共治；制定抽检计划，把好上市食用农产品质量关，及时开展不合格样品和问题样品的市场排查和溯源核查，依法核查处理不合格食品。全年抽检食用农产品240批次、合格率98.33%，流通领域80批次、合格率98.75%，生产环节32批次（2家企业处于停产状态）、合格率100%；蔬菜、水果、水产品等农残药残快检1.13万批次，食品抽检382批次，不合格6批次，合格率98.4%；餐具抽检600批次，不合格158批次，合格率73.6%；开展地方特色食品监管，抽检可能违法添加硼砂的九层粿、沙县扁肉、肉丸、福鼎肉片等经营店22家，检测不合格有非法添加剂的经营店移交司法机关处理2家；抽检可能使用甜蜜素及含铝食品添加剂的馒头店、小吃店、糕点店20批，检测不合格立案查处经营店5家，其中结案1起、移送公安机关侦查2起。

春秋两季在学校开学后一个月内，县市场监管局联合县教育局对全县学校、幼儿园开展校园及周边食品安全专项整治。对学校食堂食品安全管理制度落实、校园及周边食品经营单位、供货单位证照办理及学生桶装饮用水购进与使用等情况进行督查，清查过期、腐败变质、标签标识不规范和“三无”食品。共检查学校、托幼机构食堂89家、周边食品经营户256户次、供货单位20户次，并加贴“不向未成年人出售烟酒”标志，发现存在突出问题或风险隐患的食品生产经营者17户次，下达整改通知书19份，取缔校园周边食品摊贩2家，存在场所卫生不整洁、未落实食品安全自查、未建立进货查验记录、食品留样不规范等问题的进行限期整改，并提交整改报告；约谈餐具检测不合格的食堂8家，立案处罚学校配送馒头店1家、涉嫌销售过期食品及滥用食品添加剂学校食堂2家，保障学生的食品安全；在石牌中学开展“食品安全进校园”宣传教育活动，为600余名中小学生进行食品安全讲座，现场进行“科学六步洗手法”示范，并建议学生自觉抵制“三无”食品、不到无证照餐馆就餐、按时用餐少吃零食等，提高食品安全意识。做好药械安全保障，当年新开办药品零售店1家、变更21家，核发医疗器械经营许可证6家、二类医疗器械备案18家，零售药品企业经营管理规范（GSP）认证11家；药品不良反应监测240例，位列全市第一；医疗器械不良反应监测59例，位列全市第二，指导创建化妆品示范店2家，开展无菌、植入、使用未依法注册的医疗器械和城乡接合部、农村地区药店诊所等专项整治280多次，确保群众用药安全。开展食品药品稽查，综合稽查和专项稽查外，加强“日常稽查”，实现稽查执法与日常监管无缝对接，做到边稽查、边移交、边查处、边整改，提高日常监管与稽查办案效率，查处的食品药品违法违规案件及时在门户网站向社会公开行政处罚信息，全年查处各类食品药品违法案件50起，罚没款40.6万元，其中万元以上8起，案件和线索移交公安机关处理5起。

特种设备监察 2017年，县市场监管局确保全县住宅小区及学校、医院、宾馆等公众聚集场所在册使用400台电梯的安全，配合内检锅炉27台、外检53台，检验起重机械84台、电梯332台、场（厂）内机动车15台、压力容器62台、气瓶4073只；进行特种设备使用单位安全大检查，发现安全隐患28条，下达指令书19份，年内整改27条，持续保持特种设备安全零事故。大田县在市质监局对各县政府特种设备安全目标责任制考核中获得满分，县市场监管局被评为当年度全市落实特种设备安全目标责任制优秀单位。

标准化工作 2017年，县市场监管局按序时推进“农村产权流转交易服务标准化试点”工作，加强对土地承包经营权的物权保护；6月24日，参与制定的省地方标准《富硒农产品硒含量分类要求》第二次通过省专家组标准论证；广联木业参与制定的国家标准《木栈道铺设规范》进入专家组征求意见阶段，全国工具酸标准化工作组制定的《限制性凝血酶》《核糖核酸酶A》《限制性内切酶BamH I》《pfu DNA聚合酶》《Taq DNA聚合酶》等5项国家标准报批稿送国家标准委审查中心审查；6月，县茶业局参与制定的首个团体标准《国家茶叶公园标准及评定》由中国农业国际合作促进会茶产业委员会发布，并于8月1日起实施；同时跟踪省级标准化示范区“大田县雷笋栽培种植农业综合标准化示范区”“原生态富硒水稻种植综合标准化示范区”的工作进度；并组织福建秦朝木业科技有限公司、福建省如虹生态农业有限公司、大田县上官林果园专业合作社、大田县质量技术监督局4家单位申报福建省标准化工作专项资助经费。当年新办条形码4家、续展7家。

名优商标培育 2017年，县市场监管局实施品牌发展战略，以特色农产品、战略性新兴产业为重点，指导企业打造名优商标，当年新申请注册商标216件，其中申报国际马德里商标1件、国家地理标志商标4件，新增市知名商标5件和大田高山茶国家地理标志证明商标1件，是继雪山萝卜，县内第2件。年底，全县共有中国驰名商标1件、地理标志保护产品1个、地理标志证明商标2件、省名牌产品15家16项、省著名商标19家19项。

消费维权 2017年，县市场监管局发挥投诉举报中心作用，保障“12315”“12331”“12365”投诉举报电话畅通，落实投诉受理首接负责制，加强“12345”便民服务平台诉求件的转办、督办，及时受理、处置并回复；规范“诉转案”工作流程，流转通畅、处置快捷、查办有力，增强消费维权与市场监管工作的衔接。全年共受理消费者申诉举报705件，其中商品申诉695件，办结率99.61%，成功率96.21%；接受咨询241人次，对案情较复杂、事后当事人容易反悔的申诉案件经调解书确认6件，赔偿消费者金额2.95万元，共为消费者挽回经济损失47.85万元；接受“12331”食品消费申诉30件，“12365”产品质量投诉1件，办结率100%。

企业信用监管 2017年，县市场监管局加强企业信用监管，规范异常名录管理和移出办理程序，对随机抽查和日常监管中发现的违法违规市场主体列入经营异常状态，内资企业（含农民专合作社）被列入异常名录228家，移出143家；个体经营户被异常标注422户，取消标注2454户。推进食品药品风险分级管理，把日常监管、量化分级、风险分级、信用等级“四位一体”有机结合，实施检查结果公开制度，对检查中发现的问题，跟踪整改落实到位。

行政执法 2017年，县市场监管局在全市率先成立检察院驻市场监督管理局检察联络室，加强行刑衔接，提高行政执法水平。开展成品油市场专项整治，查处非法成品油185吨，涉案案值80万元；严厉打击食品非法添加和滥用食品添加剂违法行为，共查处食品药品违法违规案件53起，其中移送公安机关侦办4起、吊销食品经营许可证1起。全年查办各类违法案件106件，罚没款总额147.58万元，其中5万元以上案件11起。

【石牌大骨头品牌保护工作座谈会召开】 9月27日，石牌大骨头品牌保护工作座谈会在石牌镇政府会议室召开，县政协主席余真华、县市场监管局局长施发帅、石牌镇政府领导、石牌大骨头发展协会会员等共30余人参加。余真华、施发帅分别作讲话，要求发挥行业协会指导协调、政府部门监管和公众监督作用，保护提升品牌，提高品牌竞争力。

【食品安全专题培训举办】 11月24日，县委组织部、县食安办联合在县市场监管局会议室举办全县食品安全专题培训班，各乡镇分管食品安全工作的领导、县食安委相关分管领导及乡镇市场监管所负责人共54人参加。县食安办副主任、市场监管局主任科员张雪芳、县农业局质监股股长李代胜、县检察院侦查科科长林起增，市场监管局餐饮股股长、副主任医师陈美玲对《福建省食品安全条例》《农产品质量安全》及《福建省小餐饮登记办法（试行）》有关食品安全违法犯罪条款解析等内容进行讲解。市场监管局局长施发帅就做好年末岁首各项食品安全监管工作、农村厨工培训与体检、发挥协管员作用、农村集体聚餐备案管理等工作作布置。

【农资市场监管】 2017年，县市场监管局制定《2017年红盾护农行动实施方案》，3月15日，与县农业局工作人员9人在凤山中路时代广场前开展农资商品消费维权活动，现场解答农资商品使用和识假等20余个问题，发放宣传材料300余份。全年组织各市场监管所检查农资经营主体资格、行政许可、水稻玉米种子、各种肥料、部分农机等商品，出动执法人员72人次、车辆36台次，检查经营户131户，受理果树有机肥和烟草专用肥消费投诉2件。开展“农资经营示范店”创建活动，在城关建立2个农资经营示范点的基础上，逐步建设乡镇“农资经营示范店”，督促农资经营户履行法定义务。

【农村家宴和重大活动食品安全保障】 2017年，县市场监管局推进农村集体聚餐风险管控，完善农村“流动厨师”培训管理和网格化监管模式，加强监督指导，督促农村集体聚餐举办者、承办者严格落实食品安全主体责任，全年提供农村集体聚餐食品安全现场指导、登记备案各126场次，用餐人数约3.66万人次；在县“两会”、春季高考、夏季中高考和在县举办的全省青少年羽毛球锦标赛、海峡两岸大学生篮球赛等重大活动餐饮服务期间，进行食品保障17场次，受保障人数约2.14万人次。

【“双十一”网络消费监管】 2017年，县市场监管局制定《大田县2017年网络市场监管专项行动方案》，明确工作重点，责任到人、加强市场监督，组织成员单位召开网络市场监管联席会1次，研究部署在“双十一”（11月11日）前期开展网络市场监管专项行动，分8个检查组，到各乡镇网络市场主体进行检查，出动执法人员68人次，集中检查电商、网店、网络餐饮服务第三方等158家次，查处无证无照经营、商标侵权等违法行为8起，罚没款9.4万元；开展法律法规宣传，引导经营者自律、合法合规进行营销活动。同时，通过电视台、局宣传栏发布消费警示，引导消费者理性消费，提高维权意识。

2017年，县市管局推进农村集体聚餐风险管理　　（县市管局／提供）

【政府部门涉企信息归集】 2017年，县市场监管局组织40个部门在国家企业信用信息公示系统（福建）上归集各类企业信息，提升信息归集的数量和质量，扩大信息互联共享部门，实现涉企信用信息归集部门、地区、领域的全覆盖，完成行政许可、行政处罚等涉企信用信息的全量归集9380条，位居全市第一。

【“无传销社区（村）”示范点创建】 2017年，县市场监管局创建“无传销社区（村）”示范点，到县创建示范点赤岩社区和均溪镇大道山村，召开创建无传销社区（村）宣讲会2场，参加居民140余人，提高群众对传销危害性的认识，自觉抵制传销行为。发挥社区（村）打击传销信息联络员作用，加强市场监管所与社区、村的沟通联系，依据《全市创建“无传销社区（村）”示范点活动考评细则》要求，指导居委会、村委会做好示范点的各项工作。结合市场监管职能，总结“无传销县”创建经验，探索建立和完善打击传销的监管和检查考评机制，提高基层组织防范和打击传销活动的能力。11月中旬，“无传销社区（村）”示范点通过市工商局考评组验收。

【“双随机、一公开”抽查】 2017年，县市场监管局开展抽取对象和执法人员随机、抽查结果公开“双随机、一公开”抽查工作，加强部门联动，与人社、统计、农业等部门联合开展“双随机”抽查，召开全县政府部门涉企信息统一归集公示工作会1次，实现资源信息共享，形成多部门齐抓共管的局面。开展业务培训，组织对国家企业信用信息公示系统、福建工商一体化平台双随机管理模块等业务培训1次、参加88人，指导企业档案录入及数据应用。进行检查核查，委托3家会计师事务所作为第三方中介机构对27家被抽查企业的年报公示信息和经营行为进行财务审计，其审计报告作为“双随机”抽查参考判断依据，确保抽查结果准确性。全年开展“双随机、一公开”抽查4次，抽查检查企业145户，完成省市县局抽查任务数的100%，并及时公示抽查结果。

【成品油市场整治】 2017年，县市场监管局开展成品油市场专项整治，发挥群众举报作用，鼓励有奖举报，根据群众举报线索，执法人员不分昼夜值守，夜间突击执法行动60人次。加强市场巡查，对县内29家成品油经营主体摸底排查，检查各类加油站证照，确保经营主体合法有效。突出专项整治重点，在高速公路出口、城乡接合部等区域集中打击移动式油罐车售油、非法销售成品油等违法行为。加强油品质量监测，通过第三方检验检测平台，查处非法销售（贩运）伪劣油品、走私油品等行为。共查获非法经营成品油案14起，涉案案值80万元，查获非法加油站6个、非法成品油185吨，拔除非法油罐3个、封存违法储油库、加油站2个，遏制非法经营成品油行为，确保成品油市场健康有序。

（罗必莲　江萍萍　张雪芳　郑成惠　乐晓卓　章进荣　郑良海）

物价管理

【概况】 2017年，大田县物价局按照上级价格主管部门“构建绿色价格，促进生态发展”的要求，围绕“稳价控价”目标及宏观调控任务，稳妥推进价格改革，适时适度疏导价格矛盾，规范和整顿价格秩序，做好价费管理、价格监测、价格监督检查、成本监审及成本调查、价格认定等，保持价格总水平基本稳定。1月，被省人力资源和社会保障厅、省物价局授予2012—2015年度全省物价系统先进集体；5月，被省物价局评为2016年度全省价格系统信息工作先进单位。

价格管理 2017年，县物价局加强价格管理，出台制定大田县坑口水库供应城区地表水供水价格，审核上报并经市物价局批准县内20家农村小水电技改后上网电价调整（技改后总装机2.99万千瓦）；4月，县委、县政府牵头，县物价局会同县经信、供电等部门向省市上级部门争取，省物价局明确县石墨和石墨烯产业优惠电价（闽价商〔2017〕83号）；会同县水利、财政、农业等部门做好推进农业水价综合改革联席会议制度、重点任务责任分工、工作绩效评价等相关工作。

收费管理 2017年，县物价局继续对行政事业性收费加强管理。梳理公布县本级当年行政事业性收费单位名单及收费项目，并在县政府网站公布。按时完成90个行政事业性收费单位收费报告制度，全年收费金额9463万元。配合市物价局对县落实省物价局交办的有关地方出台涉矿收费项目信访件的检查，4月，县政府出台关于责令停征县级涉矿收费的通知，县物价局会同县政府法制办、财政等部门，督促县矿管办、煤炭、建材、矿产开发公司等单位停征该项收费。继续清费减负改革，扩大涉农、涉企收费治理成果，加强对涉企收费、经营服务性收费、中介组织服务收费、社团收费的跟踪管理。全面落实中央和省出台的各项收费政策，做到及时、准确执行，同时巩固开展“阳光价费”活动，继续实施所有行政事业性收费单位“阳光价费”公示。

成本监审（调查） 2017年，县物价局将成本监审（调查）作为政府制定价格的重要环节，做好县坑口水库供应城区地表水供水价格成本调查，协助审核县内20家农村小水电技改后上网电价成本。

价格监测 2017年，县物价局发挥稳定价格职能，继续开展民生商品价格监测及信息发布。完善建立24个民生主副生鲜食品等各类价格信息采价监测点，每月5日、15日、25日向省市上报各类价格监测信息450余期，每周一定期在县政府网站发布县城区“价比三家”民生商品价格信息；根据省物价局、省政府法制办关于开展《福建省价格监测管理规定》行政执法检查的通知，会同县政府法制办开展《福建省价格监测管理规定》行政执法检查，促进全县依法开展价格监测；梳理分析编撰价格监测信息，全年被省物价局采纳的各类价格信息32条。

价格行政执法 2017年，县物价局加强价格行政执法，开展价格检查、日常巡查和配合市物价局专项检查、县减负工作检查等7次，实施违价处罚并缴库47.25万元。配合环保等有关部门，及时落实中央环保督查组交办的大田县长胜机动车安全技术服务有限公司违规收费信访督办件，依法责令其进行清退和予以罚款处理。开展涉企收费交叉检查，根据省市物价部门统一抽调，选派1名价格行政执法人员参加对宁德市的省级交叉检查，选派2人参加对三元区及永安市的市级交叉检查，同时配合市交叉检查组对大田县开展涉企交叉检查。做好“12358”价格举报信息平台工作，共收到各类价格投诉举报28件，做到“件件有回音、事事有落实”。按照国务院、省、市统一部署，在市场体系建设中建立公平竞争审查制度，县政府下发《关于贯彻落实国务院在市场体系建设中建立公平竞争审查制度意见的通知》（田政办〔2017〕127号），组织落实公平竞争审查工作局际联席会议制度等相关工作。

价格认定 2017年，县价格认定中心围绕价格认定工作的中心任务，履行价格行政裁定职能，提供价格认定公共服务，持续开展“价格认定工作法制建设年”活动，推动价格认定工作创新发展，提高涉纪、涉案、涉税等重要事项价格认定和价格争议调处水平，全年办理涉纪、涉案、涉税等各类价格认定业务88件，标的金额1530.8万元。

【价格争议调解工作示范站揭牌】 8月8日，县首个价格争议调解工作示范站在福建省水利投资集团（大田）水务有限公司办事大厅揭牌办公。

【“价格举报管理信息系统”管理】 2017年，县物价局根据省、市物价工作的部署，做好“12358”全国价格举报管理信息系统管理，指定专人负责，完善配套相关设施设备投入资金0.9万元。全年共受理各类价格投诉举报28件，并及时查处、落实。

（林照有）

审　计

【概况】 2017年，大田县审计局依法对公共政策、公共资金、公共资产、公共资源、公共权力和经济社会中的热点、难点及领导关注、群众关心的问题履行审计监督职责。全年审结项目（单位）23个，其中，预算执行审计9个，经济责任审计7个，财务收支审计2个，专项资金审计3个，政府交办项目2个。配合上级审计机关完成审计项目3个。查出主要问题金额6.74亿元，其中违规金额1.79亿元、管理不规范金额4.95亿元，存在损益收支不实1.78亿元。审计处理应上缴财政资金9695万元，应归还原渠道资金436万元，应缴纳其他资金202万元，应调账处理金额1.74亿元；审计促进增收节支1582万元，政府投资项目工程预结算审计核实净减1.05亿元。向上级审计机关和县委、县政府提交审计报告及专项审计调查报告

28篇，提出并被采纳的审计建议43条；提交审计信息、专题40篇，其中被上级审计机关及有关部门采用的审计信息20篇。

当年，县审计局被省审计厅评为2016年度审计统计工作开展较好的单位，被市审计局评为2016年度全市审计统计工作第二名，获2017年度县直机关单位工作综合考评二等奖，被中国时代经济出版社评为2017年度审计通联工作先进集体。

重大政策措施贯彻落实跟踪审计 2017年，县审计局围绕供给侧结构性改革任务，派出审计组，跟踪审计全县贯彻落实国家重大政策措施情况，推动中央和省重大决策部署的贯彻落实。先后审计支持现代农业发展资金使用绩效、县民政系统救灾救济等三项惠民专项资金落实情况、财政事权和支出责任划分、地税部门税收征管和优惠政策执行情况、高新技术企业税收优惠政策落实情况、已取消的政府性基金和行政事业性收费的违规收费行为、涉企经营服务性收费项目不合理和收费标准偏高问题、行业协会商会收费标准不合理问题及国道纵五线（大田段）公路工程和福建（大田）机械铸造产业集聚区基础设施建设工程等2个重点建设项目进展情况，抽查单位5个、项目11个，涉及项目总投资额45亿元。

县本级财政预算执行情况审计 2017年，县审计局对2016年度县本级预算执行情况和其他财政收支情况进行审计。主要审计县财政局组织县本级预算执行情况，县国土资源局、农业局、粮食局等部门预算执行情况，延伸审计单位24个。专项审计调查县地税局税收征管和优惠政策执行情况、农村义务教育学生营养改善专项资金管理使用情况、省级设施农业和林业经济发展专项资金使用绩效情况及财政事权和支出责任划分情况。

审计发现预算收入管理方面，县财政局存在财政收入不实，部分预算内收入未按规定上缴县国库；县地税局税收征管不够规范和到位，在房产税、城镇土地使用税征收管理上未全部纳入税源管控、未足额征收税款；县国土资源局、农业局、粮食局收入预算编制不够完整，违反国家有关财政收入及上缴规定。预算支出方面，县财政存在部分项目支出未纳入预算、财政支出超支挂账、预算支出未能有效执行等；县农业局超预算或无预算支出、项目支出进度慢及资金到位率低，存在挤占挪用项目资金；县粮食局支出不实，付款欠规范；县国土资源局支出项目预算编制及管理不够规范，扩大开支范围。审计查出主要问题金额5.11亿元，其中，预算编报不真实不完整549万元，违规变更调整预算1.68亿元，未按规定征收缴纳收入9456万元，资金滞留闲置5835万元，虚列支出17万元，扩大开支范围293万元，违规采购73万元，会计核算不实1.74亿元，其他问题金额687万元。县审计局对存在问题提出审计建议，依法依规出具审计报告，下达审计决定，责成有关单位整改。同时，向县人大、县政府提交审计工作报告和审计结果报告。

领导干部任期经济责任审计 2017年，县审计局制定《2017年大田县经济责任审计工作方案》，围绕履行经济责任的过程和效果、执行方针政策和遵守财经法纪等方面实施审计，加强对领导干部监督。重点关注被审计领导干部贯彻落实中央和省、市、县的重要决策部署，去产能、去库存、去杠杆和降成本、补短板“三去一降一补”五大任务、精准扶贫脱贫、政府性债务管理、履行自然资源资产管理和环境保护责任，重大改革推进、履行重大决策、预算执行和财务管理，对所属单位监管、贯彻落实中央八项规定以及领导人员遵守有关廉政规定等情况。全年审结领导干部任期经济责任审计项目7个，认定被审计领导干部负责的金额1.47亿元，其中，直接责任金额1400万元，主管责任金额1.33亿元。县审计局依法依规进行处理，提出切实可行的审计建议，促进领导干部守法守纪守规尽责，客观评价领导干部履职情况，为有关部门管理、评价和考核任用干部提供参考依据。

固定资产投资审计 2017年，县审计局组织固定资产投资审计中心完成政府投资项目工程预算审计项目67个，总造价6.88亿元，审计核实净减5400万元；完成竣工结算审计项目190个，总造价3.91亿元，审计核实净减5100万元。纠正政府投资项目预、结算存在的问题。

其他审计事项 2017年，县审计局开展专项审计、审计调查等工作，配合上级审计机关开展保障性住房跟踪审计和精准扶贫及城乡医疗救助资金“最后一公里”专项审计，完成县公立医院综合改革审计调查。完成县政府交办的县体育馆、中医院固定资产累计投入3.89亿元的审计。专项审计调查县供销社系统2015—2016年度财务收支情况，延伸审计调查县供销贸易总公司、县农村合作经济组织协会等单位财务收支情况，对发现收支、财务管理、产值资金使用等方面存在的问题，提出处理意见和调查建议，促进县供销贸易总公司加大内部管理，增收节支，及时规范加强会计核算。审计调查县田阳旅游开发有限公司2015—2016年度财务收支情况，重点审计建设项目财务收支、征地拆迁补偿及建设程序执行等情况，延伸审计调查委托屏山乡政府实施大方广停车场建设项目情况，针对成本费用核算、经营管理、建设项目管理等方面存在的问题提出审计调查建议，促进加强政府投资项目和旅游开发经营管理，建立健全财务管理核算制度，加强成本费用核算，按规定及时准确分摊成本费用。同时开展公务支出和公款消费审计，结合当年审计项目，关注部门单位合理、合法有效公务支出和公款消费，促进落实中央“八项规定”，节约行政经费。

【后续审计】 2017年，县审计局执行县政府《关于进一步加强审计监督做好审计决定执行工作的意见》，组织审计人员对2015年度4位领导干部经济责任审计结果执行及整改情况进行回访督查；对2016年度本级预算执行和其他财政收支情况审计及专项审计调查等查出的问题整改落实情况进行跟踪检查，落实有关问题资金1.12亿元，其中，增收节支1582万元，归还原渠道资金7万元，调账处理9600万元。促进审计发现问题的整改落实和审计结果运用。

【内部审计】 2017年，县审计局加强内部审计工作指导、监督及内部审计队伍培训，提高内审工作质量，宣传审计工作法律法规，指定专业股室协助解决内审工作；县农村审计总站及所属基层审计站履行内部监督职能，对县农业局及下属5个企事业单位开展内审，剔除手续不完整发票663张、金额149.09万元，剔除违纪发票69张、金额8.87万元，受理信访件4件，查出违纪金额6.27万元；规范乡镇政府内部审计，上京、太华、广平等乡镇有计划、有目标、有重点地开展内部审计，维护乡镇财经工作秩序，促进党风廉政建设；县民政局、林业局、国土资源局、住建局、卫计局、人社局、经信局、供销社等单位围绕本部门或单位中心工作，按照《审计署关于内部审计工作的规定》和上级主管部门的有关规定，按年度审计工作计划开展专项审计、任期经济责任审计和财政财务收支审计；县供销社加强内审和完善财务管理制度，促进节支与提高效益；县教育局成立审计中心，发挥内审职能的作用，对全县各学校资金运作有效监督与服务，进行资产对账、盘库及内部控制制度建设和食堂账务建立情况专项审计，对大田四中、谢洋小学两所学校开展财务收支审计。

【审计干部集中培训】 2017年，县审计局集中全局干部学习培训4期86人次，内容有《中华人民共和国审计法》《中华人民共和国审计法实施条例》，开展中共十九大精神、法治政府建设、纪律条例需要重点把握的几个问题、自然资源资产离任审计、保密知识和计算机辅助审计等专题讲座，增强干部政治、法律和专业技能水平，提高审计队伍的综合素质。

（林起昌）

统计管理

【概况】 2017年，大田县统计系统贯彻落实上级统计部门的部署要求，围绕县委、县政府重大决策部署，履行统计职能，提高数据质量，提升统计服务水平，适应经济发展新常态和社会进步新变化，完成上级统计部门和县委、县政府布置的各项工作任务。

统计业务 2017年，县统计局执行国家统计报表制度，准确、及时、全面上报各种统计数据，完成县生产总值核算及工业、农村社会经济、建筑业、批发零售和住宿餐饮业、固定资产投资、房地产经营业、劳动工资、外经贸易、能源、文化产业、服务业的统计等，并完成第三次全国农业普查工作。城市社会经济和农村社会经济调查队分别完成城乡住户、第一季度消费品价格、服务业、限额以下贸易、工业品价格和农业粮食产量、农村固定资产投资等调查及畜禽监测等，及时为县委、县政府、有关部门和社会公众提供统计服务。

统计执法 2017年，县统计局加强统计法制建设，做好统计法律法规宣传，执行统计报表报送登记制度和执法错案责任追究制度，建立健全统计法律文书和统计执法程序。根据年初制定的统计巡查方案和经常性统计检查情况，共立案查处12家基层单位的统计违法行为。

城乡社会经济调查 2017年，县城市社会经济调查队和农村社会经济调查队分别对城乡居民生活收支情况、商品消费价格情况（第一季度）、工业品出厂价格情况进行调查。经统计，当年城镇居民人均可支配收入32532元，比上年增长9.5%；农村居民人均可支配收入15413元，同比增长9.4%；并对县内38家工业企业的40种工业品价格进行调查。

统计服务 2017年，县统计局面对经济持续下行的压力，加大经济运行预警监测力度，分析研究主要经济指标运行情况，发布年度统计公报1篇，出版《大田统计年鉴—2017》1册，编印《大田统计月报》12期，编辑分县（市区）、分乡镇主要经济指标对比表12期，向县委、县政府等部门提供统计分析、统计报告、统计调查67篇，统计信息148条、呈阅件7期，接待群众和有关单位来访或查询有关数据186人（次），出具统计相关证明25份。统计信息被省市有关部门采用29条（次），被县委办、县政府办刊物采用10条（次）。

【农业普查数据验收】 2017年，县第三次农业普查领导小组按照福建省第三次农业普查办公室的要求，实行“领导分片、部门挂包、全局介入”的工作责任制和数据质量控制岗位责任制，经全县普查工作人员共同努力完成全国第三次农业普查数据上报、数据审核及数据验收等普查阶段工作，通过国家统计局验收。此次普查共设6张登记表，包括农户、规模农业经营户、农业经营单位、行政村、乡镇等普查表和农作物面积遥感测量实地调查表，包括农业从业者、土地利用和流转、农业生产能力和结构情况等13个大项的内容。全县共完成普通农户登记6.87万户、规模农户登记421户、农业生产经营单位登记376家。

【统计工作制度制定】 2017年，县统计局按照上级统一部署并结合实际，对局专业分工进行优化调整，制定下发乡镇统计站《岗位责任制》《政治业务学习制度》《报表报送审核制度》《档案管理制度》《数据质量评估制度》《统计分析制度》《农村统计基础工作考评办法》等管理制度；制定局机关《局人员挂包制度》《数据质量评估制度》《督促检查制度》《学习培训制度》等，通过制度激励先进，鞭策后进，提高全县统计工作效率和水平。

（黄钟煊）

科学技术研究与开发

【概况】 2017年，大田县科学技术局（简称县科技局）组织实施县级科技项目6项，其中创新平台项目1项，双创项目1项，产学研对接项目1项，专利补助项目1项，其他2项，共下达科技经费200万元。

年内，县地震办在福建省年度市县防震减灾工作综合考核中获"优秀单位"称号。

2017年大田县科技项目情况表

表9

序号	项目名称	类别	研究开发内容	承研单位	经费（万元）
2017-1	大田县科技创新平台建设	创新平台	围绕大田特色产业转型升级和科技创新需求，构建符合大田县科技企业创新发展需求的政策资讯、竞争情报、创新知识、知识产权、项目协同管理、供需对接、招才引智等服务体系，打造大田科技创新服务平台。经费主要用于"科技大田"创新服务平台的软件开发和硬件设备投入	大田县科学技术局	131.35
2017-2	大田县"双创"孵化众创基地建设	双创	用于支持县"双创"工作开展，培育高水平的众创空间（星创天地）、孵化器等众创基地	大田县科学技术局	5
2017-3	产学研对接	产学研对接	为县企业与国内高校科研院所对接"产、学、研"合作，为提高科技创新能力、优化创新环境、提升产业竞争力等提供科技创新服务	大田县科学技术局	15
2017-4	2016年授权专利补助	专利补助	用于补助2016年度企业和个人授权的发明（11件）、实用新型专利（81件）、外观设计专利（152件）。发明每件补助1万元，实用新型专利每件补助2000元，外观设计专利每件补助1000元	大田县知识产权局	42.4
2017-5	科技统计	其他	作为开展企业研发经费（R&D）投入统计的工作经费，以支持企业及时上报企业研发经费（R&D）投入统计年报	大田县科学技术局	2.25
2016-6	科技进步奖配套奖励	其他	用于根据《中共大田县委、大田县人民政府关于深化科技体制改革加快创新体系建设的实施意见》要求，对获得省市科技进步奖的单位个人进行等额配套奖励，激发社会创新活力	大田县科学技术局	4
合计	—	—	—	—	200

【县级以上科技项目】 2017年，大田县伊鑫新型材料有限公司的“高性能聚羧酸混凝土减水剂”项目获省科技型中小企业技术创新资金项目立项、经费补助30万元；福建秦朝木业科技有限公司的“炭化实木装饰板生产关键技术示范”项目获省科技厅“星火”项目立项、经费补助25万元；大田县伊鑫新型材料有限公司的“环保低能耗聚羧酸减水剂”项目、福建三明茶盟生物科技有限公司的“大田高山茶产业县域公共服务平台”项目及福建莱德旺畜牧业有限公司的“肉兔人工受精技术示范推广”项目被列市级指导性项目。县生产力促进中心承担的“大田县新型智库建设”项目被列为市级科技项目，获经费补助7万元。

【创业创新工作】 2017年，县大田乌山头休闲生态农业联合创业基地被科技部认定为国家级星创天地。

【省科技型企业认定】 2017年，福建硅光通讯科技有限公司、黎祥（大田）食品有限公司、福建（大田）大联新型材料发展有限公司被福建省科学技术厅认定为福建省科技型企业。

【省科技小巨人领军企业认定】 2017年，大田县金门油压机制造有限公司和飞鹰实业（三明）有限公司被福建省科学技术厅认定为福建省科技小巨人领军企业。

【高新技术企业认定】 2017年，福建卫斯特环保科技有限公司、大田县伊鑫新材料有限公司、福建力天环保科技有限公司被科技部认定为高新技术企业。

（陈国栋）

科技推广与普及

【科技培训】 2017年，全县共举办各类技术培训76期、4300多人次参训。其中，举办企业专利知识、高新技术企业及项目申报培训15期，县办的专业技术提高培训6期、300多人次参训，农村青年实用技术培训12期、1000多人次参训。

【科技下乡】 2017年，县科技局共组织科技人员90多人次，到武陵、湖美、石牌等乡镇开展科技咨询、义诊、农林技术支持等服务活动，进行防震减灾宣传，共展出科普、防震减灾、节约水资源、果树栽培等挂图300余幅；发送农业实用新技术丛书和防震减灾宣传手册等科普书籍2000多册，分发宣传材料3000多份，现场科普咨询服务1200多人次。

（陈国栋）

科学技术成果

【技术专利】 2017年，全县获国家授权专利378项，其中发明专利7项，实用新型专利111项，外观设计专利260项。

【两项科技成果获市级以上奖励】 2017年，福建省大田县金门油压机制造有限公司参与的“原态重组等四种竹材加工关键技术装备开发与应用”项目，获中国林业科学研究院重大科技成果奖；福建秦朝木业科技有限公司参与的“实木木材热改性技术及其功能性材料研发应用”项目获广东省政府科技成果奖。

（陈国栋）

地震工作

【防震减灾体系建设】 2017年，全县加强地震监测预报、震害防御、应急救援三大工作体系建设。配合省地震局开展重力观测台站建设及人工震源激发台站项目的选址勘探工作。

【防震减灾宣传】 2017年，县地震办结合进园入企下乡活动、科技活动周、防震减灾宣传周、7·28唐山地震纪念日、全国科普日和“平安中国”等活动，到湖美乡、武陵乡、桃源镇、吴山镇、文化广场等地开展防震减灾宣传活动，分发地震减灾宣传材料，发送防震减灾宣传短信，播放防震减灾专题影片，解答群众防震减灾咨询。共分发防震减灾宣传手册1600余册，宣传挂图200多张，播放专题影片4场次，解答群众咨询300余人次。开展中小学生防震减灾科普活动，组织县实验小学、城关第二小学学生免费参观地震科普馆。

【地震应急演练】 县地震办联合县教育局、消防大队等有关单位，开展全县中、小学校地震应急演练工作。2017年共组织疏散演练200余场次，覆盖全县中小学校和部分社区。

（陈国栋）

专业技术队伍

【概况】 2017年，全县有各类专业技术人员5077人，占全县总人口的1.38%，每万人口中有专业技术人员137.8人。各类专业技术人员中，高级职称785人、中级2885人、初级1407人。

（陈国栋）

表10 2017年大田县各类专业技术人员情况表

类别	合计	职称		
		高级	中级	初级
农林牧渔技术人员	176	58	86	32
卫生和社会事业技术人员	604	120	219	265
教育专业人员	3923	575	2368	980
文化、体育和娱乐专业人员	42	3	18	21
公共管理专业人员	36	2	6	28
其他专业人员	296	27	188	81
总计	5077	785	2885	1407

综 述

【概况】 2017年，全县幼儿园（班）139所（个），在园幼儿1.89万人；小学100所，在校生2.96万人；中学26所，在校生1.35万人；职业中专1所，在校生2472人。全县教育系统行政编制12人，事业单位教职工5163人，其中，公办3970人，非公办1193人。公办教师中，研究生学历18人，大学本科2059人，专科1298人，中专530人，高中及以下65人；正高级职称1人，高级职称572人，中级职称2359人，初级职称786人，未定级252人。

德育工作 2017年，全县德育工作始终坚持“立德树人，德育为先”，以加强师德培训为重点，重视德育队伍建设，强化德育科研，创新德育方式；以德育活动为载体，以学生日常行为规范教育为抓手，开展丰富多彩的德育活动，不断提升德育工作水平，把德育工作与学校其他工作紧密结合、加强渗透，密切联系社会、家庭。加强德育队伍建设，拓宽德育工作渠道，进一步提高德育工作的针对性、实效性和主动性，为中小学生创造一个和谐、安全、健康、向上的成长环境。

社会主义核心价值观教育 全县师生将24个字核心价值观教育与“中国梦”主题教育紧密结合，通过校会、班会等形式，有效融入课堂教学、社会实践、校园文化、学校管理等各个环节。石牌中心小学《农村小学德育课程渗透社会主义价值观的有效性研究》入选三明市社会主义核心价值观融入中小学德育课程研究课题。借创省级文明县城之机，各学校把核心价值观内容进班级上墙，做到家喻户晓、人人皆知。

校园文化建设 全县中小学大力推进校园文化建设，全县各学校结合自身特点，建设良好教风、学风，凸显绿化、美化、净化，通过校园墙壁、办公室、教室、走廊、楼梯等地方设置名言角、国学窗、古诗园等，让文化建设融进名人故事、教育箴言、诗词歌赋，营造浓郁传统文化氛围；有特色地开展弘扬优秀传统文化活动，形成“一校一品”传统文化特色，广平中小学郭居敬“二十四孝”系列宣传、城二小“弘嘉庚精神，育诚毅学子”、六中“入班即静，入座即读”双入教育、实小文明礼仪伴我成长等；根据学生兴趣爱好，围绕学习、研究、宣传、实践中华优秀传统文化、中华传统美德相关内容，组织成立诗词、书法、戏曲等方面的学生社团，发展学生对中华优秀传统文化兴趣爱好，使中华优秀传统文化教育融入学生社团活动中。

德育队伍建设 3—5月，县教育局、教师进修学校先后举办2期“学校心理健康教育教师培训班”，168名教师参加培训，研训活动有效提升一线心理健康教师的团体辅导水平，增强辅导信心。9月，五中、六中、实小、均溪中小等4所学校申报第二批市级中小学心理健康教育特色学校。12月，组织全县40多名教师参加市心理健康教育教师培训，同时，县心理健康辅导站从县校外活动中心搬迁到职专。

未成年人思想道德建设 县教育局与团县委联合举办“小小讲解员”比赛，与县河长办联合举办中小学生“河长杯”演讲比赛，组织城一小、城三小600名学生参加清明节和国家公祭日烈士墓祭扫、全县学生观看电影《无悔的心》等活动；组织开展“三爱”“三节”主题班会、少先队会、团日教育，让学生在“三爱”“三节”教育实践中熏陶思想感情、充实精神生活、提高道德境界、增长知识才干；开展“调研三明”暑期社会实践主题活动，丰富校园文化活动，促进学生综合素质提升，推动和谐校园建设；举办金融知识进课堂活动，城一小被确认为全市唯一金融基础教育示范学校，通过各类金融主题活动吸引广大家长和学生共同参与，推动金融知识在校园中普及，提升家长个人征信能力。职专郭幼兰获评2016年度“全国最美中职生”；五中学生黄政获评省“最美学生”。六中学生王少婷，城三张沁瑜参加市关工委举办的“致敬国旗、礼赞英雄”演讲比赛分获一、二等奖。当年市德育工作研讨会在城三小举行。

关爱留守儿童 全县共有留守儿童3213人，其中中学1019人、小学2194人。各学校组织开展“大手拉小手”爱心结对活动，做好适合困境儿童与留守儿童特点的家庭教育指导服务和关爱帮扶，对19名困境儿童开展乡镇和学校领导一对一挂钩帮扶活动。定期开展家访、主题班会、演讲比赛、文艺演出等活动，引导其健康成长；建立帮扶教师关爱留守儿童成长日记，让留守儿童增强学习信心。

家庭教育服务 县家庭教育指导中心安排专业家庭教育导师到各学校巡回

讲座，通过开展家庭教育专题培训、公益讲座、家长沙龙、个别辅导、爱心接力、读书漂流等活动，引导家长教育行为，更新家长理念，改善家庭关系，指导和帮助学生健康成长。县教育局、文体广电出版局，每月最后周日下午4点在县图书馆一楼少儿视频演播室举行公益大讲堂活动，学生家长现身说法，交流育儿方法，通过现场互动，帮助家长提高教育质量和教育方式，探讨育儿过程中的得失，推动家庭教育实践的发展和创新。9月，省“好家风、好家训、好家教”巡讲活动在城三小、济阳学校举行。11月，县教育局在全市家庭教育工作会上作典型经验发言。五中、六中、职专、城三小等4所学校被评为市“优秀家长学校”。

弘扬传统文化　落实教育部《关于完善中华优秀传统文化教育的指导纲要》精神，分不同年段开展相应主题教育活动，以《二十四孝》为载体，开展“学会感恩”道德讲堂，让孝道文化植根校园；加强教师队伍传统文化教育，提升教师传承创新传统文化的能力和素养，强化文化自信。暑假期间举办6场中华优秀传统文化教育活动，60多名德育干部和教师参加为期1周全封闭式的“立德修身”中华优秀传统文化培训，吕明晰等中华传统文化专家、学者到场讲学。当年，四中学生陈伟积获评三明市“尊老孝亲”美德少年。

德育科学研究　抓好意识形态工作，将意识形态工作渗透到学校各项工中，全年有6项A类研究课题、11项B类研究课题入选县级德育研究专项课题，2个市级德育课题结题，4个省级德育课题结题，县教育局被评为市“未成年人思想道德建设工作先进单位”。五中教师陈月华、柯祖科参加市思想政治优质课教学比武，分别获二、三等奖。

智育工作　6月，县政府出台《大田县进一步落实教育教学质量提升工程的实施意见》，成立大田县进一步落实教育教学质量提升工程领导小组，由县委、县政府分管领导分别担任组长、副组长，加强对教育教学提升工作的组织领导。意见以“夯实小学、壮腰初中、提升高中”为主线，全面实施教学人才、学校管理、教学质量三大提升工程，力促小学“起跑稳健”，初中“加速强劲”，高中“冲刺有力”。

各类学科竞赛　县教育局先后组织全国学、物理化奥赛，省高中数学、生物竞赛，省学生规范汉字书写大赛、省纪念中国共产党成立95周年诵读比赛。其中，化学科9人进入省复赛，省汉字书写大赛获特等奖6人、一等奖6人、二等奖3人，三等奖8人；在省诵读比赛中分别获教师组、中学组三等奖。全年组织全县各学校汇编论文218篇，其中幼儿园17篇、小学75篇、中学126篇。

教学质量监测　1月7—8日，在职专举行高等职业教育入学考试，设考场16个，450人报名参加，其中普通高中考生145人、中职考生305人。6月7—8日，在一中举行普通高等教育学校考试，设考场43个,1164人报名参加，其中文科379人（文史类262人、艺术类76人、体育类41人），理科785人（理工类701人、艺术类19人、体育类65人）。春季高考（高职单招考试）本科上线42人，上线率20.1%，超全省平均率10个百分点，在全省名列前茅；普通高考本科上线738人上线率69.5%，本一上线人数224人上线率21.1%，录取985、211院校66人；中考成绩在全省统考、统一使用标准化考场的新形势下，以第六名居全市中游水平，9个考试学科有4个学科进入全市前六名。

6月，县教育局举行全县小学五、六年级期末统一考试，考试科目设语文、数学、英语。全县五年级设40个考点、148个考场，3879名考生参加考试；六年级设27个考点、128个考场，3546名考生参加考试。同月23—25日，全省中考实行统一命题和标准化考试，九年级考试科目有语文、数学、物理、化学、英语、历史、思品7个学科（其中历史、思品开卷考），八年级考试科目有地理、生物2个学科。全县设置五中、六中、鸿图3个标准化考点，共设考场191个，其中，九年级考生2678人，设考场90个；八年级考生2988人，设考场101个。

教育队伍建设　2017年，县教育局开展教拖培训、名师名校长培养工程、教学管理人员培训和表彰优秀教师等工作。

教师“托底培训”加强对口帮扶、协作交流，学习借鉴闽南教育名校先进教学经验，提升教师专业素养。当年，依托集美大学、福建师大、泉州师院等高等院校，开展“向南走”名校学习培训活动，举行校长领导力提升、德育工作、学科带头人、教育信息化等各类培训23场次、参训2800余人次。全年，共开展13场次名师送教送培活动，涉及16个学科，开设121节公开课，举办讲座72场，参加听讲732人。组织全县中小学幼儿园教师专业课和公共课的全员培训4099人，参训率100%；组织举办各类专项培训班51场次、3423人次，参训率83.5%。

人才培养创新　推行新任教师顶岗制度，全年共安排69名新招聘教师到城区各学校顶岗见习；加强乡村教师培训力度，将农村中小学校年度公用预算总额的5%专项作为教师培训经费；建立教师交流机制，将农村学校、薄弱学校任（支）教经历作为教师晋升高级职称的必备条件，18名城区学校教师到农村学校交流支教。

名师名校长工程　县教育局共遴选省、市、县名师名校长培养人选86人，其中省“十三五”首批学科带头人5人、名校长1人、名校长后备培养对象5人；市名师培养对象4人、名校长7人、学科带头人21人；县首批中小学幼儿园学科带头人43人。

教研培训活动　县教师进修学校共开展全县性片际教研活动57场次，涉及学科84个，开设公开课195节，举办讲座164场，参加2351人次；课题研究获省级一等奖1人、三等奖2人，市级一等奖11人、二等奖8人，三等奖5人。全县小学5个片区共开展片区研修活动30次，参训教师达1800多人次，涉及作文讲评、口语交际、数学练习、数学概念、试卷讲评、综合实践、科学、美术、音乐等教学内容，有效推进片区教师的专业成长和城乡小学教育均衡发展；全县初中开展片际教研活动23场、62个学科次，参加教学研讨活动教师883人次；组织开展县中心教研组活动12场、14个学科次，参加教学研讨活动教师598人次；组织开展校际教研（送教下乡）活动8场、21个学科次，参加教学研讨活动教师577人次；承办市级教研活动活动2场、3个学科次，参加教学研讨活动教师176人次；

开展高端教研活动，聘请省市教育专家到县讲学4场，参加教学研讨活动305人次；高中校际教研中心开展“经验分享·共同提高”专题教研活动4场次，参加教学研讨活动教师240人次。4月，县教师进修学校组织召开初中毕业班9个学科工作会议，参加教学研讨活动教师280人次。5月，邀请市教科所教研员到县开展中考备考讲座8场，参加教学研讨活动教师324人次。

教师节表彰 全县有陈进佳等200名“县优秀教师”、肖正忠等100名“县优秀教育工作者”、余昌治等16名“市优秀教师”、章进锋等3名“市优秀教育工作者”、颜文景等6名“省优秀教师”、徐建清1名“省优秀教育工作者”获表彰。其中，屏山中小教师郭文速被评为市首届“最美教师”，均溪中小教师郭显诲提名为省首届“最美教师”，五中教师颜秀兰等9位教师被评为“市教师世家”。

精准扶贫工作 2017年，县教育局先后8次组织精准扶贫工作队到谢洋乡谢洋村、怀德村、象山村开展精准扶贫工作，走访慰问16户贫困帮扶家庭，送上3.43万元的慰问金和食用油、面条等慰问品；明确每个贫困家庭帮扶的目标、任务、内容和责任，绘制教育精准扶贫的任务书和作业图，按时间节点扎实推进，实行动态销号。

创建精神文明工作 2017年，县教育局组织精干人员，历时半年多，学文件、下学校、收材料、找特色、提挈领、写总结、传信息，全力做好“未成年思想道德建设”系列软件材料和教育系统第五届省级文明县城创城工作材料，进一步加强城区校园内部、周边环境创设和卫生责任区保洁、志愿服务活动。11月，一中、实小、职专、五中等4所学校通过省级文明学校评估验收。

禁毒教育活动 2017年，县教育局与公安部门积极配合，开展禁毒宣传教育工作，各校通过家长会、告家长书等形式，要求家长教育自己的孩子自觉远离毒品，防止孩子与社会不良人员来往，切实增强学生对毒品的免疫力，同时要求学生、家长自觉抵制毒品，为青少年成长营造良好环境；全县43所中小学、4.24万名学生参加“五个一”（参观一次禁毒展览、观看一部禁毒影片、上一堂禁毒课、撰写一篇禁毒心得、开展一次主题班活动会），参与率100%；县教育局联合教师进修学校、县禁毒办在县中小学生社会实践基地举办“全县中小学毒品预防教育师资培训班”，邀请市禁毒办干部作《持之以恒，厉行禁毒》专题讲座培训，全县60多名政教主任和相关人员参加培训并回校作二级培训，提高广大教师的禁毒意识和防毒拒毒能力；开展禁毒宣传发动，组织全县中小学生参加全国禁毒知识竞赛，关注禁毒微信号，参与率100%；全县各中小学聘任专职禁毒校外辅导员。当年，一中被评为市第一批“毒品预防教育示范学校”。

教育关工委工作 2017年，县教育局继续推进“五好”基层关工委创建，加强各校关工委班子和队伍建设，动员更多退休教师参加关心下一代工作，开展为青少年办好事办实事活动。4月，一中被县关工委评为“五好”创建工作先进单位。县关工委、法院、公安局、司法局、教育局、团县委、妇联等7个部门联合举办“护青园”法治教育夏令营活动，组织城区120名中小学生代表参加为期一周的系列活动，提高青少年法治意识。与司法部门联动，开展“带法回家”实践活动，一中、五中、职专、六中、鸿图中学、上京中学等学校利用暑假组织师生走出校门、到社区（乡镇村），通过广播、墙报、专题报告、游园等形式开展生动活泼的普法宣传活动。当年，职专学生廖珺婕获第四届全国青少年五好小公民“阳光校园 我们是好伙伴”主题教育德育活动三等奖。

校外教育工作 2017年，县教育局发挥县青少年学生校外活动中心、中小学生社会实践基地育人功能，致力于培养创新型人才，县青少年学生校外活动中心共举办书法、美术、声乐、体育、科技、国学、棋类等12个大类、35个培训项目，开设350个教学班、4400余人次参加，新增民族管弦乐团公益培训项目，与实小、城三小开展艺术共建活动，为学生免费提供航模、合唱、民族器乐等培训项目，共11个班、110人；开展“亮才艺，展风采”学习成果展示、书画展和“圆梦蒲公英”器乐专场、舞蹈专场活动及“少年传承中华传统美德”诗词朗诵专场活动，累计3000余人次参加；县中小学生社会实践基地开展中小学生拓展训练活动33期、6880人参加，开展成人团队活动12期、620人参加。

体育工作 2017年，县教育贯彻落实《福建省人民政府关于强化学校体育促进学生身心健康全面发展实施意见》，组织学校做好学生体质健康监测和测查数据上报工作，当年，数据上报率100%，学生健康合格率94%，优秀率15%；开展“爱眼日”宣传教育活动，做好全县中小学生视力测查统计分析反馈跟踪工作，努力降低大田县视力不良率，全县小学生视力合格率达80.2%，不良率19.87%，初中学生视力合格率达53.85%，不良率46.11%，高中学生视力合格率29.43%，不良率70.62%。

艺术工作 2017年，县教育局做好农村中小学美育教学设备情况摸底申报配备工作，全县农村中小学共配置钢琴32台、电子钢琴7台、多功能电子琴34台、美术教学设备（含笔记本电脑、投影仪）19套，改善农村中小学艺术教育设备条件；组织40多名中小学骨干音乐教师参加“省首届海峡两岸合唱教育大会”“厦门深海合唱团合唱艺术交流活动”“海峡两岸音乐课”“全市合唱管乐比赛”观摩培训学习；全省学生乐团培育建设、中华优秀文化艺术传承学校、校园文化美育环境学校创建遴选申报工作，职专、实小分别被确定为省中小学校园美育环境培育学校、省中小学生艺术乐团培育建设校；举办2017年全县中小学生合唱管乐比赛，选拔优秀合唱团参加市赛，职专合唱团获市中学组一等奖，五中、实小合唱团分获市中学组、小学组二等奖，实小管乐团荣获市小学组二等奖；中小学校艺术教育工作评估，8所学校达优秀等级，占比19%，24所学校达良好等级，占比56%，11所学校达合格等级，占比26%。

语言文字工作 2017年，县教育局协助泉州师院调查团队完成城关、广平2个试点方言和口头文化的调查遴选、培训发音人及音像采集任务，大田方言（广平方言、玉田方言）被列入中国语保工程项目，存入国家语言资源库；组织参加第八届省中小学生规范汉字书写大赛，12名选手参赛，获特等奖2人、一等奖7人、二等奖1人、三等奖2人，在全市名列榜首；在市“水世界杯”中华传统经典诵读大赛中，城一小、鸿图中学分获三等奖、优秀奖。在省纪念中国共产党成立95周年暨红军长征胜利80周年诵读评选活动中，五中教师沈福芳《井冈颂》获教师组三等奖、《长征颂歌》获中学生组三等奖。

学生资助管理工作 2017年，县教育局贯彻落实教育扶贫政策，建立各教育阶段家庭经济困难学生数据库，提供精准审核资助对象条件依据，进一步规范学前教育、高中教育、中职教育助学金及高中教育免学费、生源地助学贷款等工作。全年累计发放各类扶贫专项资金1.8万人次、2595.28万元。其中，学前教育助学金593人次、41.14万元；义务教育营养餐及生活补助9553人次、496.4万元；高中教育助学金838人次、85.99万元，免学费275人次、21.39万元；中职教育助学金689人次、68.9万元；免学费3925人次、392.5万元；高等教育助学贷款2138人次、1488.96万元。当年，县学生资助管理中心通过省学生资助中心管理标准化建设评估验收，获“省学生资助管理中心标准化建设达标单位”称号。

教育项目建设 2017年，全县共争取省级专项资金5623万元（职专实训大楼1800万元、校舍长效机制建设1295万元、全面改薄1568万元、幼儿园建设960万元），统筹推进27个城乡教育项目，完成投资2.08亿元。建成梅山中心幼儿园等7个项目，新增学位3340个；在建项目赤岩小学、温镇幼儿园等13个项目，城东小学、赤岩幼儿园等7个项目正在做前期工作。投入2073万元加快全面改薄步伐，涉及31所项目校，改造校舍面积1.09万平方米，运动场改造1.41万平方米，围墙1360米，护坡3750立方米。开工率100%，竣工率90%。完成7所项目校危房改造，投入1354万元，改造面积1.41万平方米，全县基本消除D级危房，改善基本办学条件。

校园安全工作 2017年，县教育局强化一岗双责。根据安全工作的新情况、新形势，进一步完善各类预案和台账，建立“党政同责、一岗双责、失职追责”的安全工作责任体系，制定《大田县教育局机关安全工作“党政同责、一岗双责”分解》《大田县教育局安全生产“三个责任清单”》；健全学校内部各级综治安全管理机构，把学校综治安全责任落实到各个班级，层层签订综治安全工作目标管理责任书，确保综治安全工作落到实处。加强部门联动，联合公安、消防、地方海事局等有关部门，先后开展防震减灾应急疏散演练、夏季消防专项督查、防溺水安全教育等活动；在全县范围内集中开展4次校园安全隐患交叉检查与整治行动，下发隐患整改通知书38份，排查一般事故隐患309项、整改隐患309项，整改率100%，为中共十九大胜利召开和厦门金砖会晤营造良好的安全生产环境。抓好学生周末班车运行，调整充实县中小学接送学生车辆安全工程领导小组，进一步加强接送学生车辆安全管理，全年共开通6条线路，累计5个乡镇、7所中小学校454名学生、33.22万人次乘坐周末班车，周末班车运送达2258车次。全县共配备专职保安员210人，其中公办校保安员175人，民办校保安员35人；教师转岗保安员155人，外聘保安人员55人。完成“平安校园”等级考评，14所学校获AAAAA级平安校园、17所学校获AAAA级平安校园、13所学校获AAA级平安校园，完成率100%。

2017年，大田县中小学生合唱管乐比赛　（县教育局／提供）

【城区教育布局专项规划审议通过】 3月，十七届县人大常委会一次会议审议通过《大田县城区教育布局专项规划》。2016—2020年，计划实施城乡教育补短板建设项目49个，总投资11.3亿元，规划建设面积30.75万平方米。

【教学质量考评细则修订】 6月20日，县教育局印发《大田县小学、初中教学质量考评细则》，建立教学质量奖惩和教学质量责任追究机制，将质量提升与教师的绩效工资、职称评定、评先评优直接挂钩。每年300万元教学质量成果奖的发放，由“重奖轻罚”向“奖罚并重”转变，调动广大教师提升教学质量的积极性。

【第三届学习成果展示汇报演出举行】 8月2日，县青少年学生校外活动中心举行第三届学习成果展示汇报演出，学员们展示汇报了器乐合奏、经典诵读、歌舞表演、相声小品和才艺展示五大类14个节目。

【省“好家风、好家训、好家教”巡讲走进岩城】 9月21—22日，省“好家风、好家训、好家教”巡讲活动在济阳中心小学、城三小举行，省幼专心理学教师王霏作专题报告，该活动提升了家长的家庭教育素养，促进形成社会、学校、家庭三位一体教育合力。

【艺术共建活动开展】 2017年秋季，县青少年学生校外活动中心新增民族乐团公益培训项目，与实小、城三小开展艺术共建活动，为学生免费提供航模、合唱、民族器乐等培训项目，共14个班、120人。

【全民健身操舞推广活动举办】 10月15日，县教育局、文体局联合举办“2017舞动岩城”全民健身操大赛，全县中小学20支代表队、300多名中小学生参赛，充分展示青少年学生良好的精神风貌；11月12日，在2017“浩沙杯”全国健美操冠军赛暨联赛总决赛开幕式上，城区学校5000名中小学生齐跳《GO！精彩》健身操舞，以4814人的有效成绩，刷新“最多人随录像一起做健身操”吉尼斯世界纪录。

【首届教工篮球联赛举行】 10月16日至11月26日，县首届教工篮球联赛在县体育馆举行，38支中小学代表队、380名运动员参赛。太华中学等8支代表代队分获前8名，职专、城三小等5个学校获优秀组织奖，周以火、曾建辉等24位教师被评为优秀运动员，翁国明、郭传悦等8位教师被评为优秀裁判员。

【县教育督导评估中心成立】 10月，县教育局成立县教育督导评估中心，选聘8名有教研、教学和教育管理10年以上经验的人员担任责任督学，建立一支专职督学队伍，健全督政、督学、评估监测三位一体的督导体系。采取“划片分区、挂校包干”方式，在全县设立5个督导责任区，其中小学3个、中学2个，每区2个小组，每组1名责任督学，分别挂包5所学校，对全县中小学实行责任督学挂牌督导。

【“两项督导”自评工作开展】 10—11月，县教育局开展教育“两项督导”自评工作，通过上报自评报告、评估登记表、自评概述与工作亮点，形成教育工作督导评估补短板整改清单，抓好整改落实。

【第五届中小学生围棋和中国象棋比赛举行】 11月24—26日，县第五届中小学生围棋和中国象棋比赛在青少年学生校外活动中心举行。比赛分小学低段组、小学高段组、初中组、高中组、教师组5个组进行，232名学生和教师参赛。围棋比赛有30名学生、5名教师获奖，中国象棋比赛有31名学生、8名教师获奖，24名教师获“优秀指导教师”奖。

【市第四届教工运动会获佳绩】 11月，在市第四届教工运动会上，县教育局代表团（分别由一中、城二小、鸿图中学、城一小牵头组成）篮球、气排球、乒乓球、羽毛球4支运动队，乒乓球代表队获第一名、羽毛球队获第二名，团体总分获第四名。

【中小学生“河长杯”演讲比赛举办】 12月25—26日，县教育局、河长办联合举办中小学生“河长杯”演讲比赛，42名选手参赛。施梦兰等10位学生获一等奖，黄瑾等16位获二等奖，陈慧香等16位获三等奖。

【“圆梦蒲公英”主题艺术展演举行】 12月，县青少年学生校外活动中心举行“圆梦蒲公英”主题艺术展演，共举办学生书画展、器乐专场、电子琴专场、舞蹈专场和“少年传承中华传统美德”诗词朗诵专场等5场汇报演出，累计参加2800余人次。

【校园啦啦操展演比赛获佳绩】 2017年，城三小、六中啦啦操队参加市中小学啦啦操联赛分获二等奖、三等奖；组织5支中小学校园优秀啦啦操队参加“海峡两岸”全国大学生篮球联赛开幕式表演受到好评。

【获评“全国青少年校园足球特色学校”】 2017年，武陵中学、太华中学、城关一小、武陵中小、吴山中小、均溪中小、奇韬中小等7所学校被认定为“全国青少年校园足球特色学校”。截至年底，全县共有9所全国青少年校园足球特色学校（含大田六中、大田实小）。

2017年7月1日，大田县举行中学生校园足球联赛　（县教育局／提供）

【公开招聘中小学幼儿园教师】 2017年，县教育局根据“国标、省考、县用”的标准，公开招聘教师112人，其中，中学2人、小学88人、幼儿园20人、特殊教育2人。

【专项招聘原辞退代课教师】 2017年，县教育局根据《大田县人民政府办公室转发县教育局等部门关于妥善解决辞退代课教师问题实施意见的通知》（田政办〔2016〕120号）文件，组织符合条件的原辞退代课教师参加专项招聘入编考试，共招聘83人，其中，小学37人、幼儿园46人。

【中小学幼儿园教师资格认定】 2017年，县教育局组织开展中小学幼儿园教师资格认定工作，经网上报名、现场确认和审核认定三个阶段，全县教师资格认定168人，其中，初中33人、小学72人、幼儿园63人。

【教师职称晋升任职资格评审】 2017年，全县中小学、幼儿园教师155人参加教师职称任职资格晋升评审，其中，高级17人（中学10人、小学和幼儿园7人），一级103人（中学57人、小学和幼儿园46人），初级35人。

【教育项目开工建设】 2017年，实幼京口开发区分园、赤岩小学、福兴幼儿园、温镇幼儿园动工、石牌中心幼儿园、太华第一中心园（二期）、职专电子实训、鸿图中学教学综合楼、华兴中学学生宿舍楼、上京中学学生宿舍楼、吴山中心小学等11个教育项目开工建设，总建筑面积6.28万平方米，总投资3.86亿元。

2017年1月，赤岩小学建设　（县教育局 / 提供）

【"挂牌督导创新县"创建工作启动】 2017年，县教育局启动"中小学校责任督学挂牌督导创新县"创建工作。聘请市正科级督学吴洪根，梅列区政府教育督导室督学林福相作专题讲座。每月开展一轮经常性督导，完成听课98节，巡课95次，列席学校会议43次，校长、教师、学生、家长座谈与访谈分别为126、757、711、189人次，问卷调查6998人次。

【"研学旅行"示范点申报】 2017年，五中、职专、鸿图中学、实小、城二小等5所学校申报市中小学生研学旅行试点校，中小学生综合实践基地、坝水一方、屏山茶人家、灵动济阳、东坂畲族村、集美第二学村、五彩大石等申报市中小学生研学旅行示范基地。

（陈吉胜 林进栖 章选东 张 斌 余孔值 连仁胜 苏启叁 连占斗 陈德红 张毓贞 温兴聪 郑永槐 乐起淡 连雪卿 陈希贤 郭志萍 林青珠 林凤海 乐玲繁）

学前教育

【概况】 全县幼儿园（班）139所（个），其中，公办幼儿园32所、民办32所、其他部门办1所，74个幼儿教学点。全县有省级示范园1所，市级示范幼儿园3所，县级示范幼儿园19所（民办园3所）。全县在园幼儿1.89万人，其中，公办园1.25万人，民办园6226人，其他部门办129人。3—5周岁幼儿入园率98.4%。教职工1126人，其中公办教师435人，非公办691人。公办教师中大学本科110人，专科240人，中专75人，高中及以下10人；高级职称4人、中级191人、初级171人，未定级69人。当年，县实验幼儿园城南分园、湖美中心幼儿园认定为"县级示范幼儿园"；新批准设立贝贝幼儿园、七色花幼儿园、瑞地幼儿园3所民办幼儿园；设立阳春小学附属幼儿班。县实验幼儿园、城东村幼儿园被评为省首批"保教改革建设幼儿园"。

【幼儿教师继续教育培训】 2017年暑期，县教育局集中开展幼儿教师专项继续教育培训4期，其中，有190名教师参加代课教师班培训，130名园长和骨干教师参加幼儿园园长岗位培训班，277名保育员参加幼儿园保育员培训班，63名教师参加新教师岗前培训班，进一步提升全县幼儿园教师队伍业务水平。

【调整学前教育片区】 9月，县教育局对县内三个幼儿园片区重新调整划片，第一片区基地幼儿园为县实验幼儿园，第二片区基地幼儿园为均溪中心幼儿园，第三片区基地幼儿园为红星幼儿园。

【省级示范园开放观摩活动举行】 11月30日，县实验幼儿园承办市第二届幼儿教育专业委员会第三次会员代表大会暨省级示范性幼儿园开放观摩活动，全市各县（市、区）教育局幼教干部、进修学校幼教教研员，省、市级示范性幼儿园园长共120人参加。

【民办园评估定级】 12月，县教育局对满天星幼儿园等10所民办幼儿园进行定级评估，其中大拇指幼儿园、童欣幼儿园晋级为一级园；建山幼儿园、满天星幼儿园、小叮当幼儿园、福田幼儿园、建设镇童乐幼儿园和小博士幼儿园晋级为二级园；昌盛幼儿园、石牌镇盼盼幼儿园晋级为三级园定级为二级园。

【幼儿园片区教研活动】 2017年，县实验幼儿园在幼儿园片区管理基础上，通过园际交流合作、帮扶、带教、支教等形式，开展丰富多彩的片区教研活动。开展县级活动区游戏专题研训活动1场，参加138人；省级示范园开放日活动2场，参加280人；片区骨干教师教学展示活动1场，参加160余人；片区教研活动10场次，作专题讲座8人次。

【实幼总园制办园模式实行】 2017年，县实验幼儿园实行总园制办园模式，实行"1+N，总园（名园）+分园"办学模式，总园为实验幼儿园，分园分别为城南分园、玉山分园、开发区分园，发挥省级示范园资源优势，实行"一对多"辐射式总园制办园管理。

（王英德　潘丽清）

义务教育

【概况】 全县义务教育学校121所，在校生3.89万人。其中，小学100所（实小1所、城小4所、中心小学19所、村完小6所，教学点70个），在校生2.96

万人，一年级招生6373人，六年级毕业生3586人；初中21所（初级中学17所、九年一贯制学校4所），在校生9329人，七年级招生3467人，九年级毕业生2756人，录取中专1062人（含中专、职专、技校）；普高录取1590人。教职工3438人，其中，公办2976人，非公办462人。公办教师中，研究生学历6人、大学本科1448人、专科1023人、中专449人、高中及以下50人；正高级职称1人、高级355人、中级1889人、初级564人、未定级167人。当年，五中、六中被省教育厅确认为省首批“义务教育教改示范性建设学校”。

【初中教育教中质量监控评价实施】 4月，县教育局组织开展全县初中期中考试全员全学科统一命题、统一网络阅卷及统一质量分析工作；5月，组织开展全县市质检质量分析会议；11月3日，组织开展全县中考质量分析会议；11月15—17日，组织开展全县初中期中考试全员全学科统一命题、统一网络阅卷及统一质量分析工作。

【首届初中“毓秀杯”学科竞赛活动】 4—5月，县教育局选拔360名优秀学生参加县教育局主办、一中承办的全县首届初中“毓秀杯”学科竞赛。共评选出一等奖10人、二等奖21人、三等奖62人、优秀奖92人，优秀指导教师奖55人。

【非完全小学通过“农村标准化教学点”评估】 4—11月，县教育局先后分2批次组织评估工作专家组对上京上平小学、太华仕坑小学等32所非完全小学“农村标准化教学点”创建情况进行评估。全县51所非完全小学100%通过“农村标准化教学点”评估。

【城区小学招生工作完成】 5月，县教育局顺利完成城区小学一年级招生任务，城区各校报名2948人，其中外来人员随迁子女（含本县农村进城人员随迁子女）1073人。

【科技创新成果多项获奖】 7月，五中无线电测向运动代表队在全国无线电测向锦标赛中，共获得7个第一名、7个第二名等多个奖项，并获“全国学校无线电测向先进单位”称号；10月，五中无线电定向越野队在福建省中学生体育联赛定向越野锦标赛中，获高中男子组百米定向个人赛第一名、高中组团体二等奖、初中组团体二等奖；11月，在省青少年航空模型锦标赛中，五中航模社获4个单项团体第一名、中学组航天综合团体第二名；六中航模队获遥控直升机障碍飞行团体第二名；12月，城关第三小学在市中小航空航天模型比赛中荣获小学组综合团体总分第一名。

【教学改革喜结硕果】 8月，城关第一小学“找准突破口，构建体验教育完整体系的实践”课题被确定为福建省中小学德育建设“百优”示范项目。9月，实验小学“‘先学后教·高效课堂’教学模式”获得“2017年福建省基础教育教学成果奖二等奖”。12月，实验小学、城关第一小学被省教育厅确认为2017年首批“义务教育教改示范性建设学校”，同月，省教育厅组织专家审核和实地抽查，确认城关第一小学、城关第三小学为省“义务教育管理标准化学校”。

【务工人员子女平等接受义务教育】 8月，县教育局完成进城务工人员子女招生工作，以电脑派位抽签录取的方式安排进城务工人员子女727人到五中、六中、鸿图中学3所城区中学就读。9月，全县小学共有随迁子女在校就读3163人，其中外省、省内外县随迁子女1199人，本县县域内流动人员子女1964人。外省、省内外县随迁子女中属进城务工人员随迁子女878人，其中，省内外县的有522人，外省的有356人。五中、六中被省教育厅确认为省首批“义务教育教改示范性建设学校”。

【省义务教育质量监测实施】 12月28日，全县小学12个样本校五年级学生接受省厅组织的全省小学语文、数学科教学质量监测和学生问答及校长、教师网络问卷。

【开展课题研究】 2017年，全县初中共有课题研究193个，其中省级2个、市级7个、县级184个，153个课题取得阶段性成果。

【“义务教育标准化学校”评估验收】 2017年，市教育局组织评估验收组分2批次到大田县开展义务教育管理标准化学校评估验收。5月，五中、鸿图中学通过市级评估验收，12月获省教育厅认定；12月，石牌中学、上京中学通过市级评估验收。

（张 斌 林 蓉 苏进佳 郑联鸿）

2017年8月2日，城区初中招生抽签录取现场 （县教育局/提供）

高中教育

【概况】 2017年，全县有高中5所，其中独立高中1所、完全中学4所，在校生4265人。高中招生1494人，高三毕业生1245人。教职工599人，其中公办教师387人、非公办21人。公办教师中研究生学历8人、大学本科346人、专科25人、中专4人、高中及以下4人；高级职称158人、中级190人、初级31人、未定级8人。

1月16—17日，组织全县1160名考生参加省单科质检考试。4月8—9日，组织全县高三毕业班1160名考生在一中考点参加省质量检查测试。全年，县高中校际教研活动开展6场次，26个学科次、446名教师参加活动。3月28日，一中教师林启福获省教育厅科技辅导员创新项目类一等奖，并推荐参加国赛。4月，一中荣获第三届三明市未成年人思想道德建设工作先进单位称号。7月，五中入选2017年教育部国防教育特色学校。8月，鸿图中学援藏教师陈文亮荣获福建省人民政府颁发的省优秀教师称号；12月，罗丽华老师荣获教育部“一师一优课、一课一名师”课例活动比赛部级优课。12月，一中化学学科被省教育厅确认为省首批“普通高中优质学科课程建设项目”，颜文景等教师“高中地理自创教具的研究与应用”教学成果获省二等奖。

【第三届“魏碑圣地·全国书法、魏碑论文大赛”获奖】 4月16日，第三届“魏碑圣地·全国（在校大、中学生）书法、魏碑论文大赛”颁奖暨展览开幕式在河南洛阳张海书法艺术馆举行，一中高二学生郑颀、范越作品分获大赛“中学组”一、二等奖。

【黄政获江苏卫视“最强大脑”称号】 6月，五中学生黄政在江苏卫视挑战《最强大脑》，连闯三关，顺利过关，获得江苏卫视“最强大脑”称号。

【无线电测向运动队全国赛获佳绩】 7月，五中无线电测向运动代表队共13人参加首届全国学生无线电测向锦标赛，共获得7个第一名、7个第二名、5个第三名、3个第四名、2个第五名、1个第六名、2个第七名、3个第八名、2个三等奖、6个优秀奖，五中获得“全国学校无线电测向先进单位”称号。

【大田五中定向越野队省赛获佳绩】 10月13—15日，五中无线电定向越野队共22人参加省中学生体育联赛定向越野锦标赛，获得高中组团体二等奖、初中组团体二等奖、高中男子组百米定向个人赛第一名。

【信息学奥林匹克联赛复赛获奖】 11月，一中学生郑英炜获全国青少年信息学奥林匹克联赛复赛提高组（福建省赛区）一等奖，并获得参加在长沙长郡中学举行的2018年北京大学信息学冬季体验营资格。

（余孔值　郑联鸿　张选辉）

试点项目评估。当年，职专被评为“全国职业院校数字校园建设实验校”“福建省中等职业教育改革发展示范校”，顺利通过“福建省示范性现代职业院校”考评验收。

【县职专承办市中职学校技能大赛】 4月，市中等职业学校技能大赛竞赛在大田职专举办，共有手工制茶、种子质量检测、艺术插花、蔬菜嫁接4个竞赛项目，10个代表队、91名选手参加。

【啦啦操国赛、世界锦标赛获佳绩】 6月，职专啦啦操队获2017年全国啦啦操联赛暨中国啦啦操之星争霸赛规定套路爵士啦啦操、自选花球啦啦操“双冠军”，并于8月代表国家队出征澳大利亚悉尼参加世界啦啦操锦标赛，获公开组第五名和双人爵士第七名。

2017年8月，大田职专啦啦操队获奖　（报道组/提供）

职业教育

【概　况】 2017年，全县有职业中专（下简称职专）1所，在校生2472人。教职工191人，其中公办教师172人、非公办19人。公办教师中研究生学历4人、大学本科155人、专科10人、中专2人、高中及以下1人；高级职称55人、中级89人、初级职称20人，未定级8人。5月，职专2014级生物技术专业学生郭幼兰被团中央学校部授予“全国最美中职生”称号。职专中草药种植专业通过省职业院校现代学徒制

【教师队伍获系列荣誉】 2017年，职专校长林凤璨被评为市名校长，副校长涂文照被评为市学科带头人，教师陈开鸿被评为市优秀教师、陈乘俊获市教育世家称号、余小妹获市三八红旗手称号；陈荣圭、林善面等13名教师荣获县优秀教师称号；刘其冠获2017年全国中等职业学校“创新杯”英语科教师信息化教学微课设计大赛二等奖，杨春娇被评为省职业院校技能大赛优秀指导教师，涂文照、郭守科被评为省职业院校技能大赛优秀工作者，陈吉沛、温乃聪获市教师教学技能比赛一等奖，章建群、刘其学获市教师教学技能比赛二等奖。

教师单项获省级表彰 41 人、市级 12 人、县级 26 人。

【学生技能大赛获奖】 2017 年，职专组织学生参加各级职业院校技能大赛（中职组），章丽青荣获国赛果蔬嫁接项目二等奖，另获省赛一等奖 1 人、二等奖 2 人、三等奖 5 人、优秀奖 6 人；市赛一等奖 11 人、二等奖 17 人、三等奖 38 人、优秀奖 42 人。技能大赛积分在全省排名第三十四名，较 2016 年提升 8 个名次，在市中职学校排名第三。郑丽婷在“中国美·劳动美” 2016 年三明市导游风采大赛中荣获三等奖；学生获省级表彰 12 人、市级表彰 21 人、县级表彰 39 人。

【省文体竞赛获佳绩】 2017 年职专啦啦操队获省中等职业学校第十三届教工健身运动会铜奖和《众星捧月》项目第一名；校园足球队获省中等职业学校足球联赛二等奖；校园航模社获省青少年航模锦标赛 “穿龙门” “嫦娥一号”项目第一名。

【春季高考创佳绩】 2017 年，职专参加省春季高职招考考生 302 人，本科计划考生 209 人、上线 42 人，上线率 20.1%，在省内名列前茅。其中机械制造技术专业本科上线率 38.2%、电子技术应用专业本科上线率 23.68%、汽车运用与维修专业本科上线率 21.43%。

【办学硬件设施改善】 2017 年，职专争取上级资金 2901.3 万元，其中，中央发改委 1800 万元，省市专项 515 万元，县财政 390 万元，国投公司 188 万元，市教育局 8.3 万元。校内外实训室建设得到完善，投入 120 万元新建会计电算化实训室、工业设计实训室各 1 间，新增 VR 人才培养中心设备值 268 万元，添置电钢琴 19.3 万元，购学生公寓床 18.9 万元，家电实训室新增设备 17.9 万元，电子技术应用专业资源库精品课程建设及校本教材开发 53.2 万元。

【合作办学取得进展】 2017 年，职专与省林业职业技术学院签订机械制造技术五年制高等职业教育专业设置申报，并获秋季招生 20 个招生计划资格；与集美大学教师教育学院签约共建协议、市农业科学研究院签订院校合作协议；与福建三明茶盟生物科技有限公司、成立岬平凹生态农业有限公司、大田永大工艺制品有限公司签订校企合作协议。全年，共安排 412 名学生顶岗实习、57 名教师下企业实践。

【职业培训与鉴定开展】 2017 年，职专开展茶叶制作工艺、茶叶品牌建设、安全生产知识等各类培训，参训 2200 人次；建立全省中职学校唯一的茶叶检测中心，免费为茶企、茶农开展检测服务 70 批次；职业技能鉴定站鉴定 600 人次；举行家庭服务类工种全市统考 199 人（保育员 76 人、育婴师 123 人）；组织 2015 级学前教育、旅游专业学生参加普通话水平等级考试，通过 104 人。

【专业结构调整】 2017 年，职专对接县域产业，适时调整专业布局，办好“现代农业产业专业群” “现代制造产业专业群” “现代服务产业专业群” 3 个专业群，暂停畜牧兽医和休闲体育服务与管理专业招生。

（陈希贤）

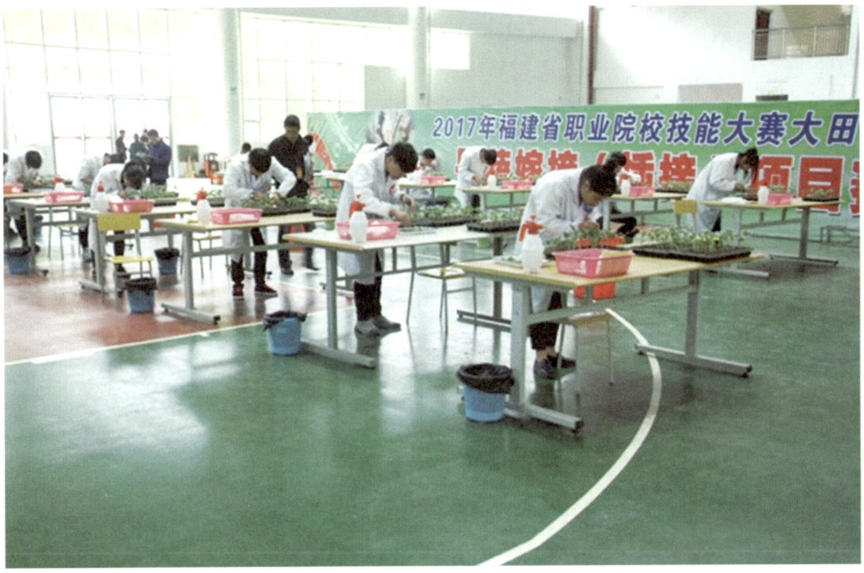

2017 年，职专学生参加福建省职业院校技能大赛 （报道组 / 提供）

高等教育

【概况】 2017 年，县电大工作站有专职教师 10 人，均为大学本科学历。其中高级职称 3 人、中级 6 人、初级 1 人。共开办 48 个专业、120 个班、学生 920 人，当年招生 561 人、毕业 234 人。其中，国家开放大学（中央广播电视大学）开放教育开设 14 个专业、52 个班、学生 604 人，当年招生 325 人、毕业 124 人。本科有法学、汉语言文学、小学教育、会计学、行政管理、学前教育等 6 个专业，专科有法学、行政管理、会计学、学前教育、小学教育、农村经济管理、农村行政管理、劳动与社会保障等 8 个专业。奥鹏远程教育中心合作高校有东北师范大学、东北大学、大连理工大学、四川农业大学、吉林大学、电子科技大学等 6 所，共开办数学及应用数学、计算机技术、土木工程、采矿工程、水利水电工程、机械工程及自动化、安全工程、机电一体化、电气工程及其自动化、金融学、动物医学、农学、林学、水产养殖、药学等本专科专业 34 个、68 个班、学生 316 人，当年招生 136 人、毕业 110 人。

12 月，县电大工作站获福建广播电视大学“招生工作先进集体”称号。同时，被东北师范大学继续教育学院授予 2017 年东北师范大学现代远程教育招生推广工作“优秀学习中心”。

【增设小学教育本（专）科专业】 2017 年秋季，县电大经福建省广播电视大学批准，增设开放教育小学教育本（专）科专业，首批招生 30 人，其中本科12人、专科18人。

【与大连理工大学网络教育学院合作】 2017年秋季，县电大经省电大奥鹏远程教育学习中心批准，与大连理工大学网络教育学院合作，增设网络教育首批招生20人，其中本科7人、专科13人。（郑祥全）

成人教育

【概况】 2017年，全县成人教育有教师进修学校、卫生进修学校、农广校、老年大学等4所。专(兼)职教师110人，其中研究生学历1人、大学本科70人、专科28人、中专（高中）11人；高级职称47人、中级55人、初级5人、未评3人。

教师进修学校 2017年，县教师进修学校在职教职工36人，专任教师35人，其中本科学历25人、大专5人、中专5人；取得副高级职称19人、中级14人、未评级2人；特级教师1人，省级学科带头人2人，省级学科带头人培养对象2人，市级学科带头人4人；市级学科带头人培养对象4人。兼职教研员64人。进修学校围绕“五年发展规划”，秉承“躬耕研训，强师提质”办学理念，以“讲究实效，重抓质量，提升素养”为目标，以创建省级示范校为抓手，注重常规管理，做好全县中小学幼儿园的教研、培训、指导、服务和教育质量检测工作，工作成效得到上级肯定和广大教师好评。当年，教师翁文龙、张秀琴被县委县政府表彰为“优秀教师”，苏元楚被县委县政府表彰为“优秀教育工作者”。

卫生进修学校 2017年，大田县卫生进修学校有专（兼）职教师26人，其中大学本科学历19人、大专5人、中专2人；高级职称8人、中级16人、初级2人。开办全日制中专学历4个班，其中护理专业3个班、农村医学1个班，函授大专学历护理专业2个班。当年招收新生2个班、65人，其中护理专业30人、农村医学专业35人；毕业2个班、50人，其中大专学历函授班11人、中专学历全日制班39人。举办乡村医生规范培训3期、培训426人。当年，陈小忠获福建省乡村医生规范培训优秀管理员称号，钟彬荣获县优秀教师称号。

大田农广校 2017年，农广校有专兼职教师32人，其中取得正高职称1人、副高级14人、中级14人、初级3人；研究生学历1人，本科16人，专科14人，中专或高中1人。开设中等教育2个专业、2个班，共75人，其中会计专业1个班、27人；果树专业1个班、48人。2014级会计专计专业毕业人数27人，果树专业毕业人数48人。

老年大学 2017年，老年大学有专（兼）职教师17人，其中大学本科学历10人、专科4人、中专2人、高中1人；高级职称5人、中级11人、未评1人。开设太极拳、南音、电脑、乒乓球、合唱、卡拉OK、烹饪、器乐、电子琴、国学、腰鼓、交谊舞、摄影摄像、保健推拿、民族舞、健身舞、拉丁舞、瑜伽、聊天、旗袍、铜管乐等21个专业、22个班、1673人次。当年，县老年大学开展“学雷锋志愿者在行动”“缅怀先烈·不忘初心”“庆五一·看化”“端午安康·粽情兴业”“庆七一·强党性”“喜迎十九大·看大田变化”“金融安全行·守护夕阳红”“聚焦十九大·同乐重阳节”“贯彻十九大·欢乐迎新年”等主题活动。当年，罗晓明获得由省委组织部、省委老干部局、省人力资源和社会保障厅表彰的“全省先进老干部工作者”称号。

【生态有氧健身操比赛获佳绩】 8月8日，河长办、文体广电出版局主办，县老体协承办的2017年“河长杯”生态有氧行进健身操在县体育馆举行。老年大学30名师生组成的代表队，以整齐的动作、优美的舞姿、富有激情激情的表演，展现当代老年人活力，获得一等奖。

【教研活动】 2017年，教师进修学校在初中（五中、六中、鸿图、石牌）四个片际，小学（实小、城一小、城二小、城三小、均溪中小）五个片际，幼儿园（实幼、均幼、红幼）三个片际，共开展教研活动120多场次，参加活动教师2519人，开设公开课236节、专题讲座158场，为广大教师提供了展示的舞台和成长、交流的平台。

【教师培训】 2017年，教师进修学校按照“研训一体，按需施训”的培训工作理念，开展县中小学幼儿园教师全员培训、中小学校长能力提升培训、信息技术培训、办公室主任培训、新教师岗位培训、“立德修身”教师成长培训、毒品预防师资培训、幼儿园园长及保育员、代课教师等各类教师专项培训26期，参训教师、教育管理者6141人次。43名县级“十三五”学科带头人培养对象分别委托福建师大、集美大学、闽南师大、泉州师院等高校组织的“省市学科带头人班”跟班培训。

【质量监测】 2017年，教师进修学校组织进行一至九年级各年段期中、期末全县统一质量检测考试和小学毕业班毕业升学考试（初考）、初中毕业生质量检测、中考模拟考试组织、命题和质量分析工作。实施义务教育学业质量监测建立以校为本、基于过程的教学质量评价系统。命题由原来的单一人员命题转向小组命题、五县联合命题。评卷由过去学校自行阅卷转向统一阅卷，实现全县各校点网上阅卷，有效提升命题、评卷质量。

【薄弱帮扶协议签订】 2017年，教师进修学校发挥教研、培训、指导、服务功能，应基层校请求，与广平中学、文江中心小学签订薄弱校帮扶协议，从办学思想、管理水平、校园文化建设、教师教育理念、教学方法改进等方面进行帮扶。开展英语、语文薄弱学科专项调研，破解制约薄弱学科提升因素，寻找提升薄弱学科成绩的方法和对策，通过结对帮扶、示范引领、跟进学习等途径，实现理念更新、资源共享，薄弱帮扶取得阶段性突出成效。

【技能大赛】 2017年，教师进修学校承办由县教育局、县总工会主办的第三届全县中小学幼儿园教师教学技能大赛，全县276名教师（高中组56人、初中组113人、小学组88人、幼儿组19人）参加38个学科的教师教学技能大赛，有138名选手获奖，其中一等奖36人、二等奖41人、三等奖61人，各学段各学科第一名30人，被县教育局、总工会授予中小学“教学能手”称号。

【**新型职业农民培育**】 2017年，县农广校加大新型职业农民培训力度，采取送教下乡培训模式，组织专家到桃源、屏山、吴山等12个乡镇、村培训点授课，培育一批适合农业农村建设所需的人才。培训班开设蔬菜、茶叶、果树种植技术等产业16个班次。设置蔬菜无土栽培、蔬菜病虫害防治、果树生产、茶叶生产、土肥等技术课程。培训其间、根据当地产业发展的需求课程做适当调整，又增设植保飞防新技术、农产品电子商务等课程，受到学员的认可。当年参加培训学员1054人。年底，县组织农业专家开展新型职业农民认定工作，对符合新型职业农民标准的农业从业者进行评审认定。共认定新型职业农民78人，其中初级36人、中级23人、高级19人。

【**信息宣传报道**】 2017年，县老年大学通过报纸、县电视台、LED屏、广播、简报、发行校刊等形式广泛宣传老年大学各项活动。全年出版简报18期、校报2期，学员郝滔、陈梅花的作品多次在《中国老年报》《福建老年报》《陕西老年报》刊登。

（卢志兰　陈小忠　范双龄　罗晓明）

特殊教育

【**概况**】 2017年，全县有特殊教育学生256人，其中随班就读48人。县特殊学校1所，公办教师22人，校医1人。其中高级教师3人、中级9人、初级9人、未定级2人；特校专业院校毕业的有10人，占58.8%；大专及以上学历22人，达95.7%。有幼儿、义务教育班10个、学生121人（幼儿4人、小学80人、初中37人）。特校坚持“教育是为了孩子们更好地生活”的办学理念，以“文化教学为奠基、常规教育为中心、康复指导为亮点、职业教育为关键”的办学方向，以“花期不同、一样美丽”为指导思想，探索“教育、康复、职教”一体化的办学格局。课程按国家设置的一般性课程和选择性课程实施，根据学生实际需要，全校统筹安排艺体活动课、心理康复课、个训课等。

【**教育研究课题获奖**】 4月27日，教师陆明英执教的心理健康课《包子石头臭鸡蛋》在“2016—2017学年福建省特殊教育智障类北片区教学研讨活动（莆田）”比赛中获得小组第二名。10月19日，副校长张太全承担并组织的省级课题《手势语在培智学校语文课堂教学中的应用研究》立项并举行开题报告会。11月23—24日，教师连晓梅执教的《西红柿—言语沟通能力训练》一课参评2017—2018学年度福建省特殊教育自闭症教学优质课。12月19日，教师张琴代表三明市特殊教育系列参加福建省中小学幼儿园优质课评选活动，获得第五名。校长林秀梅承担并组织的县级课题《培智学校语文生活化教学的研究》已结题，其中，课题主要成员副校长张太全撰写的论文《让智障儿童在兴趣中学习》在福建教育研究刊物2017年第6期发表。

【**阳光体育工作获奖**】 10月26—27日，县特校组织参加三明市残疾人第三届特殊奥林匹克运动会，在田径、羽毛球和乒乓球等7个小项的角逐中，获全市特殊教育学校前茅。12月19—22日，在福建省第六届特殊奥林匹克运动会中，取得5金2银。

【**特校基础设施投入**】 2017年，县特殊学校投入25万余元用于改造律动室小舞台、心理减压室及功能室添置LED屏幕1个、空调2台。根据需要不断完善教学设施设备，基本上满足教育教学的需要。

（郑娜娜　林裕看　张太全）

文学艺术

【概况】 2017年，大田县文学艺术界联合会（简称县文联）贯彻党的“百花齐放、百家争鸣”文艺方针，全年举办文艺讲座7场次、文艺采风2次、艺术品展4场，承办市级音舞诗会1次。出版内刊《大田文艺》3期；报告文学集2部；出版个人文学作品集3部(其中1部合集)；出版个人书法作品集1部；内刊出版个人文集(含散文、诗歌)1部。个人艺术品获国家级奖7人次、入选国家级展览1人次。加入国家级诗词协会3人。6月22日，海峡两岸南明文化联盟、漳州产业文化发展促进会授予周兴“大木作”闽南传统匠师；8月，县国税局苏诗布加入中国作家协会；9月，县公务员局郭宝珍加入中国舞蹈家协会；12月，文江乡中心幼儿园廖丽晖加入中国舞蹈家协会，县文联颜全飚入选省作家协会青年作家创作委员会委员；县文联被市文联评为“深入生活，扎根人民”文艺志愿服务活动优秀单位；县委报道组郑宗栖、福塘幼儿园叶晓蓉获文艺志愿者奖。

美术文化讲座 4月，县文联采用“请进来”的办法，邀请书法家王厚祥、王佑贵，美术家张永山，到大田办书法美术讲座，书画爱好者20多人参加。10月，县文联邀请《福建文学》副主编、文学评论家石华鹏，《福建文学》编辑部主任、诗人、儿童文学作家贾秀莉到大田分别就小说、散文、诗歌创作开设《福建文学》“走进大田”文学创作讲座，点评大田作者作品；同月，邀请三明画院王鹏飞院长就福建省第四届“意之大者”中国画写意作品展征稿事宜进行指导，县美术家协会会员20多人参加活动。11月，邀请三明市文联主席、诗歌评论家黄莱笙举办“范方作品和新时代地方文艺创作”讲座。

文学作品获奖 5月1日，连晋尉的木雕作品《红旗下成长》、周朝宗的木雕作品《喜上眉梢》参加由中国收藏家协会、中国（莆田）海峡工艺品博览会组委会举办的第十二届中国（莆田）海峡工艺品博览会评比中，均获得银奖。10月，县市场监督管理局陈广程摄影作品《美丽岩城》参加全国生态摄影大赛获三等奖。11月，在第十届重庆万石博览会活动中，县文联选送的陈向荣九龙璧《宝塔》获金奖，许俊新彩蜡石《还我河山》、林联茂彩蜡石《二师兄》获银奖，范五二彩蜡石《一丑》获铜奖。12月，县美术家协会林联泰作品《蟾石图》入选“丹青扬州”第三届中国工笔重彩画作品展并收藏。县图书馆郑圣泉、县教育局连克想、自由职业者林联泰作品入选福建省第四届“意之大者”写意画大展，其中郑圣泉、林联泰作品获优秀奖。

文学作品展 5月，县委政法委、宣传部主办，县文联承办的“和谐大田”书画作品展，在县图书馆一楼展厅举办，展出特邀书法、美术名家与本县各界人士、书法爱好者创作的书画作品百余幅。6月，县委组织部主办，县文联承办，县直机关党工委、县河长办协办的“喜迎十九大”书画作品展，在县图书馆一楼展厅举办，展出党员干部、社会各界书法爱好者的书画作品80多幅。8月，一中高三学生范越在校举办“翰韵清越——范越书法作品展”，展出作品40幅，作品集由海峡出版发行集团出版。10月，县文联、县赏石协会主办，县矿业协会、县国新建材工业公司承办，在县党校岩城奇石馆举办“喜迎十九大”大田县第三届奇石文化作品展，展出全国各地出产的300余方奇石，评出金奖奇石15方、银奖25方、铜奖40方。11月，大田五中蒋先茂、自由职业者刘起财书法作品入展“福建省第三届书坛新人新作展”。

文学作品出版 10月，县国税局苏诗布长篇小说《闽海大将军苏十万》由海峡文艺出版社出版。县政协文史办连仁山诗集《中国诗人印象（合集）》由团结出版社出版。11月，县教育局连占斗第六本诗集《天象》出版，本书列入福建文艺发展基金资助项目。县医院退休医师李纯宗著《岁月平凡逐逝波》内刊出版。12月，县委宣传部、县总工会、县文联联合出版内刊《大田劳模风采》。县人社局、县文联联合出版内刊《大田小微企业创新创业故事》。

【开展送春联活动】 2月，春节期间，县文联围绕“和谐大田”主题选派县书法协会会员到桃源等地下乡写春联、送春联，为百姓送去上百幅作品。

【书画作品集出版】 5月，县委政法委、宣传部、县文联出版《“和谐大田”书画作品集》，大16开，彩印胶装，印刷3000册。

【联办“端午诗会”活动】 6月，县文联组织诗词爱好者10人到厦门，与集美区文联联办“端午诗会”活动，通过诗歌唱和、座谈、观光活动，增进两地作家诗人的感情，促进创作水平的提高。

【音舞诗会和山海诗会举办】 12月，由三明市文联指导，三明市作家协会、大田县文联、集美区文联、大田县旅游局、武陵乡党委政府主办，市诗歌朗诵协会、县旅游协会、县作家协会、集美区作家协会、集美区朗诵协会、县朗诵协会协办的第四届三明(武陵)“中国梦·乡村美”音舞诗会暨第二届“大田·集美”山海诗会，在武陵乡大石村渔家晚钓举办，展演13个节目。

2017年12月9日，第四届三明（武陵）“中国梦·乡村美”音舞诗会暨第二届“大田·集美”山海诗会在大石村举办　　（林建伟/摄）

【《大田文艺》连续出版】 2017年，出版内刊《大田文艺》(白岩山)3期，刊物设计大方；发表小说、诗歌、散文等作品280篇(首)，48万余字，摄影、书画作品115副(帧)。其中秋、冬季刊，通过改版，以刊中刊的形式，刊中小刊集中介绍谢洋、武陵乡的自然风光、风俗人情的摄影、散文、诗歌等作品。

（严垂壁）

图　书

【概况】 2017年，县图书馆实现图书采编、流通、检索自动化管理，图书馆的各项内务统计都实现电脑操作、有序化管理。馆内设有基本书库、辅助书库、储备书库、捐赠书库、过刊库，有专门的少儿阅览区、综合阅览区、书报阅览区、少儿绘本室、亲子活动室、少儿视频播放厅、电子阅览室、政府信息查阅室、盲人阅读区、音像资料室、国学馆、地方文献室、特藏室、书友活动室、读者图书漂流室、24小时自助图书馆、VR、AR数字体验馆等多个功能室。馆内藏有各类图书及报刊文献15.4万册(本)。馆内编内工作人员6名，购买服务人员7人。

当年，新办借书证近2000张，图书借还17万册次。读者到馆人数近20万人次，其中“4·23”世界阅读日到馆2132人次。全年开展阅读推广活动180场。开展各项业务并有序整理文件资料完成第六次公共图书馆评估定级(国家一级馆)工作。

大田县新华书店　2017年，大田县新华书店重点抓好教材、教辅及一般图书发行，同时发展复印纸、新华眼镜、预包装食品等副业。全年销售1537.49万元，比上年增长15%，其中，教材及教辅资料销售1234.75万元，同比增长14.9%；一般图书销售221.74万元，同比增长25.59%；多元产品销售81.01万元，同比减少2.69%。营业收入1629.47万元，同比增长12.93%，其中，主营业务收入1482.29万元，其他业务收入147.18万元。利润148万元，同比增长11.42%。当年，被福建新华发行集团授予“2017年度大中专教材发行先进单位”称号。

【图书阅读免费服务】 2017年，县图书馆开展免费书刊借阅服务，数字信息查询服务，电子阅览室及全馆无线上网服务，基层业务辅导服务，便民辅助性服务，延伸性阅读推广读者服务功能。

【图书馆公众号建立】 2017年，县图书馆为适应现代图书馆需要，年初建立“大田县图书馆”微信认证公众号，对外发布馆内信息动态。全年发布各类信息280多条。

【数字图书馆网站建立】 2017年，县图书馆为适应现代图书馆需要，购买电子书15万册，建立大田县数字图书馆网站，域名为dtlib.cn,网站常年正常运行。

【政府信息查询服务开展】 2017年，县图书馆自2008年以来，接收了县里近73个单位送来的公开信息的纸质文件7352条和电子版信息7258条。

【农家书屋工程建设】 2017年，县图书馆实施农家书屋建设工程，参与269个农家书屋建设，邀请业内专家为乡镇文化站站长及部分文化协管员开设专题讲座2场次。

【图书分馆建立】 2017年，县图书馆建立供电公司、白岩社区、残联三个分馆和上京镇城口村、赤岩社区、县武警中队、县消防大队图书流通点。

【阅读推广活动】 2017年，县图书馆开展系列阅读推广活动，引导公众参与图书馆举办形式多样、丰富多彩读书活动，定期组织开展特色活动，拉近图书馆与读者间的距离。阅读推广品牌主要有“我的育儿故事”主题公益讲坛、阅读联盟·大田县作家协会文学沙龙、公益主题绘本故事会、金话筒故事会、公益优秀少儿影片展播、图书漂流进校园、青年志愿者、幼儿园小朋友走进图书馆等。

【优秀服务案例展示】 2017年，县图书馆开设3年多的“公益绘本故事会”阅读品牌，由福建省图书馆学会推荐参加中国图书馆学会优秀服务案例展示活动。为全省首家图书馆VR、AR数字体验馆，项目参评中国图书馆学会主办的“2017年第一届全国公共图书馆创新创意服务案例评选活动”，获优秀奖。

【开展“暑假读一本好书”活动】 2017年，大田县新华书店为贯彻落实省、市关于“开展全民阅读活动”工作部署，继续开展小学生“暑期读一本好书”活动，推动全民阅读，促进书香校园建设。举办征文比赛活动，有17篇优秀征文入选省《书香伴成长》作品集，入选作品数量居全市第一名、全省第三名。在省表彰“暑期读一本好书”大会上，经理林还诚作典型发言。

（郑圣泉　张碧玲）

群众文化

【概况】 2017年，大田县文体广电出版局（简称县文广局）围绕元旦、春节、元宵节等节庆日，精心组织，广泛开展群众文艺演出活动36场次，观众3.6万人次，公益电影放映3320场次，观众16万人次。3月，县文化馆通过文化部国家一级文化馆验收，被评为“国家一级文化馆”。完成闽中戏曲文化产业园区建设。

【非物质文化遗产代表性传承人入选】 2017年，文江朱坂“杂剧作场戏”传承人廖国衡入选福建省第四批非物质文化遗产代表性传承人；余家金入选三明市第二批非物质文化遗产代表性传承人。

【“狮王争霸赛”举办】 2月6日，县文广局主办，县文化馆承办的“狮王争霸”赛在城区白岩公园举办，共有16个乡镇代表队参赛。经过激烈的角逐，广平镇舞狮队夺得“狮王”称号；建设镇、济阳乡、太华镇舞狮队获得二等奖；均溪镇、石牌镇、奇韬镇、吴山乡、前坪乡舞狮队获得三等奖。

2017年2月6日，大田县第二届狮王争霸赛在白岩公园举办　（刘冬春／摄）

2017年11月2日，健身爱好者创“最多人随录像一起做健身操”吉尼斯世界纪录　（刘冬春／摄）

2017年，文江朱坂作场戏非物质文化遗产代表性传承人合影　（文江乡／提供）

【“伯牙奖”钢琴艺术节举办】 6月8日，由中国国际钢琴艺术节伯牙奖组委会、中国国际钢琴学会、三明市钢琴学会主办，县文化馆承办的2017年中国国际钢琴艺术节。伯牙奖大田赛区在县影剧院举办，共有85名琴童参赛。

【打破吉尼斯世界纪录】 11月12日，县文广局组织城区中小学、社区共5000名健身爱好者在大田县文体中心跳大田健身操舞推广套路《go精彩》，参与“最多人随录像一起做健身操”挑战，以4814人的有效成绩打破“最多人随录像一起做健身操”吉尼斯世界纪录。

【第八届大田民间戏剧展演】 11月19日至12月5日，县文广局组织在岩城文化广场举办“第八届民间戏曲展演”，有木偶剧、高甲戏、汉剧、越剧等16场经典戏曲展演，观众1.6万人次。

（严序雄）

文 物

【概况】 2017年，县文广局贯彻“保护为主、抢救第一、合理利用、加强管理”的文物保护工作方针。完善保护机制，合理利用文物资源；发挥博物馆社会文化公共服务作用，加强文物管理，保障文物安全。10月，完成《大田县博物馆概览》编纂工作。当年，屏山乡杨梅村、石牌镇盖山村申报第五批中国传统村落。

近现代重要史迹及代表性建筑4处为凤乾堂、中共大田县第一支部会址——南阳堂、叶炎煌故居——联芳堂、中国工农红军第九军团驻扎地旧址——光裕堂。

【两岸文化交流活动与学术研讨】 7月15—25日，由中国艺术研究院、福建省文化厅主办，由泉州市博物馆、中国艺术研究院文化发展战略研究中心、大田县博物馆承办的“2017年第三届两岸大学生闽南聚落文化及传统建筑调查夏令营暨学术研讨会”，在泉州、三明大田等地举行，海峡两岸16所高校的105名师生考察大田土堡等传统建筑和抗战时期“第二集美学村”旧址。

2017年11月22日，吴山镇阳春村普照堂章公诞辰　（刘冬春／摄）

【第八批县级文物保护单位公布】 2月，县政府公布第八批县级文物保护单位18处，其中古建筑14处，分别是儒洲庵、西湖堂、儒美桥、松泉堂、凤山桥、麦园堂、蛇形厝、南阳堂、美龙桥、普照堂、圣泉岩、桃树堂、树德堂、禅林祠；

【新博物馆开馆】 9月15日，县博物馆由文山路7号迁至银山北路2号文化中心大楼4层。县委常委、宣传部长黄芳，县文广局局长林春忠为博物馆新馆揭牌，12月5日正式对外开放。场馆面积约700平方米，其中展厅面积500平方米，馆内设有大田县革命史基本展列。

（陈其忠）

文化市场

【概况】 2017年，县文化市场综合执法大队继续加大网吧、游泳场所等监管力度，落实“扫黄打非”专项行动，抓好“扫黄打非进基层”工作。

【开展2017“扫黄打非”五大专项行动】 2月，县“扫黄打非”领导小组办公室组织相关部门开展“清源”“净网”“秋风”“护苗”“固边”等五大“扫黄打非”行动，严厉打击制售传播非法有害出版物及信息活动。专项行动期间，全县共出动执法人员300余人次、检查车辆共计46辆次，清查印刷企业46家次、物流企业32家次、电商企业12家次、车站8次、打字复印店90家次、书刊音像制品经营店铺21家次，取缔无证经营摊点8个，收缴盗版光盘300余张。

【开展“印刷复制发行”专项整治行动】 3月，县文化执法大队结合“扫黄打非”工作实际，在全县开展“印刷复制发行”专项整治行动，对印刷企业、书店、打印复印店等文化经营场所进行全面清理整治。提高企业负责人守法经营、规范经营的意识，通过整顿，推动全县印刷业的经营秩序安全有序发展。

【开展“加入绿书签行动”签名活动】 4月26日，县文化执法大队利用世界知识产权日，在一中、五中、六中组织3000余名中学生开展“加入绿书签行动”签名活动，加强青少年教育引导，帮助孩子们了解非法盗版出版物及黄色暴力

说明：

“净网”专项行动是将网上“扫黄打非”纳入公安、经信、文化市场综合执法、互联网管理办、电信部门互联网监测平台，对网站等实行动态有效监管。

“清源”专项行动内容包括严厉查处盗版盗印违规行为，清理整顿无证经营和夹杂经营书报刊网店。

“秋风”专项行动主要是督促重点电商加强网上售书店铺的审查清理，清查各类非法报刊采编机构和非法互联网报刊；

“护苗”专项行动是以中小学校园周边为重点，集中整治校园周边出版物市场，引导少年儿童自觉远离和抵制有害出版物及信息。

“固边”专项行动重点是加强对交通运输和邮政寄递环节的治理，堵塞管理漏洞。

书籍的严重危害性。

【消防安全知识教育讲座与演练】 12月13日，县文广局、文化市场综合执法大队联合县消防大队开展消防安全知识讲座暨消防应急演练活动，全县网吧、KTV、印刷企业等文化经营单位从业人员及县体育中心物业管理人员共85人参加。

【法规宣传培训】 2017年，县文化执法大队组织网吧、歌舞娱乐、演出、印刷等行业业主进行法律法规培训，着力提升业主守法经营意识。全年共开展集中培训活动4次，培训业主120多人次。制作发放“扫黄打非”宣传资料、禁毒宣传资料及《安全生产责任事项告知书》1200多份。

【文化市场环境整治】 2017年，县文化执法大队重点整治网吧未实行上网实名登记、KTV歌舞厅违禁曲库、游戏游艺场所非法经营等行为，共出动执法人员80多人次，检查各类文化经营场所180家次，限令整改15家次，查缴非法书报刊40册、非法音像制品1000余张。

（连福石）

地方志工作

【概况】 2017年，大田县地方志编纂委员会办公室（简称县方志办）继续推进第二轮县志出版、地方综合年鉴编纂，切实发挥地方志存史、资政、教化的重要作用。

第二轮县志编修 2017年，县方志办对《大田县志（1993—2008）》的校对做到“三审三校”，即志稿经方志出版社审核后，根据审核意见修改、校对，并实行责任编辑、总纂班子、主编三个关口审稿把关，降低差错率。2月，完成排版稿二稿校对；6月，完成卷首图照排版；9月，方志出版社完成三审稿；至10月底，总纂班子及全体编辑再次对县志稿件进行校对，完成出版前校对工作。

综合年鉴编纂、出版 2017年，县方志办完成《大田年鉴（2016）》出版发行，印刷800册、发行407册。年鉴编纂围绕县委、县政府的中心工作，凸显地方产业特色，从综合年鉴的编目、内容等方面进行创新，在封面、封底及彩图设计编排中，围绕全县大事、要事、特事和各行各业的亮点进行选定，增强年鉴的可读性、针对性、艺术性。《大田年鉴（2017）》总第21卷、约80万字。6月，县方志办完成《大田年鉴（2017）》送审稿；8月，方志出版社完成《大田年鉴（2017）》三审；10月，县方志办完成三校；11月，《大田年鉴（2017）》交付出版印刷。

【省、市方志委领导到县调研】 3月15日，省方志委副主任林浩、年鉴工作处处长欧长生一行到县调研地方志工作开展情况。林浩副主任提出传承发展中华优秀传统文化，推进依法治志，完成修志和年鉴“两全”目标，挖掘整理各地特色文化资料。6月21—22日，省方志委副主任俞杰带领志书编辑处党员与三明市方志委、大田县方志办联合开展2017年度党组织“三级联创”活动。省市方志委志书编辑处处长凌文斌主持方志系统三级党组织在大田县方志办会议室召开“三级联创”工作联席研讨会；方志系统三级党组织代表前往屏山乡红军园和中国传统村落济阳乡济中村考察调研，三明市方志委主任林善涛、县政府副县长余维语陪同。

【史志图书在新华书店上架】 8月，县方志办在新华发行集团大田分公司内设立史志图书专柜，首批上架史志图书48册，宣传推介大田县地方志书、年鉴和相关地情文献，为广大读者服务。

【地情专文刊发】 10月，福建省方志委主办的《福建史志》第5期“乡土风物”栏目刊发县方志办主编室的地情专文《“福建地心”闽中宝库》，全文5000余字。

【地方志书库建设】 2017年，县方志办建立大田县地方志书库，面积约85平方米，主要收集、整理全国相关地方文献，共有方志类图书约4000册，书库将面向社会，注重宣传地方特色产业、行业，更好地为大田经济社会服务。

（潘 梅）

2017年，大田地方志书库一角（县方志办/提供）

2017年6月21—22日，省方志系统党组织“三级联创”活动在大田方志办举行 （县方志办/提供）

档案工作

【概况】 2017年，县档案局指导兴泉铁路建设等10个省级重点建设项目以及大田农网升级改造工程建设项目等12个市、县级重点建设项目建档，指导县自来水公司、建行等11个国有企业档案工作。对省级和市级生态县（乡镇、村）档案、信贷、学校、检察、会计档案等涉及民生的档案进行督促、指导。指导5个乡镇开展当年档案立卷工作，对全县8个社区进行业务检查。指导25个机关单位开展当年立卷工作。6月9日，到华兴等3个乡镇开展“国际档案日”宣传活动，分发宣传手册，开放档案馆照片史料展厅，让大家切实感受到档案就在身边。7月12日，按照《福建省档案局关于开展依法接收和依法移交档案执法检查的通知》要求，下发《大田县档案局关于开展依法接收和依法移交档案执法检查的通知》。10月，对县自来水公司、县城投公司、县国投公司开展档案行政执法检查，加大档案行政执法检查工作力度。对29个单位进行档案登记，其中县直机关单位8个、乡镇5个、企事业单位16个。指导县委办、政府办、人大办、政协办和统战部等单位文书档案1785卷档案进馆，目录数据2万多条目。挖掘利用馆藏档案，做好《闽西北中央苏区党的历史档案开发》项目，抢救国家重点档案（民国时期）2.05万页，数字化4万页，文件级著录1.3万条目。完成《闽西北中央苏区党的宣传工作》画册的编纂出版工作。当年，县档案馆馆藏的各门类档案资料计4.98万卷（册），接待查档1652人次，查阅档案1393卷次，提供档案利用复印1244页。信息公开中心接收文件538件，其中纸质269份，电子版269份；查阅4人次，复印12页。通过政府采购的方式开展馆藏档案数字化工作，完成档案全文数字化扫描6456卷、计63.42万页；直接提供电子化档案利用479人次，401卷次、918页，提高档案的查全率和查准率。

【教育社会实践基地创建】 2017年，县档案局加强与县党史研究室、老区办合作，整合档案馆资源。9月，到城区小学开展“大田革命历史图片”校园巡回展，以“档案知识进校园”为主题，开展成长档案专题宣传。总结档案馆在探索中小学档案教育社会实践中的创新做法和经验，申报省级中小学档案教育社会实践基地，以更好地发挥档案馆爱国主义育人功能和公共服务职能。12月7日，通过省档案局评审，成为全市第一个建立中小学生档案教育社会实践基地的县级档案馆。

【“村档乡管”模式推广】 2017年，县档案局加强业务指导，深入18个乡镇开展“村档乡管”工作业务培训，累计培训全县建制村266个的村干部370名。5月，县档案馆在武陵乡召开村档乡管工作现场会，推广“村档乡管”模式。7月，转发《三明市档案局关于印发乡镇档案室测评标准的通知》，加强各乡镇档案室的规范化建设。12月15日，县督查组对各乡镇“村档乡管”工作落实情况开展“回头看”，18个乡镇启动“村档乡管”工作，完成率达80%以上。

【档案馆安全措施加强】 2017年，县档案局按照档案馆建设规范的要求，配备电子门禁、干粉灭火系统和恒温恒湿空调系统等设备，规范使用方法。聘请安保人员，实行夜间值班巡查，采取有效措施从源头上确保档案实体安全。建立馆内局域网、政务网和因特网3个独立的网络，区分并标识涉密与非密电脑，加强保密措施。实行档案电子数据异地备份制度，落实档案馆数字化的保密和安全措施，确保档案信息的安全。

【档案学会活动】 2017年，县档案学会改选，新理事会成员8个，组织2名会员通过初级档案职称评审。向有关部门报送档案信息、开展档案报刊征订，按规定向县社团办理学会年检和验证等有关手续。

（李建忠）

广播电视

【概况】 2017年，大田县广播电视台学习贯彻中共十九大精神、习近平总书记系列重要讲话精神，增强政治意识、大局意识、责任意识和创新意识，围绕中心，服务大局，坚持正确的舆论导向，不断提升新闻宣传水平和舆论引导能力，为全县经济社会发展提供精神动力和舆论支持。年底，广播电视台内设办公室、总编室、新闻部、技术部、广告部5个股室，在编干部职工24人。

上级广播电台节目转播 2017年，转播中央、省、市广播节目5475小时，其中新闻资讯类节目1217小时20分钟，专题服务类节目1611小时45分钟，综艺益智类节目2524小时15分钟，其他节目121小时40分钟。向上级广播电台发稿，被省、市台采用267件。

上级电视节目转播 2017年，按规定转播中央、省、市台电视节目，全年制作电视节目时间63小时20分钟，其中新闻资讯类电视节目40小时，专题服务类节目15小时20分钟、其他节目8小时。

本地电视节目录播 在2017年全国健美操冠军赛开赛前摄制两部视频宣传短片，在大田一、二套和大田TV公众号滚动播出，并提供给县城各大屏幕、体育场馆屏幕滚动播出；在开幕式当天，出动15名记者、编辑、技术人员，启用航拍、摇臂、轨道等设备并在现场建立微信直播平台，通过大田TV公众号进行全程现场直播，当天点击量达19.8万人次；开幕式当晚又播出42分钟的开幕式活动全程实况录像，并剪辑短视频4个，提供各媒体播出，在赛事期间，派出多路记者到现场采访，在《大田新闻》和大田TV公众号播出有关新闻18条，同时提供给央视五套、省台台卫视新闻各播出一条，达到较好的宣传效果。

加大主题性专栏报道力度，聚焦最新、最热的选题，做到重点报道不断线、专题报道有特色，在《大田新闻》中围绕县委中心工作开办《五比五晒、亮点大看台》《精准扶贫在行动》《学习廖俊波践行马真精神》《学习党的十九大精神》《学习宣传贯彻党的十九大精神》等17个新闻专栏，全方位、多视角、大容量地的展现全县在经济发展、重点工程建设等方面所取得的成就，在全县营造了干事创业的良好舆论氛围。全年《大田新闻》共播发新闻1302条，播发反映县委县政府阶段性中心工作的宣传标语 268 条，播出公益广告、公告 1600 多篇（次）。

【广播作品获奖】 3 月，县广播电视台刘娉婷、翁双卿、陈小琼选送的广播类栏目《说说身边事》、广播类系列报道《行孝成长·孝满岩城》分获 2016 年度三明新闻奖二、三等奖。

【电视稿件获奖】 3 月，县广播电视台选送的消息《剧烈山体滑坡，村民预警八人脱险》《妈妈，你快回来》均获 2016 年度福建新闻奖三等奖；《剧烈山体滑坡，村民预警八人脱险》获 2016 年度三明新闻奖一等奖。

【新台址装修完成】 5 月，县广播电视台恢复新台址的二次装修，项目总面积约 1666 平方米，总投资约 700 万元。项目主要包括办公场所二次装修、新闻演播室、采编播高清数字设备、融媒体平台、直播中心、播控机房、视觉识别系统等。项目建成后，将大大改善广播电视台办公条件，有效提升对外形象，实现采编播各个环节由模拟向高清数字技术的转换；同时，实现电视（手机）直播、微信内容发布、直播、互动功能；实现节目多元化和现场直播，拓宽收入渠道，增强自身造血功能。

【电视播音作品获奖】 2017 年，县广播电视台周富健选送的播音作品《大田新闻》获 2016 年度三明广播电视播音作品奖二等奖，刘娉婷选送的播音作品《大田新闻》获三等奖。

【广播电视论文获奖】 2017 年，县广播电视台柯兴攀撰写的论文《“互联网 +”时代：县级广播电台“快速”对接的基本策略》获 2017 年度“三明广播电视论文奖”三等奖。

【大田 TV 公众号建设加强】 2017 年，大田 TV 微信公众号作为县广播电视台主要宣传阵地之一，围绕县委、县政府各个阶段的重点工作，结合《大田新闻》开办《亮点大看台》《项目攻坚》《精准扶贫》《创建文明县城》《生态文明建设》《党建带动小康示范村建设》《住村特派员》等专栏，对全县各项工作和成就进行全面、深入、细致的报道；同时县广播电视台及时编发社会热点、民生和突发新闻微信，把大田 TV 微信公众号打造成群众获取资讯的重要平台。至年底，大田 TV 公众号关注人数近 2 万人，共推送微信文章 795 条，其中，原创 405 条，改编 169 条，新闻类 138 条，转载 83 条；点击量 3000 次以上的 29 条，1 万次以上的 5 条，平均点击量在 800 左右。

【大型活动的举办和参与】 2017 年，县广播电视台先后录制玉田村“嘉庚情缘”文艺会演、元旦公众号推广活动、直播茶文化节、体操开幕式等大型活动 4 场，专题部承担县委县政府以及乡镇、单位和企业的各类专题片、汇报片摄制 22 个。

【对外宣传工作加强】 2017 年，县广播电视台加强对外宣传工作，加大策划力度，抓住重点、突出亮点，主动出击，深入采访，使大批反映县全面建设小康社会成果的新闻稿件在上级媒体播出。当年在中央电视台播出《电杆被雷击，电力部门紧急抢修》《街头非法飙车玩命》《全国健美操冠军赛在大田开赛》《大田：用河长制守护绿水青山》4 条新闻；在省台的《福建新闻联播》和《福建卫视新闻》头条工程中播出 8 条，在省台各频道播出 96 条，在《三明新闻》播出 322 条，内容涉及河长制、矿山水土流失治理、现代农业、产业升级、金融服务农业、保护绿水青山、驻村特派员等，对外宣传取得较大突破，在全省各个县中名列前茅，进一步提升大田知名度。

（徐刚毅）

群众体育

【概况】 2017 年，大田县文体广电出版局全面推进体育设施建设，健全完善体育组织网络，广泛开展群众性体育活动，大力培育体育人才队伍，体育事业得到持续、稳定、协调发展。当年，获国家体育总局颁发的“全国群众体育先进单位”称号。

【2017 年福建省青少年羽毛球锦标赛举办】 7 月底，县文广局成功举办 2017 年福建省青少年羽毛球锦标赛，来自全省各地 9 支代表队共计 400 多人参与此次赛事，本县有 9 人参赛，比赛共分 14—15 岁组男双、女单、女双，12–13 岁组女单第一阶段第一轮，9—11 岁组男单、女单决赛及附加赛等项目。经过五天的激烈比赛，厦门、龙岩、三明获得男子组团体总分前三名；厦门、福州、龙岩获得女子组团体总分前三名。县文体广电出版局荣获省体育局颁发的“优秀组织奖”。

【“中铁·铁建杯”篮球赛举办】 8 月，由县文广局主办、县篮球协会承办、中铁集团赞助的第三十二届“中铁·铁建杯”篮球比赛在大田县体育中心篮球馆和大田县职专篮球馆举办，比赛分为甲级组、乙级组、乡镇组、中年组、机关

2017 年 7 月 26 日，福建省青少年羽毛球锦标赛在大田举办　（林建伟 / 摄）

2017 年 11 月 3—6 日，“海峡两岸大学生篮球赛”大田赛区活动　（报道组 / 提供）

事业组，其中中年组、机关事业组为组委会特邀代表队。共有 24 支代表队的 200 多名篮球爱好者参加比赛。

【组织开展各类比赛】 9—10 月，县文广局以“喜迎十九大·建设新大田”为主题，开展全民健身运动会拔河、羽毛球、篮球、游泳和气排球比赛等各类赛事 40 多场，极大丰富了广大干部群众文体生活。

【“海峡两岸大学生篮球赛”举办】 11 月 3—6 日，县文广局举办“海峡两岸大学生篮球赛”大田赛区活动，共有北京大学代表队、高雄师范大学代表队、台中科技大学代表队、中国民航大学代表队等 4 支队伍参加。

【“浩沙杯”全国健美操冠军赛举办】 11 月 9—23 日，县文广局承办“浩沙杯”全国健美操冠军赛暨联赛总决赛，县文体广电出版局被国家体育总局体操运动管理中心授予“特别贡献奖”。

（陈继棉）

体育训练与竞赛

【概况】 2017 年，县文广局以建设健康大田和体育强县为目标，以服务全面建成小康社会、满足人民群众体育需求为出发点；努力实现全县竞技体育的全面发展，抓好竞技人才工程，向省、市体校输送优秀体育后备人才。

【组队参加各项比赛】 4 月 21—23 日，三明市少儿武术锦标赛在三明市三元区体育活动中心举行。大田县代表队 12 人参加比赛，获得团体总分第二。同月，大田县少体校羽毛球队参加“2017 年三明市少儿羽毛球锦标赛暨中小学生联赛”获得小学组团体总积分第二名。

【参加福建省青少年举重锦标赛】 7 月，福建省青少年举重锦标赛在宁德周宁县举办，大田县有 3 名选手参赛，其中，郑新昊获得男子甲组总分第二名、施明模获得男子丙组总分第六名。

（陈继棉）

医药卫生管理

【概况】 2017年，全县各类医疗卫生机构480家，其中县乡公立医疗卫生机构23家：县医院、中医院、疾病预防控制中心（卫生监督所）、妇幼保健院、卫生进修学校、社区卫生服务中心各1家和乡镇卫生院17家；民营医院4家（协和医院、民生医院、东南医院、平安医院），社会医疗机构13家（包括厂矿、学校及其他部门医疗室），社区卫生服务站8家，村卫生所（室）363家，个体诊所52家；乡村医生426人。公立医疗机构在编人员783人，其中，管理人员3人，卫生专业技术人员706人，其他专业技术人员21人，工勤人员53人；临时聘用卫生技术人员438人。个体医生69人，社区卫生服务站卫技人员57人，民营医院卫技人员121人，社会医疗机构卫技人员36人。全县共有卫技人员1427人，每千人3.96人；病床1302张，每千人4.12张。县乡两级公立医疗机构全年门诊65.54万人次、同比增长15.86%，住院3.87万人次、同比增加1.72%，其中，县级医院门诊32.33万人次，同比增加12.18%，住院2.27万人次，同比增加0.9%；乡镇卫生院门诊33.21万人次，同比增长19.68%，住院1.67万人次，同比增长7.74%。公立医疗单位总收入2.28亿元（财政补助4828.36万元），同比下降0.87%，其中县级医院1.46亿元（财政补助300万元），同比下降5.19%，乡镇卫生院总收入8251.98万元（财政补助4528.36万元），同比增长8.38%。医疗单位总支出2.18亿元，总结余1030.27万元，其中县级医院总支出1.45亿元，收支对抵结余59.56万元；乡镇卫生院总支出7281.27万元，业务收支对抵结余970.71万元。当年，县医院完成高等学校招生、义务兵征集和公务员录用等健康体检3497人次。

【机构整合】6月20日，中共大田县委、大田县人民政府印发《大田县总医院组建工作实施方案》，将大田县医院与大田县中医院进行整合，组建大田县总医院，加挂大田县中医院牌子。整合乡、村两级基层医疗卫生机构，作为总医院的成员单位，保留原乡镇基层医疗卫生机构的名称，加挂大田县总医院××分院牌子。县总医院设院长1名（参照正科级事业干部管理），副院长6名，纪委书记1名，总会计师1名（相当于行政副职）。县总医院主要为全县人民群众提供基本医疗服务、急危重症病人救治、重大疑难疾病接治转诊、紧急医疗救援应急救治、医学教育培训、科研应用总结及相应公共卫生服务等主要工作任务；县中医院主要开展中医治疗、疾病康复、医养结合、治未病等，做精做特中医药，包括中医适宜技术推广的中药应用，开展常见病和多发病诊疗、中医养生等，为农村培养中医药专业人才和技术指导。总医院内设行政部、财务部、医务部、护理部、药学部、医疗装备部、健康管理部、后勤保障部等8个职能部门、23个科室（含合署办公5个）、31个临床业务科室、12个医技科室，其中总院设19个临床科室（保留原17个临床科室，增设内四区、外三区2个临床科室）、8个医技科室；县中医院设12个临床科室（保留原10个临床科室，增设医养结合中心、治未病科2个临床科室）、4个医技科室。并将县中医院妇产科住院部、儿科住院部、病理科合并到县总医院，中医院不再单独设立。构建县域心电诊断、临床检验、医学影像、病理诊断、消毒供应、远程会诊等六大中心。

【县级公立医院改革】 2017年，实施县级公立医院改革。实行药品零差率，县总医院、中医院药品收入3306.71万元，药品收入占医药收入（14281.02万元）的比重为23.15%；深化医保支付方式改革，县级两家医院实施全病种付费，降低医疗成本，县总医院、县中医院次均住院费用为3744.48元；完善院长目标年薪制考核办法，落实“全员目标年薪制，年薪计算工分制”，经全市公立医院调整计算工资总额医务性收入调节系数为1.13，院长考核系数为1.25，经全市年终考核，两家县级医院核定工资总额为6551.65万元，同比减少83.35万元，实际发放5635.81万元，其中：县总医院4244.12万元，县中医院1391.69万元，县总医院医生年人均工资12.25万元，最高年薪为25.1万元，院长年薪为33.92万元，总会计师年薪为13.56万元，县中医院医生年人均工资9.64万元，最高年薪为25.1万元，院长年薪为29.72万元，总会计师年薪为13.89万元；医联体建设，县总医院与福建医科大学附属协和医院、三明市第二医院分别加盟组建为医联体或协作医院，建立重点专科对口帮扶、双向转诊绿色通道，并同省附一、省协和、省总院呼吸内科搭建了影像远程诊断对接平台、成立了呼吸联盟会诊中心，充分利用他们医疗资源优势开展各项技术交流互动活动，为群众提供高质量、高水平、高标准的医疗服务，县妇幼保健院与省妇幼保健院建立医联体关系，精准帮扶学科建设，并请专家来院长期或定期开展诊疗、举办学术讲座，引进新技术，提升诊疗能力。

11月起，大田县实施医疗机构、医师、护士电子化注册工作，截至12月底，已完成医疗机构账号激活457名（总数463人），完成医师账号激活571名（总数603人），已完成护士账号激活757名（总数782人）。

【落实简政放权】 2017年，持续深化"放管服"改革，将部分设置审批转为备案制，进一步简化医疗机构审批程序，加强事中事后监管。5月，实施电子证照改革，完成存量医疗机构执业许可证、卫生许可证等电子证照转化1520份。

（廖美妹）

2017年7月8日，大田县总医院成立揭牌仪式　（刘冬春／摄）

【基层医疗卫生机构综合改革】 2017年，实施基层卫生机构综合改革。完善分配制度改革，通过增收节支提高医务人员待遇，允许年终收支节余提取80%作为绩效工资，实行院长（主任）管理绩效奖励，按本单位人员平均工作绩效奖的3倍发放；实施卫生院延伸举办卫生所54所，全县实施卫生院延伸举办卫生所共186所，其中，开通医保功能106家；实施乡村医生养老保障制度，按照《大田县人民政府办公室关于印发大田县乡村医生养老保障实施意见（试行）的通知》和《大田县卫计局关于做好乡村医生身份和从业年限确认工作的通知》等文件精神，经审核，全县共有符合条件的乡村医生669人（在岗388人，离岗281人），当年7—12月共发放乡村医生养老金29.56万元。

【医师电子化注册管理】 2017年，根据国家卫生计生委、国家中医药管理局《关于加快医疗机构、医师、护士电子化注册管理改革的指导意见》要求，从

公共卫生

【概况】 2017年，大田县卫生和计划生育局（简称县卫计局）加强对重点传染病的预防控制和公共场所、饮用水、食品安全等卫生监督，巩固卫生应急综合示范县创建成果，推进基本公共卫生服务项目，开展省级妇幼健康优质服务示范县创建活动，县妇幼保健院超声科获"全国三八红旗集体"称号，深入开展爱国卫生运动，保障人民群众身体健康。

基本公共卫生服务 2017年，全县累计建立辖区内居民健康档案28.38万份，电子建档率90.66%。健康教育：发放宣传资料10.14万份，更新宣传栏1962期（含村卫生所），举办健康讲座644期（含村卫生所），参加人数2.39万人次，开展健康教育咨询活动269次，接收咨询1.32万人次；预防接种：全县报告出生儿童5877人，建卡率100%，免疫规划疫苗接种率均达98%以上；儿童保健：全县共有7岁以下儿童6.02万人，儿童健康管理人数5.73万人，7岁以下儿童健康管理率95.19%，3岁以下儿童数2.79万人，3岁以下儿童系统管理人数2.58万人，3岁以下儿童管理率为92.5%，完成新生儿访视1.25万人次，婴幼儿健康管理2.92万人次，4—6岁儿童健康管理1.52万人次；孕产妇保健：全县分娩产妇数7546人，其中活产数7616人，产前检查人数7136人，孕产妇系统管理6941人，产后访视7264人，产后访视率96.26%；老年人健康管理：已管理的65岁以上老年人3.45万人，健康体检2.09万人，健康体检率60.46%；高血压患者健康管理：高血压患者健康管理1.98万人，全年共体检1.39万人，体检率70.27%，共随访7.94万人次；糖尿病患者健康管理：2型糖尿病患者健康管理5791人，全年共体检3968人，体检率68.52%，共随访2.24万人次；严重精神障碍患者管理：严重精神障碍系统在册患者1427人，在册率4.56‰，管理率95.94%，规范管理率65.03%，服药率80.59%，规律服药率25.02%，全年累计随访精神障碍患者5332人次；卫生监督协管：协助开展学校卫生、公共场所卫生、非法行医、非法采供血和饮用水卫生安全实地等巡查1473次；中医药健康管理：其中0—3岁儿童中医药健康管理服务4.37万人次，65岁以上老年人中医体质辨识人数1.66万人；肺结核病患者健康管理：全年登记新发活动性肺结核病人107例，涂阳率38.32 %（41/107），肺结核患者管理率100%（107/107）、规则服药率94.44（102/108）。

疾病控制 2017年，县卫计局贯彻"预防为主"的方针，加强疾病防控工作。传染病疫情报告，全年报告法定传染病13种共1241例，无死亡病例，报告发病率393.38/10万，与上年相比报告发病率上升了35.16%，其中报告甲乙类传染病8种共738例，报告发病率233.93/10万，与去年相比报告发病率上升了5.20%，丙类传染病

5种共503例，发病率159.44/10万，与去年相比发病率上升132.12%，各病种发病情况为艾滋病6例、病毒性肝炎385例、痢疾5例、肺结核122例、新生儿破伤风1例、猩红热12例、淋病45例、梅毒162例、流行性感冒3例、流行性腮腺炎8例、急性出血性结膜炎1例、其他感染性腹泻病60例、手足口病431例，计划免疫控制的相应传染病均控制在部颁标准以下；免疫规划常规接种，全县报告出生儿童5877人，建卡率100%，全年集中配送疫苗12次，其中一类苗发放11万支、二类苗发放2.77万支，各苗接种率分别为：卡介苗基础免疫接种率99.74%（4267/4278），脊髓灰质炎疫苗基础免疫接种率99.80%（19935/19973）、加强免疫接种率99.79%（5804/5816），百白破三联混合疫苗基础免疫接种率99.79%（17524/17560）、加强免疫接种率99.80%（6450/6463），麻风疫苗基础免疫接种率99.85%（6180/6189）、麻风腮疫苗加强免疫接种率101%（6185/6123），白破二联苗加强接种率99.78%（6357/6371）；乙肝疫苗基础免疫接种率99.78%（16663/16699），其中第一针接种及时率99.50%（4616/4639）；乙脑基础免疫接种率99.74%（6154/6170），加强免疫接种率99.77%（7029/7045）；流脑基础免疫接种率99.74%（11983/12014），A+C流脑加强免疫接种率98.44%（11387/11567）；甲肝疫苗免疫接种率99.86%（6992/7002）。执行免疫规划，开展AFP病例、麻疹、新生儿破伤风主动搜索72次，无发现漏报病例，完成AFP病例监测任务3例、疑似麻疹病例监测任务8例，上报AEFI反应病例10例；4月，对6周岁以下儿童开展了国家免疫规划查漏补种活动，麻疹类疫苗补种率99.34%（304/306）、脊髓灰质炎疫苗补种率99.29%（708/713）；4月25日，开展了以“规范接种疫苗，共建健康中国”为主题的第32个全国儿童预防接种日宣传咨询活动；9月，开展了春季和秋季入托入学儿童查验证工作，查验儿童1.1万人。做好重点传染病防控。全年新增HIV感染者和病人8例，现患HIV感染者和病人41例。各类人群艾滋病自愿咨询检测401人份，检出阳性4例；看守所在押人员检测201人份，检测结果均为阴性；吸毒人员筛查26人份，检测结果均为阴性。高危人群现场干预48场次，干预覆盖322人次。开展艾滋病宣传咨询、培训讲座15场次。9月28日，在鸿图中学举行了“百千万志愿者艾滋病、结核病防治知识传播活动”启动仪式；12月1日，围绕“共担防艾责任，共享健康权利，共建健康中国”主题开展了第30个世界艾滋病日系列宣传咨询活动。全年报告手足口病431例，开展手足口病专题分析2期，采集手足口病标本68份，其中EV71型阳性2份、CVA16阳性10份、其他肠道病毒阳性44份、检测阴性12份。当年无新发麻风病人，目前存活的麻风病人共7例，经随访，未发现异常情况。全年共发放麻风病线索调查表90份，回收率100%，未发现可疑麻风病人。全年登记新发活动性肺结核病人107例，涂阳率38.3%（41/107），肺结核患者管理率100%（107/107）、规则服药率94.4（102/108）。3月20日，开展了以“社会共同努力，消除结核危害”为主题的第22个世界结核病防治日宣传；6月1日，全面实施结核病综合防治服务模式。全年未发生疟疾病例，共血检不明原因发热病人222人次，均未检出疟原虫阳性者，血检数占全县人口总数的5.5/万（222/403424），其中5—10月血检数占全年血检总数的100%。4月27日，开展了主题为“消除疟疾：谨防境外输入”第10个全国疟疾日科普宣传活动。调查8—10岁儿童210名，甲状腺肿大率0.95%（2/210），尿碘中位数263.45微克/升，合格碘盐食用率97.62%（205/210），碘盐覆盖率100%（210/210），盐碘含量中位数22.7毫克/千克。调查孕妇103名，尿碘中位数176.8微克/升，合格碘盐食用率98.06%（101/103），碘盐覆盖率100%（103/103），盐碘含量中位数23.5毫克/千克。做好死因监测。全县各医疗卫生机构报告死亡数1849人，报告死亡率5.91‰；户籍死亡数1904人，粗死亡率4.72‰。

卫生监督 2017年，全县重点做好公共场所、饮用水卫生、放射卫生、学校卫生、传染病和医疗服务监督监测等工作。共发放公共场所卫生许可证53家、延续19家、变更6家、注销1家，复核34家。发放放射工作人员证8人，放射诊疗许可证2家，延续放射诊疗许可证1家，校验放射诊疗许可证1家。完成从业人员体检和培训845人，未发现呼吸道传染病、食源性疾病、狂犬病、意外伤害和慢性病急性发作“五病”人员。公共场所空气微小气候检测58份，合格51份；公共用品检测357份，合格278份；集中空调风管内表面样品检测18份，合格18份；游泳池水检测56份，合格34份；化妆品检测3份，合格3份。监督检查各类公共场所经营单位468家次，监督覆盖率100%，下达意见书23份；生活饮用水检测378份，其中城区地表水厂监督抽检合格率100%（56/56）、城区二次供水单位监督抽检合格率100%（32/32）、乡镇水厂监督抽检合格率64%（32/50）、学校自备供水监督抽检合格率76%（13/17）、农村饮用水监测合格率60.6%（120/198）、城市水龙头水监测合格率100%（28/28），城区水质实行一监测一公示制度。全年开展生活饮用水集中式供水单位常规性监督检查98家次，快速检测水样119份，合格率100%。5—10月，对城区及乡镇日供水百吨以上的24家集中式供水单位、9家学校自备供水单位开展了监督检查。8—9月，对城区二次供水单位开展了拉网式摸底调查；全年完成从业人员体检5931人，发现职业禁忌证者1人。完成职业健康监护体检2799人次，发现疑似职业病病人87人、职业禁忌者514人。9月，对42所学校的教室卫生、学生宿舍卫生、饮用水卫生、传染病防控等环节进行了重点监督检查，并对10所学校进行了学校卫生综合监督评价，评价结果均为合格。全县24家医疗机构放射诊疗许可证持证率100%，经常性监督覆盖率100%。全县共有放射人员48人，放射人员工作证持证率100%，个人剂量监测率100%。10月16日，对1家职业健康检查服务机构开展了监督检查，未发现有违法行为；完成食源性疾病监测病例270例，监测中未发现食源性聚集性病例和暴发线索。采集食品102份进行微生物及其致病因子常规监测，检测结果均合格。8月18日，均溪镇温镇村发生一起食源性疾病暴发事件，根据流行病学调查，结合临床症状体征及实验室检测结果，认定是一起由副溶血性弧菌污染食品所致的食物中毒事件，中毒人数14人，无发生人员死亡；消毒餐(饮)具检测972份，合格796份，监督检查餐饮具消毒服务单位18家次，8—11月，开展了餐饮具集中消毒服务单位专项整治工作。消毒卫生样品检测208份，合格192份；医疗污水检测13份，合格1份；一次性卫生用品检测2份，合格2份。监督检查医疗机构1606家次，下达卫生监督意见书52份，并相继开展了整治医疗机构违法违规医疗行为、打击非法医疗美容、查处违法违规应用人类生殖辅助技术、人感染H7N9禽流感防控、医疗废物处置等专项行动10次。当年共办理一般程序卫生行政处罚案件18件，结案17起，其中公共场所3件、医疗市场管理13件、集中式消毒餐饮具2件，处罚金额3.45万元。

卫生应急 2017年，县、乡两级医疗卫生机构储备的主要物资为应急设备、救治药品、消杀灭药品、个人防护物品、监测检验设备等卫生应急物资300万元。继续做好国家、省级卫生应急综合示范县巩固工作，完善卫生应急预案体系。3月21日，在满田春市场活禽摊点的1份鸡监测样本中检测分离出H7N9病毒，经采取抽样检测、宣传培训、疫情监测等系列措施，事件迅速得到控制，辖区未发生人感染H7N9流感病例；11月8日，广平一小学发生7例疑似水痘病例事件，经调查应对处理，事件得到有效控制，病例均痊愈；12月7日，武陵某幼儿园发生3例手足口病病例，经处置后无二代病例发生；12月25日，对城关某中学水痘聚集性病例事件进行调查处置，3例病例均痊愈。当年县医院急诊科共接到各类急诊电话约2000个，“120”救护车出诊1936车次，派出医护人员3872人次，接诊病员1763人，院前病人急救抢救成功率96%，各类意外伤害得到及时妥善救治。

妇幼保健 2017年，县妇幼保健工作坚持保健与临床相结合、预防为主的方针，做好妇幼保健工作。做好孕产妇系统管理。全县分娩产妇数7546人，产前检查人数7136人，产检率93.7%，孕产妇系统管理6941人，系统管理率91.14%，产后访视7264人，产后访视率95.38%，住院分娩活产数7616人，住院分娩率100%，剖宫产数1523人，剖宫产率20%，全县高危产妇人数2676人，高危筛查率35.46%，高危产妇管理数2676人，高危管理率100%，高危产妇住院分娩数2676人，高危产妇住院分娩率100%。1例孕产妇死亡，孕产妇死亡率13.13/10万。做好儿童系统管理。全县共有7岁以下儿童6.02万人，儿童健康管理人数5.73万人，健康管理率95.19%，3岁以下儿童数2.79万人，3岁以下儿童系统管理人数2.58万人，管理率为92.5%，全县共筛查出高危儿数1858人，高危儿筛查率3.24%，高危儿专案管理数1858人，管理率100%。出生缺陷儿42人，缺陷发生率5.50‰，死胎死产数14人，早期新生儿死亡13人，围产儿死亡率3.54‰，新生儿死亡15人，死亡率1.97‰，婴儿死亡24人，死亡率3.15‰，当年全县有5岁以下儿童4.57万人，5岁以下儿童死亡37人，死亡率0.81‰。做好新生儿听力和疾病筛查。全县听力筛查应查人数7616人，已查7236人，筛查率95.01%，无发生听力障碍。全县新生儿疾病应查人数7616人，已查5266人，筛查率69.14%，筛查出先天性甲状腺功能减低症5人，新生儿甲状腺功能减低症患病率0.09%，未筛查出苯丙酮尿症。做好婚前医学检查。当年全县结婚数3661对，婚前检查514对，婚检率14.04%。其中男婚检514人，检出各类疾病65人，患病率12.65%，其中指定传染病1人；女婚检人数514人，检出各类疾病68人，患病率13.22%，其中指定传染病2人，查出的各类疾病均给予相应的治疗及指导。五是托幼机构卫生保健。定期开展全县的托幼教师和0—7岁儿童每年一次的健康查体工作。全县46所托幼园所，入托儿童数1.72万人，当年儿童体检数1.7万人，体检率是98.93%。共查处疾病人数是1974人，患病率为11.51%，龋齿人数是7233人，患龋率为42.63%，其中体重低于—2SD是127人，身高低于—2SD是50人，中度以上贫血100人。查出的患儿经给予了矫治，矫治率达100%，高危儿100%设立了专案管理。由于经常督促检查，当年全县托幼机构无重大意外事故、食物中毒等重大事件发生。

当年，全县实施妇幼重大公共卫生服务项目，实行农村孕产妇住院分娩补助，符合补助条件的农村孕产妇3376人；为农村育龄妇女增补叶酸预防神经管缺陷，发放叶酸2913人次；开展农村妇女和城市已婚低保妇女“两癌”检查，已查3256人，查出的各类疾病大部分得到相应的治疗；农村孕妇和城市低保孕妇免费产前筛查诊断，对怀孕15—20^{6}周的孕妇进行采血筛查，受查2768人，其中血清检出高风险87人，高风险100%转诊；对怀孕18—24周的孕妇进行超声初筛，已查2236人，查出异常556人。其中筛出畸形人数9人，畸形率4.03‰，其他异常77人，软指标异常人数360人。

爱国卫生 2017年，县爱国卫生工作持续推进“三城同创”（省级文明县城、省级卫生县城、国家生态县城），深入开展城乡环境卫生整洁行动，分别在4月和9月开展统一环境卫生整治2次；4月，全县开展以主题为《历史与展望——为了人民健康的65年》的主题宣传活动、以“清洁家园、除害防病、促进健康”为主题的第29个全国爱国卫生月活动和倡导“适宜体重保健康”主题健康教育活动；12月，在城区开展大规模的蚊蝇蟑消杀和灭鼠等除“四害”活动，投放溴敌隆鼠药2吨；实施农村改厕，无害化厕所普及率82.27%；做好卫生创建工作，创建1个省级卫生乡镇和1个省级卫生社区。

【健康教育与宣传】 2017年，县卫计局与县电视台联办《人口健康》栏目，每半个月播出1期，每期15分钟，共播出24期；开展各种卫生宣传日(周)活动23场次，接受公众健康咨询1000余人次；印制发放宣传材料13万份。开展无烟医疗卫生系统创建活动，扎实推进控烟工作。完成居民基本健康知识与行为调查问卷1800份，居民基本卫生防病知识知晓率为82.8%、居民基本卫生防病行为形成率为79.4%。利用“健康大田”“大田疾控”“大田县总医院”等微信公众平台，普及健康知识，累计发布文章600余篇。

（廖美妹　肖其富　陈亚周　黄骄莲）

基本医疗保障

【概况】 2017年，进一步完善基本医疗保险制度，加强定点医疗机构监管，规范运作，城乡居民共参保33.07万人，参保率99.02%，参保居民每年人均筹资额为600元，其中：个人缴费150元，各级政府配套补助450元，全年筹集资金1.98亿元（其中1.91万人农村低保户、五保户等特殊人员个人缴费部分由县财政统筹支付）。全县参加城镇职工基本医疗保险的单位450户，参保人员2.51万人，其中：在职人员1.61万人，退休人员9013人，赡养比1.78 ∶ 1。

【医疗保障基金收支情况】 2017年，城镇职工基本医疗保险基金系统收入9183.86万元（上年同期8527.62万元），同比增长7.7%，其中个人账户收入3601.88万元，统筹收入5581.98万元；系统支出7292.12万元（上年同期6765.92万元），同比增加7.78%，其中，个人账户支出3349.81万元（上年同期3213.38元），同比增长4.24%，统筹支出3942.31万元（上年同期3552.54万元），同比增长10.97%。系统结余1891.74万元（上年同期1761.90万元），同比增加7.37%，其中，个人账户结余252.07万元，统筹结余1639.67万元。城乡居民基本医疗保险基金系统收入1.98亿元，其中，个人缴费4960.50万元，各级财政补助1.49亿元（其中县级2976.30万元、省级以上1.19亿元）；系统支出1.79亿元，其中系统报销补偿支出1.61亿元，补充补偿支出1815.52万元。当年收支结余1900.57万元，基金使用率90.42%。

【医疗保障政策】 2017年，执行全市统一的统筹基金报销补偿标准。一是城镇职工基本医疗保险基金。普通住院政策范围内费用报销标准为：一级医院起付线350元，报销比例95%；二级医院起付线为650元，报销比例90%；三级医院起付线750元，报销比例85%；异地安置的起付线与统筹区内同级别定点医疗机构相同，报销比例相应降低10%；转院就医的起付线与统筹区内同级别定点医疗机构相同，报销比例相应降低20%；自行转外就医的起付线与统筹区内同级别定点医疗机构相同，报销比例均为30%；全年基金报销封顶8万元。（退休职工的起付线：一级医院150元、二级医院450元，三级医院550元，报销比例同上）。门诊特殊病种共开放27个病种，其政策范围内费用报销标准为：起付线750元（退休职工650元），报销比例85%—96%不等，全年封顶0.2万元—8万元不等（含起付线和自付比例部分）。普通门诊政策范围内费用报销标准为：起付线1200元，一级医院报销比例90%，二级医院报销比例70%，全年报销封顶3000元（含起付线和自付比例部分）。大病补充保险：保险责任范围（理赔范围）为参保职工发生的超过基本医疗保险统筹基金最高支付限额（8万元/人）的基本医疗保险政策范围内的医疗费用，不设起付线，分两段赔付：第一段（8万元≤政策范围内的医疗费用≤20万元）赔付比例为90%，实际赔付限额为12万元；第二段（20万元<政策范围内的医疗费用≤30万元）赔付比例为95%，实际赔付限额为10万元；最高赔付金额为22万元。二是城乡居民基本医疗保险基金。普通住院政策范围内费用补偿标准为：一级医院起付线80元，补偿比例90%；二级医院起付线为400元，补偿比例85%；三级医院起付线600元，补偿比例65%；统筹区外定点医院起付线600元，转院就医的补偿比例55%，自行转外就医的补偿比例30%；全年基金补偿封顶10万元。门诊特殊病种共开放26个病种（其中：甲类16个，乙类10个），其政策范围内费用补偿标准为：起付线为零元，补偿比例分80%（甲类）和70%（乙类）两个层次，全年基金补偿封顶0.2万元—10万元不等。普通门诊政策范围内费用补偿标准为：起付线为零元，补偿比例60%，次均补偿封顶40元/日.人，全年基金补偿封顶120元/人。大病补充补偿：年度内累计自付政策范围内费用（全年累计政策范围内费用扣除普通住院、特殊病种门诊统筹基金补偿金额）超过6000元以上的部分纳入大病补充补偿范围，实行分段补偿，0.6万元—2万元部分补偿比例65%，2万元—4万元部分补偿比例75%，4万元以上部分补偿比例85%，全年补充补偿封顶22万元。

【医疗保障基金报销补偿】 2017年，城镇职工基本医疗保险基金累计受益42.57万人次，统筹基金支付3807.86万元，其中：住院费用报销5025人次，其中住院总费用4653.75万元，统筹基金支付2560.67万元，次均支付5095.86元，实际支付比例55.02%；特殊病种门诊费用报销2.99万人次，其门诊总费用988.04万元，统筹基金支付656.31万元，次均支付219.65元，实际支付比例66.43%；普通门诊就诊12.63万人次，其门诊总费用1662.25万元，统筹基金支付590.88万元；另外，大病补充保险理赔36人次，理赔金额45万元，次均理赔1.25万元；定点药店刷卡26.4万人次，个人账户支出1882.14万元。城乡居民基本医疗保险基金累计受益65.38万人次，统筹基金支付1.79亿元，其中：住院费用补偿5.78万人次，其住院总费用2.64亿元，基金补偿1.28亿元，次均补偿2221.36元，实际补偿率48.70%；特殊病种门诊费用补偿14.38万人次，其中特殊病种门诊总费用3176.80万元，基金补偿2285.94万元，次均补偿159元，实际补偿率71.96%；普通门诊费用补偿44.27万人次，其中门诊总费用3475.50万元，基金补偿1004.39万元，次均补偿22.69元；大病补充补偿9616人次，基金补偿1815.52万元，次均补偿1888.02元。

（郑启祥）

医院建设

【概况】 2017年，全县各医疗卫生单位结合实际，公开招聘和加强卫生专业技术人员培养，多方筹集资金，完善基础设施建设，更新添置医疗设备，改善县、乡两级医疗卫生机构的服务环境，提升医疗质量和服务水平。县总医院体检科被三明市总工会授予2017年三明市“工人（五一）先锋号”，被福建省总工会授予“福建省五一巾帼标兵岗”。

【卫技人员招聘】 2017年，县卫计系统公开招聘，共录用卫生专业技术人员24人，其中县直医疗卫生单位16人，乡镇卫生院8人。委托省内医学高等院校委培县内医学定向本科生10名、专科生7名。

【医疗援疆】 2月，响应国家援疆建设号召，选派县总医院质控科科长、外一区副主任陈阔到新疆玛纳斯县中医院参加为期一年半的援疆工作。

【技术科】 2017年，县总医院拓展了麻醉胃肠检查、C13呼吸试验、牙科缺损的嵌体修复技术等新技术、新项目3项；中医院拓展了骨科关节镜手术、肿瘤综合治疗（深部热疗、体腔热灌注等）新技术、新项目2项。

【医养结合】 2017年4月底，盘活利用县中医院病房楼部分闲置资源，积极对接上级政策支持，高标准规划组建全市首家专业医养服务中心，总投资约3350多万元，设置托养专区床位126张，依托县中医院的省、市重点中医专科——针灸康复科、老年病科、完善各类功能配套设施，专业培训服务团队，全天候为托养老人提供中医养生、保健、护理、康复、医疗等服务，向社会群众提供品质、人性化、专业化的养老服务，9月竣工投入运营。

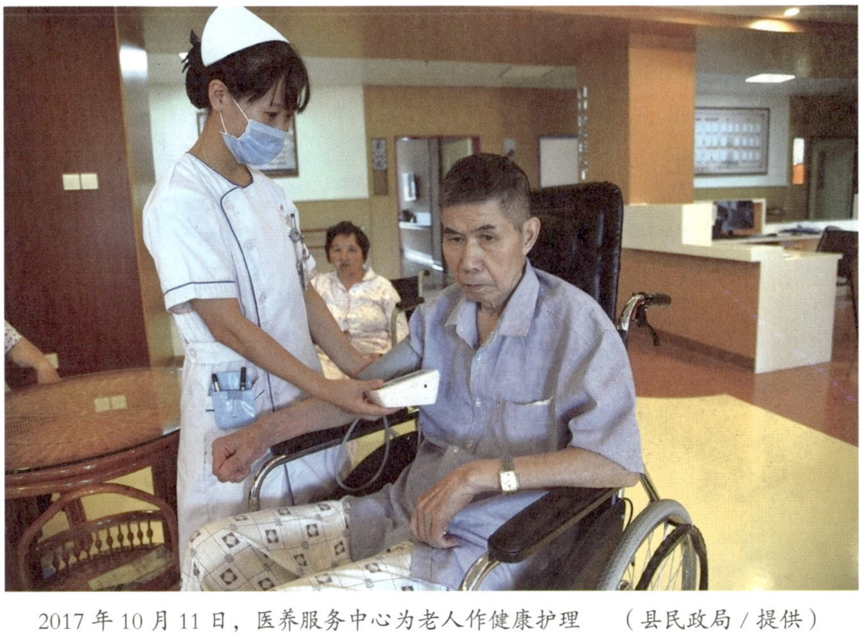

2017年10月11日，医养服务中心为老人作健康护理　（县民政局/提供）

【乡镇卫生院建设】 8月，实施石牌卫生院门诊综合楼改造项目，项目概算1100万元，建筑面积2967平方米，至12月，完成地下基础工程。

2017年8月，石牌镇卫生院门诊综合楼项目奠基仪式　（县卫计局/提供）

【基层中医馆建设】 2017年，实施基层中医提升工程，投资26万元，完成文江、建设中医馆建设，配备牵引床、电针治疗仪、神灯等中医诊疗设备，提高中医诊疗服务能力。济阳、梅山等乡镇中医馆已完成招标设计。

【医疗设备添置】 2017年，县总医院投入1285.21万元购置大型医疗设备，其中64排CT机1套708.6万元；数字胃肠机1套205.5万元；移动DR机1套111.5万元；高压注射器1套42.2万元；电子胃镜1套46.9万元，呼吸机1台20.05万元；以及NICU病房建设添置的中心监护系统、单臂吊塔、新生儿专用监护仪等系列设备投入150.46万元。县中医院投入1218.04万元购置大型医疗设备，其中医养结合一期设备投入252.3万元；体外高热频热疗机1台113万元；血液透析机8套108.5万元；关节腔镜系统1套89.8万元；体腔热灌注治疗机1台75万元。太华、广平、文江、梅山、石牌、奇韬、屏山、吴山、武陵、前坪、谢洋、湖美等乡镇卫生院共投入168万元，添置飞利浦彩超、数码阴道镜、优利特大生化分析仪、优利特五分类血球仪各1台，优利特三分类血球仪9台，心电图机2台等医疗设备。

【医患纠纷与医疗责任险理赔】 2017年，共有318家医疗机构参加医疗责任保险，投保率85.25%（318/373），其中公立医疗机构投保率100%（31/31），民营医院投保率100%（4/4），村卫生所及个体医疗机构投保率83.7%(283/338)。当年共受理各类医疗纠纷18起（其中2016年遗留1起），申请尸体解剖1起，委托三明市医学会鉴定3起，向人民法院起诉6起，按《福建省医疗纠纷预防和处置办法》

10万元以下调解12起，调解总金额17.3万元。

（廖美妹）

医学教育与科研

【概况】 2017年，全县选送医务人员到上级医院进修26人次；组织在职人员参加医学通讯继续教育406人、网络医学继续教育306人；参加各种短期培训、学术交流等81人次。全年取得执业资格护士13人、医师15人、助理医师28人；取得初级职称97人、中级42人、高级31人（其中，基层副高级10人）。三明职业技术学院大田卫校教学点招收2017级护理专业1个班、24人，学制3年；招收农村医学专业1个班、32人，学制3年。7月，县卫校2014届护士班毕业32人。年底，县卫校在校全日制护理班3个、92人。

（廖美妹）

人口和计划生育

【概况】 2017年，县人口和计划生育工作，较好地完成市下达的年度计生责任目标任务。全县总人口42.68万人，自然增长率13.47‰，出生人口政策符合率91.82%，出生人口性别比女为100，男为109.92，当年在省、市年度计划生育工作考核中获二等奖。

【计划生育工作会议】 2月6日，全县计划生育工作会议在县影剧院召开，县几套班子领导，县直副科以上单位正职领导、乡镇党政主要领导、村（居）党支部书记三级领导干部近600人参加会议。会议由县长林金龙主持。县委书记熊旭明作重要讲话，县委副书记连仁魁宣读表彰决定，并向获奖单位代表颁奖，县政府副县长涂林瑢总结了2016年全县计划生育工作情况并作2017年计划生育工作部署，县人大常委会副主任、县计生协会会长温如校就计生协会工作作专题发言。

6月2日，全县计划生育工作推进会在县卫计局六楼会议室召开。会上，县政府副县长涂林瑢分析当前县计划生育工作形势，安排部署计划生育工作和医改工作，县委副书记连仁魁作重要讲话。参加会议县政府副县长涂林瑢，各乡镇党委书记、分管计生领导、计生办主任，县人口计生领导小组成员单位主要领导，东风农场场长、计生办主任，县人口计生巡回法庭负责人，县卫计局部分领导干部等参加会议。

【计划生育宣传教育】 3月3日，关爱女性健康服务流动人口进园区企业活动，县卫计局、县计生协会、华兴乡政府联合在京口工业园区开展免费义诊及宣传服务活动，县医院、县妇幼保健院、县疾控中心、县法律援助中心等多家单位参与活动。为91名群众义诊，提供两癌筛查、彩超等妇科普查58人次，免费发放药品价值5000余元的，解答政策及法律咨询22人次，发放宣传单、购物袋、围裙等宣传品800余份，增强群众的医疗保健和人口计生国策意识，为园区企业发展营造更好的环境。

4月5日，梅山乡圩日，县卫计局、县计生协会联合县中医院、县疾控中心、乡党委政府开展医疗扶贫义诊活动。一是宣传活动。县、乡卫计系统工作人员在街道摆摊设点，向群众发放疾病预防知识、卫生计生法规、医疗扶贫等内容的宣传册，宣传科学、文明、健康、进步的生活方式和婚育观念，促进家庭和睦幸福。二是组成的精准扶贫医疗小分队义诊活动。在乡卫生院，县中医院医疗专家为群众诊疗，医生进村入户，到村里为挂包的部分行动不便的贫困患者送医送药上门服务，并留下联系电话，方便患者咨询和就诊。三是关爱留守儿童。县人大常委会副主任温如校、县计生协会常务副会长刘建成、乡长林昌儒到梅山中心小学慰问留守儿童。共向校50余名留守儿童发放学习用品100多份、书包20个，计价值5000多元，通过关爱活动使留守儿童不再孤单无助，鼓励孩子们勤奋学习、健康成长。还为106名群众提供了义诊服务，免费提供了价值8000余元药品和价值4000余元的B超、心电图等检查项目，发各类宣传册2000余份，发放各类宣传品购物袋500余份。

创建“人口健康文化示范基地”，整合人口、婚育和健康文化，指导各乡镇因地制宜建设一批具有一定规模和品位的人口健康文化宣传阵地，使之成为传播人口健康文化的有效载体。当年，创建了上京镇“三田人口文化示范基地”和广平镇“五龙山人口健康文化园”等一批示范基地，以双面画牌、健康步道、温馨提示语匾等形式和载体，打造了“实施好两孩政策，建设好健康幸福家庭”为主题的人口健康文化基地，倡导广大群众落实两孩新政策，有计划地安排生育，传播新型生育文明，努力构建生育友好的社会环境，全县共有25个融健康知识传播、健身功能设置以及各村文化特色于一体的人口健康文化园，满足广大村民体育健身与健康文化的需求。

2017年3月3日，关爱女性健康服务流动人口进园区企业活动 （县卫计局/提供）

【市级领导到县调研】 11月10日，市卫生计生委副主任何干晶一行6人到县考核当年计划生育目标管理责任制完成情况，考核组到太华镇检查，县计生协会会长温如校、县政府副县长涂林瑢等陪同调研。

【计划生育奖励扶助】 2017年，县对政策调整前的独生子女家庭和农村计划生育二女家庭，继续实行现行各项奖励扶助政策，落实好农村“二女”就学高中阶段免学费政策，并发放升学奖励金。一年来，收集、审批、录入、上报、年审、兑现二女扎奖励1093人、贡献奖励15人，城镇奖扶162人，农村奖扶265人，当年二女升学照顾3分，共42人，就读高中减免学费和住宿费共106人。共发放各类奖励费131.61万元。关爱计划生育特殊家庭。完善“全国计划生育特殊家庭基本信息档案系统”，为特殊家庭建立信息档案。开通特殊家庭就医绿色通道，发放体验卡40张计资金1.94万元。落实特殊家庭县、乡、村三级联系人，发放扶助关怀联系卡120张。全县特殊家庭40人（其中：失独29人、病残9人、并发症2人），45-48周岁特殊家庭7人，特殊家庭60岁以上护理13人，新增特殊家庭3人，共发放扶助金26.4万元。

实施精准帮扶工程。从资金、信息、技术、培训等方面帮扶计生家庭，提高计生家庭发展能力和幸福指数。当年，县、乡两级共筹集生育关怀基金10万元；继续开展幸福工程，投入幸福工程资金190万元、救助计生贫困母亲96户；发放计生户小额贴息贷款390.5万元、帮扶计生户98户，发放利息19.51万元；发放建房补助16户16万元；建立计生帮扶示范基地27个，培育幸福家庭示范户和少生快富幸福母亲140户；发放计生困难家庭、失独家庭慰问金139户11.26万元。

【优质服务】 2017年，做好妇幼公共卫生服务。制定下发《大田县孕产妇和0—6岁儿童健康管理服务项目实施方案的通知》，为18个乡镇统一配备产后访视包，对辖区所有产妇产后28天内家中访视一次，为每位母婴赠送一份爱心健康包(避孕药具、围裙、宣传手册、儿童玩具）。同时，对孕产妇、0—36个月儿童发放健康管理服务券，孕妇及家长凭券可到辖区基层医疗卫生机构免费享受孕产期基本保健及儿童保健服务。当年，共发放爱心健康包6880多份、服务券1.34万份，免费孕前优检3347人，产后访视率95.38%。关爱农村留守儿童。开展农村留守儿童健康关爱活动，印发《关爱留守儿童手册》5000册，建立志愿者队伍，在均溪中心小学成立留守儿童实践基地，丰富留守儿童的学习和生活实践内容，促进留守儿童的身心健康发展。在留守儿童聚居社区（村）活动室设立“爱心健康驿站”，开展有针对性的健康教育活动，依托卫生院及学校重点做好“六个一”活动：做好一次基本情况调查，发放一张爱心联系卡，开展一次健康体检，开展一次心理健康咨询，举办一次健康知识讲座，开展一次入户访视，营造关怀关爱留守儿童的氛围。全县已设立10个留守儿童“爱心健康驿站”。实施“新家庭计划”。开展青春健康项目，在县职业中专学校、第六中学学校成立了“青春健康教育基地”，开展专家讲座8场次，发放青春健康宣传品5000份，参加人数1000余人次。扎实开展内容丰富、形式多样的早期教育，建立人口早期教育示范点—金苹果幼儿园、县实验幼儿园、县妇幼保健院，共有290名儿童2565人次接受了人口早期教育感觉统合训练，获得家长好评。实施医养结合项目，在县中医院设立医养服务中心，开设养老床位128张，突出中医康复特色，集养老、养生和保健于一体的服务体系，打造技术先进、闽中一流的医养服务中心。

（陈淑丹）

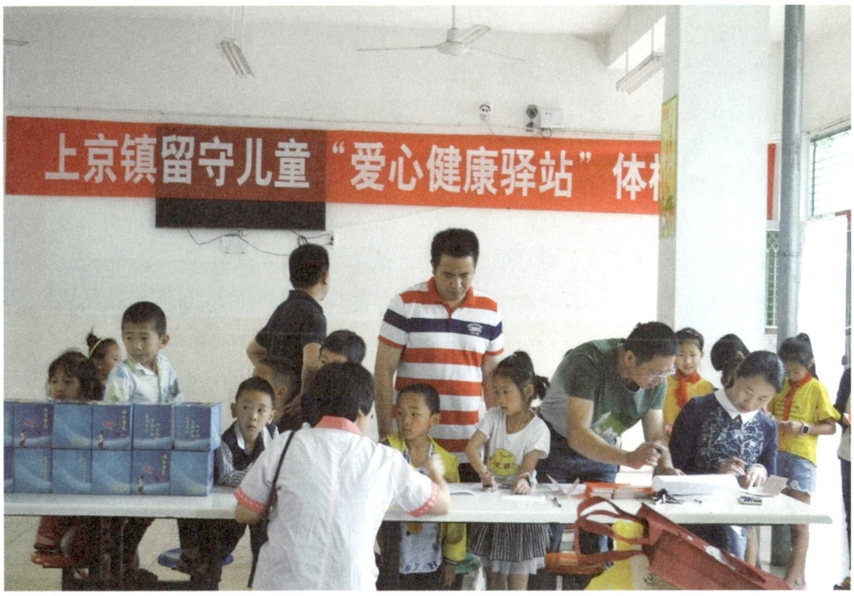

2017年，上京镇留守儿童“爱心健康驿站”体检　（县卫计局/提供）

民 政

【概况】 2017年，大田县民政工作坚持“民政为民、民政爱民”的工作理念，提高农村低保标准，实施养老服务推进年活动，稳步提升救灾救助水平，继续做好优抚安置工作，专项社会事务管理更加有序，民政工作取得较好成绩。当年，县政府绩效考评中获一等奖，被县委、县政府评为平安先进单位。

救灾救济 2017年，全县救灾救济工作。一是成立减灾委，修订自然灾害应急预案，继续实行农村住房统一保险、自然灾害公众责任保险和室内财产附加险。财政为农村住房统保7.43万户，省财政户补贴保费5元计37.15万元，县财政补贴保费2元计14.86万元，农户自缴费3元，将农房统保限额由1万元提高至2.5万元；县财政拨付保费29.9万元，将自然人（在校生除外）纳入自然灾害公众责任保险，因灾死亡每人最高赔偿10万元。当年农户住房受灾346户、1315人，理赔90.65万元；因灾死亡2人，赔偿20万元。全年下拨救灾资金120万元，救灾棉被850条，避灾点建设资金13万元。二是为全县五保、低保、重点优抚等特殊人群购买城乡居民意外伤害补充保险，每人每年20元，惠及五保、低保、重点优抚、残疾人等对象1.54万人。三是全面实行城乡医疗救助“一站式”即时结算服务，全年医疗救助1.97万人次，救助资金430.91万元；资助城乡居民基本医疗保险2.29万人，资助资金343.86万元。开展精准扶贫帮扶活动，为低保（五保）户、建档立卡贫困户、困境老人、儿童和其他因病、因残、因突发意外事件等造成生活困难的800户家庭，给予每户3000元帮扶共240万元。发挥了临时救助“救急难”的托底作用，实施临时救助5715人次，救助金额263.93万元。四是推进救助站规范化、标准化建设，按照国家三级站标准对县原福利院办公楼进行改造。为流浪乞讨人员提供食宿、医疗，帮助寻找亲人、购买车票或护送返回原籍，救助217人次，投入资金54.5万元，其中自主返乡197人次，异地护送8人次，安置12名流浪乞讨及易肇事肇祸重性精神病人到医疗机构治疗。

城乡居民低保 2017年，城乡低保（特困）实现城乡一体化。农村低保标准从每人每年2650元提高至6144元，人均补助标准从221元提高至512元；城市低保标准从每人每月452元提高到人月512元。集中和分散供养五保户供养水平分别由每人每月740元、588元提高到800元、666元。80周岁及以上低保老年人每人每月发放100元高龄补贴。开展特困人员生活自理能力等级评估工作，建立护理补贴制度。全自理的不低于县最低工资标准的10%，半护理的不低于30%，全护理的不低于90%。当年，全县农村低保对象1756户4708人，发放低保金1583.88万元，月人均补助280元；城市低保对象125户216人，发放低保资金101.97万元，月人均补助393元；特困供养对象946人，发放特困供养生活补助资金720.32万元，月人均补助635元，护理补助资金292.04万元。城乡低保对象80周岁以上老年人126人，发放高龄补助16.1万元。

优抚安置 2017年，大田县被省委、省政府、省军区授予“双拥模范县城”称号。县委、县政府加强“双拥”工作领导，及时调整充实双拥领导小组人员，在春节、“八一”建军节期间慰问驻军部队和部分重点优抚对象，发放慰问金38.5万元。严格按规定提高各类优抚对象生活补助金标准，全年共发放重点优抚对象和农村60周岁以上退伍士兵抚恤补助金856.14万元，为驻军随军无工作家属6人发放生活保障金3.3万元，月人均600元；重点优抚对象494人发放医疗救助10.92万元、生活困难补助2.52万元；给应征入伍的大学生79人发放一次性奖励金18万元；发放优秀士兵奖励金68人7.69万元；发放义务兵家属286户（其中：城镇16户，农村270户）优待金399.54万元、立功奖励金50人6.39万元。接收2017年退役士兵113人，发放地方经济补助金383.92万元和转业士官待安排工作期间生活补助费3800元。安置符合条件转业士官6人，65人参加高等职业教育，27人参加了福建省退役军人定点培训。完成了1978年以来符合政府安排工作的退役士兵758人数据进行采集和优抚对象核查工作。新增退役士兵残疾军人4人、带病回乡退役士兵2人。投入资金4500元修缮桃源风水格烈士纪念设施，投入资金15.45万元扩建县烈士陵园。

基层组织建设 2017年，华兴镇柯坑村、均溪镇城东村依法补选村委会主任，举办村（居）居委会主任届中培训班，加强指导村（居）委会制度建设，推进农村基层民主政治建设。招募高校毕业生5人服务社区，派往南街、玉凤、镇东、东门、文昌居委会学习锻炼2年，参与社区服务和管理；对2015年、2016年招募的8名高校毕业生进行服务社区工作绩效考核。与集美大学建立社区管理实践基地，做好行政村组织机构代码民政赋码，村（居）民委员会信息登记资料收集及录入系统比对工作。

殡葬改革 2017年，县民政局、县殡仪服务单位LED屏和县主要街道最大的LED屏，滚动播放殡葬改革宣传口号，出动宣传车进村入户宣传殡葬政策。在铁路、公路（含高速路、国道、省道、县道）、主要河道两侧、水源保护区、风景旅游区、文物保护区，经济开发区、住宅区“三沿五区”开展大墓、豪华墓、“活人墓”专项整治工作。通过公开招投标更新2台火化炉和一辆殡仪服务车。继续推行惠民殡葬政策，全年共火化境内遗体1856具，免除殡葬费164.71万元。其中：基本殡葬费每具885元，共162.93万元；困难群众对象71人（城乡低保23人、农村五保44人、重点优抚和革命“五老”人员4人），免项目费用1.78万元；处理公安立案侦查案件移送无名尸体2具、费用4000元；财政物价差补6.02万元。

社团管理 2017年，县民政局做好行业协会商会与行政机关脱钩清理整顿工作，登记大田县郭居敬孝文化研究会、大田县河长协会社团2家，注销大田县环境科学学会1家；登记民办非企业单位大田县盟泽美术馆、大田县三雅道职业培训学校、大田县夕阳红闽中康养服务中心、大田县青心青少年社会工作服务中心4家。年检社团133家、民办非企业单位38家，合格率100%。参加评估社会组织113个。

勘界区划与地名 2017年，县勘界办开展县乡级界线联检，9月底前，全面完成大田与永春67.8公里、大田与德化87.68公里的2条界线，共计155.48公里县级界线联检任务。联合开展平安边界建设，促进行政界线平安稳定。加强地名管理工作，地名命名、更名20个，更换灯箱广告路牌25个。申报县撤乡设镇实施方案，9月底，经省政府批复，同意撤销华兴乡、吴山乡建制，设立华兴镇、吴山镇。地名普查按照第二次全国地名普查工作目标要求，抓好各阶段工作落实；配合公安部门做好标准地址编制清理整治及二维码门牌制作工作。

老区扶建 2017年，抓好上级下达全县扶建项目10个、扶建资金65万元的落实工作，做好《三明市红色文化遗址保护管理办法》的宣传，投入30万元修缮武陵百束村红军第四军前委机关、三纵队驻地旧址和屏山乡屏山村苏区革命遗址维修工作，投入15万元建设武陵乡桃溪村泽农生态养殖科技示范基地。落实革命“五老”人员优待政策，革命五老人员生活定补10月起从每月980元提高到1070元。为9名革命五老人员发放门诊补助费5200元。

【实施“养老服务”活动】 2017年，县政府出台《大田县开展养老服务推进年活动实施方案》。一是机构养老方面，闽中康养服务中心实行社会化运营，已入住老年人97人。投入332万元推动桃源、吴山等15所乡镇敬老院的提升改造，投入323万元建设广平镇元沙村等19个村农村幸福院，投入26万元为建设镇建国村等18个村老年人活动中心购置活动器材。二是居家养老方面，养老服务延伸到乡镇、村，“以孝引航，爱传万家”打造山区养老服务“110”模式，入选国家发改委等部委养老服务业发展典型案例。县居家养老服务中心开展线上服务5.8万人次，线下服务1.13万人次，老人自费入网的123人，政府购买居家养老服务150万元。投入资金10万元新建湖美、上京、太华、广平等5个农村居家养老服务站，三是社区养老，投入资金260万元建设仙亭、赤岩、文昌3个社区老年人日间照料中心，投入30万元对白岩、镇东、南街3个社区居家养老服务站进行完善配套。

【残疾人补助】 2017年，县残疾人两项补贴发放工作实行动态管理，及时与火化数据、低保、五保对象变动进行比对，为4281人发放困难残疾人生活补贴258万元，重度残疾人护理补贴5536人，资金387万元。

【低保工作规范】 2017年，县民政局对核查中发现不符合城乡低保（特困供养）对象362人给予退出保障。核查中发现家庭生活确实困难的城乡居民505人给予纳入保障范围。切实做到每个月都进行集体研究审批，县城乡低保工作真正实现了动态管理下的“应保尽保”。

【殡仪馆股权回购建设项目】 2017年，县民政局委托宏岩律师事务所按法律程序进行回购殡仪馆股权。并进行项目改造建设，建综合办公楼面积2052平方米，已完成2层框架结构；悼念厅面积400平方米，已封顶；骨灰楼面积1590平方米和守灵厅面积962平方米，已完成一层，共投入资金1200万元。

【慈善救助】 2017年，县慈善总会开展助医、扶贫、助学等，发放各类慈善救助款19.91万元，其中资助大田县康贝启智教育中心1万元，助学18人、9.9万元，助孤10人、1.2万元，助困1人、2万元。中秋节慰问五保、低保贫困户23人，发放慰问金6900元，“传递幸福简单”大礼包460个、5.12万元。

【婚姻与孩子收养登记】 2017年，县婚姻登记处健全一次性告知单和办事指南，实行周末无休制度。自4月1日起婚姻登记机关免向当事人收取婚姻和收养登记费用。6月完成1990年以来婚姻登记信息补录入工作。当年，共办理结婚登记3595对、离婚登记728对，补发结婚证书535本、离婚证书31本。依法办理收养登记1例。

【社会福利中心建设】 2017年，县民政局通过公开招投标引进福建夕阳红养老有限公司实行社会化运营，创建了网络监控信息平台，配套建设医疗护理、养老服务、老年人娱乐活动、无障碍、公用辅助等基础设施，9月14日，位于兴业路33号县社会福利中心举行揭牌仪式，年底有入住老年人97人。

【助孤工程】 2017年，县民政局加强孤儿动态管理，重新核查孤儿身份。提高全县孤儿基本养育标准，社会散居孤儿从原来每人每月600元提高至900元；

机构代养孤儿从原来每人每月 1000 元提高至 1500 元，全年共发放孤儿生活保障金 78.69 万元。慈善救助孤儿 10 人，发放助养费 1.2 万元。

【农村幸福院建设】 2017 年，全县建设集日间照料、就餐、文化娱乐、健身为一体的农村幸福院，有文江乡民主、昭文、琼口、桃源镇广汤、上举村、吴山镇阳春村、石牌镇拱桥村、武陵乡大石村、谢洋乡珍山村、广平镇栋仁、丰庄、元沙、铭溪村、建设镇建忠村、太华镇仕坑村、湖美乡岬才村、前坪乡黎明村、华兴镇仙峰村、上京镇隆美村 19 家，省市民政部门每院补助 17 万元，共补助资金 323 万元。

【儿童关爱保护】 2017 年，县政府出台困境儿童实施意见，县民政局开展困境儿童摸底排查工作，排查出孤儿、自身困境、家庭困境、监护困境等各类儿童 201 名，落实分类保障 192 名。开展“合力监护、相伴成长”关爱保护专项行动，动员农村留守儿童父母留家照料或带儿童外出共同生活 440 名，全县农村留守儿童数量由 2016 年底的 1144 名减至 546 名；为无户籍留守儿童登记户籍 67 名，劝返华兴籍失学辍学儿童返校 1 名；为无人监护及父母无监护能力留守儿童委托指定监护人 15 名并签订委托协议书。构建县、乡、村（社区）三级联动的留守儿童和困境儿童保障服务工作网络，完善全国农村留守儿童和困境儿童信息管理系统，每季度将更新数据通报给各乡镇、有关部门。

2017 年 10 月 10 日，广平铭栋幸福院投入使用　（县民政局 / 提供）

【福利彩票销售】 2017 年，全县销售福利彩票 1079.77 万元，其中，电脑福利彩票 447.19 万元、刮刮乐 32.69 万元，“中福在线”599.89 万元。

（詹金花）

老龄工作

【概况】 2017 年，县老龄委宣传、贯彻党和国家有关老龄工作的方针、政策，围绕“六个老有”目标，开展“敬老爱老”活动。在春节、老年节期间慰问高龄老人、困难老人。发放高龄老人生活补贴，推动居家养老服务。巩固发展老年基金会，有资金 60 万元。全县有 60 岁以上老人 5.3 万人，占全县总人口的 12.95%。

【高龄老人生活补贴】 2017 年，县老龄委为 80 周岁以上老人发放生活补贴，其中，80—89 周岁人月 30 元，90—99 周岁人月 50 元 ,100 周岁以上人月 300 元，当年共为 6871 人发放生活补贴费 262.95 万元。

【慰问高龄老人】 2017 年“老年节”期间，县老龄委慰问 90—94 周岁老人 695 人、发放慰问金 6.95 万元，95—98 周岁老人 101 人、慰问金 2.02 万元，100 虚岁及以上老人 13 人慰问金 300 元 / 人，计 3900 元（吴山镇锦山村苏爱、建设镇建爱村罗双娇、建忠村吴双妹、济阳乡大崁村许万年、均溪镇福塘村陈克占、和丰坪村周建存、严鸾英、上华村郑巧文、良元村王双英、谢洋乡碧山村郑秀英、太华镇汤泉村郑巧文、群团村池瑞妹、前坪乡前坪村林二妹）、100 周岁老人 8 人慰问金 1500 元 / 人，计 1.2 万元（广平镇栋仁村张新娥、苏桥村林新倍、广平村郑美英、湖美乡林兜村吴凤治、奇韬镇文经村廖嫦娥、屏山乡和坑村陈启复、太华镇万湖村郑莲英、石牌镇桃坑村乐首沧）、10 月 27 日，县委书记熊旭明、县长林金荣带领县民政局领导走访慰问广平镇栋仁村张新娥、苏桥村林新倍、广平村郑美英、屏山乡和坑村陈启复、石牌镇桃坑村乐首沧、均溪镇福塘村陈克占，为 6 位百岁老人各送上鲜花和 1500 元慰问金。

【居家养老服务】 2017 年，县老龄委引进泽惠居家养老信息中心，开展居家养老专业化服务，对特困供养人员、低保对象、建档立卡的贫困人口、重点优抚对象、计划生育特殊家庭成员、重度残疾人中的 65 周岁以上老年人和 80 周岁以上老年人实行政府购买服务，线上信息服务 7626 人，人月 20 元，线下实体援助服务 2107 人，人月 50 元。

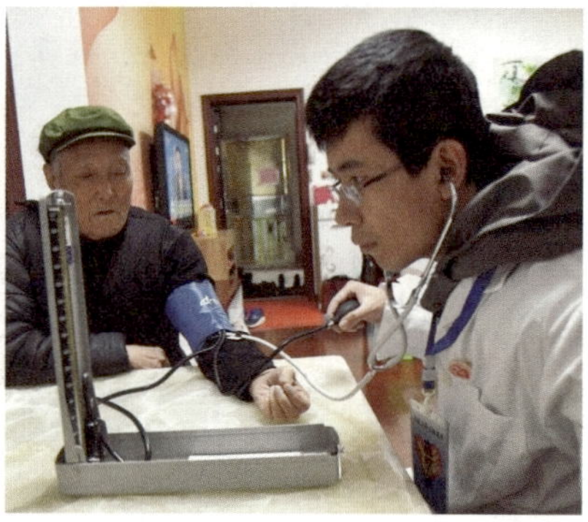

2017 年 3 月 9 日，泽惠居家养老志愿者上门提供医疗保健服务　（县民政局 / 提供）

【闽中康养服务中心投入使用】 2017 年，县老龄委引进福建夕阳红养老服务有限公司运营闽中康养服务中心，于 5 月 19 日开始运营，设有养老床位 300 张，入住老年人 97 人。

（林启亮）

库区移民工作

【概况】 2017年，大田县库区移民开发局围绕上级布局，持续推进“两学一做”教育活动，深入践行“马上就办、真抓实干”精神。当年，策划项目主动与上级主管部门对接，省级追加统筹资金425.16万元，共安排移民资金1845.27万元，其中，直补资金341.46万元、项目资金1503.81万元、项目扶持37个，市移民局组织实施8个，县移民局组织实施29个。通过后期扶持扶助实施安置移民所在村及自然村饮水安全全部解决、自然村主干道路全面混凝土铺设、安装路灯25个村，实现全面亮化；建设文化活动中心11个，有46个村实施村内和宅前道路混凝土铺设。通过省移民局对大中型水库移民后期扶持政策实施情况问卷调查，满意率达98.81%。

【项目和资金管理规范有序】 2017年，据省市移民开发局的有关规定和要求，结合县政府有关项目实施管理规定严把规划设计、公开招标、资金拨付、审核结算等10个程序，所有项目均列入全省网上监控管理，坚持和受益移民代表参与项目管理办法，确保项目实施和资金使用安全。

【精准帮扶助推脱贫】 2017年，移民开发局在县政府实施开展脱贫攻坚的安排基础上，对建档立卡贫困移民47人，实行政策叠加、加大移民资金投入、按照年人均1000元项目扶持补助标准。对在福建工程移民职业技术学校就学贫困移民1人，按年人均3000元的标准给予生活补助，连续补助两年；开展移民技能培训、举办小车驾驶技能培训班5期270人；对挂包帮扶贫困村岬才村因地制宜，成立养蜂合作社、种植蔬菜合作社，并对造福工程安置点岬才村张京洋新村的村内道路混凝土路面铺设及配套基础设施建设，投入移民资金171万元。垦复村的荒芜水田20公顷。改善村民的生产生活条件、增加村民和村财的收入。

【移民创业小额贷款贴息工作】 2017年，县移民局对库区直补移民，经银行自审、自核、自贷、自收，贷款额度在10万元（10万元以上按10万元进行贴息）以内、期限3年以内的生产开发和生产经营项目的贷款维持小额贷款贴息工作，当年，为移民创业发展生产贷款500万元、发放贷款贴息金额约21.75万元。

【“平安库区”维稳创建】 2017年，县移民局贯彻落实省、市“平安库区”创建和库区综合信访维稳1+N调解工作机制。推进“平安库区”创建，县政府向全县8个大中型水库库区乡镇政府颁发创建“平安库区”责任书；开展矛盾纠纷化解和排查，真正做到重心下移、关口前移、变群众上访为移民干部主动到移民群众家中拜访，使库区有关不稳定因素能够早发现、早报告、早控制、早消除，严格按照信访“路线图”要求办理移民群众信访问题，掌握群众思想动态，及时排查和化解矛盾纠纷。当年，在县一年一度的“两会”（人民代表大会、政协委员会）上的建议和提案及议案中，没有发生移民群体事件和越级上访事件，在“12345”市民服务平台来访1件（“移民补偿款收回”的信访），信访人因考入公务员、按政策规定应予取消直补对象，经答复解释、信访人主动退回直补资金。库区保持安定稳定，信访“三率”均达100%。

（李求景）

社会新风

【概况】 2017年，县委宣传部、团县委、总工会、妇联、文明办、关工委等部门，组织开展文化科技卫生“三下乡”及扶贫慰问活动；开展社会主义核心价值观教育和志愿者服务活动，寻找身边的道德模范，推动“中国好医生、好护士”网络推荐评议活动。

【“春风伴我行”行动】 1月13日—2月21日，大田一中组织70名志愿者到新汽车站开展“春风伴我行”春运志愿者服务活动。志愿者们轮流值班，引导旅客使用自动售票机、帮助安检、提送行李、引领登车、讲解安全常识、递送茶水、扶老携幼。

【开展青年志愿者集中服务月活动】 1月15日，团县委联合41家县直单位部门，在湖美乡开展文化科技卫生“三下乡”活动。活动共筹集书籍、物品价值3.64万元，资金14.5万元，100多人参加。团干部到后坪村、西燕村等慰问精准扶贫户，询问贫困户今年的收支状况、身体健康状况及日常生活中的实际困难，帮助他们树立信心，面对困难，脱贫致富，送慰问金2000元及食用油6桶。开展“暖冬行动”助力春运活动，1月23—24日，团县委组织青年志愿者到新落成的县汽车站开展“青春志愿行，温暖回家路”助力春运暖冬志愿服务行动。围绕“提供咨询、秩序维护、重点帮扶、便民利民、应急救援”等项内容开展志愿服务，向乘客发放春运出行安全、防诈骗宣传材料350份，以让他们在意识上提高警惕，避免人身伤害和钱财损失；引导旅客按秩序乘车，营造良好的乘车环境；为老弱病残孕提供拎包服务。

【“春风”行动志愿服务活动】 2月7日，大田一中派出志愿者参加县人社局、总工会等部门组织的为困难就业人员找工作的“春风”行动，志愿者们在县城东街口、新汽车站等地点为求职人员介绍招工信息，帮助填写求职表，提供志愿服务。

【开展植树造林志愿者服务活动】 3月10日，大田团县委组织20名志愿者到上京镇隆美村开展“绿色大田 青年在行动”植树造林活动。共种植银杏、桂花100多棵。

【陈伟积入选省“尊老爱亲 美德少年”】 5月31日，由中共福建省委宣传部、省委文明办举办的第四届福建省“美德少年”评选表彰活动公布，大田四中九年级的陈伟积入选尊老爱亲评选。

【“红色大田”讲解员志愿者服务活动】 为适应日愈红火的红色旅游和乡村旅游事业发展，大田县“第二集美学村”保护与开发指挥部通过网络招聘新的讲解员志愿者，共有12人报名。志愿者经厦门陈嘉庚纪念馆、县广播电视台、旅游局和县关工委的联合培训，于7月上岗开展志愿者服务。年内，已接待146批海内外宾客，为他们讲述抗日战争时期的“大田故事”。

【携手闽王驾校开展爱心助考】 6月7–8日两天，大田团县委和闽王驾校联合开展“高考免费爱心车”活动，考生考试期间免费乘车，免费接送考生往返于考场与家中1100人次。发出倡议，倡导有车族，在高考期间少开车、不开车或文明行车，为考生让出绿色通道。

2017年6月7—8日，志愿者爱心送考志愿服务活动　（林建伟／摄）

【吴玉兰入选“中国好医生”候选人】 10月，由中央文明办、国家卫生计生委联合主办，“我推荐我评议身边好人”之“中国好医生、中国好护士”网络推荐评议活动，大田县中医院妇产科医生吴玉兰成为三明唯一入选“中国好医生”候选人。

【全国健美操冠军赛志愿者服务活动】 11月8—19日，2017年“浩沙杯”全国健美操冠军赛在大田县体育中心举办，团县委组织80名青年志愿者为来自全国各地的运动员、教练员和观众提供志愿服务。

【开展移风易俗宣传活动】 12月11日，大田团县委、县总工会、县妇联在大田一中联合开展“文明新风进万家，移风易俗靠大家”主题宣传活动。青年志愿者向过往的行人分发宣传单并向群众宣传移风易俗相关内容，倡议广大干部群众婚事新办、喜事俭办、厚养薄葬、积德行善。共发放移风易俗宣传环保袋600个、倡议书600份；平安“三率”宣传挂历500份，见义勇为宣传挂历480份；反家暴、防邪教、保护儿童宣传材料各500份，计3680份。宣传活动为期一个月。

【“护青工程”志愿者行动】 年内，县公安局、检察院、法院、司法局、教育局、民政局、关工委、团县委、县妇联等联合组建的“护青工程”志愿者队伍继续为全县青少年提供法律咨询、法治教育、法律援助和未成年人保护等志愿服务，如为9名未成年犯罪嫌疑人担任“合适成年人”，行使代理监护人职责；为17所学校师生开办法治和安全讲座，为33名青少年提供法律咨询和帮助。

（刘美艳　周善智　陈　凯　范其燎　周调产）

人民生活

【概况】 2017年，全县在岗职工1.68万人，年人均工资6.44万元，其中，国有单位职工工资7.69万元；城镇集体4.99万元；机关事业单位离退休人员年人均退休金4.17万元，企业2.71万元；城镇居民人均可支配收入3.25万元，人均消费性支出2.78万元。农村居民人均可支配收入1.54万元，人均生活消费性支出1.18万元。

职工生活　2017年，全县在岗职工1.68万人，比上年减少1167人，其中，国有单位职工1.04万人，平均人数1.03万人；城镇集体单位职工2706人，平均人数2610人。全年在岗职工工资总额10.84亿元，同比增长9.9%，其中，国有单位7.93亿元，年人均7.6万元；城镇集体1.3亿元，年人均4.99万元。县社会劳动保险管理中心为离退休及退职人员7113人，发放养老金1.93亿元。机关社保管理中心为离退休人员3001人，发放养老金1.25亿元。

农民生活　抽样调查显示：2017年，全县农村居民人均可支配收入1.54万元，同比增长9.4%；人均生活消费支出1.18万元，同比增长8.2%。

（黄钟煊　叶丽珠）

大田县每百户农村居民主要消费品拥有对比表

表11

品名	单位	2016年	2017年
洗衣机	台	84	84
电冰箱	台	92	93
热水器	台	97	98
摩托车	辆	109	105
电话机	部	22	19
移动电话	部	277	276
彩色电视机	台	118	119
家用计算机	台	52	53
空调	台	29	33
抽油烟机	台	10	9
微波炉	台	11	11
照相机	架	1	1
汽车	辆	13	16

（黄钟煊）

均溪镇

【概况】 2017年，全镇辖村23个、社区居委会8个，村民小组183个，户籍数2.46万户，总人口8.38万人，其中城镇人口6.32万人。镇财政收入4119.08万元，比上年增长84.8%。

农业 2017年，全镇耕地面积599.27公顷；农机总动力1.74万千瓦；粮食总产量5989吨，同比减少3.44%。全镇农林牧渔业总产值5.21亿元，比上年增长3.58%。推广高产水稻面积410.4公顷、产量3832吨。主要农作物水稻、甘薯、油茶。

工业 2017年，全镇规模以上企业27家，固定资产投资46.22亿元；规模以上工业总产值65.86亿元，同比增长18.6%；销售收入40.32亿元，同比增长62.71%，实现利税2.43亿元；实施技改项目19项，投入资金3.76亿元。主要企业南湖针织，硅光通讯科技有限公司，分别生产针织衫、光通讯产品产量148万件、1513万件。

招商引资 2017年，全镇新注册企业324家，注册资本金31.54亿元，新引进投资5000万元以上项目12个，完成总投资2.68亿元。全镇三资企业8家，总投资4.06亿元，吸引外资5200万元，完成外贸供货值1.95亿元。

商业服务 2017年，全镇社会消费品零售总额37.6亿元，同比增长2.6%；集市贸易额28.05亿元，同比增长3.4%。流通领域的国有、集体、私营企业及个体工商户共2372家；金融机构13家，服务网点37个，第三产业增加值5945万元，同比增长2.7%。

交通通信 2017年，全镇拥有机动车1653辆（其中，客车54辆，轿车885辆，卡车412辆，农用车166辆，拖拉机136辆），比上年增加39辆。固定电话6796部，同比减少1.15万部，移动电话5.53万部，同比增加2164部。

社会事业 2017年，全镇教育事业投入1235万元，完成均溪中心小学、幼儿园扩建和城一小、城二小教学楼新建工程，赤岩小学、温镇幼儿园、福兴幼儿园完成主体工程建设，城东小学、赤岩幼儿园等新建教育项目有序推进。年底，各类学校39所，在校学生2.62万人，比上年增加562人。全镇闭路电视用户2.49万户，同比增加212户；互联网人口覆盖率98%，有98%行政村与县城联网开通数字电视。大田县总医院均溪分院病床65张，医务人员65人。93%的人口饮用自来水。

人民生活 2017年，全镇城镇居民人均可支配收入3.39万元，同比增长10.1%；农村居民人均可支配收入1.86万元，同比增长11.2%。村民人均住房37.3平方米、居民34.2平方米。每百户拥有洗衣机92台，自行车85辆，电视机107台，电冰箱86台，摩托车76辆。全镇95.5%以上的农户用上厨电设备。

社会保障 2017年，全镇农村低保145户、388人，年发放低保金98万元。五保户供养标准提高，集中供养由年人均8880元提高到9120元；分散供养由年人均7020元提高到7344元。享受临时救助的215户，共救助金额57.92万元。享受护理补贴的困难残疾人1095人，补贴99万元；享受生活补贴的困难残疾人852人，共发放生活补贴56万元。全镇参加新农合5.52万人，参合率93.8%，收取医保基金993.7万元，为3134人次支付医疗补偿费301.5万元。养老保险参保缴费1.56万人，参保率89.18%收取养老保险基金2017.3万元。

【党员绩效考核积分制执行】 2017年，均溪镇党员绩效考核执行积分制。带头讲政治比党性，根据党员是否按时参加上级党组织和支部的组织生活，是否按时、足额、自觉交纳党费，并做好党组织分配的工作任务给予记分。带头守规矩比形象，根据党员是否严格执行党组织的各项决议、遵守党纪国法、引领社会公德、职业道德和家庭美德给予记分。带头优化服务比品行，根据党员是否牢记宗旨、心系群众，积极帮助群众解决生产生活实际困难，自觉维护群众正当利益给予记分。带头创佳绩比作为，根据党员能否带领群众致富，结对帮扶贫困户等弱势群体，为群众提供或介绍就业岗位，参加防汛抗旱、森林防火等工作给予记分。

【重点项目建设】 2017年，镇实施重点项目建设，国道纵五线一期（均溪段）建成，全长10.06公里，采用二级公路标准，双向六车道，设计速度为60公里/时，路幅宽度24.5米；凤山路改造（一期）项目完成，项目总投资约1.78亿元，主要对凤山路范围内的道路实施沥青路面铺设、雨污分流、强弱电下地、给水及沿街立面等方面进行改造；兴泉铁路建设项目开工，涉及均溪镇宋京、红星、玉田、温镇4个建制村，并在均溪镇红星村岬武坪设客运站，在良元村、红星村设搅拌站，共涉及征地面积15.26公顷；香山北路建设项目开工，项目计划总投资4.98亿元，按城市主干道等级建设，沥青混凝土路面，全长约3.6公里，道路设计宽度24米，设计时速40公里/小时。全镇113个重点项目完成投资43.5亿元，32个项目开工建设，39个项目建成或部分建成。

【贫困户全部脱贫】 2017年，均溪镇全面落实帮扶措施，推进产业扶贫。农光互补扶贫产业园、华坑造福工程馨华小区等扶贫项目竣工，光伏总装机容量1872千瓦，贫困户每户年可增收8000余元，95%以上的贫困群众在产业发展上有了支撑，76户易地搬迁户实现“交钥匙”，完成危房改造6户。推广“福林贷”“邮林贷”普惠制林业金融产品，新增新型林业经营组织17家，发放贷款1053万元。全镇250户743人贫困群众全部脱贫，许思坑“空壳村”实现摘帽。

【省级文物保护单位列入】 11月，玉田村“抗战时期大田‘第二集美学村’旧址群”、周田“富衍堂”被省文化厅、文物局列为第九批省级文物保护单位。

【科研经费投入】 2017年，均溪镇境内实施“科技大田”重点项目14个，全年工业企业投入科研经费1600万元。4月，金门油压机制造有限公司、宝山机械有限公司、农翔（福建）食品有限公司三家企业被省科技厅新认定为福建省科技型企业；12月，卫斯特环保院士工作站被中国科协企业工作办公室评为全国示范站。全年全镇新增国家发明专利15个，实用新型、外观设计专利107个。

【“放管服”改革】 2017年，均溪镇实施“放管服”改革。认真“接权”，以省级小城镇机构改革试点工作为契机，突出简政放权，完善“两局三中心”（生态综合执法分局、城市管理行政执法分局、便民服务中心、党风廉政巡察中心、生态环境保护指挥中心），共设立服务窗口7个，完成1223项权责清单编制。主动“亮权”，重点围绕受理、承办、回复三个环节，编印《均溪镇便民服务中心服务指南》，设立告知墙，印制60个事项一次性告知单，公布镇政府权责清单232项，并积极亮岗履职，构筑阳光高效服务体系。规范“用权”，健全完善首问责任制、AB岗位制、服务承诺制、限时办结制等制度，推行“互联网＋政务服务”模式，率先在全市建立乡镇网上办事系统，配置电脑7台，社医保查询一体机1台。全年共受理群众办事1329件，办结1296件，办结率97.5%。

（蒋芳灶　刘利佳　周荣岁）

2017年10月12日，均溪镇香山北路建设　（刘冬春/摄）

华兴镇

【概况】 2017年，全镇辖村10个，村民小组107个；户籍数3597户、人口1.41万人，其中城镇人口5061人。镇财政收入544.1万元，比上年下降8.56%。

农业 2017年，全镇耕地面积413.33公顷；农机总动力1780千瓦；粮食总产量3714吨，同比减少2.49%；生猪出栏6192头。全镇农林牧渔业总产值1.63亿元，同比下降2.4%。主要农产品水稻、木薯、槟榔芋。

工业 2017年，全镇企业247家（规模以上15家、集体2家、私营85家、个体145家）；职工总数1709人，固定资产10.98亿元。其中规模以上企业15家、完成工业总产值19.69亿元，同比下降29.02%。销售收入19.44亿元，实现利税5780万元，实施技改项目1个，投入资金2500万元。主要企业大田县力天环保科技有限公司、福建省大田县三友机械有限公司、福建省华闽纸业有限公司。

商业服务 2017年，全镇社会消费品零售额3601.2万元，同比增长3.92%；集市贸易额350.2万元，同比增长10.8%。流通领域的国有、集体、私营企业及个体工商户共481家；金融机构服务网点1个。第三产业增加值769.6万元，同比增长8.3%。

交通通信 2017年，全镇机动车524辆（客车2辆，卡车35辆，小汽车427辆，农用车35辆，拖拉机25辆）；同比增加49辆。固定电话761部，同比减少132部；移动电话6278部，同比增加1476部。

社会事业 2017年，全镇教育事业投入703.48万元，各类学校6所，在校学生316人，同比减少55人；闭路电视用户1425户；镇卫生院病床10张，医务人员13人；100%人口饮用自来水。

人民生活 2017年，全镇农村居民人均可支配收入1.36万元，同比增长9.9%；村民人均住房32平方米，集镇居民25平方米；每百户拥有洗衣机45台，自行车41辆，电视机128台，电冰箱28台，摩托车58辆；48.4%以上的农户用上液化气、电磁炉。

社会保障 2017年，全镇村民享受低保149人，发放低保金45.7万元；享受五保41人，发放五保金52.9万元；60周岁以上居民1808人，发放养老金21.66万元；农村居民参加新农合1.14万人，参合率99.4%；收集医保基金170.69万元，为2988人次支付医疗补偿费76.12万元。

【省纪委领导到仙峰村调研】 1月，省纪委常委、副书记、省监察委员会副主任，福建省政协常务委员黄汉升一行3人到仙峰村调研镇村旅游发展情况，慰问困难群众，并看望省纪委选派驻村蹲点干部华丛。市纪委书记游宇飞和县委书记熊旭明等人陪同。

【兴泉铁路建设开工】 3月20日，兴泉铁路（大田段）项目建设在仙峰隧道口处举行开工仪式，在镇境内全长6.84公里，主要涉及华安、仙峰2个村，仙峰隧道长5.62公里、华兴均溪特大桥690米、华安大桥154米。华兴镇完成正线和施工便道征地7.33公顷。

【村级道路拓宽】 5月，华兴镇实施太平桥到早兴村道路拓宽二期工程，长4.5公里，由3.5米拓宽为6米，总投资300多万元，12月工程完工，全线8.5公里通车。

【仙峰漂流项目承包经营】 6月15日，“仙峰漂流”项目转包给德化桃仙溪开发有限公司经营，7月15日，在游客服务中心举办仙峰漂流旅游项目对接仪式，营业3个月期间，多次开展以“仙峰月色·夜游大田”为主题的篝火晚会，吸引了县内外游客近3万人次，营业额达40万元。

【仙锋村新办公楼动工建设】 7月，仙峰村新办公楼动工建设，占地面积158平方米，建筑面积580平方米，规范党组织阵地建设。总投资100万元，其中大田县裕通矿业有限公司捐款50万元，县委组织部补助10万元，村集体自筹40万元。

【省级传统村落列入】 8月31日，横坑、早兴、柯坑、张垅等4个村经省建设部门会同规划、文化（文物）、财政部门，组织专家组研究讨论、打分、评审认定，被列入第二批省级传统村落名录。

【修缮中共大田县第一支部会址】 12月18日，位于京口村的中共大田县第一支部会址保护性修缮工程竣工，总投资42万元，其中村民自筹资金20万元，各级补助资金22万元。

【闽中康养小镇项目签约】 9月18日，镇在厦门国际贸易投资洽谈会上与厦门中奥集团签约闽中康养小镇项目，计划投资10亿元，建设以油茶为主题的生态休闲、观光旅游、科技博览、健康养老为一体的综合性项目。

【撤乡设镇】 9月19日，华兴乡经福建省人民政府批准撤销，设立华兴镇，行政区域不变，政府驻地不变。

【华兴中学学生宿舍楼项目工程奠基】 9月23日，华兴中学学生宿舍楼项目在华兴镇华安村举行奠基仪式，总投资789万元，占地面积700平方米，建筑面积3626平方米，容纳学生住宿700人。

【仙峰造福工程集中安置点开工暨福平大院奠基】 10月17日，华兴镇仙峰造福工程集中安置点开工暨福平大院在仙峰村田垅处举行奠基仪式，占地3658.83平方米，解决华兴镇贫困户易地搬迁29户、90人。

【省级文物保护单位列入】 11月，经省文物保护部门专家组评审认定，辖区内通驷桥、中共大田县第一支部会址、叶炎煌故居（联芳堂）3处建筑物被列入福建省第九批省级文物保护单位名录。

【基础设施建设】 2017年，华兴镇实施危房改造工程8户，完成农村生活污水垃圾治理400多户，新村道路混凝土铺设4.5公里，新建给排水管道6公里，建设农村安全饮用水工程2个。

【水土流失生态改造示范片】 2017年，华兴镇在京口村阔岬处实施油茶林水土流失生态改造工程，总面积23.3公顷。

【光伏发电项目】 2017年，华兴镇实施仙峰溪防洪堤集中建设1公里光伏长廊，总装机容量986.9千瓦，年可发电108.6万千瓦·时，实现全镇空壳村和贫困户光伏发电全覆盖，每年可帮助4个空壳村增加村财收入5万元以上，贫困户年均增收7000元以上。项目总投入740万元。

【仙峰村级幸福院】 2017年，华兴镇在仙峰村原老年活动中心提升改造成幸福院，建设康复健身室、餐厅、娱乐活动室、老年人日间休息室等，扩建室外活动场地800平方米，更换陈旧的电视、沙发、音响等设备，重新规划水、电等路线，打造集阅览、康复、运动、餐饮等多功能为一体的幸福院。总投资40万元（含省民政厅补助17万元）。

（张皇滨）

石牌镇

【概况】 2017年，全镇辖村16个，村民小组137个；户籍数4981户、总人口2.07万人，其中城镇人口3741人。镇财政收入775.79万元，比上年下降6.04%。

农业 2017年，全镇耕地面积723.47公顷；农机总动力8090千瓦；粮食总产量4469吨，同比减少11.28%，出栏生猪7503头。全镇农林牧渔业总产值2.23亿元，比上年增长0.01%。

工业 2017年，全镇有企业61家（集体2家、私营59家），其中新增5家；职工总数1856人，工业固定资产5.93亿元；完成工业总产值17.61亿元，其中，规模工业总产值14.98亿元，同比增长8.8%；销售收入16.75亿元；实施技改项目4项，投入资金2.2亿元。

招商引资 2017年，全镇有三资企业1家，总投资3000万元，吸引外资686万元，完成外贸供货值1306万元。

商业服务业 2017年，全镇社会消费品零售额7970万元，同比增长15.02%；集市贸易额2540万元，同比增长9.01%；流通领域的国有企业3家、私营企业

48家及个体工商户1016户；金融机构服务网点1个。第三产业增加值1.36亿元，同比增长11.3%。

交通通信 2017年，全镇机动车851辆（客车7辆、卡车358辆、小汽车295辆、农用车164辆、拖拉机27辆），同比增加10辆；固定电话2820部、同比减少40部，移动电话1.09万部、同比增加300部。

社会事业 2017年，全镇教育事业投入16.2万元，各类学校4所，在校生2255人、同比增加58人；医疗卫生与计划生育投入40.45万元，镇卫生院病床21张，医务工作人员19人；全镇闭路电视用户2629户、与上年持平；100%的人口饮用自来水。

人民生活 2017年，全镇农村居民人均可支配收入收1.32万元，同比增长9.8%；村民人均住房55平方米，居民28.3平方米；每百户拥有洗衣机69台、自行车30辆、电视机135台、电冰箱69台、摩托车99辆；87%的农户用上液化气、电磁炉。

社会保障 2017年，全镇享受低保村民236人，发放低保金64.67万元，享受基础养老金村民2509人，发放养老金365.21万元。村民参加新农合6786人，参合率95.32%。收集医保基金310.97万元，为1.44万人次支付医疗补偿费110.55万元。

【“一事一议”财政奖补项目】 2017年，石牌镇实施“一事一议”财政奖补项目7个（重点项目2个），财政奖补资金97.98万元，鳌江村牙口至大架头道路拓宽4000米，5月开工，7月竣工，受益2330人，总投资63万元，其中群众筹资筹劳折工1万元，县交通局补助32万元，财政奖补资金30万元；桃坑村村容村貌整治项目7月开工，9月竣工，受益1483人，总投资30.4万元，其中财政奖补30万元，群众筹资筹劳0.4万元；小湖村乾宫至桥亭太阳能路灯40盏，3月上旬开工，4月底竣工，受益1979人，投资10.85万元，财政奖补资金10.85万元；龙坑村村内环村路灯45盏，7月开工，9月竣工，受益1205人，投资7.2万元，其中群众筹资筹劳1.2万元，财政奖补资金6万元；盖山村太阳能路灯18盏，7月开工，8月竣工，受益618人，投资6.16万元，其中群众筹资0.16万元，财政奖补资金6万元；桃山村大海坂自然村老人活动中心项目10月15日动工，12月30日竣工，受益人口1579人，总投资19万元，其中财政奖补9.6万元，村自筹9.4万元。石坑村石壁坑路灯工程20盏项目，6月中旬建设开工，6月底竣工，受益人口784人，总投资7.22万元，其中群众筹资筹劳1.22万元，财政奖补资金6万元。

【精准扶贫脱贫攻坚项目】 2017年，石牌镇坚持精准施策、精准帮扶、精准脱贫，通过“送政策、送资金、送岗位”开展光伏、异地搬迁、土地流转、公益岗位，落实好雨露计划培训、危房改造、小额贴息、入股合作社等扶贫项目。制定贫困村、空壳村脱贫计划，抓好农村“三资”开发，加强集体产业实施，落实贫困村、贫困户集体光伏产业资金570万元。全年实现脱贫93户290人，其中国定标准76户226人，省定标准17户64人。

2017年7月25日，兴泉铁路建设需要，小湖砖厂烟囱爆破拆除 （刘冬春/摄）

【石牌中心幼儿园建设】 2017年，石牌中心幼儿园建设用地约0.53公顷，建筑面积6300平方米，总投资1260万元。

【石牌大骨头产业】 2017年，石牌大骨头美食街年接待顾客约150万人次，营业额7000多万元，成为名闻遐迩的美食，同时吸纳就业400多人。

【兴泉铁路建设前期工作开展】 2017年，县境内兴泉铁路建设涉及石牌镇小湖、桃山、鳌江3个村，迁移房屋145座、3.3万平方米及厂房2座、安置300户。2017年，完成土地测量16.85公顷，测量评估房屋94座、附属建筑物9座，建筑总面积3.76万平方米；登记51穴坟墓征迁，已迁移20穴；红湖新村规划用地10.67公顷，安置260户，已征地1.33公顷，在进行地质勘查。

（詹　奕）

吴山镇

【概况】 2017年，全镇辖村9个，31个自然村，村民小组90个；户籍数2535户，总人口9992人，其中城镇人口4079人。镇财政收入1202.8万元，比上年下降14.21%。

农业 2017年，全镇耕地面积389.33公顷；农机总动力1.2万千瓦；粮食总产量4285吨，比上年增长3.45%；生猪出栏6840头。农林牧渔业总产值2.26亿元，同比减少17.22%。当年在梓溪村试点发展特色农业，其中，投资80万元，建设占地2.13公顷的姑娘果采摘园；投资25万元，发展无土栽培种植园；投资18万元，在河滨路发展瓜果采摘园；在和洋村、梓溪村试点种植油菜花3公顷，丰富吴山农特产品。主要农产品茶业、水稻、芦柑。

工业 2017年，全镇企业721家（规模以上企业4家，私营55家，个体662家），主要企业岩兴气体、闽发纸业、伊鑫新型建材。职工总数2041人，工业固定资产17.8亿元；完成工业总产值34.07亿元，比上年增长19.54%；销售收入19.8亿元，实现利税8910万元。当年，霓上高山茶精制建设、广源新型建筑材料建设、台品樱花园、童趣文化园4个项目顺利开工；总投资4.2亿元的岩兴气体于10月正式投产，总投资4350万元的宏柏道路工程建设项目11月竣工。

商业服务 2017年，全镇社会消费品零售额6493.02万元，比上年增长3.8%；集市贸易额7999万元，比上年增长3.7%。流通领域的国有、集体、私营企业及个体工商户共721家；金融机构1家，服务网点2个；第三产业增加值3169.4万元，比上年增长3.9%；完成茶体验一条街、吴山森林公园、梓溪特色旅游点、VR茶博馆等景点建设。

交通通信 2017年，全镇机动车229辆（客车2辆，卡车42辆，小汽车142辆，拖拉机43辆），同比增加16辆。固定电话963部，同比减少219部，移动电话5307部，其中电信用户1834部，移动用户3473部，同比增加186部。

社会事业 2017年，全镇教育事业投入68万元，各类学校3所，在校学生1059人，同比增加63人。闭路电视用户508户，比上年增加19户。镇卫生院病床20张；医务人员12人。全镇98%人口饮用自来水。

人民生活 2017年，全镇农村居民人均可支配收入1.67万元，同比增长10.6%；人均住房村民65平方米，集镇居民35平方米；每百户拥有洗衣机87台，自行车22辆，电视机88台，电冰箱92台，摩托车81辆；80%以上的农户用上液化气（或沼气）、电磁炉。

社会保障 2017年，全镇村民享受低保111人，发放低保金36.07万元；享受基础养老金村民1307人，发放养老金156.84万元（100元/人·月）。村民参加新农合8276人，参合率98%；收集医保基金124.14万元，为1.34万人次支付医疗补偿费68.14万元。

【中国高山茶文化节】 10月28日，大田县第十二届中国高山茶文化旅游节在吴山中国高山茶城开幕，高山茶文化旅游节，有茶文化表演、茶艺技能大赛、茶香书画展、千人土猪宴、VR茶博馆体验、旅游伴手礼、农产品、小吃展销、品茗等活动。镇茶农在茶文化节评比中有9名茶农获奖：铁观音银奖2名，铜奖1名，优质奖5名；在金观音评比中，吴山爱文茶业获金奖。

【吴山撤乡设镇】 12月21日，经省政府批准，县委、县政府发文撤销吴山乡，设立吴山镇，原辖区不变、政府驻地不变。

【工业项目】 2017年，霓上高山茶精制建设、广源新型建筑材料建设、台品樱花园、童趣文化园等4个项目顺利开工；总投资4.2亿元的岩兴气体于10月份正式投产，当年，生产液氧2.36万吨、液氮1.44万吨、液氩600吨，产值8200万元。总投资4350万元的宏柏道路工程建设项目于11月竣工。

【精准扶贫】 2017年，共投资850万元发展光伏产业扶贫，装机1172千瓦，年总发电量99万千瓦时，年收入97.02万元，贫困村村财增收约4.5万元、贫困户人均增收约6500元，共有4户10人易地搬迁；当年，全镇47户、164名贫困村民脱贫，吴山镇和贫困村梓溪村实现脱贫摘帽。

2017年，吴山镇梓溪村全景　（吴山镇/提供）

【打造光伏扶贫产业园】 2017年，镇政府按照“三级融资、三产融合”的模式，以“借光脱贫、点亮小康”为目标，投资3000万元，打造成集光伏发电、休闲旅游、特色农业等功能为一体的光伏扶贫产业园，建成500千瓦光伏发电站、特色乡村旅游体验点、传统农业红米种植示范点、创新农业姑娘果采摘园、设施农业无土栽培种植园、休闲农业瓜果采摘园“一园六业”扶贫产业园。

【建设吴山森林公园】 2017年，镇政府在吴山村投资380万元，建设占地0.33公顷的吴山森林公园，铺设道路、建设凉亭、配置运动器材，建设集休闲、纳凉、健身、娱乐于一体的休闲公园，丰富村民的农闲生活，改善生态环境。年内完成森林公园一期工程。

【打造茶体验一条街】 2017年，镇政府投资200万元，对和洋茶业一条街改造提升，实施立面装修、茶文化展示牌修复、亮化工程、悬挂茶文化灯笼、设置茶叶生产加工体验点、改造茶事活动中心等工程，打造集高山茶采摘、生产体验、休闲旅游为一体的茶体验一条街。

（巫振震）

桃源镇

【概况】 2017年，全镇辖村13个、村民小组83个，户籍数5607户、人口2.19万人，其中城镇人口8756人。镇财政收入1175.23万元。比上年增长46.43%。当年，东坂畲族村被国家民族事务委员会授予第二批“中国少数民族特色村寨”被福建省民政厅授予“第二批农村社区建设省级示范单位”，被福建省旅游发展委员会授予“福建省乡村旅游创客示范基地”等称号。

农业 2017年，全镇耕地面积1028.47公顷；农机总动力2.74万千瓦；粮食总产量9253吨，同比增加9.15%；出栏生猪2.03万头。农林牧渔业总产值3.2亿元，与上年持平。推广高产高效水稻种植746.67公顷，产量5040吨。

工业 2017年，全镇有企业502家（集体企业11家，私营64家，个体427家）；职工总数1419人，工业固定资产19.68亿元；完成工业总产值19.13亿元，同比增长21.31%。销售收入17.98亿元，实现利税941.84万元。主要企业有福建华伦特重工股份有限公司、大田县锦晖有限公司、大田县健丰木业有限公司。生产铸件2.64万吨、胶合板9.24万立方米，指接板9.17万立方米。

招商引资 2017年，全镇引进企业5家，总投资3500万元。

商业服务 2017年，全镇社会消费品零售额1407.21万元，同比增长10.7%；集市贸易额5802.77万元，同比增长3.12%。流通领域的国有、集体、私营企业及个体工商户共499家。金融机构2家，服务网点3个。第三产业增加值1.66亿元，同比增长7.8%。

交通通信 2017年，全镇机动车1370辆（客车8辆，卡车268辆，小汽车482辆，农用车404辆，拖拉机208辆），同比增加7辆；固定电话1603部，同比减少133部，移动电话1.85万部，同比增加863部。

社会事业 2017年，全镇教育事业投入3052.05万元，有各类学校7所，在校学生1310人，同比减少452人；闭路电视用户2452户，同比减少88户。镇卫生院病床30张，医务人员18人；98.3%的人口饮用自来水。

人民生活 2017年，全镇农村居民人均可支配收入1.88万元，同比增长13.25%；村民人均住房37.4平方米，集镇居民23.9平方米；每百户拥有洗衣机87台、自行车8辆、电视机103台（彩电99台）、电冰箱91台、摩托车92辆；98.3%的农户用上液化气、电磁炉。

社会保障 2017年，全镇村民享受低保146人，共发放低保金36.47万元；享受五保33人，共发放五保金23.35万元；60周岁以上村民享受基础养老金共2465人，发放养老金312.8万元。村民参加新农合1.81万人，参合率99.3%，收集医保基金270.93万元，为1.49万人次支付医疗补偿费152万元。

【中国·桃源里旅游度假区开发】 11月28日，镇引进福建小风车投资开发有限公司投资建设“中国·桃源里旅游度假区”开工仪式在桃源村举行，项目规划用地513.33公顷，主要建筑物建筑面积7.6万平方米。利用桃源镇自然和人文资源，开发全镇旅游。总投资30亿元 。

【治水新模式探索】 2017年，桃源镇率先尝试“党建＋河长制”治水模式，先后成立桃源溪、广汤溪河道临时党支部，划分共产党员责任区，当好宣传员、示范员、巡查员，共发放“保护母亲河倡议书”“致沿河居民的一封信”2000分，反馈河道问题6件。各支部发挥群众主体作用，调动青年学生、老年队伍、企业业主等的积极性，建设完成安全生态水系5.5公里、堤岸步行道830米、绿化河岸2.7公里、水保公园2个。经临时党支部的牵头协议，关停违法排污企业3家，拆除污染加工坊3家、养猪场30家，取缔非法占用水域及岸线资源20余起，制止往河道内乱倒垃圾现象30余起，打击电鱼、毒鱼行为10余起。该做法在中央电视台、人民日报、中国水利报等媒体进行推广。

2017年7月6日，桃源集镇全景　（陈广程／摄）

【精准脱贫】 2017年，桃源镇全镇共有建档立卡贫困户116户380人，贫困村有前村村、东坂村，空壳村有上举村。共投入扶贫资金121.09万元，结成帮扶对子239对，光伏发电经济收入24.3万元，打卡到户9.2万元，造福工程7户25人，当年，镇共完成脱贫69户、201人。

【水土流失综合治理】 2017年，桃源镇实施广汤溪小流域水土流失综合治理项目，保护河道、农田及水利设施，总投资714.66万元。对沿河两岸防护设施、崩塌及淤积严重的河道实施安全生态水系建设，提升广汤水土保持、农耕基础。实施植被恢复工程1430公顷，（补植58公顷）建设安全生态水系5.5公里，其中，建设生态护岸3.1公里、堤岸步行道514米、绿化带2.63公顷，河道清淤清障3.82公里，建水保公园2386平方米。同年，安全生态水系建设项目一期工程（桃源镇东坂段）竣工，总投资264.08万元。改良河床3公里，河岸修复1.2公里，（左岸531米，右岸674米）建排水栏杂物6处，新增跌水堰坝1座，项目标志牌1块。

【禁止毛竹林经营面积扩编】 2017年，桃源镇坚持“绿色生态发展”，严禁破坏生态公益林违法扩大毛竹林经营面积，实施“生态公益林保护”，联合检察院、林业局、环保局、森林公安等多部门开展打击违法扩大毛竹经营面积专项行动，设立有奖举报平台，当年，制止生态公益林破坏行为16起。

【铁路项目建设】 2017年，桃源镇推进兴泉铁路（桃源段）13.4公里的征地、搬迁工作，完成红线征地24.45公顷、临时用地32公顷。实现“兴泉”铁路全线（大田段）第一根桩 在桃源镇第一段路基和涵洞基础施工工作。

（陈彩玲）

上京镇

【概况】 2017年，全镇辖村16个，村民小组161个，户籍数6017户，总人口2.37万人，其中城镇人口5182人。镇财政收入1456.17万元（含上级补助各项专项资金），同比增长41.99%。

农业 2017年，全镇耕地面积1247公顷；农机总动力9335千瓦；粮食总产量7562吨，同比增长0.06%，其中，省中稻新品种新育和生产试验基地1.4公顷，产量18.9吨；种植烟叶221.3公顷，产量482吨；出栏生猪1.11万头。全镇农林牧渔业总产值2.73亿元，同比增长9.2%。

工业 2017年，全镇共有企业99家（私营34家、个体65家），同比增加35家，职工总数5364人，工业固定资产22.5亿元；规模以上企业15家，完成工业总产值45.97亿元，与上年持平。销售收入45亿元，实现利税7.65亿元；实施技改项目4项，投入资金1.8亿元。其中，主要企业华阳光电、新岩水泥、溪口煤矿，产品结晶硅、水泥、煤，产值达7亿元。

招商引资 2017年，新引进企业8家（京融新型建材、六福新型建材、恒隆空心砖、萝村有机蔬菜、鼎农农业、圭母山生态农业、协益塑料制品、梅岭旅游开发有限公司），总投资3.59亿元。

商业服务 2017年，全镇社会消费品零售额达8532.6万元，同比增长4.35%；集市贸易额达8326.35万元，同比增长8.61%；流通领域的国有、集体、私营企业和个体工商户共1119家，同比增加40家；金融服务网点4家；第三产业增加值达3097万元，同比增长4.29%。

交通通信 2017年，全镇机动车1113辆（客车12辆、卡车325辆、小汽车389辆、农用车122辆、拖拉机265辆），同比增加60辆；固定电话2124部，同比减少150部；宽带用户1895部、移动电话1.25万部，同比增加1020部。

社会事业 2017年，全镇教育事业共投入1200万元。辖区内初级中学、中心小学各2所，初小5所，民办、企业办幼儿园各1所，在校生2706人，同比增加779人；卫生院病床30张，医务人员18人；91%以上人口饮用自来水。

人民生活 2017年，全镇农村居民人均可支配收入1.77万元，同比增长0.06%。村民人均住房65平方米、集镇居民55平方米；每百户拥有洗衣机85台、自行车24辆、彩电98台、电冰箱75台、摩托车99辆；90%以上的农户使用液化气、电磁炉。

社会保障 2017年，全镇享受低保的村民105户、284人，五保47户、47人，发放低保金74.6万元；享受基础养老金村民2796人，发放养老金337万元；发放救灾救济金3.09万元。村民参加新农合7749人，参合率99.2%；参加新农保1.89万人，参保率92.51%。收集医保基金339.3万元，为1.65万人次支付医疗补偿费170.1万元。

【福建（大田）机械铸造产业集聚区项目】 2017年，福建（大田）机械铸造产业集聚区项目在上京镇东部片区实施，规划占地面积1580公顷，总投资30亿元。当年，完成征地175公顷，坟墓迁移556穴，一标段A平台挖掘土方及回填339万立方米。

【上京福能绿色小镇项目】 2017年，集镇棚户区改造（一期）完成新建面积2634.9平方米，入住75户，投资706万元；配套基础设施完成场地绿化820平方米、铺设沥青路面2300平方米，投资318万元；集镇棚户区（二期）集镇街道立面改造8000平方米，投资1666万元；凤凰湾物流园完成征地11.2公顷，预计投资8000万元。

【党建引领小康示范村建设】 2017年，上京镇在梅林、隆美小康示范村完成党建馆、党群服务中心、LED文化宣传屏、荷园光伏扶贫栈道500米及隆美村部、红色驿站等30个项目建设。完成梅林主路口广场、三寨顶公园规划设计，投入500余万元。完成16个建制村村部修缮和党群服务中心规范化建设，统一悬挂党徽标识，规范配置了服务柜台、办公设备和便民设施等。建立桂坑花椒、上平萝村有机蔬菜、梅林青梅园等村财增收基地。

【精准扶贫】 2017年，上京镇引导125户贫困户参与光伏发电项目，安装光伏板面积8999平方米，年发电量899.95千瓦，开展雨露计划培训84人次，发放小额贷款535万元，完成易地搬迁11户、60人，种植梅林百香果8.6公顷、黄城苗木12公顷等党建扶贫示范基地。当年脱贫73户、208人。

【中小学校建设】 2017年，上京镇在柯坑中学新建宿舍楼1幢，建筑面积1300平方米，楼高5层，修缮加固柯坑小学教学楼1幢，投资500万元；完成上京中学宿舍楼主体工程，建筑面积2496平方米，投资700万元；完成上京中心小学教学楼规划设计，预计投资

2017年9月16日，上京镇美丽乡村建设 （陈广程/摄）

600万元；完成上京独立中心幼儿园选址，占地面积8000平方米，预计投资1500万元。

【美丽乡村建设】 2017年，镇政府在上京、桂坑、赤水、溪口、溪尾、梅林、隆美7个村实施“一事一议”项目，投入132万元；实施美丽乡村项目，架设路灯125盏，建设老年活动中心1个，建筑面积250平方米，砌筑河堤2.5公里，铺设混凝土道路1.2公里，安装三格化粪池570个，投资300万元。

（陈首道 詹文兴）

太华镇

【概况】 2017年，全镇辖村24个，村民小组280个。户籍数8493户，总人口3.66万人。镇财政收入570万元，比上年增长82.1%。

农业 2017年，全镇耕地面积1592公顷；农机总动力2.6万千瓦；粮食总产量1.54万吨，同比减少1.9%；出栏生猪4.96万头；全镇农林牧渔总产值5.2亿元，同比下降1.7%。种植油茶197公顷、烟叶209公顷、蔬菜263公顷、百香果47公顷、绞股蓝5.7公顷。引进福建田字一号槐猪保种育种、昊华白槿花茶、锦田中草药等项目产值达800万元。

工业 2017年，全镇规模以上企业18家（集体5家，私营13家），与上年持平；职工总数2893人，工业固定资产23.8亿元；完成工业总产值54.15亿元，同比增长6.28%，销售收入42.6亿元；实现利税3.13亿元。实施技改项目36项，投入资金25.6亿元。引进凯昱微晶石墨、科华石墨、磊源石英砂精加工、恒丰工贸等项目。当年，磊源石英砂精加工企业投产，其余正在建设中。

商业服务 2017年，全镇社会消费品零售额3.32亿元，同比增长3.3%；集市贸易额3.61亿元，同比增长5.24%。流通领域的国有、集体、私营企业及个体工商户共1593户；金融机构2家，服务网点3个；第三产业增加值9700万元，同比增长5.43%。其中，汤泉米糕产值60万元。

交通通信 2017年，全镇机动车1855辆（客车33辆，卡车460辆，小汽车1012辆，农用车320辆，拖拉机30辆），同比增加42辆。固定电话6573部，同比减少3142部；移动电话2.70万部，同比增加200部。铺设集镇沥青道路1.13公里。

社会事业 2017年，全镇教育事业投入230万元，各类学校12所，在校学生2882人，同比增加170人。全镇闭路电视用户1630户，同比减少1040户；数字电视用户2918户，同比增加634户。镇卫生院病床22张，医务人员25人。98%的人口饮用自来水。

人民生活 2017年，全镇农村居民人均可支配收入1.59万元，同比增长10.42%；村民人均住房60平方米，集镇居民37平方米；每百户拥有洗衣机95台，电视机100台，电冰箱94台，摩托车100辆；91%的农户用上液化气、电磁炉。

社会保障 2017年，全镇居民参加新农保人数1.81万人，参保率93.78%，缴费率92.21%。全镇享受低保村民650人，发放低保金160.4万元；享受五保村民67人，发放五保金63.66万元；享受基础养老金村民4778人，发放养老金575.45万元（100元/人·月）。参加新农合村民3.06万人，参保率99%；征收医保基金550.13万元，为8394人次支付医疗补偿费748.2万元。

【池元村安全水系建设】 1月，池元村安全水系工程动工建设，是省级水土流失综合治理项目。建造生态护岸1505米、堤岸步行道与绿化带1202米、生态亲水工程901米、拦砂坝3座、上池园水保公园2682平方米，清淤河道3450米、投资271.73万元。

【集镇道路改造工程】 9月，太华中学至群团路口和太华政府至省道路口道路改造铺设沥青道路1.13公里，沿途埋设污水管道1139米、电力线路9132米、通信线路9703米、照明线路1858米，并配套建设县首条乡镇天然气管道1206米。工程总投资3100万元。

【万湖铁矿区水保生态治理】 2017年，太华铁矿万湖矿区实施水土保持生态治理工程，属省纪委挂钩帮扶项目、省首批6个水土流失治理企业化运作试点工程，已完成水土流失治理200公顷，场地平整及坡改梯种植油茶6.8万株、38公顷，整理土方27万立方米、撒播草籽36万平方米，同时，进行混凝土道路铺设2公里，砌筑排水沟5公里和灌溉等工程，种植绿化树13万株，建成休闲广场公园面积3000平方米。投入资金200万元。

【美丽乡村建设】 2017年，太华镇推进张地、罗丰、高星等村美丽乡村建设，建成家训文化墙6版、休闲栈道3000米、流水栈台等系列景观工程，投入资金200多万元；引导魁城村自筹资金200多万元，完成廊桥1座、栈道284

2017年，大田县太华铁矿万湖矿区水保生态治理工程 （温欣孝/摄）

米、书院 200 平方米和河道清理等项目建设。完成万湖党建主题公园 2700 平方米、汉剧文化广场 1500 平方米，投入资金 200 多万元。促使红色文化、汉剧文化走进群众，深入人心。

【老年人健身康乐家园创建】 2017 年，太华镇在张地、小华、池元、温坑、仕坑、高星、华溪、大合、罗丰等 9 个村为“老年人健身康乐家园”创建村，投入资金 260 万元建造塑胶门球场 420 平方米、地掷球场 240 平方米及气排球场 800 平方米等设施。当年，全镇已有 12 个建制村创建“老年人健身康乐家园”，其中省级 1 个、市级 2 个、县级 9 个，全镇创建率达 50%。

【罗丰石墨烯产业区建设】 2017 年，太华镇在距“泉南”高速路上京互通口 18 公里处 306 线省道边缘的罗丰村，建“石墨深加工非金属产业为主、机械加工制造等关联产业为辅的生态新型综合产业园”，规划占地面积 80 公顷，完成投资 7300 多万元，引进福建润岩新材料科技有限公司、福建中胜石墨科技有限公司、福建科华石墨科技有限公司司等企业。

【村级公路养护】 2017 年，太华镇辖区内管养公路 68 条，总里程 134.63 公里，其中乡道 104.91 公里，村道 29.72 公里。当年新拓宽改造村道 3 条 11.58 公里，建成高星村至汀海村县首条 6 米宽村道 5.17 公里。实施村道公路绿化工程，当年，在万川公路沿线种植桂花树 2000 多株。全镇道路绿化率达 70% 以上。农村公路养护工作考评位居全县前列，被三明市交通局评为市级“四好农村路”示范乡镇。

【太华磊源石英砂精加工】 2017 年，太华磊源石英砂精加工项目，占地总面积 1.23 万平方米，其中建筑厂房、综合楼及附属设施等建筑面积 6700 平方米，总投资 3300 万元。当年，两条生产线均已投入生产。年产 8-120 目高纯石英砂 3 万多吨、325 目石英细粉 1 万多吨，产值达 2500 万元。

【烟叶产业基地建设】 2017 年，镇投入 100 多万元实施汤泉、万湖、西埔等村烟叶生产基础设施建设，对烟基工程及密集式烤烟房设备进行更新，全年烟叶种植 209 公顷、收购 497.3 吨，烟农收入 1572 万元、实现利税 250 万元。

（廖丽燕）

建设镇

【概况】 2017 年，全镇辖村 12 个，村民小组 123 个。户籍数 5713 户，总人口 2.74 万人，其中城镇人口 1.38 万人。镇财收入 1558.24 万元，比上年增长 87.21%。

农业 2017 年，全镇耕地面积 916.2 公顷；农机总动力 9536 千瓦；粮食总产量 7732 吨，同比减少 6.41%；出栏生猪 1.2 万头。全镇农林牧渔总产值 3.4 亿元，同比下降 1.16%。主要农产品水稻、雪蕉、柑橘。

工业 2017 年，全镇有企业 1181 家（集体企业 19 家，私营 18 家，个体 1144 家），比上年增加 25 家，主要企业福建省惠峰矿业有限公司、东井田煤矿、大田县丰源煤业有限公司、大田县联瑞建材有限公司。职工总数 4539 人，工业固定资产 22.5 亿元；规模以上工业总产值 32.35 亿元，同比增长 31.08%；实施技改项目 31 项，投入资金 6543 万元。

招商引资 2017 年，全镇共引进三资企业 17 家，总投资 1.89 亿元，完成外贸供货值 935 万元。

商业服务 2017 年，全镇社会消费品零售额 19.40 亿元，同比增长 6.2%；集市贸易额 17 亿元，同比增长 8.97%。流通领域的国有、集体、私营企业及个体工商户共 2800 家；有金融机构 2 家，服务网点 2 个。第三产业增加值达 2.5 亿元，同比增长 19.05%。

交通通信 2017 年，全镇机动车 1339 辆（其中，客车 45 辆，卡车 153 辆，小汽车 953 辆，农用车 152 辆，拖拉机 36 辆）同比增加 94 辆。固定电话 2215 部，比上年减少 541 部；移动电话 2.5 万部，同比增加 949 部。

社会事业 2017 年，全镇教育事业投入 65.3 万元，各类学校 12 所，在校学生 4936 人，比上年增加 330 人，全镇小学义务教育入学率达 100%，初中义务教育巩固率达 98.6%，累计发放 2.85 万元助学金，高考本科录取 43 人；全镇闭路电视用户 3901 户，同比增加 38 户；卫生院、民生医院病床 92 张，医务人员 118 人；100% 的人口饮用自来水。

人民生活 2017 年，全镇农村居民人均可支配收入 1.8 万元，同比增长 9.1%；村民人均住房 62.5 平方米，集镇居民 52.3 平方米；每百户拥有洗衣机 108 台，自行车 18 辆，电视机 225 台，电冰箱 121 台，摩托车 220 辆；全镇 100 % 的农户用上液化气、电磁炉。

社会保障 2017 年，全镇享受低保村民 505 人，发放低保金 63.8 万元；享受基金养老金村民 3530 人，发放基金养老金 470 万元；村民参加养老保险 1.24 万人，参保率 97.12%；参加新农合 2.2 万人，参合率 99.7%；收集医保

2017 年 5 月 24 日，建设镇建忠村美丽乡村建设 （陈广程 / 摄）

基金 400 万元，当年，发放村民高龄补贴 19.2 万元，重点优抚 19.8 万元、残疾补助 72 万元。

【村道混凝土路面铺设】 2 月，建丰村楼坑自然村道路混凝土铺设项目动工，4 月，完成路面宽 3.5 米，厚 18 厘米的东边洋至楼坑 400 米和聚丰新村 600 米及周边环境绿化，该项目总投入 30 万元。8 月，建乐村混凝土路面铺设动工，9 月，完成路面宽 3 米，长 800 米，厚 18 厘米的路面混凝土铺设，总投入 11.88 万元，其中，一事一议补助 11.27 万元，村自筹 6100 元。

【裕祥农业入驻】 4 月份，裕祥农业入驻建设镇。共投资 3500 万元，在建乐村石牌片区和建爱下洋片区承包连片土地 11.2 公顷，建设智能温控大棚，配套完善的节水滴灌系统及附属设施，种植水果和蔬菜，面积 10 公顷，年产值 1200 万元。

【饮水工程建设】 5 月，建设集镇及建爱村安全饮水工程动工，新建取水泉 2 座、沉沙池 1 座、过滤池 1 座、清水池 1 座、铺设输水管网 8507 米、消防栓 1 套，9 月，工程竣工，总投入 102 万元。

【小流域水土流失治理】 6 月，建设村四堡坑麻坑小流域水土流失治理项目动工，共修建水渠 1.2 公里，12 月，工程竣工，投资 16.45 万元，解决 20 公顷的农田灌溉。

【祠堂山公园休闲步道竣工】 9 月，祠堂山公园生态休闲步道建设项目在建设村动工，该项目长 1 公里，沿途凉亭 3 座，11 月竣工，总投入 31.73 万元，其中，一事一议补助 30 万元，村自筹 1.73 万元。

【吉客隆超市入驻建设三宝小区】 10 月，镇引进吉客隆超市入驻建设三宝小区，规划面积 2953 平方米，服务周边人口 1.3 万人，总投资 3000 万元。

【三宝汽修入驻】 12 月，镇引进大田县三宝汽车服务有限公司入驻建设镇。该项目建于建设镇二级汽车站旁，建筑面积 6500 平方米，总投资 3300 万元。

【美丽乡村建设】 2017 年，镇在建忠村实施美丽乡村建设，完成建忠村村容村貌工程。完成建忠村小学门口至红釉体验区入口门面、沿路水渠护岸修缮 600 米，釉窑窑洞门面改造 100 个，新建公厕 2 座，修建笔架山生态步道 2 公里。投入 225 万元。

【大田三保腊鸭】 大田三保腊鸭制作已经有数百年历史，以当地养殖的大田麻鸭和半番鸭为原材料，腊鸭色泽黄润，肉香味美，百吃不腻，营养丰富，蛋白质含量高，脂肪含量少，是三明市大田县的地方特色产品之一。大田三保腊鸭保留了手工制作和自然晾晒的传统工艺，以大田县的建设、广平、奇韬、文江等地生产的腊鸭最受消费者青睐。2017 年，大田三保腊鸭制作产品 26.8 万只，产值 2546 万元，产品主要销往大田、三明、永安、尤溪等地。

相关链接：大田县位于福建省中部，戴云山脉西侧，地处北纬 25°29′ ~ 26° 10′，东经 117° 29′ ~118° 03′ 之间。属亚热带季风气候，年平均气温 19℃，平均无霜期多达 291 天以上，霜期不超过 75 天，霜日仅 15 天左右；该地区山多田少，自然实体为“九山半水半分田”，遍地峰峦沟壑，山地占总面积 79.4%，海拔千米以上高峰 175 座，立体气候明显，垂直温差显著，使得区域内动、植物种类繁多，在山野、溪流里的山田螺、鱼虾、草虫等是大田麻鸭和半番鸭的主要食物，这些食物富含蛋白质、钙、磷、铁、硫胺素、核黄素、尼克酸等微量元素，纯天然的食物有利于大田麻鸭和半番鸭的饲养和生长，有利于提高其肉质的品质。同时，由于该地域四周多为高海拔的群山，对寒流南下和海洋暖湿气流入侵起到阻挡和截留作用，形成冬暖夏凉，昼夜温差较小，气温、湿度较为稳定的特点，使大田麻鸭和半番鸭可以常年放牧于山野、溪流之中，促进麻鸭和半番鸭的新陈代谢，有利于其形成“脂肪少、瘦肉多、蛋白质含量高”的特定品质，非常适宜将其加工成腊鸭。

大田三保腊鸭的腌制过程非常讲究，至今仍保留了手工制作、自然晾晒的传统工艺，其选材与晾晒的时间掌握也很重要。制作大田三保腊鸭需选用当地养殖的大田麻鸭和半番鸭，且饲养期必须达到 90 天以上。大田三保腊鸭追求原汁原味，除了用天然食盐和红酒腌制外，不添加其他任何添加剂。制作过程如下：杀鸭、去毛、剖腹、去除内脏、洗净，用精盐和红酒等香料腌制一夜；第二天用细绳穿过鸭鼻孔，挂在竹竿上晾，去除其水分；第三天撑鸭，即将鸭子平展，用竹片将其撑开；再将撑好的鸭子挂在竹杆上晾晒，傍晚时分收起悬挂在通风干燥处。这样经过 20 多天的反复晾晒，便成为色香味俱全的腊鸭了。腊鸭晒好后，也不要急着食用，最好是先放在农家谷仓里，将腊鸭所有的水分挥发干，这样等上一个月，可收获意想不到的腊味。腊鸭易于保存、不易变质。

近年来，大田县农业部门不断加大大田三保腊鸭这一特色产业的扶持力度，通过加大农业产业结构调整，促使养殖、加工业迅速发展，形成“蛋—鸭—蛋”和“蛋—鸭—腊鸭”的生产销售格局，延长了产业链。

（陈扬烜）

广平镇

【概况】 2017 年，全镇辖村 15 个、村民小组 197 个，户籍数 8659 户，人口 4.06 万人，其中城镇人口 9901 人。镇财政收入 1226 万元、比上年增长 8.5%。镇开展干群结对帮扶济困，至年底，结对帮扶 255 户，帮扶资金 12.8 万元；完成水稻投保 1400 公顷，获得理赔 1 万元；发放农民种粮综合直补资金、粮种补贴 171 万元。注重科技培训，开展各类实用技术培训 13 场，受训达 500 多人次。当年，元沙村被省农业厅评为“福建最美休闲乡村”称号。

农业 2017 年，全镇耕地面积 1351.23 公顷；继续培育铭溪早晚稻机械化生产 39 公顷。全镇粮食总产量 9250 吨，同比减少 17.41%。积极发展“一村一品”，以五龙山生态茶园为主导产业，坚持走标准化、品牌化和茶旅融合发展路子，稳住 400 公顷规模，培育五龙山茶业公司农业龙头企业，“五龙山”品牌获省级著名商标；种植烟叶123.3公顷、甜玉米21.3公顷、甘蔗26.7公顷，培育东西坑竹林基地2000公顷，成立万厚堡家庭农场，建设银杏休闲山庄；广平益铭茶叶专业合作社和亿康茶油专业合作社获省级农民合作社示范社，广平东景金薯申报县级地理标志；同时县政府将镇列入田园综合体项目进行重点打造。总投资3亿元云悦源的生态循环农业产业园建设项目已完成选址规划。全年出栏生猪2万头；农机总动力1.6万千瓦。全镇农林牧渔业总产值6.08亿元，同比增长6.85%。

工业 2017年，全镇新注册私营企业33家、个体工商户76户，引资金额达4.65亿元，其中单体投资5000万元以上项目4个。全镇有重点项目8个，完成"五个一批"重点项目24个，其中谋划13个、签约3个、动工1个、投产6个、增资1个。新增规模以上工业企业2家，新增规模服务业企业1家。全镇规模以上企业15家，工业固定资产21.46亿元；完成工业总产值21.37亿元，同比增长22.11%。实施技改项目2项，投入资金1000万元。秦朝木业和鑫城水泥获省级科技型企业称号，鑫城水泥和盛岩水泥已完成环保设施技改提升；总投资7500万元的捷旺建筑石料破碎加工项目已完成主体建设，项目建成后可年产机制砂200万吨；总投资1500万元的秦朝木业改扩建项目已全面投产，该企业的碳化实木装饰板生产关键技术示范被列入福建省科技计划项目。

商业服务 2017年，总投资5000万元的银杏休闲山庄项目已完成一期建设；总投资7500万元的五龙山景区建设项目已完成一期建设；总投资2亿元的孝文化产业园建设项目已完成前期准备。全镇社会消费品零售额5120万元、同比增长1.17%；集市贸易额2.1亿元，同比增长8.55%；流通领域集体、私营企业及个体工商户共450家；金融机构服务网点3个。第三产业增加值达4.86亿元，同比增长12.76%。

交通通信 2017年，全镇机动车1044辆（客车24辆、卡车105辆、农用车139辆、拖拉机80辆、小汽车696辆），同比增加82辆；固定电话2420部，移动电话3.4万部，同比增加1860部。完成万筹至万宅村道路改造，积极推进莆炎高速征迁、广华公路前期工作、汽车综合服务站建设等。

社会事业 2017年，全镇教育事业投入1300万元，各类学校17所，在校生4579人，同比增加409人；闭路电视用户5100户，同比增加200户；镇卫生院病床22张，医务人员20人；98%以上人口饮用自来水。投资1100多万元新建栋仁、元沙小学综合楼，进行广平中心幼儿园、苏桥幼儿园、广平新中学选址规划。当年，镇中学中考一级达标学校上线人数40人，高考本科一批院校上线人数18人，为近年来取得的较好成绩。完成镇卫生院改造，农村医疗卫生服务保障体系进一步完善。健全社会保障和社会救助体系，完成镇敬老院改造，建设元沙、铭栋、丰庄农村幸福院，创新养老模式。投入1000万元建立广平镇视频监控中心，对辖区内无证矿区、厂区出入口、重点河道和水库、集镇主干道、省道重要卡口、公共区域等位置进行全方位监管。

人民生活 2017年，全镇农村居民人均可支配收入1.6万元，与上年持平；村民人均住房80平方米，居民50平方米；每百户拥有洗衣机81台、自行车40辆、电视机113台、电冰箱67台、摩托车122辆；80%以上农户用上电磁炉。

社会保障 2017年，全镇享受低保村民399人，发放低保金127.19万元；享受五保的52人，发放五保金42.07万元；村民享受基础养老金共4862人，发放养老金48.7万元。参加新农合3.42万人，参合率98.21%；参加新农保1.84万人，参保率93.16%；收集医保基金583.6万元，为2.25万人次支付医疗补偿费495万元。

【精准扶贫】 2017年，广平镇采取"党员+基地+贫困户"的精准扶贫模式，通过特色农业、光伏产业等，建立元沙村党员张玉谊茶园基地6.7公顷、张玉跃百香果基地8.7公顷和苏桥村党员廖上晋柑橘合作社等，采取租用土地、雇工等方式促进贫困户增收，带动贫困户脱贫。推进大坋新村建设、规划实施大龙新村易地搬迁工程，实现帮扶到位、产业扶贫到位、政策落实到位。当年，建档立卡贫困户256户、782人，已脱贫253户、771人。

【美丽乡村建设】 2017年，坚持保护和发展并重，建设万宅传统村落，保护名贵树种、修缮绍恢堡和承振堂、建设水尾湖公园6500平方米，开发银杏休闲山庄1500平方米，打造银杏小镇；结合"北洋崎"古村寨开发，村企共建大吉美丽乡村。整治和规范镇生活污水，完成三格化粪池1070口，建成栋仁垃圾中转站1座，集中整治铭溪市场"脏、乱、差"现象，规范停车位、摊位管理，修缮沿线路灯、二十四孝文化墙等，实现市场有效升级。提升"河长制"工作职责，推进铭栋溪安全生态水系、广平溪小流域治理，投资3670万元。

2017年12月3日，广平镇万宅银杏节 （陈广程/摄）

【生态保护】 2017年，广平镇落实“河长制”，打击水洗砂、水洗矿等违法行为，当年共打击非法洗砂点12个、取缔河道捞砂4处，扣押农用车、铲车3辆，大型设备2台。加强森林资源管护，完成绿化工程101.5公顷，其中，人工造林92.9公顷，幼林抚育6.7公顷，建设生态景观林带1.9公顷。

【水利工程项目】 2017年，镇投入560万元推广高产高效和绿色生态现代农业示范片866.7公顷；投入1370万元的铭栋溪安全生态水系项目已动工建设；总投资2300万元的中小流域治理项目已上报审批，并完成前期准备。

【弘扬孝道文化】 6月16日，镇举办居敬书院落成暨揭牌仪式；10月20日，在居敬书院开展“孝廉文化”道德讲堂活动；10月28日，在五龙广场召开“孝老爱亲”道德模范表彰大会并表彰道德模范10人。12月5日，广平镇第一部以孝道文化为主题的微电影《孝道小镇》在广平拍摄完成。

【莆炎高速动工】 10月30日，莆炎高速公路（三明境内）项目全线开工誓师动员大会在广平镇犁田峰工业园区举行；11月2日，镇召开莆炎高速公路（广平段）长17.31公里开工建设动员大会。

【河长协会广平镇分会成立】 11月3日，大田县河长协会广平镇分会成立，并进行揭牌仪式。

【党建引领小康示范工程】 2017年，镇、村联手实施“党建31项小康示范工程”项目，建设广平知青馆500平方米，作为党员群众学习教育、知青文化和红色文化交流平台；建设中心卫生所和农村幸福院各120平方米，推进医养结合；修建五龙广场和百香诗院，弘扬郭居敬“二十四孝”优秀传统文化，促进乡风文明；建设灯光球场，丰富文体生活；建设小学综合楼，完善教育设施；实施元沙水库除险加固，增强水库整体功能；架设路灯150盏，修建河滨栈道和环村道路4000米。改善人民生产生活条件，完成三格化粪池改造230口，完成裸房整治、屋面平改坡17座；落实“河长制”工作，完成河道清淤及小流域治理1500米，强化保洁员和河道专管员工作职责。

（田成烨）

奇韬镇

【概况】 2017年，全镇辖村12个，村民小组71个，户籍数3806户，总人口1.5万人，其中城镇人口5271人。镇财政收入980.3万元，比上年增长48.26%（收入增加主要来源为一事一议专项资金及各类扶贫补助资金）。当年，市经信委受省经信委委托，组织项目征集受理、专家评审、专项审计、现场核查、网上公示等流程，省经信委授予东佳村“数字家庭示范村”称号。

农业 2017年，全镇耕地面积813.33公顷；农机总动力7230千瓦；粮食总产量5877吨，同比增长9.75%；出栏生猪4971头。全镇农林牧渔业总产值3.25亿元，同比增长21.72%。

工业 2017年，全镇企业169家（其中，集体企业12家，私营企业25家，个体企业132家），同比增加4家；职工总数1484人，工业固定资产9048万元；完成工业总产值9.62亿元，同比下降0.73%；销售收入10.03亿元，实现利税3735万元。当年实施技改项目11项，投入资金1.32亿元。

商业服务 2017年，全镇社会消费品零售额4015万元，同比增长3.99%；集市贸易额3785万元，同比增长4.44%；流通领域的国有、集体、私营企业及个体工商户共386家；金融机构1家，服务网点1个；第三产业增加值2345万元，同比增长5.31%。

交通通信 2017年，全镇机动车827辆（其中，客车5辆，卡车62辆，小汽车648辆，农用车103辆，拖拉机9辆），同比增加223辆。固定电话1305部，同比增加58部；移动电话9070部，同比增加635部。

社会事业 2017年，全镇教育事业投入37.5万元。各类学校9所，在校学生1306人，同比增加3人。全镇闭路电视用户1536户，同比增加225户。镇卫生院病床20张，医务人员14人。全镇95%以上的人口饮用自来水。

人民生活 2017年，全镇农村居民人均可支配收入1.69万元，同比增长9.4%；村民人均住房44.5平方米，居民30.3平方米；每百户拥有洗衣机80台，自行车15辆，电视机131台，电冰箱54台，摩托车87辆；全镇60.5%以上的农户用上液化气、电磁炉。

社会保障 2017年，全镇享受低保村民183人，发放低保金59.7万元；参加新农保人数5281人，参保率93.15%；享受基础养老村民2028人，发放养老金226.98万元；参加新农合1.25万人，参合率98.64%；收集医保基金224.98万元，为1.26万人次支付医疗补偿费155.07万元，其中，门诊1.16万人次，支付78.24万元，住院1065人次，支付76.83万元。

【奇韬至东佳道路改造完成】 2017年，奇韬镇完成奇韬至东佳村道路改造，铺设混凝土路面，宽3.5米，长6.1公里，奇韬段拓宽至6.5米，东佳段拓宽4.5米，投入资金254万元。

【太平寨居民休闲公园一期完工】 2017年，镇在西韬村建设太平寨居民休闲公园3.87公顷，山上种植景观绿化树3.33公顷，建成上山栈道及寨顶环形栈道550米，凉亭及观景台各2座；二期工程将建荷花池及环湖栈道、综合服务中心等。

【桃舟小学教学楼加固完工】 2017年，桃舟小学教学楼主体加固工程完工，共三层，砖混结构，建筑面积740平方米，投资48万元。

【奇韬中学教职工宿舍楼加固完工】 2017年，奇韬中学教职工宿舍楼加固工程完工，共五层，砖混结构，建筑面积1250平方米，投资130万元。

【精准扶贫基地建立】 2017年，奇韬镇在龙溪村龙溪口种植精准扶贫罗汉果基地，规划种植罗汉果33.33公顷，当年种植13.33公顷，与大闽食品有限公司签订产销合同，每公斤收购价7元。基地为周边龙溪、龙坪、洋地、永德4个村的14个贫困户流转土地3.53公顷，年内，14个贫困户全部脱贫。

（涂剑辉）

屏山乡

【概况】 2017年，全乡辖村13个，村民小组151个。户籍数3993户、人口1.55万人，乡财政收入697.58万元，同比增长0.3%。当年，屏山乡被福建省“两违”综合治理专项行动领导小组评为全省“无违建”创建工作示范点，大田高山茶园经福建省“旅游+”质量等级评定委员会评审入选福建省“2017年度省级生态旅游示范区”，被市“两违”综合治理专项行动领导小组评为“2014—2016年‘两违’综合治理工作先进单位”，许坑村被市妇联、综治办评为“平安家庭”创建示范村；在县年度各项考评中分别获得生态农业类、旅游经济类、人口和计划生育工作三等奖，屏山中心小学获县级“综合平安校园”和“文明校园”，许坑、杨梅、蒋山、玉屏村获县级综治平安先进村，屏山、许坑、瑞美、溪头、美阳村获县级“文明村”称号。

农业 2017年，全乡耕地面积621.47公顷；农机总动力4556千瓦；粮食总产量4756吨，同比减少8.6%；出栏生猪1.25万头。全乡农林牧渔业总产值2.36亿元，同比增长5.4%。主要企业有福建三瓜瓜农发展有限公司、大田县东方美人茶叶专业合作社、屏山乡加剪盂农场。

工业 2017年，全乡企业531家（其中，集体企业6家，私营92家，个体433家），比上年增加2家，职工总数1286人，工业固定资产9.36亿元；完成规模工业总产值4.58亿元，同比增长18.9%；销售收入3.49亿元。主要企业有福建大田县大方广茶业有限公司、大田县一方茶业有限公司、大田县高峰茶业有限公司。

招商引资 2017年，全乡三资企业2家，总投资4876万元，吸引外资286万元，完成外贸供货值476万元。

商业服务 2017年，全乡社会消费品零售额1906.1万元，同比增长11.8%；集市贸易额887.3万元，同比增长4.7%。流通领域的国有、集体、私营企业及个体工商户共386家；金融机构2家，服务网点1个；第三产业增加值697.5万元，同比增长2.2%。

交通通信 2017年，全乡机动车310辆（其中客车2辆，卡车32辆，小汽车250辆，农用车25辆，拖拉机1辆）。有固定电话720部，与上年持平；移动电话4525部，与上年持平。

社会事业 2017年，全乡教育事业投入66万元，各类学校4所，在校学生270人。投入文化事业45万元，创建屏山乡“公共文化服务体系”，发展红色旅游文化、民俗传统文化等。全乡闭路电视用户220户，比上年增加10户。乡卫生院病床13张；医务工作人员12人。全乡90%以上的人口饮用自来水。

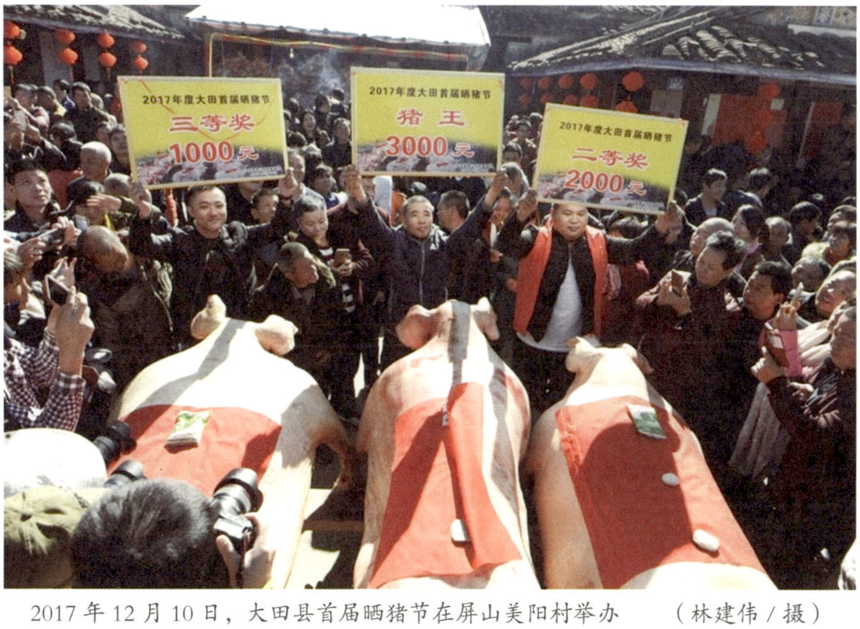

2017年12月10日，大田县首届晒猪节在屏山美阳村举办 （林建伟／摄）

人民生活 2017年，全乡农村居民人均可支配收入1.47万元，同比增长11.4%；村民人均住房59平方米，集镇居民44平方米；每百户拥有洗衣机63台，自行车38辆，电视机79台，电冰箱75台，摩托车230辆；全乡16%以上的农户用上液化气，电磁炉。

社会保障 2017年，全乡享受低保村民161人，发放低保金40.57万元；享受五保村民74人，发放五保金50.03万元；为60周岁以上符合条件村民2275人，发放基础养老金273万元。村民参加新农合1.26万人，参合率99%。收集医保基金122.61万元，为8300人次支付医疗补偿费62.76万元。

【开展“放心农资下乡进村”宣传活动】 4月6日上午，市农业局、县农业局、县畜牧水产中心、县茶业局、县供销社等单位利用圩日到乡开展放心农资下乡进村宣传活动，共发放复合肥1吨、白菜种子500包、菜豆种子500包、农药100余瓶、宣传图册5000多册。

【输变电工程项目建设】 8月17日，大田屏山35千伏输变电工程项目动工建设。该项目总投资1851万元，将原单回10千伏线路长距离供电的屏山乡建设为以35千伏为主电源，4回10千伏线路辐射全境，全面提高该地区电网供电能力。

【县总医院屏山分院挂牌成立】 8月29日，大田县总医院屏山分院举行揭牌仪式，屏山分院的成立将全面推动乡医疗卫生事业更好更快发展。

【乡村旅游讲解员培训班举办】 9月24日，由县总工会、旅游局、屏山乡工会联合举办乡村旅游讲解员培训班。委托大田县华夏职业培训学校进行培训，聘请市、县旅游专家授课，培训内容含旅游业发展概述、旅游法规、导游礼仪、导游业务、大田旅游文化、现场讲解实践等，来自屏山、吴山、济阳等乡镇旅游讲解员60余人参训。

【县河长协会屏山分会正式成立】 10月19日，乡召开大田县河长协会屏山分会成立大会，大会通过了协会章程和第一届理事会成员，县河长协会会长张英跃到会指导，屏山分会理事单位、各村主干和沿河企业代表56人参会。会后，举行大田县河长协会屏山分会揭牌仪式。

【央视《农广天地》栏目组到屏山拍摄节目】 10月21日，中央电视台七套《农广天地》栏目组到大仙峰·茶美人景区拍摄美食节目，邀请中国烹饪大师何亮利用大田特色槐猪肉和大田高山茶做了“飘香槐猪里脊”“酥脆茶香丸子”等美食。

【“绿野乡居”民宿发展】 11月，屏山乡兴屏堡客栈、岬坪凹客栈、加剪盂家庭农场3家民宿被三明市旅游局认定为三明第三批“绿野乡居”民宿。年底，全乡被评定为三明“绿野乡居”民宿达7家，为县最多。

【大田县首届晒猪节举办】 12月10日，大田县首届晒猪节在屏山乡美阳村举办。晒猪节以“五福临门”为环节亮点，围绕猪王评选、斗茶文化、民俗会演、趣味游戏、千人土猪盛宴开展猪文化创意活动。此次活动特别采用“社交媒体+大事件直播+电商扶贫”的形式，深度挖掘猪文化，助推乡村旅游发展，增加农民收入。

【扶贫分红在兴屏堡首发】 12月29日，屏山乡精准扶贫项目——“旅游+扶贫”模式在兴屏堡（原名扶贫客栈）举行首次分红，18户贫困户每户分红2750元，内洋村委会分红8250元，共发放分红款5.78万元。该做法助推屏山乡精准扶贫、乡村振兴，实现了贫困户在家门口脱贫，也使村财稳定增收。

（范立淼）

济阳乡

【概况】 2017年，乡辖村12个，村民小组113个，户籍数2690户，总人口9597人，乡财政收入333.58万元，比上年下降5.84%。当年，被福建省农业厅评为省级休闲农业示范点，被福建省委宣传部评为省农村宣传思想文化工作示范乡镇，济中村被福建省老年体育协会评为省级老年人健身康乐家园，被福建省民政厅评为第二批农村社区建设省级示范单位；“灵动济阳”AAA级旅游景区经过三明市旅游发展委员会验收。

农业 2017年，全乡耕地面积382.6公顷；农机总动力5372千瓦；粮食总产量5291吨，同比增长3.58%；生猪出栏5874头。农林牧渔业总产值1.75亿元，同比增长2.94%。当年，济阳乌山头休闲生态农业联合基地入围国家级星创天地。

工业 2017年，全乡企业165家（集体企业2家，私营51家，个体112家），比上年增加6家，职工总数1165人；工业固定资产2995万元；完成工业总产值14.98亿元，同比增长10.96%；销售收入12.04亿元，实现利税2804万元；实施技改项目5项，投入资金2.41亿元。

招商引资 2017年，全乡引进三资企业3家，总投资1.28亿元。

商业服务 2017年，全乡社会消费品零售额7280万元，同比增长7.22%；集市贸易额680万元，同比减少23.16%。流通领域的国有、集体、私营企业及个体工商户共154家；金融机构1家；服务网点1个；第三产业增加值4.05亿元，同比增长52.83%。

交通通信 2017年，全乡机动车225辆（客车2辆，卡车70辆，小汽车131辆，农用车10辆，拖拉机12辆），同比增加1辆。固定电话520部，同比减少20部；移动电话5070部，同比增加20部。

社会事业 2017年，全乡教育事业投入55万元。学校1所，在校学生460人，同比增加129人。闭路电视用户385户，同比减少82户。乡卫生院病床13张；医务工作人员10人。100%人口饮用自来水。

人民生活 2017年，全乡农村居民人均可支配收入1.76万元，同比增长10.69%；农村居民人均住房36平方米，集镇居民27平方米；每百户拥有洗衣机82台，自行车27辆，彩色电视机95台，电冰箱56台，摩托车51辆；91%的农户用上液化气、电磁炉。

社会保障 2017年，乡享受低保村民222人，发放低保金52.06万元；享受基础养老金村民1332人，发放养老金158.2万元。村民参加新农合7806人，参合率100%；收集医保基金140.51万元，为8197人次支付医疗补偿费64.10万元。

【大型义诊活动举办】 1月，济阳乡举办大型义诊活动。由华侨大学附属德化医院、德化县医院、九三学社德化支社主办，乡卫生院、济中村党支部、村委会协办，济阳、济中和周边村共参加义诊300多人。

【省会议上作典型发言】 5月，济阳乡在省历史文化名镇名村和传统村落保护与发展座谈会上作典型经验交流发

2017年9月17日，云海古村——大田县济阳乡　（林　跃／摄）

言；8月，乡在福建省农科院主办的全省生态稻田彩绘现场会议中结合历史文化名村提升改造、乡村旅游和农业科技示范推介灵动济阳。

【大型户外美食真人秀《味解之谜》在济阳录制】 6月，叶一茜、食神二毛、班杰、英壮等明星演员汇集济阳乡，录制大型户外美食真人秀《味解之谜》影片录制。

【中科院院士到济阳考察调研】 9月，中科院院士谢华安一行8人到济阳调研，就院士团队培育的优质、高产特种水稻的开发利用等事项进行全面的考察

【"参天尽物——大石山水艺术精品展"举办】 11月，鼓浪屿万石国画院济阳分院在厦门举办"参天尽物——大石山水艺术精品展"，共展精品65件。

【老年人颐养中心揭牌】 11月，济阳乡老年人颐养中心在济阳村揭牌，该中心占地480平方米，建筑面积960平方米，设床位40个。设棋牌室、体育活动室、休息室、多功能活动厅、配餐室等，集老年用餐、日间照料、保健咨询及文化娱乐于一体，能多方面满足老年人养老服务需求，提高老年人生活质量。

【院士专家工作站合作协议签订】 12月，济阳乡与中科院院士谢华安团队（福建省农科院）签订优特水稻新品种应用院士专家工作站合作协议，该项目将为济阳高山区优特水稻产业提供强大智力支持。

【持续做好微信公众号"灵动济阳"】 2017年，济阳乡持续做好微信公众号"灵动济阳"的管理，共推出微信81期，平均点击率达2200次，最高点击率达2.1万次。

【农贸市场改造完成】 2017年，全乡投入110万元进行农贸市场改造，占地面积3700平方米，改造后的农贸市场，功能区划分明，并实现集精准扶贫光伏产业园、灵动济阳景区设停车场、车位30个，老年人体育活动中心等为一体的规范化农贸市场。

【精准扶贫工作】 2017年，全乡有贫困户74户，221人，进行帮扶小额贷款320万元，为68户贫困户安装612.68千优光伏产业，年发电量60万千瓦，完成易地搬迁18户，同时协助贫困户通过务工、土地流转、在景区、农贸市场摆摊设点等多种方式增加收入。当年，已脱贫贫困村1个（济中村），贫困户73户，218人。

（邱　悦）

谢洋乡

【概况】 2017年，全乡辖村14个，村民小组91个；户籍数2022户、人口8247人，乡财政收入1367.99万元，比上年增长258%。

农　业　2017年，全乡耕地面积746.67公顷；农机总动力2860千瓦；粮食总产量5812吨，同比减少22.14%；出栏生猪8560头。农林牧渔业总值1.96亿元，与上年持平。主要农产稻谷、蔬菜、薯类。

工　业　2017年，全乡企业184家（私营5家、个体179家），职工678人；工业固定资产5600万元；销售收入3850万元，实现利税263万元。完成工业产值2.14亿元，同比增长48.61%。主要企业为奇峰矿业，主要产品铁矿、铝矿，产量6万吨、产值2000万元。

商业服务　2017年，全乡社会消费品零售额904万元，同比增长5.96%；集市贸易额315万元，同比增长6.47%；流通领域国有、集体、私营及个体工商户共319家；金融机构1家，服务网点2个。第三产业增加值826万元，同比增长2.54%。

交通通信　2017年，全乡机动车456辆（客车3辆、卡车153辆、小汽车107辆、农用车142辆、拖拉机51辆），同比增加21辆；固定电话1542部，移动电话5680部，与上年持平。

社会事业　2017年，全乡教育事业投入320万元。各类学校3所，在校生159人，同比增加39人；闭路电视用户624户，同比增加4户；卫生院病床12张，医务人员8人。99%的人口饮用自来水。

人民生活　2017年，全乡农村居民人均可支配收入1.31万元，同比增长9.17%；村民人均住房45平方米，集镇居民37平方米；每百户拥有洗衣机75台、自行车31辆、电视机142台、电冰箱78台、摩托车71辆；98%的农户用上液化气、电磁炉。

社会保障　2017年，全乡村民享受低保和五保232人，发放低保金114.37万元；享受基础养老金60周岁以上村民1229人；发放基础养老金155.05万元；村民参加新农合7920人，参合率100%；收集医保基金142.56万元，为4913人次支付医疗补偿费38.27万元。

2017年8月12日，谢洋乡坑口小溪改造完成　（刘冬春/摄）

【“河长制”落实】 2017年，按照“河畅、水清、岸绿、景美”要求，落实河长制度，打造生态之水、安全之水、经济之水，发展河道经济、河道文化、河道景观，努力实现“生态美”与“百姓富”有机结合。在全县率先成立乡村河长协会，当年，仕福溪获评县“最美河流（段）”。

【村容村貌环境整治】 2017年，谢洋乡按照“户分类、村收集、乡转运、县处理”的要求，对全乡陈年垃圾及坑口水库库区周围进行全面清理整治；投入资金90万元，建设垃圾压缩站1座、新建三格式化粪池271个、新配垃圾桶150个；对集镇污水处理设施进行提升改造，改善人居环境。

【水源保护区治理】 2017年，持续对坑口水库饮用水源地环境保护，成立谢洋乡项目指挥部，强化库区周围垃圾、畜禽养殖、农业面源等污染防治，将坑口水库饮用水源工程当作一项重要民生工作来抓，乡村两级干部实行挂包搬迁户责任制，加快项目推进。清理旧存垃圾1200立方米，搬迁畜牧养殖21户。

【乡村旅游开发】 2017年，谢洋乡利用坑口水库是国内首座碾压混凝土坝“国”字号品牌，立足特色和优势，编制“水韵谢洋——八闽心·三江源”旅游发展规划，将坑口“坝水一方”，发挥挖掘“坝”文化和“水”文化，辐射带动象山、三江源景区为腹地的发展格局。当年，“坝水一方”被三明市旅游局评为第三批“绿色乡居”民宿。

【茶产业发展】 2017年，谢洋乡扶持象山岩茶业有限公司东方美人茶标准化生产，打响蜜柚茶叶品牌。当年，种植茶叶面积471公顷，产量1300吨，产值1.2亿元、该公司生产的“东方美人茶”为福建省著名商标，在第十二届中国高山茶文化节、第六届海峡两岸秋茶王擂台赛和县美人茶斗茶赛评比中，乡茶企共获得茶王1个、金奖5个。

【精准扶贫】 2017年，谢洋乡完成“雨露计划”培训28人次，实施造福工程19户、58人，危房改造11户、25人，易地搬迁8户、33人。全乡3个村（2个贫困村、1个空壳村）、35户贫困户，实施光伏发电项目，年发电量16.94万千瓦·时。信用社为47户提供小额贷款235万元，当年已脱贫56户、183人。

（蒋联凯）

武陵乡

【概况】 2017年，全乡辖9个村，村民小组94个，户籍数3549户、人口1.28万人，乡财政收入1236.71万元，比上年增长14.15%。9月，市经信委受省经信委委托，组织项目征集受理，专家评审、专项审计、现场核查和网上公示等流程，大石村获省经信委授予“数字家庭示范村”称号。

农业 2017年，全乡耕地面积483.47公顷；农机总动力7928千瓦；粮食总产量4715吨，同比增加3.74%；出栏生猪6317头。全乡农林牧渔总产值1.93亿元，同比减少3.02%。特色农产品主要有雪山萝卜、兔、食用菌。

工业 2017年，全乡有企业34家（集体企业4家，私营14家，个体16家）。职工总数620人，工业固定资产2.05亿元。完成工业总产值12.19亿元，同比增长20.34%；销售收入12.19亿元，实现利税3377万元。实施技改项目1项，投入资金600万元，乡工业主要以铸造产业为主，产品有消防设备及矿山机械铸件等。

商业服务 2017年，全乡社会消费品零售额4588.8万元，同比增长4.3%；集市贸易额2301.9万元，同比增长3.9%。流通领域国有、集体、私营企业及个体工商户共323户；金融机构服务网点1个。第三产业增加值3436.8万元，同比增长4.7%。

交通通信 2017年，全乡机动车435辆（客车2辆，卡车31辆，小汽车369辆，农用车16辆，拖拉机17辆），同比增加38辆。固定电话103部，同比减少2部；移动电话6924部，同比增加152部。

社会事业 2017年，全乡教育事业投入30万元，各类学校3所，在校学生834人，同比增加24人。闭路电视用户1635户，同比增加105户。乡卫生院病床15张，医务工作人员8人。94%的人口饮用自来水。

人民生活 2017年，全乡农村居民人均可支配收入1.15万元，同比增长9.6%。村民人均住房48平方米，集镇居民38平方米。每百户拥有洗衣机65台、自行车17辆、电视机75台、电冰箱51台、摩托车67辆。86%的农户用上液化气、电磁炉。

社会保障 2017年，全乡村民享受低保210人，发放低保金61.95万元，为60周岁以上村民1713人发放养老金223.97万元。村民参加新农合1.09万人，参合率99.8%；收集医保基金153.24万元。为1.04万人次支付医疗补偿费91.97万元。

【教育基金会成立】 2月，武陵乡教育基金会成立，共收到社会各阶层及个人捐款144.6万元(个人捐款44.6万元)。

2017年7月8日，武陵乡大石光伏　（陈广程／摄）

其中厦门特房集团承诺捐赠助学帮扶资金300万元（分三年支付），当年捐付100万元。

【老年人活动中心动工】 3月，武陵乡老年人活动中心大楼在鸿图街动工建设，占地1638平方米，建筑面积4874.56平方米，配套建设道路、露天舞场、绿地等公共设施，投资1260万元。

【三漈潭森林公园一期工程竣工】 3月，武陵乡在仕洋村建设的三漈潭森林公园一期工程竣工，修建仿木栈道700米，游步道1.3公里，观瀑台3个，投资420万元，

【光伏扶贫产业园竣工】 6月，武陵乡光伏扶贫产业园在大石村竣工，3.7公里防洪堤两岸道路安装光伏长廊2.6公里，装机1197千瓦，年发电64.17万千瓦/时，增加经济收入62.88万元。全乡光伏发电装机1545千瓦，为133户贫困户、3个贫困村、2个空壳村提供一项稳定的收入。

【福建省博实机械铸造项目动工】 6月，武陵乡引进的福建省博实机械制造有限公司在大石工业园区动工建设，占地面积1.33公顷，建1栋综合办公楼2000平方米，铸造生产车间8800平方米，总投资4150万元。

【渔家晚钓休闲鱼庄建设】 2017年，武陵乡在大石村建设渔家晚钓休闲渔庄，占地面积2公顷，建休闲垂钓木栈道100米、休闲木屋300平方米，改造养殖基地1公顷，集休闲垂钓、民宿旅游、娱乐餐饮、养殖观光为一体的旅游休闲地，投资700万元。

（张善涛）

文江乡

【概况】 2017年，全乡辖村20个、村民小组122个；户籍数5337户，总人口2.28万人，乡财政收入693.91万元，比上年增长9.3%。

农业 2017年，全乡耕地面积931公顷；农机总动力1.14万千瓦；粮食总产量9021吨，同比增长11.44%；出栏生猪7237头。全乡农林牧渔业总产值3.89亿元，与上年持平。当年，文江乡在文江村开发肉兔产业园，占地1.3公顷，存栏饲养肉兔达12万只，投资4050万元，年出栏产品兔45万只，产值4000余万元，带动贫困户32户、72人。

工业 2017年，全乡企业327家（集体10家、私营47家、合作社43家，个体工商户227），增加76家，职工总数1087人；固定资产12.4亿元；销售收入6.83亿元，实现利税5670万元；实施技改项目5项，投入资金7000万元。其中规模以上企业5家，完成工业总产值10.73亿元，同比增长21.11%。

招商引资 2017年，全乡三资企业2家，总投资1000万元，吸引外资721万元，完成外贸供货值1870万元。

商业服务 2017年，全乡社会消费品零售额1.63亿元，同比增长11.56%；集市贸易额1.27亿元，同比增长4.8%。流通领域的国有、集体、私营企业及个体工商户共462家；金融机构服务网点2个。第三产业增加值9902万元，同比增加5.31%。

交通通信 2017年，全乡机动车983辆（客车6辆、小汽车263辆、卡车459辆、农用车180辆、拖拉机75辆），同比增加142辆；固定电话640部，同比增加4部；移动电话1.21万部，同比增加300部。

社会事业 2017年，全乡教育事业投入135万元。各类学校10所，在校学生728人，同比增加53人。闭路电视用户4401户，同比增加4户。乡卫生院病床32张，医务人员19人。98.5%以上人口饮用自来水。

人民生活 2017年，全乡农村居民人均可支配收入1.43万元，同比增长11.71%；村民人均住房49平方米，集镇居民37平方米；每百户拥有洗衣机81台，自行车47辆，电视机220台，电冰箱79台，摩托车183辆，电脑47台；69%以上的农户用上电磁炉、液化气。

社会保障 2017年，全乡村民享受低保325人、发放低保金68.6万元；享受基础养老金村民3102人，发放养老金385.6万元；村民参加新农合1.91万人，参合率98.7%；收集医保基金343.8万元，为1.3万人次支付医疗补偿费115.6万元。

【朱坂"杂剧作场戏"被列入省级第五批非物质文化遗产】 1月，据福建省人民政府（闽政〔2017〕1号）文，文江乡朱坂"杂剧作场戏"被列入省级第五批非物质文化遗产名录。

【光伏发电项目动工建设】 9月，文江乡在后洋、大中村动工建设光伏发电产业园，安装1230千瓦光伏发电设备，年可发电量3800千瓦。扶持贫困户186户，每户每年可增加收入7000元左右，村财收入增加4.2万元。当年，实现脱贫96户村民和5个贫困村、空壳村。

2017年，大田县文江乡民主村村级活动场所 （县委组织部/提供）

【莆炎高速公路（文江段）动工建设】 10月，莆炎高速路（文江段）动工建设，在文江乡境内及大安互通口等路长2.5公里，投资4亿元。

【养老服务中心揭牌并投入使用】 10月，文江乡养老院举行揭牌仪式并投入使用。建筑面积800平方米，内设各种健身房、活动室、起居室，设床位40张，投资160万元。

【民主溪小流域整治项目】 11月，文江乡在文江溪支流民主溪小流域整治工程动工。将在民主溪河道进行综合治理7公里，清淤河道3公里，建生态护岸2公里，修建木栈道2公里，投资600万元。

【文江街道停车场投入使用】 11月，文江乡街道停车场建设用地2495.12平方米，停车位80个，配套建设挡土墙、水沟、绿化等设施。投资100万元。

（郑元湘　郑乾彪）

梅山乡

【概况】 2017年，全乡辖村21个，村民小组187个，户籍数5902户，总人口2.58万人。乡财政总收入1816.96万元，比上年增长5.92%。

农业　2017年，全乡耕地面积1053公顷；农机总动力8856千瓦；粮食播种面积2518.9公顷，总产量1.14万吨，同比增加0.88%；生猪出栏5536头。农林牧渔业总产值4.86亿元，同比增长18.54%。其中，推广水稻高产高效的绿色生态示范片种植面积2公顷、产量9吨。

工业　2017年，全乡企业185家（私营85家，个体100家），职工总数1495人，固定资产4.95亿元。其中规模以上企业2家。完成工业总产值5.03亿元，同比增长23.89%；销售收入2.74亿元，实现利税1321万元。工业中竹木加工厂6家，产值3000万元。

商业服务　2017年，全乡社会消费品零售额3014万元，同比下降5.64%；集市贸易额2252万元，同比增长1.81%。流通领域的国有、集体、私营企业321家；金融服务网点机构1家。第三产业增加值4110万元，同比下降22.6%。

交通通信　2017年，全乡机动车377辆（客车33辆、卡车45辆、小汽车137辆、农用车102辆，拖拉机60辆），与上年持平。固定话电话1300部，同比减少50部；移动电话1.6万部，同比增加12部。当年，新修长津村长墘至后洋村混凝土道路长972米，投入资金8万元。

社会事业　2017年，全乡初级中学、中心小学各1所，初小7所；在校生1051人，其中，中学生245人、小学806人，同比增加63人。闭路电视用户600户，同比减少35户。乡卫生院病床20张，医务工作人员14人。95%人口饮用自来水。

人民生活　2017年，全乡农村居民人均可支配收入1.52万元，同比增长47.57%；农村居民人均住房49平方米，集镇居民32平方米；每百户拥有洗衣机50台、自行车5辆、电视机96台、电冰箱35台、摩托车57辆；30%以上的农户用上液化气、电磁炉。

社会保障　2017年，全乡村民享受低保350人，发放低保金87万元；享受基础养老金村民3452人，发放养老金417.6万元。参加新农合2.11万人，参合率达98.20%；收缴医保基金295.9万元，为1.11万人次支付医疗补偿费129万元。参加新农保8178人，参保率91.2%，收缴农保资金85.1万元。

【聚光扶贫产业基地建设】 1月，梅山乡在梅山村黄垅山动工建设聚光扶贫产业基地建设项目，共安装光伏226千伏，年可发电25万千瓦·时，电费预计收入24.5万元，帮助贫困户21户、60人增加收入。

【国道"纵五线"二期建设项目】 2月，国道"纵五线"二期项目开工建设，经过德州、秀岭、新楼、梅山、沈岭、沈口、雄峰、香坪8个村，涉及443户、2323人。12月31日，完成水田征用20.82公顷，旱地2.54公顷，林地30.58公顷，国有林地置换33.33公顷，迁移坟墓197穴，拆除房屋24座，已完成6个村70户、339人办理被征用土地农户养老保障，并发放征地补偿费1994.3万元。

【水土流失综合治理项目】 10月，梅山乡水土流失综合治理项目动工，综合治理面积1028.34公顷，建设安全生态水系1.73公里。其中，新建生态护岸4002米、清淤6579米、岸顶绿化带2432米、人行步道3030米、弃渣场防护8846平方米、水保公园2座。总投资958.3万元，其中省财政补助713万元，乡自筹245.3万元。至年底，该项目已竣工。

【美丽乡村建设】 2017年，梅山乡政府投入184万元完成新楼村美丽乡村建

2017年4月4日，巡山人员经过梅山乡沧州吊桥　（刘冬春／摄）

设。其中投入19万元建设公厕与廊亭建设装饰工程，投入11万元建设房屋坡屋面与立面改造工程，投入80万元建设景观绿化工程，投入60万元改造污水管道设施，投入5万元建设竹篱笆，投入9万元安装三格化粪池90户，河道清淤800米，同时规划建设桥亭、廊桥各一座。

【村级饮水工程建设】 2017年，梅山乡完成璞溪、沈岭2个村自来水管道、水源改造修缮。其中，璞溪投入10余万元改造蓄水池及水源源头管网更新，沈岭投入11万元建蓄水池1个、水池过滤网及铺设自来水管道1200米。

【易地搬迁】 2017年，梅山乡政府对秀岭、沧洲、沈口、雄峰、西书、璞溪、金阳、高泉、梅山、沈岭10个村的贫困户建档立卡，实现易地搬迁23户、75人，发放搬迁扶贫资金109.4万元。

【农林产业项目】 2017年，梅山乡引进福建宝瑞莱有限公司，投资3000万元，发展千亩青梅种植项目；完成生物防火林带抚育面积51.4公顷，全长34.1公里；全乡造林面积113.6公顷；幼林抚育55.73公顷；梅山村种植景观林1.33公顷；秀岭村重点生态区林分修复2.33公顷。

（李丽娟）

前坪乡

【概况】 2017年，全乡辖村11个，村民小组55个，户籍数1818户，总人口7620人，乡财政总收入190.8万元，比上年增长5.06%。当年，前坪乡被评为省级精神文明单位，县综治平安先进乡镇，获县发展非公有制经济责任目标和计划生育工作考评一等奖，县工业、商贸经济类乡镇综合、乡镇项目推进组和乡镇落实全面从严治党主体责任考评二等奖，县农业农村工作责任目标考评三等奖。

农业 2017年，全乡耕地面积570.53公顷；农机总动力5580千瓦；粮食播种面积795.4公顷，总产量3015吨，同比增长3.22%；果树种植面积130.53公顷，产量2633吨；生猪出栏6320头。全乡农林牧渔总产值1.36亿元，同比下降9.33%。

工业 2017年，全乡企业311家(其中集体企业1家，私营企业52家，个体企业258家)，新增1家，职工总数1865人，工业固定资产13亿元，其中规模以上工业企业16家，工业总产值49.03亿元，同比增长13.13%；销售收入17.2亿元，实现利税9254万元。

招商引资 2017年，全乡外资企业2家，总投资2100万元，吸引外资650万元，完成外贸供货值1320万元。

商业服务 2017年，全乡社会消费品零售额650万元，同比增长3.17%；集市贸易额862万元，与上年持平。流通领域的国有、集体、私营企业126家；金融服务网点1个。第三产业增加值4860万元，同比增长0.06%。

交通通信 2017年，全乡机动车118辆(卡车78辆，农用车40辆)，固定电话580部，移动电话4679部，同比增加294部。

2017年，大田县银川矿区水土流失治理点　（张知松/摄）

社会事业 2017年，全乡教育事业投入35万元，各类学校4所，在校学生413人，同比增加27人。闭路电视用户356户。乡卫生院病床6张，医务人员7人。98%的人口饮用自来水。

人民生活 2017年，全乡农村居民人均可支配收入1.68万元，同比增长10.07%；村民人均住房76平方米，集镇居民24平方米；每百户拥有洗衣机70台，自行车48辆，电视机99台，电冰箱45台，摩托车97辆；80%以上的农户用上液化气、电磁炉。

社会保障 2017年，全乡居民参加新农保3168人，参保率91.03%。为60周岁以上村民934人发放养老金112.08万元。村民参加新农合6687人，参合率98%。收集医保基金114.03万元，为5945人次支付医疗补偿费28.62万元。

【前坪溪小流域水土流失治理】 2017年，前坪乡实施前坪溪小流域水土流失综合治理项目，项目总投资570.2万元，建设安全生态水系3560米。其中，河道清淤清障1660米，建设护坡护岸1750.9米、人行步道1720.9米、拦河堤坝14座、水保公园4处、休闲广场1处，恢复河漫滩1333平方米。当年，完成河道清淤清障1660米，新建护坡护岸1225.1米、拦河堤坝2座。

【中央和省环保督查】 2017年，中央第五环保督察组和省环保督察组到前坪乡开展环境保护督察工作，经过督察，拆除乡境内100立方米以下高污染源冶炼小高炉9座、铸造土制炉8座；畜禽养殖场拆除3家、升级整改1家。

【银川矿区光伏扶贫产业园建设】 2017年，前坪乡为提升矿区治理成效，结合银川矿区水土流失治理项目，探索“地光互补”模式发展光伏扶贫，建设银川矿区光伏扶贫产业园，在矿区公园过道及混凝土停车场处安装光伏发电设施1500平方米，总容量251.75千瓦，共投入215万元，受益贫困户40户，将“闲地”变“太阳地”，突出边治理、边收益的良性互动，实现生态效益、经济效益、社会效益共赢。

【前坪乡颐养中心改造】 2017年，前坪乡完成乡颐养中心修缮改造，占地面积600平方米，建筑面积320平方米，设床位21张，内设老年人，文化娱乐及健身活动设施，当年，入住五保户、孤寡空巢老人13户、14人。该中心经县委编办批准为乡政府内设机构。按照企业单位管理，并配备工作人员3名。

（陈兴琳）

湖美乡

【概况】 2017年，全乡辖村16个，村民小组108个。户籍数3604户、人口1.42万人，乡财政收入752.07万元，比上年增长11.3%。

农业 2017年，全乡耕地面积468.07公顷；粮食总产量4299吨，同比增长9.78%；全乡农林牧渔业总产值1.72亿元，同比下降10.89%。推广高产高效水稻种植面积252公顷，产量1824吨。主要农产品洛神花、油茶、三瓜（冬瓜、南瓜、苦瓜）。

工业 2017年，全乡有企业34家（集体企业4家，私营30家）；职工总数856人，工业固定资产4000万元；完成工业总产值3.92亿元，同比增长21.3%；销售收入2.01亿元，实现利税2764万元；实施技改项目1项，投入资金4638万元。主要企业福建省浩特纺织科技有限公司、福建省大音文化发展有限公司、九道山茶业有限公司。

招商引资 2017年，全乡有三资企业4家，总投资9500万元。

商业服务 2017年，全乡社会消费品零售额935.26万元，同比增长1.98%；集市贸易额5469.77万元，同比增长2.01%。流通领域的国有、集体、私营企业及个体工商户共286家；金融机构1家，服务网点1个；第三产业增加值达2880万元，同比增长1.54%。

交通通信 2017年，全乡有机动车395辆（客车3辆，卡车28辆，小汽车294辆，农用车53辆，拖拉机17辆），同比增加73辆；有固定电话404部、同比减少528部，移动电话6988部、同比增加513部。

社会事业 2017年，全乡教育事业投入97.5万元，各类学校7所，在校学生642人，同比增加18人；闭路电视用户484户，同比减少19户；乡卫生院有病床12张，医务人员9人；100%的人口饮用自来水。

人民生活 2017年，全乡农村居民人均可支配收入1.66万元，同比增长13.7%；村民人均住房49平方米，居民32平方米；每百户拥有洗衣机79台、自行车34辆、彩色电视机142台、电冰箱67台、摩托车95辆；96%的农户用上液化气、电磁炉、沼气池。

社会保障 2017年，全乡享受低保166人，发放低保金71.12万元；享受基础养老金1687人，发放基础养老金146.73万元；参加新农保5538人，参保率95%；收集医保基金150.26万元，为1522人次支付医疗补偿费32.85万元。

【国道纵五线动工建设】 2017年，国道纵五线（国省干线公路G235）二期工程梅山德州至均溪溪柏林段开工建设，湖美境内13.3公里，途经8个村，采用二级公路标准建设，设计行车速度60公里/小时，路基宽度10米，桥梁16座长2499米、隧道1座822米。项目总投资2.95亿元，已征用各类土地66公顷，征地共涉及征迁房屋及附属132座，已拆除75座，占任务数的56.8%；规划新村安置点6个，已确定5个，正在进行手续报批；工程已完成投资1.02亿元，占总投资34.6%。

2017年3月28日，国道“纵五线”二期工程（湖美境内）开工建设　（报道组/提供）

【网箱清理】 2017年，湖美库区共有养殖网箱1453箱7.59万平方米，根据市、县要求，成立湖美库区网箱养殖治理工作指挥部，通过入户宣传动员、依法依规拆除、网箱1126箱5.68万平方米，占任务数的77.5%。

【闽中琴院古琴厂】 2017年，乡引进元安客商颜建程返乡创办闽中琴院古琴厂，9月，在深圳的生产线和工人全部迁至湖美元安，一期租赁厂房投入生产，完成投资1500万元。当年，生产古琴近200张，二胡3000多把，产值1200多万元；为元安村提供就业岗位26个，人均增加收入近4万元。二期项目总投资2600万元，已完成征地工作。三期总投资5000万元，已完成选址。

【水生态修复】 2017年，乡引进福建省湖库流域生态修复工程研究中心“分子流体静默生态修复技术”实施闽湖水生态修复工程，项目总投资1665万元，项目资金已纳入2018年度水污染防治中央储备库和入围山水林田湖生态保护修复项目。一期投入329万元，建成并投入正常运行。

【敬老院修缮】 2017年，乡投入30万元对敬老院部分基础设施功能进行修缮改造，共有床位40张，入住老人37人，入住率达93%。

（林其策　张婉婷）

城区办

【概况】 2017年，大田县城区管理办公室（简称县城区办）辖社区居委会8个，面积12平方公里，户籍人口1.43万户、3.91万人，流动人口3.13万人，总人口6.6万人。社区工作人员62人，其中属均溪镇在编干部5人，大学生志愿者3人。

【党员教育常态化】 2017年，县城区办组织社区党支部探索创新党建工作，“两学一做”学习教育常态化制度化。县城8个社区有党员686名，其中新发展党员8名。发挥基层党支部的作用，定期召开党员大会，按时组织党员上党课，宣传各项方针政策并进行国情教育；利用远程教育和党员“e”家平台，定期组织党员群众观看电教片。

设立“党群服务驿站”，按照“柜台式”“一站式”服务标准，完善服务阵地建设。

【服务社区群众】 2017年，县城区办把服务群众作为社区工作的基本立足点，本着“群众利益无小事”的宗旨，努力为居民办实事，做好事，城镇低保做到动态管理，各项救助制度落到实处。当年，8个社区居委会有低保对象116户，做到应保尽保；为22名大病家庭申请救助资金4万多元，慰问147名下岗困难对象，发放慰问金44.1万元。白岩社区开展“关爱留守妇女儿童”“社区心理咨询”等活动；南街社区开展“爱心敲敲门”“妇女维权”关爱活动。成立维权服务站，增强为妇女服务的意识，深入家庭，宣传妇女儿童权益保障法。解决残疾人实际困难，为重度残疾人申请免费轮椅5辆，为8名残疾人或残疾人子女申请助学贷款5000元，为2名自主创业残疾人申请创业贷款8万元，为8名精神病患者争取免费服药指标。

2017年4月29日，大田县开展第五届省级文明县城创建活动 （刘冬春/摄）

【居家养老服务提升】 2017年，文昌、赤岩、仙亭、南街、东门5个社区居委会按三星级建设标准提升改造老年人日间照料居家养老服务中心，社区居家养老服务站以“立足社区、面向老人、专业服务”为特点，做到安全保障、生活照料、医疗保健、文化娱乐、精神慰藉、法律维权等服务，37名高龄老人办理高龄津贴。

【社会稳定工作加强】 2017年，县城区办做好各类人群的稳定工作，注重从源头上化解引发矛盾纠纷的各种因素，加强信访接待，将信访和调解有机地结合起来，调解各类矛盾和纠纷98起。全面提升网格管理，确保实现服务、管理、“双到位和部门、群众双满意”。建立“居民基础信息档案卡”，通过采集、核对、登记居住信息，完善居民的信息基础，组织网格人员深入街道、小区、门栋、单元、户号门进行网络清理登记；网格员在日常巡查中，收集社情民意，排查矛盾纠纷，打造和谐社会。

【社区卫生管理】 2017年，县城区办开展第五届省级文明县城创建活动。成立社区创城领导小组，传达部署上级各项工作要求，实行责任路段包干负责制，落实好社区环境卫生、综合整治占道经营、卫生死角，多次组织辖区共建单位和城管对社区内违章搭建鸡窝、猪圈、雨披等建筑物进行拆除， 共拆除鸡窝56处、猪圈12处。加强社区环境卫生的巡查，安排社区干部按责任路段坚持每日巡查，发现问题及时反馈给有关单位。组织社区志愿者清理小广告及卫生死角，共清理小广告1.8万多张、卫生死角150多处、乱堆乱放560多处，及时清除垃圾，制作公益广告单2000多块。

（章开苗）

2017年大田县村级概况表

表12

乡镇别	村别	村民小组（个）	户数（户）	人口（人）	耕地（亩）	集体经济收入（万元）	农村居民人均可支配收入（元）	党支部书记	村委会主任
均溪镇	红星	19	1502	6375	140	392.35	18880	杨善芬	张登晟
	玉田	21	1301	5483	238	337.79	18902	范明辉	范联中
	福塘	18	1077	4700	124	78.45	18362	陈有桂	陈上国
	金岭	4	151	680	755	84.82	16457	陈其秘	陈其秘
	宋京	8	523	2284	756	37.06	18217	范永烨	范庭烜
	良元	6	229	1091	350	56.17	17307	温乃早	温如雕

续表 12

乡镇别	村别	村民小组（个）	户数（户）	人口（人）	耕地（亩）	集体经济收入（万元）	农村居民人均可支配收入（元）	党支部书记	村委会主任
均溪镇	郭村	5	177	743	189	31.44	17367	柳书政	柳书政
	翰林	4	166	756	514	61.14	17228	李勤寮	李克火
	温镇	8	644	2819	663	14.47	18290	温兴邦	温桃鸿
	周田	4	402	1672	400	67.91	18415	周仁潮	李代列
	许思坑	5	200	890	400	36.69	17138	周以际	张开用
	建成	4	193	806	273	36.47	17865	柳书明	柳书球
	东坑	12	432	1894	432	55.98	18298	廖美霞	郑祥序
	金山	6	225	865	420	46.02	18124	郑淑清	郑四一
	上华	6	414	1900	420	45.88	18229	杨红专	杨承剧
	和丰	8	242	1043	778	59.22	18065	周仲军	周有蹀
	和丰坪	6	259	1083	280	34.85	17882	周调汉	周调摇
	后华	6	227	956	390	105.74	18012	严昌垓	严志煌
	华坑	6	274	1223	369	157.80	17774	丁宜相	林章主
	上太	10	426	1804	468	48.55	18177	严景朝	乐光邓
	太山崎	7	221	963	574	41.73	16523	林善炬	林传代
	大道山	3	98	445	135	25.19	16368	郑联灶	郑联灶
	城东	7	890	4275	0	80.44	17842	廖明镜	刘文广
华兴镇	华安	9	570	2007	700	182.07	13762	郑贤津	郑庆重
	仙峰	12	480	1894	700	301.05	13567	卢祥成	翁扬鑫
	早兴	15	384	1485	800	85.38	13392	卢开室	卢维收
	张乾	10	265	1050	600	64.19	13141	邱良智	邱良智
	杞溪	7	168	674	300	114.50	12088	陈捷选	陈德力
	柯坑	6	241	815	500	119.07	11429	杨连怀	杨连开
	横坑	12	240	948	600	108.42	11756	杨维读	杨廷韶
	京口	17	730	3054	900	142.45	13763	叶玉团	叶正博
	昆山	15	430	1780	800	158.34	13461	程开理	程立松
	洪坑	2	89	372	300	36.20	13319	陈有水	颜和穴
石牌镇	石牌	6	673	1804	512	97.78	13495	陈亨国	陈亨善
	老厝	10	417	1937	453	26.00	13528	陈华坚	陈学创
	上坡	8	288	1251	584	44.36	16704	郑大温	黄兴煖
	马山	6	185	801	318	38.95	11860	陈永运	陈立慎
	盖山	6	137	585	259	34.33	11323	苏启锭	陈永分
	拱桥	5	125	472	369	192.31	12598	苏亨武	苏亨龙
	石坑	7	184	742	526	41.68	11774	陈祥碧	陈开法
	长溪	13	332	1445	512	38.59	17757	李春华	李家棋

续表 12

乡镇别	村别	村民小组（个）	户数（户）	人口（人）	耕地（亩）	集体经济收入（万元）	农村居民人均可支配收入（元）	党支部书记	村委会主任
石牌镇	小湖	13	456	2005	1061	28.95	13430	乐景川	乐发广
	桃山	8	352	1521	1043	46.13	12584	杜明旗	杜生芽
	桃坑	8	313	1469	1103	38.42	12178	乐生枝	乐志炳
	鳌江	14	511	2338	1545	32.05	12810	陈荣泰	吴文教
	三坊	10	328	1420	1071	26.12	12326	乐建景	张有坂
	下洋	10	280	1222	460	34.30	12690	魏起安	魏开仁
	龙坑	8	282	1170	645	26.07	11801	乐成贝	乐丁代
	京程	5	118	468	391	32.09	11549	池冬妹	刘起生
吴山镇	张坑	3	74	335	294	78.16	15862	章思礼	章彩莲
	锦山	10	219	950	917	22.50	15274	刘贵忠	刘登提
	科山	9	167	689	737	24.52	17037	刘珍珊	刘加才
	程堂	8	253	1074	646	29.91	16401	陈兴繁	陈兴途
	吴山	21	911	3016	1061	104.55	17367	陈生文	陈志耕
	和洋	6	164	683	274	88.39	17994	陈荣耀	陈德书
	阳春	17	391	1795	1249	60.21	16135	林开望	林开安
	东埔	4	85	349	304	92.25	16831	林两得	林传丁
	梓溪	12	271	1101	358	425.60	16905	林芳梓	林起明
桃源镇	桃源	11	1449	4708	2664	82.48	19198	张宗德	张福财
	西安	10	351	1448	1144	27.69	18856	涂志成	郑和取
	东坂	9	221	897	974	84.18	18370	张吉清	巫振桂
	桥山	6	175	770	616	18.40	18434	郑得进	郑得忠
	翁厝	8	401	1597	1762	54.96	18846	翁文普	翁文东
	前厝	3	283	1150	1186	30.07	18256	郑永胜	郑乐生
	前村	8	230	931	999	55.94	18967	张兆良	张兆读
	广汤	7	561	2452	2092	28.41	18954	俞上武	张钟伟
	杨坑	6	223	949	995	26.27	18521	肖兆海	柯祖满
	上举	4	144	582	592	70.77	18317	肖先锋	肖先钦
	兰玉	5	493	2122	1680	26.88	18872	肖基传	肖树萌
	桃新	3	167	631	359	36.72	18433	陈月珠	苏桂明
	桃林	3	61	250	364	23.92	15710	涂德热	涂景堤
上京镇	上京	18	1387	4290	1739	95.29	19786	陈乘侏	陈天利
	上平	16	520	2294	2200	75.58	19002	吴义社	吴元全
	黄城	13	556	2315	2000	21.89	16457	曾垂贤	陈兆治
	桂坑	9	271	1068	1200	22.08	16803	肖文强	肖世寿
	城口	9	278	1200	1000	18.97	16011	黄来樟	陈昌双

续表 12

乡镇别	村别	村民小组（个）	户数（户）	人口（人）	耕地（亩）	集体经济收入（万元）	农村居民人均可支配收入（元）	党支部书记	村委会主任
上京镇	丰田	10	257	2153	824	27.14	15830	林初权	朱升本
	南坑	5	168	695	850	12.53	16248	吴琴凤	魏祥灯
	溪尾	8	170	757	1000	16.13	16953	魏初美	魏祥存
	下溪口	10	313	1318	1000	66.99	16568	刘美气	刘其熔
	溪口	11	475	1907	980	38.81	16580	刘育聚	刘开远
	三阳	6	222	926	1000	12.51	17203	叶一忍	叶长久
	赤水	13	364	1499	1700	25.00	18476	魏祥胞	魏祥塍
	梅林	10	358	1453	980	74.96	19458	田美依	田守平
	隆美	8	260	1106	500	100.31	19436	田有欣	田富量
	灵川	7	191	802	801	98.30	18976	田民鑫	田民鑫
	延京	8	227	898	930	56.74	18968	陈初太	陈初太
太华镇	群团	34	820	3570	2022	97.38	16349	陈兴鸿	陈来诗
	太华	4	233	875	258	17.14	15492	田增久	郑初迁
	华溪	7	291	1351	900	41.18	15654	陈文务	陈成养
	高星	4	102	423	523	61.91	14722	黄荣积	罗振忠
	小华	12	311	1321	998	42.00	16424	林新登	林新烜
	温坑	12	303	1203	694	118.90	15697	连仁芳	陈兴泉
	仕坑	10	328	1440	829	52.03	16446	吴为堆	唐金良
	魁城	18	843	3746	2435	158.67	16463	连晋慎	连良钢
	张地	6	202	937	516	71.76	15636	连福绍	连宇体
	玉井	9	301	1218	851	25.71	15678	叶美地	叶增彩
	万湖	36	926	3954	2814	142.20	16135	詹文潭	连广周
	西埔	10	381	1673	820	50.91	16115	乐忠维	连礼校
	甲魁	8	204	873	560	34.46	15479	苏进电	苏进报
	大合	12	279	1320	941	146.17	16316	周调佳	廖首统
	莒坑	7	175	766	641	24.88	15132	连善智	连良诗
	坑头	9	202	997	557	17.72	15991	周初旺	周初柱
	汤泉	27	885	3613	1650	273.69	15942	陈文峰	蒋芳燕
	池元	8	219	990	727	42.11	14906	陈代坦	陈德火
	德安	8	292	1131	1155	23.80	15069	陈开茂	陈克昌
	罗丰	14	472	2089	1494	52.53	15660	高超广	方正焕
	黄沙	6	203	856	764	84.91	15564	张流龙	张善灿
	锦溪	5	113	479	380	33.17	15039	周先继	周荣铭
	华山	8	244	1026	683	44.40	14882	章国首	章先篇
	泮车	6	164	756	668	23.62	15451	郑占桌	郑占潭

续表 12

乡镇别	村别	村民小组（个）	户数（户）	人口（人）	耕地（亩）	集体经济收入（万元）	农村居民人均可支配收入（元）	党支部书记	村委会主任
建设镇	建爱	12	548	2806	1069	38.17	18116	黄文广	黄长造
	建忠	12	680	3347	1413	115.86	18012	陈昌沐	吴荣
	建设	21	1092	4227	1764	40.79	17813	林起舜	林科双
	建强	7	353	1855	712	95.44	18339	池瑞建	—
	建民	7	331	1611	733	21.74	18186	郑永清	李占在
	建丰	17	677	3518	1684	45.30	18145	高忠裕	高锦栖
	建乐	9	466	2474	1185	30.96	17914	高加禄	高忠来
	建国	7	280	1340	752	69.23	18072	田生炳	田加油
	和平	10	433	2069	1183	64.20	17872	郑永镇	黄开座
	元山	8	278	1333	923	43.46	17840	池上专	池长浩
	大同	10	459	2314	1736	35.83	17891	廖尚本	廖尚化
	香浮	3	116	528	588	32.33	17929	周文舍	周文舍
广平镇	广平	24	1120	5154	2800	79.99	15996	郭兆水	林乐标
	五峰	12	467	2021	1000	82.66	15949	郑玉兰	蒋佑宝
	万筹	15	601	2726	1200	32.03	15991	郑宣斌	郑恢宋
	万宅	5	265	1167	1470	185.01	15926	余有创	余有暖
	元沙	27	1316	6368	2700	281.16	15921	张乃善	张玉成
	苏桥	23	1441	6801	3100	104.01	16009	廖乃座	廖乃座
	铭溪	19	939	4471	1000	34.71	15928	池乃团	池其强
	栋仁	29	1170	5720	2500	26.02	16094	郑新明	郑福焕
	岬头	4	170	785	600	18.76	15437	林长南	林美涂
	东景	5	148	667	500	33.84	15392	李兴勇	李长禄
	西园	6	318	1421	1100	24.60	15397	王英界	王英珊
	丰庄	15	436	1977	1600	68.40	15597	罗施秀	罗春湘
	大吉	5	60	311	300	30.44	15637	郭碧芳	郭碧芳
	兴埔	3	140	632	400	16.69	15657	廖兆森	廖兆森
	龙宫	5	68	363	652	5.00	15223	郑振广	郑振广
奇韬镇	奇韬	23	1152	4552	3100	80.39	16760	郑上林	郑登良
	东佳	11	331	1352	1000	92.15	15737	张春校	郑成溢
	丁华	3	78	332	400	18.05	15955	郑丁炫	郑丁炫
	西韬	3	182	719	500	51.34	17638	吴成贤	郑光钗
	文经	9	632	2584	1100	60.19	16097	邱秀凤	方来灶
	桃东	3	277	1239	700	125.16	19746	方来烧	方来荣
	桃舟	3	269	1097	600	25.73	17335	黄德善	黄其为
	洋地	5	248	930	1600	20.75	16125	胡上润	胡上福

续表 12

乡镇别	村别	村民小组（个）	户数（户）	人口（人）	耕地（亩）	集体经济收入（万元）	农村居民人均可支配收入（元）	党支部书记	村委会主任
奇韬镇	龙坪	4	232	919	1100	23.30	16354	黄祥阳	黄来尧
	金华	2	88	359	500	17.83	15873	陈生耀	陈生干
	龙溪	2	118	445	600	21.38	16037	林上萍	林志明
	永德	3	199	486	1000	23.21	16164	刘思谨	刘梨养
屏山乡	屏山	12	536	1549	721	61.14	15371	郭守梆	郭守育
	内洋	16	512	2155	1225	66.38	16009	苏庆俊	苏庆烨
	溪头	15	283	1124	695	20.45	14322	苏华隆	苏诗鑫
	玉屏	16	375	1501	930	15.41	14252	陈进相	陈其捷
	芹阳	9	168	675	401	13.03	14250	陈荣候	陈荣泰
	和坑	18	487	2006	1241	36.25	14350	陈吉潮	陈世真
	美阳	15	510	2005	1234	25.32	15336	郭文杰	郭显楣
	瑞美	15	302	1159	738	52.09	15078	郭盛理	郭开敬
	内山	6	144	614	415	37.42	13750	郭传珍	陈兴程
	王坪	8	135	541	346	17.98	13710	章选服	章国志
	杨梅	8	246	921	617	32.09	13731	章进怡	章进电
	蒋山	5	140	552	342	9.67	13663	章永伟	章永渊
	许坑	8	155	648	417	21.61	13740	章双标	章双标
济阳乡	济阳	17	464	1738	1058	26.65	17329	涂振级	涂经聪
	济中	11	275	983	708	309.50	17874	涂志贤	涂扬宗
	三扎	4	92	342	260	23.09	17973	涂南田	涂育贴
	德仁	5	104	344	228	21.98	17861	涂秋龙	涂学良
	芳林	6	157	383	231	22.77	18177	章选读	章选煌
	国庆	10	210	737	369	33.13	17503	涂继星	涂德宪
	上丰	13	284	1180	713	31.08	17533	涂双跃	涂有德
	泮林	8	145	531	267	17.29	17472	涂开兴	涂文启
	高升	10	158	635	428	18.42	17821	涂凤绵	涂德俊
	砚坑	4	90	315	180	47.56	17889	章江海	章绍裕
	大儒	14	414	1349	610	59.09	17054	章桂春	章志雄
	大乾	11	297	1060	687	136.56	17722	陈大军	章国良
谢洋乡	谢洋	12	287	961	1200	93.50	13184	林昌明	林玉添
	怀德	13	245	1010	2000	15.90	13117	林起满	林凤约
	坑口	4	119	528	300	31.21	13239	林开品	林启坛
	白玉	3	69	304	100	7.53	13367	林芳靛	林起汉
	象山	4	82	358	400	9.81	13251	林凤枢	林起梁
	科里	11	267	1168	1600	15.39	13000	林丁勇	林芳读

续表 12

乡镇别	村别	村民小组（个）	户数（户）	人口（人）	耕地（亩）	集体经济收入（万元）	农村居民人均可支配收入（元）	党支部书记	村委会主任
谢洋乡	珍山	8	206	847	1200	45.00	13160	林丁智	林文基
	草垄崎	4	123	503	700	22.88	12947	林昌多	林昌多
	三角尾	3	53	221	300	9.28	13221	林起兴	林起兴
	上珍	3	63	252	400	14.97	12993	陈春坦	陈春暖
	蕉坂	2	51	194	300	17.95	13368	林起周	林开联
	和春	6	100	427	600	11.40	13159	林开庚	林广盛
	碧山	4	81	335	500	79.43	13324	林银香	林丁铬
	仕福	14	276	1139	1600	56.13	13152	林起聪	林起库
武陵乡	武陵	12	632	2037	894	11.65	11066	林其言	林美烘
	红君	11	358	1316	708	19.92	11160	林　燕	林彩用
	桃溪	16	562	1994	1258	34.74	10995	林共河	林元意
	上岩	12	370	1530	977	20.65	12954	叶一栽	叶先等
	百束	12	435	1526	937	18.47	10816	林　疆	—
	茶山	7	208	741	534	15.39	11455	陈丁勇	陈玉布
	岬坪	7	155	588	450	14.06	11777	陈进保	陈进县
	大石	14	744	2749	1248	36.26	11908	林庆业	林良忠
	仕洋	3	85	286	246	23.71	12133	陈进省	陈进省
文江乡	文江	13	883	3318	1689	36.69	15255	陈汝治	余育大
	大中	11	433	1803	1067	26.80	14700	李凤铨	陈加强
	民主	9	369	1527	945	30.47	14355	吴上垠	吴高荣
	大文	6	326	1369	658	53.78	10067	陈先幼	陈先安
	小文	4	150	653	543	12.65	14539	余成碧	余成碧
	典坑	3	92	393	509	17.27	14517	陈启沙	林上贡
	朱坂	12	509	2278	1656	31.89	15577	余家铭	廖启赐
	琼口	8	401	1805	977	47.92	14313	余联跃	余开科
	白沙	2	73	315	280	19.78	13213	黄其政	黄其政
	大安	4	217	1005	500	99.85	14238	廖尚堆	廖世前
	桥下	3	102	435	322	14.25	14927	陈启土	陈福毅
	龙门	5	256	1175	527	24.19	14308	周延炽	周学会
	光明	6	234	996	545	30.24	14080	林启加	林联山
	后洋	4	181	810	403	90.89	14767	林朝喜	林廷敬
	温厝	3	202	922	626	16.78	14287	周学贝	邓招伟
	花桥	3	134	602	470	23.72	14587	范祖现	王景行
	小芹	5	150	729	461	16.86	13799	柯日选	柯永令
	山芹	3	104	442	316	22.55	14057	林志江	林志座

续表 12

乡镇别	村别	村民小组（个）	户数（户）	人口（人）	耕地（亩）	集体经济收入（万元）	农村居民人均可支配收入（元）	党支部书记	村委会主任
文江乡	昭文	13	343	1466	845	49.88	14554	杨连秀	杨连汉
	联盟	5	178	741	625	25.98	14350	陈升彩	余志帛
梅山乡	新楼	4	98	408	180	19.60	15228	陈育苑	陈开望
	梅山	16	702	2379	1140	162.78	15295	吴日光	吴有溪
	郭井	14	389	1874	1200	43.73	15254	吴占宝	吴英炳
	秀岭	16	410	1835	2020	66.81	15282	詹宏天	陈清溪
	沈岭	9	350	1757	900	35.94	15251	吴同针	吴同村
	沈口	9	263	1191	600	94.29	15243	陈长植	陈荣善
	雄锋	12	362	1586	900	115.23	15263	吴秉恩	—
	盖竹	2	94	440	200	25.21	15206	朱自诚	朱成纤
	德州	3	79	369	200	36.57	15252	黄初源	黄初源
	沧州	16	526	2225	1800	68.32	15309	陈天湖	陈在灼
	璞溪	4	152	679	500	27.46	15215	苏宗古	苏开燥
	西书	13	386	1838	1000	38.30	15267	吴开炜	吴树春
	西坑	7	255	1128	1000	21.99	15238	叶清涵	叶聿添
	龙口	6	152	715	450	23.24	15258	陈占柑	陈占佳
	岭后	5	206	847	500	18.41	15182	陈上楼	陈开金
	金阳	14	391	1814	800	34.05	15260	林顺报	林顺轮
	高泉	12	355	1546	900	20.40	15240	陈占建	陈占秋
	长坑	8	194	870	400	13.28	15199	陈文炉	陈先炼
	长津	6	161	768	400	15.25	15192	陈永炀	陈如权
	香坪	7	258	1049	400	40.84	15292	叶长深	叶德禄
	黎坑	4	119	497	300	18.82	15229	吴美园	吴先选
前坪乡	前坪	6	205	730	932	27.13	16419	蒋加物	蒋芳探
	黎明	7	245	995	1025	33.30	16628	陈其木	蒋先斜
	上地	4	113	488	641	29.60	16530	林长流	林初益
	下坑	7	256	1082	975	45.20	16832	廖青途	廖新粮
	下地	4	128	553	634	42.90	16524	林绍楼	林荣志
	山川	4	139	613	618	104.80	17864	林建场	丁长池
	湖坪	7	209	915	1066	68.70	16601	林青烧	林青松
	黄龙	6	166	762	828	46.80	16639	林建翁	林芳秋
	北坑	2	81	308	450	19.10	16506	杨先修	杨腾艳
	福井	4	159	653	745	27.20	16691	张春巍	张春茂
	吉坑	4	117	521	644	15.60	16418	林廷昌	林启耀
湖美乡	大尤	4	119	574	300	60.03	16472	刘春坤	刘春占
	前进	5	204	869	410	76.43	16415	林芳佤	林芳佤

续表 12

乡镇别	村别	村民小组（个）	户数（户）	人口（人）	耕地（亩）	集体经济收入（万元）	农村居民人均可支配收入（元）	党支部书记	村委会主任
湖美乡	旺建	9	402	1748	1042	19.26	16379	廖应社	廖士漳
	西燕	5	242	1048	501	30.71	16577	林桂春	张芳才
	元安	12	290	1176	672	57.45	16620	颜全路	颜建活
	仁美	10	340	1355	624	49.63	17017	廖明炜	廖明金
	湖上	11	460	1411	212	88.28	16999	施素梓	施生晖
	岬才	9	226	866	292	29.03	16590	施生塔	施正步
	宏才	12	339	1327	683	9.64	16551	颜良坛	施生智
	长坂	5	159	571	284	20.80	16343	吴仁贤	吴祥卢
	后坪	4	96	378	303	62.05	16419	吴祥电	吴全友
	高才	4	86	322	112	25.73	19393	刘建友	刘建友
	后坑	4	90	327	294	18.39	16193	施明沧	施生奇
	林兜	6	245	963	343	24.36	16430	林高善	林高善
	汉口	4	182	723	683	17.12	16479	吴其灯	林文拱
	仁东	4	124	548	266	28.30	16539	廖明社	廖明塘

说明：本表户籍数和人口数由县公安局提供；耕地面积、集体经济收入、农村居民人均可支配收入数据由县农业局经管站提供

2017 年社区居委会基本情况统计表

表 13

居委会	户数	人口	区域面积（平方公里）	享受低保		补助金额（每月 / 元）	医保情况（人）	支部书记	居委会主任
				户数	人数				
白岩	1853	4967	0.78	24	39	16216	1565	连荣诗	连荣诗
文昌	1603	4003	0.82	8	10	4488	1293	唐清香	唐清香
玉凤	2615	6993	0.86	17	33	13560	2503	郭秀花	郭秀花
仙亭	2300	6510	3.25	12	28	11460	2265	陈玉音	陈玉音
南街	1909	5471	0.68	15	25	10380	2136	刘晓玲	刘晓玲
赤岩	1272	3569	1.56	10	20	7852	1693	陈春辉	陈春辉
东门	1417	3734	1.73	16	22	9320	1590	柳梅妹	郑爱萍
镇东	1355	3846	1.87	14	22	9856	1234	林开发	林开发
合计	14324	39093	11.55	116	199	83132	14279	—	—

说明：本表户籍数和人口数由县公安局提供

先进人物

陈先亮 鸿图中学援藏教师。2017年8月，福建省人民政府授予“优秀教师”称号。

吴祥江 谢洋派出所所长。2017年，被国家人社部、公安部授予“全国特级优秀人民警察”称号。

严秀兰 福建省妇联“巾帼重点示范基地”易津茶叶有限公司董事长。2017年，被全国妇联授予“全国巾帼建功标兵”称号。

王雯君 大田县实验幼儿园园长。2017年，获“福建省五一劳动奖章”。

（教育局 公安局 县妇联）

逝世人物

肖汉生（1928—2017）男，大田县桃源镇人。1949年8月参加工作，1955年10月加入中国共产党。历任均溪游击大队十三排战士、区通讯员，县公安局民警、公安特派员、商业局人秘股科员、公安局城关派出所所长、县拘役所所长等职。1985年10月离休，2017年4月逝世。

林宗汶（1931—2017）男，福建永春人。1949年5月参加工作。历任福州东领游击队政工员、平潭县伯塘中心小学教员、中国人民解放军某步校学员、某团政治文化教员、华东军区第五速成中学师范队学员、第四速成中学教员、福州军区干部文化学校教员、河南永城县教育科科员、永城师范附小校长、永城中学教员、大田县桃源砖瓦厂负责人、广平铁厂砖瓦厂车间负责人、大田公路工区工人、三中教员等职。1990年离休，2017年7月逝世。

叶振育（1933—2017）男，福建厦门人。1949年6月参加工作。1953年毕业福建医学院，历任北京中央直属第七医院外科医师、泉州市晋江专区第二医院外科医师、大田钢铁基地和大田县医院副主任医师。1994年离休，2017年8月逝世。

费　达（1921—2017）男，江苏省如东人。1943年3月参加工作。1944年3月加入中国共产党，1955年转业地方工作。历任莆田县交通局副局长、莆田县公交政治部副部长、上京煤矿党委副书记、大田县供销社政治教导员、商业局局长、财委副主任等职。1983年离休，2017年12月逝世。

（陈辉文）

中共大田县委 大田县人民政府

关于深入推进农业供给侧结构性改革 加快培育农业农村发展新动能的实施意见

（2016—2018 年）

各乡（镇）党委和人民政府，县直各单位：

深入推进农业供给侧结构性改革，加快培育农业农村发展新动能，开创农业现代化建设新局面是党中央在我国农业农村发展进入新的历史阶段作出的重大决策，为我县做好新时期农业农村工作指明了方向。2017 年我县农业农村工作，要全面贯彻落实党的十八大和十八届三中、四中、五中、六中全会精神，以邓小平理论、“三个代表”重要思想、科学发展观为指导，深入贯彻习近平总书记系列重要讲话精神，按照中央、全省、全市农村工作会议以及省、市、县党代会和经济工作会议作出的各项部署，以“五大发展”理念为引领，以推进农业供给侧结构性改革为主线，以农业增效、农民增收、农村增绿为目标，以加强科技创新、深化农村改革为动力，大力发展品牌农业、生态农业、智慧农业，加快推进农村一二三产业融合发展，扎实抓好精准扶贫、美丽乡村和生态文明建设等工作，为建设更富活力更具实力更有竞争力的新大田作出新的贡献。主要预期目标是：农林牧渔业总产值增长 4.5%，农村居民人均可支配收入增长 10.0%。

一、发展现代特色农业，促进农业提质增效

1. 增强粮食安全保障能力。强化粮食安全行政首长责任制考核，全面落实藏粮于地、藏粮于技战略，提高粮食综合生产能力，全县粮食播种面积稳定在 39.6 万亩、总产量稳定在 12.1 万吨以上。发展红米、黑米等特色稻米，加强种粮“五新”技术应用推广，优化粮食品种品质结构，建立富硒优质水稻生产基地 10 万亩。落实稻谷最低收购价和储备订单粮食收购直接补贴政策。培育新型粮食市场主体，鼓励引导企业培育香浮、东坂富硒大米等名特优粮油品牌，积极扶持培育粮食应急加工企业，推进粮食产业发展，提高粮食应急保障能力。

责任单位：县农业局、粮食局、发改局、财政局

2. 培育壮大十条产业链。进一步优化现代农业区域布局，着力做大茶叶、油茶、稻米 3 个主导产业，做特薯类、高山蔬菜、食用菌、草食动物、新特水果、木竹加工、林下经济等 7 个特色产业。茶叶产业要发展高品质生态茶，引进新机械，开发新产品，促进茶叶产品多样化、清洁化生产；要发展观光茶园，加快茶庄园、茶农（家）乐建设，推动茶叶与旅游相结合；要推进茶叶深加工，发展茶饮料、茶食品等，延伸茶叶产业链，建立茶叶生态基地 10 万亩。油茶产业要加快品种改良、加强品牌创建，提炼加工生产浸出茶籽油、茶皂素等产品，推进医药、化妆品系列开发，建立油茶生产基地 15 万亩。稻米产业要大力实施标准化生态栽培、绿色防控、有机肥料推广等综合技术的应用，开发米粉、米糊、米酒、酒糟等稻米加工系列产品，逐步打造“圣米之乡”品牌。薯类产业要加大木薯新品种引进力度，扩大食用型、水果型等特色木薯种植面积；要加大马铃薯、甘薯脱毒技术的示范推广，开发薯酥、薯粥、薯片等休闲食品及薯类淀粉、变性淀粉。高山蔬菜产业要积极探索布局合理、品种优良、效益良好的优质蔬菜、反季节蔬菜生产基地，开发饮料、蔬菜制品、脱水蔬菜等产品。食用菌产业要建立特色生态食用菌基地，加大人工增殖技术示范推广；要利用木薯秆渣、油茶壳、玉米秆、烟秆等作物下脚料作为基质，代用料栽培食用菌；要推进健康膳食发展，开发保健食品。草食动物产业要发挥大田肉兔传统优势，大力发展肉兔、肉羊、肉牛生产；要研发肉兔保鲜技术，开发烤兔、肉脯等产品。水果产业要加快新特

水果种植，推广春香橘柚等柑橘新品种，在高速公路沿线乡镇建立百香果等设施水果、休闲观光果园。木竹产品加工要加快丰产林竹基地建设、低产低效林改造，大力开发仿古木、碳化木、竹炭木等竹木制品加工产业。林下经济产业要加快植物资源研究开发，筛选出适宜种植的药用作物，探索建立林上、林中、林下、林缘立体开发新模式，培育林菌、林果、林药等产业，发展道地中药材，形成生物医药产业链。通过十条产业链的培育，实现现代农业总产值达百亿元。

责任单位：县农业局、林业局、畜牧兽医水产中心、茶业局

3. 提升农产品质量安全水平。积极创建省级农产品质量安全县，全面提升农产品质量安全监管水平。推进农业生产标准化，突出优质、安全、绿色导向，健全农产品质量和食品安全标准体系。加快农资、农产品质量安全追溯两大监管信息平台建设和应用，推动符合平台监管的农药兽药渔药肥料生产经营企业，具有一定规模、品牌和包装销售的茶叶企业以及“三品一标”农产品生产主体全部纳入平台管理，大力推进农产品生产经营主体落实备案管理、生产记录和诚信档案制度，提高监管效率，实现放心消费。加强动物疫病防控，规范畜禽屠宰管理，推进病死畜禽无害化处理与养殖业保险联动机制建设。推进农产品质量监管从产地到餐桌全程无缝对接，力争全县主要农产品质量安全总体监测合格率在97%以上。

责任单位：县农业局、林业局、质监局、食品药品监管局、畜牧兽医水产中心、茶业局

4. 大力发展品牌农业。围绕“高山硒谷、乡土大田”，充分利用高山气候和富硒土壤资源，做足“乡味”文章，制定我县富硒大宗农产品地方标准，挖掘和培育一批农产品品牌，提升品牌效益。推进农产品商标注册，强化品牌保护，支持新型农业经营主体申请“三品一标”认证，建设一批地理标志农产品和原产地保护基地，2017年新增“三品一标”认证产品3—5个、福建名牌农产品1个以上，培育、组织一批特色农产品申报国家地理标志产品保护。加大名优农产品的宣传推介和市场营销力度，建设大田县农产品展示展销中心，积极参与“闽茶海丝行”“闽货海丝行”“闽货中华行”“闽货网上行”活动，扩大我县农业品牌的影响力。

责任单位：县农业局、林业局、工商局、质监局、商务局、畜牧兽医水产中心、茶业局

5. 积极发展适度规模经营。大力培育新型农业经营主体和服务主体，拓展土地流转业务，通过土地股份合作、代耕代种、土地托管、合作社+农户、合作社+公司+农户等模式，推动农业从农户分散经营向集约化、专业化、组织化相结合的新型经营体系转变，有效提高农业规模经营效益。大力扶持种养大户、家庭农场、专业合作社和龙头企业，新增县级以上农民专业合作社10家以上、家庭农场10家以上。扶持培育农机作业、农田灌排、统防统治、烘干仓储等经营性服务组织。支持供销、邮政、快递、农机等系统发挥为农服务综合平台作用，推进供销惠农服务中心建设。

责任单位：县农业局、林业局、供销社、农机中心、邮政管　理局

二、推动农业绿色发展，增强农业可持续发展能力

6. 大力发展生态农业。积极发展资源节约型、环境友好型、生态保育型农业，普及节本增效、农作物病虫害绿色防控、智能化生产控制等技术及配套设备，推进农业绿色发展、清洁生产。加快建设桃源现代农业科技富硒产业园、农产品精深加工园、精准扶贫产业园等一批高效生态农业项目。继续以地力提升“1112”工程为抓手，全年种植紫云英等绿肥2.5万亩、商品有机肥示范推广1.2万亩、秸秆还田15万亩、实施测土配方施肥45万亩（次）。利用富硒土壤资源，抓好富硒水稻、蔬菜、茶叶、油茶健康特色农产品种植和生产。

责任单位：县农业局、林业局、财政局、茶业局

7. 加大农业环境整治力度。深化农业面源污染防治专项行动，加快可养区生猪规模养殖场标准化改造步伐，做好禁养区生猪养殖场拆除关闭工作，加大湖美库区投饵网箱治理力度。开展化肥使用零增长专项行动和农药使用零增长专项行动。深入开展主要农产品产地环境监测、主要耕地土壤监测和重点渔业水域生态环境监测预警等工作。加强病死畜禽无害化处理，健全跨部门联合执法的协调联动机制，支持畜禽规模养殖场、屠宰场、集中无害化处理场等安装视频监控设备。

责任单位：县农业局、畜牧兽医水产中心、林业局、财政局，环保局、供销社、公安局。

8. 推进重点生态工程建设。完善生态文明建设“145”工作模式，积极创建国家生态文明建设示范区。提升“河长制”，推进小流域及农村水环境精细化整治，加快坑口水库水源地保护、万里安全生态水系、湖美库区水污染治理等项目建设，持续优化流域环境，不断提升河流管护水平，基本实现“河畅、水清、岸绿、景美”的目标。加快银川矿区地质环境治理三期、鸭蛋山垃圾填埋场治理等项目建设，深化水土流失综合治理，持续优化土壤质量。按照省重点生态功能区的定位，完善生态红线管控体系，探索建立环境准入负面清单，实行最严格的水资源保护、土地用途管制和产业退出制度。实施森林质量精准提升工程，巩固省级森林城市创建成果，实施造林绿化“六大工程”，全年完成造林绿化和森林经营6万亩以上。推进森林防护体系建设，以最严的要求、最严的措施推进松材线虫病等重大林业有害生物防控，努力实现不扩散。加大水生生物增殖流放力度，筑牢内陆河流生态环境保护屏障。

责任单位：县水利局、环保局、林业局、发改局、畜牧兽医水产中心

三、培育新产业新业态，加快农村一二三产业融合发展

9. 大力发展智慧农业。加快打造“互联网+”农产品销售平台，建设大田县精准扶贫产业馆，融农特产品展示展销、农业电子商务、扶贫信息平台为一体，用现代科技手段融入VR展示、农耕文化、农产品体验、展示展销、扶贫信息平台、光伏产业精准扶贫智能监控云平台等功能，全县18个乡（镇）和东风农场统一建设精准扶贫展示中心，集中展示、推介、营销我县特色农产品。支持整合我县现有农产品电商，对接国内知名电商，加强农产品电商基础设施建设，拓展农产品网上营销途径。开展航空护林，探索应用无人机等现代化设备和技术，提高森林资源管护水平和灾害应急处置能力。推

进信息进村入户，健全“12316”服务平台。支持发展智慧气象，提高气象灾害监测预报预警水平。

责任单位：县农业局、林业局、气象局、商务局、县邮政公司

10. 加快延伸农产品产业链。围绕我县十大产业，坚持“一产接二连三”，用好农产品深加工固定资产投资补助、农业龙头企业贷款贴息和农产品产地初加工项目补贴等优惠政策，着力培育三九军大、江山美人、仙顶茶叶、广联木业等一批成长性好、竞争优势明显、示范带动能力突出的农业产业化龙头企业、合作社和家庭农场，增强对现代农业发展的带动力。推进裕田智能温控大棚、霓上精制茶加工、大坵田生态休闲农场等项目建设，培育壮大三九军大生物科技、仙顶实业等产业化龙头企业，实现“种、养、加、销、游”全产业链拓展，让农民共享融合发展的增值收益。开展主食加工提升行动，培育壮大粮食制品加工、仓储产业链。

责任单位：县农业局、林业局、粮食局、茶业局、畜牧兽医水产中心

11. 加强农产品流通体系建设。广泛开展农产品图文故事文案创作、农产品品牌征集公用品牌名称及 LOGO 标识，支持县域电商（供应链）企业挖掘、培育和开发适合网络销售的商品，开展农产品标准化、分级包装、初加工、配送等设施建设，加快建成电商交易产品质量追溯体系。实施“互联网 + 流通”行动，加快物流标准化建设，引导传统运输、仓储企业向第三方物流转型，重点推进牲畜定点屠宰及冷链一体化、岩兴气体物流、上京工业集聚区物流等项目建设。完善电子商务产业配套，推动电商企业聚集发展，培育电商示范企业 10 家以上；完善电商物流配送体系，促进网货下乡、农产品进城，新增农村电商网点 50 个以上、农村电商示范村 10 个以上，争创国家电子商务示范县、省级信息进村入户试点县。

责任单位：县商务局、农业局、质监局、供销社、邮政管理局

12. 加快发展乡村旅游和休闲农业。充分发挥乡村各类物质与非物质资源富集的独特优势，利用“旅游 +”“生态 +”等模式，推动旅游与农业、文化、健康、体育、扶贫等领域跨界融合，满足多层次旅游需求，重点抓好龙创生态谷、五龙山生态休闲旅游等项目，推进 12 个国家乡村旅游扶贫重点村建设，培育民宿旅游示范乡镇 3 个以上、乡村旅游特色村 10 个以上。实施“一乡一景、一村一品、一家一特”工程，串点成线、连线成面，连片打造“屏吴济”高山生态茶旅游区、桃源生态休闲旅游区；持续推进景区创 A 行动，提升“大仙峰·茶美人”景区 AAAA 景区创建水平、力争“灵动济阳”乡村旅游创评 AAA 景区。

责任单位：县旅游局、农业局、国土局、住建局、茶业局

四、强化农业科技创新，提升现代农业发展水平

13. 加强农业新技术应用推广。组织实施种质资源保护、设施农业与智能化控制等一批科技创新工程，推动关键领域技术突破。支持农技推广人员与家庭农场、农民合作社、龙头企业开展技术合作。加快大田创新创业产业园建设，培育引进众创空间、科技孵化器等平台，以竞源生物、茶盟网等企业为重点打造一批“星创天地”，建成市级“双创”示范基地。推广适合我县山区丘陵特点和特色农业使用的农机、林机设备，力争 2017 年主要农作物耕种收综合机械化水平提升到 50% 以上，其中水稻 60% 以上。

责任单位：县科技局、农业局、林业局、商务局

14. 推动“三区三园”升级。加快资金、技术、人才等各类现代生产要素向建立茶区、油茶区、稻谷区和现代农业科技富硒产业园、农产品精深加工园、精准扶贫产业园“二区三园”集聚，统筹使用相关涉农资金，集中建设“三区三园”基础设施，强化科技创新、服务创新、机制创新，切实提升园区建设水平，进一步把园区打造成政府引领、市场运作，绿色、品牌、智慧农业协调推进，一二三产业融合发展的产业集聚区。

责任单位：县农业局、财政局、科技局

15. 加强农村人才队伍建设。整合社会培训资源，建立政府主导、部门协作、统筹安排、产业带动的培训机制，继续实施新型职业农民素质提升工程，2017 年完成新型职业农民培训 1080 人。建立健全职业农民扶持制度，落实相关扶持政策向符合条件的职业农民倾斜。优化农业从业者结构，加大对新型农业经营主体带头人的培训轮训力度，培养适应现代农业发展需要的新农民。开展农村实用技术远程培训，全年培训 0.6 万人次以上。以农业实用技术和职业技能为重点，开展贫困村贫困农户“雨露计划”培训 740 人次。

责任单位：县科技局、人社局、农业局、林业局

五、补齐农业农村短板，加快城乡一体化发展

16. 加强农田水利基本建设。大力实施国家农业综合开发项目，在太华、广平、桃源、屏山等乡（镇）建设高标准农田 0.95 万亩，小流域治理 1.1 万亩。大力实施土地整治，拓宽补充耕地途径，增加耕地数量，提升耕地质量。实施水利提升工程，加强冬春水利建设及水利工程、水毁修复工程建设，动工建设雪山水库、中小河流治理、安全生态水系建设等项目。

责任单位：县农业局、水利局、国土局

17. 改善农村生产生活条件。推动农村公路建管养运协调发展，动工建设兴泉铁路、莆炎高速、国道“纵五”二期、上京集镇过境公路，健全农村公路管护机制，改造、新建县道 30 公里、农村公路 40 公里以上。实施农村饮水安全巩固提升工程，受益人口 1.05 万人。加大农村垃圾和污水处理力度，逐年提高覆盖率。实施农村电网改造升级工程，建成 35 千伏建设输变电工程，动工建设 35 千伏屏山输变电工程等项目。扩大农村优质教育资源供给，加快城乡薄弱校改造、中小学扩容和幼儿园建设，推动农村中小学美育基地、示范校、传承校、特色校创建。落实政府办医主体责任，加强县级医院重点专科建设，加快县医养服务中心、太华卫生院迁建、石牌卫生院改造等项目建设，提高人民健康保障水平。坚持计划生育等基本国策，改善卫生、计生服务管理，促进人口均衡发展。加强农村地区广电双向网络改造及其基础配套建设，推进农村广播电视从村村通向户户通升级。健全城乡居民基本养老保险制度，居民最低生活保障标准提高到家庭年人均收入 3000 元以上。加强农村养老服务设施建设，建设 10 个农村幸福院，加强乡镇敬老院运营管理，提高服务水平和

使用效率。

责任单位：县教育局、卫计局、水利局、交通运输局、文广局、民政局、妇联，供电公司

18. 推进小康示范村建设。拓展“点线面”攻坚，加快桃源、建设两个中心镇建设，推进公共资源向城乡覆盖延伸。按照“一好五美”的要求，每个乡镇抓好1个示范村、1个整治村，保护历史文化名村和传统村落，守住乡土气息，留住乡愁记忆，打造绵延城乡、各具特色的美丽乡村景观带；推进新一轮“千村整治、百村示范”美丽乡村建设工程，整治改善15个村庄人居环境。加大传统村落、历史文化名镇名村保护力度，传承农耕文化、乡土文化，保持传统村落的完整性、真实性、延续性。以百公里的省道沿线乡村为示范，强化基础设施建设，创新“三农”管理水平，建立“一强二富三美”模式，培育小康样板村、产业特色村、传统村落村、旅游特色村、重要节点村等不同类型的百个小康示范村。

责任单位：县住建局、发改局、农业局、环保局、文广局

六、加大脱贫攻坚力度，全力推进精准扶贫精准脱贫

19. 完善精准扶贫精准脱贫工作机制。完善脱贫攻坚责任落实机制，推进村容村貌整治、基础设施帮扶、产业帮扶、易地搬迁帮扶、教育帮扶、医疗帮扶、金融帮扶、党建帮扶“八项行动”政策措施落实，健全完善任务清单、问题清单、整改清单“三单”制度等脱贫攻坚考核监督和督查巡查等机制，开展脱贫攻坚“四季攻势”行动，实行对标攻坚、挂图作战，采取项目化、清单化推进，提高脱贫质量和实效，确保2017年完成4150人脱贫任务。建立稳定脱贫的长效机制，落实市级扶贫开发工作重点乡和贫困村、贫困户的退出计划，鼓励条件符合的市级扶贫工作重点乡和贫困村、贫困人口在2019年前分年度有序退出，退出后在脱贫攻坚期内（至2020年），原有各项扶贫政策保持不变，支持力度不减，对率先退出的重点乡、贫困村给予适当奖励。

责任单位：县农业局、组织部、发改局、住建局、教育局、卫计局、财政局、民政局、县人行

20. 全力实施造福工程扶贫搬迁。继续对居住在条件恶劣偏远自然村、地质灾害隐患点、生态与自然保护区的农户以及居住在危旧房中的建档立卡贫困户与低保户实施造福工程易地扶贫搬迁，全年实现造福工程搬迁700人，建设3—4个以上一定规模的集中安置区。充分发挥扶贫搬迁投融资主体作用，积极利用国家地方债和专项建设基金、金融机构长期低息贷款、财政贴息贷款等支持政策，加大对自愿搬迁的建档立卡贫困户的扶持力度，努力做到搬得出、稳得住、能致富。整合各类可用于异地扶贫搬迁建设的财政资金，支持安置区基础设施和公共服务建设。

责任单位：县农业局、财政局、发改局、国土局、住建局，县人行

21. 努力实现贫困户贫困村“双增收”。统筹安排使用扶贫资源，推进“一家四业”产业扶贫，注重调动贫困户脱贫致富的积极性主动性，增加贫困户经营性、工资性、财产性、转移性收入。继续开展贫困空壳村村财增收行动，在完善“五促三保”措施的同时，充分利用中央财政扶贫专项资金和扶贫小额贷款资金，推广“贫困村＋贫困户”模式，发展光伏扶贫、现代农业、乡村旅游业、电商增收项目。从扶贫专项资金中安排一定比例补助资金折股量化给村集体经济组织，由县组建扶贫投资实体承接，负责投入到优质的项目，通过折股量化、固定分红，让村集体经济组织获得稳定的分红收入，用于帮助贫困户稳定脱贫。积极争取省级以上财政扶持贫困村专项资金，通过投资优质项目等方式发展集体经济，增加村集体经济收入。

责任单位：县农业局、财政局、发改局、人社局

22. 创新完善扶贫改革新机制。全面深化“156”精准扶贫，健全完善结对帮扶机制，继续开展“千名干部结穷亲”活动，采取“点对点”“一对一”“多对一”等形式与贫困户开展结对帮扶，完善“一户一档案、一户一帮扶、一户一项目”制度，实现贫困户结对挂钩帮扶全覆盖。完善乡村扶贫信贷担保机制，加大贫困户无抵押贷款担保服务，解决贫困户贷款问题。探索资源资产收益扶贫机制，创新土地入股、乡村旅游资源折股、水电矿产资源折股等方式，建立集体股权参与项目分红的资源资产收益扶贫长效机制，切实增加贫困户收入。探索贫困户将信贷资金直接投入农业经营主体用于发展设施农业、乡村旅游等产业的新机制，通过入股分红或获取固定收益促进脱贫。探索完善保险扶贫机制，提高建档立卡贫困人口的基本保障和健全风险保障体系，通过扶贫小额保险提高贫困家庭抗风险能力，抵御意外伤害、重大疾病风险，解决贫困家庭因遭受意外伤害致残、致伤等后顾之忧，防止“因病致贫”，“因病返贫”。

责任单位：县农业局、财政局、国土局、林业局、旅游局、医保中心，县人行、人寿保险公司

七、全面深化农村改革，增强农业农村发展活力

23. 创新财政支农强农机制。坚持把农业农村作为财政支出的优先保障领域，确保农业农村投入适度增加。发挥规划统筹引领作用，整合涉农资金，推进专项转移支付预算编制环节源头整合改革。深入实施现代农业信贷风险补偿政策，撬动金融和社会资本更多投向农业农村。各级财政支持的各类小型项目，优先安排农村集体经济组织、农民合作组织等作为建设管护主体。认真落实农机购置补贴政策。

责任单位：县财政局、农业局、水利局

24. 加快农村金融制度改革。强化激励约束机制，确保“三农”贷款投放持续增长。鼓励金融机构积极利用互联网技术，为农业经营主体提供小额存贷款、支付结算和保险等金融服务。推进信用户、信用村、信用乡镇建设，对农户、家庭农场、农民合作社、农村小微企业等新型农业经济主体建立经济信息档案，开展信用评级，构建完善的农村信用体系。深入推进承包土地的经营权和农民住房财产权抵押贷款试点，在健全产权评估体系、创新抵押担保融资模式、规范产权抵押处置办法、完善风险分担和补偿机制等方面取得新突破。持续推进农业保险扩面、增品、提标，扩大银行与保险公司合作，发展保证保险贷款产品。

责任单位：县金融办，县人行、银监局，县财政局、农业局、林业局、国土局

25. 推进农村土地经营权制度改革。有序实施农村土地集

体所有权、农户承包权、土地经营权“三权分置”。全面推进农村土地承包经营权确权登记颁证，确认“三权”权利主体，明确权利归属，确保2017年底全县基本完成确权工作。大力推进土地流转，发展多种形式适度规模经营，提高土地产出率和资源利用率。设立市场化的土地信托公司或农林产权交易中心，对通过土地流转的项目给予贷款贴息、用地支持、税收优惠。适当扩大担保抵押物范围。

责任单位：县农业局、林业局、国土局

26. 深化集体林权制度改革。推进林业金融创新，扩大林权按揭贷款规模，健全风险防控体系，简化贷款流程；稳步推广普惠制林业金融，力争完成林权抵押贷款1亿元。推进整乡（镇）深化林改，规范发展林业合作社等新型林业经营主体，提升经营主体经营管理水平；扩大整乡深化林改工作的覆盖面，力争全县新型林业经营主体覆盖面达55%以上。推进林权规范流转，稳妥开展林地所有权、承包权、经营权“三权分置”改革，赋予林地实际经营人在林木采伐审批、征地青苗补偿、经营权抵押登记等方面的权能；加快林权交易中心运营，按照市场化运作模式，稳步开展林权标准化交易，力争完成林权流转面积2万亩。

责任单位：县林业局、县人行、国土局、银监局

27. 健全新农民就业创业新机制。利用现有的创业导师资源，搭建创业者与创业导师平台，强化对农民创业创新工作的指导和服务，积极培育一批农村致富带头人。支持进城农民工返乡创业，带动现代农业和农村新产业新业态发展。鼓励高校毕业生、企业主、农业科技人员、留学归国人员等各类人才回乡下下乡创业创新，将现代科技、生产方式和经营模式引入农村。鼓励建立返乡创业园、创业孵化基地、创客服务平台，整合落实支持农村创业创新的市场准入、财政税收、金融服务、用地用电、创业培训、就业创业、社会保障等方面的优惠政策，开设开放式服务窗口，提供一站式服务。

责任单位：县农业局、林业局、财政局、民政局、人社局、供销社、团县委、县妇联

八、全面加强和改进党对“三农”工作的领导

28. 坚持把“三农”工作摆在重中之重。各级党委和政府要按照中央的要求，把“三农”工作放在重中之重的位置，主要领导亲自抓，分管领导全力以赴，把工作重点和主要精力放在“三农”工作上，把责任要求落实到工作部署、干部配备、财力投放等各个方面。各级各部门特别是涉农部门要根据各自职责，主动站位、紧密配合、形成合力，确保农业农村的各项任务要求落到实处。坚持重农强农调子不能变、力度不能减，切实把认识和行动统一到中央和省、市、县的决策部署上来，把农业农村工作的重心转移到推进农业供给侧结构性改革上来，扎扎实实抓好各项决策部署和改革措施落实，确保粮食生产能力不降低、农民增收势头不逆转、农村稳定不出问题。

责任单位：县直部门，各乡（镇）党委、政府

29. 筑牢基层组织基础。深入贯彻党的十八届六中全会和省第十次党代会、市第九次党代会、县第十一次党代会精神，将全面从严治党的要求落实到农村基层，推进“两学一做”学习教育常态化制度化，切实改进基层工作作风。认真落实农村基层党建工作责任制，严格规范农村基层党组织、“三会一课”、民主评议党员等党内基本制度。扎实推进抓党建促脱贫攻坚工作，充分发挥村党组织第一书记重要作用，实现所有行政村全覆盖。县乡纪委要把查处侵害群众利益的不正之风和腐败问题作为主要工作任务。加强农民负担监管。完善村党组织领导和村民自治有效实现形式，加强村务监督委员会建设，健全务实管用的村务监督机制。

责任单位：县委组织部，县纪委、县民政局、审计局、农业局

30. 促进农村全面发展。深化群众性精神文明创建活动，提高社会文明程度。深化“平安大田”建设，加快推进社会治安立体防控体系建设，加强电信诈骗、危险物品等六个专项整治，严厉打击各种违法犯罪活动。开展“七五”普法，做好人民调解、法律援助和社区矫正等工作。深化重点领域安全生产专项治理，强化食品药品安全监管，坚决防范重特大安全事故发生引导农民发扬艰苦奋斗、自强不息的优良传统，推动形成团结互助、扶贫济困、平等友爱、融洽和谐的农村社会新风尚。

责任单位：县委宣传部、政法委、文明办，县公安局、司法局、安监局

中共大田县委府　　大田县人民政府

2017年6月30日

中共大田县委　大田县人民政府

印发《关于补短板提质量加快教育事业发展的实施意见》的通知

各乡镇党委和人民政府，县直各单位：

《关于补短板提质量加快教育事业发展的实施意见》已经县委、县政府同意，现印发给你们，请结合实际认真贯彻执行。

中共大田县委
大田县人民政府
2017年9月7日

关于补短板提质量加快教育事业发展的实施意见

为深入贯彻落实县委十三届四次全会审议通过的《中共大田县委关于加快社会事业发展补齐民生短板确保如期全面建成小康社会的决定》，进一步补齐教育短板，提升教育质量，加快我县教育事业发展，不断提升人民群众的教育获得感，确保我县如期全面建成小康社会，现提出如下实施意见。

一、总体要求

（一）指导思想

高举中国特色社会主义伟大旗帜，全面贯彻党的十八大和十八届三中、四中、五中、六中全会精神，深入学习贯彻习近平总书记系列重要讲话精神和治国理政新理念新思想新战略，紧紧围绕统筹推进“五位一体”总体布局和协调推进“四个全面”战略布局，牢固树立和贯彻落实五大发展理念，聚焦教育事业发展薄弱环节、热点难点问题和体制机制障碍，加快补齐教育事业发展短板，促进教育公平，提升教育质量，提高基本公共教育服务供给能力和共享水平，为建设“科技、绿色、快乐、活力、和谐”大田提供更加有力的人才支撑和智力支持。

（二）发展目标

到2020年，教育各项主要发展指标达到全市中上水平，力争部分指标保持全市前列，学前三年入园率超过98%，义务教育巩固率稳定在98%以上，高中阶段毛入学率超过97%；基础教育质量稳步提升，现代职业教育加快发展，教育作为全县创新驱动主力军的作用更加凸显；优质教育资源总量不断扩大，教师队伍素质全面增强，教育公共服务供给能力基本满足人民群众多样化 需求。

（三）基本原则

1. 坚持问题导向。聚焦教育事业发展薄弱环节，特别是普惠性学前教育资源供给能力不足，入公办幼儿园难、入民办幼儿园贵；义务教育城区“挤”与农村“弱”并存；新高考综合改革后普通高中资源不足；职业教育校企合作主体的积极性不够高；教师队伍“量不足、管不畅”等热点难点问题，找准着力点和突破口，加快推动解决。

2. 坚持需求导向。正确认识我县正处于全面建成小康社会决胜阶段的发展实际，积极适应人民群众对教育的要求和期待越来越高的新形势，紧紧围绕县委、县政府中心工作，把补齐教育事业发展短板放在全县工作大局中谋划，确保教育发展与经济社会发展相适应，促进教育事业更好地惠及民生、驱动发展。

3. 坚持创新导向。以深化教育的结构性改革为主线，瞄准教育事业发展短板中的体制机制问题，深化教育领域改革，释放更多政策“红利”，增强发展教育的动力，激发全县中小学校及广大教育工作者办好教育的活力，凝聚社会各界积极参与教育的 合力。

4. 坚持均衡导向。加强城乡统筹，大力促进学校与学校之间的合作互动，既调动城区学校的积极性，更要调动乡（镇）所在地、农村学校的积极性，积极打破学校与学校、城市与农村的“隔离与壁垒”，用活优势教育资源，缩小城乡教育差距。

二、主要任务

（一）扩大普惠性学前教育资源

1. 多渠道扩充普惠性学前教育资源。实施学前教育“普惠”工程，深入推进第三期学前教育三年行动计划，将幼儿园建设纳入城乡公共服务设施配套建设规划，不断优化学前教育规划布局。落实新建住宅小区与配套幼儿园同步规划、同步建设、同步交付使用的政策。坚持公办民办并举，通过“工程包”形式，吸引社会资本投资建设普惠性幼儿园。建立政府牵头，教育、住建、消防等部门定期会商制度，积极盘活机关、企事业单位停办、闲置的办公用房，在确保安全的前提下，允许企事业单位和社会资本充分利用闲置房产，通过法定程序改变使用功能，改建普惠性幼儿园。推广“名园集团化”办园模式，支持现有省、市级示范园扶持新办园、改造薄弱园，通过统一品牌、统一管理、统一宣传招生等建立合作共享平台，促进集团化发展。到2020年，全县新建、改扩建公办幼儿园20所（其中城区9所），基本满足人口聚集城区和城乡接合部适龄儿童的入园需求。（责任单位：各乡镇人民政府，县教育局、财政局、发改局、国土资源局、住建局、消防大队）

2. 健全学前教育普惠发展保障机制。进一步落实《三明市普惠性幼儿园认定管理及政府购买服务实施办法》，建立健全学前教育普惠发展保障机制，购买服务资金纳入政府财政年度预算，采取“以奖代补”方式，鼓励民办园改善办园条件，缩小普惠性民办幼儿园与同质公办幼儿园的办园条件、办园质量和收费差距。在群众家庭负担合理范围内，根据地方办园成本和经济发展水平差异及政府补助情况，逐步调整公办幼儿园收费水平，普惠性民办幼儿园保教费收费标准控制在当地同质公办幼儿园的1.8倍左右，最高不得超过2倍。到2020年，普惠性幼儿园覆盖率达到85%。（责任单位：各乡镇人民政府，县教育局、物价局、财政局、人社局、卫计局）

（二）推动义务教育均衡公平

3. 统筹解决城区义务教育学校拥挤现象。优先保障中小学建设用地，建立教育部门参与的教育用地联审联批制度，落实国务院关于城镇新建住宅区配套中小学校与住宅建设首期项目同步规划、同步建设、同步交付使用的政策。积极实施城镇中小学扩容工程和义务教育提升工程，重点加强城区中小学校建设，提高学位供给能力，基本消除56人以上大班额现象。完善流动人口随迁子女入学制度，提高教育公共资源均等化服务效率，进一步缓解城区义务教育入学压力。到2020年，新建、改扩建中小学校项目26个，70%以上的义务教育学校基本达到管理标准化要求。（责任单位：各乡镇人民政府，县财政局、教育局、发改局、国土资源局、住建局）

4. 全面提升义务教育教学质量。实施小学“强基”工程、初中“壮腰”工程，落实《大田县人民政府关于印发进一步落实教育教学质量提升工程的实施意见的通知》规定，通过完善管理机制，健全考评体系，提升师资水平，加强师德师风建设，力争实现“一年有改观、两年见成效、三年进入全市前列”的目标任务。要加大义务教育投入力度，着力补足小学、初中办学缺口，缩小城乡、校际办学差异。探索“名校＋新校”“名校＋弱校”“名校＋农村校”等办学模式，完善义务教育“小片区管理”和薄弱校“委托管理”机制。到2020年，全县义务教育教学质量跻身全市上游水平。（责任单位：各乡镇人民政府，县教育局、财政局、教师进修学校）

（三）做优做实普通高中资源

5. 优化高中办学资源配置。把普通高中建设纳入城乡建设发展总体规划，加大普通高中建设投入，积极争取中央、省级资金支持，实施高中阶段教育普及攻坚计划，重点抓好大田一中分校、职专实训大楼、鸿图中学教学综合楼等项目建设，改善高中办学条件，适度扩大普通高中办学规模。引导和支持鸿图中学创建省三级达标高中，力争到2020年我县公办普通高中100%达到省三级达标高中标准。（责任单位：县教育局、财政局、发改局、人社局）

6. 加强高中教育资源配备。根据国家高考综合改革部署，加强普通高中教师配备，满足高中选课走班教学需求。对教学改革取得成效的示范高中、达标高中和课改基地校，可参照省属各达标普通高中的高、中、初级专业技术岗位结构比例控制标准，调整同类型学校专业技术岗位结构比例，激励普通高中优质特色发展。（责任单位：县教育局、财政局、公务员局，县委编办）

7. 全面提升普高教学质量。实施高中“筑梦”工程，创新普高联盟办学，拔尖拔优高中教育质量。继续实施优秀生培养计划、学科联合教研攻关等有力措施，促进学校优势互补、资源共享、融合发展。继续实行培优补差制度，因材施教，分层授课，全力提高优秀生的自主学习能力，巩固提升中等生的学习成绩，积极帮助学困生不断取得进步，让不同层次、不同潜质的学生都得到发展。建立初中毕业升入普高学生跟踪管理机制，健全学校教学质量和学校发展综合评价制度，面向全体学生，各个学段抓基础，齐心协力抓质量。（责任单位：县教育局）

8. 开展初高中一体化办学试验。建立初高中一体化管理机制，大田一中以“委托管理”的形式，选定2–3所初中学校，对其优秀学生进行初高中一体化管理，做到师资互补、资源共享、质量共提。双方互派教师参加校本教研、开设讲座、公开课等一体化教育教学活动。利用国家、省、市教育课题申报，共同组织课题研究小组，开展学段衔接、学科衔接和拔尖学生培养等方面一体化教科研。统一研制相互衔接的初中、高中各学科教学质量标准，统一对学生学业水平考试和素质发展水平进行监测。实行一体化拔尖学生培养，应对新高考带来的挑战，由高中校牵头在初中开展兴趣小组、学科竞赛活动、学科奥赛辅导、生涯规划、集中培优，实行初高中双导师制度，对表现优异学生由大田一中提前制定培养计划，到2020年，力争高考成绩进入全市中上行列。（责任单位：县教育局）

（四）推动职业教育产教深度融合

9. 构建并完善校企合作协同育人机制。实施职业教育“精品”工程，健全校企合作办学制度，增强企业办学主体意识；支持有实践经验的企业家、专业技术人员和高技能人才到职业学校任教，支持职业学校利用非货币资产与企业合作共建兼具生产、教学和研发功能的实训基地；推广“二元制”育人模式，通过现代学徒制等试点，改革校企共同育人模式，推动校企联合招生、联合培养、定向就业、服务企业的机制形成。建立校企合作激励机制和绩效考核分配机制，对校企合作成效显著的企业，从省、市支持现代职业教育发展专项经费中安排一定经费予以奖补和政策支持；中等职业学校校企合作和社会服务产生的收入，可部分用于学校绩效工资分配，增加绩效工资总量，充分调动教职员工的积极性。（责任单位：县人社局、教育局、发改局、经信局、财政局、国税局、地税局）

10. 提升职业学校服务产业发展能力。加大财政投入，推进产教深度融合，出台优惠政策加大职业中专学校专业教师招聘力度，逐年予以入编。做优做特大田职专“VR＋教育”专业，加快大田县VR人才培养中心项目二期建设，打造教学研有机结合的VR产业发展人才培养基地，形成目标明确、层次分明、特色凸显、服务产业和区域发展的职业教育新格局。加快大田职专“福建省改革发展示范校”“福建省示范性现代职业学校”“全国职业院校数字校园建设实验校”创建步伐，把我县职业教育建设成在省内有引领示范作用的八闽职教名校。健全专业群建设，努力做好现代农业、现代制造业、现代服务业专业群建设。推进专业结构调整和规范化建设，优先对机械制造及汽车应用与维修等开展特色专业建设。做优学前教育专业，支持该专业学生本地就业，解决县域学前教育专业教师紧缺问题。到2020年，把中草药种植、茶叶生

产与加工、机械制造等专业建成省级或国家级重点专业。（责任单位：县教育局、人社局、发改局、经信局、财政局）

11. 深化高层次人才发展体制机制改革。优化人才发展环境，完善高层次人才专项服务模式，充分发挥住房保障、配偶就业、子女入学、津贴补贴、医疗保健等系列优惠政策作用，做好人才跟踪服务，营造高层次人才引进良好氛围。积极引进省内外优质高等教育资源，抢抓大田职专与集美大学建立对口支持协作关系的有利契机，发挥集美大学在重点专业和师范教育方面的优势，开展深度合作办学，对口扶持大田职专特色专业建设，提高职业技术人才培养质量。（责任单位：县委组织部、编办，县教育局、公务员局、住建局、卫计局）

（五）创新中小学教师队伍管理机制

12. 完善师资补充机制。针对中小学教师缺编问题，分轻重缓急实行编外聘用教师，从学前教育、职业教育“双师型”阶段试行，根据需要逐步在其他学段实施，编外聘用教师所需经费纳入县财政预算；依托三明学院建立师范生定向培养机制，每年培养一定数量的学前教育、中小学教育教师。完善教师统一招聘制度，重点补充音乐、美术、信息技术、科学等紧缺学科教师，加大幼儿教师、特教教师招聘力度，新招聘的教师服务期限不低于5年。到2020年，中小学教师不足问题得到有效缓解，入编问题逐年解决。（责任单位：县委编办，县公务员局、教育局、财政局）

13. 统筹城乡师资配置。全面推进教师“县管校聘”改革，落实由县级教育行政部门在核定的教职工编制总额和岗位总量内，统筹分配各校教师编制与岗位数量，并向同级机构编制、公务员和财政部门备案的政策。县域内义务教育城镇学校、优质学校每学年校长教师交流轮岗到乡村学校和薄弱学校的比例不低于交流总数的20%。实施乡村教师支持计划，落实乡村教师生活补助，确保乡村教师“下得去、留得住、教得好”。到2020年，城乡师资配置进一步优化，教师队伍素质全面增强。（责任单位：县公务员局、教育局、财政局，县委编办）

14. 加强教师培训培养。完善名师、名校长和骨干教师、学科带头人选拔和培养机制，加大培训经费投入，在立足县内培训的基础上，通过跟岗学习、省内外研修等多种形式，培养一批在市内、省内乃至全国具有较高知名度、具有较大影响和引领作用的名师、名校长。到2020年，市级以上骨干教师达到教师总数的20%左右。（责任单位：县教育局、财政局）

15. 提升教研教改能力。充分发挥县教师进修学校的教育教学管理、研究、指导、服务和教育信息资源开发利用等职能作用，建立基于教学成果的教研人员准入机制，配足配齐各学科教研队伍。调整教育投入结构，不断加大教研教改经费投入，保障教师培训、教育信息化建设的开展和教师及教研人员能力的提升。（责任单位：县教育局、财政局）

16. 建立表扬激励机制。落实《教师法》规定，建立优秀教师、优秀教育工作者、优秀班主任表扬奖励制度。强化典型引领，树立师德标兵，营造争当“四有”教师的良好风尚。建立基础教育发展正向激励机制，在坚持面向全体学生全面发展的前提下，把提升教育教学质量列入重点工作考评，对培养拔尖学生做出突出贡献的学校和老师，由教育部门科学合理确定基数，每多培养1人，增加1个不占职数的高级职称指标，总数不超过所在学校核定岗位职数的5%。通过扩大绩效工资总量、职称评聘等政策倾斜方式，对教学质量考评优秀的教师、校长和学校给予表扬奖励。利用寒暑假，由学校组织教师到省内外先进地区学习借鉴外地学校先进教育教学工作经验，促进教师与外界的沟通交流。（责任单位：县教育局、公务员局）

三、保障措施

17. 建立挂钩联系制度。制定实施党委、政府领导和党政部门（单位）挂钩联系学校制度，县委、县政府领导每人挂钩联系1所学校，县直各部门（单位）挂钩联系1–2所学校。挂钩联系领导每年组织召开一次现场办公会议，及时协调解决学校办学条件改善、项目建设推进等问题，挂钩部门（单位）与学校建立常态化的联系机制，通过重心下移，靠前督导，为学校提供多方面的支持和帮助，共同营造尊师重教氛围，促进基础教育工作健康快速发展。（责任单位：各乡镇党委和人民政府，县直各部门）

18. 完善教育投入机制。坚持把教育作为财政支出重点领域给予优先保障，财政教育支出占公共财政支出比例不低于省核定标准，各类教育生均公共财政预算公用经费达到省定标准。财政年度增收的一定比例优先用于教育补短板工作。更加注重通过加强政策引导、制度设计带动投入，支持教育事业发展补短板项目。按照《教师法》“教师的平均工资水平应当不低于或者高于国家公务员的平均工资水平，并逐步提高”的规定，在学校现有绩效工资基础上，增加教师绩效工资总量，补齐教师工资收入差距的短板，统筹用于学校班主任津贴、培优补差、教学质量考评等，实行差别化发展，今后根据教师人数、工资水平的变化做相应调整。（责任单位：县财政局、公务员局、教育局，各乡镇党委和人民政府）

19. 强化项目支撑。围绕教育事业补短板目标，组织实施学前教育三年行动计划、城镇中小学扩容工程、义务教育提升工程、现代职业教育体系建设工程等重大项目，加强关键领域和薄弱环节建设，以项目带动突破重点难点工作。根据辖区学龄人口现状及发展变化趋势、自然条件、交通状况、现有学校情况等，分步实施城区教育专项规划，扩大城区办学规模，解决学位缺口。创新项目建设协调机制，加强教育与发改、财政、住建、国土等相关单位及各乡（镇）的协同联动，加大土地、资金等向教育补短板领域的政策倾斜力度，形成推动教育发展的强大合力。（责任单位：各乡镇人民政府，县委组织部，县教育局、发改局、经信局、财政局、国土局、住建局、公务员局）

20. 严格督查考核和考评机制。建立党委、政府抓教育年度检查考核制度，把教育发展列入党委、政府领导任期目标，并作为年度考核和选拔干部的重要依据。加强监督检查，把本意见落实情况纳入各级各有关部门目标责任制考评体系，建立健全定期督查、评估、考核制度，及时发现、解决实施中存在的问题，确保各项工作有效落实。[责任单位：各乡（镇）党委和人民政府，县委组织部、编办，县教育局、发改局、财政局、公务员局]

中共大田县委　大田县人民政府

印发《关于加快养老事业发展的实施意见》的通知

各乡镇党委和人民政府，县直各单位：

经县委、县政府研究同意，现将《关于加快养老事业发展的实施意见》印发给你们，请结合实际认真贯彻执行。

中共大田县委
大田县人民政府
2017年10月13日

关于加快养老事业发展的实施意见

为深入贯彻落实省委十届三次全会构建多层次养老服务体系，加快补齐养老服务短板决策部署，全面落实市委九届四次会议通过的《关于加快社会事业发展补齐民生短板确保如期全面建成小康社会的决定》，积极应对人口老龄化，加快推进养老服务“放管服”改革和质量提升，补齐养老事业发展短板，为老年人基本生活提供服务，满足老年人多层次多样化养老需求，提升老年群体的获得感和幸福指数，确保全体老年人共享全面建成小康社会新成果，制定本实施意见。

一、总体目标

到2020年，基本建成以居家为基础、社区为依托、机构为补充，医养结合、覆盖城乡的养老服务体系，基本形成政府主导、市场运作、放管结合、优化服务的发展机制。全县每千名老年人拥有养老床位数35张以上，护理型床位占养老床位总数的30%以上，建成护理型养老机构1所；符合医保定点条件的医保定点签订率100%、养老机构与医疗机构合作签约率达到100%，所有养老机构能够以不同形式提供医疗卫生服务。专业化、市场化居家养老服务照料中心覆盖全县所有社区和中心城区乡镇，养老服务设施覆盖60%以上的建制村，基本养老服务覆盖全体老年人，形成“低端有保障、中端有市场、高端有选择”的多层次养老服务格局，打造“以孝引航、爱传万家”养老服务品牌，不断提升山区养老服务模式，让老年人能够“快乐地生活、健康地长寿、优雅地老去”。

二、重点任务

按照保基本、托底线、补短板、调结构、惠老年的要求，加快实施居家社区养老服务、机构养老服务、兜底保障、医养结合、精神关爱、智慧养老、养老产业培育、养老服务队伍建设等八大工程，促进居家养老和机构养老协调发展，社会化养老服务体系更加健全的养老工作格局。

（一）居家社区养老服务工程

1. 完善城乡养老服务设施。按照新建住宅区每百户不少于20平方米、已建成住宅区每百户不少于15平方米的标准配套建设养老服务设施。已建成住宅区现有养老服务设施未达到标准要求的，要通过购买、置换、租赁、调剂等方式予以配备。到2020年，城区每万人拥有养老服务设施面积达500平方米以上。重点推进仙亭、赤岩、文昌等居家社区养老服务照料中心建设力度，为老年人提供日间照料、临时托养、康复护理以及近家集中养老服务。加快农村幸福院（康乐家园）标准化、规范化建设，提高农村养老服务设施覆盖率。统筹规划建设适宜老年人居住、出行等相关设施，加快推进坡道、公厕等相关设施的无障碍改造，新建公共设施和养老场所无障碍率达到100%。

2. 培育壮大专业服务组织。通过购买服务、公建民营、民办公助、股权合作、提供场所、补贴租金、以奖代补等多种方式，支持专业化服务组织规模化承接、连锁化运营居家社区养老服务设施，培育和打造有一定规模和实力的专业化服务组织。落实好省政府办公厅《关于加快推进居家社区养老服务十条措施的通知》（闽政办〔2017〕67号）的具体要求，加强对专业化服务组织服务质量的评估和日常监管，建立健全准入和退出机制。

3. 整合完善服务功能。充分发挥社区居家养老服务平台作用，统筹行政资源、社会资源、市场资源等，实现服务效益最大化和服务功能多样化。依托居家社区养老服务照料中心、农村幸福院等居家养老场所，通过整合社区内教育、科技、文化、体育、康复、餐饮等为老服务资源，为老年人提供生活照料、医疗卫生、康复护理、文化娱乐、教育、精神慰藉、体育健身、餐饮等形式多样、内容丰富的服务项目。（责任单位：各乡镇党委和人民政府，县民政局、财政局、住建局、发改局、国土资源局）

（二）机构养老服务工程

1. 建设多层次养老服务机构。加强公办保障性养老机构建设，重点保障特困人员中的老年人、经济困难老年人、计划生育特殊家庭老年人和做出特殊贡献老年人等的养老需求，切实发挥政府托底作用。积极支持社会力量兴办经济型养老机构，增加社会化养老服务供给，保障中、低端养老市场供应。争取引进民间资本新建中高端医养结合养老机构1个，打造综合型养老社区、医养结合型护养中心，发展健康养老、生态养老、旅居养老等高端养老模式，满足有经济能力老年人的个性化需求。

2. 盘活用好乡镇敬老院。实施乡镇敬老院改造升级工程，逐步将乡镇敬老院改造升级为农村区域性养老服务中心。鼓励通过承包、委托、合资合作等公建民营方式，将乡镇敬老院交由社会组织或企业运营。探索由专业化养老服务组织连锁化运营、规模化承接，在满足特困老年人集中供养需求的前提下，接纳周边村镇散居老年人，推进资源整合，提高运营效益，力争2017年内实现床位使用率50%以上。探索“敬老院+光伏”试点工作，推动乡（镇）敬老院可持续运营。

3. 鼓励社会力量兴办养老机构。全面放开养老服务市场，完善和落实对民办养老机构的优惠政策。鼓励通过公建民营、民办公助等方式兴办养老机构。支持社会力量开展养老服务，实施市场化运作。鼓励整合改造企业厂房、商业设施、存量商品房等用于养老服务。到2020年，民办养老床位占全社会养老床位总数比例达到50%以上。

4. 加强服务监管。坚持“放管服”相结合，落实好《关于进一步促进养老机构健康发展十条措施的通知》（闽政办〔2017〕68号）《关于贯彻落实省政府办公厅促进养老服务发展“双十条”措施的通知》（明政办〔2017〕95号）的要求，按照“属地管理、业主负责、分类处置、限期完成”的要求，限时完成各乡（镇）敬老院等已建养老机构安全达标排查鉴定、设立许可和分类处置工作，到2017年底各养老机构要完成整改并全部通过。2018年4月以后，未经许可和登记的养老机构不得接收老人入住。依法依规加强对从事养老服务的机构和社会组织的全过程监管，推动养老服务规范化、标准化。大力推行养老机构服务合同制度，切实保护老年人的合法权益。全面推行养老机构投保责任保险，降低养老机构运营风险。全面启动养老机构、居家养老服务照料中心、农村幸福院等设施的星级评定工作，坚决依法依规严厉查处欺老、虐老行为。（责任单位：各乡镇党委和人民政府，县委文明办，县民政局、公安局、财政局、发改局、卫计局、市场监督管理局、住建局、国土资源局）

（三）兜底保障工程

1. 加大社会救助力度。确保所有生活困难、符合条件的老年人按规定纳入最低生活保障、特困人员救助供养等社会救助制度保障范围，实现应保尽保。到2020年，农村低保省定标准每年提高350元，城市低保按当地最低工资标准的40%–42%确定。落实农村最低生活保障制度与扶贫开发政策有效衔接相关政策要求，确保现行扶贫标准下农村贫困老年人实现脱贫。完善医疗救助制度，全面开展重特大疾病医疗救助，逐步将低收入家庭老年人纳入救助范围。完善临时救助制度，加强对老年人的“救急难”工作，按规定对流浪乞讨、遭受遗弃等生活无着老年人给予救助。

2. 保障基本养老服务。落实“保基本、兜底线”要求，加快建立养老服务需求评估机制，立足老年人服务需求，整合服务资源，拓展服务内容，制定并实施切合我县实际的老年人照顾服务项目。重点关注高龄、失能、贫困、计划生育特殊家庭等困难老年人的养老需求，努力使紧急救援（应急救助）、生活照料、康复护理、精神慰藉等居家社区基本养老服务覆盖全县老年人。

3. 落实老年人补贴政策。逐步提高80周岁以上老年人高龄补贴标准，从2018年起，80周岁以上高龄老人津（补）贴，按每人每月不低于50元标准发放。对其中的低保老年人，按每人每月100元的标准增发高龄津贴。逐步提高对困难家庭老年人的养老服务补贴。从2017年起，对低保对象、计划生育特殊家庭中的完全失能老年人，按照每人每月不低于200元的标准，以老年人服务券（卡）的方式发放护理补贴。对符合条件的低收入家庭老年人参加城乡居民基本医疗保险所需个人缴费部分，按规定给予适当补贴。对特困供养人员、低保对象、建档立卡的贫困人口、重点优抚对象、计划生育特殊家庭成员、重度残疾人中的老年人以及80周岁以上的老年人，按照每人每月不低于20元补贴标准制定购买服务方案。（责任单位：各乡镇党委和人民政府，县民政局、老龄办、财政局、医保办）

（四）医养结合工程

1. 推进医疗机构和养老机构合作共建。将医疗服务延伸至养老机构、居家社区养老服务照料中心、农村幸福院等养老服务设施。建立健全签约合作和服务机制，搭建双向转诊绿色通道，医疗卫生机构开设为高龄老年人提供挂号、就医等便利服务的绿色通道。支持养老机构、居家社区养老服务照料中心等以不同形式为入住老年人提供医疗卫生服务，实现“养中有医”。养老机构可通过内设医疗机构或与就近医保定点医疗机构合作等方式开展养老服务，符合条件的按规定纳入医保定点结算，参保人员在医保定点养老机构发生的符合基本医疗保险规定的医疗费用，可使用社会保障卡即时结算，为已办理登记高血压、糖尿病和重性精神病门诊特殊病种的参保患者，免费提供限定的基本药物。2018年前，养老机构内设医疗机构符合医保定点条件的，医保定点签定率达到50%以上，2020年实现100%全覆盖。

2. 落实家庭医生签约服务。将居家社区养老的老年人纳入家庭医生签约服务重点人群，优先签约并提供健康管理和基本医疗服务。鼓励以家庭病床模式，为病情稳定但长期卧床的居民，以及社区内高龄、重病、失能、部分失能以及计划生育特殊家庭的老年人，与全科医生建立签约服务关系，提供定期上门诊疗服务。规范签约医生为居家老人提供的医疗和护理服务项目，将符合家庭医生签约服务的费用纳入医保支付范围。到2020年，居家老年人家庭医生签约覆盖率达到60%以上，65周岁以上老年人健康管理率达75%。

3. 构建城乡老年人长期照护保障体系。建立居家、社区、机构“三位一体”的老年人长期照护服务体系，保障失能、半失能、高龄老人的生活照料、康复护理、精神慰藉和安宁疗护等长期照顾服务。重点支持发展护理型养老机构，到2020年，护理型床位占养老床位总数比例达到30%以上。探索建立由政府、用人单位和个人共同分担的老年人长期照护保险制度，积极发展老年人长期照护商业保险，为失能、半失能、高龄老人的基本生活照料、医疗护理、康复服务等提供资金和服务保障。继续推进以老年人意外伤害保险为主要内容的“银龄安康工程”，力争80周岁以上老年人全覆盖。（责任单位：各乡镇党委和人民政府，县卫计局、民政局、人社局、财政局、医保办、老龄办）

（五）精神关爱工程

1. 发展老年教育。落实老年教育发展规划，大力发展老年大学教育、社区老年教育和远程老年教育，支持广播电视大学建设老年开放大学，建立县、乡、村三级老年教育服务体系。到2020年，实现全县90%的乡镇、60%的村（居）建立老年学校（学习中心），所有乡镇、村建立远程老年教育学习网点，基本形成覆盖广泛、多元参与、灵活便捷、特色鲜明的现代老年教育服务体系，参与学习的老年人规模超过1.3万人，学习参与率达到25%以上。

2.推动老年文化繁荣发展。健全老年人心理疏导、危机干预服务网络，督促家庭成员加强对老年人的情感关怀和心理沟通。完善覆盖城乡的公共文化设施网络，在基层公共文化设施内开辟适宜老年人的文化娱乐活动场所，开发老年人特色文化服务项目和服务产品。广泛开展群众性老年文化活动，培育老年文化活动品牌。鼓励制作适合微博、微信、手机客户端等新媒体传播的优秀老年文化作品。

3.加快老年健身设施建设。加强老年体育设施建设规划，新建居住区和社区要按相关标准配套建设老年人体育健身设施，积极构建城市社区15分钟健身圈。到2020年，老年人体育活动中心覆盖90%乡镇、70%建制村（居委会）和70%机关、企事业单位。实施全民健身计划，力争参与体育运动的老年人口占所有老年人口比例不低于65%。

4.支持老年志愿服务。支持老年人积极参与基层民主监督、社会治安、公益慈善、移风易俗、民事调解、文教卫生、全民健身等工作。支持老党员、老专家、老军人、老劳模、老干部开展关心教育下一代活动。积极开展“银龄行动”，组织医疗卫生、文化教育、农业科技等老专家、老知识分子参与援助经济欠发达地区等志愿服务。到2020年，老年志愿者注册人数达到老年人口总数的12%以上。（责任单位：各乡镇党委和人民政府，县委宣传部、老干局，县民政局、老龄办、文广局、教育局、老体协、科协）

（六）智慧养老工程

1.建设信息平台。按照精准服务的要求，建立全县统一的老年人基本信息数据库，实现信息化管理。建设养老服务综合信息平台，与相关公共服务平台有效对接。推广使用12349养老服务专用号，不断满足老年人养老服务需求。

2.开展应用试点。按照企业主体、政府扶持、市场化运作的方式，在全县开展覆盖城乡的应用试点，到2020年，争创一家智慧养老示范企业，争创一个智慧养老示范社区，争取创建有一个区域特色、产业联动的智慧养老示范基地。支持社会力量探索可复制、可推广的智慧养老商业模式，为广大老年群体提供新型养老方式。

3.开发运用智能产品。支持企业利用物联网、云计算、大数据、智能硬件等新一代信息技术和产品，发展智慧养老产业，实现个人、家庭、社区、机构与健康养老资源的有效对接，推动健康养老服务智慧化升级，提升健康养老服务质量与效率。（责任单位：各乡镇党委和人民政府，县发改局、民政局）

（七）养老产业培育工程

1.做大做强老年用品产业。鼓励市场主体重点开发老年保护、健康护理、助行试听、老年家居等老年用品。鼓励支持企业开发康复复辅具、食品药品、服装服饰等老年用品用具和服务产品，满足老年人多样化需求。支持建设集展示、体验、销售于一体的老年用品体验馆。

2.发展养老关联产业。引导养老与医疗、教育、健康、旅游、文化、保险等产业融合发展，鼓励建设保健养生、康复医疗、旅居养老等富有特色的产业基地。鼓励房地产开发商开发适老住宅、老年公寓等老年生活设施，提高老年人生活质量。

3.发挥龙头企业引领作用。推动养老企业规模化、专业化、连锁化、品牌化发展，发挥我县独特的生态资源优势，积极培育健康养生休闲服务业，扶持发展健康养生养老项目、社会资本投资项目，支持一批养老服务企业做大做强，鼓励和引导建设民营健康养老产业项目。

4.培育养老知名品牌。培育一批养老服务、老年产品、健康服务、文化休闲、养老金融等养老知名品牌，推动品牌企业资源整合、协同发展。充分发挥我县气候、生态、温泉等资源优势，把我县打造成闽中健康养生养老服务基地。

5.推动慈善助力养老。推动慈善公益组织、社工机构、志愿服务组织等对口帮扶养老服务机构、居家养老服务照料中心、乡镇敬老院、农村幸福院，为老年人提供免费午餐、捐赠老年人生活用品和日常服务设施、开展“1+1”结对帮扶等活动。鼓励具备条件的慈善公益组织结合实际兴办公益性养老机构。（责任单位：各乡镇党委和人民政府，县发改局、旅游局、民政局、老龄办、教育局、卫计局、文广局、科技局、市场监督管理局、经信局）

（八）养老服务队伍建设工程

1.加强专业教育。支持县内中等职业学校积极创造条件开设养老服务特色专业，鼓励有条件的养老机构与职业院校联合开展现代学徒制试点，提升养老服务从业人员职业技能。

2.注重人才培养。通过职业指导和职业介绍，鼓励农村转移劳动力、城镇就业困难等各类人员从事养老服务业，开发养老服务公益性岗位。鼓励养老服务从业人员参加技能培训，逐年常态化开展养老护理员培训。支持养老护理员进行职业技能鉴定，提高社会和养老服务机构持有养老护理员国家职业资格证书人员比例。到2020年，全县每万名老年人拥有经营管理人员和养老护理人员分别达到全省平均水平。

3.完善激励机制。推动逐步提高养老服务从业人员薪酬水平。按照初级、中级、高级、技师等四级分类管理，畅通养老护理员晋级渠道，逐步建立与职业技能等级相挂钩的薪酬和奖励制度。可探索建立大学生入职补贴制度，对高等院校、中等职业学校的毕业生进入养老机构工作满一定年限的，给予入职补贴。（责任单位：各乡镇党委和人民政府，县委组织部，县民政局、教育局、人社局、财政局）

4.发展志愿队伍。鼓励社工参与养老服务。依托县志愿者协（分）会、社会工作协会，在社区建立为老服务志愿者注册登记、志愿服务记录制度、星级认定和嘉许回馈制度。根据志愿者的专业优势和服务特点，分类别成立家政服务、医疗保健、电器维修等类型的志愿服务队，鼓励低龄健康老人为高龄老人服务。开展“关爱空巢老人志愿服务”活动，实现社会养老志愿服务的制度化、规范化和常态化。（责任单位：各乡镇党委和人民政府，县委组织部、文明办，县民政局、教育局、人社局、财政局）

三、保障措施

（一）强化组织领导。各乡（镇）党委政府要认真开展调查摸底和分析研究，迅速列出养老事业补短板清单，制定具体可操作的政策措施，做到精准施策，逐项补齐短板。要发挥养老服务联席会议作用，主要领导亲自抓，分管领导具体抓，强化部门协同配合，及时解决工作中遇到的困难和问题，形成合力，确保各项工程有序推进。

（二）统筹布局规划。要统筹考虑人口结构及变化趋势、医疗资源分布状况、增量建设和存量改造等因素，加快编制养老服务设施和服务项目布局专项规划，并纳入控制性详细规划实施。新建养老机构的选址要尽量选在交通便利、临近医疗机构、处于或靠近居住区的区域。

（三）加大资金投入。建立完善稳定的公共财政投入保障机制，将发展养老事业所需资金列入年度县财政预算，并随老年人口的增加逐步提高投入比例。福利彩票公益金本级留成部分的80%以上用于支持养老事业发展。探索采取贷款贴息、直接融资补贴、融资担保、风险补偿、政府和社会资本合作（PPP）等方式，引导和鼓励更多信贷资金和社会资本投向养老事业。鼓励倡导慈善组织等社会各界捐赠，共同推动养老事业发展。

（四）营造良好氛围。发挥报刊、广播电视、网站、微信、微博、手机客户端等媒体作用，深入开展《福建省老年人权益保障条例》及养老事业相关法规政策宣传，提高老年人维权意识，保障老年人合法权益。努力在全社会营造尊老、爱老、敬老的良好氛围。

（五）加强督促检查。各乡（镇）党委、政府和有关职能部门要加强督查考核，将推进养老事业发展的工作实绩列入党政领导班子综合考核评价的重要内容。加强对补齐养老事业短板八项工程推进情况的督促检查，建立第三方评估和“一月一协调、一季一督查一通报”机制，及时通报进展情况，对工作成效明显的给予表扬，对工作推进不力的进行约谈、问责，促进养老事业更好更快发展。（责任单位：各乡镇党委和人民政府，县直有关部门）

中共大田县委　大田县人民政府

印发《关于加快医疗卫生事业发展的实施意见》的通知

各乡镇党委和人民政府，县直各单位：

《关于加快医疗卫生事业发展的实施意见》已经县委、县政府研究同意，现印发给你们，请结合实际认真贯彻执行。

中共大田县委

大田县人民政府

2017年12月28日

关于加快医疗卫生事业发展的实施意见

为贯彻落实全国和省、市卫生与健康大会以及省、市《关于加快医疗卫生事业发展的实施意见》精神，加快我县医疗卫生事业发展，为广大群众提供全生命周期健康服务，提升全民健康水平，确保如期全面建成小康社会，制定本实施意见。

一、发展目标

牢固树立和贯彻落实新发展理念，坚持以人民健康为中心、以健康为标准，聚焦薄弱，对接需求，全力补齐医疗卫生事业短板，进一步提高人民健康水平。到2020年，建立覆盖城乡的基本医疗卫生制度，居民主要健康指标保持在全市中上水平，人均预期寿命达到80岁；医疗服务体系进一步健全，做大做强西医，做精做特中医，主要医疗卫生资源指标力争达到全市中上水平，每千常住人口床位配置6.5张、执业（助理）医师数达到2.5人、注册护士数达到3.2人；公共卫生服务能力进一步提升，重大传染病得到有效防控，卫生应急处置能力显著提高，卫生综合监督执法体系更趋完善；群众看病就医更加便捷，多样化需求逐步得到满足，健康大田建设迈上新台阶。

二、重点任务

围绕“抓改革、促发展、补短板、上水平”要求，重点实施资源结构优化、医疗龙头提升、强基固本提质、中医振兴发展、公共卫生促进、人才队伍建设、智慧健康医疗七大工程。

（一）实施资源结构优化工程。以优化布局为基础、以补齐薄弱学科为重点、以多元办医为补充，促进医疗卫生资源合理分布。

1. 完善医疗资源规划布局。坚持总量扩充与结构优化相结合，统筹县、乡两级医疗卫生资源的数量和布局，重点补齐基层、专科短板。每个乡镇办好1所乡镇卫生院，并延伸到每个行政村设置1个村卫生所；每3万—5万居民区规划设置1所社区卫生服务中心。严格按照医疗卫生服务体系规划，办好县总医院（综合医院和中医类医院）、疾控中心以及妇幼保健机构等，重点抓好医疗卫生服务机构业务用房达标建设，着力提高医疗卫生资源利用效率，提升县域医疗中心技术水平。优化医疗卫生资源布局，增设县域医疗卫生机构，加强儿科、产科、妇幼保健、精神卫生、康复、老年护理等薄弱领域的医疗卫生资源建设。积极推进医疗卫生重点项目建设。重点实施县总医院外科大楼、县医养服务中心二期、县妇幼保健院二期等项目，加快推进大田县疾病预防控制中心实验室改造、太华镇卫生院整体迁建，石牌镇卫生院改扩建等项目。县卫计、发改、财政、住建、国土、公务员局等部门要按规划要求协作配合，落实建设项目用地、配套资金，配备专业技术人员，确保发展目标顺利完成。到2020年，确保每千常住人口医疗机构床位达到6.5张。（责任单位：县委编办，县卫计局、发改局、财政局、国土局、住建局、公务员局，各乡镇人民政府）

2.加强薄弱学科建设。加快儿科补短板，扩大儿科资源供给，加强县级医院儿科建设，新增的床位重点用于儿科等紧缺床位；加强儿科队伍建设，通过“培养一批、转岗一批、提升一批”，增加儿科医务人员数量，到2020年县总医院儿科床位比例达10%，妇幼保健院儿科床位比例达到30%，每千名儿童床位数达3张，每千名儿童儿科医师达1名。加快产科补短板，推进二级助产技术服务机构产科床位、基础设施和基本装备建设，县总医院妇产科床位达到全院总床位的10%，全县有效产科床位达105张，实现每千分娩量产科床位数达21张；完善危重症孕产妇监护救治网络、新生儿救护网络装备建设，县级危重症孕产妇救治网络中心的产科重症监护室床位不少于2张；完善妇幼健康服务体系，力争2018年，完成全国妇幼健康优质服务示范县、二级甲等妇幼保健院创建工作。加快精神科补短板，利用社会资本办好1所精神专科医院，县总医院精神科床位数不少于医院总床位数的10%，到2020年，全县精神卫生床位达220张，每万人口达7张。（责任单位：县卫计局、发改局、财政局、国土局、综治办、民政局、总医院，上京镇人民政府）

3.形成多元化办医格局。鼓励和支持企事业单位、社会团体、个体、慈善机构、保险机构，以及其他社会组织举办医疗机构。明确社会办医功能定位，引导社会办医向“专、精、优”方向发展，重点发展专科医院和高端医疗，与公立医院实现优势互补。优先支持社会资本举办非营利性医疗机构，加快形成以非营利性医疗机构为主体、营利性医疗机构为补充的社会资本办医体系。到2020年，全县社会办医床位数力争达到全县医院床位数的15%左右。（责任单位：县卫计局、发改局、财政局、住建局）

（二）实施医疗龙头提升工程。以重点学科建设为载体，积极培育名院、名科、名医，形成有较强实力、较强带动力的县域医疗服务中心。

1.明确学科建设目标。加强县总医院、妇幼保健院重点学科建设，力争2020年进入全市中上水平，县总医院成为县域医疗中心。加强县级医院学科带头人培养、先进医疗设备配备、高层次学术交流、对外科研合作，注重科技成果转化应用，全面提升医学科研教学能力。建设微创外科、神经内科、消化内科、泌尿外科、眼科、骨科、儿科、心内科、呼吸科、精神科、中医骨伤科、中医儿科、中医妇科和中医康复等14个临床重点专科，打造临床专科龙头，对县域形成辐射带动，提高全县临床诊疗服务水平。到2020年，力争神经内科、消化内科等专科进入市级临床重点专科行列。（责任单位：县卫计局、总医院）

2.拓展学科建设路径。开展“对标省市医院、管理上台阶”活动，依托县总医院、妇幼保健院与省市高水平医院建立医联体或协作医院，对标省市大医院查找差距。学习医院管理“真经”，选派管理骨干人员到省市大医院进行跟班蹲点学习，定期邀请省市医院管理专家到我县开展培训指导，现场“把脉”，促进医院管理的规范化、精细化、科学化。学习医疗技术“真经”，通过省市大医院“带一把”“托一把”“拉一把”，建设一批临床重点专科、培养一批业务骨干人才、突破一批难点技术、推动一批重点项目，提升服务质量。（责任单位：县卫计局、总医院）

（三）实施强基固本提质工程。积极促进优质医疗资源下沉、推动服务重心下移，提高基层医疗机构就诊率，发挥中医药治未病和康复理疗优势，近距离为群众提供卫生与健康服务。

1.改善基层基础设施。建设县域医疗服务技术、协作、信息三个平台和县域消毒供应、心电诊断、临床检验、医学影像诊断、病理检验、远程会诊等六个中心，增强县域辐射带动能力。开展基层医疗卫生机构业务用房改扩建和护理、康复床位建设，配置县域六个中心建设相适应的医疗设备。建立乡村卫生服务一体化管理新模式，统一规划乡（镇）卫生院延伸举办公立村卫生所，对公立村卫生所“人、财、物”统一归口管理。到2020年，全县基层医疗卫生机构基础设施、基本设备实现双达标。（责任单位：县卫计局、发改局、财政局、总医院，各乡镇人民政府）

2.组建医疗联合体。2017年底前，以县医院和中医院为龙头，整合县、乡、村三级医疗卫生资源，组成1个紧密型医联体（县总医院）；2018年，进一步完善上下联动、分工协作机制，实现优质医疗资源有序有效下沉，提高医疗资源利用效率和整体效益，构建有序的就医秩序。（责任单位：县卫计局、财政局、公务员局、市医保中心大田管理部、总医院）

3.提高基层医疗服务能力。以总医院组建为契机，发挥县域医联体优势，促进优质医疗资源下沉，医疗人才双向流动，实现县乡医学检验、检查结果互认，提高基层医疗服务能力。落实县总医院、乡（镇）卫生院和社区卫生服务中心医疗服务能力基本标准和推荐标准，实现县级综合医院能够完成常见病种、关键诊疗技术和手术459项，基层医疗卫生机构能够完成常见疾病诊治、基本诊疗技术198项；将超出服务清单和服务能力的疾病患者及时转诊到上级医院，同时接收上级医院下转的康复病人，推动双向转诊。加快推进家庭医生签约服务工作，组建基本型、标准型、提高型等类型的家庭医生团队，通过免费签约服务、固定付费签约服务和个性化签约服务三种形式，向居民提供综合、连续的基本医疗、公共卫生和约定的健康管理服务。到2020年，力争基层医疗卫生机构基础设施、基本设备达标率100%，县域内就诊率达到90%，基层医疗卫生机构就诊量占总诊疗量比例达65%以上，常住人口家庭医生签约服务率达30%以上。（责任单位：县卫计局、财政局、市医保中心大田管理部、总医院）

（四）实施中医振兴发展工程。坚持中西医并重，推动中医药与西医药相互补充、协调发展，发挥中医药在治未病、重大疾病治疗、疾病康复中的重要作用。

1. 健全中医药服务体系。加强县总医院中医药服务能力建设，推进中医药服务县乡一体化，建立以中医科、中药房建设、中医诊疗设备购置、康复科建设以及中医药医务人员培训为重点，以中医馆为主要形式的中医药集中诊疗区；确保每年新招录的执业医师和医学院校毕业生中，中医药专业不少于总量的五分之一。到 2020 年，每千常住人口中医类医院床位达 0.76 张、中医执业（助理）医师数达 0.5 人；全县 70% 乡镇卫生院（含社区卫生服务中心）设有中医馆。（责任单位：县委编办，县卫计局、发改局、财政局、公务员局、总医院）

2. 建设中医“名医名科”。落实公立医院中医药类在编专业人员的基本工资由县财政核拨政策。鼓励、支持、遴选、推荐符合条件的中医（中西医结合）人员入选省级名老中医专家学术经验继承和优秀中医临床人才研修项目，落实名中医培养计划、基层老中医药专家师承带徒项目。县总医院建设 1–2 个基层名老中医药专家传承工作室，努力打造省级、市级中医重点专科以及基层特色专科，到 2020 年，累计建设省级重点专科（含农村特色专科）1 个，市级重点名专科（含农村特色专科）3 个。（责任单位：县卫计局、财政局、公务员局、总医院）

3. 推广中医特色健康服务。认真贯彻实施《中华人民共和国中医药法》，拓展中医药在预防保健、康复护理、慢性病防治及养老中的作用，推动基层医疗机构规范开展中医药健康管理、中医诊疗和康复服务，力争所有社区卫生服务机构、乡（镇）卫生院和 70% 的村卫生所具备与其功能相适应的中医药服务能力；加强县总医院、治未病科、康复科建设，应用医保杠杆，提高中医非药物疗法及康复门诊报销比例及报销范围，给予门诊特殊病种康复治疗报销一定比例，放宽住院康复治疗限制，着力建立县级康复服务技术指导中心—基层医疗机构康复室—家庭的“无缝式”康复服务新模式，为患者提供专业化的指导和康复服务；以治未病理念为核心，建立中医健康状态评估方法，为 65 岁以上老年人和 36 个月以下婴幼儿等重点人群开展中医药健康管理服务；推广太极拳、健身气功、导引等中医传统运动，形成人群规模；试水中医健康旅游，依托各类药材种植基地，融入中医药文化养生旅游，力争创建 1 个省级养生旅游休闲基地示范单位。（责任单位：县卫计局、发改局、财政局、旅游局、总医院、各乡镇人民政府）

（五）实施公共卫生促进工程。公共卫生事关国民健康维护、家庭和睦幸福、社会和谐稳定、国家安全强大、民族生存繁衍，是促进全民健康的基础性工作。

1. 加强疾病预防控制能力建设。改善疾控机构基本设施和基本设备条件，加快推进县疾控中心实验室建设，促进检验检测能力提升。开展重大传染病和突发性传染病联防联控，提高对传染病、地方病和职业病等的监测、预防和控制能力，强化疫情监测报告与风险评估，法定报告传染病发病率继续保持低水平。加强预防接种能力建设，到 2020 年，预防接种门诊规范化建设达 100%，以乡（镇）为单位适龄儿童免疫规划疫苗接种率达 95% 以上。（责任单位：县卫计局）

2. 完善慢性病综合防控机制。坚持预防为主，完善慢性病综合防控机制，强化慢性病监测与死因监测，加强健康危险因素监测和数据利用。积极开展心血管病高危人群早期筛查和综合干预项目，完成结核病服务模式转型工作。落实城乡饮用水水质监测，巩固基本消除麻风病防治成果。加强健康教育与健康促进，提升全民健康素养。（责任单位：县卫计局）

3. 加强卫生计生综合监督。加大饮用水、公共场所、学校卫生、涉水产品、消毒产品、传染病和放射卫生的监管力度，严厉打击非法行医、非法采供血、非医学需要胎儿性别鉴定和选择性别人工终止妊娠，实现住宿、游泳场所卫生信誉度等级 100% 公示，涉水产品企业年监督覆盖率达 100%，医疗机构监督覆盖率达 100%，对监督过程中发现违法事实处理率 100%。加强食品安全风险监测，扩大监测覆盖面。（责任单位：县卫计局、教育局、市场监管局）

4. 加快卫生应急体系建设。完善县乡两级卫生应急指挥平台，加强县卫生应急队伍装备建设、队伍训练管理和装备维护；开展航空救援、水上救援等紧急医学救援项目，提高紧急医学救援转运、收住、救治能力；提升突发传染病、中毒现场调查和检测检验能力；加强预案体系建设，规范管理卫生应急队伍。（责任单位：县卫计局、发改局、财政局）

5. 加强采供血体系建设。强化政府领导、部门合作、全社会参与的工作机制，加强对无偿献血日常宣传、组织、发动工作；县直单位、社会团体、企事业单位、每年组织一次无偿献血，文明单位献血人次占职工总数的 20% 以上；设置固定献血屋及献血车停车位，依法推动无偿献血工作。到 2020 年，力争人口献血率达到 15‰以上。（责任单位：县卫计局、发改局、财政局）

（六）实施人才队伍建设工程。人才是医疗卫生事业发展的基石，是提升医疗服务能力的关键因素。

1. 扩大医学人才培养总量。加强医学人才培养，依托省内医科高等院校和三明医学科技职业技术学院，每年委托培养 10–20 名本土化县、乡临床医学本科、大专毕业生，每年 10—20 名；委托培养 10–20 名面向村级本土化医学（中专）毕业生，切实解决我县基层卫生人才缺乏问题。建立促进科技成果转化的考核评价体系，引进、消化先进医疗技术并加以创新推广应用，扩大医疗技术的辐射能力。实施临床专科特设岗位计划，加强县级公立医院骨干医师培训。（责任单位：县委编办，县卫计局、教育局、发改局、财政局、公务员局）

2. 建设高层次人才队伍。围绕学科发展需求，精准引进重点学科带头人、高层次人才、著名医学院校优秀毕业生。支持医疗卫生计生机构通过单位自筹资金方式，对在职高层次并具有学科带头能力的人才发放人才补助，对正高职称或重点引进专业技术人员每月给予 3000 元的人才补助；对博士、副高职称专业技术人员每月给予 2000 元的人才补助；对硕士与三明市确定的急需紧缺人才每月给予 1000 元的人才补助。（责任单位：县卫计局、公务员局、财政局）

3. 建立人才下沉机制。完善基层医疗卫生机构人员控制数核定办法，放宽基层卫技人员招聘条件，采取直接面试考核的方式招聘，提高人才使用效率。县、乡两级医疗卫生计生机构高级、中级、初级专业技术岗位比例控制标准提高至2∶4∶4，对个别业绩突出的专业技术人员可实行单位自聘，自聘人员所增加费用由用人单位自行负担，人事部门给予备案，并认可其岗位聘任年限。鼓励在岗乡村医生参加继续教育，继续做好乡村医生每年一次规范培训，支持符合条件的乡村医生参加基本养老保险，稳定优化基层“网底”。（责任单位：县委编办，县卫计局、公务员局、财政局）

4. 加强人才队伍建设。加大紧缺急需卫生专业人才引进培养力度，开辟绿色通道，简化招聘程序。落实医联体内医师多点执业，针对基层卫生计生机构的专业技术人员实行差别化人才招聘和职称评聘办法，促进医疗人才下得去、留得住、用得上。增加儿科、精神医学等紧缺专业招聘计划，扩大儿科、产科、精神科专业住院医师规范化培训规模，开展儿科、产科、精神科执业医师转岗培训。将儿科、产科、精神科、中医药等相关专业列入紧缺人才目录，采取专项公开招聘、特设岗位招聘等方式，增强人才招聘引进实效。提高儿科、精神科等紧缺专业人员的薪酬待遇，保证儿科、精神科医务人员的薪酬不低于其他专业的平均水平，在绩效工资总量内予以倾斜。加大现有卫计人员培养力度，选送业务骨干到上级医院进修学习，培养一批本土化优秀医疗人才。（责任单位：县卫计局、教育局、公务员局、财政局、总医院）

5. 调动公共卫生服务人员积极性。允许医疗卫生机构突破现行事业单位工资调控水平，调整完善公共卫生机构绩效工资政策，建立动态增长机制。改进公共卫生服务补助资金使用，允许疾病预防控制、妇幼保健、皮麻风病防治、精神卫生、采供血等公共卫生机构在节约成本、完成任务后转为业务收入。对公共卫生机构完成年度常规计划外的重大或临时性专项工作任务，在考核确认后增加相应的绩效工资总量。（责任单位：县公务员局、卫计局、财政局）

（七）实施智慧健康医疗工程。运用现代化、信息化手段，增强卫生与健康服务能力，增强群众就医获得感。

1. 推行“互联网＋健康医疗”服务。配合市里做好健康三明公众综合服务平台和健康三明APP上线推广，为群众提供统一的预约挂号、检查检验报告查询、居民健康档案查询、就诊记录查阅、社区医生签约、网上生育登记等服务，同时为医生提供签约患者管理功能，实现家庭医生与签约患者实时沟通。加强区域远程医疗服务体系信息化建设，以组建总医院方案为顶层架构，优化县级医院统一的结构化电子病历系统功能，推广医疗联合体分级诊疗平台，实现县级医院心电诊断、临床检验、医学影像、病理检验、远程会诊、消毒供应六大中心的数据共享，打通检查检验、药品配送、医保结算、医疗费用支付等环节，确保2020年县内医疗机构远程医疗覆盖率达80%。以健康卡统一医院的临时就诊卡，在医院推广使用第三方支付服务，取消院内就诊预缴金账户。推广医疗诊间结算，持续深入探索“互联网＋”在医疗方面的应用，充分利用穿戴式、植入式智能健康监测设备，结合移动端、固定端等设备，提供个性化智慧健康管理服务。（责任单位：县卫计局、发改局、市医保中心大田管理部、总医院）

2. 推行健康医疗大数据开发共享。配合市里做好人口、电子健康档案和电子病历三大基础数据库建设，完善全民健康基础数据的汇聚整合，推动建立区域统一的医疗卫生信息平台，集成医药耗材采购、医疗器械耗材追溯、药械安全合理使用、DRGs控费、疾病预防控制、妇幼健康管理、卫生计生综合监督、计划生育服务管理等功能，为行政监管部门提供业务监管数据。完善居民健康信息共享机制，实现个人健康信息归并、整合和共享，健全居民健康档案查询和健康信息管理工作机制，方便群众自助管理个人健康档案。（责任单位：县卫计局、发改局、市医保中心大田管理部）

三、保障措施

（一）强化规划引领。要切实履行政府办医主体责任，将区域卫生规划、医疗机构设置规划与经济社会发展规划、城乡规划、土地利用规划、人口发展规划等多规融合，使医疗卫生资源布局更加合理、规模更加适当，专业技术人才结构更加协调、学科更加完善，更好引领医疗卫生事业健康发展。（责任单位：县卫计局、发改局、住建局、财政局、国土局，各乡镇人民政府）

（二）强化项目带动。围绕“十三五”卫生计生事业发展专项规划建设的六大体系，实施项目带动，以项目集聚要素，着力推进紧缺学科补短板项目和基层能力提升项目。县发改、财政、国土等部门要共同推进医疗卫生项目建设，落实建设项目用地、配套资金和进度，确保如期完成建设目标。要围绕重点任务生成工作项目，组建工作团队，强化工作职责，推动医疗服务、公共卫生、人才培养等任务的落实。（责任单位：县卫计局、发改局、财政局、国土局，各乡镇人民政府）

（三）强化机制创新。深化医药卫生体制改革，强基固本、开拓创新，持续释放改革红利。创新支持社会资本办医机制，支持医疗机构与社会力量合作办医。创新资金保障机制，多渠道筹措资金，保障补短板项目建设资金。落实精准扶贫医疗叠加保险政策，减轻建档立卡农村贫困人口医疗费用负担。（责任单位：县卫计局、发改局、财政局、市医保中心大田管理部，各乡镇人民政府）

（四）强化人才政策。制定出台医疗卫生领域精准人才政策支持办法，设立人才培养专项资金，引导医疗卫生计生单位申请使用人才公寓或职工过渡周转用房，改善职工住房条件，并享受公共租赁住房相关优惠政策。（责任单位：县卫计局、公务员局、财政局）

（五）强化监督评价。要切实履行政府办医的主体责任，把相关目标、发展指标、主要任务、重点项目列入政府工作责任制考核评价体系。建立区域卫生规划和资源配置监督评价机制，组织开展实施进度和效果综合评价，及时发现问题解决问题。适时开展联合督查，推动规划落实，确保医疗卫生发展目标任务的实现。（责任单位：县卫计局、发改局，各乡镇人民政府）

中共大田县委　大田县人民政府

印发《关于加快城乡民生基础设施建设的实施意见》的通知

各乡镇党委和人民政府，县直各单位：

经县委、县政府研究同意，现将《关于加快城乡民生基础设施建设的实施意见》印发给你们，请结合实际认真贯彻执行。

中共大田县委
大田县人民政府
2017年12月31日

关于加快城乡民生基础设施建设的实施意见

为贯彻落实中共市委九届四次全体会议通过的《关于加快社会事业发展补齐民生短板确保如期全面建成小康社会的决定》和省、市政府《关于加快城乡民生基础设施建设的实施意见》，加快完善城乡民生基础设施建设，着力增强城乡综合承载能力，确保如期全面建成小康社会，制定本实施意见。

一、总体目标

坚持以人民为中心的发展思想，贯彻落实“五个大田”发展理念，围绕推进新型城镇化战略部署，重点针对城乡民生基础设施建设突出短板，综合施策、精准发力，下大力气治理群众反映强烈的问题，开展生态修复、城市建设工作，进一步改善人居环境，提高人民群众幸福感、获得感，力争到2020年我县城乡民生基础设施主要指标高于全市平均水平，加快构建适度超前、功能配套、管理科学、安全高效的城乡民生基础设施体系。

二、重点任务

重点推进交通畅通、水环境治理、供水安全、防洪防涝、城乡洁净、管网建设、景观提升、配套服务和智慧城市等9大工程。

（一）交通畅通工程

1. 城市道路建设。构建铁路站点、高速公路、过境公路与城区内部交通体系，完善城区对内、对外交通及多种交通方式之间的衔接和接驳。优化城区道路功能和路网结构，强化主次干道、支路、街巷建设，疏通一批巷道，拓宽瓶颈路，打通“断头路”。在学校、医院、市场、公园及办公集中区等人流密集区域增加疏通通道，完善遮阳防雨设施。全面整治改造人行道和自行车道上的坑洞、路障，使其通畅闭合、无障碍，并与城市绿道、重要公园广场衔接。加快城市主干道交叉口渠化改造和拥堵节点治理。优化交通组织管理，改造完善交叉口信号灯、隔离栏、电子监控等设施，挖潜提高现有道路通行能力，打造循环交通体系。2017年加快推进香山北路项目建设、完成凤山中、西路改造项目，启动实施中心城区连接国道纵五、香山路连接兴泉快速铁路客运站等城西北对外通道规划，打通县城对外交通瓶颈。2018年起，每年力争新建城市道路5公里，到2020年，城区建成区平均路网密度达到8公里/平方公里。（责任单位：均溪镇、华兴镇、石牌镇人民政府，县住建局、交通运输局、公安局）

2. 公共交通建设。坚持公共交通优先战略，合理规划布局城市公交、微型公交等不同层级的公共交通体系，提高公交分担率。加快建设公众出行信息服务系统、公交车辆运营调度管理系统等，积极推进城区东部、南部、北部以及产业园区同步配套建设公交场站、旅游集散中心。稳步推进农村客运公交化运营。到2020年，全县公共交通机动化出行分担率每年提升4%，常住人员500人以上且符合公路通行安全条件的建制村100%通客车。（责任单位：各乡镇人民政府，县交通运输局、住建局、发改局）

3. 公共停车设施建设。结合新区开发和旧城整治及改造、利用公共广场绿地地下空间等建设地下停车库。引导和推进政府机关、学校、医院、公园、市场等利用符合条件的地下空间或地下人防工程新改扩建公共停车设施。推动城区过境路、主要干线公路等综合交通枢纽建设相配套的公共停车设施、驻车换乘停车设施。在居住区周边街巷合理设置临时停车泊位，规范夜间路边停车。推进停车泊位智能诱导系统建设，鼓励公共机构、企事业单位、居住区的内部停车场对外开放、错时停车，实现停车泊位共享，提高车位使用效率。推进停车设施同步配建充电桩。2017年，新增城乡公共停车泊位220个，到2020年新增城乡公共停车泊位800个以上。（责任单位：各乡镇人民政府，县住建局、交通运输局、公安局、发改局）

4. 国省干线和农村公路建设。加快普通国省道“断头路”及未达二级标准路段的提级建设，加快推进国道纵五线一期、二期项目建设。加强公路安全管理设施建设，对双向四车道及以上道路增设中央隔离措施、监控设施、区间测速。加大城乡接合部的路灯工程和电子监控设施建设投入，提高智能化管控水平。继续推进“四好农村路”建设，重点抓好农村通乡三级路、连接多个建制村的通村四级路“单改双”，健全完善农村公路建设、养护、管理长效机制。到2020年，普通国省道二级及以上公路比重达到75%，新建、改建农村公路里程190公里。（责任单位：各乡镇人民政府，县交通运输局、公安局）

（二）水环境治理工程

1. 城区污水治理。全面开展污水管网和排放源头排查，重点摸清小区、餐饮、商场、企业等污水去处，建立管网信息档案，强化源头截污，对未纳入污水管网的源头污水要限期整治到位，并加大执法力度。推进雨污分流和老旧管网改造，加快完善污水管网，治理修复破损、混接、错接、淤积的污水管道。建立常态化清淤养护机制，确保管网连通成网，污水应接尽接、应收尽收，进一步提高污水收集率。加快推进生活污水处理厂污泥安全处置。2017 年起，每年新建、改造污水管网 5 公里。到 2020 年，城区生活污水处理率达到 90% 以上，污泥无害化处理率达到 90% 以上。（责任单位：均溪镇、华兴镇、石牌镇人民政府，县住建局、环保局）

2. 农村污水治理。科学布局乡（镇）生活污水处理设施，合理确定污水处理设施规模和工艺，因地制宜推进乡（镇）生活污水处理设施建设。采取截污纳管集中处理、配建小型污水集中处理站、三格化粪池分散处理等方式，加快推进行政村生活污水治理。2017 年，全面修复已建成的乡（镇）污水处理设施建设，让全县所有已建成的乡（镇）污水处理设施全面运营，新建、改造三格化粪池 10385 户以上。2019 年，所有乡（镇）和村庄生活污水处理设施基本建成并投入使用。到 2020 年，乡（镇）污水处理率达到 70%，培育形成农村污水处理市场主体。（责任单位：各乡镇人民政府，县住建局、环保局）

3. 城区黑臭水体治理。持续推进生态环境治理，深入开展小流域综合整治，采取控源截污、垃圾清理、清淤疏浚、生态修复等措施，系统整治城区黑臭水体问题。加强排污许可证管理，按照排污许可证改革，推进依法排污，结合排污费改税制度改革，强化对餐饮、洗涤、工业等行业废水直排以及环保设施建设、运营的监管，加大违法违规排污处罚力度，提高违法成本。（责任单位：县住建局、环保局、水利局）

（三）供水安全工程

1. 水源地保护。深入开展集中式饮用水水源环境保护规范化建设，依法清理饮用水水源保护区违法建筑、排污口和库区超密度超规划养殖，重点推进城区坑口饮用水源地一级保护区范围内居民搬迁、地表水厂取水口分层取水、闽湖网箱养殖清理等工程。强化日常监管，将饮用水源地保护工作纳入网格化监管，严厉打击饮用水源保护区违法违规排污行为。加强水源地水质监测，提升监测能力及监测频率，完善水源地应急预案，适时组织开展应急演练。加快应急备用水源建设，提高应急保障能力，到 2020 年，全县具备双水源供水或者应急备用水源。（责任单位：各乡镇人民政府，县环保局、水利局、住建局、农业局、畜牧兽医水产中心）

2. 城区水厂改造提升。2017 年实施城区地表水厂二期项目，完善和优化混凝、沉淀、过滤、消毒等工艺，提高水厂抗冲击负荷能力和应对突发性水源污染能力，进一步提高供水水质，确保饮水安全。到 2020 年，供水水质合格率达到 97%。（责任单位：县水利局、水务公司）

3. 供水管网改造。加快老旧供水管网更新，全面改造老旧供水管网、混凝土管、灰口铸铁管、镀锌管等落后管材及漏损严重的供水管网。强化分区计量管理，充分利用物联网技术建立供水管网信息化管理，降低漏损率。2017 年起，城区每年新建、改造供水管网 5 公里以上。到 2020 年，用水普及率达到 99%，供水管网漏损率控制在 10% 以内。

（责任单位：县水利局、水务公司、住建局）

4. 农村饮用水安全。保障农村饮用水安全，按照“能延则延、能并则并、宜大则大、宜小则小”的原则，重点推进供水工程规模化和标准化管理。到 2020 年，农村集中供水率确保达到 80%，力争达到 90%，农村自来水普及率达到 80% 以上。（责任单位：各乡镇人民政府，县水利局）

（四）防洪防涝工程

1. 防洪设施建设。完善防洪排涝规划，加强与排水防涝标准衔接，加快江河流域防洪治理，提升防洪安全保障能力。到 2020 年，城区防洪标准达到 20—30 年一遇，重点乡镇、重点中小河流防洪能力进一步提高。（责任单位：各乡镇人民政府，县水利局、住建局）

2. 防涝设施建设。着力抓好城区排水管渠系统改造和滞洪区建设，完善各类调蓄设施，建立常态化清淤养护管理机制，提高排涝能力。加快推进城区易涝点隐患排查整治，加快内涝防治监控信息化管理平台建设，建立完善应急抢险队伍和设施设备。2017 年起，每年新建、改造城镇雨水管网 5 公里。到 2020 年，全县新增防洪排涝泵站 1 座，新增能力 2.5 立方米 / 秒以上，内涝防治水平明显提高，实现中雨、小雨不积水，大雨、暴雨不发生严重内涝，特大暴雨城区运转基本正常。（责任单位：各乡镇人民政府，县住建局、水利局）

（五）城乡洁净工程

1. 城市生活垃圾处理。改建、扩建城区无害化处理设施，同步配套建设飞灰处理设施。2017 年底前完成城区生活垃圾处理厂技改和渗滤液处理整改。到 2020 年，城区垃圾无害化处理率达到 98%。加快推进餐厨垃圾处理厂建设，到 2020 年，城区餐厨垃圾基本得到有效处理。加快简易垃圾填埋场垃圾综合整治，到 2020 年，基本完成鸭蛋山垃圾填埋场治理。加大城区道路机械化作业设备投入，到 2020 年，城区主干道机扫率达到 65% 以上。（责任单位：县住建局、环保局、经信局）

2. 农村生活垃圾治理。推进乡镇垃圾转运系统建设，加快农村生活垃圾治理步伐，建立健全村庄保洁常态化机制。开展农村生活垃圾“干湿”分类试点，淘汰焖烧炉等垃圾处理设施。2017 年，完成 9 个乡镇垃圾转运系统建设和 58 个行政村生活垃圾治理，实现所有乡镇垃圾转运系统全覆盖，全县 70% 以上的行政村生活垃圾得到有效治理。2018 年，陈年垃圾基本完成清理，所有乡镇和村庄生活垃圾得到有效治理。到 2020 年，乡镇生活垃圾无害化处理率达到 90% 以上，常态化治理机制更加完善。（责任单位：各乡镇人民政府，县住建局、环保局、农业局、水利局）

3. 生活垃圾分类处理。制定生活垃圾强制分类制度实施方案，按照“以法制为基础、政府推动、全民参与、城乡统筹、因地制宜”的要求，推进生活垃圾分类投放、分类收运、分类利用、分类处置，实现减量化、资源化、无害化。城区积极开展生活垃圾分类试点。（责任单位：县住建局、发改局、环保局、商务局）

4. 城乡公厕建设。按照“统一规划、合理布局、方便适用、文明卫生、环保节能”的原则，新建改造一批公厕，形成以独立式和附建式公厕为主，沿街公共建筑内厕所对外开放为辅的城镇公厕布置格局。公厕男女蹲位比例不低于 1 ： 1.5，商业区、大型广场等人流密集的繁华地段公厕男女蹲位比例不低于 1 ： 2。全面实行公厕专人管理、免费开放，健全完善公厕管理的监督、考核制度，确保公厕干净卫生整洁。2017 年，新增城乡公厕 22 座。到 2020 年，新增或改造城乡公厕 38 座，基本实现城区每万人有 3—4 座公厕，步行 15 分钟左右有一座公厕，乡村每个村庄有 1—2 个水冲式公厕。（责任单位：各乡镇人民政府，县住建局、旅游局、卫计局）

5. 建筑垃圾消纳和危险废物处理。加快落实建设用地，推进建筑垃圾消纳场所建设，鼓励结合建筑垃圾消纳场所建设推进综合利用设施建设。加快培育建筑垃圾资源化利用企业，鼓励企业外延伸产业链，参与建筑物拆除、建筑垃圾分类和集运，扶持形成一批综合性示范企业。有效破解“邻避效应”，推动危险废物综合处置设施及填埋场项目尽快建成投运。（责任单位：县住建局、环保局、经信局、发改局、城管局）

（六）管网建设工程

1. 燃气管网建设。进一步推进城市燃气管道建设，提高管道燃气覆盖率，推动管道燃气项目建设，有条件的中心镇建设液化天然气 (LNG) 气化站和配套管网，力争 2018 年前全面建成供气。强化政策引导，新建住宅区特别是多层、高层建筑必须同步建设、使用管道燃气。加大液化天然气 (LNG) 及液化石油气 (LPG) 储备项目建设力度，提高城镇燃气应急气源储备能力。2017 年起，每年新建、改造城镇燃气管网 8 公里。到 2020 年，城区及建制镇燃气普及率达到 96% 以上。（责任单位：各乡镇人民政府，县住建局）

2. 电网建设。实施新一轮农村电网改造计划，完成 2018 年前规划投产 35 千伏项目前期工作。按照“一乡镇一变电站”的原则，全力夯实主电网建设，完成 35 千伏建设输变电工程投产任务，力争 2017 年开工建设 35 千伏屏山输变电工程；完成小城镇（中心村）电网改造升级项目 49 个、动力电项目 39 个；完成 0.74 亿元农配改项目投资，新建或改造 10 千伏线路 29.76 公里、0.4 千伏线路 72.74 公里；新建或增容 278 台公网配变。加大电网项目规划深度，到 2020 年，用户年平均停电时间城区不超过 52 分钟，乡镇不超过 3 小时，农村不超过 9 小时；全县户均配变容量达到 3.5 千伏安；实现全县乡镇 35 千伏及以上变电站全覆盖，配电自动化覆盖率达 100%。（责任单位：各乡镇人民政府，县供电公司）

3. 通信基础设施建设。2017 年底前编制完善通信基础设施专项规划，做好与县城总体规划的衔接，满足城区宽带基础设施建设需求。城区新建小区严格执行光纤到户国家标准，预先铺设入户光纤，城区老旧小区加快光纤改造，推进城区通信缆线下地。完善城区光网覆盖，城区家庭实现 100 兆比特每秒以上灵活选择，大幅提升高宽带用户占比。抓好乡村通信杆线梳理规整，开展乡村电信普遍服务工程， 2017 年底前基本实现全县 100% 的行政村光纤通达，农村家庭宽带实现 20 兆比特每秒以上接入服务能力（因客观原因杆线无法到达除外）。优化移动基站的空间布局，提升共享水平，推进新增站点建设，有序推进室内分布系统建设，实现 4G 全面覆盖城乡，扩大 4G+ 覆盖广度和深度。到 2020 年，固定宽带家庭普及率达到 83%，移动 4G 用户普及率达到 90%。（责任单位：各乡镇人民政府，县供电公司、电信公司、移动公司、联通公司、广电网络公司、铁塔公司大田办事处）

（七）景观提升工程

1. 城市园林和绿道建设。坚持低维护、节约型园林绿化理念，结合城区边界划定和生态红线控制，依托山林、农田、河流，建设自然山地型、田园风光型、滨水湿地型等郊野公园。通过原生态空间保护和具有景观价值的河流、田园、山川等的控制和利用，建设由城区环城绿带、绿道、林荫大道、公园、街头绿地等构成的绿地系统。加快推进百公里高山骑行道、环城健身绿道等项目建设，认真做好白岩公园、仙亭山森林公园、赤岩公园等森林公园的日常维护管理工作，把城区步行道、自行车道、城市广场和历史文化节点、森林公园等进行串联，建成四通八达、互联互通的休闲健身绿道网络。通过保留原有田园风光、自然河川、生态原野，建设城区中的田园，让城区保留“青纱帐”。实施园林绿化“五个提升”工程，结合旧城改造，充分利用城区各类零星空地、边角地、闲杂地、废弃地、拆违用地等，建设街头绿地、袖珍绿地。推进防洪堤立体绿化，加快城市片林建设，配套完善城区公园的体育健身设施，增加市民绿色共享空间。到 2020 年，新增绿道 10 公里，城区建成区绿地率达到 39.5%、人均公园绿地面积达到 14.6 平方米。（责任单位：均溪镇、华兴镇、石牌镇人民政府，县住建局、林业局、旅游局）

2. 老旧小区改造。坚持“城为民建”，加快城区“四大板块”开发力度，重点实施石牌片区、原汽车站片区、原火电厂及福田桥头周边片区、城区新建教育项目、凤山路立面及道路改造等“四区一路”工程，推进老旧小区有机更新，重点改造雨水、污水、燃气、电力、通信等地下管线，支持符合条件的老旧既有建筑加装电梯，完善消防、停车、充电、照明等设施及社区服务设施，改善居住条件。推进沿街立面和周边环境整治，进一步提升城市景观面貌。（责任单位：均溪镇、华兴镇、石牌镇人民政府，县住建局）

3. 集镇环境整治。强化集镇污水垃圾治理，提升道路两侧和单位庭院的绿化水平，改善人居环境。配套市民休闲步道、休闲场所、停车场、公厕等设施，完善集镇功能。规范街道界面，规整店招店牌，整治杆线设施，推进重点区域架空缆线下地。传承传统元素，改造、协调建筑立面，保护特色风貌。（责任单位：各乡镇人民政府，县住建局）

（八）配套服务工程

1. 文化设施建设。推进数字图书馆、博物馆、文化馆建设，加快电视台高清数字化改造和新媒体平台建设进度，新建非遗展示馆。整合提升集宣传文化、党员教育、科学普及、普法教育、青少年活动、体育健身为一体的基层综合性文化服务中心功能。（责任单位：县文广局、发改局）

2. 健身设施建设。进一步完善县、乡镇、村（社区）三级全民健身基础设施网络，提升农民体育健身工程。继续将公共体育设施建设列入政府为民办实事项目，构建城市 15 分钟健身圈。规划建设体育公园、中小型社区全民健身活动中心、

多功能运动场、健身步道等，形成与绿道、栈道等相关串联的健身设施网络。[责任单位：各乡(镇)人民政府，县文广局、住建局]

3. 物流设施建设。根据《福建省经济和信息化委员会关于印发福建省建省级示范物流园区实施细则的通知》(闽经信服务〔2017〕144号)，培育建设布局集中、用地集约、功能集成的示范物流园区，充分发挥示范物流园区的集聚资源、示范引领作用，及时组织推荐符合省级示范物流园区条件的申报工作。尽快按规定制作城市配送车辆标识、通行便利政策及货运出租汽车运营服务规范，合理确定城市配送车辆的通行、停靠装卸的区域和时段，保障城市物流配送需要。在城区规划建设集配送、零售和便民服务等多功能于一体的商贸物流配送中心、完善商贸路通末端配送点和卸货点建设，推动县、乡镇、村物流配送终端体系建设。通过结合旧城改造项目建设4—5个农贸市场，较好解决居民日常生活需求。(责任单位：各乡镇人民政府，县经信局、商务局、交通运输局、公安局)

4. 无障碍设施建设。加快推进政府机关、学校、旅游景区、社区(村)公共服务机构(场所)、社会福利机构等公共场所无障碍设施改造。完善公共交通场站无障碍设施，对公共交通工具逐步配备无障碍设备，公共停车区按规定设立无障碍专用停车位。城区人行道交通信号设施等按照无障碍标准进行建设或改造。政府部门网站和提供公共服务的网站建设应当符合无障碍标准，将残疾人个性化的文体需求纳入公共数字云服务范畴。(责任单位：县残联、住建局)

5. 社保服务设施建设。全面推进社会保障服务中心、人力资源市场和劳动人事争议仲裁机构建设，建成18个乡镇劳动就业和社会保障服务设施，各级设施服务能力进一步提升。逐步构建实体大厅、网上平台、移动客户端、自助终端、“12333”咨询服务电话等多种形式相结合、相衔接的公共服务平台。到2020年，实现全县社保服务设施基本全覆盖。(责任单位：各乡镇人民政府，县人社局、发改局)

(九)智慧城市工程

以智慧城市建设为技术支撑，加快实施“互联网+市政基础设施”计划，大力发展智慧道路、智慧水务、智慧管网、智慧环卫、智慧园林等，促进现代信息技术与市政基础设施深度融合。加强各类市政设施管理数字化平台建设和功能整合，建设综合性城市运行管理数据库，实现多源信息整合和共享，逐步消除“信息孤岛”，加快推进数字城管平台建设，到2020年，建成数字城管系统平台。整合城乡建设行业信息化基础设施、基础数据、信息系统，建立互联互通、动态扩展平台。通过开展智慧城市建设，提高城乡民生基础设施使用效率和服务质量，提升城市安全运管保障水平，增强城市应急能力。(责任单位：县住建局、城管局、数字办)

三、保障措施

(一)加强组织领导。各乡镇要切实履行主体责任，制定具体工作计划，建立定期协调机制，及时解决项目推进过程中的突出问题，确保项目顺利实施。县直有关部门要各司其职，建立健全上下联动、督促协调的工作机制，全面系统推进工作任务落实。按照“五个一批”的要求，建立民生项目储备库，分年度有计划地推进，实现项目良性滚动。

(二)优化融资方式。充分调动政府、社会和市民三大主体积极性，完善价格形成机制，形成多方参与投入格局。综合运用投资补助、以奖代补、财政贴息、地方政府债券资金、基金投资等方式加大城乡民生领域基础设施投入。主动向上对接，争取中央相应资金支持。大力引导社会资本参与城乡民生基础设施建设和运营，对有使用者付费和运营潜力的领域要优先采用政府和社会资本合作(PPP)模式，财政性资金从“补建设”向“补运营”转变。各部门和乡镇要进一步创新投融资方式，用好投资工程包、政府和社会资本合作(PPP)模式等支持政策，按职责分工做好资金保障。

(三)创新工作机制。各有关部门要提高项目审批效率，进一步优化审批流程，简化审批手续，缩短审批时间。推进“多规合一”引领生成项目，强化用地保障，统筹安排好用地指标，优先将用地需求列入土地利用年度计划和建设用地供应计划，加快破解征迁难题，集约节约用地。大力推行安全生产和质量管理标准化，指导规范项目实施，提高项目质量和安全水平。加强政府和社会资本合作(PPP)模式的技术指导，积极搭建对接和交流平台。鼓励有条件的乡镇一起，将镇村污水处理、生活垃圾收集转运等项目进行打包，通过政府和社会资本合作(PPP)等方式，推动城乡生活污水垃圾治理等市政公用设施运营管理走向市场化、专业化，提高城乡民生基础设施服务质量。

(四)开展督促检查。县委、县政府督查室要加强督促检查、县效能办要加强绩效考核，作为各乡镇党政领导班子综合考核评价的重要参考。县直有关部门要建立健全项目考评机制，强化跟踪督促，并探索采取第三方评估等方式，推进任务有效落实。

经济统计资料

【概况】 2017年，大田县国民经济和社会发展保持平稳增长态势，大部分指标增幅位居全市前列。地区生产总值增幅居全市第1位，第三产业增加值、金融本外币存款余额和实际利用外资（验资口径）增幅居全市第2位，城镇居民人均可支配收入增幅居全市第3位，全县公共财政总收入和地方公共财政收入增幅居全市第4位，全社会工业用电量、固定资产投资和农村居民人均可支配收入增幅居全市第6位，农林牧渔业总产值和限上批发业销售额增幅为全市第7位。

2017年大田县国民经济和社会发展情况统计表

表14

项　目	单 位	2017年	增长（%）
一、综合	—	—	—
大田县生产总值（GDP）	亿元	198.22	8.8
其中：第一产业	亿元	33.41	4.1
第二产业	亿元	101.36	7.3
第三产业	亿元	63.45	13.6
人均生产总值	元	62431	12.5
第三产业占全县生产总值比重	%	32.0	2.6
二、农业	—	—	—
农林牧渔业总产值	亿元	56.26	4.2
其中：农业产值	亿元	37.95	3.6
林业产值	亿元	6.98	4.1
牧业产值	亿元	9.68	6.3
渔业产值	亿元	1.28	8.3
农林牧渔服务业	亿元	0.37	5.4
粮食总产量	万吨	12.41	-4.76
谷物产量	万吨	8.31	-1.9
薯类产量	万吨	3.42	-9.9
豆类产量	万吨	0.65	-15.6
甘蔗产量	万吨	2.57	-48.7
烟叶产量	万吨	0.41	-0.6
蔬菜产量	万吨	59.05	-21.1
瓜果	万吨	4.80	-8.5
油料作物产量	吨	2500	1.2
水产品产量	吨	8231	6.89

续表 14

项　　目	单 位	2017 年	增长（%）
其中：淡水养殖	吨	8231	6.89
肉蛋总产量	吨	22249	0.02
生猪出栏数	万 头	14.18	-2.75
羊出栏数	万 头	2.44	0
家禽出栏数	万 只	157.09	0
农村居民人均可支配收入	元	15413	9.4
三、工业	—	—	—
1. 规模以上工业增加值	亿 元	95.62	7.8
规模以下工业增加值	亿 元	—	—
2. 规模以上工业产值	亿 元	434.07	7.8
四、邮政业务总量	万 元	2515	23.0
五、固定资产投资（不含农户）	亿 元	319.13	17.3
六、社会消费品零售总额	亿 元	53.69	11.0
七、财政、金融	—	—	—
（一）地方公共财政收入	亿 元	10.44	10.7
（二）地方公共财政支出	亿 元	23.18	12.1
（三）本外币存款余额	亿 元	109.66	13.2
（四）本外币贷款余额	亿 元	85.92	13.7
八、文化、教育、卫生	—	—	—
小学在校学生数	人	29578	-8.2
普通中学在校学生数	人	13594	-6.6
医院床位数	张	1070	16.6
卫生技术人员	人	1300	9.4
九、劳动工资	—	—	—
单位从业人员	人	19724	-2.5
其中：国有	人	12360	2.0
城镇集体	人	2832	-4.1
其他	人	4532	-11.9
单位从业人员全年平均劳动报酬	元	59080	13.0
其中：国有	元	68263	14.3
城镇集体	元	49263	2.4
其他	元	39714	9.8
十、人口	—	—	—
总 户 数	户	102745	-1.1
总 人 口	万人	42.68	-1.5
其中：城镇人口	万人	12.32	-8.4
非城镇人口	万人	30.36	1.5
出生人数（以计生为准）	人	7616	—
出生率（以计生为准）	‰	17.93	—
死亡人数（以计生为准）	人	1904	—
死亡率（以计生为准）	‰	4.46	—
自然增长率（以计生为准）	‰	13.47	—

（黄钟煊）

教育 文化 卫生单位名录

【主要教育单位名录】

2017 年大田县主要教育单位名录

表 15

名称	类型	地 址	电 话	负责人
大田一中	高中	均溪镇文山路 17 号	7223612	连青阳
大田二中	完中	建设镇建设村 272 号	7408219	徐建清
大田三中	完中	桃源镇桃源街 108 号	7382819	柯文炳
大田四中	初中	吴山乡吴山新村 161 号	7328007	郭兆志
大田五中	完中	均溪镇天山路 43 号	7266826	廖明袓
大田六中	初中	均溪镇白岩山南路 116 号	7335006	陈育海
大田县鸿图中学	完中	均溪镇白岩山南路 118 号	7320099	郭传曙
石牌初级中学	初中	石牌镇石牌村 46 号	7249666	郑承国
上京初级中学	初中	上京镇上京村京南路 4 号	7363103	陈宗冠
太华初级中学	初中	太华镇太华街 1 号	7391390	林文华
广平初级中学	初中	广平镇五峰村 151 号	7416386	余志味
奇韬初级中学	初中	奇韬镇奇韬村 399 号	7438122	涂振接
文江初级中学	初中	文江乡文江村 162 号	7458005	郑宝珍
梅山初级中学	初中	梅山乡龙际路 003 号	7468005	陈春买
湖美初级中学	初中	湖美乡湖美街 22 号	7488013	颜全圣
武陵初级中学	初中	武陵乡宏图街 44 号	7358023	郑上森
柯坑初级中学	初中	上京镇京仙路 5 号	7366250	池上裕
实验小学	小学	均溪镇文山路 8 号	7240909	吴建玲
城关第一小学	小学	均溪镇雪山北路 58 号	7226693	杜肆贰
城关第二小学	小学	均溪镇玉山路 22 号	7322688	吴生煌

续表 15

名称	类型	地 址	电 话	负责人
城关第三小学	小学	均溪镇福田路 103 号	7333189	苏元炜
赤岩小学	小学	均溪镇象山路 52 号	7220036	林芳锃
均溪中心小学	小学	均溪镇温镇村 53 号	7201999	徐明煦
石牌中心小学	小学	石牌镇石牌村 061 号	7242939	叶建穗
上京中心小学	小学	上京镇上京村 90 号	7363027	郑超盛
桃源中心小学	小学	桃源镇桃源村 4 号	7382961	郑得星
太华中心小学	小学	太华镇太华村 36 号	7391131	陈仁稳
建设中心小学	小学	建设镇建设村 274 号	7408112	林其渊
广平中心小学	小学	广平镇广平村 133 号	7416838	郭守寨
奇韬中心小学	小学	奇韬镇奇韬村 399 号	7438133	林加将
文江中心小学	小学	文江乡文江村 175 号	7458977	吴同铭
梅山中心小学	小学	梅山乡梅秀新街 246 号	7408612	施生劲
前坪中心小学	九年一贯制	前坪乡黎明村 8 号	7478596	程传章
湖美中心小学	小学	湖美乡湖美街 19 号	7488016	廖明嵩
华兴中心小学	小学	华兴乡华安村 4 号	7232212	洪玲玲
屏山中心小学	九年一贯制	屏山乡屏山村兴屏路 2 号	7308256	陈联生
吴山中心小学	小学	吴山乡吴山村 163 号	7328001	章进锋
济阳中心小学	九年一贯制	济阳乡济阳村 14 号	7348820	章赞扬
谢洋中心小学	九年一贯制	谢洋乡谢洋村文兴路 14 号	7338158	林长组
武陵中心小学	小学	武陵乡宏图街 11 号	7358033	吴昌琦
柯坑中心小学	小学	上京镇京仙路 5 号	7366278	叶聿祥
特殊教育学校	特殊教育	均溪镇玉山路 12 号	7335399	林秀梅
教师进修学校	成人教育	均溪镇玉山路 12 号	7237838	林再生
电大工作站	大学	均溪镇玉山路 12 号	7233968	俞建营
大田职专	职业教育	均溪镇福田路 160 号	7223634	林凤瑮
实验幼儿园	学前教育	均溪镇前山路 33 号	7226966	王雯君
华兴初级中学 中小学生社会实践基地	初中 校外教育	华兴乡华兴街 6 号	7232212	章志钢
青少年学生 校外活动中心	校外教育	均溪镇玉山路 12 号	7231606	林青珠

【主要文化单位名录】

2017 年大田县主要文化单位名录

表 16

名称	类型	地址	电话	负责人
大田县文体广电出版局	文化	大田县建山路 14 号	0598-7222157	林春忠
大田县广播电视台	文化	大田县文山路 13 号	0598-7222562	范文革
大田县文化市场综合执法大队	文化	大田县建山路 14 号	0598-7337133	连福石
大田县文化馆	文化	大田县建山路 14 号	0598-7222012	连福石
大田县博物馆	文化	大田县建山路 14 号	0598-7230968	陈其忠
大田图书馆	文化	大田县银山北路 2 号	0598-7222216	郑圣泉
大田县少体校	文化	大田县银山北路 2 号	0598-7222215	王建民
大田县影剧院	文化	大田县建山路 14 号	0598-7226211	林乐朝
大田县文联	文化	大田县文山路 9 号	0598-7222225	颜全飚

【主要卫生单位名录】

2017 年大田县主要卫生单位名录

表 17

名称	类型	地址	电话	负责人
大田县卫生和计划生育局	卫生	建山路 174 号	7222132	陈永晶
大田县总医院	卫生	雪山北路 180 号	7222137	林其汉
大田县中医院	卫生	福田路 137-1 号	7222047	林其汉
大田县疾病预防控制中心（县卫生监督所）	卫生	香山路 181 号	7222017	郑雪珍
大田县妇幼保健院（大田县计划生育服务中心）	卫生	建山路 69 号	7222038	林大平
大田县卫生进修学校	教育	建山路 19 号	7222312	陈小忠
大田县均溪社区卫生服务中心	卫生	建山路 17 号	7222085	施发权
大田县石牌卫生院	卫生	石牌镇石牌街 62 号	7242970	施发珏
大田县桃源中心卫生院	卫生	桃源镇桃源村 81 号	7382377	陈瑞华
大田县上京卫生院	卫生	上京镇京南路 5 号	7363105	杨连熠
大田县太华卫生院	卫生	太华镇太华村 42 号	7391350	詹光治
大田县建设中心卫生院	卫生	建设镇建设街 273 号	7408159	涂黎明
大田县广平卫生院	卫生	广平镇五峰村 148 号	7416368	蒋联义
大田县奇韬卫生院	卫生	奇韬镇奇韬村 372 号	7438113	高加埁
大田县文江卫生院	卫生	文江乡文江新村 40 号	7458095	黄裕润
大田县梅山卫生院	卫生	梅山乡龙际路 14 号	7468008	陈之耀
大田县前坪卫生院	卫生	前坪乡红萍路 15 号	7478178	郑启红
大田县湖美卫生院	卫生	湖美乡仁美村 18 号	7488008	刘朱远
大田县华兴卫生院	卫生	华兴乡华兴街 7 号	7335769	肖佳篇

续表 17

名称	类型	地址	电话	负责人
大田县屏山卫生院	卫生	屏山乡兴屏路 41 号	7308224	苏庆棋
大田县武陵卫生院	卫生	武陵乡宏图街 10 号	7358031	郭建统
大田县吴山卫生院	卫生	吴山乡吴山村 15 号	7328191	乐士酬
大田县济阳卫生院	卫生	济阳乡新街 12 号	7437120	林生军
大田县谢洋卫生院	卫生	谢洋乡文兴路 18 号	7338008	林起庙
大田县民生医院	卫生	建设镇建设街	7409066	陈生前
大田县协和医院	卫生	建山路 206 号	7222088	郑 昌
大田县东南医院	卫生	凤山东路 80 号	7231938	林朝胜
大田县平安医院	卫生	建山路 231 号	7229979	林泽锋

（陈吉胜）

企业名录

【主要工业企业名录】

2017 年大田县部分工业企业名录

表 18

登记名称	企业类型	法定代表人/负责人	注册资本（万元）	经营范围	成立日期	住所
福建同利祥纺织实业有限公司	有限责任公司(自然人投资或控股)	郑名胜	1003.000000	纺织品、服装的制造、纺织印染加工；机械设备租赁。(依法须经批准的项目，经相关部门批准后方可开展经营活动）	2005-12-23	大田县均溪镇后坂洋 4 号
大田县联瑞建材加工有限公司	有限责任公司(自然人投资或控股)	吴联盛	1500.000000	烤漆门、卷帘门的生产，石材、扣板、铝合金的加工与销售。（以上经营范围凡涉及有关前置审批许可的，必须在许可的有效期与范围内从事生产经营。）	2010-08-10	三明市大田县建设镇建设村佰玖丘
福建省大田石凤企业公司	全民所有制	吴美采	2126.000000	仅供合资及清理债权债务用。(以上经营范围涉及许可经营项目的，应在取得有关部门的许可后方可经营)	1989-08-09	均溪镇建山路 188 号
福建省大田县上京水泥厂	集体所有制	陈天齐	939.560000	仅供清理债权债务使用。(以上经营范围涉及许可经营项目的，应在取得有关部门的许可后方可经营)	1990-03-16	上京镇梅林岩石洋
福建省金葫芦绞股蓝总公司	联营	郑兴宗	503.000000	一般经营项目：仅限清理债权债务(以上经营范围涉及许可经营项目的，应在取得有关部门的许可后方可经营)	1994-04-13	大田县城关建山路 78 号
福建省大田县梅林水泥厂	集体所有制	田承衍	980.000000	水泥熟料 普通硅酸盐水泥 水泥纸袋加工。(以上经营范围涉及许可经营项目的，应在取得有关部门的许可后方可经营)	1994-05-23	大田县上京镇梅林深丘洋

续表 18

登记名称	企业类型	法定代表人/负责人	注册资本（万元）	经营范围	成立日期	住所
福建省大田灵川水泥有限公司	有限责任公司(国有控股)	苏始烟	2420.400000	普通硅酸盐水泥制造、销售。(以上经营范围涉及许可经营项目的，应在取得有关部门的许可后方可经营)	1994-10-29	大田县上京镇灵川村
福建省大田县岩城水泥有限责任公司	有限责任公司(国有控股)	吴美采	14552.860000	一般经营项目：普通硅酸盐水泥、熟料、水泥包装物的生产、销售（以上经营范围涉及许可经营项目的，应在取得有关部门的许可后方可经营）	2001-06-28	大田县广平镇万筹村
福建省大田县华太铁矿深加工有限公司	其他有限责任公司	吴士鑫	1000.000000	铁矿精选、加工，铁矿、铅锌矿、铜矿、石灰石的购销（依法须经批准的项目，经相关部门批准后方可开展经营活动）	1998-04-16	福建省大田县太华镇黄沙村
福建省大田县济阳五建石凤水泥有限公司	有限责任公司(国有控股)	吴美采	2111.000000	32.5R 普通硅酸盐水泥的制造、销售。(以上经营范围涉及许可经营项目的，应在取得有关部门的许可后方可经营)	1996-07-30	大田县济阳乡济中村
福建省大田铭溪石凤水泥熟料有限公司	有限责任公司(国有控股)	吴美采	1349.320000	水泥熟料的生产、销售，对外投资。(以上经营范围涉及许可经营项目的，应在取得有关部门的许可后方可经营)	1997-01-02	大田县广平镇铭溪下坪
福建省大田县岩城水泥熟料有限公司	有限责任公司（自然人投资或控股）	庄祖坤	2435.370000	水泥熟料的制造、销售。(以上经营范围涉及许可经营项目的，应在取得有关部门的许可后方可经营)	1994-06-27	大田县广平镇万筹村
岩泉啤酒（福建）有限公司	有限责任公司（自然人投资或控股）	蔡荣誉	1632.000000	啤酒（熟啤酒）的生产（有效期至 2014 年 10 月 31 日）。(以上经营范围涉及许可经营项目的，应在取得有关部门的许可后方可经营)	1994-12-26	大田县均溪镇白岩山北路 4 号
福建省大田县昌盛机械制造有限公司	有限责任公司（自然人投资或控股）	李陆华	1000.000000	一般经营项目：铸钢球的制造（仅限分公司经营）;铸造生铁、铸件的制造及销售;金属材料、建筑材料、废旧金属的购销（以上经营范围涉及许可经营项目的，应在取得有关部门的许可后方可经营）	1995-04-06	均溪镇凤山东路 80 号
浩沙实业（大田）有限公司	有限责任公司（外商投资企业法人独资）	施鸿雁	2000.000000	一般经营项目：高档织物面料的织造，高档内衣、泳装、健身服及其他服装、服饰，体育用品、橡胶制品、包装制品的制造（不含漂及出口配额许可证管理品种）。(以上经营范围涉及许可经营项目的，应在取得有关部门的许可后方可经营)	2013-11-11	福建省三明市大田县京口工业集中区

续表 18

登记名称	企业类型	法定代表人/负责人	注册资本（万元）	经营范围	成立日期	住所
福建华闽纸业有限公司	有限责任公司（自然人投资或控股）	郭友实	2000.000000	机制纸、卫生纸、纸制和纤维制生活卫生用品的制造（仅限分支机构经营），销售及进出口贸易业务。（以上经营范围涉及许可经营项目的，应在取得有关部门的许可后方可经营）	2000-08-25	福建省三明市大田县华兴乡仙峰村黄地坂
福建省三明市佳宝科技有限公司	有限责任公司（自然人投资或控股）	温荣归	3000.000000	电子产品、保健用品、健身器材、枕头、多功能护理床、清洁用品，建筑材料的制造、销售。（以上经营范围涉及许可经营项目的，应在取得有关部门的许可后方可经营）	2000-12-11	大田县均溪镇凤山东路688号
福建省大田县弘惠纸业有限公司	有限责任公司（自然人投资或控股）	孙惠强	2210.000000	一般经营项目：机制纸制造（限分支机构经营）、销售。（以上经营范围涉及许可经营项目的，应在取得有关部门的许可后方可经营）	2001-04-30	大田县华兴乡仙峰村
福建省大田县东升包装制品制造有限公司	有限责任公司（自然人独资）	陈秀喜	900.000000	纸和纸板容器的制造，塑料丝、绳、袋及编织品的制造，塑料薄膜的制造，包装装潢印刷品、其他印刷品。（依法须经批准的项目，经相关部门批准后方可开展经营活动）	2001-08-23	均溪镇温镇工业区
福建省大田县金门油压机制造有限公司	有限责任公司（自然人独资）	黄成存	1500.000000	工业专用设备的制造、销售；钢材、机电产品的批发、零售；从事本企业产品的对外贸易业务及技术咨询服务。（依法须经批准的项目，经相关部门批准后方可开展经营活动）	1997-02-26	均溪镇后坂洋4号
福建省大田岩城机械工业有限公司	有限责任公司（自然人投资或控股）	林渊标	800.000000	机械、建材、矿山除尘设备的制造；建筑材料（除危险化学品外）、钢材的销售。（以上经营范围涉及许可经营项目的，应在取得有关部门的许可后方可经营）	1997-11-03	均溪镇凤山东路48号
大田县金光纸业有限公司	有限责任公司（自然人独资）	林祖鹤	500.000000	皱纹卫生纸、再生纸袋纸的加工制造、销售。（以上经营范围涉及许可经营项目的，应在取得有关部门的许可后方可经营）	2000-02-18	大田县吴山乡程堂村
福建省大田县和发机械有限公司	有限责任公司（自然人独资）	张淑华	500.000000	钢、铁铸件的铸造，机械加工，钢材、铸件、生铁、矿产品、煤炭的购售，对外投资，废旧金属物资回收（不含危险废物及废弃电器电子产品）（依法须经批准的项目，经相关部门批准后方可开展经营活动）	2001-12-19	大田县均溪镇后华村溪柏林

续表 18

登记名称	企业类型	法定代表人/负责人	注册资本（万元）	经营范围	成立日期	住所
农翔（福建）食品有限公司	有限责任公司（自然人独资）	乐初且	2000.000000	农产品的初加工；蜜饯（有效期限至2015年11月26日）、茶叶（仅限分支机构经营）的加工，预包装食品（有效期至2016年01月08日）；林木（仅限分支机构经营）的销售林木种植（依法须经批准的项目，经相关部门批准后方可开展经营活动）	2003-04-22	福建省三明市大田县均溪镇北山路19号，福建省三明市大田县均溪镇文山路6号(经营地址）
福建省大田县富杰矿业有限公司	有限责任公司（自然人投资或控股）	王茂青	500.000000	富锰渣的生产、销售，富锰渣、铁矿、锰铁矿、生铁、焦炭及矿产品（煤炭除外）的销售。（以上经营范围涉及许可经营项目的，应在取得有关部门的许可后方可经营）	2004-09-23	大田县广平镇铭溪村下坪
福建省大田县山友机械有限公司	有限责任公司（自然人独资）	叶　健	500.000000	矿山机械、通用零部件加工、制造、销售及进出口业务。（以上经营范围涉及许可经营项目的，应在取得有关部门的许可后方可经营）	2004-11-01	大田县华兴乡华安工业区
福建省三明市鑫豪木业有限公司	有限责任公司（自然人投资或控股）	田承衍	500.000000	木制产品的制造；木制产品的销售。（以上经营范围涉及许可经营项目的，应在取得有关部门的许可后方可经营）	2004-12-09	大田县上京镇隆美村
大田县闽发纸业有限公司	有限责任公司（自然人投资或控股）	刘仁杰	1000.000000	生活用卫生纸的生产；各种机制纸的销售。(以上经营范围涉及许可经营项目的，应在取得有关部门的许可后方可经营）	2003-10-20	大田县吴山乡吉洲工业区
福建省大田县新岩水泥有限公司	有限责任公司（自然人投资或控股）	田承衍	1000.000000	生产销售水泥；水泥用石灰岩开采（仅限分支机构营经）、石灰石销售。（以上经营范围涉及许可经营项目的，应在取得有关部门的许可后方可经营）	2003-10-29	上京镇梅林洋石岩
大田县桃源桥山铸造厂（普通合伙）	普通合伙企业	丁其占	750.000000	铸钢件、铸铁件的制造（中频炉生产）、销售；生铁的销售及机械加工。（以上经营范围涉及许可经营项目的，应在取得有关部门的许可后方可经营）	2003-11-27	桃源镇桥山村
大田县健丰木业有限公司	有限责任公司（自然人投资或控股）	林国锋	550.000000	松、杂胶合板，杉芯条，杉、松切片的加工（依法须经批准的项目，经相关部门批准后方可开展经营活动）	2003-12-22	桃源镇桃源村仙头
福建省大田县鑫城水泥工业有限公司	有限责任公司（自然人投资或控股）	黄秀琪	10300.000000	水泥熟料、水泥的制造、销售；水力发电（仅限分支机构经营），水泥用石灰岩地下开采（仅限分支机构经营）。（依法须经批准的项目，经相关部门批准后方可开展经营活动）	2003-12-26	广平镇下坪

续表18

登记名称	企业类型	法定代表人/负责人	注册资本（万元）	经营范围	成立日期	住所
福建省大田县兴洲纸业有限公司	有限责任公司（自然人投资或控股）	方斯清	600.000000	机制纸、卫生纸的制造、销售。（以上经营范围涉及许可经营项目的，应在取得有关部门的许可后方可经营）	2004-05-10	大田县华兴乡仙峰村仙腊板
大田县绿佳木业有限公司	有限责任公司（自然人投资或控股）	周贻仁	500.000000	细木工板、指接板，板材、方料、杉芯条的加工（依法须经批准的项目，经相关部门批准后方可开展经营活动）	2004-06-24	大田县武陵乡半路村
大田宝生矿业有限公司	有限责任公司（自然人投资或控股）	王华荣	630.000000	铁矿、铜矿、锰矿、铅锌矿、钾长石、叶蜡石、瓷土矿、矿山机械配件的销售，为矿山提供劳务；探矿（有效期至2015年4月3日）。（以上经营范围涉及许可经营项目的，应在取得有关部门的许可后方可经营）	2006-03-21	大田县前坪乡黎明村银锭坂
大田县华盛建材有限公司	有限责任公司（自然人投资或控股）	池其福	752.000000	煤矸石多孔砖的生产与销售。（以上经营范围涉及许可经营项目的，应在取得有关部门的许可后方可经营）	2006-05-26	大田县广平镇栋仁村十里亭（梨田峰工业项目区）
大田县岩锋矿业有限公司	有限责任公司（自然人独资）	郑爱华	2000.000000	铁矿、铜矿、锰矿、铅锌矿的破碎加工及销售，石灰石、瓷土、石英石、钾长石、叶蜡石、硅灰石、方解石矿、铁精矿粉、生铁、焦炭、氧化铁皮的销售。（以上经营范围涉及许可经营项目的，应在取得有关部门的许可后方可经营）	2005-09-06	大田县均溪镇上华村埔山
大田县前鑫矿业有限公司	有限责任公司（自然人投资或控股）	吴方灯	500.000000	铁精矿、铅锌精矿的加工及销售；铁矿、锰矿、铅锌矿、铜矿、石灰石的购销；矿山机电设备、建筑材料的零售；为矿山提供劳务服务。（以上经营范围涉及许可经营项目的，应在取得有关部门的许可后方可经营）	2006-09-19	大田县前坪乡前坪村（进财垅）
福建省大田县博实铸造有限公司	有限责任公司（自然人投资或控股）	杨承墩	600.000000	铸钢件、铸铁件、有色金属耐磨件、通用机械设备的制造加工和销售。（以上经营范围涉及许可经营项目的，应在取得有关部门的许可后方可经营）	2006-10-18	福建省三明市大田县武陵乡大石下坑工业项目区
福建省朝阳食品有限公司	有限责任公司（自然人投资或控股）	陈朝智	500.000000	其他粮食加工品（谷物粉类制成品）制造（依法须经批准的项目，经相关部门批准后方可开展经营活动）	2006-10-26	大田县均溪镇福塘村249号
福建省宝山机械有限公司	有限责任公司（自然人独资）	杜建辉	1300.000000	破碎、化工、矿山设备及铸件的制造、销售；橡胶制品、机电产品的销售；对外进出口贸易业务（国家限制或禁止公司经营的商品和技术除外）。（以上经营范围涉及许可经营项目的，应在取得有关部门的许可后方可经营）	2006-11-09	福建省大田县均溪镇福田路246号

续表 18

登记名称	企业类型	法定代表人/负责人	注册资本（万元）	经营范围	成立日期	住所
福建省金杉木业有限责任公司	有限责任公司（自然人投资或控股）	高忠赫	1800.000000	复合木板、杉拼板、杉芯条、杉松板材、方料、杉、松切片、指接板的加工。（依法须经批准的项目，经相关部门批准后方可开展经营活动）	2006-11-24	大田县上京镇灵川村京东
大田县福源工程机械厂	个人独资企业	曾万道	1300.000000	装载机、挖掘机、叉车零部件的加工。(以上经营范围涉及许可经营项目的，应在取得有关部门的许可后方可经营)	2006-12-04	福建省三明市大田县均溪镇福塘村过境路石坑垅
大田县伊鑫新型材料有限公司	有限责任公司（自然人投资或控股）	林　凯	3000.000000	绿色生态节能墙板、其他水泥助磨增效剂、专用抹面砂浆、飞灰固化剂、减水剂、水泥外加剂的制造，新型建筑材料、钢材、五金、水泥、石灰石、石灰、矿产品、工业废渣的销售，物流（不含普通货物运输）（依法须经批准的项目，经相关部门批准后方可开展经营活动）	2007-02-08	大田县吴山乡程堂村吉州自然村
三明市博大轻工制品有限公司	有限责任公司（自然人投资或控股）	高孝松	500.000000	板式小家具的制造，矿产品(煤炭除外)、建筑材料、（不含化学危险品）、酒店设备、五金交电、电子产品的销售。(以上经营范围涉及许可经营项目的，应在取得有关部门的许可后方可经营)	2007-05-11	三明市大田县建设镇建强村南坑洋
福建省大田县原美化工有限公司	有限责任公司（自然人投资或控股）	谢宝琼	2000.000000	硫酸（工业用）生产，矿产品的购销。（依法须经批准的项目，经相关部门批准后方可开展经营活动）	2008-03-03	大田县广平镇铭溪村
大田县广平镇宏岩新型建材厂（普通合伙）	普通合伙企业	池昌回	550.000000	煤矸石多孔空心砖的生产和销售。(以上经营范围涉及许可经营项目的，应在取得有关部门的许可后方可经营)	2008-03-13	大田县广平镇铭溪村下坪
福建省大田县新泉包装制品有限公司	有限责任公司（自然人投资或控股）	王加想	1200.000000	水泥袋、集装袋的生产、加工。包装装潢印刷品、其他印刷品的制造。（依法须经批准的项目，经相关部门批准后方可开展经营活动）	2008-04-29	大田县石牌镇上坡村小汤泉工业项目区
福建省大田县全鑫机械制造有限公司	有限责任公司（自然人投资或控股）	郑传营	500.000000	钢铁、铸件的制造、销售，机械加工配件、钢材、生铁的销售。(以上经营范围涉及许可经营项目的，应在取得有关部门的许可后方可经营)	2008-04-29	大田县前坪乡山川回族村上孟
三明市富友石墨矿业有限公司	有限责任公司（自然人投资或控股）	游正余	1000.000000	一般经营项目：石墨原矿的加工，硫铁矿的浮选，精矿粉、石墨矿粉、硫铁矿、矿产品的销售，酒店的管理。(以上经营范围涉及许可经营项目的，应在取得有关部门的许可后方可经营)	2008-05-22	大田县建设镇建爱村赤坂

续表 18

登记名称	企业类型	法定代表人/负责人	注册资本（万元）	经营范围	成立日期	住所
大田红狮水泥有限公司	有限责任公司(自然人投资或控股)	郭其正	18000.000000	水泥、熟料的制造、销售，工业余热供应，水泥用石灰岩的开采。（依法须经批准的项目，经相关部门批准后方可开展经营活动）	2008-05-28	福建省大田县太华镇小华村
福建省金福旺矿业有限公司	有限责任公司(自然人投资或控股)	何晓红	508.000000	低品位褐铁矿的焙烧—磁选，铁矿、铅锌矿、铜矿、锰矿、钼矿、石灰石的购销。(以上经营范围涉及许可经营项目的，应在取得有关部门的许可后方可经营)	2008-06-10	大田县前坪乡湖坪村
福建省诚盛手袋服饰厂(普通合伙)	普通合伙企业	张春板	500.000000	从事包袋的生产。(以上经营范围涉及许可经营项目的，应在取得有关部门的许可后方可经营)	2008-06-16	大田县均溪镇福塘工业园区标准厂房B幢2楼
大田县楚云矿业有限公司	有限责任公司(自然人独资)	陈加淼	500.000000	铁原矿破碎加工，铁矿、铅锌矿、钾长石矿、锰矿、油焦，矿产品销售(不含煤炭)，为矿山提供劳务。(以上经营范围涉及许可经营项目的，应在取得有关部门的许可后方可经营)	2008-09-03	大田县太华镇西埔村
大田县长鑫船舶配件制造有限公司	有限责任公司(自然人投资或控股)	林国凯	6000.000000	炼铁、黑色金属铸造、有色金属铸造、有色金属合金铸造、其他通用设备制造、金属加工机械制造。（依法须经批准的项目，经相关部门批准后方可开展经营活动）	2007-08-30	大田县上京镇三阳村
福建省大田县东方升铸造有限责任公司	有限责任公司(自然人投资或控股)	罗立江	800.000000	铸铁件的制造、机械加工及产品销售。(以上经营范围涉及许可经营项目的，应在取得有关部门的许可后方可经营)	2007-09-20	大田县太华镇万湖村鬼坑
大田县源兴木业有限公司	有限责任公司(自然人投资或控股)	陈元清	1000.000000	松水泥模板、杉芯条、杉板材、方料、杂锯材、杂胶合板的加工；木制品、家居用品、建筑装潢材料、家纺家具、床上用品、电线电缆、五金交电、农副产品、预包装食品的销售。（依法须经批准的项目，经相关部门批准后方可开展经营活动）	2007-09-27	大田县桃源镇桃源村谷口自然村
福建省大田县恒丰工贸有限公司	有限责任公司(自然人投资或控股)	周庆塔	500.000000	通用机械配件、钢铁铸件的制造、销售，矿山机械、工业设备、机电设备、生铁、钢材、焦炭、矿产品的销售。(以上经营范围涉及许可经营项目的，应在取得有关部门的许可后方可经营)	2007-10-15	大田县太华镇万湖村岬坪
福建省沈宏矿业有限公司	有限责任公司(自然人投资或控股)	陈迪树	2000.000000	金属矿的精选及销售；矿产品购销。(依法须经批准的项目，经相关部门批准后方可开展经营活动)	2007-10-26	大田县前坪乡下坑村

续表 18

登记名称	企业类型	法定代表人/负责人	注册资本（万元）	经营范围	成立日期	住所
福建省大田县晨晖铸造有限公司	有限责任公司（自然人投资或控股）	章瑞才	500.000000	一般经营项目：铸钢件、铸铁件的制造、销售，机械加工与销售。许可经营项目：（以上经营范围涉及许可经营项目的，应在取得有关部门的许可后方可经营）	2007-11-30	大田县太华镇群团村中华自然村岬后
福建省大田县晨华铸造有限公司	有限责任公司（自然人投资或控股）	陈永挺	2100.000000	焦炭、生铁、水渣、钢材、木材、家具、煤、矿产品及铸件的购销。（以上经营范围涉及许可经营项目的，应在取得有关部门的许可后方可经营）	2007-12-06	大田县前坪乡湖坪村大岬头
福建省大田县岩盛铸造有限公司	有限责任公司（自然人投资或控股）	林魁祥	3000.000000	铸铁件、铸钢件制造及销售。（以上经营范围涉及许可经营项目的，应在取得有关部门的许可后方可经营）	2008-01-11	大田县武陵乡大石村下坑
大田县华能达机械铸造有限公司	有限责任公司（自然人投资或控股）	郑允训	1000.000000	炼铁，黑色金属铸造，有色金属铸造，常用有色金属冶炼，其他金属加工机械制造。（依法须经批准的项目，经相关部门批准后方可开展经营活动）	2008-01-29	大田县太华镇小华村瓦沟岬
福建省大田县双兴矿业有限公司	有限责任公司（自然人投资或控股）	王春亭	1015.000000	瓷石、石英石的加工，矿产品的销售。（依法须经批准的项目，经相关部门批准后方可开展经营活动）	2008-09-16	大田县吴山乡吉洲工业区 1 号综地
福建省大田县谐坤矿业有限责任公司	有限责任公司（自然人投资或控股）	高忠雄	500.000000	锰矿的精选及销售，富锰渣、铁矿、锰铁矿、生铁、焦炭及矿产品（煤炭除外）的购售。（以上经营范围涉及许可经营项目的，应在取得有关部门的许可后方可经营）	2008-09-25	大田县太华镇罗丰村大菜坑
福建好的生活用品有限公司	有限责任公司（自然人投资或控股）	陈春霞	1000.000000	卫生纸、纸巾、餐巾纸、卫生巾、卫生垫、纸制和纤维制婴儿尿布的制造、加工、销售及进出口贸易业务。（以上经营范围涉及许可经营项目的，应在取得有关部门的许可后方可经营）	2008-10-16	福建省大田县福塘轻工业园区标准厂房 D 栋二层
大田县山川铸造有限公司	有限责任公司（自然人独资）	丁首达	500.000000	钢铁铸件制造（中频炉），钢铁铸件、机电配件、水暖配件的销售。（以上经营范围涉及许可经营项目的，应在取得有关部门的许可后方可经营）	2008-10-22	大田县前坪乡湖坪村南坑
福建省大田县盛达铸造有限公司	有限责任公司（自然人投资或控股）	施生壮	500.000000	水暖设备、消防管道的制造与销售；生铁的销售。（以上经营范围涉及许可经营项目的，应在取得有关部门的许可后方可经营）	2008-10-22	大田县前坪乡山川村下坑桥仔
大田县鑫业铸造有限公司	有限责任公司（自然人投资或控股）	连华潭	500.000000	从事铸铁件的铸造（中频炉），石英沙加工。（依法须经批准的项目，经相关部门批准后方可开展经营活动）	2008-12-02	大田县武陵乡大石村下坑

续表18

登记名称	企业类型	法定代表人/负责人	注册资本（万元）	经营范围	成立日期	住所
福建省大田县宏盛铸造有限公司	有限责任公司(自然人独资)	连华潭	700.000000	从事铸铁件的铸造（中频炉）。(以上经营范围涉及许可经营项目的，应在取得有关部门的许可后方可经营)	2008-12-03	大田县武陵乡大石村下坑
福建万华实业有限公司	有限责任公司(自然人投资或控股)	李　敏	22288.000000	从事合成革、无纺布、革用浆料的生产及销售。(以上经营范围涉及许可经营项目的，应在取得有关部门的许可后方可经营)	2009-03-20	大田县吴山乡吉洲处吴山工业园
福建省大田县闽盛机械有限公司	有限责任公司(自然人投资或控股)	杨承墩	1200.000000	茶叶机械的制造及销售。(以上经营范围涉及许可经营项目的，应在取得有关部门的许可后方可经营)	2009-05-21	福建省三明市大田县均溪镇建山路271号
大田县和顺竹业有限公司	有限责任公司(自然人投资或控股)	陈洪传	500.000000	竹胶板、竹艺品、竹半成品、杂单板、杂锯材的加工及销售（依法须经批准的项目，经相关部门批准后方可开展经营活动）	2009-06-02	大田县桃源镇谷口项目区
福建大田县恒隆空心砖有限公司	有限责任公司(自然人投资或控股)	杨景强	500.000000	多孔空心砖生产及销售。(以上经营范围涉及许可经营项目的，应在取得有关部门的许可后方可经营)	2010-03-30	大田县上京镇隆美村
福建省大田县富豪矿业有限公司	有限责任公司(自然人独资)	范克嵩	500.000000	褐铁原矿破碎；褐铁合格矿、铅锌精矿、铁精矿、硫铁矿、石灰石、瓷土矿、铅锌矿、铜矿、矿山机械工程配件的销售；为矿山工程提供劳务服务。(以上经营范围涉及许可经营项目的，应在取得有关部门的许可后方可经营)	2010-03-31	大田县均溪镇和丰村银顶格龙船湾
福建省大田县三陵液压机械制造有限公司	有限责任公司(自然人投资或控股)	林光理	600.000000	液压机械制造及销售。(以上经营范围涉及许可经营项目的，应在取得有关部门的许可后方可经营)	2010-04-07	大田县均溪镇玉田村门后坑
福建雅安居家具有限责任公司	有限责任公司(自然人独资)	林芳仕	500.000000	木质家具、实木复合门制造（有效期至2014年12月31日）；家具、装饰材料(不含危险化学品）的购销。(以上经营范围涉及许可经营项目的，应在取得有关部门的许可后方可经营)	2010-04-13	大田县石牌镇小汤泉工业区
大田县建设镇鑫盛元木制品厂	个人独资企业	池长汉	500.000000	细木工板，杉、松板材、方料，杉芯条的加工(有效期至2014年12月止)。(以上经营范围涉及许可经营项目的，应在取得有关部门的许可后方可经营)	2010-06-10	大田县建设镇元山村长圳尾
大田县建设镇德兴木材加工厂	个人独资企业	林进福	2300.000000	木包装箱板，杉、松板材、方料，杉芯条的加工。（依法须经批准的项目，经相关部门批准后方可开展经营活动）	2010-07-07	大田县建设镇建设村40号

续表 18

登记名称	企业类型	法定代表人/负责人	注册资本（万元）	经营范围	成立日期	住所
大田县建龙新型建材有限公司	有限责任公司（自然人投资或控股）	林书刊	500.000000	多孔砖的生产。（以上经营范围涉及许可经营项目的，应在取得有关部门的许可后方可经营）	2009-11-17	大田县建设镇建强村
福建省大田县奕盛矿业有限公司	有限责任公司（自然人投资或控股）	詹兴振	666.000000	矿产品、生铁铸件、化工原料、建筑材料、酒店设备、五金交电、家具、电子产品、日用百货、工艺品、通信设备的销售。（依法须经批准的项目，经相关部门批准后方可开展经营活动）	2009-11-25	大田县均溪镇郭村
福建鑫欣源竹木有限公司	有限责任公司（自然人投资或控股）	曾森建	3600.000000	加工竹香芯、竹帘、竹碳、竹胶板、竹地板、胶合板、细木工板、指接板（有效期至 2013 年 12 月 31 日）。（以上经营范围涉及许可经营项目的，应在取得有关部门的许可后方可经营）	2010-10-15	大田县桃源镇前厝村后丘坪工业园区
福建工友机械有限公司	有限责任公司（自然人投资或控股）	郑宝琦	500.000000	机械加工，铸件（中频炉）生产、销售，生铁销售。（以上经营范围涉及许可经营项目的，应在取得有关部门的许可后方可经营）	2010-11-08	大田县太华镇群团村白桦林
福建大田县金阳矿业有限公司	有限责任公司（自然人投资或控股）	李卓捷	3000.000000	结晶硅、硅锰的加工，结晶硅、硅锰、矿产品、矿山机械、建筑材料、水渣的销售，提供劳务（依法须经批准的项目，经相关部门批准后方可开展经营活动）	2010-11-10	大田县石牌镇上坡村小汤泉工业集中区
大田县清花矿业有限公司	有限责任公司（自然人投资或控股）	陈占央	500.000000	铁矿原矿破碎；矿产品（煤炭除外）、金属材料（不含贵金属）、化工产品（不含危险化学品）、五金交电、建筑材料（不含危险化学品）、一般劳动防护用品、农产品的批发及零售；为土石方工程提供劳务服务。（以上经营范围涉及许可经营项目的，应在取得有关部门的许可后方可经营）	2010-11-19	大田县太华镇群团村平路下
福建省大田县铭和建材有限公司	有限责任公司（自然人投资或控股）	池昌森	1500.000000	煤矸石多孔空心砖的生产与销售；金属材料、矿产品、五金交电、建筑材料、木材等销售。（以上经营范围涉及许可经营项目的，应在取得有关部门的许可后方可经营）	2010-11-19	大田县广平镇兴埔村陈坑
福建育灯纺织有限公司	有限责任公司（自然人独资）	蔡进展	2000.000000	PU 革、无纺布、化纤布的生产及销售。（以上经营范围涉及许可经营项目的，应在取得有关部门的许可后方可经营）	2011-04-28	大田县华兴乡京口工业集中区

续表 18

登记名称	企业类型	法定代表人/负责人	注册资本（万元）	经营范围	成立日期	住所
三明建华纺织有限公司	有限责任公司（自然人投资或控股）	王伟华	2000.000000	从事高档仿真人工皮革材料生产项目的筹建、人造合成革的销售。（以上经营范围涉及许可经营项目的，应在取得有关部门的许可后方可经营）	2011-05-13	大田县京口工业集中区
三明旭日纺织有限公司	有限责任公司（自然人投资或控股）	张金盾	3000.000000	PU 合成革的生产及销售。（以上经营范围涉及许可经营项目的，应在取得有关部门的许可后方可经营）	2011-05-20	大田县京口工业集中区
福建大联新型材料发展有限公司	有限责任公司（自然人投资或控股）	洪文默	5000.000000	PU 革、PU-PVC 复合革、无纺布的生产、销售及对外贸易；其他工程准备活动。（依法须经批准的项目，经相关部门批准后方可开展经营活动）	2011-05-25	大田县京口工业集中区
大田县华阳光电有限公司	有限责任公司（自然人投资或控股）	施发济	3000.000000	工业硅的生产与销售。（以上经营范围涉及许可经营项目的，应在取得有关部门的许可后方可经营）	2011-06-14	大田县上京镇隆美村
大田县高新制砖厂（普通合伙）	普通合伙企业	刘卫苏	600.000000	高科技免烧环保砖的制造、销售。（以上经营范围涉及许可经营项目的，应在取得有关部门的许可后方可经营）	2010-12-06	大田县奇韬镇桃舟村长潭地段
大田县宏宇木业有限公司	有限责任公司（自然人投资或控股）	郑光好	600.000000	杉、松板材、方料、集成板、木制工艺品、木地板的加工（依法须经批准的项目，经相关部门批准后方可开展经营活动）	2010-12-16	大田县文江乡联盟村
大田县太华镇方湖木材加工厂	个人独资企业	陈长清	500.000000	杉芯条，杉松板材、方料的加工。（依法须经批准的项目，经相关部门批准后方可开展经营活动）	2011-01-04	大田县太华镇万湖旧中学
大田县华建新型建材厂	个人独资企业	黄长华	700.000000	煤矸石多孔空心砖的制造与销售。（以上经营范围涉及许可经营项目的，应在取得有关部门的许可后方可经营）	2011-01-12	大田县建设镇建爱村福岭
福建省大田县汇鑫铸造有限公司	有限责任公司（自然人投资或控股）	丁华通	10000.000000	机械铸造、销售及对外贸易。（以上经营范围涉及许可经营项目的，应在取得有关部门的许可后方可经营）	2011-01-14	大田县太华镇仕坑村仙人谷
三明恒泰机械有限公司	有限责任公司（自然人独资）	王孔鑫	500.000000	机械设备及配件生产加工，矿山物资销售。（以上经营范围涉及许可经营项目的，应在取得有关部门的许可后方可经营）	2011-03-09	大田县广平镇铭溪村
大田县山海矿业有限公司	有限责任公司（自然人投资或控股）	郑先进	500.000000	低品位褐铁矿加工、销售；矿产品购销（煤炭除外）。（以上经营范围涉及许可经营项目的，应在取得有关部门的许可后方可经营）	2011-03-24	大田县前坪乡黄龙村

续表 18

登记名称	企业类型	法定代表人/负责人	注册资本（万元）	经营范围	成立日期	住所
福建省大田县万隆洋伞有限公司	有限责任公司（自然人投资或控股）	许文曲	500.000000	雨具制造及销售。（以上经营范围涉及许可经营项目的，应在取得有关部门的许可后方可经营）	2012-09-10	大田县均溪镇后坂洋4号2幢1层
福建省大田县鼎晟圆工贸有限公司	有限责任公司（自然人投资或控股）	杨振畅	500.000000	铁矿石破碎；硫矿、铁矿、铅锌矿、铜矿、石灰石的购销，对外投资，为矿山提供劳务。（以上经营范围涉及许可经营项目的，应在取得有关部门的许可后方可经营）	2012-10-29	大田县均溪镇上华村东思安
大田县腾龙新型建材有限公司	有限责任公司（自然人投资或控股）	田守平	1000.000000	石灰的生产、销售。（以上经营范围涉及许可经营项目的，应在取得有关部门的许可后方可经营）	2012-11-16	大田县上京镇隆美村清水坑
福建省仙师泉山泉水有限公司	有限责任公司（自然人投资或控股）	陈文团	500.000000	包装饮用水［其他饮用水（瓶、桶装饮用水山泉水）］（依法须经批准的项目，经相关部门批准后方可开展经营活动）	2012-12-04	大田县太华镇华溪村“拿口”处
福建宇隆超纤有限公司	有限责任公司（自然人投资或控股）	张树仁	1888.000000	塑料人造革、合成革、其他合成材料的制造、销售（依法须经批准的项目，经相关部门批准后方可开展经营活动）	2012-06-04	大田县京口工业区
福建顺天来彩陶制品有限公司	有限责任公司（自然人独资）	田加本	500.000000	瓷泥、瓷瓶（酒瓶）彩陶的生产和销售。（以上经营范围涉及许可经营项目的，应在取得有关部门的许可后方可经营）	2012-06-12	福建省大田县建设镇建国村工业项目区
福建省铭晟机械有限公司	有限责任公司（自然人投资或控股）	周小丽	2000.000000	机械铸件制造，机械铸件、煤炭的购销，对外投资（依法须经批准的项目，经相关部门批准后方可开展经营活动）	2012-07-10	福建省三明市大田县前坪乡湖坪村下溪
福建合欢服装有限公司	有限责任公司（自然人投资或控股）	洪联煌	500.000000	服装制造，服装面料织造，服装及面料销售。（以上经营范围涉及许可经营项目的，应在取得有关部门的许可后方可经营）	2011-11-24	大田县均溪镇福塘工业区标准厂房C幢1楼
闽磁（大田）电子科技有限公司	有限责任公司（自然人投资或控股）	刘加鹏	500.000000	电子变压器的加工生产，电感产品、LED、振动器、电子材料、塑料制品、五金交电、家用电器的销售。（以上经营范围涉及许可经营项目的，应在取得有关部门的许可后方可经营）	2011-12-14	大田县福塘工业园区D幢四楼
福建仙顶实业有限公司	有限责任公司（自然人投资或控股）	刘起堵	5000.000000	茶叶（乌龙茶、红茶、绿茶）制造，茶叶树种植，生态农业观光，茶具、茶叶机械设备、矿产品、家具、家用电器的销售；室内装修（依法须经批准的项目，经相关部门批准后方可开展经营活动）	2012-03-15	大田县福田大道标准厂房A幢

续表 18

登记名称	企业类型	法定代表人/负责人	注册资本（万元）	经营范围	成立日期	住所
福建省五广铸造有限公司	有限责任公司（自然人投资或控股）	郑恢中	500.000000	钢铁铸造与销售；铸铁件、铸钢件的制造。(以上经营范围涉及许可经营项目的，应在取得有关部门的许可后方可经营）	2012-03-26	大田县广平镇梨田峰工业园区
大田县原野农产品加工有限公司	有限责任公司（自然人投资或控股）	陈元利	700.000000	茶叶、萝卜、金姜的初加工。（以上经营范围涉及许可经营项目的，应在取得有关部门的许可后方可经营）	2011-08-30	大田县均溪镇福塘村羊坑垅
大田县福立矿业有限公司	有限责任公司（自然人投资或控股）	黄立在	500.000000	低品位石墨矿的加工与销售、矿产品购销；煤炭批发（有效期至 2016 年 4 月 25 日）。(以上经营范围涉及许可经营项目的，应在取得有关部门的许可后方可经营）	2011-09-06	大田县建设镇建爱村福岭
大田县盛和矿业有限公司	有限责任公司（自然人投资或控股）	苏志福	500.000000	铁矿破碎加工及矿产品（煤炭除外）的购销。(以上经营范围涉及许可经营项目的，应在取得有关部门的许可后方可经营）	2011-09-21	福建省大田县太华镇张地村
福建省九道山茶业有限公司	有限责任公司（自然人独资）	乐初纪	500.000000	茶叶的制造，茶具、预包装食品（不含冷藏冷冻食品）的销售，茶树种植。（依法须经批准的项目，经相关部门批准后方可开展经营活动）	2011-11-03	大田县均溪镇上太村
福建省大田县庆丰年米业有限公司	有限责任公司（自然人投资或控股）	于能斌	500.000000	大米加工；装卸搬运（依法须经批准的项目，经相关部门批准后方可开展经营活动）	2011-11-14	大田县石牌镇石牌村 71 号
三明市福润新型建材有限公司	有限责任公司（自然人投资或控股）	林炳钗	1000.000000	煤矸石页岩空心砖生产与销售。(以上经营范围涉及许可经营项目的，应在取得有关部门的许可后方可经营）	2011-11-23	大田县广平镇栋仁村犁田峰工业园区
三明市庆成新型建材有限公司	有限责任公司（自然人投资或控股）	李光禄	500.000000	煤矸石页岩空心砖的生产与销售。(以上经营范围涉及许可经营项目的，应在取得有关部门的许可后方可经营）	2013-01-18	大田县太华镇罗丰村
福建省大兴工贸有限公司	有限责任公司（自然人投资或控股）	陈志德	3000.000000	铁矿破碎；销售建筑材料、金属材料、机械设备、五金交电、矿产品、农畜产品、化工产品；再生物资回收；煤炭批发（有效期至 2016 年 4 月 25 日）。(以上经营范围涉及许可经营项目的，应在取得有关部门的许可后方可经营）	2013-01-24	大田县广平镇万宅村风头架
三明市海逸纺织有限责任公司	有限责任公司（自然人独资）	李连治	500.000000	织物面料、服装生产（不含染整），纱线、布料、服装销售、进出口贸易。(以上经营范围涉及许可经营项目的，应在取得有关部门的许可后方可经营）	2013-01-30	大田县京口工业集中区

续表 18

登记名称	企业类型	法定代表人/负责人	注册资本（万元）	经营范围	成立日期	住所
福建省亚派旅游用品有限公司	有限责任公司（自然人投资或控股）	吴文帖	500.000000	拖鞋生产；拖鞋、纺织品、针织品、编织品、布织品的销售	2013-05-07	大田县均溪镇凤山东路82号
大田县奇韬镇龙传装饰材料制品厂	个人独资企业	林家顺	500.000000	腻子粉、益胶泥、防水涂料的生产与销售。（以上经营范围涉及许可经营项目的，应在取得有关部门的许可后方可经营）	2013-05-22	大田县奇韬镇奇韬村龙床自然村公路旁
大田县元庄新型墙体材料有限公司	有限责任公司（自然人投资或控股）	庄德雄	1000.000000	一般经营项目：煤矸石页岩空心砖的生产与销售。（以上经营范围涉及许可经营项目的，应在取得有关部门的许可后方可经营）	2013-12-18	福建省三明市大田县上京镇梅林村东边坑
福建体克体育用品有限公司	有限责任公司（自然人投资或控股）	杜进京	500.000000	一般经营项目：鞋服加工及销售（以上经营范围涉及许可经营项目的．应在取得有关部门的许可后方可经营）	2013-08-28	大田县福塘标准厂房B幢第三、四层
大田县建设镇林池木竹加工厂	个人独资企业	池上卫	3000.000000	板材、方料、杉、松切片的加工、销售。（依法须经批准的项目，经相关部门批准后方可开展经营活动）	2013-10-24	福建省三明市大田县建设镇建国村
福建省大田县凯力机械加工有限公司	有限责任公司（自然人投资或控股）	连华潭	1000.000000	一般经营项目：矿山机械设备制造，机械本配件加工，生铁、焦炭、矿产品的购销；废旧物资的回收（不含危险废物、废弃电器、电子产品）（以上经营范围涉及许可经营项目的，应在取得有关部门的许可后方可经营）	2013-11-11	大田县武陵乡大石村
福建永岩工贸有限公司	有限责任公司（自然人独资）	陈维锋	500.000000	煤矸石破碎、加工、销售。（依法须经批准的项目，经相关部门批准后方可开展经营活动）	2014-06-11	福建省三明市大田县上京镇灵川村32号
大田县石牌镇小湖新型建材有限公司	有限责任公司（自然人投资或控股）	翁运平	2000.000000	煤矸石多孔空心砖的制造、销售（依法须经批准的项目，经相关部门批准后方可开展经营活动）	2014-06-19	福建省三明市大田县石牌镇小湖村
大田县福岩石业有限公司	有限责任公司（自然人投资或控股）	廖明库	1100.000000	石材、瓷砖的加工与销售和安装。（依法须经批准的项目，经相关部门批准后方可开展经营活动）	2014-10-24	福建省三明市大田县均溪镇红星村芹菜垅
大田县超步户外用品有限公司	有限责任公司（自然人独资）	陈文锦	500.000000	旅游鞋、拖鞋、花园鞋的加工及销售（依法须经批准的项目，经相关部门批准后方可开展经营活动）	2014-10-30	福建省大田县石牌镇小汤泉工业园区
大田县泰源旅游用品有限公司	有限责任公司（自然人独资）	郑燕平	500.000000	旅游鞋、拖鞋、花园鞋的加工及销售（依法须经批准的项目，经相关部门批准后方可开展经营活动）	2014-10-30	福建省大田县石牌镇小汤泉工业园区

续表 18

登记名称	企业类型	法定代表人/负责人	注册资本（万元）	经营范围	成立日期	住所
大田县兴森牲畜屠宰有限公司	有限责任公司（自然人投资或控股）	张玉森	500.000000	生猪屠宰（依法须经批准的项目，经相关部门批准后方可开展经营活动）	2014-12-04	福建省三明市大田县广平镇铭溪村下坪89号
大田正丰服装有限公司	有限责任公司（自然人投资或控股）	陈吉喜	800.000000	服装、鞋帽、箱包的制造、销售（依法须经批准的项目，经相关部门批准后方可开展经营活动）	2014-12-10	福建省三明市大田县均溪镇福塘工业区标准厂房B幢第四层
福建省大田县艺森竹木业有限公司	有限责任公司（自然人独资）	王孔灯	1500.000000	竹胶板、竹香芯、竹地板、竹工艺品、指接板、细木工板、防滑板、装饰板、指接条的加工与销售。（依法须经批准的项目，经相关部门批准后方可开展经营活动）	2014-12-16	福建省三明市大田县广平镇梨田峰工业园区
福建力劦实业有限公司	有限责任公司（自然人投资或控股）	董海霞	5000.000000	鲜湿面制造，金属矿、非金属矿、煤炭、纸制品、五金、化工、建材的销售（依法须经批准的项目，经相关部门批准后方可开展经营活动）	2014-12-26	福建省三明市大田县吴山乡高山红精制茶工业园
三明市菲得美机械有限公司	有限责任公司（自然人投资或控股）	苏友帮	2000.000000	黑色金属铸造，通用零部件、汽车零配件的制造、销售及进出口活动（依法须经批准的项目，经相关部门批准后方可开展经营活动）	2015-02-05	福建省三明市大田县前坪乡湖坪村下溪
大田县泼专笋业农民专业合作社	农民专业合作社	廖首生	800.000000	竹、笋栽培、经营管理及销售。(以上经营范围涉及许可经营项目的，应在取得有关部门的许可后方可经营)	2010-09-09	大田县桃源镇（东风农场）泼水村11号
福建省佳特服装织造有限公司	有限责任公司（自然人独资）	施少腾	1000.000000	机织服装、针织或钩针编织服装、服饰的制造，棉织造加工，化纤织造加工，针织或钩针编织物织造（依法须经批准的项目，经相关部门批准后方可开展经营活动）	2015-04-09	福建省三明市大田县华兴乡京口工业集中区
大田县旺开木业有限公司	有限责任公司（自然人独资）	陈承旺	1000.000000	杉、松锯材、杉、松切片，竹片的加工与销售，林产品、木质装饰材料的购销，对交通运输业的投资。（依法须经批准的项目，经相关部门批准后方可开展经营活动）	2015-04-29	福建省三明市大田县文江乡文江村
福建京富服装有限公司	有限责任公司（自然人投资或控股）	林小妹	1000.000000	机织服装、服饰、床上用品、窗帘及布艺类产品、纺织面料鞋的制造，服装、鞋帽、日用品、五金产品的销售（含网上销售）。（依法须经批准的项目，经相关部门批准后方可开展经营活动）	2015-09-16	福建省三明市大田县上京镇京延路3号

续表 18

登记名称	企业类型	法定代表人/负责人	注册资本（万元）	经营范围	成立日期	住所
大田县益嘉机械有限公司	有限责任公司（自然人独资）	林英教	1000.000000	通用零部件、汽车零部件及配件的制造，黑色金属铸造（依法须经批准的项目，经相关部门批准后方可开展经营活动）	2017-03-27	福建省三明市大田县前坪乡湖坪村 47 号
大田县乾兴混凝土有限公司	有限责任公司（自然人独资）	田有乾	600.000000	混凝土的搅拌、销售，矿产品、生铁、钢铁铸件、焦炭、水渣、黏土、煤矸石、建筑材料、工业废渣的销售（依法须经批准的项目，经相关部门批准后方可开展经营活动）	2015-06-05	福建省三明市大田县石牌镇老厝
福建港泰箱包有限公司	有限责任公司（自然人独资）	张春扳	1000.000000	箱包、丝带、织带的制造、销售。（依法须经批准的项目，经相关部门批准后方可开展经营活动）	2015-07-16	福建省三明市大田县均溪镇福田路 345-6 号
三明鸿祥鞋业有限公司	有限责任公司（自然人投资或控股）	赖志刚	500.000000	拖鞋制造、销售。（依法须经批准的项目，经相关部门批准后方可开展经营活动）	2015-07-16	福建省三明市大田县均溪镇福塘村粮食储备库旁
福建省鑫远通新能源汽车组装有限公司	有限责任公司（自然人投资或控股）	刘章树	1000.000000	新能源汽车组装、汽车零配件制造、新能源汽车研发。（依法须经批准的项目，经相关部门批准后方可开展经营活动）	2015-07-16	福建省三明市大田县吴山乡和洋村
福建凯昱微晶石墨有限公司	有限责任公司（自然人投资或控股）	林　锋	3000.000000	研发、生产、销售高纯微晶石墨、微晶石墨添加剂、等静压石墨材料、氟化石墨、石墨烯、核石墨。（依法须经批准的项目，经相关部门批准后方可开展经营活动）	2016-01-07	福建省三明市大田县太华镇汤泉村 288 号
三明中工塑胶有限公司	有限责任公司（自然人投资或控股）	林碧海	5000.000000	胶粘制品、胶水、薄膜、纸制品的制造、销售；包装装潢印刷及其他印刷品；化工产品(不含危险化学品)的批发、零售;普通货运。（依法须经批准的项目，经相关部门批准后方可开展经营活动）	2015-11-06	福建省三明市大田县华兴乡京口村（福建大田经济开发区）
大田县宏利铝制品加工厂	个人独资企业	林士忠	500.000000	铝制品加工，有色金属铸造，建筑材料销售（依法须经批准的项目，经相关部门批准后方可开展经营活动）	2015-09-29	福建省三明市大田县太华镇小华村茶梨垵
大田县富华塑料制品有限公司	有限责任公司（自然人独资）	谢清爽	500.000000	塑料制品、金属制品的制造、销售（依法须经批准的项目，经相关部门批准后方可开展经营活动）	2015-10-12	福建省三明市大田县石牌镇小汤泉工业园区
大田县恒通机械制造有限公司	有限责任公司（自然人投资或控股）	乐兴城	1000.000000	通用零部件制造、黑色金属铸造。（依法须经批准的项目，经相关部门批准后方可开展经营活动）	2015-11-30	福建省三明市大田县武陵乡大石村下坑工业项目区

续表18

登记名称	企业类型	法定代表人/负责人	注册资本（万元）	经营范围	成立日期	住所
大田县桃源镇海翔废塑料再生加工厂	个人独资企业	黄金生	500.000000	塑料颗粒加工及销售。（依法须经批准的项目，经相关部门批准后方可开展经营活动）	2015-12-23	福建省三明市大田县桃源镇前村村（赤头坂一级水电站）
大田和兴矿山机械有限公司	有限责任公司（自然人独资）	连生秒	718.000000	矿山机械、耐火材料制品的制造，黑色金属铸造，矿产品、建筑材料、化工产品（不含危险化学品）的销售。（依法须经批准的项目，经相关部门批准后方可开展经营活动）	2015-12-23	福建省三明市大田县武陵乡大石村3号
三明市大田玉达利工贸有限公司	有限责任公司（自然人投资或控股）	陈　斌	1000.000000	淀粉制造，农产品、预包装食品、金属矿、非金属矿、煤炭、建材、五金产品、化工产品（不含危险化学品）的销售。（依法须经批准的项目，经相关部门批准后方可开展经营活动）	2015-12-24	福建省三明市大田县均溪镇建山路193号C幢201室
福建拜尔轻工有限公司	有限责任公司（自然人独资）	马建生	1000.000000	鞋、工程塑料的制造、销售和进出口活动。（依法须经批准的项目，经相关部门批准后方可开展经营活动）	2016-01-13	福建省三明市大田县华兴乡京口村（福建大田经济开发区）
大田县汇龙食用油有限公司	有限责任公司（自然人投资或控股）	郑春发	800.000000	食用植物油加工。（依法须经批准的项目，经相关部门批准后方可开展经营活动）	2016-01-15	福建省三明市大田县均溪镇北山路大炊园
福建省大音文化发展有限公司	有限责任公司（自然人投资或控股）	颜建程	1000.000000	乐器、工艺美术品、木制品的制造；文化艺术咨询服务。（依法须经批准的项目，经相关部门批准后方可开展经营活动）	2016-01-18	福建省三明市大田县均溪镇湖山路52号
大田县绿丰工贸有限公司	有限责任公司（自然人投资或控股）	郑世利	1000.000000	非金属废料和碎屑加工处理，再生物资回收，机械设备、五金产品、电子产品、矿产品的销售（依法须经批准的项目，经相关部门批准后方可开展经营活动）	2017-11-13	福建省三明市大田县太华镇汤泉村997号
三明市华宝新型建材有限公司	有限责任公司（自然人独资）	康国清	3000.000000	环保多孔空心砖的制造。（依法须经批准的项目，经相关部门批准后方可开展经营活动）	2016-04-14	福建省三明市大田县武陵乡武陵村鳖上洋
福建省贵仙酒业有限公司	有限责任公司（自然人投资或控股）	陈来沛	1000.000000	白酒制造。（依法须经批准的项目，经相关部门批准后方可开展经营活动）	2016-03-16	福建省三明市大田县太华镇太华街31号，生产经营地：（福建省三明市大田县太华镇华溪村3号）

续表 18

登记名称	企业类型	法定代表人/负责人	注册资本（万元）	经营范围	成立日期	住所
福建省碧鑫再生资源有限公司	有限责任公司（自然人投资或控股）	林传宽	1000.000000	半补强炭黑生产，废旧物资（不含危险废旧品、报废汽车、医疗废弃物、境外可利用废旧物资）回收，半补强炭黑及副产品燃料油、钢丝销售。（依法须经批准的项目，经相关部门批准后方可开展经营活动）	2016-03-28	福建省三明市大田县屏山乡和坑村杀牛溪处
三明市大田县荣辉工贸有限公司	有限责任公司（自然人投资或控股）	郑世利	1000.000000	非金属废料和碎屑加工处理，再生物资回收，机械设备、五金产品、电子产品、矿产品的销售（依法须经批准的项目，经相关部门批准后方可开展经营活动）	2016-05-30	福建省三明市大田县太华镇汤泉村997号
大田县金利矿业有限公司	有限责任公司（自然人投资或控股）	林土隆	600.000000	石英石深加工、销售（依法须经批准的项目，经相关部门批准后方可开展经营活动）	2016-05-30	福建省三明市大田县武陵乡大石村下坑
福建兴田混凝土有限公司	有限责任公司（非自然人投资或控股的法人独资）	高超巧	3000.000000	商品混凝土、砼结构构件、建筑材料、水泥制品的制造，普通货运、货物专用运输（罐式）、建筑材料销售。（依法须经批准的项目，经相关部门批准后方可开展经营活动）	2016-06-15	福建省三明市大田县均溪镇银山北路2号1幢三层
福建省吉欧再生资源有限公司	有限责任公司（自然人投资或控股）	林晓颖	1600.000000	金属、非金属废料和碎屑加工处理，再生物资回收（依法须经批准的项目，经相关部门批准后方可开展经营活动）	2016-06-03	福建省三明市大田县华兴乡京口村
大田县京融建材有限责任公司	有限责任公司（自然人投资或控股）	翁运平	8000.000000	其他建筑材料制造（依法须经批准的项目，经相关部门批准后方可开展经营活动）	2017-05-26	福建省三明市大田县上京镇京东工业区
福建省大田县金涛纸业有限公司	有限责任公司（自然人投资或控股）	郑新俊	500.000000	机制纸的制造（依法须经批准的项目，经相关部门批准后方可开展经营活动）	2016-06-28	福建省三明市大田县吴山乡吉洲工业园区
福建省九孝药业有限公司	其他有限责任公司	张小燕	5000.000000	中成药生产、中药饮片加工，生物药品、兽用药品、卫生材料及医药用品的制造（依法须经批准的项目，经相关部门批准后方可开展经营活动）	2016-10-13	福建省三明市大田县均溪镇龙宝新村4号楼303室
大田县丰润混凝土有限公司	有限责任公司（自然人独资）	黄新梁	680.000000	混凝土预制，水泥制品制造，矿产品、金属、焦炭、煤矸石、建筑材料、工业废渣的销售（依法须经批准的项目，经相关部门批准后方可开展经营活动）	2016-09-18	福建省三明市大田县石牌镇长溪村
大田县石磨山建材有限公司	有限责任公司（自然人投资或控股）	郑新灶	1000.000000	建筑用石料加工，建筑材料销售（依法须经批准的项目，经相关部门批准后方可开展经营活动）	2016-11-23	福建省三明市大田县桃源镇兰玉村3号

续表 18

登记名称	企业类型	法定代表人/负责人	注册资本（万元）	经营范围	成立日期	住所
三明市霆瀚伞业有限公司	有限责任公司(自然人投资或控股)	张栋樑	500.000000	伞的制造（依法须经批准的项目，经相关部门批准后方可开展经营活动）	2017-02-20	福建省三明市大田县建设镇建设村佰玖丘
大田县兑鑫矿山机械有限公司	有限责任公司(自然人独资)	李开省	700.000000	矿山机构、耐火材料制品的制造、销售（依法须经批准的项目，经相关部门批准后方可开展经营活动）	2016-12-05	福建省三明市大田县建设镇建民村 267 号
大田县繁兴塑料制品制造有限公司	有限责任公司(自然人投资或控股)	陈爱花	500.000000	塑料丝、绳及编织品、纸制品制造，非金属废料和碎屑加工处理。（依法须经批准的项目，经相关部门批准后方可开展经营活动）	2017-02-16	福建省三明市大田县吴山乡吉州工业园区
三明宏安革业有限公司	有限责任公司(自然人投资或控股)	易丁钗	1000.000000	塑料人造革、合成革制造。（依法须经批准的项目，经相关部门批准后方可开展经营活动）	2017-02-22	福建省三明市大田县华兴乡京口工业园区
福建捷旺建材有限公司	有限责任公司(自然人独资)	陈文涛	1500.000000	机制沙加工，建筑材料、矿产品的销售（依法须经批准的项目，经相关部门批准后方可开展经营活动）	2017-03-01	福建省三明市大田县广平镇东景村西下洋
福建黑坦食品有限公司	有限责任公司(自然人独资)	陈新坦	1000.000000	肉制品及副产品的加工；预包装食品(含冷藏冷冻食品）、散装食品（含冷藏冷冻食品）、农产品、水产品、日用品、建筑材料、电子产品、五金产品、家用电器、服装鞋帽、工艺品的销售（依法须经批准的项目，经相关部门批准后方可开展经营活动）	2017-05-09	福建省三明市大田县均溪镇雪山北路 74 号
大田海航橡塑有限公司	有限责任公司(自然人投资或控股)	尤泽星	1200.000000	日用塑料制品、再生橡胶、其他橡胶及制品的制造，非金属废料及碎屑加工处理，厨房用具及日用杂品的销售，（依法须经批准的项目，经相关部门批准后方可开展经营活动）	2017-03-14	福建省三明市大田县吴山乡程堂村将岭
福建省大田县盛崎铸造有限公司	有限责任公司(自然人独资)	刘 昇	1500.000000	黑色金属铸造，社会公共安全设备及器材制造，机械零部件加工；矿产品销售（依法须经批准的项目，经相关部门批准后方可开展经营活动）	2017-04-27	福建省三明市大田县广平镇铭溪村下坪
福建省大田县联盛塑料再生有限公司	有限责任公司(自然人投资或控股)	林坤龙	1000.000000	非金属废料和碎屑加工处理；塑料丝、绳及编织品制造；其他塑料制品制造(依法须经批准的项目，经相关部门批准后方可开展经营活动）	2017-06-02	福建省三明市大田县武陵乡大石村下坑
福建省六福新型建材有限公司	有限责任公司(自然人投资或控股)	林燕云	1180.000000	建筑用石加工。(依法须经批准的项目，经相关部门批准后方可开展经营活动）	2017-04-13	福建省三明市大田县上京镇梅林村

续表 18

登记名称	企业类型	法定代表人/负责人	注册资本（万元）	经营范围	成立日期	住所
福建省大田县万通铸造有限公司	有限责任公司（自然人独资）	陈开茂	500.000000	黑色金属铸造（依法须经批准的项目，经相关部门批准后方可开展经营活动）	2017-04-21	福建省三明市大田县太华镇万湖村
三明市中建混凝土有限公司	有限责任公司（自然人投资或控股）	宋国祥	2600.000000	水泥制品、其他非金属矿物制品的制造;公路路面工程施工；建材销售。（依法须经批准的项目，经相关部门批准后方可开展经营活动）	2017-04-06	福建省三明市大田县石牌镇石牌村后溪坂金象温泉城51号楼702室
嘉能（大田）炼焦有限公司	有限责任公司（自然人投资或控股）	张汉敏	1000.000000	炼焦，煤制品制造；煤炭及制品批发；节能技术、新材料技术的推广服务（依法须经批准的项目，经相关部门批准后方可开展经营活动）	2017-04-10	福建省三明市大田县太华镇万湖村43号
三明市琦昌新型建材有限公司	有限责任公司（自然人投资或控股）	孙有富	500.000000	建筑用石加工。（依法须经批准的项目，经相关部门批准后方可开展经营活动）	2017-04-10	福建省三明市大田县石牌镇石牌村
大田县鑫德环保科技有限公司	有限责任公司（自然人独资）	张兆樟	500.000000	废纸、废塑料再生综合利用、生产纸制品（不含印刷）及塑料造粒（依法须经批准的项目，经相关部门批准后方可开展经营活动）	2017-06-15	福建省三明市大田县桃源镇赤头坂林场小埧仔10号
福建高氏药材有限公司	有限责任公司（自然人投资或控股）	高超湖	2160.000000	中成药生产；中药材种植；工程和技术研究和试验发展;农业观光休闲旅游(依法须经批准的项目，经相关部门批准后方可开展经营活动）	2017-07-03	福建省三明市大田县建设镇建设街1号
大田县陈永旺新型建材厂	个人独资企业	陈连生	800.000000	其他建筑材料制造。（依法须经批准的项目，经相关部门批准后方可开展经营活动）	2017-07-07	福建省三明市大田县吴山乡程堂村吉周将岭
大田县丰源水泥制品有限公司	有限责任公司（自然人独资）	林玉珍	1300.000000	水泥制品制造，建筑材料、五金产品的销售（依法须经批准的项目，经相关部门批准后方可开展经营活动）	2017-07-12	福建省三明市大田县建设镇建丰村
华恒纸业（大田）有限公司	有限责任公司（自然人投资或控股）	欧建平	2000.000000	其他纸制品制造。（依法须经批准的项目，经相关部门批准后方可开展经营活动）	2017-08-09	福建省三明市大田县吴山乡吉洲工业园区
福建省大田县美川建材有限公司	有限责任公司（自然人投资或控股的法人独资）	詹联国	1000.000000	环保空间心砖的制造；建材销售（依法须经批准的项目，经相关部门批准后方可开展经营活动）	2017-10-20	福建省三明市大田县均溪镇宝山路156号
福建省协益塑料制品有限公司	有限责任公司（自然人投资或控股）	张长霖	1000.000000	日用塑料制品制造；非金属废料和碎屑加工处理（依法须经批准的项目，经相关部门批准后方可开展经营活动）	2017-11-02	福建省三明市大田县上京镇灵川村

续表18

登记名称	企业类型	法定代表人/负责人	注册资本（万元）	经营范围	成立日期	住所
大田县惠利电子有限公司	有限责任公司（自然人独资）	王上利	1000.000000	电子元件及组件制造。（依法须经批准的项目，经相关部门批准后方可开展经营活动）	2017-11-22	福建省三明市大田县广平镇广平村461号
大田县金源再生资源有限公司	有限责任公司（自然人投资或控股）	黄德金	1000.000000	金属、非金属的废料和碎屑加工处理；再生物资回收与销售；新能源技术推广服务。（依法须经批准的项目，经相关部门批准后方可开展经营活动）	2017-12-15	福建省三明市大田县吴山乡程堂村231-5号
福建维越实业有限公司	有限责任公司（自然人投资或控股）	柯昌深	10000.000000	建筑砌块制造，其他建筑材料制造，轻质建筑材料制造；普通道路货物运输，货物运输代理，其他仓储服务，其他农产品仓储；建材、煤炭及制品、非金属矿及制品、金属及金属矿、汽车、汽车零配件的销售；一般旅游住宿服务，热食类食品制售；汽车修理与维护。（依法须经批准的项目，经相关部门批准后方可开展经营活动）	2017-12-05	福建省三明市大田县上京镇京中路40号
大田卓立达工贸有限责任公司	有限责任公司（自然人独资）	蔡宏彬	1500.000000	棉纺纱加工，棉织造加工，床上用品制造，服饰制造，皮箱、包（袋）制造，纺织专用设备制造；纺织品、针织品的销售。（依法须经批准的项目，经相关部门批准后方可开展经营活动）	2017-11-09	福建省三明市大田县均溪镇北山路19号
大田精忠包装材料有限公司	有限责任公司（自然人独资）	周安国	500.000000	纸制品制造，塑料包装箱及容器制造。（依法须经批准的项目，经相关部门批准后方可开展经营活动）	2017-12-18	福建省三明市大田县均溪镇文山路龙山宾馆门楼3层309室
三明三桂瓷业有限公司	有限责任公司（自然人独资）	李永金	500.000000	日用陶瓷制品制造，园林、陈设艺术及其他陶瓷制品制造，其他工艺美术品制造。（依法须经批准的项目，经相关部门批准后方可开展经营活动）	2017-12-18	福建省三明市大田县均溪镇文山路6号龙山宾馆门楼三层306室
大田县福韬体育用品有限公司	有限责任公司（自然人独资）	林梅卿	3500.000000	体育用品、文具、皮革制品的制造；服装、鞋帽、针纺织品、文化用品、体育用品的销售（依法须经批准的项目，经相关部门批准后方可开展经营活动）	2017-08-25	福建省三明市大田县均溪镇龙宝新村75号4幢

说　明

一、本鉴分为主题索引、表格索引两个部分。主题索引按内容分析法确定主题条目，按主题词首字汉字拼音字母顺序排列，同音词按声调排列，第一字相同的，则按第二字音序排列，依次类推。表格索引按其所在页码顺序排列。

二、条目后的阿拉伯数字表示在本鉴的页码。条目名称相同者并列，并标出先后页码且括注区别。

三、本鉴中“特载”“大事记”，重要文件选编、各栏目综述、各分目概况，不列入本索引检索范围。

主题索引

A

B

C

D

E

F

G

H

J

K

L

M

N

P

Q

R

S

T

W

X

Y

Z

表格索引

凤凰山下毓秀园
——大田一中

福建省大田县第一中学位于大田县均溪镇文山路，北枕凤凰山。

凤凰福地，可追溯至明嘉靖十四年（1535），县府在此兴建教谕衙、训导衙和儒学，延续至今已有480年的历史。1926年，蒋超、施同寅、林维邦等乡贤筹办大田第一所中学：大田县初级中学。1928年正式招生。历经八十多年的薪火相传，学校已发展成为省重点高级中学、一级达标学校；1982年至今保持“福建省文明学校”称号,特色办学“带法回家”曾获教育部、司法部表彰并作典型发言。2017年，获福建省首届“文明校园”、“福建省第三批高中化学学科教研基地校培育单位”、“福建省普通高中优质学科（化学）课程项目”。

学校拥有光荣的革命传统和先进的现代化教育教学设施设备，环境优美。凤凰福地，值得托付。恢复高考以来，曾培养出文科省状元陈珺等33名学生考取北京大学、清华大学。学科奥赛成绩突出，1998年以来，有80人次在福建省学科奥赛中获奖，其中12人次获得省一等奖。

学校环境优美，鸟语花香。2018年，有教职工211人，其中，高级教师97人，省学科带头人3人；市学科带头人6人，市级学科带头人培养对象3人，市骨干教师13人；县级学科带头人8人，县级学科带头人培养对象4人；县级骨干教师23人；省、市语文、政治、生物名师工作室成员3人；教学班级44个，在校学生2000余人。

学校秉承“修德求知”校训，贯彻“全面发展、学有特长”的办学理念，促进学生成材、教师成长、学校发展，努力提高办学质量。建校办学以来，经几代人励精图治，辛勤耕耘，培养了中国科学院院士、南京大学教授郑有料以及陈斯喜、周联清、池秋娜、张建田、黄永恒等万余名优秀学生。

“长风破浪会有时，直挂云帆济沧海”。全校师生将继续秉承传统，与时俱进，努力办好大田人民满意的中学。

校长连青阳，省学科带头人，省优秀教师，福建省“十三五”名校长培养对象

中科院院士郑有料

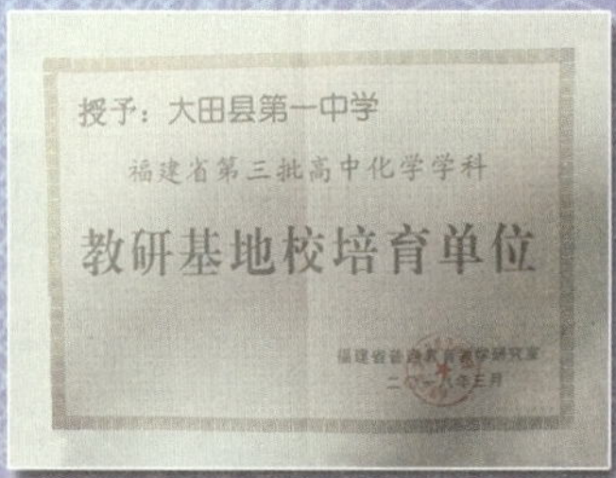

福建省第三批高中化学学科教研基地校培育单位

班子成员

文昌阁

校园全景

东升包装制品制造有限公司

福建省大田县东升包装制品制造有限公司位于大田县均溪镇温镇工业区，创办于2001年，占地面积3.33公顷，厂房面积2万平方米，是一家专业从事塑料编织包装袋加工制造的企业。公司于2013年被定为全国水泥包装袋生产定点企业，同时通过了ISO9001：2008质量管理体系认证、ISO14001：2004环境管理体系认证。

2017年，公司职工260余人，其中技术人员28人，公司先后引进多条国内外先进的生产流水线，年可加工纸塑复合袋、复膜塑编袋、糊底阀口袋、柔性集装袋、彩印袋1亿条以上，产品不仅适用于水泥建材、化工产品、工程塑料等化工行业，还适用于饲料行业，粮食、面粉加工等食品行业。公司水泥袋、饲料袋、大米袋出口到菲律宾、印度尼西亚等东南亚国家。

企业一贯遵循“质量第一、信誉第一、服务第一”的服务宗旨，生产经营以赢得广大客户的认可和信赖，以规模经营求效益的经营理念，使产品的性价比成为同行业中最具竞争力的一个重要砝码。

福建省大田县东升包装制品制造有限公司
电话：0598-7238703
手机：13906982989、18965328703
传真：0598-7238813
地址：福建省大田县均溪镇温镇工业区

车间一角

福建省沈宏矿业有限公司

福建省沈宏矿业有限公司成立于2007年10月26日，注册资本金人民币贰仟万元，公司位于大田县前坪乡下坑村，是一家以精选铁矿、铅锌原矿石为主的选矿企业，2017年，公司有2.4米*5.1米的大型球磨机1台，日处理原矿石量达到600吨。有管理人员8人，员工40人，年产值1600余万元。

浮选车间

选矿厂

选矿厂办公宿舍楼

球磨车间

大田县国新建材工业有限公司

大田县为福建省主要产矿区，素有“闽中宝库”之称，境内矿产资源丰富，其中非金属矿产有石灰石、高岭土、钾长石、硅石（石英石）、大理岩、耐火粘土、水泥粘土、砖瓦粘土、建筑用石料、叶腊石、透辉石、石墨、萤石、锆石、花岗岩、五彩玉石等，品质优良，具有发展建材工业的得天独厚条件。

大田县国新建材工业有限公司(原大田县建筑材料工业公司)成立于1987年7月，为国有独资企业。根据大田县政府《关于确定国有矿业公司的函》（田政函[2013]97号）文件要求，公司对非金属矿开展矿产资源收储和配置工作。

21世纪是非金属产业时代，2016年，县政府成立大田县推进矿产品深加工五条产业链发展工作领导小组，其中水泥产业、新型装饰材料产业工作组办公室设在国新建材公司，陶瓷产业、石墨（烯）产业属非金属矿范畴，与该公司息息相关。公司秉着“以人为本，务实服务”的理念经营了30多年，竭诚欢迎各界友人来访交流，共同发展，携手并进，一起打造大田县非金属矿深加工产业链。

党支部民主生活会

荣誉墙

PICC 中国人民财产保险股份有限公司大田支公司

人保财险推出“逢交通事故必停”帮帮团志愿者活动和“执行无忧”悬赏保险

为进一步加强客户服务能力建设，创新理赔服务模式，激发员工主动服务意识，充分发挥公司服务团队优势，打造不可复制的人保服务新模式，从而全面提升客户满意度和品牌美誉度，公司在全系统倡导开展“逢交通事故必停”帮帮团志愿者活动。以公司名义成立人保帮帮团，设计人保帮帮卡（电子卡或名片）。

行动方式：1.逢交通事故必停，主动在现场为所有客户提供包括询问安抚、协助报案、现场拍照、现场协调等服务事宜；2.针对公司在保客户，重点引导微信和APP在线查勘服务。

“执行无忧”悬赏保险，是指申请执行人向法院提出悬赏申请，经法院同意后，申请执行人可向保险公司购买“悬赏保险”，法院通过微信、网络、报刊等媒体向社会发布悬赏公告。该项保险业务的推出使过去由申请执行人支付的悬赏金，转由保险公司支付，降低了申请执行人的悬赏成本。尤其对经济条件较差的，执行悬赏保险能帮助他们较小的保险费撬动大额悬赏金。

大田县房地产管理所

大田县房地产管理所系全入驻县行政服务中心的窗口单位之一，一直以规范服务程序为抓手，以强化内部管理为基础，以“为您服务，是我的职责；让您满意，是我的追求”为服务理念，创新服务机制，简化办事程序，不断强化房地产管理服务工作，规范房地产市场秩序，促进房地产市场健康稳定发展，确保各项工作的顺利推进，取得了良好的工作成效。2015年，被三明市精神文明建设指导委员会定为“三明市第八届（2015—2017年度）文明行业创建竞赛活动示范点”；2016年，被三明市总工会授予“三明市五一先锋号”；2017年，被大田县妇女联合会授予“三八红旗集体”。

大田县房地产管理所已建立较完善的房地产管理系统，在房地产交易管理过程中实现全程电子化管理。已完善商品房网上签约备案、存量房网上签约备案，实现商品房预售资金全程电子化监管，房地产交易数据实现计算机自动统计分析等，积极促进县内房地产业的健康发展。

服务窗口

大田县城市管理行政执法局

2018年1月，大田县城市管理行政执法局统一换装，开启新征程，展示新面貌，坚持问题导向，突出热点难点，逐步解决城市管理薄弱环节，努力实现城市管理精细长效。

强化宣传教育　牢固树立“人人都是宣传员，一言一行都是宣传”的理念，带头讲政策、讲法律、讲文明，创新载体，多形式、多渠道、灵活多样地做好舆论宣传工作，及时传播城管执法工作的好声音，不断为事业的发展添加正能量。

整治工程提升　巩固省级文明县创建成果，落实长效管理机制，深入开展大田县扬尘治理行动。继续开展占道经营、工程渣土、露天烧烤、校园周边环境、非机动车辆停放、户外广告设置等专项整治，重点突出校园、市场、公园、广场周边等地点。

创示范管理街　开展立面整饰和户外广告、店招店牌提档升级，打造凤山中、西路和文山路户外广告设置精品街。

深化两违治理　加大查违拆违力度，在县城规划区内对严控、严管区域开展违法建设专项整治。继续对城区内违法建设和乱搭乱建行为进行严密监控，做到早发现、早制止、早拆除。

加强渣土管理　加强渣土车辆撒漏和带泥上路行为的源头管控力度，开展车辆密闭运输专项整治，根除车辆带泥上路和随意撒漏行为。

环境综合整治　深入开展背街小巷和老旧小区综合整治，彻底解决群众反映强烈的城市环境突出问题和薄弱地段脏乱差现象，同时，加大对车辆乱停乱靠、食品流动摊贩无证照经营、噪音扰民等行为的联合执法力度。

城区路灯维护　根据县政府的有关要求，2018年1月，县城管局负责主次干道、居民小区、健身绿道、石牌镇和华兴镇街道等共计23条主次干道，约1.1万盏路灯的日常管理。提高灯设备完好率，确保道路夜间路灯亮灯率95%以上。

执法人员开展学雷峰活动

执法人员对渣土车辆联动整治

高考助学活动

大田县华兴镇

华兴镇位于大田县东部，距县城4公里，镇域面积92.86平方公里，辖10个建制村，全镇有18个党支部，党员477名。2017年9月撤乡设镇。镇情呈现4个特点：**地理位置优越** 位居县城近郊，是县东部城市综合体结合部。近年来，实施建设兴田路、京口经济开发区公路、大德路、过境路二期、太早公路拓宽改造等项目，交通便利。**生态环境优美** 境内山青水秀，森林覆盖率达78%，油茶种植面积1733.33公顷，是“中国油茶之乡”大田县的主要生产基地，三明市首个油茶公园在建设中；水利资源丰富，建有14个水电站，“仙峰漂流”项目成为人们夏日休闲好去处。**工业基础扎实** 大田县经济开发区落户华兴镇，初步形成轻纺、水电、造纸、机械制造等四大主导产业，规模以上企业15家，2017年，全镇完成工农业总产值21.32亿元，其中，规模以上工业产值19.69亿元。**文化底蕴厚实** 全镇有5个村获评福建省传统村落，杞溪村获评中国传统村落，省、市、县文物11处，通驷桥、叶炎煌旧居、中共大田特支第一会址获批省级文物保护单位；福建省早期革命家、大田县建党创始人、叶飞将军入团介绍人叶炎煌烈士的旧居在华兴镇京口村，蕴含着厚重的红色文化内涵。

华兴撤乡设镇

仙峰漂流旅游项目对接签约仪式

兴泉铁路（大田段）项目建设在仙峰隧道口处举行开工仪式

仙峰造福工程集中安置点开工暨福平大院奠基

大田县上京镇

上京镇位于大田县西南部，全境面积152.97平方公里，辖16个建制村，161个村民小组，总人口2.37万人，共有31个党支部，党员974名。先后获得省级“生态乡镇”、“绿色乡镇”；市级“全市农村经济发展十佳乡镇”、“全市创先争优活动先进基层党组织”、“人口和计划生育依法行政先进单位”、“全市造林绿化先进集体”等称号。镇情主要特点有：**资源储量丰富**　已探明原煤储量约1.7亿吨，年产原煤30万吨。石灰石储量6700万吨，石墨矿储量70万吨，瓷土储量120万吨，辉绿岩储量350万吨。**县域工业重镇**　辖区内有省属永安煤业有限公司、市属梅林国营林场,2017年，规模以上工业企业15家，年产值近45.97亿元。整体规划2.3万亩的福建（大田）机械铸造产业集聚区列入中国铸造产业集群试点县，已有华阳光电、新岩水泥等9家企业入驻，是三明市重点工业乡镇。**文化底蕴厚重**　古有明朝进士田顼、田琯、田一儁才华横溢，称誉朝野，形成“梅岭三田”特色历史文化。原台湾副领导人萧万长的祖祠“箫氏林埔祠”，历史悠久，被省政府列为涉台文物保护单位；革命时期闽中工委机关曾转移到上京镇丰田村，蕴含着厚重的红色文化内涵。**区位交通便捷**　距大田城区27公里，“泉南”高速上京互通口距镇中心仅3公里。距规划的“兴泉”铁路小湖货运站8公里，国道“356线”、省道“217线”穿境而过。

县委书记熊旭明到梅林隆美调研指导党建引领小康示范村建设

副省长李德金到福建（大田）机械铸造产业集聚区调研

副市长程鹏鹰到福建（大田）机械铸造产业集聚区调研

县委副书记、县长林金龙到梅林隆美调研指导党建引领小康示范村建设

上京镇福能绿色小镇项目之一上京镇集镇棚户区改造项目开工建设

福建（大田）机械铸造产业集聚区项目建设如火如荼

荷花基地

钱塘祠

梅林百香果扶贫示范基地

大田县太华镇

太华镇位于大田县西北部，全镇总人口3.9万人，辖24个建制村，54个自然村，229个村民小组。辖区面积245.54平方公里，耕地面积1592公顷。

汉剧文化广场

基础设施完善 省道“306线”贯穿全境8个村，全镇24个建制村全部铺设混凝土路面，集镇距泉南高速上京互通口8公里，集镇道路实现“白改黑”，并铺设首条乡镇天然气管道，自来水、广播电视、网络通讯等全覆盖。2017年底，共有初级中学1所、小学7所、幼儿园8所，学生总数3604人；镇卫生院1所、村级卫生所34个、镇敬老院1个、村级幸福院9个、“老年人健身康乐家园”12个、110千伏变电站1座。**文化底蕴深厚** 小华村、魁城村入选首批省级传统村落，正在申报国家级传统村落；小华村泰安堡、广崇堂为国家级文物保护单位，魁城连氏大宗祠由国民党荣誉主席连战亲笔题词“连氏龙井大宗祠”，是两岸连氏宗亲朝奉所在地。全镇共有汉、越剧团9个，歌舞团4个，汤泉迎花灯、华溪稻草龙等民俗文化丰富。**旅游资源独特** 汤泉村温泉日自流水量1000吨以上，水质好、温度高，是地热开发、温泉养殖、休闲疗养理想之地；传统民俗文化及对台宗亲文化优势明显，万湖“一堡三园”乡村特色品牌日响，“土堡观光、温泉养生、生态休闲、宗亲探访”的休闲旅游更加引人。**矿产资源丰富** 已探明开采的有煤炭、铁矿、锰矿、铅锌矿、石灰石、石英石、钾长石、瓷土矿等矿种。2017年，产销原煤50.01万吨、铁矿3.3万吨、石英石3.43万吨、石灰石14.64万吨。**产业基础坚实** 农业重点发展油茶，烟叶、蔬菜、温泉养殖等特色农业，汤泉米糕、仙师泉山泉水、昊华白槿花茶等已成县域特色品牌；工业主要为矿产采选及深加工、建材水泥、机械铸造等，山贵崎煤矿、红狮水泥等连续多年位居全县纳税大户前列；三产则以物流、商贸、农村电商为主。

国家级文物保护单位——广崇堂

党建主题公园

连氏龙井大宗祠

罗丰工业园区建设

万湖矿山公园

红狮水泥及固废项目

国家级文物保护单位——泰安堡

大田县烟草专卖局

大田县烟草专卖局（分公司）成立于1984年，实行“一套机构，两块牌子”管理，主要负责辖区内的烟草专卖管理、烟叶生产收购和卷烟销售等工作。

2017年，收购烟叶4.77万担，上等烟比例58.53%，担均价1575.30元，户均种烟规模23.97亩，平均亩产值4971.21元。实现烟叶税1591.83万元，同比增加238.83万元，增幅17.65%。烟农售烟收入7506.53万元，增幅17.36%。平均每户烟农售烟收入11.92万元，同比增加3.49万元。投入烟叶生产扶持资金566万元，消雹资金32万元。全年新建烟田基础设施项目11个，其中水渠7条、防洪堤2条、田间道路2条，共投入资金255.97万元，全县累计投入资金1.07亿元。烟草援建水源工程项目“武陵雪山水库”，预计投入资金6000多万元，项目已通过省局设计评审，并上报申请国家局设计评审。

大田烟草始终秉承“报效国家，回报社会”的行业使命，积极参与公益事业，努力创建省级文明单位。2017年，挂钩武陵乡百束村、桃溪村22户贫困户；捐赠公安民警英烈资金2万元；开展“金秋助学”活动，资助4名贫困大学生；开展文化扶贫活动，为烟农和卷烟零售户免费订赠70份《三明日报》；发动员工参加义务献血68人次。

党建工作

金秋助学

专卖办案

专卖队伍

志愿服务

扶贫

福建兴田城市建设投资有限责任公司

福建兴田城市建设投资有限责任公司成立于2010年9月，属国有独资公司，由大田县国有资产管理委员会办公室出资，注册资本金2.0125亿元。是一家专门为大田县城市建设服务，以产权为纽带，对城市国有资产进行产权管理和经营的生产经营性企业。其主要职能是：实施城市基础设施建设和土地收储前期工作；负责筹集城市建设资金，对城市建设进行投融资；依法经营和管理授权范围内的城建国有资产。经营范围包括：城市建设的投资与融资、公用事业建设的投资、授权国有资产的经营管理、城市规划区内公共财政支出项目的代建、政府赋予其它项目的代建、土地收储前期开发、房地产开发经营。

公司按现代企业制度要求运作，设立董事会、监事会、党支部，实行董事会领导下的总经理负责制，内设办公室、投资发展部、工程建设部、财审部四个职能部门，2017年，职工总数28人，其中具有初级以上专业技术职称16人。公司有兴田混凝土有限公司、兴田建设工程有限公司、龙山宾馆等5家子公司。

在县委、县政府的领导下，公司紧紧围绕实施县城“南进东拓北扩西延”的城市发展战略，秉承“以地建城、以城养城、自求平衡、滚动发展”的宗旨，以项目建设为核心，突出重点工程建设，强化工作落实。七年来，累计实施1000万元以上项目21个，项目总投资达18亿元，上缴经营收入2.5亿元，累计纳税8000多万元，公司资产总值达28亿元。已建成交付使用的有龙宝山保障性住房小区、香山苑商住楼、聚龙华庭住宅小区、聚龙商务中心、秋桐保障性住房小区、水岸人家农民集中安置小区、兴田大厦等7个房地产开发项目，以及县体育馆、图书档案新闻中心、田径场、兴田路改扩建(二期)、兴田路一期电力及弱电线路下地、赤岩棚户区畜牧水产局周边道路、文山路（一中路段）、玉田路、栋山路改造、兴田路一期防洪堤及景观工程、赤岩山森林公园游步道及仙亭山森林公园健身道、象山路、工商局旁道路、珠宝桥及其连接兴田路道路、赤岩路一期“白改黑”、白岩公园至仙亭山森林公园健身绿道、香山北路项目、凤山路改造项目等近20个市政公建项目。

公司先后被中共大田县委、县人民政府列为2012年度纳税600万元以上企业、2013年度纳税1100万元以上企业、2014年度纳税1900万元以上企业、2015年度纳税300万元以上企业、2016年度纳税1000万元以上企业、2017年度纳税1000万元以上企业受到表彰。2017年，被县委、县政府授予“文明单位”。

2017年5月26日，大田县香山北路建设项目（二标段）全面开工，县领导熊旭明、张英跃、茅有温、吴文旗、詹冬华等参加开工检查

2017年9月2日，县委书记熊旭明，县委副书记、县长林金龙，副县长吴文旗到凤山路改造工程项目现场检查工作

2017年10月2日，县委书记熊旭明、县委副书记连仁魁、副县长吴文旗到凤山路改造工程项目现场检查工作

2017年12月18日，县人大副主任章玲、副县长吴文旗、政协副主席陈庆建到凤山路改造工程项目现场检查工作

绿道景观优化会

发展五新农业　助力乡村振兴

——大田县农业局

大田县农业局与县委农办实行一个机构、两块牌子，主要承担县委农村工作、扶贫开发、山海协作、农科教结合、农业综合开发、农业产业化、农民负担监督管理、烟叶生产、农林水产业化项目组等领导小组日常工作和现代农业、小康示范村、精准扶贫、农发项目、亚行贷款等具体工作，内设8个机构和14个直属事业单位，辖农科所、良种场、东风农场、福建大田金凤凰农业开发有限公司、企业开发公司5个直属单位。

大田县农业局以实施乡村振兴战略为抓手，按照省委“五特农业”和县委新时代多彩大田的要求，加快发展“五新农业”：**生态农业强基础**　以国家富硒农业公园、国家茶业农业公园建设为重点，加快农业综合开发和山垅田复垦改造，推进现代农业基地与乡村旅游相结合，打造“一强二富三美”小康示范村。**品牌农业助增效**　发展设施农业，争创“三品一标”，开展农特产品文创，做足“乡味”，着力打造“硒望大田”公共品牌。**数字农业再提速**　加快农业信息化服务，建设智慧农业馆，推进“一品一码”全过程可追溯体系建设，实现数据共享，有效管理和服务。**新型农业添活力**　推进集体产权制度“三变”和农村土地“三权”分置，培养新型职业农民，开展联耕联种、统防统治等农业生产托管，实现新型农民主体分享农业全产业链增值收益。**精确农业促脱贫**　实行“扶智”和“扶志”相结合，推广“一家四业”产业扶贫模式，确保每个贫困户至少有一项稳定增收项目。

武陵富硒萝卜基地

设施农业

美丽乡村

造福工程集中安置区
——桃源大湾新村

农业科技下乡

机械化采收

吴山镇梓溪光伏产业园

大田县人力资源和社会保障局

大田县人力资源和社会保障局于2012年3月组建，其前身为大田县劳动和社会保障局，内设职能股室6个，下辖劳动保障监察大队、劳动就业中心、机关事业社会保险管理中心、社会劳动保险管理中心、城乡居民社会养老保险管理中心、企业离退休人员管理办公室等6个事业单位，及18个乡镇人力资源社会保障服务中心和8个社区劳动保障工作站。全局在职干部职工67人，党员38人（在职党员干部18名），大专以上学历49人。2012年以来，大田县人力资源和社会保障局、局党支部先后被市委、市政府授予“文明单位”、省厅、公务员局授予“省新农保工作先进单位”、市委授予“全市创先争优先进基层党组织”、市政府授予“全市社保卡项目工作先进单位”，局长郭育靖被评为“全国新型农村和城镇居民社会养老保险工作先进个人”，获国务院表彰。人社局就业和社会保障服务中心先后获得三明市2012—2014年度创建文明行业工作先进单位、福建省2015—2017年度文明行业创建竞赛活动示范点、两度获得2015年“中国梦·劳动美”全县窗口服务礼仪职业技能竞赛一等奖、2016年，被人社部授予“全国优质服务窗口”。

省人社厅厅长林卫宠指导县就业和社会保障服务中心窗口工作（屏山乡就业和社会保障服务中心）

省人社厅厅长林卫宠指导县就业和社会保障服务中心窗口工作（石牌镇就业和社会保障服务中心）

省人社厅张永生一行到大田慰问就业困难人员

省人社厅厅长林卫宠一行到大田调研基层平台建设工作

人社局组织干部职工对养老、工伤等政策宣传

加强人社系统干部职工作风建设

创业创新——林新止检查干花产品质量

创业创新——郭两尚的家庭农场

县人社局召开就业创业工作大会

大田县谢洋乡

谢洋乡位于大田县西南部，距县城31公里，距泉南高速石牌互通口、吴山互通口分别为9.8公里和10公里。东邻吴山镇，西连漳平市象湖镇、吾祠乡，南接永春一都镇，东北靠石牌镇，是三明、泉州、龙岩三市的接合部，地处八闽中心。全乡面积116.12平方公里，辖14个建制村，65个自然村，总人口8247人。

高山生态突出 境内有千米以上高峰5座，其中海拔1452米的象山为大田第二高峰，乡政府所在地海拔877米，是大田海拔较高的乡镇之一，高山气候特征明显。生态良好，资源丰富，全乡林地面积8413.33公顷，其中竹林800公顷，森林覆盖率78.3%，古木名树众多；河流交错，雨量充沛，水域面积达3平方公里，坑口水库是县城区主要饮用水源地。

旅游资源丰富 有“闽中之秀·南方天山”象山，拥有南方少有的万亩草场和天湖景观及月牙湖、红豆谷、万军岩、八闽中心点、杜鹃谷等自然景观。有中国第一座碾压混泥土大坝坑口水库，库区周边原始森林茂密，是乡村旅游、摄影爱好者的好去处。莲花山有“三江源”之称，是闽江、晋江、九龙江源头，莲花山修竹茂林，有多处瀑布群落，莲花山景区辐射周边乡村休闲农业和民宿旅游逐步形成。

人文底蕴深厚 山川毓秀蔚人文，谢洋乡素有崇文尚武、耕读传家的传统，这里民风淳厚，人文荟萃，名人辈出。明朝林逢公曾任江苏新城绵阳州知州、颜宗圣曾任广东博罗知县，清代举人、贡生有6人。境内多处保留宋明清古建筑，其中怀德村系省级传统古村落。谢洋林氏开基祖祠奉先堂始建于宋嘉熙年间，龟山堂约建于明宣德、正统年间。境内还有孙中山革命战友林万山故居、刘公祖师坐化地古刹象山寺等人文景观。有板灯龙、舞狮、高甲戏等传统文化民俗活动。

物产独具特色 境内物产丰富，名优特产种类繁多，其中笋干、槟榔芋、田螺、蜜柚茶等名扬县内外。优越的地理生态环境，使这里产出的笋干色泽黄亮、肉质肥嫩，是纯天然的健康食品。谢洋野生田螺、槟榔芋是百姓餐桌上不可或缺的美食。谢洋作为大田高山茶主产区之一，共有茶园466.67公顷，茶叶加工厂145家，所产茶叶多次获得省、市、县等金奖，其中研制出的“蜜柚茶”，受到了广大茶客的青睐，品牌效应日益增强。

仕福

象山

坑口村

三江源

坑口水库

象山之春

大田县旅游局

全县旅游开发工作坚持以供给侧结构性改革为主线，以旅游产品打造为载体，实施“旅游+”推进产业融合，完善服务功能，提升服务质量，强化行业管理，全县旅游产业保持持续健康发展的良好态势。

景区创建 2017年，创建“大仙峰·茶美人”和“灵动济阳”2个国家级AAA旅游景区。

民宿增加 2017年，新增三明市第三批“绿野乡居”民宿8家，全县共有17家民宿获三明市“绿野乡居”称号，全市最多。

活动举办 “探秘古堡•骑游大田”为主题首个世界骑行日暨大田首届高山骑行节活动、十二届高山茶文化旅游节、千堡之城•孝源大田、大田首届晒猪节等系列活动成功举办。

项目建设 实施大田高山百公里骑行道项目建设，该项目涵盖屏山、吴山、济阳、华兴、均溪、石牌、武陵、谢洋8个乡镇共36个村，总长186公里。已完成项目总体规划，2017年内完成示范段65公里标识、安全、配套、文化等系统工程建设。

平台搭建 2017年，全年旅游达127.35万人次，比上年增长23.8%，全年旅游收入10.17亿元，同比增长35.1%。假日期间，城区山水大酒店、仙廷大酒店、凯天龙商务酒店、翰霖泉森林人家等多家酒店，入住率100%。乡村旅游活跃，仙峰古堡•茶香大田品牌初步打响。乡村旅游景区景点日均接待各地游客近1000人次，实现了“十三五”开门红。全县新增乡村民宿30多家，新增旅游从业人员3000人，旅游基础设施不断完善，旅游接待能力进一步增强。

大田高山茶海跑活动

“悠然三明”全市旅游产品创新推介大赛中，廖舒静局长率队参加并获三等奖

大田首届晒猪节

创大田首个国家AAA级景区—大仙峰·茶美人景区

大V说福建系列之“千堡之城·孝源大田”主题夜话活动

首个“9.17世界骑行日”暨大田高山骑行节

创大田第二个国家AAA级景区—灵动济阳景区

大田百公里骑行道项目

大田职业中专学校

福建省大田职业中专学校,独立创办于1991年秋，原名为大田县职业中学，1997年，升格为职业中专学校；2012年秋，学校被省教育厅认定为福建省达标中等职业学校和“福建省标准化县级职教中心”主体校；是福建省中等职业教育改革发展示范校，全国职业院校数字校园建设实验校，福建省示范性现代职业院校项目建设培育学校，福建省文明校园，获“福建省五一劳动奖状”称号。

美丽的校园，校区以嘉庚为设计风格，以“山水校园、人文校园、现代校园、活力校园”为设计理念，按照国家级重点职业中专学校办学硬件标准进行设计和建设。学校占地围墙内面积8.24公顷，围墙外山地5.33公顷（包括本草园、茶园、公园）。绿化面积2.52万平方米，建筑面积7.35万平方米。学校拥有制茶实训室、中草药实训室、汽车维修实训室、旅游3D实训室等37间，3D影院一个，实训设备总值1800万元。

学校现有教职员工211人，公办教师172人，其中，研究生学历6人，高级讲师55人，双师型教师63人。建设三个专业群：现代制造专业群、现代农业专业群、现代服务专业群。开办11个专业，其中：中草药种植为省级重点专业，电子技术应用为市级重点专业，茶叶生产与加工专业、健身教练专业为三明市特色专业。

学校人才辈出，林凤琛校长获福建省黄炎培职业教育杰出校长奖、福建省十佳中职校长；张如涯老师获全国黄炎培职业教育杰出教师奖；涂文照副校长是三明市学科带头人；黄裕南、刘其冠老师分别获全国中等职业学校“创新杯”教师信息化教学大赛壹贰等奖，余小妹、曾丽君老师获全国啦啦操竞赛优秀教练员；肖勇老师被评为福建省中职校园足球优秀教练；范惠玲、章兴斌、张如涯、叶德台老师是高职招考命题专家。

学校建立完善校企合作办学制度，形成校企协同育人机制，与厦门会展中心酒店、冠捷科技集团、福建仙顶实业有限公司、三明竞源生物有限公司等20余家企业建立稳定合作关系，学校是集美大学、三明学院等多所高校学生实践基地。学校推行“双证书”制度，至2017年三年间毕业生获得“双证书”的比例达99%，就业率达98.8%。积极开展面向社会的职业技能培训，三年间培训人数年均2000人次以上。

学校办学特色突出，学生参加职业院校技能大赛（中职组）获国赛二等奖2名、三等奖1名，优秀奖2名；省赛一等奖8人次，二等奖29人次，三等奖32人次。学校啦啦操队连续三年获全国啦啦操联赛暨中国啦啦操之星争霸赛规定动作、自选动作“双冠军”，2017年8月代表国家队出征澳大利亚悉尼参加世界啦啦操锦标赛荣获公开组第五名和双人爵士第七名的好成绩；校足球队获福建省中职学校足球联赛一等奖；校航模社参加福建省青少年航空模型锦标赛获“无人机四轴特技飞行”团体一等奖；郑香花、郭幼兰同学被团中央授予“全国最美中职生”。

学生参加福建省春季高职招考成显著：2016年本科上线67人，上线率33%（全省12.1%）；2017年本科上线42人，上线率20.1%（全省10.92 %），2018年本科上线76人，上线率20%（全省8.46%）。

学校“十三五”建设目标：坚持“大成”办学理念，弘扬 “嘉庚” 职教精神，不忘初心，倾心打造八闽职教名校。学校正积极建设“福建省示范性现代职业学校”和“全国职业院校数字校园建设实验校”提升学校内涵发展；努力创建“全国文明校园”打造和谐魅力职专。

大田县均溪镇

城关全景

均溪镇位于大田县中部，是县城所在地，是全县政治、经济、文化中心，区域总面积140.38平方公里，辖23个建制村、8个社区，118个自然村，205个村民小组，共有89个党支部，2560名党员，户籍总人口8.38万人，镇区总人口15万多人。2017年，农村居民人均可支配收入达1.86万元，城镇居民人均可支配收入达3.39万元。

首善之区 均溪镇作为县城所在地，具有优越的发展软环境，辖区内有全国农产品创业基地、全国老龄工作示范村、全国农村集体财务管理规范化示范单位、全国敬老模范村、省文明村镇、省文明单位（社区）、省“平安库区先进村”、市级“中央红军村”。镇党委、政府先后被全国、省、市评为“先进基层党组织”、“文明乡镇”、“平安先行镇”等称号，2015年3月，被省委、省政府列为省第三批全省小城镇机构改革试点镇。

经济重心 2017年，全镇完成工农业总产值71.07亿元，占全县的14.49%；规模以上工业增加值65.86亿元，占全县的15.2%；固定资产投资完成46.22亿元，占全县的14.5%，其中，第三产业固定资产投资完成36.62亿元，占全县的37.6%，其它主要经济指标均位居全县前列。镇域内有香山北路、国道“纵五线”、兴泉铁路、福塘片区新型城镇化、凯天龙文化创意产业园等省市县重点项目60个，占全县重点项目总数的37.5%。

文化强镇 “田阳八景”之一镇东桥，以及文昌阁、龙水殿古庙，国家级文物保护单位芳联堡、千年古村太山崎、翰林，“四崎”（太山崎、翰林崎、虎鼻崎、尖崎）等古迹分布城区和近郊，与国家级非物质文化遗产玉田板灯龙、中央苏区革命历史陈列馆、省级文物保护单位“第二集美学村”旧址，构成了“红绿”文化圈。

国家级非物质文化遗产玉田板灯龙

国家级非物质文化遗产玉田板灯龙

国家级文物保护单位“芳联堡”

大圣陶瓷文化创意产业园规划图

卫斯特环保科技有限公司研发制造的土壤修复一体机

省级文物保护单位“第二集美学村”旧址

大田县京福林业投资有限公司

大田县京福林业投资有限公司成立于2004年6月，公司以“资源循环利用，企业永续发展”为经营理念，经公开竞价投标取得666.67公顷成熟林，更新造林200多公顷，维修防火路58公里，病虫害防治200多公顷，成立大田县森林消防京福中队。

公司始终树立“绿水青山就是金山银山”强烈意识，采取“农户+基地+公司”的集约化经营模式，在实施乡村振兴战略中主动作为，以培育名贵树种、中药材为支撑，帮扶当地贫困农户发展，有效带动当地农户1000多户调整农业结构，引领农民脱贫致富。公司先后被评为“大田县农业产业化龙头企业”“信用企业”“造林先进单位”等称号。

公司正以现有林地资源为基础，大力发展林下经济，加大油茶、名贵树种、中药材的种植规模，致力将13.33公顷老茶树开发成纯天然的茶产品，以林禽、林畜、林蜂为模式发展生态养殖业，着力推进森林休闲旅游等森林康养产业的发展步伐。

福建省金杉木业有限责任公司

福建省金杉木业有限责任公司成立于2006年10月，注册资本1800万元。公司位于大田县上京镇京东工业园区，省道307线旁，距三泉高速入口一公里，交通十分便利；公司主营复合木板、生态板、指接板、杉木门框等，产品是现代高档装饰装潢的重要材料，主要产品行销上海、天津、浙江、江苏等地，远销意大利、西班牙等国。公司原料基地666.67公顷成熟林，选用中央除除尘系统、锅炉水膜除尘、华意干燥窑等先进生产技术设备，实现供、产、销无缝衔接。

公司获三明市人民政府授予的“农业产业化市级重点龙头企业”“守合同重信用企业”，以及“模范职工之家”“先进单位”“工商信用优异企业”（AAA级）等称号。公司创始人陈建全曾任三明市十一、十二届人大代表，三明市劳动模范，经济师。

公司秉持“产品创新，品质创优，服务一流，诚信为本”的质量方针，积极将安全、消防、环保等工作融入生产全过程，成立专职消防队伍，配置先进消防设备，率先通过清洁生产、突发环境应急预案的评估审核，取得福建省排污许可证，被评为“安全生产标准化二级企业”。公司坚持以创新为核心，力求精益化、柔性化制造，努力向智能制造之路迈进。

福建省中森置业有限公司

福建省中森置业有限公司成立于2010年10月，主营房地产、农贸市场开发。公司建设的“上京商贸中心”系原上京农贸市场改造开发项目，总投资1亿多元，系“三明十大民生工程”。该项目是大田县委、县政府实施乡村振兴战略、加快构筑农村新型城镇体系的重点建设项目，全力打造成为周边六个乡镇集市贸易、商场购物、农产品批发、住宅为一体的综合性商贸中心。

“上京商贸中心”项目总建筑面积2.47万平方米，规划超前，拥有一流的硬件环境、完善的配套设施，并设立综合执法队伍加强市场管理。该项目旨在增进民生福祉，实现由“脏乱差”向“洁净美”的华丽变身，保障食品安全，改善交易环境，既解决农产品“卖难买难”问题，增加农民收入，又带动就业与创业，促进第三产业发展，从而让广大百姓拥有更多的获得感、幸福感，实现社会效益与经济效益双赢。

大田县梅山镇

梅山镇位于大田县东北部，距县城52公里，东邻尤溪县坂面镇，南接湖美乡、前坪乡，西与文江镇交界，北与尤溪县新阳镇毗连，总面积192.08平方公里，因从空中俯瞰梅山地形似梅花状而得名，辖22个建制村，88个自然村，192个村民小组，人口2.58万人。镇情具有以下特点：**地处闽中心区腹地** 地貌属丘陵地区，地势南高北低，海拔220—1220米，山峦峻立，坡陡路弯，与外界连接主要是727县道，被称为大田的“东伯利亚”。**传统农业特色鲜明** 境内沟涧密布，气候温和，土壤肥沃，适宜农林业发展，是大田的农业大镇和林业大镇。农民以种植水稻、油茶、茶叶、生姜、烟叶、辣椒、木薯等为主。共有林地面积1.5万公顷，森林面积1.21万公顷，蓄积量89万立方米，毛竹180多万根，森林覆盖率位居全县前列。**生态旅游资源丰富** 境内拥有丰富的“山、水、林、田、湖”资源和独特的古民居、古村落，自然生态面积广阔，3533.3公顷生态林连成一体，拥有闽湖最美的库湾—香坪库湾、4个国家级生态村、1个中国传统古村落，是县内单体面积最大的生态休闲旅游开发区。

2015年，省纪委书记倪岳峰到梅山村宝山新村调研

2017年，省纪委副书记黄汉升到梅山村调研

办公大楼

街道改造

沧洲村

璞溪风光

大田县武陵乡

县委书记陈文华到闽中工委

武陵乡位于大田县西南部，东邻石牌镇，西接漳平市吾祠乡，南靠谢洋乡，北连上京镇，总面积80.3平方公顷，平均海拔850米，是革命老区乡，也是高山农业乡，又是市级精准扶贫重点乡。2017年末，辖9个建制村，共有3416户，1.09万人，15个党支部，其中非公党支部2个，党员481人。全乡规模工业总产值12.19亿元，农林牧渔业总产值1.93亿元，农村居民可支配收入11517元。乡情主要体现：**红色文化底蕴深厚** 武陵乡是革命老区乡、原中央苏区活动范围之一，是原中共闽中工委、闽西北特委的所在地，共有43位烈士为革命英勇献身。保存有中共闽中工委会址、红四军指挥部、朱德旧居、中共大田特区委、林笏隆烈士故居、闽西北特委成立遗址和革命烈士陵园等宝贵的红色文化遗址。2017年百束村获得“中央红军村”称号。**产业发展卓有成效** 特色农业稳步推进，武陵乡物产丰富，盛产雪山萝卜、武陵烤兔、高山云雾茶、麦芽糖等农优特产品，“大田雪山萝卜”获国家地理标志证明商标，是县内第一枚地理标志证明商标。全乡共种植雪山萝卜333.33公顷，食用菌600万袋，肉兔存栏20余万只。乡村旅游发展迅速，打造“红色武陵•五彩大石”，建设三漈潭森林公园，打造4.67公顷的油菜花观赏基地和2公顷的荷花观赏基地，对光伏长廊进行提升改造，改造提升渔家晚钓休闲渔庄，大石村初步形成集“下地采摘、上山观瀑、休闲垂钓、亲子互动、美食体验”为一体的乡村旅游胜地。**脱贫攻坚落实有力** 将发展产业作为主攻方向和着力重点，实施“5+1”产业扶贫模式（打造萝卜种植基地、食用菌种植基地、肉兔养殖基地、水产养殖基地和旅游胜地等五个产业基地；实施光伏产业）。大力实施光伏产业促脱贫，投资1197万元，全乡共安装光伏1545千瓦，其中利用大石3.7公里防洪堤两岸道路，建设光伏长廊长2.6公里，安装1200千瓦。2017年共发电64.1669万千瓦时，产生效益62.8836万元，为全乡133户贫困户、3个贫困村、2个空壳村提供了一个稳定的收入来源。实施技能帮扶脱贫，成立扶贫教室，以“科技院校+基地+贫困户”帮扶模式，举办雨露计划、新型职业农民等各类培训班，为贫困户发展产业打下基础。

光伏长廊

大石荷花

仕洋油菜花

大石全景

三漈潭森林公园

大石村部

党群服务中心

新时代·新奇韬

奇韬镇位于大田县北部，地势北高南低，海拔1080米的永仙峰属大田北部最高峰。东面与尤溪县新阳镇交界，南接文江镇，西连广平、建设镇，北与尤溪县管前镇接壤，处大（田）尤（溪）、奇（韬）广（平）县道上，距三明市区、尤溪、沙县、大田均为60公里左右。全境面积72平方公里，辖12个建制村28个自然村，总人口1.5万人。全镇24个党支部，560名党员。建档立卡贫困户106户、289人，2017年未脱贫2户5人。

新优势　途经奇韬的“莆炎”高速（增设奇韬互通口）、“横六”国道即将动工建设，为奇韬镇新一轮镇域经济社会发展、扩大招商引资提供新的交通枢纽，组织规划建设“五龙鼎珠”新型农村社区及互通口经济区，着力在新时代下建设新奇韬拓展新的发展空间。

新产业　农业：奇韬镇有永仙鸡（俗称“太监鸡”）、金银花、粟米、岬顶红茶、东方美人、华阳生态立体种养等传统特色生态种养业，形成五大基地：玉米扶贫基地，茶叶发展基地，油茶扶贫基地，粟米种植基地，永仙鸡养殖基地。工业：引进高科技低能耗低污染的纳米碳酸钙项目，年产10万吨超细纳米碳酸钙，年销售收入3亿元，创利税6340万元，实现资源优势向经济优势转变；乾泰银多金属精选矿生产项目技改工作正在进行，投产后，年产值达5000万元以上，创利税1750万元。三产：把握“莆炎”高速开工建设这一契机，引导发展物流产业，着力打造互通口经济区，拟规划建设富硒农特产品展示区11座2600平方米，建设闽中美食城，带动农家乐、农家山庄、乡村旅游等新兴第三产业。

新农村　奇韬镇以正在实施的新一轮镇域总体规划为契机，在龙坪村示范带动的基础上，着重实施奇韬、西韬、东佳3个村美丽乡村建设，开发建设“五龙鼎珠”新型农村社区，完成一期建设住房100座。同时，主动应对高速公路开工建设带来的发展契机，将“莆炎”高速公路互通口所在的文经村调整纳入集镇规划范围，进一步扩大集镇规模，加速集镇发展，为增添全镇经济发展活力拓展空间，把高速公路真正建设成为老百姓致富的康庄大道。

新风尚　奇韬镇连续三轮获得省级“文明村镇”称号，正积极争创国家级文明镇。全镇民风纯朴，学风优良，基础教育扎实，教育成果显著，人文优势明显，在外任处厅级以上领导干部12人，具有副高以上职称29人，仅东佳村就有博士9人，硕士15人。深入开展移风易俗“红白喜事大操办”专项整治工作，结合镇情实际制定《关于开展移风易俗“红白喜事大操办”专项整治活动的实施方案》，把移风易俗作为精神文明建设工作中的重要内容，坚持常抓不懈，放在心上，抓在手里，落实到行动中。

新保障　着力组织振兴，提升基层党组织凝聚力。按照“五有三化”要求全面推进村级活动场所规范化建设，村部统一配备五角星、国旗、LED等标识，设置党群服务中心，推进党建惠民工程落实。以党建引领小康示范村建设为抓手，围绕“一强二富三美”（党建强，村财富、百姓富，生态美、村庄美、乡风美）工作目标，为全面推进乡村振兴战略作保障。

市委常委、组织部部长陈炎标到奇韬镇调研

县长林金龙到奇韬镇调研

美丽乡村——龙坪村

罗汉果扶贫基地

奇韬镇岬顶峰茶叶基地

奇韬镇五龙鼎珠新型农村社区（背景图）

太平寨农民休闲公园

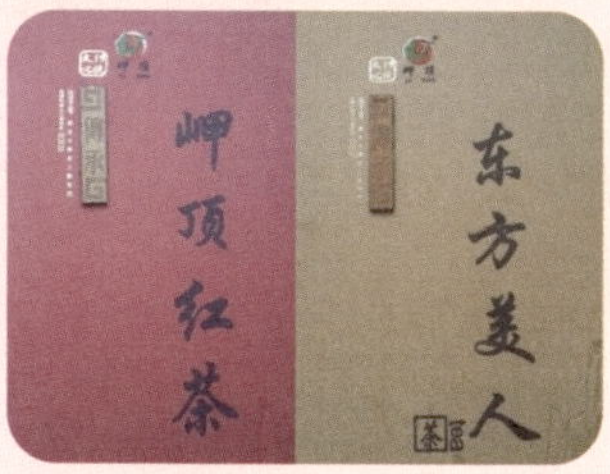

岬顶美人茶、红茶

大田县教育局

2017年，大田县着力补齐教育资源短板，加快教育项目建设步伐，推进教育资源“扩容增量”。全县共争取省级专项资金5623万元（职专实训大楼1800万元、校舍长效机制建设1295万元、全面改薄1568万元、幼儿园建设960万元），统筹推进27个城乡教育项目，完成投资2.08亿元。建成梅山中心幼儿园等7个项目，新增学位3340个；在建项目赤岩小学、温镇幼儿园等13个项目，城东小学、赤岩幼儿园等7个项目正在做前期工作。投入2073万元加快全面改薄步伐，涉及31所项目校，改造校舍面积1.09万平方米，运动场改造1.41万平方米，围墙1360米，护坡3750立方米。开工率100%，竣工率90%。完成7所项目校危房改造，投入1354万元，改造面积1.41万平方米，全县基本消除D级危房，改善基本办学条件。

大田县赤岩小学位于均溪镇红星村“狮子山”，2017年8月动工，2018年8月投入使用，建筑面积1.87万平方米，办学规模为48个班。

大田县福兴幼儿园总投资1500万元，于2018年8月竣工投入使用，建设用地面积4686平方米，建筑面积5268平方米，开设15个班。

大田实幼京口开发区分园位于华兴镇京口村龙港新村，占地5372平方米，建筑面积3330平方米，总投资1000万元。2017年1月开工建设，2018年1月完成工程建设并投入使用。

均溪温镇幼儿园用地面积6412平方米,建筑面积6959平方米，总投资1850万元，2017年7月开工建设,2018年8月份竣工投入使用,可开设16个班。

石牌中心幼儿园位于石牌镇石牌村71号，2017年9月动工，占地面积1663平方米，建筑面积6219平方米，总投资1650万元，2018年8月竣工投入使用，规划设计15个班。

大田县广平镇

广平镇位于大田县北部，地处尤溪、沙县、三明、永安、大田五县（市、区）结合部。镇所在地海拔380米，距三明市区45公里，离大田县城71公里，在建的莆炎高速将在栋仁村建设互通口，省道217线穿境而过，素有“大田北大门”之称。广平因既广又平而得名，镇域面积171.58平方公里，辖有15个村，4.37万人，28个党支部，1193名党员。2017年，全镇完成农林牧渔业总产值6.08亿元，比增6.85%；完成规模以上工业总产值21.37亿元，比增22.11%；完成固定资产投资21.46亿元，比增14.27%；第三产业增加值达4.86亿元，比增12.76%；完成税收总收入2843万元；农村居民人均可支配收入15916元，与上年持平。

农业基础良好　辖区内有五龙山茶叶、秦朝木业、云悦源农业和广茂农业等农业企业，农民专业合作社12家，其中益铭茶叶和亿康茶油获省级农民合作社示范社；坚持以龙头带动产业，积极发展“一村一品”，主要有茶叶、油茶、烟叶、甜玉米、甘蔗、金薯、脐橙、花卉、笋干等特色农业。2017年,元沙村被省农业厅评为“福建最美休闲乡村”。

工业优势明显　辖区拥有丰富的煤矿、石灰矿、硫铁矿等资源，已探明的煤矿储量4768.48万吨，石灰矿储量5738.46万吨，主要企业有永安煤业苏桥煤矿和广丰煤矿、铭源煤业、海鑫矿业、万达矿业、鑫城水泥、铭和建材等工业企业，不断整合提升下坪和犁田峰工业区，积极推进施坑绿色循环工业园区建设，营造良好的投资环境。

人文底蕴深厚　元代学者郭居敬编撰的《全相二十四孝诗选》，影响中国孝道文化六七百年；现存土堡是大田县数量和形制最多、年代最早的，其中百年文昌阁、绍恢堡、光裕堡、深源堂被列为省级文物保护单位；最具有代表的民俗活动有舞狮、迎铁枝、迎佛、板灯龙、白鹤拳、大腔戏等，其中舞狮获得大田县第二届狮王争霸赛的“狮王”称号；积极深化移风易俗工作，树立乡风文明新风俗。

自然景观秀美　镇区四面环山，东边双桂峰、西边天子山、北边玳帽山、南边笔架山、中间五龙山，广平洋有“七狮落洋”之美景，还有黄岩洞、白鹤洞、狮牯洞、慧林洞、东岩寨以及“银杏王”等自然景观，东西坑有一万多亩的神奇北洋崎原始森林，集古堡、古寨、古洞、古人类活动遗址为一体。

百姓热情好客　广平人民素来以热情好客著称，平时若有客人来访，冰糖茶、米粉蛋、鸭架、太监鸡总是少不了，以前虽然家境不富裕，百姓们通过上山挖细叶青萎藤、山苍子、青藤等草根，开发出许多“草根药膳”孝敬长辈和盛情款待客人；草根兔子汤、腊鸭、红糟肉、“十八剐”、米冻粿、笋干成为当地宴请贵客的特色菜。

狮王争霸

民俗活动

莆炎高速公路（三明境内）全县开工誓师动员大会

“孝廉文化”道德讲堂

居敬书院揭牌仪式

龙宫村揭牌

“孝老爱亲”道德模范表彰

三明市第六届户外野菜暨首届草根药膳烹饪赛

三明市第六届户外野菜暨首届草根药膳烹饪赛

大田县吴山镇

吴山镇地处三明和泉州“两地两县七乡”结合部，土地总面积83.55平方公里，其中耕地面积389.33公顷，林地面积6675.07公顷，森林覆盖率达79.6%，全镇辖有9个建制村，31个自然村，90个村民小组，3410户，1.08万人，共有17个党支部，470名党员。2017年完成工农业总产值36.33亿元，比增14.1%，其中：农林牧渔业总产值2.26亿元，同比下降了17.22%，工业总产值34.07亿元，比增19.54%；完成固定资产投资17.99亿元，比增23.8%；实现农村居民人均可支配收入16703元，比增10.6%。2017年9月19日经省政府批准撤乡设镇。吴山镇具有以下几个特点：**区位优势明显**　境内有国道356和G72（泉州至南宁）高速公路穿过，其中国道贯穿全境14公里，高速公路贯穿全境10公里，设有互通口和服务区，距永春县下洋镇政府12公里，经国道至县政府29公里，经高速至县政府25公里，是闽南沿海通往闽西北必经要地之一，是三明和大田的“南大门”，闽南的“后花园”。**资源禀赋独具**　全镇海拔756米，气候宜人，是大田县高山茶发展的核心区，拥有生态茶园面积1213.33公顷；有中国高山茶城、全国推广普通话展览馆、葫芦岩圣泉寺、普照堂、禅林祠、张坑传统古村落等景点，是名扬海内外的“肉身坐佛”章公祖师的故里。**发展基础坚实**　农业以特色茶产业为主，工业有岩兴气体、伊鑫新型建材、万华实业有限公司、闽发纸业、卓效物流等9个企业入驻，形成了以吉州工业区为中心向国道356、县道济吴线两侧延伸的“工业经济走廊”，三产以旅游和电商为抓手，经济发展保持总体平稳、稳中向好、稳中有进的良好态势。

梓溪红米基地

张坑古村落

无土栽培

葫芦岩圣泉寺

光伏扶贫产业园

瓜果长廊

姑娘果

大田县第十二届中国高山茶文化节

茶体验一条街

大田县建设镇

建设镇位于大田县西北部，南邻太华镇、北接广平镇、东与奇韬镇、文江镇相连，西与永安市槐南镇接壤，是连接大田县城与三明市区的“中间节点”。全镇区域面积68.59平方公里，辖12个建制村，2017年，全镇总人口2.74万人，是三明市辖乡镇重要的商品集散地，素有“大田第二城关”之称。2007年被确定为省级工贸重镇，2010年被确定为市级中心镇，2015年被评为国家级文明村镇。

镇情主要体现在以下四个方面：

基础设施完善 已建成三明市首个乡镇复合型地产项目——三宝商业广场、三明市首个乡镇级二级消防中队、三明市首个乡镇民办医院——大田民生医院、大田首个乡镇二级客运站、大田首个独立中心幼儿园等一批重大基础设施。

产业基础扎实 形成了以红粬、雪蔗、腊鸭、红酒、糟菜等特色农产品为主的“一村一品”现代农业格局。全镇规模以上工业企业17家，重点打造两个基地（香浮古法富硒大米种植基地、石墨研发基地）、三个市场（闽台合作的建材交易市场、古银币专业交易市场、农产品市场）。

商贸传统源远 早有“一根扁担挑天下，五百红娘下商海”之说，2017年个体工商户2800多户，从业人员1.3万人，是三明市辖乡镇重要的商品集散地，辐射周边乡镇人口近17万人。

人文底蕴深厚 始建于明朝洪武年间的琵琶堡被誉为我省土堡建筑的“活化石”；建于南宋孝宗淳熙年间的感德寺是本镇四邻百里的佛教圣地；民间庙会、“迎铁枝”、板灯龙等活动是大田民俗文化的重要组成部分;古钱币收藏交易活跃，是除上海之外全国第二大的民间古币交易市场。

古银币交易市场

建国美丽乡村

建设汽车站

建忠红粬文化彩绘墙

琵琶堡

迎铁枝民俗活动

集镇全景图

大田县岬顶峰茶业有限公司

大田县岬顶峰茶业有限公司是一家集茶叶种植、生产、加工、销售、科研、茶文化传播于一体的县级农业产业化企业，公司位于大田县奇韬镇奇韬村。2011年郑际灶创建了大田县岬顶峰茶业有限公司，注册资金100万元，固定资产413.51万元，现有职工72人，管理人员8人，技术人员5人，厂房占地面积1850平方米，自建茶叶基地68公顷。是大田县一家专业制红茶企业。公司下设“大田县奇韬镇岬顶山生态茶业专业合作社”和“大田县岬顶峰生态茶叶研究所”。通过建立茶叶基地以及推广茶叶合作社模式，采用先进的种茶制茶技术。从茶叶的良种选育，有机化栽培，标准化生产与管理等各个环节全面发展茶产业，在农业产业化经营过程中不断发展壮大。

公司建立了严格的管理制度，制订了产品质量安全与安全卫生可追溯管理制度。“从茶园到茶杯，全质量跟踪，高标准严格管理，人人关注质量”是公司一贯坚持的生产和管理要求，确保产品品质的优良稳定与安全卫生。我们秉承着“一心做好茶”的理念，不断追求完美，取得硕果累累。

2009年获海峡两岸三明林博会茶文化活动评比“一等奖”。2010年获省、市、县、茶文化评比的名茶奖和优质茶奖7项，2011年获省级茶文化优质茶奖2项，同时获县级“十大制茶师”、“十佳农民”、“县级龙头企业”称号。2012年获国家商标局岬顶茶叶品牌“商标注册证书”。2013年获省级红茶评比“名茶”2项，美人茶获“优质茶”。2014年春红茶评比获省“名茶”。2017年岬顶茶叶有限公司获海峡两岸“秋茶”茶王擂台赛“大田东方美人茶王奖”、岬顶山生态茶叶专业合作社获“大田东方美人银奖”、岬顶生态茶叶研究所获“大田东方美人茶金奖”。

公司地址：大田县奇韬镇奇韬村文韬街

联系电话：13859143315　　13459824587

邮箱：dtjdfcy@163.com

县长林金龙到岬顶新建茶厂调研

茶叶加工车间

大田县交通运输局

运输行业管理

2017年，县交通运输局认真贯彻落实省市主管部门和县委县政府的决策部署，以喜迎十九大、学习贯彻中共十九大为主线，全力攻坚克难，有效推进路网建设、公路养护、运输保障等重点工作，较好完成年度各项目标任务，在全市交通运输系统绩效评比中获第1名，为全县经济社会发展提供了有效的交通运输保障。

路网建设取得新突破 投资8.5亿元，建成国道纵五线一期溪柏林至长溪段，动工建设兴泉铁路、莆炎高速、国道纵五线二期德州至溪柏林段，莆炎支线大田广平至安溪官桥高速公路（大田段）获省政府批复。完成农村公路新建、提级改造72.8公里。

公路养护取得新进展 投资600万元，完成县境内辖区800公里的农村公路指路系统工程建设，3处临水临崖隐患点整治，建成农村公路应急养护基地；实施全县农村公路桥梁定期检查及农村公路灾毁保险；完成全县农村公路96公里接养工作。

运输保障取得新提高 不断深化公交便民服务工程，投资500万元，新增电气混合公交车6辆，新建、改造公交站台24个；完成建设镇综合服务站改造工程；引导扶持物流企业做大做强，全年完成客货周转量23.8亿吨公里，比去年同期增长10.67%，完成增长率居全市第一。

执法服务取得新提升 县交通执法大队规范化建设通过省级验收，石牌超限运输检测站不停车检测系统项目竣工。全年共查处各类违法违章案件480件，路域环境得到有效整治，公路路产路权得到有效保护。

国道二期建设

重走长征路

公路抢通

兴泉铁路建设

国道纵五线（大田段）一期通车仪式

石牌超限检测站不停车检测系统

大田县湖美乡

湖美乡距县城23公里，1951年设湖美乡，1957年建公社，1984年改乡，辖区总面积138.47平方公里，东接泉州德化，西连均溪、前坪，南临华兴，北靠梅山；下辖16个建制村，总人口1.42万人。

乡情特点：

区位优势　国道“纵五线”途经湖美8个村，2017年动工建设，2019年将建成通车，通车后距县城仅10多分钟车程。县道湖华线（湖美至华兴）、大蓝线（湖美大尤至桃源蓝玉）列入市“十三五”重点项目，正在规划设计。

生态优势　境内闽湖为全省库容面积第一（18亿立方米）、水域面积第二（36.96千公顷）、发电量第三（30万千瓦时）的水库，横跨两地市三县，2009年被水利部评为“国家级水利风景区”。近年来，湖美乡按市县要求，积极开展网箱养殖治理和水生态修复工作，全力保护闽湖生态环境。

文化优势　有浓厚的库区移民文化，是大田县最大的库区移民乡，涉及移民村7个、移民3500人。有红色抗战文化，1934年7月24日，粟裕、罗炳辉将军率领红7军团、红9军团共万余人在湖美乡高才村会合，建立高才苏维埃政府。现已建成高才苏维埃政府旧址暨红军北上抗日先遣队革命历史陈列馆。有悠久的朱子文化，朱熹到过湖美游历讲学，在大锣山、高峰建有芝山书院讲学遗址。有浓厚的佛学文化，三代祖师在高峰传经布道，现建成高峰圆梦园寺，旅游人气日益旺盛。还有悠久的古冶炼、古纺布文化。

高峰岩寺

闽湖风光

中国工农红军北上抗日先遣队驻扎旧址

闽湖风光

三明市公路局大田分局

三明市公路局大田分局，是负有行政管理职能的正科级事业单位，担负着大田县境内干线和重要支线的公路管养任务。依法组织实施辖区普通公路建设、养护、管理和公路交通战备与应急保障工作。参与拟定辖区公路发展规划、规章和公路建设市场管理工作。

抢险抢通

多年来，我局全面实施路面改造、危桥改造、灾害防治、安保工程、班站建设、公路绿化、文化景观、路网监控等专项工程，辖区内的省道干线公路的技术状况、通行能力、防灾抗灾、安全保障、美化绿化和服务水平全面提升，畅、安、舒、美的公路交通环境基本形成。

桥梁检测

清理油污

绿化种植

路面大修

大田县文江镇

文江镇航拍图

文江镇位于大田县东北部，原属尤溪县四十七都，明嘉靖十四年(1535)大田置县时，划归大田管辖。解放时设文江区，1959年为文江公社，1984年改制为文江乡，2018年1月份撤乡设镇。总面积114.4平方公里，辖20个建制村，人口2.28万人，距县城52公里。建设中的莆炎高速途经文江镇，并在大安村设互通口，即将动工的“国道534线”途经桥下、文江、大中等村。镇情具有如下特点：

特色农业镇　全镇有肉兔养殖专业合作社3家，万只以上肉兔养殖场13家，年出出栏40万只，是文江镇精准扶贫重要的产业之一；特色“六黑”产业，即黑米、黑芝麻、黑豆种植和黑鸡、黑猪、黑兔养殖，已初具影响力。此外，红心猕猴桃、葛根等特色农业产业正在逐步发展。

林区重点镇　全镇林地面积884.4公顷，有林面积783.9公顷，生态公益林面积522.6公顷，林木蓄积量达80万立方米，森林覆盖率达71.47%，是大田县林业重点林区及商品林培育基地。

历史文化镇　宋元时期流传至今、拥有一千多年历史的朱坂阔公戏，为省级非物质文化遗产，正申报国家级非物质文化遗产；境内有县志记载的“朱阳十景”、镇江堡遗址、花桥寺等传统文化资源；林大蕃、游栋等革命先烈战斗过的龙门遗址，是县级爱国主义教育基地。

绿色生态镇　是国家级、省级生态乡镇。境内有全县河面最宽的文江溪穿境而过。近年来，通过开展保护文江母亲河行动，落实“河长制”，建立健全长效治理机制，正逐步实现《文江母亲河》之歌中演绎的“春有花、夏有荫、秋有果、冬有绿”的生态环境。

县委书记陈文华到镇调研指导

县级爱国主义教育基地—龙门战斗遗址

文江镇昭文村高山寨茶园

文江白鹭湿地

文江白鹭栖息湿地

闽江上游防洪堤工程建设

文江镇昭文村高山寨茶园

提升文化品位 打造魅力五中

校园图书站

2018年6月，福建省文明办网站公示，大田五中被评为福建省首届文明校园，这标志着经过多年的努力，五中人的梦想终于化为现实。近年来，大田五中坚持“形象打造”和“内涵建设”相结合，在大张旗鼓抓教学质量的同时，也重点加强了学校文化建设，突出表现在以下4个方面：

读书平台多方搭建　年段老师办公室和各班级设立“图书漂流站”，在校园公共区域建设开放图书站（杏园书廊），周边配套为师生阅读提供便利。开放阅览室，开设阅读课、朗读课：早晨第一节课前25分钟，晚上最后一节下课前20分钟全校诵读。校园广播定期播放美文，组织学生收听。校园书声琅琅，文化香飘四溢。

墙体文化不断丰富　以师生书法、绘画作品为主要内容，装点墙体楼道走廊文化；以社会主义核心价值观为主要内容，新建两面文化墙；在大操场设立名人雕塑、文化石，建设一条百米抗战文化长廊、办学思想文化墙、优秀毕业生励志墙。集美大学领导还专程到校参观百米抗战文化长廊并高度赞赏该校对红色文化的传承。

植物园极力打造　植物园是二级达标校复评的加分项目，集美化校园、学科教学、净化空气、休闲阅读为一体，是一道亮丽、难得的风景。学校多方筹措资金，请业内专家精心设计，植物品种达70种，在大田县绝无仅有，目前已多批次接受各界人士的参观、指导。

社团活动广泛开展　大田五中社团数量多，共有22个。其中以有无线电定向测向队、航模社最为突出。仅2018年7—8月，无线电定向测向运动队参加省市比赛，初中团体和高中团体各获1次第一名；航模社参加2018年福建省青少年航空航天模型赛全国总决赛福建赛区比赛，以662.1分的绝对优势夺冠。

大田五中的校园，无论是自然景观，还是人文景观，都给人一种唯美感觉。随着文化品位的不断提升，校园不断散发迷人的魅力，正吸引更多的岩城学子慕名求学。

2017年第十四届全国定向锦标赛

全国无线电测向锦标赛

师生书法作品装点墙体楼道走廊文化

018年福建省青少年航空航天模型全国总决赛

2017年第十四届全国定向锦标赛

校园植物园